国学经典文库

图文珍藏版

领悟圣哲思想智慧　萃取中华文化精华

孔子家语

〔春秋〕孔子◎原著　马博◎主编

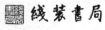

线装书局

十一、孔子说"孝悌"

儒家讲"孝",《孝经》便是儒者专门论孝的一部典籍。孔子说:"夫孝,德之本也,教之所由生也。"(《孝经·开宗明义》)孝被认为是道德教育的根本。正如孔子的弟子有子所言:"君子务本,本立而道生。孝弟也者,其为仁之本与。"(《论语·学而》)"德之本","仁之本",都说明"孝"在儒家学说中的重要位置。

孟懿子问孝。子曰:"无违。"

樊迟御,子告之曰:"孟孙问孝于我,我对曰:无违。"

樊迟曰:"何谓也?"子曰:"生,事之以礼;死,葬之以礼,祭之以礼。"(《为政》)

翻译成白话是,孟懿子向孔子请教孝道。孔子说:"不要违背礼仪制度。"有一回,樊迟替孔子赶车,孔子告诉他说:"孟孙向我问孝道,我答复说,不要违背礼仪制度。"樊迟问道:"这是什么意思呢?"孔子说:"父母健在的时候,儿辈要依照规定的礼节服侍他们;死了,要依照规定的礼节埋葬他们,祭祀他们。"这里的"孝",仅指儿辈对父母在世或去世以后所应执行的孝道。

孟武伯问孝。子曰:"父母唯其疾之忧。"(《为政》)

翻译成白话是,孟武伯向孔子请教孝道。孔子答道:"父母只忧虑儿子(孝子)生病。"王充《论衡·问孔篇》:"武伯善忧父母,故曰:唯其疾之忧。"

然而孔子要深究"孝"的内涵,怎样做才算是尽孝。

子游问孝。子曰:"今之孝者,是谓能养。至于犬马,皆能有养;不敬,何以别乎?"(《为政》)

翻译成白话是,子游向老师请教孝道。孔子说:"现在的所谓孝,认为只要能够养活父母就可以了。对于狗马一类牲口都能够饲养。如果不存有孝敬父母之心,养活父母和饲养狗马又有什么区别呢?"区别在于"敬"与"不敬"。然而怎样去衡量"敬"或"不敬",这仍是一个悬而未了的问题。

子夏问孝。子曰:"色难。有事,弟子服其劳;有酒食,先生馔,曾是以为孝乎?"(《为政》)

翻译成白话是,子夏请问孝道。孔子说:"儿子在侍奉父母跟前经常有愉悦的容色,但这是很难做到的。父母有事,晚辈就要效劳;有酒有肴,要让长辈食用。难道这些竟可以算是孝吗?"这些内容比上引"能养"复杂一些。然而孔子对这些举

国学经典文库

孔子家语

孔子的伦理学说

图文珍藏版

止以为是孝却提出了质疑("曾是以为孝乎?")

虽然如此,孔子言"孝",已经扩大了它的道德范围:它不仅事亲,还要事君。

夫孝,始于事亲,中于事君,终于立身。(《孝经·开宗明义》)

儒家将执孝分为三个阶段:早年在家侍奉双亲;中年步入仕途以后,以孝心服侍上级长官直到国君;到了晚年便实现了道德的自我完善。孝成了男人立身之本。

儒家以孝事君,君以孝治天下,孝成了治国平天下的工具。而且,尽忠与尽孝,成了臣事君的两个方面,所以"孝"仍然囊括在孔子"正名"说的范围之内。

季康子问:"使民敬,忠以劝,如之何?"

子曰:"临之以庄,则敬;孝慈,则忠;举善而教不能,则劝。"(《为政》)

翻译成白话是,季康子问:"要使百姓敬重,尽心竭力加以劝导,怎么样?"孔子说:"你对待百姓的事严肃认真,百姓对待你以及你的政令就会敬重。你孝敬父母,慈爱幼小,百姓对你也就会尽心竭力了。你能够起用好人,教育那些能力弱的人,百姓也就会努力劝勉自己了。"

季康子是鲁哀公时的正卿。孔子不仅要求臣以孝事君,而且也要求君以孝育民。这里说的孝慈,已经越出了道德的范围,有着明显的政治含义了。

关于三年之丧。

三年之丧,是先秦儒家规定的丧葬制度,《论语》有翔实的记载。

宰我问:"三年之丧,期已久矣。君子三年不为礼,礼必坏;三年不为乐,乐必崩。旧谷既没,新谷既升,钻燧改火,期可已矣。"

子曰:"食夫稻,衣夫锦,于女安乎?"

曰:"安。"

"女安,则为之! 夫君子之居丧,食旨不甘,闻乐不乐,居处不安,故不为也。今女安,则为之!"

宰我出。

子曰:"予之不仁也! 子生三年,然后免于父母之怀。夫三年之丧,天下之通丧也。予也有三年之爱于其父母乎?"(《阳货》)

这是师生之间一次严肃而生动的对话。看来,宰我是一位改革家。他认为,三年之丧,为期太长了。君子三年不习礼仪,礼仪制度必然被废弃;三年不奏乐,音乐必然失传。譬如旧谷子既已吃完,新谷子也上市了;又如取火用的燧木又经历了一个轮回,所以守孝一年也就可以了。宰我主张将三年之丧的古制改为一年之丧,这

孔子逝世,诸弟子守墓

在当时是很有见地的。

孔子反驳道:"(按你一年之丧的说法,后两年)你吃白米饭,穿花缎衣裳,你心里安不安呢?"宰我坦然回答道:"安。"这更是对旧礼俗大胆的挑战。

孔子气愤地说:"你心安,就这样去做吧!须知,君子守孝期间,吃美食不觉得甜,听音乐不觉得快乐,住在家里不会感到舒适,所以才不这样做(即不'食旨'、不'闻乐'、不'居处')。如今你既心安,你就做去吧!"孔子对这位弟子的言论很不以为然。

宰我走后,孔子慨叹道:"予这样做是不仁不义呀!要知道,儿女出生,三年以后才能离开父母的怀抱。替死去的父母守孝三年,是天下通用的丧礼。宰予就没有过从他父母怀抱里得到三年的抚爱吗?"孔子站在保守派的立场上,坚定地维护三年之丧的古制。

孔子于鲁哀公十六年(公元前479年)逝世,弟子们为他行"三年之丧"礼。《史记·孔子世家》载:"孔子葬鲁城北泗上,弟子皆服三年。三年心丧毕,相诀而去,则哭,各复尽哀;或复留。唯子赣庐于冢上,凡六年,然后去。弟子及鲁人往从冢而家者百有余室,因命曰孔里。"

对待丧葬,儒、墨两家持有相峙的观点和态度。

墨者之葬也,冬日冬服,夏日夏服,桐棺三寸,服丧三月,世主以为俭而礼之。儒者破家而葬,服丧三年,大毁扶杖,世主以为孝而礼之。夫是墨子之俭,将非孔子

之侈也；是孔子之孝，将非墨子之戾也。今孝戾、侈俭俱在儒、墨，而上兼礼之。（《韩非子·显学》）

孝与戾，侈与俭，孰是孰非？钱穆认为："儒家极重丧葬之礼，为其可以教孝、教忠、教仁。儒家认为唯有对于已死的人尽力，最可发明人类自有的孝弟忠仁之内心。墨家则站在贫民劳工经济的观点上看，觉得贵族的丧礼和葬礼，最为浪费，最属无谓。"（《国史大纲》）一个持贵族立场，一个持贫民劳工立场；立场不同，就有着相峙的观点和态度。

虽然，子贡等弟子对孔子行三年之丧的礼节，然而，直到孟子时代，三年之丧并没有通行，并非如孔子所言，"天下之通葬"。

《孟子·滕文公上》载，滕定公（滕文公之父）死了，滕文公让他的师傅然友向孟子请教有关的丧礼和葬礼。孟子说："三年之丧，齐疏之服，飦粥之食，自天子达于庶人，三代共之。""三代"，即夏、商、周三代，听了然友的转达，滕文公决定行三年之丧礼。然而"父兄百官皆不欲，曰：'吾宗国鲁先君莫之行，吾先君亦莫之行也，至于子之身而反之，不可。'"为什么会遭到滕国父老官吏们的反对呢？就因为三年之丧礼，并非"天下之通葬"。

关于孝慈。

孝顺父母为孝，慈爱幼小为慈。《论语·子路》记述了一个故事：

叶公语孔子曰："吾党有直躬者，其父攘羊，而子证之。"

孔子曰："吾党之直者异于是：父为子隐，子为父隐。直在其中矣。"

按照杨伯峻《论语译注》的译文是：叶公告诉孔子道："我那里有个坦白直率的人，他父亲偷了羊，他便告发。"孔子道："我们那里坦白直率的人和你们的不同：父亲替儿子隐瞒，儿子替父亲隐瞒——直率就在这里。"父子相隐，直在其中。这就是孔子主张的"孝慈"。

然而，"子为父隐"被儒家称之为"孝"，"父为子隐"被儒家称之为"慈"，可见儒家提倡孝道的虚伪性。而这种虚伪的孝道成了维系封建宗法制度的道德伦理观念。

有的学者对此做了确切的分析："'孝'这一道德伦理观念，主要是用来维系宗法制的。因为周代奉行嫡长子继承制，在此基础上确立了'大宗''小宗'的宗法制。因此，'孝'不仅仅局限于家族伦理范围。子女对父母的义务，已扩大为'小宗'对'大宗'的义务，并且在政治上延伸为卿大夫对诸侯、诸侯对天子的义务。血缘上的'追孝'、'尊祖',则成为维系统治阶级内部的纽带。于是,由家族到国家,达到了伦理与政治的统一。西周在意识形态上的这一特点,对后世封建社会具有深刻影响。"(步近智、张安奇《中国学术思想史稿》)这就是儒家鼓吹孝道的阶级本质,在为实现伦理与政治统一这一目标上,它为封建宗法制度效力二千多年。

十二、孔子说"仁政"

德治主要强调统治者的政治修养,认为社会应由道德觉悟很高、并能按道德原则办事的人来管理,通过统治者优秀的表率作用来正人心,治理天下。仁政则主要强调施政纲领。前者告诉人们一个合格的统治者应当具备什么样的政治修养,它既是好官、好君、好政府完善自我的指南,也是人民衡量政府、君主和百官好坏的尺度。后者则告诉统治者应该怎样行政,是实现清平政治的蓝图。那么,这幅蓝图孔子是怎样绘制的呢? 归纳起来主要有以下几点:足食、足兵,重教、轻刑,正名,选贤才。

(一)足食、足兵

子贡问政,子曰:"足食;足兵;民,信之矣。"子贡曰:"必不得已而去,于斯三者何先?"曰:"去兵。"子贡曰:"必不得已而去,于斯二者何先?"曰:"去食。自古皆有死,民无信不立。"(《颜渊》)

子适卫,冉有仆(驾车)。子曰:"庶(人口稠密)矣哉!"冉有曰:"既庶矣,又何加焉?"曰:"富之。"曰:"既富矣,又何加焉?"曰:"教之。"(《子路》)

前文为足食、足兵、立信,后文为庶、富、教,前后互补,构成孔子的治国方略。庶即人口繁衍;富即足食,发展生产;足兵是保证在和平环境中实现庶、富、教的必要措施;信和教,属于上层建筑领域的事情,自上对下而言,要立信,自下对上而言,要受教。要发展人口(庶),增加生产力,使国民具体从事生产,加强国防的人力;大力进行物质生产,增加财富,让人民有富裕的生存条件(富之、足食);要具有强大的国防(足兵),使人民在无忧无虑的环境中生活;还要搞好上下关系,加强阶级团结(信),进行教育教化,提高人民的文化素质和道德修养(教),使他们过文明的生活。从物质到精神,从阶级关系到道德修养,孔子都考虑到了。一个二千五百多年前的古人,能做出这样系统全面的考虑,确实是难能可贵的,也是不多见的。

在具体施政上,食、兵、信、庶、富、教,虽然都很重要,但也有主次之分和先后之别。

就食、兵、信而言,食居于首要地位。俗话说,国以民为本,民以食为天。国家的稳定、社稷的存亡,首先必须解决人民的温饱问题,解决人民的生存问题。汉朝的晁错说过:"人情,一日不再(两餐)食则饥,终岁不制衣则寒。夫腹饥不得食,肤寒不得衣,虽慈母不能保其子,君安能有其民哉!明主知其然,故务民于农桑。"(《汉书·食货志上》)富贵知礼仪,饥寒起盗心。对于修养高的人来说,为了人格,为了仁义,可能在饥寒之下还能坚守气节,做到"贫贱不能移"。但对于一般老百姓来说,无衣无食,就难免啸聚山林,铤而走险。因此,自古明君圣主,无不重视农业,重视粮食的生产。《洪范》"八政":"一曰食,二曰货。"将粮食置于财货之首。一生最推崇大丈夫浩然之气的孟子,虽然曾劝君王"何必曰利,亦有仁义而已矣",但对待老百姓,他也承认首先要"制民之产",曰:"无恒产而有恒心者,惟士为能。若民,则无恒产,因无恒心,苟无恒心,放辟邪侈,无不为已。""是故明君制民之产,必使仰足以事父母,俯足以畜妻子。乐岁(丰年)终身饱,凶年免于死亡,然后驱而之善。"(《孟子·梁惠王上》)恒产,即固定不动、长期使用的产业,如田土、山川等生产资源。恒心,即常久不变之善心。孟子认为,天下人民,士农工商,只有读书人知道礼义廉耻,在没有固定产业的情况下,还能保持一定的人格,不至于称乱。若是一般平民,不知礼义,没有固定财产,就不可能有恒久不变的善心,什么犯上作乱的事都干得出来。此即孔子"君子固穷,小人穷斯滥矣"(《卫灵公》)之名言在政治上的应用。为了安定人心,就得分配给人民产业,让他们能够自食其力。解决了生存问题,然后才谈得上礼义廉耻,引导他们向高尚的境界发展(引而之善)。

据《尧曰》篇记载,孔子"所重:民、食、丧、祭"亦将民和食摆在丧祭等礼仪之前。基于对粮食的重视,孔子看见庄稼就格外亲热:"夫子见禾三变也,滔滔(快活)然曰:'狐向丘而死,我其首禾焉。'"(《淮南子·缪称》)禾三变,指庄稼经历了发芽、抽穗、成熟三次变化。狐死首丘,不忘其本。人也如此,人之本即粮食,故孔子将枕禾而死,示不忘其禾。念念以民食为重。孔子著《春秋》,其他灾祸多有未记,而麦禾不熟,却书之不倦(《汉书·食货志上》董仲舒说),其中的微言大义,亦在重粟而已。手里有粮,心中不慌,汉贾谊所云:"苟粟多而财有余,何为而不成?以攻则取,以守则固,以战则胜。怀敌附远,何招而不至?"古今成败,多与粮食有关。诸葛亮六出祁山,又六次退却,无成而归,究其根本原因,乃蜀道千里,转输不易,军中乏粮,难以持久作战。曹操官渡之战,曹军以数千兵力战胜袁绍十万大军,其诀窍乃是烧毁袁军粮草于乌巢……因此,自古兵家以"兵马未动,粮草先行"为座右铭,自古政治家也以发展生产为改革的中心议题。李悝的"尽地力之教",商鞅的"为田开阡陌封疆",王莽的"王田制",魏孝文帝的"均田制",王安石的"农田水利法"等等,虽然形式不同,性质各异,但其政策思维不外"足食""富之"而已。谁把土地问题解决好了,谁的改革就成功,否则,必败无疑。

左丘明传春秋

足兵。孔子一生提倡仁义礼智信,从来不宣传战争,甚至连讨论也不愿意。周游列国来到卫国,卫灵公向他请教战阵之事,孔子曰:"俎豆之事,盖尝闻之矣;军旅之事,未之学也。"他觉得卫灵公无聊,不向他问礼,却向他问兵,次日便离开了卫国(《卫灵公》)。何以这里又将"足兵"作为政治方案中仅次于"食"的重要内容提出来呢? 其实,这是孔子出于实际需要的考虑。孔子所处的春秋社会,以强凌弱,以众暴寡成了家常便饭,其间"弑君三十六,亡国五十二,诸侯奔走不得保其社稷者不可胜数!"(《史记·太史公自序》)那是一个人欲横流、礼义扫地的社会,人类和平共处的公德早已被抛到九霄云外了! 经学家称这个时代为"据乱之世"。在这样的乱世中要治国安民,无武备怎么可以呢? 纵然要在国内举礼作乐,也需要强大实力作为保证才行。面对这样的现实,实际的孔子无论如何也不会忘记武备的。

那么,孔子是怎样看待军事问题的呢? 曰:注重防御,反对侵略,教而后战,以战去战。

注重防御。上文所引"足兵"即是从防御意义上讲的。孔子为大司寇时,齐鲁二公相会于夹谷,孔子相礼。行前,鲁定公相信了齐国友好会盟的鬼话,满心欢喜,毫无戒备,准备乘着普通车子前往赴约。孔子曰:"臣闻有文事者必有武备,有武事者必有文备。古者诸侯出疆,必备官以从。请具左右司马(掌兵官)。"(《史记·孔子世家》,亦见《谷梁传》)。后来,齐国果然背信弃义,想在盟会时挟持鲁公,幸好鲁国事先做了准备,才有惊无险。"有文事者必有武备",正是加强防御的意思。

反对侵略。正如孔子的仁义思想是为了让大家共同快活、普天同庆一样,孔子搞武备的目的也是为了保卫人民安居乐业,而不是掠夺和侵略。"己所不欲,勿施于人。"自己国家不愿被别人侵略,孔子也绝不将侵略施之他国。因而,他坚持反对侵略战争。《季氏》载季孙氏为政,将侵略附庸小国颛臾,在季家做家臣的冉有和子路将此事告诉孔子,孔子说:"丘也闻有国有家者,不患寡而患不均,不患贫而患不安。盖均无贫,和无寡,安无倾。夫如是,故远人不服,则修文德以来之。既来之则安之。今由(季路)与求(冉有)也,相夫子(指季孙氏),远人不服,而不能来也;邦分崩离析,而不能守也。而谋动干戈于邦内。吾恐季孙之忧,不在颛臾,而在萧墙之内也。"在这里,孔子提出了均贫富、和人民、安邦国的治国原则,和"远人不服,则修文德以来之,既来之则安之"的外交政策。这与他回答叶公问政时所谓的"近者说(悦),远者来"(《子路》)的命意相同。他认为,只要国内搞好了,文治灿然,安定团结,外国人就自然而然地感其风化,顺服于你,否则,内政不修,民怨沸腾,外人哪里肯服? 就是兴师征讨也不起作用。更有甚者,如果国内未安定,却去穷兵黩武,发动侵略战争,必然后院起火,祸起萧墙。

教而后战。战争有时是必要、不可避免的;战争又是残酷的、流血的,有国有家者,不可不慎。故《老子》曰:"夫佳(唯)兵者,不祥之器也。"孙子曰:"兵者,国之大事,死生之地,存亡之道,不可不察也。"(《孙子兵法·计篇》)孔子出于仁者之心,又怎忍随便将人们推入战争这个血与火的深渊呢? 故《述而》云:"子之所慎:齐(斋)、战、疾!"孔子对战争是慎重的,不轻易提及。他反对穷兵黩武,反对"不教使战",认为将未加训练和教导的士兵草率推进战场,这是非常不负责任的:"子曰:'以不教民战,是谓弃之。'"(《子路》)主张对人民加强战争教育和战术训练,并须之以时,方可从征:"子曰:'善人教民七年,亦可以即戎(从征)矣!'"善于指挥的人对人民要进行七年的训练,才可以从事战争;在不战不已的时候进行战争,以训练有素的士兵驰骋沙场,这就是孔子的战略思想。孔子出身武士之家,其父叔梁纥即以勇力闻于诸侯,立有战功,他本人也体质魁梧,力大无比,《吕氏春秋》:"孔子之劲,举国门之关而不肯以力闻。"(《慎大览·慎大》)又知兵知战,曾经成功指挥过粉碎费人暴乱的战争；他传授门徒，子弟也多通军事，《史记·孔子世家》："冉有为季氏将师，与齐战于郎，克之。季康子曰：'子之于军旅，学之乎？性（生就）之乎？'冉有曰：'学之于孔子。'"孔子不与卫灵公议兵，非真不知兵，只是示其不以武力为重罢了。

以战去战。战争有时是乱之源、祸之根，但有时也是剔除社会肌体腐败势力的手术刀，是迎接和平之神降临的助产婆，因此，自古圣王也不得不利用它。故楚庄王说："止戈为武"（《左传》宣公十二年）。孔子曰："人生有喜怒，故兵之作，与民皆生，圣人利用而弭之，乱人举之丧厥身。"（《大戴礼记·用兵》）"利用而弭之"，即以兵去兵。齐田氏弑其君，孔子斋戒沐浴，要求鲁哀公吊民伐罪；公叔氏以蒲叛卫，孔子建议卫灵公讨而伐之。这与一生讲仁义礼让的孔子似乎有些不协调，其实，孔子的以战去战思想，正是仁义礼让精神的体现。《大戴礼记·用兵》载："（鲁哀）公曰：'用兵者，其由不祥乎？'子曰：'胡为其不祥也？圣人之用兵也，以禁残去暴于天下也。'""禁残去暴"是孔子用兵的目的，是以战去战的具体说明。只有禁残去暴，才能保证人民的正常生活，才能保证国家的平安和稳定，这样，战争是保证推行仁义之政、实行礼乐教化的必要手段。从事战争正是出于爱民的仁人之心，并不与仁义相悖。鲁哀公十一年，鲁国抗击齐兵的入侵，孔子对战斗中牺牲的鲁国将士称赞有加。其中有未成年的牺牲者，按礼祭奠时只能采用"殇礼"，但孔子却说："能执干戈以卫社稷，可无殇也！"（《左传》）孔子弟子冉有在这次战斗中表现出色，孔子就称许他有"义"。可见，孔子反对不义之战，而赞扬正义之战。义与不义，是决定孔子战争的态度的界标，这正是他仁义情怀的表现。战国大儒荀子对此也有非常深刻的思考。有人问："仁者，爱人；义者，循理。然则又何以兵为？"荀子曰："非女（汝）所知也。彼仁者爱人，爱人，故恶人之害之也。义者循理，循理，故恶人之乱之也。彼兵者，所以禁暴除害也，非争夺也。"（《荀子·议兵》）仁者爱人，故不忍心人民被暴力所害；义者循礼，故不容许公理被人所贼。军事，就是禁暴除害的。同样主张以兵除害，这是爱好和平的中国人民的优良传统。经孔子为首的儒家提倡，已经深入人心，成为人类共同接受的外交原则。

就"庶、富、教"言之，庶是人口增殖，富是丰衣足食，教是礼乐教化。将"庶、富"排在"教"之前，与将"足食"摆在"足兵、信之"之前具有同样道理，即《管子》所谓："仓廪足而知礼节，衣食足而知廉耻。"告子曰："食、色，性也。"（《孟子·告子上》）《礼记·礼运》曰："饮食、男女，人之大欲存焉。"人有求得生存的需要，也有求得繁衍的本能。天下皆然,古今同理。马克思主义"两个再生产"理论也告诉人们:"人们能够创造历史,必须能够生活。但是,为了生活,首先就需要衣、食、住以及其他东西。因此第一个历史活动就是生产满足这些需要的资料。"又说:"每日都在重新生产自己生命的人们开始生产另外一些人,即增殖。"(《德意志意识形态》)将两段话归纳起来,前者为物质资料再生产,后者为劳动力资源再生产,用告子的话即是"食、色",用《礼记》的话即是"饮食、男女",用孔子的话即是"庶、富"。告子、《礼记》立足于人的需要,认为人有需食需色的本性;孔子立足于统治者的政策考虑,认为应当对人民实行庶之、富之的政策。其着眼点只有一个,即解决人类生存、生产的起码要求。富民思想,一直是中国传统治国理想。《尚书·康诰》曰:"惟文王之敬忌,乃裕民。"孔子亦将利民爱民的惠心作为仁德之一(《阳货》),盛赞子产"其养民也惠"(《公冶长》),子产死后,孔子潸然出涕,曰:"是古之遗爱也!"(《左传》昭公二十年)那么,孔子认为怎样才能惠民、利民,使其富裕起来呢? 他认为只要善于为政,就可做到"惠而不费",能够"因民之所利而利之,斯不亦惠而不费乎"(《尧曰》)。君王在上,自己又不能生产,怎样才能惠民、利民呢? 那便是实行对人民真正有利的政策。汉代晁错说得好:"圣王在上而民不冻饥者,非能耕而食之,织而衣之,为开其资财之道也。"(《汉书·食货志上》)

怎样的"资财之道"呢? 孔子提出轻徭、薄赋、厚施三原则。轻徭,即减轻徭役。孔子不反对人民从事必要的劳徭:"爱之,能勿劳乎?"(《宪问》)但他主张要爱惜民力,"使民以时"(《学而》),即使用得时,征调徭役不违农时。《尚书·尧典》曰:"食哉唯时。"此语意即应在农闲时抽调徭役,"岁月日时无易(错乱)",于是"百谷用成"(《尚书·洪范》)。让人民在保证生产的前提下服役,虽劳之而无怨:"择可劳而劳之,又谁怨?"(《尧曰》)薄赋,即反对超经济剥削。在生产力十分低下的古代社会,统治者食税过多,聚敛无度,必然造成人民的饥饿。《老子》曰:"民之饥也,以其上食税之厚。"如果劳动人民生活成问题,就不能进行两种再生产,因此孔子要求统治者用薄赋以养民力:"薄赋敛则民富。"(《说苑·理政》)与老子一样,孔子也认为统治者的多欲是造成盗贼公行和社会不安的原因之一:"季康子患盗,问于孔子,孔子对曰:'苟子之不欲,虽赏之不窃。'"(《颜渊》)可是,贪鄙的季孙氏还是不知道这个道理,虽"富于周公",还叫冉有为之聚敛,难怪孔子要号召弟子们"鸣鼓而攻之"了。厚施,即重施恩惠于民。"博施济众"是孔子的远大理想(《雍也》),而厚施就是他实现这一理想的手段。《左传》哀公十一年记载季康子欲增加赋税,叫冉求问问孔子行不行,孔子三问而不答,最后才说:"君子之行也,度于礼。施取其厚,事举其中,敛从其薄。""施取其厚",既可结恩于民,又可培养民力,还可藏富于民。人民富裕了,国家还有不富裕的吗?有若曰:"百姓足,君孰与不足;百姓不足,君孰与足?"(《颜渊》)荀子曰:"下贫而上贫,下富而上富。"(《荀子·富国》)先富民而后富国,是中国儒家的传统思想。

(二)重教、轻刑

重教,即重视礼教。上文所引的"信之""教之"即其事。信之,使人民相信统治者,这是身教。教之,则可归属于言教。儒家认为,人是有理性的动物,社会应是有秩序的社会,人民应该在秩序中过文明的生活。教,正是帮助人民认识自己的理性,理解社会的秩序,明白文明的规范的必要措施。孔子说:"君子学道则爱人,小人学道则易使。"(《阳货》)孟子曰:"人之有道也,饱食暖衣,逸居而无教,则近于禽兽。圣人有忧之⋯⋯教以人伦,父子有亲,君臣有义,夫妇有别,长幼有叙,朋友有信。"(《孟子·滕文公上》)荀子曰:"不富无以养民情,不教无以理民性。故家五亩宅、百亩田,务其业而勿夺其时,所以富之也。立大学,设庠序,修六礼,明七教,所以道(导)之也。《诗》曰:'饮之食之,教之诲之。'王事具矣。"(《荀子·大略》)人是有食色本性的动物,故首当足食和富之。但是,人又是具有爱类、和群等社会性的高等动物,故需要教之诲之,让他们在人格上自觉、在道德上自律。教,正是在"足食、富之"基础上,提高人们个性修养、增强人的道德觉悟的积极措施。孔子出于"己欲立而立人,己欲达而达人"的仁者情怀,主张积极施教,向人民晓谕事理,从积极意义上讲,可以促成人们知礼知节、知规知矩,过合乎道义、合乎礼教的文明生活;从消极意义讲,可以规劝人们遵纪守法,循规蹈矩,避免陷于刑律。孔子反对那种"不教而杀""不戒视成"的愚民、惘民作法,尖锐指出:"不教而杀之谓之虐,不戒视成谓之暴。"(《尧曰》)认为不对人民进行教育,却实行严刑峻法,这无异于坑民、害民。孔子的这一思想可以用他自己的两句名言来概括:

民可使,由之;不可使,知之。(《泰伯》)

"可使","不可使"的"使",即"小人学道则易使"的"使","易使"是人民大众知晓"义"之后达到的遵纪守法、循规蹈矩的状态。孔子认为,如果人民知道规矩,依礼而行,那就可以放手让他们去自由行使权利;如果还不知道规矩,不能依礼而行,那就要开导他们,使其知道。这是"教之"的准确表述。轻刑,即不以刑罚为重,这一

孔子家语

孔子的伦理学说

图文珍藏版

思想体现在下列格言之中：

> 导之以政，齐之以刑，民免而无耻；导之以德，齐之以礼，有耻且格。（《为政》）

（三）为政在人——选贤才

政治是管理科学，是人管理人的科学，没有好的管理者，怎么进行政治呢？故找到理想的管理人选是政治最重要的事情。孔子曰："其人存则其政举，其人亡则其政息。""故为政在人。"（《中庸》）人才是政治兴衰的保障之一，是事业成败的关键所在！因此，当鲁哀公问政于孔子，孔子曰：政在选贤（《韩非子·难三》）。当仲弓为季氏宰，问计于孔子，孔子曰："选贤才。"（《子路》）当子路问治国之术于孔子，孔子还是说："尊贤！"（《说苑·尊贤》）

孔子认为，得贤可以立政，得贤可以治国，得贤可以王天下。他对古代养贤尊贤之人，知贤用贤之君，佩叹有加。卫灵公是有名的"无道"之君，"其闺门之内，姑姊妹无别"，孔子反而称他为贤君（《说苑·尊贤》）。鲁哀公、季康子困惑不解，孔子回答说："仲叔圉治宾客（外交），祝鮀治宗庙（礼仪），王孙贾治军旅（军事）。夫如是，奚（怎么）其丧？"（《宪问》）任用贤才，纵然是昏君庸主也可长保国祚。介子推年方十五，为楚国相，孔子甚感奇怪，派人前往考察，回来的人说："廊下有二十五俊士，堂上有二十五老人。"孔子听后说："合二十五人之智，智（聪明）于汤武；合二十五人之力，力（强劲）于彭祖。以治天下，其固免矣！"（《说苑·尊贤》）得贤合众，集思广益，虽毛头小伙也可治理天下，而况一国乎！齐景公曾问孔子曰："秦穆公国小处辟（僻），其霸何也？"孔子曰："秦，国虽小，志大；处虽辟，行中正。身举五投（百里奚），爵之大夫，起累（缧）绁（拘捕）之中。与语三日，授之以政。以此取之，虽王可也，其霸小矣。"（《史记·孔子世家》）秦穆公任用贤人而称霸西戎，孔子认为虽王天下也是办得到的，何况才称霸诸侯呢？其渴贤求贤之意，溢于言表。鲁国孟献子"以畜贤为富"，"孔子曰：孟献子之富，可著于《春秋》。"（《新序·刺奢》）而臧文仲不举贤者柳下惠，孔子斥之为"窃位"（《卫灵公》）。凡此，无不体现出他敬贤、爱贤的热切之心。

孔子的人才思想可归纳为：先德后才，德才兼备；量才录用，不求全责备；不避亲疏贵贱，唯才是举；注重实际，不为表象所惑；信之任之，大胆用人。

先德后才，德才兼备。《说苑·尊贤》："孔子曰：'人必忠信重厚，然后求其知（智）能焉。……是故先其仁信之诚者，然后亲之；于是有知（智）能者，然后任之。

故曰：亲仁而使能。'""忠信重厚""仁信之诚"为品德修养，属于德。"知能"，为才干本领，属于才。对同一个人，应当先考察他的德，然后考察其才："人必忠信重厚，然后求其知能焉。"对于一群人，应首先注意有德者（"仁信之诚者"），然后注意有才者（"知能者"）。对有德者采取亲近的态度，而对有才者则采取使用手段。可见，孔子在考察人才时，是先德后才，亲德使才。最好是德才兼备，其次是亲近有德之人而使用有才之人。这种思想在另一则故事中表达得十分清楚：鲁哀公问孔子："请问取人。"孔子对曰："无取健，无取詌（gān），无取口哼（tǔn）。健，贪也；詌，乱也；口哼，诞（夸张）也。故弓调（正）而求劲焉。士不信悫而多能，譬之其豺狼也，不可以身迩（近）也。"（《荀子·哀公》）倘若一个人不诚、不信，而有才干，那犹如有尖牙利爪的豺狼，是千万不能够接近的。这就是先德后才的必要性。

哀公问曰："何为而民服？"孔子对曰："举直（有德）错（置）诸枉（歪邪），则民服；举枉错诸直，则民不服。"（《为政》）

子曰："举直错诸枉，能使枉者直。"（《颜渊》）

这个道理与"负且乘致寇至""政者正也"的道理相同。

量才录用，不求全责备　在个人才能方面，孔子主张用人如用器，有一分长用一分长，有一分才用一分才："君子……及其使人也器之；小人……及其使人也求备焉。"（《子路》）又曰："无求备于人。"（《微子》）人各有长，用其所长，弃其所短，则世不乏才。

不避亲疏，唯才是举\春秋之时，世卿世禄，位势津要皆为贵族所把持。孔子主张受过教育、德才优秀的平民子弟也可以进入仕途，参加管理。他说："先进于礼乐，小人也；后进于礼乐，君子也。如用之，则吾从先进。"（《先进》）又说："犁牛（耕牛）之子辛（赤色）且角（角形周正），虽欲勿用（祭神），山川其舍诸？"（《雍也》）孔子有个弟子名仲弓，有才有德，"可使南面"统治天下，可惜他出身贱微，按礼制，是没有资格从政的。孔子说：耕牛的儿子长得毛色瑰丽，角形周正，山川之神难道不喜欢它吗？于人亦然。因此，孔子对选伊尹于厨师之林的汤、举五羖于缧绁之中的秦穆公，赞佩有加。与之相联系的是，孔子还鼓励人们出于公心，唯才是举，不避亲仇之嫌，这集中表现在他对祁黄羊的赞赏上。《吕氏春秋·去私》云：晋平公问于祁黄羊曰："南阳无令，其谁可而为之？"祁黄羊对曰："解狐可。"平公："解狐非子（你）之仇邪？"对曰："君问（孰）可，非问臣之仇了。"平公曰："善。"晋平公遂用之，果然不错，国人称善。后来平公又问祁黄羊曰："国无尉，其谁可而为之？"对曰：

孔子家语

孔子的伦理学说

图文珍藏版

"午可。"平公曰:"午非子之子邪?"对曰:"君问可,非问臣之子也。"平公曰:"善。"又用之,国人称善。孔子闻之曰:"善哉!祁黄羊之论也,外举不避仇,内举不避子。祁黄羊可谓公矣!"解狐本是祁黄羊的私仇,当晋平公要求祁黄羊推荐人才时,祁黄羊毫不犹豫地推荐了他;祁午乃祁黄羊之子,祁黄羊也举荐了他。"外举不避仇,内举不避亲",这就是出以公心,唯才是举,《尚书·洪范》曰:"无偏无党,王道荡荡。"祁黄羊可谓得古之良训。后来,《礼记》将这一美德定为儒者的优良品质,曰:"儒有内称(举)不避亲,外举不避怨;程功积事,推贤而进,达之不望其报;君得其志,苟利国家,不求富贵。其举贤援能有如此者!"(《儒行》)

注重实际,为表象所惑\孔子认为对人才有一个考察过程,要其注重言行,不要为表面现象所惑。"君子不以言举人,不以人废言。"(《卫灵公》)不要仅仅根据其言论的好坏而定其去取。主张"如有所誉,其有所试。"对一个人的称誉,应先考察他的试用情况。他曾经谈自己的亲身体会云:"始吾于人也,听其言而信其行;今吾于人也,听其言而观其行。"(《公冶长》)先时,孔子听人说了那样的话就相信他会有那样的行动,后来孔子是听了说话后还要考察他是怎么做的。因为光听其言往往是靠不住的。他举了两个实际的例子:"吾以言取人,失之宰予;以貌取人,失之子羽。"(《史记·仲尼弟子列传》)孔子说,如果以言取人的话,他差点让宰予蒙蔽了;如果以貌取人,他差点失去了高才生子羽。为什么呢?据记载,宰予"利口辩辩",能说善道,但不接受孔子教诲,竟然想改掉为父母行三年之丧的礼制;又懒怠嗜睡,白日昼寝,被孔子斥为"朽木不可雕也"。子羽,即澹台灭明,"状貌甚恶",孔子初以为材薄,后来他教授生徒,弘扬孔子之教,有弟子三百人,"名施乎诸侯"。可见,要认识一个人不能单听他的好言好语,也不能单凭他的长相外表,而应注重实际,注意真才实学。

信之任之,大胆用人\选贤举能,目的是用贤,让贤才发挥才干,起到"治国平天下"的作用,成就"博施济众"的伟业,而不是叶公好龙似的假尊贤,也不是储藏珍宝似的将贤才束之高阁,置之不用。有贤不用与无贤相同。据《说苑·尊贤》记,子路问于孔子曰:"治国何如?"孔子曰:"在尊贤而贱不肖。"子路曰:"范中行尊贤而贱不肖,其亡何也?"孔子曰:"范中行氏尊贤而不能用也。"治国的要务在尊贤,但范中行氏尊贤而不用,达不到尊贤的目的。孔子认为,人君发现了贤才,就应当信之任之,大胆用之。要做到这一点,首先须在心理上放心,大胆放权,让贤才有充分的自主权,以便施展才华。郑简公好乐,但他任用子产,信任子产,子产没有掣肘,就将郑国治理得很好,小小郑国让诸侯各国也敬它三分。他曾对子产说:"饮酒之不乐,钟鼓之不鸣,寡人之任也。国家之不乂(安宁),朝廷之不治,与诸侯之不得志,子之任也。"孔子曰:"若郑简公之好乐,虽抱钟而朝可也。"(《尸子·治天下》,见《群书治要》)郑简公与子产分工明确,自己管饮食、歌舞、享受,子产管国事、朝纲、外交。结果,郑国大治。从郑简公的言论上看,他是昏庸荒淫得够过分的了,但从实际效应看,他大权下放,让贤者理政,这正是孔子称赞他的原因。孔子不主张革命,不主张夺权,但他希望平庸之君将权力交给贤人代管,哪怕他本人整天荒淫无度,抱着钟鼓登朝,也是可以的,这样就减少了可能给天下人民带来的灾难。其次,要很好地做到信之任之,大胆用之,还必须力排谮言,有始有终。相传尧欲传天下给舜,鲧出来反对,曰:"不祥哉! 孰(怎么)以天下而传之匹夫乎!"尧不听,举兵诛杀鲧于羽山之郊。共工又以相同的理由阻拦,尧仍不为所动,又举兵诛共工于幽州之都。于是,天下再也没有人反对传贤的事。孔子评价说:"尧之知舜之贤,非其难,夫至乎诛谏者,必传舜,乃其难也!"(《韩非子·外储说右上》)知贤举贤困难,但得贤之后,不被诋毁所动,对贤者坚信不疑,更是难乎其难。三人成虎,众口铄金,虽曾子之母、汉文之君,犹自难免,何况他人乎! 难怪历史上好人不寿、贤者落拓之事屡见不鲜了!

唐太宗是中国历史上最能够知人善任、举贤用贤的一代明君,他曾说:"有贤不用与无贤等,用而不信与不用等。"历史上许多昏庸之君有贤而不识,识贤而不用,用贤而不信……故亡国破家者有之。贤乎贤,家国之所系。生民之所望,岂可忽视!

十三、孔子说"刑"

孔子是仁人,是君子,还是圣人,仁人君子圣人谈刑吗? 我们说,根据社会的需要,孔子照谈不误。那么孔子是怎样谈刑的呢? 是在什么情况下谈刑的呢?

(一)"孔子诛少正卯"的是是非非

在先秦至两汉时期,盛传这样一则故事:话说孔子作大司寇,东折齐师,内堕三郡,赢得鲁国从上到下的一片喝彩,季康子也十分信任他,两人配合默契,"三月不违"。后来,季康子干脆将执政之事也交给孔子代理,这就是史称"由大司寇行摄相事"。出人意料的是,孔子听政才七天,就诛杀了鲁国的知名人士少正卯。门人弟子多惑而不解,子贡问曰:"少正卯是鲁国的知名人物,老师执政伊始,便杀了他,恐怕有些失策吧?"孔子说:"啊,我告诉你原因吧:人间有五种比盗贼还严重的罪恶:一是见识高深,明白事体,但居心险恶;二是行为乖僻,专走邪路,并且态度坚决;三是宣传谬说,而又能言善辩,影响极坏;四是对丑言丑行,博闻强记,泄露机密;五是行为虚伪,但却冠冕堂皇,影响很坏。少正卯兼有这五种罪恶。他居处足以聚集门徒,形成非法组织;言谈足以粉饰邪说,迷惑人心;顽固得可以倒非为是,劲挺难拔。这是小人中的奸雄,不可不诛。"(原文见《荀子·宥坐》:"一曰心达而险,二曰行辟而坚,三曰言伪而辩,四曰记丑而博,五曰顺非而泽。")

这条记载最早见于《荀子》,后来《尹文子·圣人》《说苑·指武》《刘子·心隐》《孔子家语·始诛》都有相同记载。《史记·孔子世家》和《淮南子·氾论》也提及此事,《史记》云"于是诛鲁大夫乱政者少正卯",称少正卯为"大夫";《淮南子》云"孔诛少正卯而鲁国之邪塞",将诛少正卯说成是孔子新政得以贯彻的重要措施。《论衡·讲瑞》又说:"少正卯在鲁,与孔子并,孔子之门三盈三虚,唯颜渊不去。"在此少正卯被视为当时与孔子对着干的旗鼓相当的敌对势力。

综合数家资料可知:少正卯是鲁国大夫,观点与孔子相左。两人对设学宫,招徕听从。少正卯因才辩的雄奇和言论的新颖,夺走了孔子不少信徒。孔子执政推行新政,少正卯又出来捣乱。其人屡教不改,态度顽固,拉帮结派,成为比盗贼还凶恶的改革之大敌、前进之阻力。孔子为了推行新政,首诛少正卯,以杀一儆百,肃清异己!

关于孔子诛少正卯,先秦、两汉乃至魏晋六朝文献皆无异说。但自唐杨倞注《荀子》,怀疑《宥坐》"以下皆荀卿及弟子所引记传杂事",从此遂开怀疑《宥坐》篇所记内容是否真实的论端。于是屡有人怀疑其中关于孔子诛少正卯的记载纯属子虚乌有。后来王若虚《滹南遗老集》、阎若璩《四书释地又续》、崔述《洙泗考信录》、梁玉绳《史记志疑》都有专文驳辩,今人陆瑞家等人还著成《诛少正卯辩》专著。以上诸人都主张《宥坐》关于"孔子诛少正卯"不真实。海外学者也十分关注这一问题的讨论,纷纷撰文参加论战。现在看来,以孔子诛少正卯之事来否定孔子一生及其思想,当然是愚蠢的、可笑的。但是,若认为讲孔子诛少正卯有损圣人完美的形象,就一概加以拒绝,也是不可取的。这些否定论既没有比《荀子》更过硬的否定材料,这种从观念出发来否定历史记载的方法,也有悖于实事求是这条基本的求知原则。

　　且看否定派代表崔述的理由:《论语》:"季康子问政于孔子曰:'如杀无道以就有道,何如?'孔子曰:'子为政,焉用杀?'……圣人之不贵杀也如是,焉有秉政七日而遂杀一大夫者哉!""《论语》《春秋传》……未尝一言及于卯,使卯果尝乱政,圣人何无一言及之? 史官何得不载其一事?""非但不载其事而已,亦并未有其名。然则其人之有无盖不可知,纵使果有其人,亦必碌碌无闻者耳,岂足当圣人之斧钺乎!""春秋之时,诛一大夫,非易事也,况以大夫而诛大夫乎!"结论是:"此盖申(不害)韩(非)之徒言刑名者,诬圣人以自饰,必非孔子之事!"

　　崔氏先从概念出发("圣人不贵杀"),然后列举了几条反驳的证据,但却不甚劲挺。从相反的角度看一下,这几条理由似乎都有破绽:孔子固然说过"子为政,焉用杀",但也说过"善人为邦百年,亦可以胜残去杀也"(《子路》);又说"王者必世(三十年)而后仁"。可见不用刑罚是有条件的,好人治国百年才能去掉刑罚,王者当政三十年才能广行仁政。以德化民,需要时间,非一朝一夕的功夫(参见刘宝楠《论语正义》卷十五)。孔子说"焉用杀",但并不是"不用杀";孔子"不贵杀"也不是"不要刑"。治国安邦,必要的刑法是不可避免的,何况孔子才为政七日呢?《论语》《春秋传》诸书未提此事,当别有隐情。二百四十二年间亡国破家之事甚多,《春秋》尚且不得一一俱书,疏漏此事,不足为奇,不能以诸书记载与否定其有无。况且,后来《礼记·王制》将少正卯五罪定为宪令,说明这一事件的用刑原则与儒家礼教并不相悖。至于说少正卯"亦必碌碌无闻者","岂足当圣人之诛",但却不是忘记了"少正卯鲁之闻人也","孔子之门三盈三虚"的记载了吗? 至于"以大夫诛大夫"并非易事,确乎其然。但大夫有数等,贵族有掌权与不掌权之分,以一个声望日隆、独掌大权的大夫,杀一个仅会摇唇鼓舌、无权无势、落拓在野的"大夫",不是易如反掌吗? 孔子曰:"攻乎异端,斯害也矣!"(《为政》)异端邪说一定要打倒,因为它影响真理(如果是真理的话)的贯彻,何况少正卯是个"言伪而辩""行僻而坚"的强劲对手呢? 他不仅与孔子唱对台戏,而且竟然弄得"孔子之门三盈三虚",是一个让孔子难堪恼恨的异端分子! 可见,崔氏的四条理由皆不值一驳。

　　对"孔子诛少正卯"这样一个两千多年前的悬案,在缺乏资料、没有佐证的情况下,要做出精确考订是何等困难。我们认为,对于孔子这样的思想家,大可不必去为一些说不清的事硬性表态,而应该注意对其思想宝藏的开发。这里,我们也只考察孔子的刑法思想。通过分析和归纳,孔子的刑法思想有以下四个特点:重礼轻刑,先教后刑,重生轻杀,宽猛相济。

(二)重礼轻刑——导之以德,齐之以礼

孔子有一则世人皆知的名言:

道(导)之以政,齐之以刑,民免而无耻;道(导)之以德,齐之以礼,有耻且格(正)。(《为政》)

此语意为用政令来引导,用刑罚来整治,人民畏刑免于犯法,但没有羞耻之心;用美德来引导,用礼教来规范,人民有羞耻之心,并且行为端正。政治法律的作用,在于先设禁,以严对人,人们知畏而免。子产云:"夫火烈,民望而畏之,故鲜死焉。"(《左传》昭公二十年)韩非谓:"夫严刑者,民之所畏也;重罚者,民之所恶也。故圣人陈其所畏,以禁其邪;设其所恶,以防其奸,是以国安而暴乱不起。"(《韩非子·奸劫弑臣》)但是峻法严刑虽然可以防止人民犯罪,但人们只知恐惧,不知是非,没有耻辱之心,人成了法的奴仆,没有丝毫个性人格可言。《说苑·杂言》亦载孔子曰:"鞭朴之子,不从父之教;刑戮之民,不从君之政。"从民主的角度讲,棍棒教育是出不了好后代的,严刑峻法也培养不出顺服的臣民。峻法的过分实施,有可能演变成苛刑,无罪而有罪,小罪而大罚,法繁刑重,在所难免,因此为孔子所不取。他理想的为政措施是导德齐礼,用一种理想的道德人格来引导人民,感化人民,使人民唤醒良知、自觉个性,增益善美之心,明于是非耻辱,人们依礼而行,个个由德而化,既不犯罪,又有人格的自觉与个性的尊严。这就是"有耻且格"。

怎样导德齐礼呢? 首先是"正名",然后是劝善。正名,即调整社会各阶级、阶层的名分与行为之间的关系,使其吻合,名副其实;即孔子对齐景公的"君君、臣臣、父父、子子",亦即荀子的"贵贵、尊尊、老老、长长"。孔子特别注重统治者自身的表率作用,认为:"为政以德,譬如北辰,居其所而众星共之。"(《子路》)他主张不要立足于刑法,忽略治本,而以刑杀为威;更不要上行贪暴却责下清廉,上行残忍而责下忠孝。

季康子问政于孔子,曰:"如杀无道以就有道,何如?"孔子对曰:"子为政,焉用杀? 子欲善而民善矣。君子之德风,小人之德草,草上之风必偃。"(《颜渊》)又:季康子被盗贼弄得很苦恼,问计于孔子,孔子对曰:"苟子之不欲,虽赏之不窃!"(《颜渊》)这个道理很简单:上行下效,上梁不正下梁歪! 正如《说苑·贵德》所云:"天子好利则诸侯贪,诸侯贪则大夫鄙,大夫鄙则庶人盗。上之变下,犹风之靡草也!

然则民之盗贼,正由上之多欲!"国君好利,故屡禁奸而奸不止,屡倡廉而廉无踪!无怪孔子要说:"其身正,不令而行;其身不正,虽令不从!"又说:"苟正其身,于从政乎何有? 不能正其身,如正人何!"(《子路》)

其次是劝善。劝善,即"齐之以礼","礼乐兴"。因为在孔子那里,礼以仁义为内容,代表善言善行,仁为爱人,义为尊贤;仁为推己及人,义为上下等级;仁是广泛的施爱,义是恰当和适度。以仁义为内容的礼功用特大,礼教让人"恭敬庄俭"(《礼记·经解》),故知礼无叛。"子曰:'博学于文,约之以礼,亦可以弗畔(叛)矣夫!'"(《颜渊》)礼教可以使人生慈善之心,"使之哀鳏寡,养孤独,恤贫穷,诱孝悌,选贤举能。修此七者,则四海之内无刑民矣"(《大戴礼记·主言》)。若让礼教形成风俗,那就更好了,否则,若无礼教之俗,虽重刑亦不可禁。相传孔子打了个比喻:

吴越之俗,男女同川而浴,其刑重而不胜(克服),由无礼也;中国之教,内外有分,男女不同椸枷(晾衣竿、衣架),不同巾栉(梳篦),其刑不重而胜,由有礼也。(《尚书大传》)

此中可见礼教有劝善防乱的功能。

但是,不能因重礼轻刑而引申出唯礼弃刑。重礼轻刑,只有主次、先后之分,而无取此舍彼之意。孔子说:"君子之道,譬犹防(堤防)与?"(《大戴礼记·礼察》)防,即堤岸。犹之乎水需要堤岸来约束,才不致泛滥一样,人的行为也需要君子之道来管束和引导。堤岸是水流之防,礼制即人行之防。防的设置是预先的、主动的、积极的,但水有时而溢岸,人亦有时而越礼。越礼的行为就会干涉和影响他人的权利和自由,必然加以整治。于是刑法生焉,赏罚作焉。《左传》说:"礼,上下之纪,天地之经纬,民之所由生也。"(昭公二十五年)《管子·心术》云:"杀戮禁诛谓之法。"礼是积极主动的,引导型的,劝人善行走正路;刑法是消极被动的,强制型的,惩罚式的。《大戴礼记》云:"礼禁将然之前,而法者禁于已然之后。"(《礼察》)前者是牧师,后者是刽子手,前者是胡萝卜,后者是大棒……两者取长补短,相互为用。不过,礼的风化作用缓慢而微小,是无形之春风,是润物之雨露,不易被人察觉和注意;而法的惩治作用迅猛而明显,是有形的,雷厉风行似的,容易被人觉察和注意。许多统治者只看到法的威力,而看不到礼乐的潜移默化作用,虽然也能禁民为非,但并没有从根本上解决问题,此即"民免而无耻"。孔子之伟大之处,正在于看到了礼教风化的作用,于众人皆瞽盲之处看到了细微的、事关全局、长治久安的内

孔子家语

图文珍藏版

容,那便是礼教。这就是他主张重礼轻刑,先礼后刑的远见卓识,这就是他不肯定季康子以刑杀为威的原因。

孔子曰:"古之刑者省之,今之刑者繁之。其教:古者有礼然后有刑,以是刑省也;今也反是,无礼而齐之以刑,是以繁也。"(《尚书大传》)先礼而后刑故刑省,无礼而齐之以刑故刑繁,多么平凡的道理!

孔子曰:"听讼吾犹人也,必也使无讼!"(《颜渊》)

又曰:"使吾听讼,与众人等。然能先以德义化之,使其无讼。"(《汉书·贾谊传》颜注引)

孔子曰:"使我狱讼,犹凡人耳。然能先以德义化之,使其绝于争讼。"(《汉书·酷吏传》颜注引)

孔子谆谆教诲,反复明白,表达的是一个意思:让我听理狱讼案件,我也同众人一样,依法办事而已。但是要问我的特别处,就在于以德导之,以礼化之,最终做到没有刑狱。可惜,后人并不完全(或不愿意)了解孔子的原意,善良的学者只看明白后半句,将孔子说成只要礼不要刑的迂腐学究;而专制统治者又只读明白前半句,祭起子云"听讼吾犹人……"的亡灵。其实这都不是孔子刑法思想的全部内容!

(三)先教后刑——不教而杀谓之虐

《荀子·宥坐》有则故事说,孔子为鲁司寇时,有一位父亲控告儿子,孔子拘留之,三月不断案。其后原告撤诉,孔子就把被告(儿子)放了。季康子听了很不高兴,说:"这老头子欺骗我,教我要以孝治天下,现在他却把一个不孝之子放了。"冉求把季氏的话告诉了孔子,孔子慨然长叹说:

呜呼!上失之,下杀之,其可乎?不教其民而听(治)其狱,杀不辜也。三军大败,不可斩也;狱犴(狱讼)不治,不可刑也。罪不在民故也。嫚(不肃)令而谨(严)诛,贼也;今生也有时,敛也无时,暴也;不教而责成,虐也。已此三者,然后可刑也。《书》曰:"义刑义杀,勿庸以即,予维曰未有顺事。"言先教也。

孔子说,统治者治国有失误,却对因这种失误犯错误的下民严刑诛戮,这样行吗?不对人民进行教育却去听理因无知发生的犯罪案件,就是杀不辜。三军大败,能够全部斩掉吗?法制没有很好地提倡,就不可滥用刑罚。政治和教化有失,其罪不在人民。政令不严而诛罚严,这是成心害人;生产有时可聚敛无度,就是暴政;不进行教化却责成其事,这是残酷的做法。将这三者清除了,然后才可以对不听令者用刑。这里的对话，不一定是当时实录，但其中"不教其民而听其狱，杀不辜也"，"嫚令而谨诛，贼也"，"不教而责成，虐也"诸句，与《尧曰》孔子答子张问政时指出的"四恶"一致："子曰：'不教而杀谓之虐，不戒视成谓之暴，慢令致期（到时兑现）谓之贼……'"可见，这些言论并不与孔子思想相悖。而《尚书》所谓"义刑义杀"，就是孔子先教后刑说的思想渊源。

在孔子看来，帝王将相，百官公卿，他们的价值不在于骑在人民头上作威作福，腐化享受，也不在于养尊处优，用等级来维系特权。一个统治者之所以有价值，就在于他们能够为人民谋福利，能为老百姓想到可以开发的利源，能帮助老百姓防止灾难的发生。他对人民是组织者，是管理者，他可以调配好辖下的人力、物力来安定社会，造福于人民。《左传》上说："天生民而树之君，以利之也。"（文公十三年）因此，君主和百官在人民面前，犹师长，若父母，应当爱之护之，教之化之，教人民应做什么，应怎样做？他以身作则，教化天下，《尚书》有"型于寡妻，至于邦家"的话，正是统治者应该照办的。如果表率作用不够，才有刑罚和惩处。孔子曾论述表率与刑罚的关系说："先王陈之以道，上先服（力行）之。若不可（未见效），尚贤以綦（教）之；若不可，废不能以单（通惮，吓）之。綦（教）三年而百姓从风矣。邪民不从，然后俟（待）之以刑，则民知罪矣。""是以威厉而不试（用），刑错（废置）而不用，此之谓也。"（《荀子·宥坐》）先是以身作则，身体力行；其次是选贤举能，激励风俗；再次是废除不肖，警惧贪鄙；最后才对屡教不改的"邪民"施以刑罚。言教、身教，以百官教，正面教，反面教，不行，最后乃用刑罚来整齐之。

可是，"今之世则不然：乱其教，其民迷惑而堕焉，则从而制之，是以刑弥繁而邪不胜。"统治者自己把是非搞乱了，把教育搞垮了，自身腐败了，社会已无公理可讲，无是非可辨，统治者浑浑噩噩，人民惶惶恐恐，徘徊歧路，莫知所之。一旦这些无知的（但无罪）民众走入了邪途，却又用严刑峻法处治他们，这无异于统治者预设陷阱让老百姓跳，无异于统治者亲手把人民推入火坑。这种不治本（不教）而治标（用刑）的做法，岂不是扬汤止沸的蠢举吗？其结果必然是"刑弥繁而邪不止"。

东汉思想家王符说："是故上圣不务治民之事，而务治民之心。故曰：'听讼吾犹人也，必也使无讼乎！'"（《潜夫论·德化》）此可谓得圣人三昧！

（四）重生轻杀——古之听狱求所以生之

从前商汤，一天出巡，见罗鸟者设网四面，祝曰："从天坠者，从地出者，从四方来者,皆来触吾网。"汤说:"嘻!这样就把鸟抓绝了。若非夏桀,有谁这样做呢?"于是撤掉三面,改辞祝曰:"欲左者左,欲右者右,欲高者高,欲下者下,吾取其犯命者。"汉水以南的诸侯听到商汤如此仁慈,相率归附者四十余国。这便是"网开三面"的故事,见于《吕氏春秋·异用》及《史记·殷本纪》等书。网开三面,用意在于克服苛察缴绕的做法,实行宽惠之政,让人民在宽松自如的环境中生产、生活,避免动辄得咎,投足犯禁。在司法上与网开三面思想相一致的,是孔子提出了重生轻杀的慎刑主张。他说:"古之听狱者,求所以生之;今之听狱者,求所以杀之。"(《尚书大传》引)孔子认为"古""今"有两种截然不同的司法精神:"古"者立足于无罪,总是找理由设法让被告生存下来;"今"者立足于有罪,网罗周织,力图将被告送上断头台。两种司法精神的侧重点、立足点不同,在具体办案中就会导致完全相反的两种结果:前者可能巨网失吞舟,让犯人逍遥法外;后者又可能捕风捉影,深文周纳,造成冤假错案。汉高祖杀功臣,明太祖兴大狱……除了某些政治上的原因外,恐怕与最高领导人"疑人窃斧"的心态不无关系吧?而在"刑不上大夫"的周代社会,贵族大夫逍遥法外,实行严刑峻法的结果,自然是庶民遭殃了。故孔子出于礼教的一贯思想,提出慎刑、省刑的主张,并认为省刑是本,繁刑是末:

孔子曰:"古之知法者能省刑,本也;今之知法者不失有罪,末矣。"(《汉书·刑法志》引)

他又说:

有虞氏不赏不罚,夏后氏赏而不罚,殷人则罚而不赏,周人则罚且赏。罚,禁也;赏,使也。(《太平御览》卷六三三载《慎子》引)

又说:

语曰:"夏后氏不杀不刑,罚有罪而民不轻死,死罚三千锾(重量,六两)。"(《尚书大传》)

这里所说的历代赏罚情况不一定准确,但至少它们表明了孔子崇尚轻刑慎罚的愿望。孔子希望现实中从慎罚省刑开始,日益减少用刑数量,最终达到"有虞氏不赏不罚"的境界,实现其"善人为邦百年,亦可以胜残去杀","四海之内无刑民","必也使无讼"的理想社会。

(五)礼刑并用——宽猛相济

礼禁于未萌,刑施于已然。重礼也好,重教也好,省刑也好,只可求得社会的大体和谐和民众素质的相对提高,但不能彻底排除越礼犯法等奸诈之徒产生的可能。教化是一个收效缓慢的过程,"王者必世而后仁","善人为邦百年",才可以"胜残去杀"。但是"胜残去杀""无讼""无刑民",只是一个理想中的境界,是存之于人心的涅槃,是久困于狱事之中的统治者、挣扎于死亡线上的民众都向往的"大同世界",也是一个没有犯罪才不用刑罚的社会。由现实通往理想之路还是一个漫长的黑夜,那里还存在以强凌弱、以众暴寡、上篡下僭,礼坏乐崩,盗贼奸宄,无恶不作……它们是君之敌、民之贼、礼之蠹,是社会的害群之马,是教化的反动力量。对于这些,孔子不会熟视无睹,姑息养奸,过早地将理想搬之于现实,将有罪说成无罪。他也不会愚蠢地放下刑罚这把清除腐朽、保护社会肌体健康的手术刀,而过早地歌舞"刑措不用"的虚假升平。孔子有"无讼"的理想,但也有"听讼吾犹人"的实际精神。正如他在政治上内心向往着"大同",而脚底却立足于"小康",希望继续前进,实现"大同"一样。在刑罚问题上,孔子也是心想"无讼",实际执行着慎罚省刑,最后达到"胜残去杀"。他并不主张在现实生活中完全废除刑罚,而是主张倡之以礼,刑之以法,宽猛手段互济互补。这是非常实际的,也是非常可行的。

《左传》昭公二十年记云:郑子产死后,子大叔不忍猛政,仍行宽政,结果郑国多盗,啸聚山林。大叔悔之,兴兵攻盗,尽杀之,盗贼渐稀。孔子闻之曰:"善哉!"并发议论说:

政宽则民慢(无礼),慢则纠之以猛;猛则民残(蹂躏),残则施之以宽。宽以济猛,猛以济宽,政是以和(和谐)。

"宽",指放松统治,减轻控制,但如果不在礼教中进行,或者贯彻礼教有偏差,人民就会因不知规矩而越礼犯法,这就是"慢"。"猛"指雷厉风行,依法从事,这是惩治越礼犯法行为的补救措施。若用单纯猛政来治民,将使民不聊生。因此,当猛政足以纠偏时,要不失时机地改施宽政,以便使人民得到休养生息。以宽养民,以刑纠偏,礼法并用,这正是孔子刑法思想的灵活运用。

孔子用法,其特别处不在于借助具体条款来断理案件。《史记》说:"孔子在位听讼,文辞有可与人共者,弗独有也。"(《孔子世家》)孔子在处理案件时,在判上并无与众不同之处。其特殊处在于善于利用刑法莫测的神圣威力,形成一种先声夺人、荡涤污泥浊水的庞大气势,起到未申而法已严、不刑而乱已禁的效果。

"唯名与器,不可假人",刑法亦然。公元前513年,晋国铸刑鼎,将范宣子刑法铸在鼎上,公之于世。孔子评议曰:

晋其亡乎？失其度（规矩法度）矣。夫晋国将（当）守唐叔之所受法度，以经纬（统治）其民，卿大夫以序守之，民是以能尊其贵，贵是以能守其业。贵贱不愆（越位），所谓度也。……今弃是度也，而为刑鼎，民在（注意）鼎矣，何以尊贵？贵何业之守？贵贱无序，何以为国？

后人颇利用这段材料论证孔子反对成文法，其实不然。在孔子看来，人民的权利就是执行，就是遵守统治者合乎礼制的指教。贵族以及各级统治者的本钱，不仅仅是祖先遗传的爵禄和家产，而且更重要的是他们握有平民无从知道的量刑定刑的刑法，有教导人民做什么、怎样做的义务（即"导之以德，齐之以礼"），又有惩治不依教、不行礼者的权威。礼，教人该做什么，怎样做，这有明文规定。但当违礼犯禁后，定什么罪，量什么刑，却藏之于秘府（并非无成文），断之于宸衷，让人民有一种莫测高深的畏惧感。可是晋国公开了，该当何罪，应受何刑，条条在款，章章在鼎，贵族和统治者把老底都交给了众人，还有何神秘和权威性可言？因此，孔子说，晋国的卿大夫失去了自己的神圣职权，人民都知道了刑法的内容，统治者失去了自己神威的资本，还有什么威信？明文在鼎，法总有漏洞，难免刁民钻法的空子。在上者无威信，在下者钻空子，天下还不乱吗？因此，孔子说晋国离灭亡不远了。

孔子善于运用刑法神秘性，灵活使用赏罚二柄，驱走天下，达到罚不行而奸已止的效果。相传鲁国都城附近的沼泽失火，北风呼啸，火势向南蔓延，威胁着都城曲阜的安全。鲁哀公亲自率众灭火，哪知人们追逐野兽去了，火势却越来越猛。哀公召见孔子，孔子曰："逐兽者乐而无罚，救火者苦而无赏，此火之所以无救也。"哀公曰："善。"孔子曰："事急，不及以（用）赏；救火者尽（全）赏之，则国不足以赏于人。请徒（只）行罚。"哀公曰："善！"于是孔子下令曰："不救火者，比降北（战败逃跑）罪；逐兽者，比入禁（进入禁苑）罪。"令下还未传遍，火已经被扑灭了。（《韩非子·内储说上》"七术"）这则故事可能系韩非假托，但却与孔子议刑鼎的思想一致。不救火者，当成投敌和逃跑处理；逐兽的，当成擅入禁苑处理。这在刑法上未必有此条文。如果当初鲁国也把刑法公之于众，众人必然会以孔子之令为戏言，不予理会。但这样宣布，在当时却是十分必要的。也许这正是孔子反对将刑法公之于众的妙用所在。

用不测之刑，行不测之赏，威重而民服，奸宄敛迹。相传鲁国有沈犹氏者，早晨将羊灌饱了水以欺市人；有公慎氏者，娶妻而淫荡不止；有慎溃氏者，奢侈骄佚；又有鲁国市场卖牛马者，多高抬物价……但一听说孔子当司寇，沈犹氏不敢朝起灌羊子以水了,公慎氏将妻子休掉了,慎溃氏越境远逃了,鲁国卖牛马的都不敢高抬物价……这段记载最早见于《荀子·儒效》,后来《史记》《新序》都有类似的说法。如果其说不虚,当与孔子一生提倡教化、主张行不测之刑有关。

在理想上是"无讼""胜残去杀",在现实中是省刑慎罚,用德政来感化人民,用礼教来移风易俗。民俗敦厚,人心向善,减少犯罪,减省刑罚。坚持不懈,长久努力,最后达到"刑措不用"的境界。着眼点在爱民、在生民、在教民,而不是残民、杀民、虐民,但又不放弃刑罚,姑息养奸。用礼、用教来积极预防,用刑用罚来纠敝补偏,这就是孔子灵活的刑法思想,值得后人深思汲取。

十四、孔子说"孝道"

1982 年,孔子 2533 年生辰纪念大会在旧金山金门公园举行,美国总统弗·里根专函祝贺,赞曰:"孔子高贵的行谊与伟大的伦理道德思想,不仅影响他的国人,也影响了全人类。孔子学说世代相传,提示全世界人类丰富的做人处世原则!"作为一个中国人,特别又是一个用不着阿谀的中国古人,孔子能在民主与科学都相当发达的美国,赢得合众国总统如此崇高的赞赏,这在世界历史上也属罕见。孔子的思想是多方面的,总统先生单单举出孔子"高贵的行谊"

美国前总统里根

和"伦理道德思想",想来作为孔子伦理道德基石的"孝道",当亦是深得这位年届古稀的异国总统所赞许的,也是不满于年轻人缺乏敬老爱老意识的美国老人们所乐闻的。可见,孝的情感是温馨的、令人陶醉的,由古代的东方浸润渐衍至于当代的西方,真不愧是超越时空的情感,具有永恒和普遍的价值!

孔子说:"立身有义焉而孝为本。"(《说苑·建本》)。将孝作为人伦的基点,作为立身之本;将孝作为一种社会公德,形成敬老爱老、以老为权威的社会风气;将孝作为立国之本,甚至以孝治天下……却是中国国粹,外国弗能有也! 这一国粹的形

孔子家语

孔子的伦理学说

图文珍藏版

成,与孔子的提倡分不开。

(一)孝的释义

从词义上考察,"孝"字与老、教、敫、学、效、校古音相近,意义相关,可视为一组同源词。"孝"字从老从子,一则表示孝之事发生在青年(子)与老年(老)之间,孝与老同源。二则表示教育,其字老者居上,少者居下,意即"老年为典型,少年之师范",故孔子曰:"夫孝,德之本也,教之所由生。"(《孝经》)明确指出教育起于孝。《礼记·王制》:"有虞氏养国老于上庠,养庶老于下庠。"《孟子·滕文公上》:"庠,养也。"赵岐注:"养者,养耆老也。"《礼记·礼运》:"三老在学。"此皆可证,以老人居学以教弟子,乃中国上古教育之实况,而国学养老的目的即在于教育。教育是授受关系,是教者和学者互相活动,故自老者言之,为"教"为"敫",为施教;自少者言之,为"学"为"效",为受教。至于"校",与"庠""序"皆同音声转,为施教之所。可见,孝与教、学、敫、效、校同源而近义。

从孝字到教、敫、效、校字形的演变,可以看出上古中国教育发展史,也可看出"孝道"演变与形成的简单历程。首先有"孝",老年为青年之师长、楷模,身教言传,身教为品德方面的榜样,言传乃知识方面的教诲,身教为人伦,言传为道艺。后来,孝遂分出人伦和道艺两途。人伦方面仍称"孝",知识方面改称"教"或"敫"。从青年人角度看,人伦的模仿为"效",知识的吸收为"学"。民生之初,老年人兼具品德和知识的优势,足以成为后生之师范,在自由、平等的原始社会里,这老、少之间的言传身教、效法学习,是十分和洽愉快的。孔子曰:"是故其教不肃而成,其政不严而治。"(《孝经》引)此语即是这种轻松教育的形象说明。随着剥削和压迫的产生,社会上世风日下,人心不古,老年人在知识和品德方面不再那么纯粹,不足以征服青年之心,于是人为的权威出现了,"孝""学"被加上"攴"(鞭扑),成了"教""敫""效",教与学带有强制内容,不再那么和谐平等了。就像政治的本义是"正"(孔子曰:"政者,正也"),即统治者先正自己,然后才能正天下。由于统治者不能正自己,不能以表率的作用正天下,故特加以鞭扑(攴),成了"政"字。这里,哪还有"其教不肃而成,其政不严而治"的影子!

社会上坑蒙拐骗,弱肉强食,无恶不作。社会这个本来十分理想的大课堂,再也不能作为教育和培养青年的场所了。于是设立学校,用木栅栏围起来,外加一道泮水,让青年与世隔绝,去接受那种经过提纯了的经典化教育,产生了"校"(或庠、序)的形式,一代又一代传了下来(有趣的是古代刑具也称"校",《周易》"荷校灭趾")。"孝"也变成了青年人对老年人的绝对服从:"五刑之属三千,不孝为大?"(《孝经》)它原有的老年人做出榜样让青年人学习和效法的本义,便泯灭无存了。这亦是历史所迫,时势使然。

(二)孝道与鲁国政治特色

孔子之所以形成以孝为基础的思想,与他所处的历史背景和成长土壤有关,特别是与鲁国亲亲尚恩有直接关系。《吕氏春秋·长见》载:"吕太公望封于齐,周公封于鲁,二君者甚相善也。相谓曰'何以治国?'太公望曰:'尊贤上功。'周公旦曰:'亲亲上恩。'太公望曰:'鲁自此削矣。'周公旦曰:'鲁虽削,有齐者亦必非吕氏也。'"《汉书·地理志》亦有相同记载。这里揭示了齐鲁两国不同的治国原则。齐国以"举贤尚功"为基本国策,具有功利性质。鲁国则以"尊尊亲亲"为基本国策,重视伦理道德。鲁国重视伦理的结果是脱不掉沉重的人情关系,能人贤人不被重用,国力日益削弱;齐国尊贤尚功的结果是国力富强,称霸天下。但是,齐国尚功,给野心家可乘之机,而疏远亲旧,又无公族辅翼,故齐国传了二十四君之后,即被权卿田氏取代了。鲁国崇尚亲亲,故公族一直是辅政的力量,很少出现弑君现象,也没有被别姓移鼎,共传了三十四代。

《论语·微子》亦曰:

> 周公谓鲁公(伯禽):"君子不施(弛,疏远)其亲,不使大臣怨乎不以(用),故旧无大故则不弃也,无求备于一人。"

周公封于鲁,自己留在京都洛阳辅佐周王,派儿子伯禽赴任治国。临行,周公对伯禽传授四条治国方略:一是不要疏远亲属,不要冷落大臣,不要无故疏远故旧,不要求备于一人。其中"不施其亲"即《吕氏春秋》所谓"尊尊亲亲",周公将它置于四诀之首,充分体现了鲁国政治的伦理色彩。由于周公的提倡,鲁国从上到下都十分注重伦理,形成了以孝道为特征的民风民俗,强调对老人的尊敬和顺服。受父母之邦文化熏染,孔子的思想言行也打上了浓浓的孝的烙印。《荀子·儒效》曰:"孔子在州里,笃行孝道。居于阙党,阙党之子畋(猎)渔,分有亲者得多,孝以化之。是以七十二子自远方至,服其德也。"孔子受鲁国孝文化的影响,在州里亲身行孝,与阙党之子打猎,对有老亲的人多分一些,这样又影响了风俗,招来了弟子,促成了孝道公德的普及和推广。

（三）孝弟为仁之本——孔子论孝

孝，虽是鲁国传统，但将孝加以大力提倡，特别是对孝进行系统阐述者，却始自孔子及其弟子。孝的功能是什么，孝在人生修养中的地位怎样，怎样对待老人才是孝，行孝时有什么注意事项等等方面，孔子都做了简明扼要的说明。

孔子认为，孝是人伦之本，是德行之本，是为政之本。在个人修养上，他要求人们从行孝做起；在从政方面，他主张从倡导孝道上做起。孔子曾向弟子指示修身次第曰：

弟子入则孝，出则弟（悌），谨而信，泛爱众而亲仁（仁人），行有余力，则以学文。（《学而》）

进家门对亲人行孝；出家门对长辈敬顺；言语谨慎，严守信用；博爱众人，亲近仁人；这些伦理道德做好了，行有余力，才学习礼乐文章。

为什么修身要以行孝为始，因为仁德的本质就是孝："仁者人也，亲亲为大。"（《礼记·中庸》）仁德的首要任务是亲亲，孝就是对亲人的热爱。有了对亲人热爱的孝心，然后将这份爱心推而广之，"老吾老以及人之老，幼吾幼以及人之幼"（《孟子·梁惠王上》）。引爱亲之心以爱天下之人：你爱我的亲，我爱你的亲；你爱我的儿女，我爱你的儿女。天下之人就成了一家，这还会有争夺之事发生吗？

推而广之，将孝道推向社会，还有更为广泛的好处。有子曰："其为人也孝弟，而好犯上者，鲜也。不好犯上而好作乱者，未之有也。君子务本，本立而道生。孝弟也者，其为仁之本与？"（《学而》）孝道，始于亲亲，顺至尊长，进而忠君。亲亲，尊长，忠君，故不会犯上，不犯上，当然也就不会作乱。个人修养从行孝做起，就可以培养仁爱之心，成为仁人；对孝道的提倡者，通过提倡孝道而达到天下团结，就实现了仁政。孝就是修身的根本，也是为政的根本。君子治世，就要从根本入手，根本一定，枝叶必繁。君子抓住孝这个根本，必然使仁道大行于天下。《论语》说"有子之言似孔子"。有子关于孝之功能、孝之地位的论述，必定不悖于师训，故其"孝为仁本"的命题，就是孔子孝道思想的准确表达。

既然孝在政治上有这些功能（不犯上、不作乱），统治者就要加以开发和利用，以便"移孝为忠"。"移孝为忠"有两个途径，一是劝人民将亲亲的孝心转移为事君的忠心；二是统治者力行孝道，赢得人民的好感。《孝经》曰："夫孝，始于事亲，中于事君，终于立身。"在专制统治者心目中，国家好比大家庭，国君就是家长，《诗》

云:"恺恺君子,为民父母。"故"君父"连词。对父亲的孝,移之于君,便是忠。父死,孝子服孝三年,同样,"资(借)于事父母以事君而敬同","故为君亦服丧三年"(《礼记·丧服四制》)。此外,出于上行下效的考虑,孔子认为"移孝为忠"的最佳办法是统治者身体力行,自己先服孝道,做出榜样。季康子问:"使民敬,忠,以劝(鼓励竞争),如之何?"孔子曰:"临(莅临)之以庄,则敬;孝慈,则忠;举善而教不能,则劝(受鼓舞)。"(《为政》)"孝慈则忠",孝是对长辈而言,慈是对晚辈而言,都是亲亲的情感。统治者在自己家里尊长爱幼,就可换得人民对他的忠心。齐家又治国,一箭双雕,何乐而不为呢?故孔子认为行孝就是为政的内容之一。他曾说:"《书》云:'孝乎惟孝,友于兄弟,施于有政。'是亦为为政。"(《为政》)

《孝经》进而将孝道赋予天地法则的神秘性,说人们行孝就是法天则地,合乎规律,顺乎自然,教化用不着威猛就成功了,政治用不着严厉就大治了。"夫孝,天之经也,地之义也,民之行也。天地之经,而民实则之。则天之明,因地之利,以顺天下,是以其教不肃而成,其政不严而治。"由于鲁国以亲亲为治本,故无弑父之炽;汉朝以孝治天下,故无杀君之烈。因此,沉溺于"梨园子弟"轻歌曼舞和儿子孝敬来的杨玉环那似水柔情之中的唐玄宗,尽管可以"不早朝",但却不能不且停箫管,注释《孝经》,以阐发那"以顺移忠"(《孝经序》)的微言大义。

孝是仁之本,政之本;可以经天地,纬邦国;明教化,和人伦,安社稷。实行孝道,实在是兼教化和政治而双获的事情。那么怎样才能做到孝呢?

《孝经》引孔子曰:"孝子之事亲也,居则致其敬,养则致其乐,病则致其忧,丧则致其哀,祭则致其严。五者备,然后能事亲矣。"《孝经》据说是曾子所作,曾子亲受于孔子,其中所引孔子的言论,当与孔子本意不太出入。这段话是孔子论孝道内容的纲领,他将"孝"的内容分为五种:平日居家要对老人尊敬,奉养老人要使其快乐,老人病了要为之担忧,老人死了要尽哀悼之心,祭祀时要严肃认真。只有做到了这五件事,就可以算是尽孝了。如果将这五项归类,约有三大主题,即物质奉养、态度恭敬和依礼丧祭。

子夏问孝,孔子曰:"色难。有事,弟子服其劳;有酒食,先生馔(享用)。"(《为政》)色难,要求和颜悦色,态度恭敬;有事,弟子服劳,即帮助老人;有酒食,先生馔,即对老人物质奉养。这些皆是对"养则致其乐"具体说明,分属于供养和态度两类。

有人简单地认为,尽孝就是对老人提供食品,而不注意态度和方式方法,孔子不以为然。子游问孝,孔子曰:"今之孝者,是谓能养,至于犬马,皆能有养,不敬,何以别乎?"(《为政》)其语意为:今之人讲孝就说是养活老人,至于犬马也能致养,如果奉养老人而没有敬意,这与犬马之养有什么区别呢? 这是对"居则致其敬"的说明。有养而无敬,则与普通动物无别。居则致敬,养则致乐,才算是孝。如果致养而不能使老人快活,就算不得孝。在敬与养两者之间,孔子甚至认为致敬比致养还要重要。《礼记·檀弓下》载,子路为无钱养亲而感叹说:"伤哉贫也,生无以为养也,死无以为礼也。"孔子说:"啜菽饮水,尽其欢,斯谓之孝。"只要能够让老人高兴,就是吃杂豆食物、喝清水,也称得上是孝。从老年心理学的角度看,人老年迈,体弱多病,生活缺乏自理能力,他们感情脆弱,情感上容易受到伤害。对老人的孝敬,态度和容色的恭顺与否,往往比实物的丰盛与否更显必要。因此,孔子特别强调态度的重要性。

有养有敬,若行不由礼,越礼犯禁,也是要不得的,故尽孝也需要节之以礼义。孟懿子问孝,孔子曰:"无违。"又说:"生事之以礼,死葬之以礼,祭之以礼。"(《为政》)尽孝之时,不论物质的提供,还是态度的恭顺,甚至死后的丧祭,都不能任意而为,而应符合礼义,依礼而行,这是对"丧则致其哀,祭则致其严"的具体说明。丧礼尽哀,祭神如神在,正是孔子礼教思想的内容之一。

年老身弱,容易生病,孝子还应随时为老人的身体担忧。孟武子问孝,孔子曰:"父母唯其疾之忧。"(《为政》)这是对"疾则致其忧"的注解。孔子告诫为人子者,要时刻记住父母的年龄,提醒自己及时尽孝。他说:"父母之年不可不知也,一则以喜,一则以忧。"(《里仁》)记住父母的年龄,一方面对父母高寿而高兴,一方面也为父母年迈而担忧。

此外,出于对父母养育之恩的报答,儒家还要求孝子不要毁伤自己的身体,因为"身体发肤父母所授";不远离父母,即使不得已远离也要报告自己的位置,即"父母在,不远游,游必有方";父母在的时候,不要玩亡命的事,即使是对朋友也不要轻许以死,即"父母存不许友以死";死后服三年之丧;光祖耀宗("立身行道,扬名后世,以显父母,孝之终也")等等。《孝经》上还根据社会地位,划分行孝的等级和具体内容,有所谓天子之孝、诸侯之孝、卿大夫之孝、士之孝、庶人之孝等等。

(四)几谏——孝子的禁忌

在孔子那里,孝道是一种理智的、有原则的对老人的爱,与后来所谓"君要臣死,臣不得不死;父要子亡,子不得不亡"的横蛮理解迥然不同。孔子的孝,是以"君君、臣臣、父父、子子"的等级名分为前提,首先要求长辈自节自律,做一个合格的长辈。就像"臣事君以忠"首先以"君使臣以礼"为前提一样,子孝亦当以父慈为前提。要求子女事亲尽礼,同时也要求长辈言行中礼。如果长辈违背礼制,甚或有不义之举,切不可愚忠愚孝,同流合污,也不可听之任之。遇到这种情况,孔子说晚辈有劝谏的义务,只是要注意方式和方法。

《里仁》载孔子曰:"事父母,几(婉转)谏。见志不从,又敬不违,劳(忧愁)而不怨。"

《孝经》亦载:曾子曰:"敢问从父之令,可谓孝乎?"子曰:"是何言与? 是何言与? 昔者天子有争(谏诤)臣七人,虽无道,而不失其天子;诸侯有争臣五人,虽无道,而不失其国;大夫有争臣三人,虽无道,而不失其家;士有争友,则身不离于令名;父有争子,则身不陷于不义。故当不义则争之。从父之令,又焉得为孝子乎?"

《礼记·内则》说:"父母有过,下气怡色,柔声以谏,谏若不入,起敬起孝。说则复谏。与其得罪于乡党州间,宁孰谏?"

"君子成人之美,不成人之恶。""孝子扬父之美,不扬父之恶。"(《谷梁传》隐公元年)人非圣贤,孰能无过,父母也不例外。"事父母几谏","当不义则争之",形式上似乎违拗了父母的意志,但实际上制止了父母的不义之举,成全了父母的德行美名。这同样是出于"君子成人之美,不成人之恶"的仁人情怀。只是,父母毕竟是父母,孝子在进谏时要特别注意态度和方法。

曾子纯孝。相传曾子曾给瓜苗耘草,误伤瓜根,其父曾皙很是生气,一棒把曾子打昏厥了。许久,曾子才苏醒过来,还怕父亲担心,援琴弹之,以示无恙。孔子听后非常气愤,告诫门人:"曾参若来,不要让他进屋!"曾子觉得很委屈,孔子说:"汝不闻瞽叟有子,名曰舜? 舜之事父也,索(寻)而使之,未尝不在侧;求(找)而杀之,未尝可得。小笞则待(等),大笞则走(跑)以逃,暴怒也。今子委身以待暴,立体而不去,杀身以陷父不义,不孝孰是大乎! 汝非天子之民邪? 杀天子之命奚如?"这个故事见于《韩诗外传》卷八、《说苑·建本》。情节可能与事实有出入,但所表达的思想却与孔子毫无二致。孔子的孝道是有原则的,其原则就是义;孝是有准绳的,其准绳就是礼。合乎义,合乎礼的事就顺从,否则就劝谏,就回避。愚昧盲从,不是真正的孝子行为。唐玄宗之子寿王,尽管能割爱献妻,但那正是将玄宗推向不义深渊的愚蠢之举。相比之下,玄宗的另一个儿子——肃宗,将玄宗软禁于西宫、南内,不让他祸害天下，这倒还符合孔子孝之本义。

愚忠愚孝，乃忠臣之大忌，孝子之大忌！

（五）余话——孝思寻源

孝的系统思想当然应始于孔子，但孝作为一种被社会普遍接受的人伦观念，不是某个圣人一朝一夕的灵感发现或心血来潮，而是人类历史发展的产物。它不仅带有氏族社会血缘纽带浓厚的亲亲之情，而且打上了阶级社会旨在保证家族稳定和财产权利顺利传递的宗法制的烙印。同时，孝的观念还反映了在中国这个农业国度里，人们对知识和能力的尊重和追求。

在游牧民族那里，人们以鞍马为家，逐水草而徙，"宽则随畜田猎禽兽，急则人习战攻以为侵伐"，力量便是一切，有力量便拥有一切，无宫室、城廓可继，亦无财富、知识可传，恶劣的环境和生存的需要，迫使他们不得不"贵壮健，贱老弱"，使"壮者食肥美，老者饮食其余"（《史记·匈奴列传》）。在那里，"七十者衣帛食肉"，"斑白不提携"（《孟子·梁惠王上》）的理想，简直是不可思议的天方夜谭，是非常可笑的。因此，很难在游牧社会中形成尊老爱老的孝道观念。无论是历史的记载，还是现代人类学的研究结果，都证明如此。

农业社会则不然，他们聚族而居，乐土重迁，有城廓、沟池、山林、田土等不动产以及粮食、丝绸、珠玉等可动产，由于财产继承关系，必然要求下一代对上一辈绝对恭顺。特别是从事农业生产所必需的各种知识，诸如天文、历法、山川、水土、种植、畜养等等，需要人们代代相传，不断积累。在文化还不发达的古代社会，知识还没有脱离人的载体得到独立保存，上一辈就成了下一辈的知识仓库，老年人成了青年人取法的师长和学习的课本。"虽无典型，犹有老成"的古训，正是这一实际的真实反映。直到春秋战国时期，这一遗风犹存而未改，《荀子·法行》所谓"老而不教，死无思也"，以及儒家典籍中关于国学养三老以教国子的记载，就是以老为学的历史证明。

可见，孝道观念既具有氏族社会就产生了的亲亲之情，此乃人类共性；还具有宗法制特征，这是中国社会的个性；还具有生活在农业社会中的中国人民尊重知识和才能的意识，这是中华民族的优良传统，不失为中国文化的国粹！而经孔子提倡、阐释孝道得到发扬光大。因此，我们说以孝治天下是中国文化的一大特色亦可，说孝道思想是孔子对中国历史的一大贡献也未尝不可。

十五、孔子说"鬼神"

生生,死死,鬼鬼,神神,吉吉,凶凶,这些从人诞生起就困扰着人的问题,无时不干扰着人的思维,无时不影响着人的进取。孔子的时代是智性初启、迷信依旧的时代,孔子生于其中,不可能不受时代的思潮影响,不可能不对充斥于思想界的神秘之学有所论评。那么,作为一代伟人的孔子,又是怎样看待它们的呢?

(一)死后知与无知的二难定义

与对天命的态度颇不一致,孔子对鬼神世界以及进入鬼神世界的门槛——死的问题,抱着机智的回避态度,谨慎而不加评论:"子不语怪、力、乱、神"(《述而》)。如果说天命是一种客观必然性和超人的道德力量,是人必须尊奉的话,那么,天命在上,人们则而法之,奉而行之就够了,天命既知,天道已明,重要的是切切实实的人事的努力,这里没有必要再为名目繁杂、法力各异的诸色神众的存在与优劣去多费脑筋,更不值得为神的喜怒、鬼的祸福做过多的忧惧。天命在彼,人事在此,只要天人相互顺承赞助,百事可毕,诸神就成了多余的角色,不再一一评议了。

因此,当子路问侍奉鬼神和生死之事时,孔子曰:"未能事人,焉能事鬼?"又说:"未知生,焉知死?"(《先进》)未能对在生的人事奉好,还奢谈什么敬鬼之事呢?对现生的事都还没有思考好,还能知道死后的事吗?事鬼、死知,与现实相比,不能不居次要地位。现实的事都够人们忙碌的了,还顾得上去谈鬼神和死的事吗?言下之意,就是要求人们注重现实,不要去为说不清楚的神秘之事伤脑筋。

关于死的问题,主要是针对当时普遍存在的死后有知还是无知的问题。《说苑·辨物》记载云:

> 子贡问孔子:"死人有知、无知也?"孔子曰:"吾欲言死者有知也,恐孝子顺孙妨生送死也;欲言无知,恐不孝子孙弃不葬也。赐,欲知死人有知将(还是)无知也;死,徐自知之,犹未晚也。"

孔子为什么不谈死后有知无知的问题呢?主要是出于实际作用的考虑?他说:我想说死后有知,又怕孝子顺孙们厚葬久丧,影响生计;我想说死后无知吧,又怕不孝子孙连他父母的丧事都不办了。由此,我们不难体会出,孔子对于死后有知是持否定态度的,但又不便明说。主要是由于人们普遍的道德素质有待提高,对一些意识形态领域的事情,如果过早做出违背时代认识水平的无神论解释,反倒有违时俗,造成不良影响。在他看来,知道天命、明确使命的人已是一个独立于自然而又顺应于规律的自由的人了,已经洞察了支配万物生灭死绝的必然性了,也清楚地了解了人在宇宙体系中的地位和使命,进入了一个超达于万物,摆脱了怨恨("不怨天,不尤人")、懊悔和恐惧("内省不疚,亦夫何忧何惧?"),进入了高智慧、高情调的仁者境界。即使是死的恐惧,也可以从人类在宇宙秩序中的位置和万物生灭的必然性中来得到克服。

斯宾诺沙说:"自由的人最少想到死,他的智慧不是关于死的默念。而是关于生的沉思!"生固然可爱,但那不过是宇宙秩序中的一种暂时现象;死固然可惜,但那也是宇宙秩序中的一种必然现象。生犹来,死犹归,一来一往,同为宇宙之运行;有来必归,纯属客观之必然。孔子对生命固然十分热爱、珍惜、赞赏、歌颂,但对死也抱着达观自然的态度,没有沮丧,没有恐怖。以生为行,以死为息,一个勤奋的人,在生劳劳碌碌,正好以死为休息,犹之子贡所云:"大哉!死乎!君子息焉,小人伏焉。"(《荀子·大略》)一个尽了自己努力,做了该做的事情的君子,对于死,坦坦荡荡,无所畏惧,他正好是一种休息;而对于苟且偷生、庸庸碌碌无所作为的小人来说,由于对人生的贪恋,就对死怀着惴惴不安,死是一种可怕的不得不接受的惩罚。君子死且无所谓,死后有知无知、鬼神世界的阴森恐怖就不屑一顾了。孔子关心的是在生的业绩和身后的令名,是尽人事,顺天命,救现世,遗来思,表现出极高的理智的、旷达的人生观。

(二)敬鬼神而远之

基于这样的人生观,孔子对当时盛行的各种宗教活动的实际效力抱怀疑态度,认为过分沉溺其中,无补于人事。孔子患病,子路请祷,孔子曰:"灵验吗?"子路曰:"有之"。诔文曰:"祷尔于上下神(天神)祇(地神)。"孔子曰:"丘之祷久矣。"言下之意:若果真有灵验我早就祈祷过了,何必患病?(《述而》)

《新序·杂事五》记载鲁哀公向孔子询问风水术士所说向东扩建宫室("东益宫")不祥之事,孔子曰:"不祥有五,而东益不与(不在内)焉。夫损人而益己,身之不祥也;弃老取(娶)幼,家之不祥也;释(弃)贤用不肖,国之不祥也;老者不教,幼者不学,俗之不祥也;圣人伏匿(隐居),天下之不祥也。故不祥有五,而东益不与焉。"损人利己是人身之灾,弃老娶幼是家庭之灾,远贤不用是国家之灾,不注重教育是风俗之灾,圣人不为人知是天下之灾,一切身、家、国、天下、风俗的灾难,都是人事失调的结果。这里没有丝毫鬼神作祟、风水致病的余地。人既然是天地间的精灵,他有力量自己开创一个幸福的世界,当然也应为社会的罪恶负责,不应相信和依赖鬼神而放弃自己的努力,也不能将罪恶推咎于鬼神而自我开脱。幸福之路在你脚下,而殃祸的契机亦在你的身上,是福是祸全在人的所为。因此,孔子奉劝聪明的统治者:

务民之义,敬鬼神而远之!(《雍也》)

将精力放在引导人民从事正义的事业上,对鬼神只可敬事,不可亲近。表现了孔子亲人事、远鬼神的理智精神。这是孔子鬼神观的基本特征,也是孔子思想中的闪光部分。

尽管孔子对鬼神和死后灵魂问题,持怀疑和回避的态度,但这丝毫不减少他对事鬼敬神(包括巫术和占卜)等礼仪活动的极大热情。似乎可从这些他并不相信其内容的形式中获得什么享受和满足,也似乎要借这一形式贯彻什么劝世的意图。

《论语·尧曰》说,孔子“所重:民、食、丧、祭”,将丧祭看得与人民和粮食一样重要。《礼记·昏义》亦谓:“夫礼始于冠,本于昏(婚),重于丧、祭。”以孔子为首的儒家将礼教的重要内容定为“丧祭”。孔子自己特别强调祭祀活动应严肃认真,否则就是不恭敬:“祭如在,祭神如神在。”(《八佾》)祭祖先就好像祖先在那里,祭神就好像神在那里。同理,如果不慎重其事,还不如不祭的好。孔子对尽力满足于事鬼敬神之事的大禹赞赏有加:“禹,吾无间(非议)然矣;菲(薄)饮食而致孝乎鬼神!”(《泰伯》)都是对事鬼敬神的承认和赞赏,似乎又与其怀疑和回避鬼神问题的表现互相矛盾。明智如孔子、明白如孔子,何以对鬼神问题如此“斩不断,理还乱”呢? 为什么孔子不能在怀疑鬼神的基础上轻而易举地、合乎逻辑地往前再跨一步,得出无神论的结论呢? 这可能只有从历史的背景和孔子的思想风格上来找答案。

(三) 孔子鬼神思想探秘

从历史背景看:夏、商、周正处于人类思维的神学阶段,而孔子则刚好居于神学阶段和他自己所开创的理性思维的分界点上。孔子考察三代文化特征说:“夏道尊命(天命),事鬼敬神而远之”,“殷人尊神,率民以事神,先鬼而后礼”,“周人尊礼,事鬼敬神而远之”(《礼记·表记》)。大意就是说,夏代尊崇天命,顺服上帝这个至上神,虽然也从事鬼神(多神)的祭祀,但不亲近它,不依赖它。殷人尊崇鬼神(多神),从上到下都敬事鬼神,做事之前都要先问问鬼神,然后才采取行动。周人重视礼乐等人文制度,虽然祭祀鬼神但不亲近它,不依靠它。这种总结基本上是合乎历史实际的。夏道幽远,不可得而详;殷人尊神,则有残存于今的十余万片甲骨卜辞作证。周人在革殷之命的大变革中,已经形成一股怀疑天命和鬼神的思潮,如《尚书·君奭》云"天不可信"、《诗·大雅·文王》云"天命靡常",等等,但是否已形成"事鬼敬神而远之"的社会风气,则大可怀疑。既然武王有病,思想进步的周公还向祖先众神祈祷以身相代;既然《周礼》当中还有那样多的诸卜、诸祝、诸巫的设官分职,在"统治阶级的思想从来都是社会占统治地位的思想"的阶级社会(马克思语),周朝社会纵然不像殷人那样巫风炽烈、鬼里鬼气,想必在生活和意识中,当然不缺乏大大小小的神灵了,而在其礼制之中,自然就难免事鬼敬神的内容。因此,无论是"尊神"的殷代社会,还是"尊礼"的周人社会,鬼神意识和事神敬鬼的活动都是客观存在的,其间只有程度不同的差别,并无有无的不同。孔子思想中这条难以割舍的鬼神的脐带,就是这一社会存在的主观反映,不必多怪。

孔子思想有两大特点:一是"从众"(《子罕》),二是寄托。寄托,孔子自谓之"窃取"。《孟子·离娄下》称孔子作《春秋》,"其事则齐桓晋文,其文则史,其义则丘窃取之也"。其他,如从山中看到仁,从水中看到智,从欹器中看到持中,从弹琴中体会文王之风……莫不是托物寄意。从众,表现在不轻改传统,不违戾众人,不标新立异等方面。这就决定了他不会完全抛弃事鬼敬神的祭祀活动而另搞一套,而是使用旧有的、为众人所接受的形式,寓以新意,以施教化。他对于礼乐制度就是如此,司马迁说他是"修起礼乐"(《史记·孔子世家》),即是说他利用旧有礼乐来施行教化,深得当时情态。孔子对卜筮本抱"不占而已矣"(《子路》)的态度,但并不影响他"晚而喜《易》,读之韦编三绝",也是他希望借当时人们喜闻乐见的卜筮形式,寓教诲和规劝于其中。孔子虽然怀疑鬼神却又慎重其事的个中缘由,当亦作如是观。寄托型,也是从"从众"发展来的。不欲违众,故不轻易改变旧习;而不满现状,又必须对旧形式寓以新知,注进新内容。前人说孔子"托古改制",改制未必真,而托古则实有其事。孔子并不靠自创新词来炫人耳目,但一些旧词、旧观念通过他之口,便被赋予了新的内容,如"礼、仁、义、天命"等等,莫不如此。"思无邪"三字,"思""邪"在《诗经》中都是虚辞。但孔子曰:"《诗》三百,一言以蔽之曰:'思无邪。'"(《为政》)这是将"思无邪"讲成思想纯正、不存邪念的意思,"思无邪"三字就字字有实义了。《春秋》一书,更是孔子借史以寓政治与伦理思想之杰作。

《史记·太史公自序》和《春秋繁露》皆记孔子的话："我欲载之空言（创作），不如见之于行事之深切著明也。"其意为：我想凭空说理，又恐不如借已成之事来说教更为深刻简明。孔子于是借鲁史作《春秋》。《孟子·离娄下》揭示说："晋之《乘》，楚之《梼杌》，鲁之《春秋》，一也。其事则齐桓晋文，其文则史。孔子曰：'其（指《春秋》）义则丘窃取之矣'。"《春秋》是鲁国的史书，与晋国的史书《乘》，楚国的史书《梼杌》都同属一族。其中所记载的不过齐桓晋文称霸之事，其内容属于史书，但其中所贯穿的微言大义，却是孔子自己赋予的。"窃取"即寄托。可见，孔子作《春秋》，亦是其寄托型思维的产物。孔子之重视丧祭及事鬼敬神之礼，用意与此相同，亦是借物言意之故伎。此即《周易·观卦》"象传"所云："圣人以神道设教，而天下服矣。""神道设教"，这正是孔子"重于丧祭"的夫子自道！

　　从命意上看，孔子"重于丧祭"有二：一是重礼，二是寓教。首先，孔子重于丧祭，是指重视丧礼、祭礼。历考上文所引各条孔子重丧祭的文献，都可做这样的解释。除了《尧曰》一条未明确所指外，《昏义》篇正讲的是各种礼仪活动的节次；《泰伯》全文是："禹，吾无间然矣：菲饮食而致孝乎鬼神，恶衣服而致美乎黻冕（礼服），卑宫室而尽力乎沟洫。"此篇亦是侧重在礼乐制度而言。特别是《八佾》篇的"祭如在，祭神如神在"，一个"如"字，明白不过地告诫人们鬼神的存在是人的假定，并不是真实的存在。其次，孔子重丧祭之礼的目的在于寓教。在孔子那里，礼不再是人们从事某件事情必须经历的过程，它已经被人们从实际行动中抽象出来，被赋予了特定的伦理、社会和政治的含义。如冠礼，并不是必须通过这一过程才能将发束上，将冠戴上，而是通过此礼来表明受冠者已经长大成人，取得了公民权，从此之后，成年的人就必须受礼的约束，故曰："礼始于冠。"昏礼，也不是两个男女结合的必经过程，而是通过此礼来表明两个家族的合亲和传宗接代的开始，故曰"礼本于昏"。告朔礼，本来是西周天子颁布历法（朔政）、诸侯敬受朔政的必要形式，但春秋时其颁历布政之功久已丢失，孔子却还要保留它，其原因亦是通过举行此礼，有提醒天子、诸侯不失天道、敬授人时的作用。以此类推，孔子重乎丧祭之礼，也是注重丧祭礼的教育意义。曾参曰："慎终（丧）、追远（祭），民德归厚矣！"（《学而》）此语道破"重乎丧祭"之实质。孟懿子问孝，孔子曰"无违"，不违并不是不违拗长辈的意见，而是不违背礼教，故他自己解释说："生事之以礼，死葬之以礼。"（《为政》）丧祭之礼属于"孝"的行为，是行孝的重要内容之一，孝为仁之本，行仁当然要履行丧祭之礼了。无怪乎孔子要"重于丧祭"了！

在神学阶段，鬼神世界非常繁富，鬼格情态，琳琅满目，那里固然有面目狰狞的厉鬼恶神，也有眉善目慈的"苦海慈航"。利用其中惩恶扬善的众神，可以收奇效于政刑之外。在周人眼里，从上帝（或"天命"）到鬼神，不再是无条件地归属于一家一姓，而是有条件的，也是对统治者起监督作用的公正之神、民主之神。《尚书·泰誓上、中》云："民之所欲，天必从之。"又云："天视自我民视，天听自我民听。"《左传》文公十三年亦云："天生民而树之君，以利之也。"又襄公十四年云："天生民而立之君，使司牧之，勿使失性。"又云："天之爱民也甚矣！岂其使一人肆于民上，以从（纵）其淫而弃天地之性？必不然矣！"天下是天下人的天下，君主是上天为了人民的幸福和利益而设立的，君主的权利和价值就是替天敬保下民，而不是在人民头上作威作福，纵淫肆欲！人民的要求，上天必然要满足；人民的疾苦，上天也必定能察知。上天对于人世的了解，不在乎君主的报告和祝词，而是直接察之民间，体之下情，人民的喜怒就是上天的耳目，不容君主半点弄虚作假。若君主尽职为善，上天则赐福永远，否则将收回成命，将福祚改赐他人。

鬼神也是如此，亦被周人赋予了明察和公正的内容，是多种察知是非曲直功能的集合："神，聪、明、正、直而壹（集中于一身）者也"（《左传》庄公三十二年）；具有赏善罚恶的功能，能够"福（赐福）仁而祸淫"（《左传》成公五年）。神的服务对象就是人民："民，神之主也。"（《左传》僖公十九年）君主是否得到鬼神的佑助，完全看他是否赢得了民心，而不在乎君主礼神事鬼那丰富的献礼和华美空虚的祝词。《左传》桓公六年云："所谓道，忠于民而信于神也。上思利民，忠也；祝史正辞，信也。……夫民，神之主也，是以圣王先成（安定）民而后致力于神，……于是乎民和而神降之福。"忠于民才能信于神，如果人民不获其忠，鬼神也就必然不信。上思利民，才能获得人民的满意；神职人员向鬼神报告真实情况，鬼神才能相信。希望得到鬼神保佑的统治者，与其为祭祀准备丰盛的祭品，还不如对人民好一些。《左传》庄公七年亦云："鬼神非人实亲，惟德是依，故《周书》曰：'皇天无亲，唯德是辅。'……如是，则非德民不和、神不享矣，神所凭依将在德矣！"鬼神是公正的，不讲情面，唯德是辅。

既然鬼神是这样的爱民爱德，而现实政治又是那样的虚伪自私、民冤无告、荒淫昏暴，孔子有何理由，又怎能忍心将鬼神这种威慑统治阶级的力量尽行废去，让昏暴之君肆无忌惮地施虐纵淫，使人民永远在黑暗中煎熬呢？留下这片哪怕是虚幻的（而当时的人并不这样认为）圣土，作为疲惫人心希望的乐土和憩息的良港，也作为暴君污吏望而生畏的最高法庭，从而起到劝善惩恶、扬清激浊的作用，这也许正是孔子的苦心用意所在吧！在科学还比较落后的古代社会，人们无法对鬼神做出合理的解释，对传统的、具有教育意义的神学思维做出过早的、粗暴的摧毁也是不可取的。在整个社会都还沉浸在迷信之中的时候，即使有个别先知先觉（如孔子、子产）解答了，也未必能为大众所接受。这也许是孔子不轻易地否定鬼神，不明确指出死后无知，以及重视丧祭的原因所在吧！

一边怀疑鬼神，着力于人事；一边又利用丧祭以施教化，顺乎民情，合乎时势，这正是孔子思想的特殊之处，也是孔子鬼神观的实际价值所在！

十六、孔子说"为学"

孔子出生于武士之家，他的父亲叔梁纥曾因战功升任陬邑大夫，但却不能世袭，又没有封地继承，故其三岁丧父之后，就立即降为平民了。所以他说"吾少也贱"（《论语·子罕》），司马迁也说"孔子贫且贱"（《史记·孔子世家》），正是其平民生活的写照。

当时社会分成若干等级，即公、卿、大夫、士、庶民、工商、皂隶、牧圉。自士以上为统治阶级，是社会的上层；庶民以下为被统治阶级，其中庶民、工商为自由民，皂隶、牧圉为奴隶，孔子则属于庶民这个等级。

作为孤儿的孔子，要立身社会，跻身上流，并非易事，但是他实现了，而且成了伟人，成了千古流芳的圣人。是什么原因促成他的成功呢？那就是"学习"。

孔子通过自学而成才，自学以立身，自学而显名。正因为此，孔子对"学"终身念念不忘，他以之自励，也以之勉人，留下了不少关于"学习"的金玉良言，值得我们深思和吸取。

（一）学而优则仕

孔子处于"世卿世禄"的时代，不仅天子、诸侯，都以"父死子继""兄终弟及"的方式继承着；而且政府或地方的权力津要，也都是由贵族势家所世袭。不过，当时庶民也并不是毫无仕进的机会。《左传·哀公二年》说："克敌者，上大夫受县，下大夫受郡（当时郡小于县），士田十万，庶人、工商遂，人臣隶圉免。""遂"，杜预注曰"得遂仕进"，即步入仕途，可见庶人可以因功获得官做。

《周礼·乡大夫》则说:"三年则大比,考其德行道艺,而兴(举)贤者能者";"使民兴(举)贤,出使长之;使民兴(举)能,入使治之"。庶民中的贤者(有德)、能者(有才),定期被推举到为"长"处"治"的位子上来。

《论语·先进篇》载孔子曰:"先进于礼乐,野人也;后进于礼乐,君子也。如用之,则吾从先进。"野人,即平民;君子,即贵族。平民子弟是先学礼乐而后仕进,贵族子弟则是先入仕途再学礼乐。子夏也有"学而优则仕,仕而优则学"的话。这都表明学习优秀的平民子弟,凭借本事也可获得一官半职。

也许正是看准这一可能性,孔子的母亲才从偏远的陬邑迁来曲阜,借这里的文化氛围来教育孔子。孔子不负母望,自幼养成"好学"的习惯,修成"贤、能"的品质,为跻身于上流社会打下了基础。

是学习将"平凡"与"圣贤"区分开来,也是学习把孔子从孤儿造就成圣人。他曾说:"十室之邑,必有忠信如丘者焉,不如丘之好学也。"(《公冶长》)在十户人家的村庄中,就能找到像孔子这样的"忠、信"之人,但为什么这些忠信者都没有自己那么大的成就呢?都没有成为圣人呢?孔子说那是因为他们不如自己那样好学罢了。

一个人生下来时,本无本质的不同,人之所以分出三六九等,多半是后天的习染让他们拉开了档次。孔子说:"性相近也,习相远也。"(《阳货》)一切生理健全的人,只要通过适当的学习,都可以成为至善之人和有用之才。

孔子说,也许有"生而知之"超智商的人才,但很少见,他自己也不是"生而知之"的天才。他说:"生而知之者上也;学而知之者次也;困而之学又其次也;困而不学,民斯为下矣。"(《季氏》)

孔子将求知分成四等,即"生知""学知""困学"和"不学"。

最上等的是"生而知之",不学而能,但孔子又否认说:"我非生而知之者,好古敏求之者也。"(《述而》)像他自己这样博学多识的圣人,尚且不是生而知之,更何况其他人呢?他实际上对"生而知之"是持否定态度的。

其次是"学而知之",通过学习获得知识,这是通常人们成才的途径。孔子自云:"若圣与仁,则吾岂敢?抑为之不厌,诲人不倦,则可谓云尔已矣。"(《述而》)

再次是"困而后学",在工作中遇到困难,要及时学习。孔子所谓"后进于礼乐"之"君子",子夏之"仕而优则学"之仕者,当都属于此类。

最下等的是"困而不学",遇到困难了也不学习,不思进取,甘当文盲和白痴,这种人是大众中最低能的。

可见,除了"虚悬一格"(张岱年先生语)的"生而知之者"外,其他三等的形成和划分,都是视其学与不学、先学还是后学为依据的。

学习,成了人类分出等级的决定因素;学习,具有决定人生命运和人格价值的意义。

如果说孔子论学是对自己一生成就的经验总结,孔子劝学则是自己成才经历的现身说法,而他一生从事教育、教人诲人,无宁就是他对希望成才的青年人提供学习的良好机会,是他"己欲立而立人,己欲达而达人"的仁者情怀的集中体现。我们无缘像孔门三千弟子、七十二贤人一样,亲自聆听他老人家的教诲来增益自己的德行,但是我们还可以从文献之中吮吸孔子论学的养分,间接地接受他教诲的裨益,这就是我们今天要重温孔子论学的意义所在。

孔子曰:

吾尝终日不食,终夜不寝,以思,无益,不如学也。(《卫灵公》)

又说:

吾尝终日思矣,不如须臾之所学;吾尝跂(踮脚)而望之,不如升高而博见也。升高而招,非臂之长也,而见者远;顺风而呼,非声加疾也,而闻者著。假车马者,非利(快)足也,而致千里;假舟楫者,非能水(习于水性)也,而绝江海。君子之性非异也,而善假于物也。(《大戴礼记·劝学》引)

圣人、贤人和君子,并不是天生有什么与众不同,也不是生而知之,而是善于借助外物的力量以充实自己。他们就像登高而招见者远、顺风而呼闻者彰那样,因为他借助了地势和风力的帮助;就像驾上车马行千里、乘着舟船渡江海者那样,因为对交通工具有所凭借。

人类每进一步都是与外力的借助相关的,原始人使用工具来弥补自己力量的不足,故优于动物最终成了直立的人;圣贤也是通过学习,用间接知识装备自己,才高出伦辈成了圣贤。

"君子之性非异也,而善假于物",就是对这个秘密的真实揭露。"假于物",包括学习前人的经验,吸取他人之所长,亦即"拿来主义"。他山之石可以攻玉,浅浅之水可以成河。善于学习他人之长的人才能最终成为聪明人,善于"拿来"的民族也才能事半功倍地永远立于不败之地。多种文化的融合铸就了大唐的文明,闭关锁国的政策带来的只能是晚清的落后挨打;日本因"拿来主义"而富国强兵,中国

孔子的伦理学说

图文珍藏版

因"改革开放"而和平崛起。这都是"善假于物"的绝好说明！中国二千五百多年前的至圣先师孔子，更是人类善于"拿来""善假于物"的最早鼻祖。

学习是启蒙，是消除愚昧，它能使愚者智，怯者勇；使智者更聪明，勇者更坚毅。《说苑·建本》记载的孔子与子路论学的故事，颇能说明这一问题：

孔子问子路曰："汝何好？"子路曰："好长剑。"孔子曰："非此之问也。请以汝之所能，加之以学，岂可及（比）哉！"子路曰："学亦有益乎？"孔子曰："夫人君无谏臣则失政，士无教友则失德。狂马不释其策，操弓不返（还原）于檠（矫弓之器）。木受绳则直，人受谏则圣，受学重问，孰不顺成？毁仁（仁人）恶士，且（将）近于刑，君子不可以不学。"子路曰："南山有竹，弗揉自直，折而射之，通于犀革，又何学焉？"孔子曰："括（削箭尾）而羽（安上羽毛）之，镞（安箭头）而砥励之，其入不益深乎？"子路拜曰："敬受教哉！"

这则故事所记大约发生在子路初见孔子之时。子路，名仲由，又字季路，下人。性情粗鲁伉直，好击剑，逞勇力。《史记》说他初时"陵暴孔子。孔子设礼稍（逐渐）诱子路，子路后儒服委质，因门人请为弟子"（《仲尼弟子列传》），想来司马迁指的可能就是这场对话。在这段话中，孔子反复譬喻，说明学习的重要性："人君需谏""贤士需友"，说明凡人都需要辅助；"狂马需策""操弓需檠""木材需绳"，说明凡物都需要矫正。人受谏才能成为圣人，重视学习才能事业有成，最后落实到"君子不可以不学"。子路以"南山之竹不揉自直"为由，强调物性天成，应当听任天性。孔子因势利导说，若顺其性而加以裁剪，给以加工，使"南山之竹"削成箭，配上箭尾和羽翎，安上锋快的箭头，那样的威力更大，

司马迁

射人更深，从而印证前文"以汝之所能加之以学，岂可及哉"的道理。

从另一个方面讲，如果一个具有超常才能的人，没有正确的思想指导，胡作非为，横行霸道，他的才能只会给他带来灾难，他的优势反成了残害自己的凶器。孔子说："美材也，而不闻君子之道，隐小物而害大物者，灾必及身矣。"（《韩诗外传》引）具有优异的才能，如果不学习，不知道"君子之道"，就会因小失大，招致灾祸。

孔子认为，即使是具有仁、智、信等优良品质的人，也不可以因事废学。他与子

路论"六言六蔽"就深刻地揭示了这一道理。

子曰:"由也,女(汝)闻六言六蔽乎?"对曰:"未也。""居,吾语女:好仁不好学,其蔽也愚;好知(智)不好学,其蔽也荡;好信不好学,其蔽也贼;好直不好学,其蔽也绞(尖刻);好勇不好学,其蔽也乱;好刚不好学,其蔽也狂。"(《阳货》)

仁、智、信、直、勇、刚本是君子的优秀品质,仁者的风范,孔子曾将仁、智、勇视为放之四海而皆准的"三达德",可是由于"不好学",这些美德反而都成为弊端了。在孔子看来,好坏善恶都是有条件的,是相对的,一个人只有当他把充沛的好心善意用良好的、合乎礼制的形式表达出来,才能达到主观愿望与客观现实的统一,才是嘉言懿行,才能为人所理解和接受。否则,如果方法不当,即使是一副好心,满腔热忱,也会适得其反,事与愿违。看来,任何东西都得有个"度",有个准则,这个"度"和准则就是"礼",系统的"礼"以及蕴含在"礼"中的"仁"和"义"只有通过学习来获取。

"礼"是使人们的好心善意以恰当方式表达出来并保证其成为好心善意的制度和准绳,学习礼义就是成为善人君子的前提条件。孔子曰"不学礼无以立",正是从这个意义上说的。

学习最实际的好处,就是可以使自己成为德才兼备的君子,拥有步入上流社会、走"学而优则仕"之路的个人资本。

孔子说:

耕也,馁在其中也;学也,禄在其中也。(《卫灵公》)

在剥削社会里,劳动并不是丰衣足食的必然保证,"淘尽门前土,屋上无片瓦""满城绮罗者,不是养蚕人"的现实,证明光靠勤奋劳动是不可能获得幸福生活的。在孔子看来,对于要想进入上流社会的贫家子弟来说,学习(而不是劳动)才有可能使其步入仕途,获得荣耀,拥有地位,获得俸禄。

孟子曰:"劳心者治人,劳力者治于人。治于人者食于人,治人者食人。"通过学习,可以成为"劳心者",获得"治人"之权,享受爵禄之美。"耕则馁""学有禄",一语道破天机!这是千百年来莘莘学子矢志追求的人生目标,是"朝为田舍朗,暮登天子堂"的成功人士的共同出路。

在动荡的社会里,"大夫无常俸,社稷无常位",高岸为谷,幽谷为陵,世族不可常保,父兄不可长依的现实,唯有自己努力学习才能给自己提供立身安命之所,也才有可能给自己提供出人头地的机会。孔子曾深有感慨地说:

可与言终日而不倦者,其惟学乎! 其身体不足观也,勇力不足恃也,族姓不足称也,宗祖不足道也。而可以闻于四方,昭于诸侯者,其惟学乎! (《说苑·建本》)

"族姓不足称,宗祖不足道",既是对当时动荡不安社会现实的客观总结,也是像孔子这样无爵位可继、无家财可承的青年必须自我奋斗的警示语。他们的唯一出路即在于学习,学习学习再学习。

这一道理,后来在身经离乱之苦、家国之痛的颜之推那里,也得到了充分的发挥:"夫明《六经》之指,涉百家之书,纵不能增益德行,敦励风俗,犹为一艺(技),得以自资。父兄不可常依,乡国不可常保,一旦流离,无人庇荫,当自求诸身耳。谚曰:'积财千万,不如薄伎在身。'伎之易习而可贵者,无过读书也!"(《颜氏家训·勉学》)

颜之推据说是颜回后嗣(孔子母家亦姓颜),千载而下,与孔子同声相应。他与其祖先颜回一样,可谓深得圣人三昧。

(二)仕而优则学

即使是世袭的"君子",虽然有了爵禄,有了地位,也不可以不学习。

中国历史的春秋时期,要适应于上流社会的各项活动,必须掌握六种技能即"六艺":礼、乐、射、御、书、数。

为了培养身通六艺的统治者,各级官府都办有学校专司其职。《尚书大传》说:"古之王者,必立大学、小学,使王大(太)子、王子、群后(诸侯)之子,以至公卿大夫元士之适(嫡)子,十有三岁使入小学";"年二十入大学";"小师取小学之贤者登之大学,大师取大学之贤者登之天子。天子以为左右(辅佐大臣)。"

一般而言,贵族子弟亦是先学后仕,即子产所谓"学而后入政"。但到春秋之世,爵禄世袭,世卿们多未知礼乐即已继承爵位,出现"后进于礼乐"的现象。孔子认为。只有具备"仁、义"之心、懂得"礼乐"之义的人统治国家,才有希望建设理想的社会,如果统治者品德卑污、才能低下,社会就永远没有变好的希望。对世袭的纨绔子弟,孔子轻蔑地称他们为不足为算的"斗筲小人",十分看不起他们。只是出于对周礼等级秩序的维护,孔子才不主张用革命的手段推翻现存的统治秩序。

孔子认为有必要尽快提高现实中统治者的素质,对他们进行"岗位培训",使他们在既得爵禄之后再"进于礼乐",使他们能"以礼让为国",减少统治集团内部的摩擦。他说:"君子学道则爱人。"倘若让在位之君子学习明道,就具有"爱人"之心,就可以减少阶级之间的对立。这就是子夏所说的"仕而优则学"。

即使从附庸风雅的角度讲,学点礼仪对风度的改善也是有益的。相传孔子曾说:"君子不可以不学,见人不可以不饬(修饰)。不饬无貌,无貌不敬,不敬无礼,无礼不立。夫远而有光者,饬也;近而逾明者,学也。譬之如圩(低洼的水坑)邪,水潦集焉,菅蒲生焉,从上观之,谁知其非源水也?"(《尚书大传·略说》。《大戴礼记·劝学》《说苑·建本》同)

孔子语重心长地告诫在位的"君子":接见客人不可以不修饰,不修饰就没有威仪,没威仪人们对你就没有敬心,没有敬心就没有礼仪,没有礼仪就难以立足政坛。他说,那远远看上去很有仪表的人是修饰出来的,那接近你让你觉得贤明有才能的人是学习得来的。好比那积水潭吧,污泥浊水流进去,繁茂的水草长出来,从

孔宅故井

上面看去,谁知道它不是具有源头活水的死潭呢?可见学习和修饰的重要性了。

如果"君子"们学得认真一些,还会获得"说(悦)诗书,敦礼乐"的美誉,获得知识的实用价值以外的好处。孔子非常赞赏那些富而知礼、贵而知学的人,鲁昭公时,鲁国大夫孟僖子曾因不能相礼在外事活动中丢了丑,回去后"乃讲学之,苟能礼者,从之",将死,又派两个儿子从孔子学礼。孔子于是高兴地称赞他说:"能补过者,君子也!"(《左传》昭公七年)

孔子家语

(三)君子学道则爱人,小人学道则易使

孔子认为,若统治者认真地倡行教化,重视国民教育,那对统治者来说更是好处多多,不容繁言。

从保守的方面讲,教育可以防止叛逆,"君子博学于文,约之以礼,亦可以弗畔(叛)矣夫"(《雍也》),可以加强统治阶级内部的团结。孔子认为,如果对统治者加强文化教育(这里主要是政治思想教育——"约之以礼"),就会增强向心力,避免反叛的事情发生。

从积极的方面讲,教育又可以减少阶级对立,促进社会安定和谐:"君子学道则爱人,小人学道则易使也。"(《阳货》)通过教育,统治者提高了修养,扩充了爱心,就会成为仁者,实行仁政,善待百姓;平民经过教育,习于礼乐,懂得等级,知道本分,就不会有非分之想、狂妄之心了,就会心悦诚服地接受统治者的统治。

君子"爱人"了,就可能减轻剥削的残酷性,减少压迫;小人"易使"了,就会逆来顺受,减少反叛。上下团结,彼此合作,天下不愁不治。

力行教化,提高素质,让人民在人口繁衍(庶)、衣食丰足(富)的基础上,礼乐蔚然,弦歌钟鼓,在这种雍雍和和的气氛中享受人生的乐趣,还有谁愿意揭竿而起,铤而走险呢?学习和教化是实现天下太平的根本保证。

可见,"学"无论对个人、对社会,无论对君子、对小人,都是一件十分有意义的事情,也是非常迫切的事情。

(四)重视求学时机

孔子首先强调学习时机的把握,鼓励少年成才。

孔子特别注意少年教育,他说:"少成若天性,习惯之为常。"(《大戴礼记·保傅》。贾谊《新书·保傅》作:"少成若天性,习惯如自然。")这与后世"少习若天成,习惯成自然"的民谚是同一意思,也是"少壮不努力,老大徒伤悲"的古诗的最早出处。

少年时代是学习知识和培养技能的最佳时期,这时之人天真纯洁,任君塑造,一旦学成,终身不忘。少年时代是人生的起点,将来的人生之路往往由少年时代的教育和习惯所决定。孔子说:

君子有三思,而不可不思也。少而不学,长无能也;老而不教,死无思也;有而不施,穷无与也。

是故君子少思长则学，老思死则教，有思穷则施。（《荀子·法行》引"子曰"）

可见，孔子将"少而学"与"老而教""有而施"视为人生历程三个关键举措，视为避免未来窘境的明智选择。少年要学习知识，以免长大后没有一技之长；老年后要施教后学，以免死后无人思念；富贵时要乐善好施，以防贫贱时无人救援。三者之中，"幼而好学"尤其重要，试想如果少壮不学，长大必然无能，必然没有谋生本钱，自己谋生尚且不能，又哪来富贵后的施予？自己知识贫乏，老来后又哪有教育下一代的资本？

相同的言论，还有《荀子·宥坐》引孔子曰：

吾有耻焉，有鄙焉，有殆焉。幼不强学，长无以教之，吾耻之；去其故乡，事君而达（亨通），卒（忽然）遇故人，曾无旧言，吾鄙之；与小人处者，吾殆之也。

这里，孔子将"幼不强学"、富贵而忘故旧、与小人为伍，同视为可耻、可鄙、可危的事情。在孔子看来，少年不学，无异于自甘堕落的愚蠢行为。俗语说："花木逢春欲再发，人无两度再少年。"《古乐府》说："百川东到海，何时复西归？少壮不努力，老大徒伤悲。"这些说法未尝不受孔子思想的影响。

孔子自己自幼有很好的学习习惯，他"为儿嬉戏，常陈俎豆，设礼容"（《史记·孔子世家》），在生活中自觉地习染礼乐文化。到 15 岁，他便立志系统地研习"六艺"，从此终生乐此不疲。

有人问他何以如此知识渊博？孔子说："丘少而好学，晚而闻道，以此博矣。"（《慎子·逸闻》）这并不是一句空话。

孔子甚至认为，如果有人到 40 岁还品质低劣，令人讨厌的话，那他简直就应该马上死掉："年四十而见恶焉，其终也已！"（《阳货》）这当然不是他对 40 岁、50 岁之人特别讨厌，而是强调要重视少年教育的过激之辞。

孔子鼓励少年成才，贬斥老大无成。他说：

后生可畏！焉知来者之不如今也？四十、五十而无闻焉，斯亦不足畏也已！（《子罕》）

少年充满希望，充满机会，令人敬畏。如果一个人到 40 岁、50 岁还不能有所作为，没有名望，那他这辈子就算完了，人们对他就不足畏了。

重视少年教育的思想，在后来儒家书籍中也得到进一步的发挥。《尚书大传》说古者："十有三岁入小学"，"年二十入大学"。《礼记·曲礼上》在以年龄划分为阶段时，亦将少年事学作为重要特征："人生十年曰幼，学；二十曰弱，冠；三十曰壮，有室;四十曰强,而仕;五十曰艾,服官政;六十曰耆,指使;七十曰老,而传(教);八十、九十曰耄……百年曰期颐。"

不同的阶段有不同的任务,又因不同的任务而形成了人生不同的特征:人生十岁时叫"幼",任务是学;二十年是"弱",加冠以示成年;三十叫"壮",成家立业;四十叫"强",可以出仕了;五十叫"艾",到官府去做事;六十叫"耆",可以使唤仆人;七十叫"老",可以居乡校教育后代了;八十、九十叫"耄"……百岁老人叫"期颐"。

少年的任务就是学习,少年的特征也是学习,学习既是青少年的权利,也是青少年的义务。两千五百多年前的孔子就已经认识到了这一点,不能不说是他作为教育家的先见之明。

(五)学而不思则罔,思而不学则殆

在学习方法上,孔子也有许多成功的经验和精到的论述,我们可以将之归纳为五个方面,即"五多":多闻、多见、多问、多思、多习。其总的特征是主张充分发挥人的感官功能,积极主动地接收信息,消化信息,以便转化为活的知识和才能。

1.多闻

多多运用听觉感官接收信息。孔子曰:"多闻,择其善者而从之。"又曰:"默而识(牢记)之。"(《述而》)又曰:"君子多闻,质(对正)而守之;多志(记),质而亲(新)之。"(《礼记·缁衣》)只有多闻,才能有所选择,择善而从,默识心记。特别是自己不懂的东西,更应注意多多听取:"多闻阙疑。"(《为政》)多多闻知,还是解难释疑的有效途径。特别对闻知至理妙道,孔子更是情有独钟。他说,如果能知晓大道,哪怕早晨闻知晚上死了也是值得的:"朝闻道,夕死可也!"(《里仁》)

2.多见

充分利用视觉功能获取信息。孔子曰:"多见而识之。"(《述而》)看得多,可以从印象到概念,进而形成判断和推理,达到认知事物的目的。又说:"多见阙殆(危险)则寡悔。"(《为政》)又说:"见贤思齐焉,见不贤内自省也。"(《里仁》)"见善如不及,见不善如探汤。"(《季氏》)在道德修养上,亦可通过多见获得正反两方面的教益。对人生经历的观察,晓得成功经验固然重要,即或是知道事物的负面影响,多了解失败原因,也可以以之为反面教材,引为己鉴,预防自己的失败。"多见"还包括走出家门,实地考察。孔子为了学习三代礼制,曾到过洛阳,"观礼于周室";又到过杞国,得《夏时》之书;到过宋国,得《坤乾》之书。

3.多问

　　孔子提倡实事求是的求学态度,教导学生"知之为知之,不知为不知",不要不懂装懂。他自己就是不懂就问,甚至"不耻下问"。孔子曾有机会进入鲁国太庙,遇到事情总是提问("子入太庙,每事问"),有人不解:"孰谓陬人(纥)之子知礼乎?入太庙,每事问。"他知道后说:"这就是知礼呀!"("是礼也"。见《八佾》)从孔子的好学精神,联想到时人的不懂装懂,让人油然而生"古之君子病其无能也学之,今之君子耻其无能也讳之"的对比之感。多闻也许是被动地获取信息,获得的资料有用与否具有很大的偶然性,而多问却是主动地求取信息,所得资料具有直接的针对性和实用性。见疑必问,有惑必解,此乃积极主动的求学方法。孔子鼓励学生凡事都要问个究竟,问个所以然。对那些老不提问、不懂装懂的人,他是持批评态度的:"不曰'如之何? 如之何'者,吾未知如之何也已矣。"(《卫灵公》)

太庙问礼

4.多思

　　孔子特别主张独立思考。他的名言是:"学而不思则罔(惘然无知),思而不学则殆(疑惑)。"(《为政》)主张学思结合,反对两个极端:只思不学不能接受解疑的信息,获得日新的资料,就永远处于"愿学而未学、欲知而不知"的状态。孔子曾说:"吾尝终日不食,终夜不寝,以思,无益,不如学也。"(《卫灵公》)又说:"不学而好思,虽知不广矣。"(《韩诗外传》)荀子也与孔子有相同的体验,他说:"吾尝终日而思焉,不如须臾之所学也。"另一方面,如果不对所学知识进行反思和消化,好学而不思,就不能得其要领,不能懂其精义,必然惘惘然无所收获。鼓励学生独立思考,即使是老师说的也可以提出相反意见,他曾经批评颜回说:"回也,非助我者也,于吾言无所不说(悦)也。"(《先进》)但后来经过反复考察,发现颜回实际上是用心思考了的,孔子就又高兴地说:"吾与回言终日,不违,如愚。退而省(考察)其私(家庭自处),亦足以发(发挥),回也不愚。"(《为政》意即他起先与颜回讲了一整天的话,也不见颜回有不同意见,便以为他是个不动脑筋的人,等到考察过他的居家所为,才发现他有很多创见,可见颜回也是一个多思善思的君子。)

孔子本人就是个好学又善思的典型,他学习必穷究其所以然,从不囫囵吞枣。他曾从师襄学琴,一首曲子弹了十天,还不换新的,师襄说:"可以弹新的了。"孔子曰:"我仅学会曲调,还未得其技巧。"又练了些日子,师襄说:"已经熟悉技巧了。"孔子答:"我还未得其寓意所在。"又练了些日子,师襄说可以换新的了,孔子还是答曰:"我还未想见作曲者的为人。"一直练下去,直到有一天他肃穆深思,舒心高望,极目远眺,沉思地说:"我得其为人矣!其为人黝黑黝黑的,修长修长的,高瞻远瞩,大有一代圣王的气度!这不是周文王,又是谁呢?"师襄听了离席再拜,才说明这支曲子原来正是周文王所作《文王操》(《史记·孔子世家》)

孔子曾观于鲁庙,见有偏倒的器皿(敧器),问守庙者:"此何器?"守庙者曰:"此盖宥坐(置座右以为戒)之器。"孔子说:"吾闻宥坐之器者,虚(空)则敧(偏),中则正,满则覆。"于是叫弟子注水实验,果然如此。孔子喟然叹曰:"唉!哪有满而不覆者呢!"子路因问怎样才能满而不覆,孔子说:"聪明圣知(智),守(保持)之以愚;功被(施)天下,守之以让;勇力抚(保护)世,守之以怯;富有四海,守之以谦。"(《荀子·宥坐》)

从这两段故事中可见,孔子除了弄通事物本身的意义外,还能举一反三,善于从平凡处看出不平凡,从寻常事物中演绎出不寻常的学问。

孔子遇大江大河必观,因为他能从流水不返的现象中看出时光的宝贵、生命的可珍:"子在川上曰:'逝者如斯夫!'"(《子罕》)甚至游山玩水,他也能从中体会出人生的哲理:"子曰:智者乐水,仁者乐山。"(《雍也》)山可以生物养人,故近于仁;水遇物则绕,穿隙而过,故近于智。由小见大,因浅见深,非好学深思,孰能至于此!事出平凡,理得深奥,体现了一代哲人的深邃情思,这句话因而成了启人心智的千古良训。

5.多习

习的本义是鸟儿反复练习飞行,引申为练习、温习。学习学习,"学"在于纳新,"习"在于温故。

一是温习旧知识,获得新理解。孔子曰:"温故而知新,可以为师矣。"(《为政》)温故知新,从平常处见出不平常,从故书中释出新意境,老师的作用也就是这样。就这么简单。《大学》提倡"日新其德":"苟日新,又日新,日日新。"一天一个样,一天一境界,人就在一天一天的进步中,实现了由凡入圣的飞跃。学习阶段的"温故知新"就是利用已有的知识进行"日新"的过程。旧材料虽然旧,但它不仅仅只有后人看到的字面意义,还有特定的背景、说话的语境,因此旧材料上又常常含有字面以外更深的内容,旧知中隐藏着新知,这需要不断温习,才能不断地发掘。宋人张载有诗云:"芭蕉心尽展新枝,新卷新心暗已随。愿学新心养新德,旋随新叶起新知。"又有俗语说:"读未见书如得良友,见已读书如逢故人。"这都是关于"温故知新"和"日新其德"的形象譬喻。

二是反复练习。孔子当时所学和所传的内容是礼、乐、射、御、书、数,实践性都很强,这些都不能仅停留于书面,需要反复练习。将理论学习与实际操作结合起来,既巩固了所学内容,培养了技能,还从操作中获得了性情的陶冶,身心受到裨益,养成礼乐彬彬的君子风度。因此,《论语》开篇第一章就是:"子曰:'学而时习之,不亦说(悦)乎! 有朋自远方来,不亦乐乎!'"孔子将学习实践中获得的怡愉和远方朋友故交来访带来的快乐相提并论,强调多多练习所学内容将给人带来无穷的乐趣。多习既是求知的必要形式,也是学业实践的人生享受,难怪曾子要把"传不习乎"作为自己每天都要"三省"的重要内容了。

(六)谦虚和持之以恒

在学习态度上,孔子要求人们要有谦虚的态度和恒久的毅力。《尚书·大诰》曰:"满招损,谦受益,时(是)天之道。"《易经》也专门有《谦卦》:"谦谦君子,用涉大川,吉!"谦,是中国人民的传统美德。孔子使这谦的美德更加发扬光大。他认为即使一个很聪明的人也不可以骄傲,而应以"谦"来养德,才能成为"贤人":"巧而好度(规矩)必节(合乎规范),勇而好同(合群)必胜,知(智)而好谦必贤。"(《荀子·仲尼》)"智而好谦",既聪明又谦虚,聪明可以识物,谦虚可以纳物,识而能纳,纳而能识,其成功就有了保障。否则,若态度不谦逊,即使聪明过人,也不值得称赞。他说:"如有周公之才之美,使(假令)骄且吝,其余不足观也已。"(《泰伯》)圣智如周公,尚且需要谦虚,更何况求学中的凡夫俗子呢?

"知之为知之，不知为不知，是知（智）矣。"（《为政》）这是孔子论谦德的至理名言。孔子本人以谦处事，以诚待人，从不不懂装懂，也不假意谦恭。他说，作为求学之士，应该时时注意保持谦虚的品质，以便随时获取教益，就像江河谦下而纳百川，大海谦下而容众水一样，如果自己目中无人，睥睨一世，谁还会将知识教给你呢？孔子称赞："大哉江海乎！下之也。夫河下天下之川，故广；人下天下之士，故大。"（《尸子·明堂》引）林则徐有联曰："海纳百川，有容乃大；壁立万仞，无欲则刚。"有道是"虚其心能容天下之物，谦其德能纳天下之善"，揭示的都是同一个道理，谦虚才能得到知识的丰富和道德的长进。在孔子眼里，每个人都握有一定的知识和技能，只要善于向他们学习，便可以集腋成裘，积少成多。

孔子说："三人行必有我师焉，择其善者而从之，其不善者而改之。"（《述而》）又说："见贤思齐，见不贤而内自省焉。"在任何一群人中，无论善恶，只要善于学习，就都可以获得必要的教益：其善者可以提供积极的教诲，其不善者也可以作为反面教材，提供失败的借鉴。尽管当时没有专职教师，孔子却并不缺乏老师，他学无常师，有能便学，曾"问礼于老聃"，"访乐于苌宏"，"学官名于郯子"，"学琴于师襄"，甚至有人说他还向七岁小儿项橐请教过（《史记·甘罗传》）。只要有一技之长、一得之见，孔子都不放过向孔子学习的机会。曾有人问子贡："孔子从哪里学来那么多知识？"子贡说："文武之道未坠于地，在人。贤者识其大者，不贤者识其小者，莫不有文武之道焉。夫子焉不学？而亦何常师之有？"（《子张》）"无所不学""学无常师"，就是孔子学以致其道，问以成其才的窍门所在。又有人对孔子每到一个国家必然与闻其政事表示不解，问子贡："夫子至于是邦也，必闻其政，求（请求）之与？抑与（人家主动提供）之与？"子贡曰："夫子温、良、恭、俭、让以得之。夫子之求之也，其诸（也许）异乎人（他人）之求之与？"（《学而》）孔子以温厚、善良、恭敬、俭朴、逊让的态度，获得人家的信任进而获知各国政事，这是与他人或巧取或盗听的途径截然不同的。在孔子的这几种态度中，最本质的其实还是谦虚。

谦虚好学，不仅包括向比自己聪明的人学，而且还要善于向不如自己的人学，孔子主张"不耻下问"。他赞扬孔文子"敏而好学，不耻下问"；提倡"以能问于不能，以多问于寡；有若无，实若虚，犯（冒犯自己）而不校（计较）"等谦虚和宽容的态度；反对那种"学曾未知疢瘵则然欲为人师"（好为人师）的无聊行为（《荀子·宥坐》）；批评盛气凌人、装腔作势的虚骄作法。《荀子·子道》曾记载：

子路盛服见孔子，孔子曰："是（如此）裾裾（傲慢），何也？昔者江水出于岷山，

问礼老聃

其始出也,其源可以滥觞。及其至江之津也,不放舟,不避风,则不可涉也。非维下流水多邪?今汝服既盛,颜色充盈,天下且孰肯谏汝矣?由!"子路趋而出,改服而入,盖犹若也。孔子曰:"志之,吾语汝:'奋(夸耀)于言者华(虚华),奋于行者伐(骄矜)。色(表情)知而有能者,小人也。故君子知之曰知之,不知曰不知,言(语言)之要(约束)也;能之曰能之,不能曰不能,行(行动)之至(节度)也。言要则知(智),行至则仁。既知且仁,夫恶有不足矣哉!'"

老子说"大辩若讷",苏轼说"大智若愚"。有真才者必不矜才,有实学者必不夸学。真正的聪明人并不在表面上显露出来,因为聪明者知道知识的无限性。只有表现得不聪明的人,才有可能成为聪明人,因为他谦逊好学,能够转益多师,获得新知,就像江河低下而纳百川,大海低下而纳众流一样,谦逊者不拒涓滴,因而成为博学之士。

　　谦虚还可以帮助人避免错误,渡过难关。孔子曾自述云:"吾有知乎哉?无知也。有鄙夫问于我,空空如也。我叩其两端而竭焉。"(《子罕》)这是说有一个农夫问他一个问题,他本来对那个问题空空如也,毫无所知,于是放下架子,谦虚地旁敲侧击,从那个问题的侧面问起,结果终于弄清了问题的真相,避免了信口雌黄的错误。看来谦虚在孔子那里确实是件灵验的求知法宝。

　　恒,即恒心。《易经》有《恒卦》说:"恒其德,贞。""不恒其德,或承之羞。"可知恒也是人间一大美德。什么叫"不恒其德,或承之羞"呢?孔子解释说:"南人有言曰:'人而无恒,不可以作巫医。'善乎。"(《子路》)人如果没有恒心,他就连骗人的

江湖医生也当不好。学习六艺,由凡入圣,更需要矢志不渝、坚忍不拔的追求。孔子说:

　　圣人,吾不得而见之矣,得见君子者,斯可矣。善人,吾不得而见之矣,得见有恒者,斯可矣。亡(无)而为有,虚而为盈,约(困境)而为泰(通达),难乎有恒矣!(《述而》)

　　"圣人"和"善人"是孔子理想的人格,但现实社会中暂时看不到圣人和善人并不要紧,只要有"君子"和"有恒者"就行。"君子"具有良好的个人修养,再充盈一下,施之于天下,便成了"圣人";"有恒者"是善人、君子的后备军,他可以由无知到有知,使空虚变充实,克服困境获得通达。看来"恒"是通向众善的初级阶梯,由有恒而成善人,由善人而成君子,由君子而成圣人。千里之行,始于足下,由凡企圣也没有捷径,只有以恒的毅力从现在做起,一步一个阶梯,向圣人境界迈进。曾子说:"士不可以不弘毅,任重而道远。仁以为己任,不亦重乎? 死而后已,不亦远乎!"(《泰伯》)弘毅,即持之以恒、"死而后已"的意志力。有了仁的目标,加之"恒"的韧劲,必将求知而获知,求仁而得仁。

(七)学习的苦与乐

　　求学(或修炼)有两个境界,即苦与乐。陆游诗喻人生的转折曰:"山重水复疑无路,柳暗花明又一村。"

　　王国维集句论求学的阶段:

　　昨夜西风凋碧树,独上高楼,望断天涯路。

　　衣带渐宽终不悔,为伊消得人憔悴。

　　众里寻他千百度,蓦然回首,那人却在灯火阑珊处。

王国维之词颇能说明这求学的"苦"与"乐"两个字。学习必经这三种境界:第一境"昨夜西风凋碧树,独上高楼,望尽天涯路",这是晏殊的词,意思是,一夜西风使碧绿的树叶都凋零了,让人顿生悲秋之感,学习之路很长,刚刚开始时字不识意不懂,就像一个人站在高高的楼台上想找到自己的出路,看看前路茫茫,不知所之,好生惆怅。第二境"衣带渐宽终不悔,为伊消得人憔悴。"这是柳永的词,要想达到你的目的,不论是古人的科举还是今人的考大学都要付出辛苦的,更莫说希望悟道和成圣了,苏秦"头悬梁、锥刺股",孟子说:"天之降大任于斯人也,必先苦其心志,劳其筋骨,饿其体肤,空乏其体,行拂乱其所为,所以动心忍性,增益其所不能",这就是

"为伊消得人憔悴",但是却不要后悔。这些苦你吃了、经历了,这时的你已忘记了苦苦追寻的目标,不知何在了。正当你迷茫无知之时,你猛然回头,你的目标却已经出现了。这就是第三境:"众里寻他千百度,蓦然回首,那人却在,灯火阑珊处。"这本是辛弃疾的词。王氏的三境界虽说是学习,但也适用于人生各个方面。不论是求学还是做人,干事业,都是如此。

孔子呢,则将学习归纳为两个境界,即"苦"和"乐"。第一个境界是苦学勤奋:

君子食无求饱,居无求安,敏于事而慎于言,就有道而正焉,可谓好学也已。(《学而》)

"好学"不是一句空话,也不是做做样子,而是一个十分艰苦,专心致志,无暇享受,甘耐寂寞的过程。孔子自云:"吾非生而知之者,好古、敏求之者也。"又说:"若圣与仁,则吾岂敢? 抑为之不厌,诲人不倦。"(《述而》)直到老年,他还是"学而不厌","不知老之将至"。为了追求知识,提高修养,人们必须克服物质享受的欲望,一心一意地学习,一切享受富贵的杂念都应排除干净。孔子说:"君子谋道不谋食","君子忧道不忧贫"。(《卫灵公》)一个人如果既想学习闻道,又不甘清贫,要追求物质享受,那他就不值一提了:"子曰:'士志于道,而耻恶衣恶食者,未足与议也。'"(《里仁》)献身、忘我、苦行、力学,是一切清寒子弟成才的必然过程。

第二境界是好而乐之:

"子曰:'知之者不如好之者,好之者不如乐之者。'"(《雍也》)

知之,即通过苦学获得了知识;好之,即获得知识而喜爱它;乐之,是身与物化,心与"道"迁,以"道"为乐。"知之"是"闻道"的初级阶段,需要恒心、毅力、献身、忘我、苦行,此时的求知者未免沉于"苦"。"好之"的阶段能够深化知识,但尚存个人好恶,未免带有功利色彩。唯有"乐之"的境界最高。这时,人对自己追求的"道"(规律或真理)心领而神会,整个身心完全陶然于其中,认识它是一种幸福,追求它、研究它也是一种乐趣了。人的注意力完全沉浸在这种追求、体认的悦怿之中,忘记了劳逸,忘记了贫富,也忘记了荣辱。孔子自谓:"饭疏食、饮水,曲肱(胳膊)而枕之,乐亦在其中矣。不义而富且贵,于我如浮云!"(《述而》)又赞颜回:"贤哉回也! 一箪食,一瓢饮,在陋巷,人不堪其忧,回也不改其乐。贤哉回也!"(《雍也》)师徒二人,一个能拒绝"不义而富且贵"的诱惑,以疏食饮水为乐;一个不避陋巷,以箪食瓢饮为乐。这些都是人所不堪之忧,孔、颜师徒却乐在其中、喜在其中,宋儒尝问"孔颜之乐,所乐何事"成了千古回答不了的命题。其实懂得了学习的两个进境,

孔子的伦理学说

图文珍藏版

就不难体会孔、颜乐处的真正内涵了。

如果说，在"知之"阶段也能"食无求饱，居无求安"的话，其实还有"求饱、求安"的欲望，只是因求学的需要，用意志力将"欲"强行地压下去罢了。到了"乐之"的境界，人的整个乐趣不在外物，不在环境，而在于"闻道"和"知道"本身。前一阶段的"不求饱""不求安"是自我克制型的，被迫的；后一阶段的"乐在其中"则是自然的，自由的，不用外力，不假思虑，自然而然，陶醉其中。乐道的最高境界是超越时空的永恒，孔子自述其晚年境况说："发愤忘食，乐以忘忧，不知老之将至。"（《述而》）他忘记了吃饭，忘记了忧愁，甚至忘却了时间和空间，整个身心与所闻之"道"融为一体，成为永恒。孔子又道其乐之的内容说："志于道，据于德，依于仁，游于艺。"（《述而》）志，即记也。道，有天道、地道、人道，即自然规律和社会规律。据，依凭。德，即得也，是天道（天命）赋予人的良好禀性。游，游览，此指学业的涵泳。艺，学业，指六艺。乐道的内容就是：心中体会着大道，发扬人的禀赋，依照仁的规范，在学业（六艺）上悠游涵泳，愉快地发抒。这就是知道之乐，求道之乐，也就是圣人之乐，其实这就是宋儒必欲知道的"孔颜乐处"。

（八）下学而上达——圣人知道的阶梯

1.下学

孔子将学习步骤分为两大等次，即下学、上达。他说：

不怨天，不尤人，下学而上达，知我者其天乎！（《宪问》）

皇侃《论语疏》曰："下学，学人事；上达，达天命。我既学人事，人事有否有泰，故不尤人；上达天命，天命有穷有通，故我不怨天也。"这种解释基本符合孔子的原意，但把"下学"局限于"学人事"，未免偏狭。《周易·系辞传》曰："形而上者道也，形而下者器也。"此言正是"下学""上达"的"上"和"下"二字的妙解。有形的、具体的事物，即是"器"，是"下学"的"下"；无形的、普遍的规律，即是"道"，是"上达"的"上"。"下学而上达"即通过对具体事物（"器"）的学习，进而了解抽象的规律或真理（"道"）。"下学"的内容是具体的，支离的；"上达"的内容是抽象的，概括的。学习具体的东西，人人而可，但要体知抽象的道理，却必须有待其人而后能。孔子说："可与共学，未可与适道；可与适道，未可与立；可与立，未可与权。"（《子罕》）这里的"共学"即"下学"，"适道"即"上达"，而"立"与"权"则是指"适道"（"上达"）后的对规律的灵活运用和在事业上的建树。"共学"与"适道"就是"下学"和"上达"的另一种表述方式。"下学"是知识的积累,是"上达"的必经阶段;"上达"是认识的飞跃,是学习的升华,是人类认识的崇高境界。

儒家和道家都重视"闻道",不过等次和途径不同。道家认为人是自然的一部分,人对道的认识能力生来就有,道就在人的身边,在人的身上和心中,只要善于体知,用不着多学即可获得。只是由于人们受后天人文的异化,使人对道的悟性越来越差,故老子曰:"为学日进,为道日损。"要体认大道,只有摒除外物的干扰,扫尽人文的蒙蔽,使人进入既虚且静的清明境界,才可能在一朝之间获得对道的省悟。因而道家主张"绝圣弃智",不仅不重视具体事物的学习和具体知识的积累,反而认为知识积累有损于悟道,应当摒除干净。儒家则不然。儒家认为人已从自然状态中分化出来,应认识自然,超越自然,不受自然的奴役;但人又不能违背自然,他应认识自然,把握规律,在适应规律中获得自己的行动自由。而认识规律(即道)的途径则是"下学",也就是说,首先认识具体的事物,通过知识的积累,实现"闻道"(或"适道")的"上达",因而儒学教育特别主张"博学"。《礼记·大学》讲"格物致知",主张"博学之,审问之,慎思之,明辨之,笃行之",即首先广泛地学习局部知识,明白具体原理,然后才能实现对普遍、抽象的道理的体认。道家直接悟道的方式虽然省便,但是虚无缥缈,难以捉摸,非一般人智力所能及,不具有现实的实践意义。儒家"下学而上达"的方法虽然费事,但却实在可行,具有普遍的实践价值,人人可得而学、可学而能,只要人们依样去实践一番,必然功夫不负有心人。

孔子十分博学,精通六艺,尤长于礼乐:他于礼,少而讲习,长而知礼。对当世礼仪与三代礼制沿革,孔子了然明备。孔子自云:"夏礼吾能言之","殷礼吾能言之"(《礼运》)。又说:"殷因于夏礼,所损益可知也;周因于殷礼,所损益可知也。其或继周者,虽百世可知也。"(《为政》)又曰:"周监于二代,郁郁乎文哉,吾从周。"(《八佾》)这都是他明于礼制的证明。对乐,孔子也做了许多研究和实践工作。首先是"正乐",《子罕》载:"子曰:'吾自卫反鲁,然后乐正,雅颂各得其所。'"这是说孔子将崩坏的音乐加以提倡,将混乱的音乐加以调正。其次,是从人生修养上,加强音乐的美育意义,孔子对学生进行"六艺"教育时就有"乐",而采用的教材"六经"也有《乐经》。他本人即具有很强的艺术修养,《述而》说:"子在齐闻《韶》,三月不知肉味。"《韶乐》相传是上古音乐。当时盛行的是时下的流行音乐,人们对这些古乐早已听不大懂了,孔子却听得如醉如痴,可见其古乐修养之深。在音乐演奏方面,孔子也具有多种技巧:他会击磬,《宪问》载"子击磬于卫";能弹琴,《史记·

孔子世家》说"孔子学鼓琴于师襄";还善于唱歌,《史记》载"三百五篇,孔子皆弦歌之",《述而》载"子与人歌而善,必使反之,而后和之"。他还深通音乐的演奏技巧,评论说:"子语鲁太师乐,曰:'乐其可知也:始作翕如也,从之,纯如也,皦如也,绎如也,以成。'"(《八佾》)这完全是一个音乐行家的评论。与统治阶级"淫乐万舞"的腐朽行为大异其趣的是,孔子不把音乐当成淫靡的手段,而是强调音乐的教化功能。他认为"乐以发和"(《史记·滑稽列传》引孔子曰),音乐可以增进人与人之间的亲和关系,减轻对立情绪。乐可以培养人的向善之心和平和之情,他认为个人的修养有待于音乐的陶冶而完成,《泰伯》载孔子曰:"成于乐。"在今传《礼记·乐记》中,还有大量孔子论音乐治国兴化的名言,至今仍有很大的参考价值。

射即射箭,在当时既是体育活动,又是国防技能。与后世"柔弱"的儒者不同,孔子对射也很在行,他曾射于矍相之圃,引得"观者如堵墙"(《礼记·射仪》)。他平生于事无所争,唯独对射箭比赛不甘落后,他说:"君子无所争,必也射乎!"(《八佾》)

御,即驾车。士大夫交游、出征作战、礼尚往来,都以车马为代步工具,就像有人预言"驾驶技术是21世纪的必修课"一样,六艺的"御"也是当时贵族社会的重要技能。达巷党人夸赞孔子说:"大哉孔子! 博学而无所成名。"孔子听后谦虚地说:"吾何执? 执御乎? 执射乎? 吾执御矣。"(《子罕》)执即专长。他说,我以什么为专长呢? 用射吗? 用御吗? 我还是用御吧! 可见他对自己的驾车技术是很自负的。

数,计数,是计算、会计技能。由于时代的局限,当时虽然已经发明"九九法",但并不普及,因此当"绛县老"向晋国人炫耀九九乘除法时,竟被晋国大臣叔向、赵孟等人奉为贤能,当即给他官做。孔子对数的计算也是在行的,《孟子·万章下》说:"孔子尝为季氏史焉,曰:'会计当而矣。'"《史记》载孔子"尝为季氏史,而料量(计算)平"。会计、料量,皆指计算之事。

书,即书法,是读书人必修课程,孔子自然不逊于人。相传孔子曾有"延陵季子之碑"的手迹传世。

六艺之外,孔子精通历史:"信而好古。"(《述而》)他还明于国际政治:"夫子至于是邦也必闻其政。"(《学而》)上知天文,下知地理:仲尼"上律天时,下袭水土。"(《礼记·中庸》)博通掌故(见《孔子集语·博物》),主张"多识于鸟兽草木之名"(《阳货》)。就当时人们的知识结构而言,孔子真是无所不知、无所不能了,孟子称之为"集大成者"(《孟子·万章下》),并非虚语。

2.上达

博学不是目的,只是"闻道"的初级阶段。博学必须升华,那就是"闻道"。博学,使人获得具体知识和技能,这用于谋生处世有余,但如果不知道,就不足以成为圣人。因此,尽管孔子学通六艺、技兼百艺后,达巷党人仍然说"大哉!孔子!博学而无所成名"(《子罕》),为他虽然具有博大的知识却不能自名一家而遗憾。达巷党人说此话可能在孔子三十岁左右。那时孔子虽学通六艺,但还未经"四十不惑"和"五十知天命"的认识飞跃,也就是未能"下学而上达"。《礼记·中庸》说圣人犹之乎天地,无不覆载,无不包孕,无不照临!这当然不是简单的"下学"(或"博学")所能实现的。这就是孔子在"三十而立"后,还要进一步迈向"不惑""知命"境界的原因所在。

那么,怎样实现由"下学"而"上达"呢?孔子的方法是"一以贯之":

子曰:"赐(子贡)也,女(汝)以予为多学而识之者与?"对曰:"然。非与?"曰:"非也。予一以贯之。"(《卫灵公》)

何谓"一以贯之"?此词亦见于《里仁篇》:"子曰:'参(曾参)乎!吾道一以贯之。'曾子曰:"唯。"子出,门人问曰:'何谓也?'曾子曰:'夫子之道,忠恕而已矣。'"两处的"一以贯之"皆有综合、概括的意思。不过两处"一以贯之"的"一"所指的内容并不一样,在《里仁篇》是讨论思想内容("吾道"):孔子对曾参说,我的理论有一个"一以贯之"的基本观点,曾参指出"夫子之道"就是"忠恕"。那里的"一以贯之"之"一"指的是孔子的基本思想,即曾参所指之"忠恕"。而《卫灵公》篇讨论的是学习问题,孔子对子贡说:你以为我是通过多学就获得了这样精深的知识了吗?孔子说,不是。我是靠"一以贯之"的方法来实现的。这里的"一以贯之"之"一"很显然是指"识之"的方法,即治学之方和悟道之法。两处的"一以贯之"字面的意思虽然相同,但具体所指却又有区别。有的学者将两处的"一以贯之"都讲成基本思想(或基本观念)的"忠恕",过分胶着于字面意义,实不可取。"忠恕"是孔子思想的内容,怎么又成了他的认知方法和悟道途径了呢?这种理解显然是有问题的。孔广森《经学卮言》说:"此章(指《卫灵公》篇)与告曾子'吾道一以贯之'语大殊,彼以道之成体言,此以学之用功言也。圣人固自多学,但不取强记耳。(略)乃执一理以贯通所闻,推此而求彼,得新而证旧。"也注意到了二者的区别。

根据认识的规律,领会孔子的原意,孔子论学习方法时"一以贯之"的"一"即综合;贯,即归纳、贯通、概括。认识上的"一以贯之",包括综合、归纳和提炼、抽象等思维过程,对这一过程,《荀子·劝学》也有论述:"君子知夫不全、不粹不足以为美(完美)也,故诵数以贯之,思索以通之。"全,即概括性、普遍性;粹,精粹、精微、精练,即反映规律的真理;诵数,多次、反复诵读,即"下学"和"博学"的过程;贯之,即提炼、抽象;思索,即思考;通之,即悟彻真理,举一反三,明白万法。荀子的意思是:君子认为,人的认识如果没有普遍性和真理性,是不够完美的,因此,要反复记诵以求贯通,深入思考以求悟彻。这正是对孔子"一以贯之"认知方法的准确说明!也是孔子和荀子这两位伟大思想家从博学("多学""诵数")进而体认天道("贯之""通之")的大彻大悟的方法。"一以贯之"是由感性上升到理性(即由"下学"到"上达")的飞跃过程,也是由具体知识到规律性真理的升华过程,是从博学之士进入思想家、哲学家的质的飞跃。

从"下学"而"上达",并非一朝一夕之功,也不是一蹴而就之事。勤奋如孔子,大智如孔子,要走完这个历程也整整花了五十个春秋!他曾自叙为学历程曰:

吾十有五而志于学,三十而立,四十而不惑,五十而知天命,六十而耳顺,七十而从心所欲不逾矩。(《为政》)

"志于学""而立""不惑"都属于"下学"阶段;"知天命"即"上达"阶段;"耳顺""不逾矩"则是"上达"之后见之于行动的表现形式。"十有五而志于学":志于学,即专心致志于学习,不旁骛他事。其"食无求饱,居无求安,敏于事而慎于言,就有道而正焉"(《学而》)的独白,'即是"志于学"的具体说明。"三十而立":"立"意即具有立足上层社会的知识和技能——礼、乐、射、御、书、数六艺。六艺以礼、乐为核心,孔子说:"立于礼,成于乐。"(《泰伯》)又曰:"不学礼,无以立。"(《季氏》)"三十而立"就是用礼乐等六艺来装备自己,足以立足于社会。"四十而不惑":"不惑",不偏激,不走极端,即理智,不偏不倚,无过与不及,亦即"中庸"之道。孔子曰:"智者不惑。"(《子罕》)不惑即是智者。"五十而知天命":天命即天道,天即自然,道即规律,天道即自然规律。中国古人早已认识了自然的必然性,《庄子·天地》:"无为而为之,天也。"《孟子·万章上》:"莫之为而为者天也,莫之致而至者命也。"天命即自然性和必然性,亦即自然规律。知天命,就是知道客观规律。孔子自谓"五十以学易"(《述而》),又说"五十而知天命"。《易》以道阴阳,《易经》有天道、有地道、有人道,《易》以神化,《易经》讲的就是矛盾对立,阴阳相生,物极必反的规律。孔子对《易经》的研习,促成了他从"不惑"到"知天命"的认识飞跃。"六十而耳顺"；"耳顺"，即一听便知，不必借助于思索。这是在"不惑""知天命"的基础上，形成的内在直觉。这种直觉思维无须通过分析、归纳，也无须通过类比、推理，他的经验和知识早已化为本能，凭着直觉感受，便能感知事物实质。好比知人，孔子早先是"听其言而信其行"，继而是"听其言而观其行"，最后是"耳顺"。前者未免盲从偏信，缺乏经验的参与；次者又依赖于经验，未能纯熟；只有后者是知识、经验和真理的全面贯通和熟练运用，于法为最高。"七十而从心所欲不逾矩"：矩，即规矩。画图之器，圆者为规，方者为矩，引申为法则，包括人文制度、规则、自然规律和节奏等。"从心所欲不逾矩"，是在"不惑""知天命"基础上形成的纯熟的个人修养。"耳顺"是这种修养在判断、感知外界信息时的表现形式，"不逾矩"则是这种修养贯彻在自我行为上的表现形式。在这个境界上，他的知识达到极大的丰富，上知天道，下知地道，中知人道，精通祸福消息、盈衰之情状。在方法上，他纯熟地运用了"中庸"的方法，准确地实践着"无过与不及"的原则，言中规，行中伦，时时处处与规范相符，与规律合拍。他本人就是智慧的化身，他的言行就是规律的体现。《周易·文言》所说"与天地合其德"，"与四时合其序"，"与鬼神合其吉凶"，"先天而天弗违，后天而顺天时"；《礼记·中庸》所说"仲尼祖述尧舜，宪章文武，上律（取法）天时。下袭（因循）水土"，即是对"不越矩"的绝好说明！

十七、孔子说"修身"

人据其人格特征，又有不同层次的区别。那么，做怎样的人，怎样做人？这就成了一切脱离自然状态——动物状态——的人必然考虑的问题，也是一个具有自觉意识，特别是不想碌碌了此一生的人，在行动前和行动中所必须考虑的事情。

目标在前，蓝图在手，奋勇直前，百折不回……这几乎是古往今来成就大事大业的伟人（或亚伟人）们的成功之路。怎样生活才有意义？怎样设计自己才有价值？怎样的人格才是理想的人格？不同的阶级和阶层，不同的时代和时期，不同的思想和流派，各有其不同的答案。

在中国的先秦时期，道家所崇尚的理想人格，是超脱于一切社会羁绊，个性绝对自由而又自然的"真人"；墨家崇尚的是"摩顶放踵利天下"，充分自我牺牲的殉道者；法家崇尚的是面目狰狞，严刑峻法，薄情寡恩，玩弄权术的酷吏；兵家崇尚的是运筹帷幄，决胜千里，争城以战，杀人盈野的名将；名家崇尚的是能倒黑为白，反非为是的诡辩家;农家崇尚的是亲自耕作,自食其力,利用饭后余暇处理政务的劳动者;儒家的理想人格,则是孔子提出的"君子"。君子人格是儒家的修身准则,也是中国历史上激励志士仁人追求自我完善的光辉范典。

孔子在谈到如何做人时,常常使用这样几个概念:匹夫、匹妇、士、善人、成人、君子、小人和圣人。

(一)大众人格——匹夫·匹妇

匹夫,即普通人。《子罕》:"子曰:'三军可夺帅也,匹夫不可夺志也。'"匹是匹配之意,夫妇配合,谓之"匹夫匹妇"。古代士大夫以上,正妻之外,皆有妾媵,唯庶人无妾媵,只有夫妻相匹配(见《尚书·尧典》孔颖达疏),故早先的匹夫匹妇就是指庶民。孔子认为匹夫也有人格个性,倘若他们固守自己的意志,要改变他们的个性简直比夺取三军之帅还要困难!意志是主观的,一旦固守,便坚不可摧,固不可移。孔子赞赏匹夫的这种坚强个性、忠贞气节,但是并不以此为理想人格。《宪问》载孔子与子贡论管仲时,提到"匹夫":子贡曰:"管仲非仁与?桓公杀公子纠,不能死,又相之。"孔子曰:"管仲相桓公霸诸侯,一匡天下,民到于今受其赐,微管仲,吾其被发左衽矣!岂若匹夫匹妇之为谅(守节)也?自经(缢)于沟渎,而莫之知也。"管仲是春秋初年齐国的政治家,初与召忽共辅公子纠,后来公子纠被公子小白所杀,召忽自尽殉节;管仲则自请为囚。小白即位,是为桓公,管仲被开释,作了桓公卿相。他辅佐齐桓公内修政理,外合诸侯,尊王攘夷,一匡天下,使桓公成为"春秋五霸"中称霸最早、霸业最隆的一代英主!桓公的霸业,实际是管仲的功劳。但是,在公子纠遇难时,作为臣子的管仲并未像召忽一样殉节,这不合乎君辱臣死的古训。对此,孔门弟子都有疑问。子路曾曰:"桓公杀公子纠,召忽死之,管仲不死",以为"未仁"。子贡也认为"管仲非仁者"。但是,孔子并不这样看,他在答子路之问时曰:"桓公九合诸侯,不以兵力,管仲之力也。如其仁如其仁";在答子贡时又重申了相似的观点,并提出了管仲的"仁"与匹夫匹妇的"谅"的区别。匹夫之"谅",守气节,主忠信。这固然可嘉,但顾惜一己之气节,而忘国家民族之大义,自经于沟渎之中,无益于家国天下,碌碌而生,庸庸而死,这是志士仁人所不效法的。管仲虽然受辱偷生于一时,重死负义于小我,但却辅君治国,尊王攘夷,重整了诸侯混战的秩序,解除了夷狄对华夏的威胁。这就实践了国家之大义、民族之大义!与匹夫匹妇的守节践信不可同日而语。故孔子曰:"君子贞而不谅。"(《卫灵公》)贞即持大节,谅即守小节,一者为公,一者为私,形式相同,而内容迥异。匹夫之谅的不可取,就在于它谨守小节而缺乏大义。

(二)修身初阶——士

春秋时期,士是介乎大夫与庶民之间的一个社会阶层,有一定的田产,是中小奴隶主。《国语·晋语》说:"公食贡,大夫食邑,士食田,庶人食力,工商食官,皂隶食职。"《左传》哀公二年也将士列于大夫与庶人之间,并且说士如果杀敌立功可获得赏田十万,庶民则不能受田。士这个阶层仍然属于"民"的范畴,与"农、工、商"共称"四民",但士居"四民"之首。与农、工、商以力谋生不同的是,士是以文化知识和武艺技能服务于社会。其中侧重于文化知识的为文士,侧重于武艺的称武士。武士是国家军队和卿大夫卫队的骨干和中坚,文士是国家官员和卿大夫家臣的主要来源。孔子所代表的士为文士,他们砥砺品德,研习道艺,通古今,辨然否,为统治者提供文职服务,《白虎通·爵篇》云:"士者,事也,任事之称也。故传曰:'通古今,辩然否谓之士。'"士有专门的住地,清静闲燕,便于研习学问和技艺。他们父子相传,世袭其业。《国语·齐语》载管仲对桓公曰:"昔圣王之处(安置)士也,使就闲燕(清静之地)","令夫士,群萃而州处,闲燕,则父与父言义,子与子言孝,其事君者言敬,其幼者言弟(悌)。少而习焉,其心安焉,不见异物而迁焉。是故其父兄之教不肃而成,其子弟之学不劳而能。夫是,故士之子恒为士"。即此是古代士人生活的生动写照。他们出则友教公卿,居则施教乡间,既是公卿的得力帮手,也是民间学习的师长。

在春秋初年,士这一阶层没有固定的职位,没有固定的主子,也没有明确的国家概念,谁给以禄位,就效命于谁,古语"士为知己者死"正好是这一情况的真实写照。士人的进退非常灵活,来去自便。有的士人还远离祖国,仕宦他邦;有的则避世离俗,成为隐士。前者《论语》中称之为"避人之士",后者称为"避世之士"(《微子》)。孔子意识到这部分人改造社会的价值,主张对旧式士人进行新的铸造,使其具备良好的修养、远大的理想、丰富的知识和坚韧的毅力,在道德、知识、体魄上做好出仕的准备。孔子认为,士人的远大理想是"闻道"("士志于道")和"成仁"("仁以为己任"),以探索真理、完善人格为职志,以拯救天下为己任。有了这个志向,他必须克服重重困难,克制种种欲望,先吃苦中苦方为人上人。假若不能吃苦,那就不足以闻道、成仁,就不是一个好的士:"士志于道而耻恶衣恶食者,未足与议也。"(《里仁》)"士而怀居,不足以为士矣。"(《宪问》)士人奋斗的起点很低,财力有限,如果立志做一个追求真理(志道)的优秀士人,却又羞于粗淡的衣食,迷恋安乐窝,那他就必然因精力和财力的不足而影响自己的事业和追求。因此曾子曰:"士不可不弘毅,任重而道远,仁以为己任,不亦重乎? 死而后已,不亦远乎?"(《泰伯》)

在川观水

　　士还必须追求广博的知识,并形成系统思想:"孔子曰:'推十合一为士。'"(《说文解字》引)段玉裁注曰:"数始于一,终于十,学者由博返约,故云'推十合一',博学、审问、慎思、明辨、笃行,惟以求其至是(最高真理)也,若一以贯之,则圣人之极致矣。""推十"的"十"即博学;"合一"即"一以贯之",也就是在博学的基础上归纳成系统的理论,形成系统的思想,即"闻道""知天命"。不过,闻道、知天命的功夫是君子才具备的,而士人就要向这个方向努力,争取进入君子境界。

　　士人在家庭、社会和政治生活中,也要求具备优雅的形象和良好的影响。子路问怎样才算得上合格士人? 孔子曰:"切切偲偲(勉励为善),怡怡(和乐)如也,可谓士矣。朋友切切偲偲,兄弟怡怡。"(《子路》)朋友相互勉励,兄弟之间和睦相处,这就可以说是合格的士了。子贡亦问孔子曰:"何如斯可谓之士矣?"孔子曰:"行己有耻,使于四方,不辱君命,可谓士矣。"子贡又问:"敢问其次?"孔子曰:"宗族称孝焉,乡党称弟(悌)焉。"子贡又问"其次",孔子曰:"言必信,行必果,硁硁(浅见而固执)然小人哉! 抑(或许)亦可以为次矣。"子贡说:"今之从政者何如?"孔子曰:"噫! 斗筲(容器)之人,何足算也!"这里,孔子将士划分为三个等级:最高的士,立身处世，有羞耻之心；出使四方，不辱君命。前者为道德品质的要求，孔子抓住一个"耻"字来激励士人。如果连羞耻都不讲了，还有什么忠信礼义可言呢？后者为才能的要求，是"士者事也"的本训。稍次一等的士是只有道德修养——孝悌，而无从政才能。第三个等级是言而有信，行动果决，见识短浅，但守志不渝，这是匹夫匹妇之谅，但比那些背信弃义、不顾廉耻的人要好多了，因而亦可勉强算为士人。不过，器识狭小的人，即使已经步入政坛，八面威风，那也算不得合格的士人，不值得士人羡慕。仕与不仕，不是士人的标志。孔子心目中的"士"，不再是唯禄位是图的趋利之徒，而是具有道义和是非观念的人格自觉的人，他必须在道义的前提下从政。子张谓曰："士见危致命，见利思义。"（《子张》）士，要在必要的时候才受命出仕，在义的前提下才获取利禄。孔子更具体地说："夫（士之）达者，质直而好义，察言而观色，虑以下人，在邦必达，在家必达。"（《颜渊》）这段话告诉人们，达之士人，他品行正直，襟怀坦白，坚持原则；他善于察言观色，态度诚恳，谦逊下人。这种人在大夫之家、在诸侯之国求得的仕路亨通，才叫"士人之达"。否则，品质低劣，心怀鬼胎，没有是非观念，阿谀奉承，笑里藏刀，虽飞黄腾达，也不足为贵。正直的士人，对此应该唾而弃之！'

从孔子的论述中，可见士的修养是十分优秀的。但这仍然是功利型的，不足以作为理想人格。《荀子·子道》："子路对曰：'知（智）者使人知己，仁者使人爱己。'（孔）子曰：'可谓士矣。'"可见士人的智和仁，在于使人知己、爱己，还带有功利的色彩。因此，荀子只把士作为修身的第一阶段（"其义始乎为士，终乎为圣人。"《荀子·劝学》），刘宝楠亦认为"士为学人进身之阶"，洵为确诂。

（三）四德共修——成人

成人的本义是成年人。《公羊传》僖公九年云：伯姬卒，因已许嫁而笄，故"死则以成人之丧治之。"（《谷梁传》同，《公羊传》文公十二年言叔姬之卒亦同）其引申义为能以礼约束自己的人。如《左传》昭公二十五年："故人之能曲直（曲折）以赴者，谓之成人。"《说苑·复恩》记晋文公曰："夫高明至贤，德行全诚，耽（乐）我以道，说我以仁，暴浣（匡正）我行，昭明我名，使我为成人者，吾以为上赏！"此语更明确地说明了"成人"的具体含义。孔子所说的"成人"又融入了智慧、廉洁、勇敢和才能等内容。《宪问》载子路问"成人"，子曰："若臧武仲（臧孙纥）之知（智），公绰之不欲（廉），卞庄子之勇，冉求之艺（多才），文之以礼乐，亦可以为成人矣。"又曰：

"今之成人者何必然，见利思义，见危受命，久要而不忘平生之言，亦可以为成人矣。"孔子将成人分为两等，上等的成人智勇过人，廉洁奉公，多才多艺，文质彬彬，是道德与才智结合的完人。这是理想中的成人形象。退而求其次："见利思义，见危受命"，久处于困约而不忘记诺言，这也算一个"成人"。下一等的成人，具有四德：坚持原则（义），见义勇为（忠），言而有信（信）的品德，与子张所谓"见危致命，见利思义"的"士"人形象无别。

成人的修养似乎比士要高，但还达不到君子的境界，成人好像还不知道天命，"不知命无以为君子"，故成人亦算不得理想人格。

（四）登堂入室——善人

善人，是指在政治生活中，以充分的好心善意治理国家的人。《子路》篇"善人为邦百年，亦可以胜残去杀矣"，"善人教民七年，亦可以即戎（参战）矣"。两处的"善人"皆是此义。《尧曰》篇"周有大赉，善人是富"，就是说周王室向功臣颁行大奖。那么，到底怎样才算"善人"呢？《述而》篇记载孔子之说云："圣人，吾不得而见之矣，得见君子者斯可矣。"又曰："善人，吾不得而见之矣，得见有恒者，斯可矣。"在这段话中，似乎是君子次于圣人，善人又次于君子，有恒者又次于善人。有恒者，指矢志不渝追求完善自我的人，即志士。善人大致属于"成人"的等次，是士人通向君子之路的一个阶梯，其具体特征不大清楚。子张问"善人之道"，孔子答曰："不践（履）迹，亦不入于室。"（《先进》）后人不知其所云。孔安国讲"室"是圣人之室，当为"升堂入室"之"室"；刘宝楠讲"践迹"为"学礼乐之事"。如果孔安国和刘宝楠的解释不误，那么孔子的意思是：不学习礼乐就不能知道圣人的学术精华，就不能进入圣人的堂奥。那么，善人当是依礼而行，努力向圣人境界进取的人。

（五）理想人格——君子

1."君子"释义

"君子"一词，在《论语》中出现107次，其中有伦理学上的意义，表示道德修养中的理想人格；也有政治学上的意义，指政治生活中的统治者。但这两者都不是"君子"的本义。"君子"的本义，犹之乎"公子""王子""王孙"等字面昭示的意义一样，就是指封君的儿子。在周代，凡有封地的人，都可称"君"，封君的儿子即"君子"，梁启超称之为"少东家"，形象而逼真，得其本义。在孔子以前的古代社会，"学在官府"，统治者不仅垄断物质资料，而且垄断精神财富，只有封君的子弟才能进入各级学校学习,庶民子弟被剥夺了受教育的权利。只有封君子弟才具有文化知识,"君子"一词成了知识拥有者的代名词,君子成了一定修养的人格特征。在宗法制与分封制下,封君(尤其是大封君)的儿子往往以封邦建国的形式被封封君,成为治民的统治者,因而"君子"又成了统治者的代名词。《论语》上说:"君子之德风,小人之德草,草上之风必偃。"(《颜渊》)"君子不仁者有矣夫,未有小人而仁者。"(《宪问》)"周公谓鲁公:'君子不施(弛)其亲,不使大臣怨乎不以(用)。'"(《微子》)以上引文都是用"君子"指称统治者。

无论是原始社会军事民主制的遗风(即"选贤举能"),还是中国奴隶社会处于上升阶段统治者实行"学而后从政"(或"学而优则仕")的授官方法,在西周时期,统治者都拥有那个时代较高的知识和才能,"君子"从"封君的儿子"演变成了具有才智、善于治民的双重身份,成为社会敬畏和景仰的理想人格。这可能是孔子借用这个陈旧的名词代表他设计理想人格的历史原因。

随着中国奴隶制日益走向衰落,代表奴隶主利益的统治者的素质越来越差,特别是到了春秋时期,统治者形象一落千丈,他们仅仅凭借血统的高贵获取世袭的职位。而"天子失官,学在四夷",以前必须经"学而后从政"格局已被"后进于礼乐"的潮流冲破,"少东家"们不再通过"六艺"训练便已进入仕途。他们知识贫乏,技能低下,品德顽劣,不再是名副其实的"君子",被孔子蔑称为"斗筲小人"(《子路》)。他们完全不能成为人民素所仰景的榜样,称呼统治者"君子"已不再是知识和权力结合的象征,只仅仅具有权力地位的意义了。孔子于是借用"君子"一词来称呼人格修养很高的人,并重加塑造,使之成为一种完美的理想人格。

2.君子之道:仁、智、勇

君子的基本特征是仁、智、勇。孔子曰:"君子道者三,我无能焉:仁者不忧,知(智)者不惑,勇者不惧。"子贡曰:"夫子自道也。"(《宪问》)君子兼具三德,故不忧,不惑,不惧。在《中庸》中,孔子又把智、仁、勇说成是天下之达德,是人类共同的理想人格。美国思想家威尔·杜兰说:"孔子心目中的完人是一个哲圣兼备的圣人,孔子心目中的这个超人,是兼备苏格拉底的'智',尼采的'勇',以及耶稣的'仁'这三达德的完人。"苏格拉底是柏拉图之师,推崇人类智慧,为古希腊哲学之父;耶稣是基督教教主,教人博爱友善,为欧美文明之神;尼采为近代哲学家,提倡强者哲学,勇于批判古代,开创未来,为现代新思潮的开路先锋。孔子所提倡的智、仁、勇三达德,分别包容了西方世界三大哲学神圣的思想主题。可见,孔子的仁者

孔子家语

哲学放之四海而皆准,无愧于"达德"之称。今天看来,孔子关于君子人格仁、智、勇三德的强调,也是非常全面的,同样具有现实意义。仁,属于德的范畴,以仁慈为怀,以爱人为意,这是人类共同推崇的优秀品质。智,为智慧,它包括充分的知识和察微知著的智略,这是人类共同向往的聪明、自觉、自由的境界。勇,即体魄,它包括见义勇为、坚韧弘毅等内容,正是人类希望事业有成必不可少的力量后盾。仁、智、勇三达德,与现代社会提倡的德、智、体全面发展意思相当,具有异曲同工之妙。一个生于二千五百年前的古人,能有这样全面的认识,确实是难能可贵的。

3.君子风度

君子是道德纯粹、人格完美的人,他具有优秀的品德,高尚的情操,醇熟的处世经验和优雅的行为举止。具体数来,君子心怀充沛的好心善意,爱人利人,无忧无惧。(《宪问》:"仁者不忧。"《颜渊》:"司马牛问君子,子曰:'君子不忧不惧。'曰:'不忧不惧,斯谓之君子已乎?'子曰:'内省不疚,夫何忧何惧。'")他具有远大理想,既积极入世,以天下为己任(《宪问》:"子路问君子,子曰:'修己以敬。'曰:'如斯而已乎?'曰:'修己以安人。'曰:'如斯而已乎?'曰:'修己以安百姓。'");又志趣高雅,自拔于流俗之外(《里仁》:"子曰:'君子喻(明)于义,小人喻于利。'"又《卫灵公》:"君子固穷,小人穷斯滥矣。")。他襟怀坦荡(《述而》:"君子坦荡荡,小人长戚戚。"),光明磊落(《为政》:"君子周而不比,小人比而不周。"又《子路》:"君子和而不同,小人同而不和")。他乐天知命(《尧曰》:"不知命,无以为君子。"),豁达大度(《子路》:"君子泰而不骄,小人骄而不泰。"又《学而》:"人不知而不愠,不亦君子乎!")。他知权知变,无偏无颇。(《中庸》:"子曰'君子之中庸,君子而时中。'")他宽以待人(《子张》:"子张曰:君子尊贤而容众,嘉善而矜不能。"),严于律己(《卫灵公》:"君子求诸己,小人求诸人。"),成人之美,不成人之恶(《颜渊》)。他衣食中节,仪表端庄(《乡党》:"君子不以绀緅饰,红紫不以为亵服";又《子张》"君子有三变:望之俨然,即(近)之也温,听其言也厉。")。在政治上,君子爱憎分明(《阳货》:"子贡曰:'君子亦有恶乎?'子曰:'有恶,恶称人之恶者,恶居下而讪上者,恶勇而无礼者,恶果敢而窒(不通情理)者。'"),无偏无党(《卫灵公》:"君子矜而不争,群而不党。");爱民利民,讲信修睦(《公冶长》:"子谓子产有君子之道四焉:其行己也恭,其事上也敬,其养民也惠,其使民也义。"又《子张》:"子夏曰:'君子信而后劳其民。'")。与仁者品德一样,君子人格亦是人间真善美的化身,时时处处都表现出仁慈、智慧和正义的光彩,将温馨与文明洒满人间,给人以春风般的温暖。

4.怎样当君子?

孔子的君子人格理论,是建立在人世间的实践伦理和社会道德基础之上的。它不同于只可向往、不可企及的宗教神圣,而是植根于生活,是人间客观存在的美德的提炼和升华;它具有真真切切的亲切感,也具有鼓励人们奋发向上的实践意义。在孔子看来,只要人们时刻保持追求理想人格的意识,加以恰当的方法,坚持矢志不渝地修炼,人们完全可以进入这个理想的人格境界。孔子是怎样指引我们向君子境界进军的呢?归纳起来有以下几个步骤:

首先必须坚持"仁、义、礼"三项基本原则,坚定明确的政治方向。如"君子去(离)仁,恶乎成名?君子无终食之间违仁,造次必于是,颠沛必于是。"(《里仁》)"君子之于天下也,无适(顺从)也,无莫(否定)也,义之与比。""君子义以为质,礼以行之。"(《卫灵公》)"君子义以为上。君子有勇而无义为乱,小人有勇而无义为盗。"(《阳货》)

其次是树立远大理想,不贪图享受。如"君子谋道不谋食。耕也,馁(饥)在其中矣;学也,禄在其中也。君子忧道不忧贫。"(《卫灵公》)"君子食无求饱,居无求安,敏于事慎于言,就有道而正焉。"(《学而》)

其三是博学于文,上达天道。孔子认为,耕作之事,渔猎工商,都是普通百姓的事,是小人之事(《子路》)。一个想成为君子的人,应志向远大,探求至道。而求道的途径便是学习。子夏曰:"君子学以致其道。"(《子张》)道又分为大道(或天命)和小道(文,即具体知识),君子固然要学习小道(《雍也》:"君子博学于文。"),但要存小而志大,以通达大道为极至(即"上达")。他告诫子夏曰:"汝为君子儒,无为小人儒。"(《雍也》)什么是"君子儒"?什么是"小人儒"呢?孔子曰:"君子上达(知天道),小人下达(溺于小知、小道)。"(《宪问》)君子儒知天道,小人儒只知人事以及其他委曲细事。细事并不是不重要,问题是沉溺其中会丧失大志。子夏曰:"虽小道,必有可观者焉。致远(深溺)恐泥(胶执),是以君子不为也。"(《子张》)

其四是形成内在的美质和外在的修仪,让内质与外仪完美统一,成为文质彬彬的君子,形成庄重的威仪。孔子曰:"质胜文则野,文胜质则史,文质彬彬(协调)然后君子。"(《雍也》)"君子不重而不成。"(《学而》)

其五是谨言力行,言行一致。"君子……敏于事虽慎于言。"(《学而》)"君子欲讷于言而敏于行。"(《里仁》)慎于言故寡过,敏于事(或行)则有功。又子贡问君子,子曰:"先行其言而后从(再说)之。"(《为政》)又曰:"君子耻其言而过其行。"(《宪问》)言行一致是有信的表现:"信近于义言可复(履)也。"在义的前提下许下的诺言,是可以实践的。

其六是正确处理人际关系。如"君子求诸己,小人求诸人。""君子不以言举人,不以人废言。""君子病无能焉,不病人之不己知。"(俱见《卫灵公》)"人不知而不愠,不亦君子乎!"(《学而》)"君子成人之美,不成人之恶。小人反是。"(《颜渊》)"君子……主忠信,无友不如己者。"(《学而》)通过与人相处,培养自己严于律己、宽以待人的忠信品质。

其七是自我反省,时常用君子的标准来检讨自己,这包括三戒、三畏、九思等内容。孔子曰:"君子有三戒:少之时,血气未定,戒之在色;及其壮也,血气方刚,戒之在斗;及其老也,血气既衰,戒之在得。"(《季氏》)孔子曰:"君子有三畏,畏天命,畏大人,畏圣人之言。小人不知天命而不畏也,狎大人,侮圣人之言。"孔子曰:"君子有九思:视思明,听思聪,色思温,貌思恭,言思忠,事思敬,疑思问,忿思难,见得思义。"

最后是知错就改,决不文过饰非。"君子……过则勿惮改。"(《学而》)子夏曰:"小人之过也必文。"(《子张》)子贡曰:"君子之过也,如日月之食焉,过也,人皆见之;更(改)也,人皆仰之。"要想成为君子的人通过自我反省,发现错误,及时改正,使无重犯,于是就向完美的方向迈进了一步。人类正是在不断纠正自己的错误中前进的,也是在改正错误后完善的。小人则不然,他们有错必文饰遮掩,"过而不改,是谓过矣!"过上加过,错了再错。小人自以为永远没有错误,所以他永远是小人。君子总是在改正自己的错误,所以他成了君子。

君子代表人间美德,而小人则代表人世之卑污,君子和小人分别代表人格的两个极端。知乎君子,则小人之过亦存其心矣。

(六)神圣的人格——圣人

"君子"是伦理道德方面的人格情态,"圣人"则是君子人格榜样在政治领域的应用,是君子榜样的政治价值。子路问君子,子曰:"修己以敬。"子路又曰:"如斯而已乎?"孔子曰:"修己以安人。"子路曰:"如斯而已乎?"曰:"修己以安百姓。修己以安百姓,尧舜犹病诸。"(《宪问》)"修己以敬"和"修己以安人"分属于伦理道德和社会范畴,"修己以安百姓"则属于政治领域,孔子认为那已是属于尧舜的圣人之业。可见,君子人格上升到政治领域,实现"安百姓"的伟业,便成了圣人。

圣人也是仁者之德在政治领域的进一步升华,以仁者之德从政,成就了"博施济众"之伟业者,即为圣人。子贡曰:"如有博施于民而能济众,何如? 可谓仁乎?"子曰:"何事(只)于仁,必也圣乎! 尧舜犹病诸!"(《雍也》)

可见,孔子心目中的圣人,在品德上是个爱人的仁者,在人格上是个完美的君子,在事业上是一个伟大的成功者。《大戴礼·诰志》曰:"仁者为圣。"这与后世理解的无所不能、无所不知、神秘的圣人似乎有一定区别。

孔子论人格的一大特点,是立足现实,塑造理想。他不忽略普遍的大众人格(即匹夫匹妇),但也不迁就普通人格。他对普通人格有表彰(三军可以夺帅,匹夫不可夺志),但也不局限于普通人格,不主张停留在"匹夫之谅""硁硁守节"的水平。他主张士人应该与匹夫之谅有所不同,那便是心怀大志,学习文化,具备才干,具有仁智勇,能用礼乐来规范自己,陶衍自己,能任大事,善于处事,举止优雅,待人仁厚的君子。君子是人类美德的结晶,君子是社会道德的典范。具有君子修养的人,如果将自己的品德和才干用于政治,推之天下,广泛地造福于人,施惠于人,那他就成了圣人。孔子的修养论是建立在实现基础之上的,既不玄远,也不神秘,具有极强的实践意义,我们完全可以称之为"实践伦理学"。正因为此,千百年来,孔子的理想人格论,激励了无数有志之士通过修身砥砺,实现了成为仁人、君子和圣人的人生追求。贡献是十分孔子不仅是儒学的先师,也是中国仁人君子群体和圣人者流的先师。他在中国人怎样做人的问题上的巨大的,也是举世无双的。

孔子家语

图文珍藏版

第四章　孔子智慧通解

一、孔子思想

天下大同,仁政爱民的政治思想

孔子创立的儒家学说曾经是中国两千多年封建社会主要的思想基础和精神支柱,它既是统治者治国安邦的法宝,也是平民百姓修身处世的准则,这一学说深刻而广泛地影响着中国社会的各个方面。孔子因而被尊为至圣先师,他的政治思想对于中国社会的发展有着重大的意义。

春秋时期,大一统的周王朝已经名存实亡,周天子虽名为天下宗,但已是王权下滑,王道衰微,礼仪废弛,诸侯各自为政;国家的命运由大夫掌握,而家臣又掌握了大夫的实权,统治秩序遭到了破坏。孔子为了恢复社会秩序,针对当时的社会现实,通过考察古代政治制度的兴废、社会治乱和国家兴亡的历史,从仁的人本哲学思想出发,提出了大同世界和小康社会两个不同阶段的政治理想。

孔子的最高理想是大同世界。在天下大同的社会里,天下为天下人所共有,人民选举德才兼备的人治理国家;人们讲求信用,和睦相处,不但爱护自己的亲人,而且爱护其他人,使所有的老年人都能得到赡养,成年人都能施展自己的才能,儿童都能得到抚养,鳏夫、寡妇、孤独者、残疾人都能被照顾;男子都能承担自己的职责,女子都能适时嫁人;财富不被浪费,但人们也不攫为己有,厌恶有能力不用却为自己谋利;阴谋诡计被遏制,盗贼消失,夜不闭户,一幅人间天国的景象。

小康社会是孔子较低的政治理想。“小康”社会的基本特点是:天下是私人的天下,人们关爱自己的亲人,赡养自己的父母,抚养自己的子女,财富为自己所拥有;官位世袭。建立与这种等级秩序相适应的一系列的典章制度、伦理道德,以端正君臣关系,加深父子亲情,和睦兄弟,和顺夫妻,划分田地,尊敬智者。这种社会虽然没有“大同”世界那样完美,但社会有序,以礼表彰道义,成全信用,揭露过失,树立仁爱,提倡谦让,指示人们遵守法规。小康社会是孔子所描述的私有制产生后的理想的阶级社会的盛世,也就是夏、商、周阶级出现之初的繁盛有序的社会景象,孔子把它当作奋斗目标。

面对混乱的社会现状,孔子提出了一套实现政治理想的主张,即尊崇天子,推行仁政,实行德治,富民教民,选用贤才。春秋时期,诸侯之间之所以频繁地爆发战争,最主要的原因就是周天子对天下失去了控制力。诸侯的擅权,不尊王室,各自为政,互相攻伐,不断兼并给人们带来无穷的灾难。孔子认为,要改变这种局面,必须尊崇周天子,树立周天子的绝对权威,恢复大一统的局面。由于孔子人微言轻,无力扭转混乱的局面,因此他以笔代刀,进行著述。

孔子的主张中最重要的一条就是仁者爱人,在政治上具体表现为推进宽容的政策,即仁政。如薄赋敛,轻徭役,以减轻老百姓的负担;厚施与,省刑罚,以减少对老百姓的控制。大灾之年,应减免老百姓的赋税,百姓富足,国君才能富足。这种民本主义思想的可贵之处影响非常深远,直接影响到荀子君轻民贵论的产生。孔子坚决反对残暴统治,曾叹息"苛政猛于虎也"。季康子曾经问孔子:以杀掉坏人来亲近好人是否可行,孔子非常愤怒地予以指责。孔子认为用暴力来统治只能产生更严重的后果,何况季康子所谓的"坏人"是他自己的标准,如果不服从其统治的人都被定性为"坏人",这样必然造成虐杀,加大刑罚的使用,因此,这是孔子明确反对的。

孔子非常重视道德修养,主张依据道德来处理政事,从而形成了较为系统的德治思想。用道德治理社会,人民不但知道廉耻,而且诚心归服,就像群星环拱北极星一样。实行德治的前提是对老百姓施以教化,即让老百姓懂得礼教纲常,这样百姓就不易去犯罪;如果仅用政令来引导,靠刑罚来约束,人民虽然也能免于犯罪,但无羞耻之心,这种免于犯罪是不敢而不是自觉地避免,当然要比自觉地不去犯罪低了一筹。

孔子主张德治,提倡教化,反对严刑峻法,但他并不否定刑罚。他认为德治与刑罚是治国的两个方面,两方面要交替使用。政令宽大百姓易于放纵,放纵就要用严厉来纠正;政令严厉百姓就会受到伤害,伤害就要用宽大来补救。用宽大作严厉的补救,用严厉作宽大的辅助,政事才能和顺。孔子虽然赞同辅助性的刑罚,但反对不进行教育就严厉处罚,认为不加教化而杀戮就是一种虐待。

孔子的另一个重要的政治主张就是富民教民。春秋时期,人口较少,所以人力是国力的一种体现。统治者希望人多,人多就能创造更多的财富。但孔子考虑的

孔子家语

孔子智慧通解

图文珍藏版

是如何改善人民的生活,让人民富裕起来,之后,再对人民施行教育,提高人民的文化素质,这也体现了孔子爱人的思想。从某种意义上说,孔子是一位民本主义的政治家。

当时社会的政治完全掌握在执政者的手中,执政者残暴贪婪、昏庸荒淫,老百姓就生活在水深火热之中;执政者政治清明,老百姓就能安居乐业。周文王、武王在位,政令则得以施行,文武逝则政令废。因此,任用贤才是执政清明的关键,任用贤德之人为政,即使有坏人也无处容身。

仁是孔子思想的核心,后人把孔子提倡的五种品格总结为五常,即仁、义、礼、智、信。这是其伦理思想的重要内容。

仁的基本意义就是"爱人",即爱他人。奴隶社会是最不平等的阶级社会,贵族和奴隶虽然都是人,但奴隶只是会说话的工具,而贵族从不把奴隶当人看待。这样孔子"仁"思想的提出就有超前的意义。

仁作为人的最高道德品质包括恭敬、宽厚、诚实、勤敏、慈惠五种美德。子张问孔子什么是仁?孔子说,恭敬就不会招致侮辱,宽厚就会得到众人拥护,诚实就会得到别人信任,勤敏就会贡献大,慈惠就能使用别人。在行为上仁包括仪态端正,工作严肃认真,忠心诚意;在信念上仁包括不拘小节,晓畅大义。例如,齐桓公姜小白与其兄公子纠争夺君位,公子纠失败被杀,其师召忽亦自杀,而同为公子纠的老师管仲却为桓公所用,成就了齐雄霸天下的大业。因此子路、子贡都认为管仲缺乏"仁"。但孔子不认为是这样,他认为召忽固然值得赞赏,但也不能苛责管仲。从民族大义上来看,管仲也有仁德。孔子告诉弟子,仁德的内容还包括刚强、果断、质朴、谨慎。如果花言巧语、伪善狡诈就会远离仁德。其仁的最重要内容是:己欲立而立人,己欲达而达人,己所不欲,勿施于人。其中"己所不欲,勿施于人"这句话成为千古名句,被后人称奉为至理名言。

孔子认为仁德对于人至关重要,人无仁德,礼、乐就失去了意义。人无仁德,得到的也会失去,所以人要依靠仁德,君子一时一刻也不能离开仁德,即使在仓促匆忙和颠沛流离中也应如此。

义是孔子伦理思想中的主要内容之一,贯穿于孔子的哲学、政治、伦理道德、教育等各个方面。孔子认为理想的人格应该懂得义,以义为贵,以义为原则,一切行动必须考虑是否合乎义,不可以做不义的事情。只有以义为中心,使自己的行为以义为转移,才能提高自己的道德水准,增强自己明辨是非的能力。孔子还对品德不高尚,学问不讲习,听到义不能迁而从之,不对的地方不能改正等现象感到忧虑。孔子提倡将义作为评判人们的思想、行为的道德准则;面对不合乎义的富贵要毫不动心;实行自己的主张要依义而行,要见义勇为。他认为不按义而行,即使是勇敢,只能带来祸乱,义左右着勇的善恶,勇只有符合"义"的行为准则才是善的;君子无义而勇只会添乱,小人无义而勇就会沦为强盗。他指出义在统治秩序中反映了君臣关系,为国家服务是臣子的义务,这就是君臣大义。

青铜壶

尽管孔子推崇义,提倡义,但并不否认利。他反复强调在利益面前首先应考虑是否合乎义,当义与利冲突时,孔子主张取义舍利,当利合乎义时他认为,利就是合理的。总的来看,孔子主张合理的利益。后来孟子发挥了孔子的思想,但却有忽视利的倾向。而荀子又做了进一步发展,认为义超过了利就是太平盛世,利超过了义则是乱世。

礼最初的作用是敬神。人类早期的敬神活动产生于家族,因在祭祀时需按长幼排序,这就产生了礼。进入阶级社会以后,统治者强调尊卑长幼观念,就制定了礼。实际上,儒家推崇的周公制礼作乐是对宗法制的补充和完善。祭祀演化出了社会通行的礼仪制度,进而成为人们的行为准则,再衍生为道德规范,礼也就成了伦理道德的一个重要组成部分。

春秋时期,宗法制度遭到破坏,呈现出礼崩乐坏的局面。为了重整社会秩序,孔子首先想到要恢复礼。他深知:传统的礼虽然有一定的号召力,但传统的礼却无法改变当时的混乱局面,而且也不合自己的观点,于是孔子在礼的形式上融入了自己的思想,将其改造为密切伦理关系、调整社会关系、改善社会关系的工具。

孔子认为礼是变化着的,应随时代的不同有所增删。殷代的礼来自夏代,但做了修改;周朝的礼来自殷商,也做了修改。所以礼的变化是有规律的,应遵循这种规律。对于这种变化,孔子持支持态度。当时祭祀的冠冕是用麻作的,后来改用丝,由于比较节省,孔子就认可了。当时臣下拜见国君的地方已经改在了堂上,孔子认为这样不能凸显国君的权威,因此坚持臣下应在堂下拜。他还认为有利于国家发展和民生的礼应当坚持,反之则应改变。

相比于传统的礼,孔子所强调的礼突出了仁的思想。孔子说:复礼是手段,培养自己的仁德是克己复礼的目的。孔子认为,礼,应包括"仁"在里面,否则就成了空泛的祭祀用的玉器和丝帛,仁是礼的根本。对礼的作用,其弟子有若说得很清楚。礼的使用以和为贵,这是王道的精粹,大事小事都应由此而行,但不应为了和而和,礼的用途在于和顺人心,使社会更加和睦。

孔子非常强调礼的作用。在政治上:国君要依礼任用臣子,臣子要按照礼节侍奉国君;在修身上:读礼书,知晓礼,否则就无法做人。只有知礼并以礼来约束自己才能避免离经叛道。孔子也以此教育弟子。在他看来在家庭中:生养死葬和祭祀都要循礼而行,只有这样,才能达到孝;君子要依礼做事,以合宜为原则,按礼行事,说话谦逊,同时做到态度诚实;国君要以礼治国,臣子对老百姓以礼相待,老百姓要遵守礼法。所以孔子要求,不合乎礼的事情应勿看,勿听,勿说,勿做。

忠孝恭敬,影响深远的伦理思想

儒家思想在中国伦理思想中影响最深远,作用也最明显。伦理思想是孔子思想中的重要组成部分,以致德国哲学家黑格尔曾错误地认为孔子的哲学就是"道德哲学"。孔子思想的核心、基础是仁,同时他伦理思想的核心、基础也是仁。孔子以仁作为最高道德理想和道德准则,在"仁者爱人"这一原则的指导下,既继承了传统的伦理思想,又在其基础上有所发展,形成了一套完整的伦理思想体系。

孔子伦理道德中的一个重要原则是忠,这也是孔子伦理思想中备受非议的内容。经过 20 世纪以来的批判,一提到忠便使人们想到"君要臣死,臣不得不死"的愚忠,并将愚忠的错误思想归罪于孔子,其实愚忠并非是孔子的原意,这是对孔子关于忠的思想的曲解。

孔子所提倡的忠就是要求统治者要利民、忠于人民。社会制度造成作为政治伦理的"忠"出现得较晚。奴隶社会是宗法社会,实行以亲亲为原则的家族和政治体制,这种制度到西周初年已逐步完善。天子是天下的共主,嫡长子继承王位为大宗,其他儿子是小宗,被分封到各地为诸侯。诸侯的嫡长子继位为诸侯,是诸侯国的大宗,其他儿子封为大夫,是诸侯国的小宗。在这种制度下,君臣关系既是具有血缘关系的宗族关系也是一种政治关系,两种关系相互统一。为了维护这种关系,"孝"就成了当时社会的最高规范和道德准则,它既是家庭道德也是社会道德。

随着封建关系的萌芽,"忠"作为政治道德原则也应运而生。春秋时期,随着生产力的发展,生产关系和政治制度也逐渐开始变革。奴隶主或因开辟土地致富,或因经商致富,或因从事制造业致富,逐渐产生了大夫富过诸侯、诸侯富过天子的局面。于是,致富的诸侯开始争霸,致富的大夫开始夺位,而未富起来的诸侯和大夫也不甘心失去自己原有的地位。为了达到争霸、夺位和自保的目的,诸侯、大夫们争相招贤纳士,招纳了许多没有血缘关系的人士为官,因而逐渐突破了宗族关系的政治体制,以致原有的孝道已经无法维护新的政治关系了。为了约束这些没有血缘关系的官员,维护新生的政治关系,顺应新的时政,出现了一种新的行为准则,即"忠"。它要求臣子忠诚于自己的君主,于是就产生了忠君的思想。

人与人之间最基本的关系是朋友关系,它与君臣关系、父子关系、夫妇关系、兄弟关系并称为封建社会的五伦。在五伦中,朋友关系是最不稳定的。父子、兄弟有血缘关系来维系,夫妇有爱情关系来维系,君臣有禄位的授受关系来维系,而朋友则既没有血缘的、情感的关系来维系,也没有政治的关系可以借助。由于朋友关系最不稳定,所以孔子认为能够维系朋友关系的只有忠信。

"忠"在朋友关系中指待人接物要尽心竭力,真诚专一。"与人忠"被孔子视为人的最高道德品质"仁"的重要内容。

孔子一直把"忠"当作交友的基本原则,由于交友属于人与人之间的关系,所以将"忠"列为人与人关系的道德原则,是孔子对"忠"内容的扩大。

孔子在关于"忠"的论述中,曾两次提到官民关系:季康子问怎样才能使人民严肃认真、尽心竭力、互相劝勉。孔子告诉他你对人民的事情严肃认真,人民对你的政令就严肃认真;你孝顺父母、慈爱幼小,人民就会尽心竭力;你提拔贤人,教育百姓,人民就会互相劝勉。

孔子给"忠"增加了利他的含义,使"忠"从利民、利公、利国、利君的政治伦理范围扩大到利他的社会伦理范围,"忠"不再仅仅是处理人与集体关系的准则,还成为处理人与人关系的准则。

孔子论"忠"主要是指朋友关系,虽然也涉及忠君问题,但忠君是有前提条件的。商汤、周武王作为臣子发动的战争分别推翻了残暴的夏桀、商纣,孔子并不认为这是"弑君"行为,反而称赞他们是有大德的君子。孔子没有提出后世儒家所谓的"君权神圣不可侵犯"概念,并且赞成推翻残暴的君主。

忠君承载的是特殊的政治含义,是利国、利公、利他意义的转化,是将利国、利公、利他的对象限定为国君,是将个人与国家的关系界定为个人与国君的关系。忠君与爱国是联系在一起的,国君是国家的代表,忠君就是爱国。岳母在岳飞背上刺写"尽忠报国",尽忠的目标是国家。以我国古代历史上赋予的忠君以忠国的含义,真正的忠臣并不只忠于某一人或某一姓,而是终于我们的民族。

相对于忠,孝作为道德规范很早便已形成。奴隶社会是宗法社会,君臣之间既是政治关系也是具有血缘关系的宗族关系,两者是一致的。为了巩固统治,"孝"就成了当时社会的最高道德规范和道德准则。

春秋时期,奴隶社会开始土崩瓦解,孝也失去了约束意义,而只剩下了道德规范的意义,所以孔子讲的主要是社会道德规范意义上的孝。

孔子为孝确立了必须遵循的原则,那就是要遵从礼。孝是不能违背礼法的,否则就不能称为孝。礼的形式是仪式,但礼的本质是规范和法度,侍奉父母合乎规范和法度就是孝,否则就是不孝。

子女孝顺父母不能仅仅满足于能够赡养,还要心存敬爱,不然就无异于养狗养马。要报答父母的养育之恩就必须内存孝心,要有发自内心的敬爱。

孝敬父母,友爱兄弟,虽然不做官,但通过自己的行动影响了社会风气也属参与了政治;当然为官者更应带头行孝,起到表率作用。季康子问如何使人民尽心竭力,孔子说:"孝慈则忠。"统治者自己做到孝敬父母、慈爱幼小,人民自然就会效仿。

孔子对如何行孝论述得具体而全面,首先必须合乎礼法,必须心存敬爱,必须和颜悦色,不要让父母为自己担忧。

智是指聪明、明智、智慧、智谋。孔子所说的智慧首先是实事求是。他说,知之为知之,不知为不知,是知也;其次是勇于学习,他说,好学近乎知,力行近乎仁、知耻近乎勇。孔子提出要从书中获取智慧,他认为后天的学习可以弥补先天的不足,学习能够让人变得聪明。孔子所阐述的智的内容有四个方面:第一,智者利仁。既不论处于恶劣污浊的环境还是清明安逸的环境都能泰然处之,不论是置身安全的地方还是处于危险的境地,都不慌乱,有办法解决变故。第二,智者不惑。即不会被伪饰和表面现象所迷惑。第三,仁者既不失人也不失言。就是既不错失人才,同时也不失与人才交流的机会。第四,智者如水。遇事通达,能够转换思考的角度,学着接受不可改变的事实。

信即诚实无欺,言行如一。孔子非常看重信,他认为信是道德修养和完善人格的主要内容之一,仁人的五种品德之一便是诚实守信,因为诚实守信才能得到别人的信任。孔子把信看作礼的根本之一,指出忠和信是礼的根本。孔子认为信是人立身处世的原则，一个人缺乏诚信，就无法行事做人。诚实守信就能走遍天下，言语忠诚老实，行为忠厚严肃，即使到缺乏教化的蛮野地区照样能行得通，否则便在本乡本土也无法立足。所以孔子一再教育弟子要守信，要严肃认真地对待自己的工作。

孔子认为信不但是人与人之间相处的基本准则，还是为政治国的准则。对于一个国家而言，信的作用高于兵精粮足。只有统治者讲信用，老百姓才能顺从；否则朝令夕改，政令不行，老百姓就不会安分。对于信，孔子也进行了界定，合乎义的就践诺，不合乎义的就不必遵守，不分是非的兑现诺言，就不是信。提倡对信要做具体分析，具体对待。因此孔子的弟子有若说"信近于义，言可复也"。孔子所提倡的信对中国文化影响深远。"一言既出，驷马难追"之说，"一诺千金"之说，都是重在信字上。

恕是孔子思想的重要组成部分，也是伦理思想的重要内容。孔子提出的君子的行为准则有四条：用符合儿子本分的行为侍奉父亲，用符合臣子本分的行为侍奉君主，用符合弟弟本分的行为侍奉兄长，要求朋友做到的自己应该先做到。恕可以通过以己度人，推己及人，使人际关系更和谐。应该说，这反映了古代思想家追求人人平等，对人宽容、体谅的愿望，是一种与人为善的优秀品格。

"让"是儒家伦理思想的重要范畴之一。"让"是在功、名、权、利上先人后己，而在职责、义务上先己后人。孔子说：功归于别人，自己承担过错，百姓就能免于相争，减少怨恨，就会形成谦让风气；功归于国君，臣子担负责任，就会兴起忠诚风气；功归于父母，子女负担事务，就会巩固孝敬的风气。把好处先给别人，自己而后获取，整个社会风气就能改善。

孔子主张礼让贤能，他盛赞泰伯为了实现父亲的意愿，与二弟仲雍南走，让国于幼弟季历。孔子主张礼让治国，他认为礼让治国是礼仪的本质，不能以礼义治理国家，那礼仪还有什么用处呢？孔子派弟子漆雕开去做官，漆雕开认为自己不能胜任，孔子听了非常欣慰，认为漆雕开能够做到谦让。孔子推崇谦让，反对有悖于谦让。同时，"让"还有谦逊的意思，这是孔子了解他国政事的一个手段。孔子在礼让方面也做了限定，他认为礼让也要具体对待，不能不分黑白地一概忍让，如果是仁德方面的事，即使是自己的老师也不能谦让。这与亚里士多德"我爱我师，我更爱真理"的风格，实有异曲同工之处。

"恭"也是传统的伦理道德之一。"恭"是敬肃、恭敬、和顺，包括容貌举止的端

孔子家语

庄严肃、对他人的谦虚和顺等。孔子非常注重容貌举止,他说:容貌举止应考虑庄严和顺,对工作严肃认真、对别人忠心耿耿是君子应该做到的,这不仅是个人的举止问题,而且是道德问题。恭敬就不会遭受侮辱,宽厚就能得到人心,诚实就会得到信任,勤敏就会做出大的贡献,慈惠就能使用他人,能够将恭、宽、信、敏、惠推行于天下者才算仁人。孔子认为花言巧语,伪善的容貌,十足的恭顺是可耻的。所以,如果恭谨不符合礼节也没有任何意义。

"敬"也是传统儒家伦理道德之一。"敬"要求工作前就要考虑严肃认真地对待工作,工作中要采取严肃认真的态度。对他人的尊敬包括对国君、对父母、对朋友的尊敬。对国君的尊敬要体现在工作中;对父母的尊敬体现在平时的恭顺中。父母有错误应当婉转的提出,即使自己的意义未被接受,也要敬而不违。对朋友的尊敬体现在宽厚谦让帮助上。

爱人以德,中庸调和的哲学思想

孔子建立了一个包括世界观、天命观、认识论、方法论在内的庞大的哲学体系。但孔子不是在研究纯哲学,而是将哲学与政治、社会、文化、伦理道德等社会科学和自然科学紧密地结合起来,通过对它们的研究与实际考察,将其作用于政治、社会、文化和伦理道德,具有实用性。

孔子认为世界在不断地变化发展,所以要顺应客观规律行事。他的思想中已具有唯物辩证的成分。世界在不断地变化,社会制度也在不断地变化,但这种变化是能够认识的。他对社会制度的变化也有一定的预见性。他认为新制度的产生是对旧制度取舍增删后的继承,所以,精华就应保留,糟粕就要抛弃;有用的就应留下,不足的就要增加,没有的可以创新;并主张继承优秀文化,比如夏代的历法、商朝的车子、周朝的音乐,一切要合乎礼制,跟随时代变化。因此,孔子不仅能顺应时代,而且敢于创新,敢为人先。他首创私学,提倡有教无类,打破奴隶主贵族对教育的垄断,而且提出社会在发展,后人必超过前人的观点。

在孔子之前的传统思想中,"天"是至高无上的,"命"是自己无法改变的。春秋时期,人们普遍认为天主宰着一切,自然和社会的一切变化都来自天,人的命运也由天来支配,鬼神能够祸福人类。虽然孔子也谈论天,谈论天命,但他重人道,轻天道。

孔子极少谈论命运。他认为,天命并非是不可把握的力量,而人类能够掌握自然界的客观规律。孔子敢于同命运抗争，明知无法实现自己的主张，但还是去努力。他抛弃荣华富贵去周游列国，宣传自己的政治主张。虽颠沛流离、饱受风霜，但仍不后悔，面对国家的混乱局面，明知不可为而为之。

孔子重人事，轻鬼神，在对鬼神的认识上采取的是敬而远之的态度，这在众人皆认为鬼神掌管吉凶、祸福人类的春秋时期是难能可贵的。

孔子虽然没有具体提出认识的方法论，但是他提倡的学习方法，观察分析事物的方法却是合乎认识规律的。他提倡的学习方法是多问，多见，随时随地地向他人学习，向有知识的人虚心求教。孔子曾不遗余力地学习，在周向老子问礼，在鲁国向乐师师襄学琴，向郯国国君郯子问古代官制，向苌弘学习音乐，而且学习非常刻苦。在研究《易经》时，他三次磨断串联竹简的皮条，史称"韦编三绝"；在向师襄学琴时，举一反三，触类旁通，通过学习基础知识，进而领会至理，达到通过弹琴而知志向、乐趣，甚至作曲者的形象。他观欹器而悟出"谦受益，满招损"的道理；而且通晓读书与思考的关系，指出只读书而不思考就会受蒙蔽，只思考而不读书就容易主观片面、流于空想；思考的前提是要有广博的知识，有知识作思考的源泉，才能切中肯綮，而不偏颇固执。

孔子说，认真听，对产生怀疑的地方进行分析，谨慎地说出确实可靠的观点才能减少错误；多看，对产生怀疑的地方加以保留，谨慎地实践自己的办法才能减少后悔；进行分析，就能知道是否合乎原则，善于分析，能改正错误都是值得赞扬的；要综合考察，了解一个人不能只凭外在，要考察他的行动、方式和事后的心情，这样就不易被欺骗；了解一个人不仅要听他说的话，而且还要观察他的行动。

孔子提倡中庸之道。所谓中庸就是执两用中，和而不同，过与不及都不是中庸，这是孔子在研究历史和实际观察中将逻辑思维与形象思维相结合，经过多方对事物发展变化基本原因的分析、综合得出的方法论。

中庸是孔子哲学中的重要范畴。"中"就是中正、中和，"庸"就是常，中庸就是恰当地处理问题的正确、不可变更的原则。中庸的要求是不在矛盾发展的过程中，使肯定的一面转化成残酷斗争，也不在矛盾否定的一面让其向其他情况转化，而是处于物外，使自己处于中立，让矛盾统一协调地继续保持。从其方法论来看，就是矛盾的统一性、调和性，主张过与不及都是不对的。所谓执两用中，就是执其两端，而取中间，在处理政事上以执两用中的办法施于民众。中庸在做人、治学以及生活中都可言及。生活中采用中庸之法，就能劳逸结合，正确的工作与休息，不会伤害自己的身体,也不会懈怠工作;个人修养用中庸的方法,就能内藏文采,外秉朴实,恰到好处地把握两者就能成为文质彬彬的君子,否则要么恃才傲物,要么木讷呆板;处理人与人之间的关系时,采用中庸之法,就能和而不同,既能听取广泛的意见,也能保留反对的声音,否则就会流于随声附和或者各执己见。孔子中庸的显著特点是:承认矛盾,调和矛盾,使矛盾的两个方面统一和谐,避免极端,在具体的使用上要恰到好处地把握适度。

人生观是中国古代哲学的中心问题,其中以儒家的人生观影响最大,它无疑是中国传统文化中最核心的组成部分。较早探索人生观问题的人是孔子,孔子的全部精力几乎都用来阐发人生的当然的准则,以及与之密不可分的政治理想。孔子长期致力于建立人生的公共准则,并亲身去实践这种理所当然的公理。孔子的人生观不是抽象理论,而是实践的思想,只有实践才会显示出其理论价值。

"仁"是孔子人生观的核心,"仁"的概念,涵盖面很广,而本旨甚约;境界极高,而平实简易,是一个虽然宏大却非常切近的生活准则。施"仁",不一定非要达到博施济众,因为这需要一定的物质条件;行"仁"的最简捷的方法是"己欲立而立人,己欲达而达人",这是不难做到的,只要有这个愿望足矣。这样来解释"仁",即是"爱人"。孔子强调爱憎分明,主张仁者要知道爱什么、憎恶什么,"爱人以德"是说要用德的原则去爱人,而对于恶势力则应予以铲除,否则就会混淆黑白。孔子的主张,对中华民族道德文化的发展起到了积极的推动作用。孔子强调的"立人""达人",是说要有益于他人和社会,这与洁身自好、无害于人的道家思想在根本上有所不同,体现了人生观的积极作用。

孔子的人生观平易可行,但境界极高。孔子把君子作为知识分子的最高标准。认为知识分子当然需要在才学方面有充足的准备,以便服务于国家和社会,但是,他的行动只能由自己的意志所支配。而真正完善的人生,除了"仁",还要有"智",有"勇"。道德要求还包括"中庸"。它是要求人们的行为合乎一定的度,中庸既非左也非右,既不会趋于激进,也不会流于落后,能够避免极端化倾向造成的对规律的偏移。

孔子对义利关系提出了"义以为上"的观点。他虽不否定个人利益,但认为取利须以"义"为度,不能违反"义"。以"求仁"作为人生根本目的的仁者,不应有私人杂念,甚至为了实现最高道德义务,应不惜牺牲个人合理的利益及生命,这就是后来孟子所说的舍生取义。

孔子曾经明确地回答"仁"就是"爱人"。他从对父兄的孝悌这句话开始，进而推论出"泛爱众而亲仁"的理论。"仁"是根植于宗法社会血缘关系的亲子之爱的释义，是由爱亲到爱他的延伸。作为道德思想，"爱亲"使孔子的"仁学"伦理适应了中国的宗法血缘特色，也适应了中国农业社会的社会结构。儒家与墨家在人我思想上最大的不同就是墨家彻底取消了人与人之间的相互关系，由自爱逐级放大到博爱一切与自己无亲缘的人。而仁的重要内容是"不忍人之心"，即人都有不忍看别人痛苦之心。由此，推选"仁政"来治理国家，是这种爱的现实体现。对此孟子还提出了"老吾老以及人之老，幼吾幼以及人之幼"的思想，这是对孔子"仁"的明确补充。关于"仁爱"，孟子更多地发挥是应用于政治及社会问题，而孔子则着眼于个人修养。当然，在为政上孔子的惠民思想也是不应忽视的，他发展了周公"敬德保民"的思想，提出"养民也惠""节用以爱人""为政以德"的观点，既有惠民的方面，也有爱惜民力和德治主张的内容。

孔子讲"仁爱"，确切地说应当已包含了超阶级的人道主义内容，他个人在生活中基本上也是这样做的。"仁"由"爱亲"而推至"爱人"，不仅体现了"爱"远近亲疏的量的变化，而且有质的升华：泛爱众而亲仁。孔子讲泛爱，甚至超越了当时民族差别的狭隘观念，他在当时夷夏之辨较为严格的情况下，却要求一视同仁地对异族讲忠信仁爱，他本人也曾屡次表示要亲身到文化落后的异族地区居住，这和他推广华夏文化、教化落后民族的抱负有关，即所谓"君子所过者化"。

"礼"的概念在中国产生得极早，孔子曾说"因于夏礼"，"因于殷礼"，可见中国在夏商时代就有"礼"的观念了。"礼"的最初含义是祭祀时的宗教器物和仪式。在殷商时期，宗教祭祀乃是国家的头等大事，属于政治层面和社会层面的重要事务，因此祭祀时要求虔诚、严肃。参与祭祀者要严格地按照自己的身份、地位进行排序和进行祭祀仪式。这样体现尊卑贵贱的程序就出现了，便是所谓的"礼者，履也。"孔子盛赞周礼，是因为其扬弃殷礼而自成体系、完备系统，较为准确地体现了尊卑贵贱之间的等级制度。但是，孔子并不拘泥于周礼，他虽以"复礼"为宗旨，实则主张"礼仁"并用，用"礼"作为"仁"的现实载体，主要用于维护统治秩序，采用其道德伦理的作用。

"礼"的基本内容是：冠、婚、丧、朝聘、乡射，这些内容都起源于氏族社会，其作用是维护氏族内部结构的稳定。进入殷周时期，这些习俗经过演变成为加强宗法制服务的工具。历史进入宗法封建制度后，经过儒家的修饰，"礼"又成了维护封建统治者的教化工具,因此被称为"礼教"。"礼教"适应了封建统治者的要求,经过改造形成了"三纲五常",这就是中国特有的伦理道德标准。三纲者"君为臣纲,父为子纲,夫为妻纲",五常即"仁、义、礼、智、信"。而封建统治者并未把它作为简单的礼教之礼,而以此贯穿于社会的各个方面,大到国家政治,小到百姓家庭生活,社会上的一切事务都要求在"礼"的准则下进行。经宋代程朱理学的权威化、神圣化,更把"礼"的高度提升到"天理"的地位,"三纲五常"由此成为封建统治者束缚戕害人们的枷锁。

中国历史,尤其是古代史的发展具有较强的继承性,"礼"的基本精神及社会功能作用被沿袭了下来,而它所产生的后果是一柄双刃剑的作用,一方面推动了中国封建社会稳定、和谐地发展,另一方面又以其僵化的教条、严酷的名分控制了人民的思想和行动,使中国社会的发展大打折扣。

孔子的史学思想注重伦理道德。中国古代史官记事直书,注重记事的准确性,基本上不对事情进行评价,但孔子则不同,他记述历史非常重视政治、道德、伦理的评价。虽然孔子高度评价古代史官秉笔直书的传统,但他在著书时却有自己的方式,"笔则笔,削则削",他把自己的思想观点渗透到史书的字里行间。

孔子在治史方面的主要功绩是他的治史观。他认为历史的继承性和发展性是有机的统一体,具此提出"因、损、益"的历史观,即"继承、废除和创新"。他认为殷商继承了夏制,周继承了商制,在此基础上加以损益,这些都可以加以认识,之后百代建国其制度也都可把握。

孔子治史的特色是慎重,这对后世认识真实的历史有着重大的意义。他高度赞扬古代史官不惧刀戈秉笔直书的传统,赞扬古代史书保留缺字的传统,为了慎重,缺失的字宁可空着也不轻易填补。至于其"笔则笔,削则削"的治史方式只是为其为政治观点服务,多不使用。在文字上,孔子主张文采要朴华相宜,文采缺失、朴实过分则显得鄙陋,朴实不足、文采张扬则显得虚浮。

有教无类,诲人不倦的教育思想

孔子是中国历史上伟大的教育家。他首先创办私学,打破了长期以来贵族统治者对教育的垄断,把教育广泛推向民间;他倡导有教无类,所以广收门徒,培养了一大批德才兼备的人才。孔子一生主要从事教育事业,并且诲人不倦,在长期的实践中,他积累了丰富的经验,创造了科学的教育方法、教育理论,为继承、发展和传播古代文化做出了重大贡献。

孔子认为人生来在本性上是无差别的,之所以产生差别是由于后天造成的,存在决定了意识,孔子的观点体现了朴素的唯物主义观。他认为天才和凡人的第一声啼哭都是相同的,不同的只是后天所受教育水平不同。其成长过程中的家庭因素,周围的环境因素,以及成长中受教育的水准和所掌握的知识结构都决定了人的思想意识的形成。人的思想意识和知识水平是后天形成的,是通过教育培养出来的。

孔子主张,人人都应该接受教育,人人也都有接受教育的权力,不论其富贵贫贱。孔子把"有教无类"的主张付诸实践,其弟子中有拥有权力和财富的贵族子弟南宫敬叔、司马牛,富商巨贾子贡,但大多数是出身低微的贱民野人,如一箪食、一瓢饮、家境贫困的颜回,戴着雄鸡式的帽子,穿着破烂丝绵袍的子路,吃粗食物的原宪等。这说明孔子的确实践了自己有教无类的主张。

"有教无类"充分体现了孔子思想的人民性和民主性,是他"泛爱众,而亲仁"的仁爱思想的具体实践。有教无类的提出是中国教育史上的革命性创举,为中国开创了文化下移和教育普及的道路,对推动文化传播有着重大意义。

虽然孔子没有道出其教育目的,但是弟子子夏的"学而优则仕"这句话实际上却说出了孔子兴办教育的真实目的。学习优秀者就可以出仕,孔子教育的目的就是培养能推行"仁政"的贤才,从而实现自己的政治主张。

为了推进社会改革,实现自己的政治主张,孔子后半生周游列国,奔走于各国诸侯之间,但他奔波了14年也没有找到能施展自己政治抱负的舞台。于是一生失意的孔子便把全部精力都放在创办私学上,希望弟子中的贤才将来能够推行自己的主张,实现美好的大同世界。

孔子没有明确提倡"学而优则仕",但他说:先习礼乐而后做官的是平民,先有了官位而后习礼乐的是贵族子弟。选用人才,孔子主张选用先学习礼乐的人,实际上就是主张学而优则仕,将学习与做官相联系。孔子鼓励学生们努力学习,认为只要学习优秀就会有官做,而且孔子支持弟子们出仕做官。子张问当官求得俸禄的方法,孔子对他说:多听别人的观点,对产生疑惑的地方予以保留,谨慎地道出自己的观点就能少犯错;多注意别人做事的方法,把危险的部分予以保留,谨慎实践就能减少后悔。简单地说就是多跟随别人行事,自己做事说话谨慎,官位和俸禄就不用发愁。

孔子家语

孔子智慧通解

图文珍藏版

"学而优则仕"打破了文化和官僚的世袭制,有利于贤人政治的推行,扩大了官僚的选拔范围,为平民从政开辟了途径,也为中国千年以来的文官制度奠定了基础。

在长期的教学实践中,孔子探索出了灵活多样的教学方式。他因材施教,教学相长,循序渐进,循循善诱,举一反三,不悱不启,为后人留下一系列宝贵的科学教育方法。

教学活动和生产活动的区别就在于:它的教育对象是各个不同的有着独立意识的人。而孔子广收弟子,其弟子的智力、性格、志趣,出身各不相同,这就决定了在教学活动中不应采用同一种模式、方法同时教育所有的受教育者。孔子很早就注意到这一点,他创造性地发明了因材施教的教学方法。

孔子根据学生资质上的差异进行了不同的教育。孔子说:高柴愚笨,曾参迟钝,颛孙师偏激,子路鲁莽,由此可知他非常了解自己的弟子,因此他当然要根据弟子的智力、性格进行有针对性的教育。

孔子是最早采用启发式教学的教育家。孔子教育学生时,凡事先让其独立思考,仍不得要领时再去开导他,待到学生想表达而苦于说不出来的时候再去启发他,如果学生还未能举一反三就不再勉强教下去。孔子告知弟子要学会独立思考,要触类旁通,闻一知二,闻一知十。

孔子深知学习态度的作用,积极引导弟子要潜心向学,他说:知之者不如好知者,好之者不如乐知者。他以颜回为例教育弟子们要安贫乐道,教育弟子不要贪图安逸,贪图安逸就算不得士了;激励弟子们要积极向上,告诉弟子仁不是很难追求的,想学就能掌握。

教学中,孔子提倡相互切磋,共同讨论。子贡问:贫穷而不自甘轻贱,富有却不傲慢对吗?孔子说很对。在学习中,孔子培养弟子们勇于发问的精神,因为不问的人,老师就不知道其疑惑在哪里,也就无法为之解惑。

孔子极力提倡学习,他认为人通过学习能获得知识、提高能力、修养品德,如果只有追求良好品德和才能的愿望,而不学习,不仅达不到目的,反而会增加瑕疵。孔子曾指出了不好学习的六种坏处:仁爱但不愿意学习就会变得愚蠢;聪明但不愿意学习就会流于放荡;直爽但不愿意学习就会堕为急躁;勇敢但不愿意学习就会频频闯祸;刚强但不愿意学习就会浮于狂妄。孔子主张学以致用,学的知识多而未能用就没有意义,熟读《诗经》而不能处理政事,出使他国不能从容应答,也就无用。

孔子是知识的终极追求者。他学无常师，敏而好学，不耻下问，在其一生的学习实践中总结出了学思结合、温故知新、每事问、举一反三等方法。

孔子主张温故而知新，通过温习学过的内容而有新的发现，新的收获。孔子的观点符合认识的客观规律。学习是把外在的知识转化为内在能力的过程，他人的知识不可能通过一次学习就能够理解，只有温习，才能转化为自己的知识并提高自身的能力。当然，复习不是简单地重温学过的内容，而是对学过的内容加深理解，从不同的角度、不同的方面去理解，这样才会有不同的感觉和体会，才会有全新的发现和收获。弟子子夏深得孔子温故知新的真谛，他说"日知其所亡，月无忘其所能，可谓好学也矣"，即每天都有新的收获，每月都不忘记学过的旧知识，才算是好学。

孔子提倡演绎类推的学习方法，主张举一反三，指出应根据器物的一面就能推知其他的三面，而且学习不仅要举一反三，还要"闻一知十"。子贡说自己不如颜回聪明，自己闻一知二，颜回能闻一知十，通过一件事就能推知十件事，孔子赞同子贡的观点，赞许颜回说自己和弟子们都不如他。

以德化民，举贤任能的管理思想

孔子的管理思想有较完整的体系，其内容包括行政管理、经济管理、军事管理、人才管理、教育管理等几个方面，核心是道德，特点是重视人才。由于孔子为代表的儒家管理思想在封建社会中成为治国方略的基础，对后世影响极其深远。

孔子的管理思想的产生脱胎于政治思想。孔子的行政管理思想主要有：用政令引导百姓，同时辅以教化，教民有羞恶之心。政令宽大，老百姓放纵就用刑罚校正；老百姓苦于刑罚，再用教化使他们归顺。道德引导、礼教整顿，是孔子管理思想的内核。

孔子认为在行政管理上，"德治"和"礼治"是分不开的。他倡导管理者施"仁政"，爱惜民力，先教后诛，少用刑罚，不用残杀，多用教化。认为管理者给老百姓以信，获得老百姓的信任，国家就能巩固。

孔子管理思想的最高境界是"无为而治"，他说："无为而治者其舜也与？夫何为哉？恭己正南面而已矣"，赞颂舜不需要亲自操劳，不使用刑罚就能使天下太平。其实，舜时的天下并非不需要治理，而是任用贤才不需要舜亲自去处理国政。孔子的无为而治与道家的无为而治不同，道家的无为而治是不求有所作为而使国家得到治理,孔子的无为而治是以德化民而使国家得到大治,最高统治者无为而治,其实国家还是有为而治。

在经济管理方面,孔子主张开源节流。即管理国家,要节省开支;安排工程建设要不影响农业生产,不要在农忙时节安排太多的劳役;要少征收赋税,使老百姓得到利益,使人民得到好处但不损害国家,并不增加国家的支出。

在人才管理方面,孔子明确地道出了人才的重要性。鲁哀公问政,孔子说,选拔人才治理好国家才是关键。鲁哀公问孔子怎样才能管理好老百姓,孔子回答说:让正直的人在不正直的人之上为官,老百姓就顺从;不正直的人做上级限制了正直的人,老百姓就不顺从;正直的人为官就能限制或者改变不正直的人。其弟子子游担任了武城宰以后,孔子就问他,你发现人才了吗?弟子冉雍担任季孙氏的总管,问孔子怎样管理,孔子告诉他,要自己以身作则,不计较别人的小过失,提拔优秀的人才。冉雍又问该怎样识别选拔人才,孔子说:提拔你了解的优秀人才,至于你不了解的,若是贤才别人也会提拔。

孔子主张举贤才,但深知人才难得,舜有五个贤德的人辅佐就能天下大治。孔子感叹地说:"贤明的人才十分难得,不是这样吗?"因此,有人问他什么是智时,他说知人者自知者明。

孔子选拔人才的原则是不求全责备。孔子说为君子做事容易,因为他懂得按照人的能力分配工作,但是获得他的欢喜比较难,因为君子不会喜欢非道义的举措和迎合;为小人做事则恰恰相反。孔子认为选才不能求全责备,秦穆公说的"金无足赤,人无完人"就是这个意思。用人要看大节,忽略小节。因此,其弟子子夏说"大德不逾闲,小德出入可也"。孔子看重年轻人,认为后人一定能超越前人,他说:"后生可畏,焉知来者之不如今也。"

在军事管理方面,孔子强调加强战备,要求兵员和后勤都要有保障,要教育人民习武备战;他主张军事指挥权高度集中,由天子掌握军队的战和;作战要懂得战略战术;要师出有名,支持正义性战争,反对侵略;认为最高策略是用礼乐教化征服他人。

孔子所教弟子六艺中的射、御都属于军事。射是射箭,御是驾驭马车。在孔子所处的时代,作战中兵车是重要的战具,驭手在作战中具有重要的作用。《左传》记载:其弟子冉求在成功地打退齐国入侵后,将自己建立的军功归功于孔子。哀公十一年,齐国入侵,季康子向孔子的弟子冉求请教方略,冉求建议季孙、叔孙、孟孙三家一家守国，两家御敌，季康子不同意；冉求建议在郊外抵抗，孟孙氏、叔孙氏为了自己的利益都不赞成；冉求建议季孙氏一家背城而战，季孙一家的兵车既优于齐国来犯的军队，不用担心战败，而且大敌当前，不随你作战的就不是鲁国人。季孙执政，叔孙氏、孟孙氏两家都不愿出兵，而季康子不出战就会受到齐国之辱。季康子上朝，叔孙武叔向冉求咨询作战的问题。冉求说："君子们有长远的考虑，小人知道什么"，孟懿子坚持要他回答，冉求说"小人考虑了自己的才干，根据自己的能力来效力"。叔孙武叔被激怒，"你是说我不是大丈夫"，于是他回去就检阅军队，准备抵抗齐国的入侵。季康子命冉求率领左军，孔子的另一个弟子樊迟做他的车右。季康子认为樊迟太小，冉求却认为樊迟能担当重任。开战后，鲁国军队不敢过沟与齐军交锋，樊迟对冉求说："军队不是不能过沟，是不相信你，请你三申号令带头过沟。"冉求一马当先，率先过沟，大军随之过沟攻击齐军。交战后，孟孙氏的右军不堪一击，在右翼败退的情况下，冉求亲自持矛作战，打败了齐军。事后，季康子问冉求是否天生就会打仗，冉求说是孔子教的。由此可见，孔子曾教弟子们学习过军事。

孔子不仅在军事管理上懂得战术，而且通晓战略，懂得军政大计。著名的齐鲁国国君"夹谷相会"，鲁国取得外交上的重大胜利就是孔子战略上运用得当的结果。孔子主张加强战争准备，文事要有武备，武备要有文备。他反对未经训练就让老百姓参战。在军事指挥上他主张集权，由天子决定攻伐，认为诸侯擅自出兵只会导致社会动乱。

子路曾问孔子："你统率军队，会与什么样的人合作？"孔子说不会和有勇无谋的人合作。赤手空拳和老虎搏斗，不用船就渡河，这样的人作战只能徒增伤亡。我会和临事谨慎，善于运略的人合作。对于战争，孔子持反对态度，他主张和平，反对侵略的不义战争。季氏将伐颛臾，孔子认为这是萧墙之祸，是伤害自己的内战，坚决反对。他认为让远方的人归服的不是战争而是教化。

在生产观点上，孔子鄙视劳动者，他认为君子、士人不应从事生产劳动，所以当弟子樊迟向孔子请教稼穑时，孔子不仅不教他，还指责他是小人。孔子虽然反对弟子从事生产劳动，但他却非常重视物质生产，他认为要想得到人们的信任，必须有充足的粮食。

在社会财富的分配上，孔子倡导平均，倡导兼顾贵族和劳动者双方的利益。孔子提出治理国家，不应担心财富的贫乏，而分配方式的不合理才是最值得担心的。

在生产上,孔子主张不能耽误农时。中国从农业文明出现后,一直是重农立国,农业实际上是国家的命脉。所以孔子一再提出要"使民以时",即国家从事建设,不要在农忙时征用农民,以免影响农业生产。孔子重视土地资源,在他任鲁国司空时,将土地分成五类,因地制宜地种植各种农作物,结果"物各得其所生之宜,咸得厥所"。孔子主张按照节令狩猎、打鱼是早期的环保意识。在商业流通方面,孔子主张废除关卡,实行自由贸易,反对商业中的欺诈行为。春秋以前,中国还未出现重农抑商的思想,孔子虽然反对弟子樊迟学种庄稼和蔬菜却不反对弟子子贡经商,反而称赞他"亿则屡中",能准确地预测商品的行情。孔子主张自由贸易,鲁国藏文仲设置六关征收商品税的做法就遭到孔子的批评。他治理鲁国三个月后,卖羊的沈犹氏再也不敢在早晨将羊灌得饱饱的,卖马

厚趠方鼎

牛的不敢再漫天要价,卖猪羊的不敢再装饰外表,基本上消除了商业欺诈。

在消费上,孔子主张克俭。认为国家财政开支要节俭,个人消费要依礼而行,既不能奢侈,也不能吝啬,要俭奢适度,提倡节俭。他认为"奢则不孙,俭则固,与其不孙也宁固",奢侈就容易骄傲,太俭则显得寒碜,与其骄傲,不如寒碜为好;用礼,与其铺张浪费,不如朴素俭约;丧事,与其礼仪周到,不如内心悲痛;以礼行事,都要坚持节俭的原则。这些观点都是超越了时代影响后世的。

薪尽火传,孔子思想对中华民族的影响

虽然孔子生前没有一个国君采纳了他的政治主张,但在他去世后,却获得了罕有的尊崇。他的思想成为中国历代王朝的指导思想,统治中国社会两千多年。孔子的思想还传到异域,一度成为韩国、日本、越南以及东南亚等国家的统治思想,祭祀孔子的庙宇遍及中国、朝鲜、越南、日本等多个亚洲国家。

自从汉武帝接受董仲舒"罢黜百家,独尊儒术"的建议以来,孔子的思想便成为封建时代的主导思想。孔子大一统的思想是中华多民族、大一统国家的理论基础。孔子大一统思想的产生有其时代背景。春秋时期,诸侯混战,社会动乱,带给人民无穷的灾难。对此孔子期望礼乐征伐自天子出,恢复国家一统的局面,消除战

争,让老百姓安居乐业。此后,孔子大一统的主张被统治者视为终极目标,统一深入人心,大一统的思想也成为中华民族的传统思想。即便是少数民族建立的地方政权也都以正统自居,以大一统为己任。

汉民族实际上是一个多民族不断融合形成的族群,所有的老百姓都承认自己是炎黄后裔,所谓炎黄是中华民族的祖先,因为"炎黄"是最早有记载的民族融合的部落首领。华夏民族无共同宗教信仰,但是多民族融合的华夏民族却以思想文化为共同信仰,其中孔子思想便是这种思想文化的主干,成为维系族群的纽带。

孔子思想中具有一种宽容的力量,而孔子思想博大精深,又处于统治地位,能对任何其他的思想、宗教持包容态度。所以中华民族才能不断融合其他民族,建立多民族、大一统的国家。

孔子以创办教育起步,目的就是要培养善于治理国家的人才。在孔子举贤才的政治主张影响下,汉代采用察举的办法任用官员,到隋唐时就采用完备的科举制度选拔官员。察举制度、科举制度打破了贵族对治权的垄断,使平民有了参政的机会,为平民参政开辟了道路,改变了世官世禄的传统,就当时的社会来说,具有革命性和先进性。孔子思想被当作社会的指导思想,其文化本来就受到重视,而科举制度又使中国很早就形成了文官主政的传统。文人主政,自然促进了文化的发展,所以在中国,文化一直在不断地发展,汉赋、乐府、唐诗、宋词、元曲、明清小说,不同的时代产生了不同的文学载体,并达到那个时代的高峰。即使在最不重视文化的元朝,文化也有了很大的发展。中世纪时,欧洲尚处在黑暗宗教统治之下,而中国的文化、艺术却是非常繁荣。毫无疑问,就当时而言科举制度是相对先进的,科学的选举官员的办法,被欧洲人认为是世界上最好的文官选拔制度。当然,到封建社会晚期,科举制度的弊端也日益显现。客观地说,科举制度形成文人主政,对中国社会的发展有一定的积极作用。

二、养生之道

(一)食不厌精,脍不厌细

1.流传 2500 年的养生密码

不少人都误认为孔夫子是一位纤纤细手、肩不能挑、手不能提的文弱书生。其实不然,"孔子长九尺六寸"。古代的尺比现在的尺要短,周尺的一尺为现在公制的 19.91 厘米,这样计算,孔子身高约在 1.80 米以上(见《史记·孔子世家》)。

《淮南子》中还说,孔子的勇超过著名的勇士孟贲,跑步的速度能追上野兔。当然,对孔子的这些描述可能有些夸张,但足以说明孔子是一位体格健壮、勇猛力大的人。

2500 年前的一天下午,敌国部队攻入城郭,所悬城门突然放下。就在这十万火急时刻,孔子举起城门,大喊一声"快些逃命",救出了众多诸侯(见《左传》)。

众人在心存感激之余,对于孔子的神力万分佩服,纷纷询问如何练就神力。对此,孔子笑而未答。

不过,这个秘密每位孔门弟子可都知道。事实上,孔子具有这样的体格和气力,和他经常从事体育锻炼是分不开的,同时也与他的饮食养生有一定关系。

在孔门弟子编辑的《论语·乡党》中记录了孔子饮食的秘密:"食不厌精,脍不厌细"。

大家都知道,孔子为了宣扬自己的主张,周游列国,曾经被斥于齐,逐于宋、卫,困于陈、蔡之间,受到了许多磨难。

在跟随孔子游说诸国的过程中,弟子们渐渐发现,给老师洗菜做饭是件"苦差事"。在做饭之前,米一定要反复洗上几遍才能达到要求。同时,老师对菜肴要求刀工严格,肉丝要切得细而匀称,一定要达到形、色、味俱佳。

今天,我们不可能知道孔子所说的"精""细"具体到什么程度。用现代的眼光来理解,是粮食一定要收拾得干净,包括把粮食中的灰尘清洗干净、杂物挑除干净、霉变和虫蚀部分清理干净等;肉一定要加工得精细,薄厚均匀利于消化。

"食不厌精,脍不厌细"终极传递的是一种态度,是一种朴素的、温暖的生活态度。品味人生,修身养性,其目的正是要在愉快的生活中度过美好的每一天。

圣人的智慧终归是圣人的智慧。

2.食不厌精追求的不是美食

可能一些朋友会对孔子有所误解,认为食不厌精是追求饮食的精美,这你可冤枉他老人家了!

孔子所处时代,烹调技术比较粗糙,饮食远不如今日精美,所以"食不厌精"追求的不是美食,而是卫生,即防止"病从口入"。

为什么孔子会有食不厌精的想法?孔子所处的春秋时期,谷物脱壳用杵臼春捣的加工方法,这种加工方法,首先是脱壳率和出米率都比较低,加工出的米时常伴有未脱尽壳的谷。"食不厌精"的"精",就是指经过挑选的优质的好米,如果谷壳没有挑出来,食用后可能引起卫生问题。

你可能不知道,孔子的时代已经有了卫生监管。比如未成熟的果实不得进入市场销售,以防止食物中毒事件的发生。"五谷不时,果实未熟,不粥于市"(《礼记》)。用我们现在的眼光来看,这些政策是与食不厌精的思想一脉相承的,其目的不外乎防止病从口入。

3."脍不厌细"终极目标:饭菜嚼成浆

现在,让我们慢慢回想一下,平时吃一口饭要嚼多久?

《辞海》这样解释嚼:将食物咬烂。"烂"到什么程度才合适呢?民谚为此确立了一个"标准":"要想身体壮,饭菜嚼成浆。"

我国医学专家最近又给咀嚼提出了一个量化指标:老年人每口饭菜咀嚼25~50次,每顿饭吃30分钟。达到这个指标,饱食中枢才有足够的兴奋时间,也才有助于人体对食物的消化。

有人做过试验,两个人同吃一种食物,一个人细嚼,另一人粗嚼,化验结果发现,细嚼的人比粗嚼的人多吸收蛋白质13%、脂肪12%、纤维素43%。

美国有位叫夫勒栌的富翁,体重近100千克,影响了生活,四处求医无果。后来听说细嚼慢咽可减肥,便给自己规定每餐必须30分钟,咀嚼2000次以上。这样做的结果是每餐吃到过去食量的一半便觉得饱了,停止进食。四个月下来他的体重少了20千克!这演变成了后来风行美国的"夫勒栌咀嚼法",为众多减肥者仿效。

有没有人吃饭被小石子、沙粒硌了牙,或被鱼刺、骨头卡过的?假如你细嚼慢咽,就可以把食物中的小石头、骨头、鱼刺等慢慢剔出来。

所以,在吃饭的时候不要老去催促孩子"快吃,快吃,快吃",这样对他将来的生活习惯和脾胃都会有很坏的影响。老年人更需要慢吃慢喝,细嚼慢咽,切不可"囫囵吞枣"。

总之,进食中细嚼慢咽既是一种举止文明、行为良好的习惯,更是养生保健、防病美容的有效方法,值得我们去重视。

4.吃得越细,活得越久

有一天去医院做体验,一位46岁的女性引起了我的注意,她正在接受食管测

孔子家语

正常情况下,受检者吞咽5～10毫升温水后,食管各段会出现4000帕以上的收缩波,提示水是在食管有节律的蠕动推动下进入胃内的。而这名患者的情况非常奇怪:无论怎么增加饮水量,都看不到4000帕以上的收缩波,仅出现一些低幅的(2～3.5千帕)、推进不明显的无效收缩。这在医学上称之为"无效食管动力"。

是什么原因使她的食管功能受损了呢? 经过检查,排除了她患溃疡病、食管炎、糖尿病等影响食管功能的器质性疾病,但她的进餐习惯引起了医生的注意。原来数十年以来,这名女患者的用餐时间非常短,平均5分钟左右,称得上是典型的"狼吞虎咽"。

我们知道,正常人吞咽食物后,食管的推进性蠕动和食物的重力作用会将食物送入胃内。统计表明:食物自吞咽开始到胃贲门下需7～14秒,要想保护食管功能,进餐速度(或吞咽频率)最好与食管推进性蠕动的规律相协调。以咀嚼1次1秒钟计算,每口饭宜咀嚼30次后再下咽,给食管充分时间协调自己的运动状态。

如狼吞虎咽般在短时间内连续摄入过多食物,势必会影响食管的蠕动规律,食物大多靠重力作用"坠"入胃内,极少借助食管的蠕动作用,久而久之,食管蠕动功能会逐渐因废用而退化。

《千金翼方》主张"食无大言",就是指吃饭时专心细嚼,以利消化。中医学有"脾开窍于口"的说法,提示口腔内食物的充分消化对健脾益胃是十分有益的,这与现代医学的观点也是一致的。

"想长寿吗? 那就吃慢点吧!"在以长寿著称的地中海地区,人们一顿晚餐可以吃三四个小时。这也被认为是当地人的长寿秘诀之一。经常咀嚼还能活化大脑皮层,可预防大脑老化和老年痴呆。

这里我再详细谈一下慢餐的几大健康理由:

(1)有助消化。充分咀嚼能促进胃液分泌,同时将食物磨得极细,有助于食物消化吸收,并直接减轻胃肠负担,对老年人和胃肠功能欠佳的人尤其重要。

(2)慢餐能增加唾液分泌量,唾液入胃后形成保护胃部的蛋白膜,预防胃溃疡。

(3)多花些时间咀嚼食物,食欲中枢才能发出正确指令,使人产生饱腹感,避免发胖。

(4)细嚼慢咽对降低餐后高血糖有益,坚持慢餐,血糖、胆固醇、血压会相应降低。

（5）慢餐能缓解紧张、焦虑等情绪，让身心愉悦起来。

（6）频繁咀嚼可锻炼面部肌肉，减少皱纹。

一些关注国民健康的专家向餐饮业大量宣传"慢慢吃"的好处，得到了热烈响应，很多餐厅里张贴了"乌龟吃饭"的标志，旨在鼓励顾客"慢慢吃"，其中的一句口号更是直截了当："吃得越细，活得越久"。

我再问你一次，你想长寿吗？那就学学孔子的"脍不厌细"吧！

5."脍不厌细"更适合哪些人群

从前面我们知道，"脍不厌细"是如此神奇，甚至起到化腐朽为神奇的效果。具体问题具体分析，"脍不厌细"更适合哪些人群呢？下面我将简单地分为三类，供读者朋友参考。

（1）各种胃病患者

消化功能相对较差的老年人最适宜慢餐。充分的咀嚼能促进唾液、胃液分泌，同时将食物磨得极细，这样既有助于食物消化吸收，又可避免引起哽噎呛咳。

患有胃炎、胃溃疡等胃病的患者，也提倡健康的慢餐，反复咀嚼使食物在口腔中被初步消化，可减少粗糙食物对胃黏膜的刺激，减轻胃肠道的负担。另外，咀嚼分泌的唾液进入胃后能形成保护胃部的蛋白膜，可预防胃溃疡。

（2）肥胖人群

你或许有过短时间里吃下很多食物却仍然觉得饿的感觉，那是因为大脑的食欲中枢还未及时反应。如果吃慢餐多花一些时间咀嚼食物，食欲中枢才能发出正确指令，使你产生适量并有饱腹的感觉。

由于咀嚼的帮助，你只吃进去身体需要的食物量，自然有助避免发胖了。另外，细嚼慢咽对降低餐后高血糖十分有益，肥胖者坚持慢餐，血糖、胆固醇、血压也会相应有所降低。

（3）想减少皱纹还能美容的人

细嚼慢咽的过程中，减缓吃的速度，无疑会给你及时的饱腹感，也就避免了暴饮暴食。同时，频繁咀嚼能锻炼面部肌肉，促使面色红润，减少皱纹产生，如果你想变得漂亮就先从慢餐开始吧！

（二）肉虽多，不使胜食气

膳食结构的合理性与人体健康是密不可分的，只有合理的膳食才能满足人体对各种营养素的需要,促进机体的抗病能力。目前我国居民膳食结构存在着营养不均衡、饮食制度和饮食习惯不合理等因素,这对人体健康是不利的。

1.警惕膳食结构中的"定时炸弹"

孔子东游路过卫国,卫国国君为尽地主之谊大摆酒席,宴请孔子及其弟子。

为了表达对孔子的敬意,更是为了炫耀卫国的国富民强,此次宴席极尽奢华之能事。什么天上飞的、地上走的、水里游的,只要我们能想到的统统都有。

席间,卫国君发现孔子虽然也吃了一些肉食,但却是非常有度,忙请教。孔子说:"肉虽多,不使胜食气"(《论语·乡党》)。孔子进而解释道,吃饭应以作为主食的谷物为主,吃肉佐饭,要使肉与饭有一个适当的比例。

春秋时期成书的《黄帝内经》中也有"膏粱厚味,足生大疔"的认识,强调了过多食荤是造成多疾的原因,这一论点,也与孔子的理论不谋而合。

这一论述框定了中华民族传统膳食结构中动物性食物与植物性食物的搭配关系,而且此膳食模式一直流传至今,说明后人从生活实践中,已经悟出这一理论是符合养生之道的。

朝鲜战争时期,曾经有人对年龄在20岁左右的美、朝死亡士兵进行尸检,结果惊讶地发现,两者的动脉硬化程度竟然存在很大差别。究其原因,就在于自幼年开始,膳食结构的差异给美国士兵体内埋下了"定时炸弹",使他们日后患心血管病和高血压等疾病的隐患大大增加。所以许多人在中老年时患"文明病",并非完全由于发病前一段时间饮食不合理所致,而是年轻时就已埋下了祸根。

苏联科学工作者曾做过一个非常耐人寻味的试验:他们用素食喂养一只鸽子长达一月,同时也在相同时间内用荤食喂养另一只鸽子。结果,吃了一个月荤食的鸽子,其性格非常暴躁、易怒;而那只吃素的鸽子,则体态完美,性格温顺。

目前国内有许多家长反映:一些男孩不到6岁就出现了第二性征,女孩子三四年级就来月经。究其原因,很可能就是动物性食物摄入过多。一些家长认为吃肉才有营养,特别是许多孩子爱吃炸鸡,天天不离,所以造成上述恶果也是饮食惹的祸!

2.肉吃多了容易"惹病上身"

在自然界,食物有一个很长的连锁键:植物吸收阳光、空气、水;动物吃植物,大型动物或人类吃小动物。

中国人,几千年来都是以谷类、蔬菜等素食为主,连豆腐都是"小荤",肉类只有过年过节才吃到。但随着经济的迅猛发展,人们的生活越趋奢侈和西化,吃肉量也因而剧增。根据统计,1961 年每个中国人每年平均吃肉仅 3.8 千克;到了 2000 年,短短 40 年间,急升 13 倍,每年 50 千克! 由于国内富裕人口不断增加,吃肉趋势将持续攀升。

孔子可能没有论证过量吃肉的危害,事实上,科学证明,过量食肉及饮食结构不合理可引起多种疾病。《吕氏春秋·本生》甚至提出:"肥肉厚酒,务以自强,命之日烂肠之食。"这说明喝酒吃肉过多,有损健康,甚至会带来不幸的后果。

美国是世上吃肉最多的国家之一,每两个人就有一个死于"心血管症"(即心脏病、高血压、脑卒中等)。为何肉类对血液循环系统伤害那么大? 这是因为动物脂肪(例如胆固醇)在人体内难以分解,逐渐附着到血管壁上;久而久之,脂肪阻塞血管,令血管内径越来越小,血液越来越难流过。由于血液流通不畅顺,心脏必须加倍运作,把血液泵过堵塞了的血管。因此,容易导致高血压、脑卒中、心脏病等心脑血管疾病。

美国癌症协会长期研究证实,吃太多红肉(猪牛羊肉)会致癌。该会在 1982～1992 年的 10 年间,调查了 15 万美国人的饮食习惯。根据吃红肉的多少,15 万人被分成 3 组,看哪些人患了直、结肠癌。结果发现,吃红肉最多的一组患直肠癌的概率比吃红肉最少的一组高两倍,患结肠癌的概率则高出 40%。

肉类含有大量名为"嘌呤"(Purine)的有机物质,在人体内分解后会产生尿酸,需由肾脏处理排出体外。吃肉太多,肾脏的工作量会大大增加。肉食者肾脏的工作量,相等于素食者的 3 倍。若是年轻人尚可支撑;但随着年龄渐长,肾脏便会由于耗损过度,出现肾病。肾脏运作不佳,尿酸便无法排泄出去,积聚体内。尿酸中的水分被身体吸收后,会逐渐变硬,形成结晶体。若停留在关节里,便会产生痛风、风湿痛、关节炎等症状;若积聚在神经,则会导致神经炎与坐骨神经痛。

肉类含大量能量,过多的能量在体内消耗不掉,便转化为脂肪,导致肥胖问题。现在儿童普遍过胖,平时饮食"多肉少菜"便是主因之一。

现代畜牧工厂环境挤迫,滥用药物,成为病菌滋生和散播的温床,因此所生产的肉类问题多多。近年肆虐全球的疫症和病毒,如禽流感、疯牛病、大肠杆菌、沙门氏菌等,皆与肉类工业有关。

《黄帝内经》说:五谷为养,五果为助,五畜为益,五菜为充。也就是说,大豆、小米,还有米和面这些五谷杂粮,才是养生的根基。

3.肉与蔬菜要搭配着来

肉类食品中含有大量影响人体健康的胆固醇,如果肉类与其他食物搭配不当,肉类中部分的营养就不能被很好地吸收。若肉类食品与蔬菜搭配同食,既能使蔬菜中含有的维生素和无机盐被人体吸收,又能使肉类中部分的胆固醇及其分解物随同蔬菜的纤维排出体外。

酸性食物的肉类和作为碱性食物的蔬菜同食,还可保持人体内正常的酸碱平衡,有利于身体健康。

为了达到均衡膳食,营养学家用"平衡膳食宝塔"形象地表述了食用各类食物的比例关系。

你可以把"平衡膳食宝塔"看作是一个等腰三角形,将两斜边分成5等份,并画上连线。最底层是谷类食物,每人每天应吃得最多;从底层往上数的第二层表示蔬菜、水果的进食量,每人每天应吃的量与底层相当;第三层是鱼禽肉蛋等动物性食品,包括鱼虾类、畜禽肉和蛋类;第四层是奶类和豆制品。这两层对于儿童膳食的质量,即营养物质是否充足十分关键;最上层塔尖是糖、盐和油脂类,每天摄入量不宜过多。

(1)营养早餐

早餐食谱中可选择的食品有:谷物面包、牛奶、酸奶、豆浆、煮鸡蛋、瘦火腿肉或牛肉、鸡肉、鲜榨蔬菜或水果汁,保证蛋白质及维生素的摄入。

(2)丰盛午餐

午餐要求食物品种齐全,能够提供各种营养素,缓解工作压力,调整精神状态。可以多用一点时间为自己搭配出一份合理饮食:中式快餐、什锦炒饭、鸡丝炒面、牛排、猪排、汉堡包、绿色蔬菜沙拉或水果沙拉,外加一份高汤。

(3)清淡晚餐

晚餐宜清淡,注意选择脂肪少、易消化的食物,且注意不应吃得过饱。晚餐营养过剩,消耗不掉的脂肪就会在体内堆积,造成肥胖,影响健康。晚餐最好选择:面条、米粥、鲜玉米、豆类、素馅包子、小菜、水果拼盘。偶尔在进餐的同时饮用一小杯加饭酒或红酒也很好。

(三)唯酒无量,不及乱

1.酒是魔鬼酿成的毒水

①孔子参加宴会时,每当需要推杯换盏,他都会放开酒量,但从未失态。

好奇之下,楚国君向子路打听:老夫子的酒量多大?

子路:不知。

楚国君:你们平时朝夕相处常伴老师左右,怎么会不知道呢?

子路:真不知道,因为老师从来没喝多过。

楚国君:他为什么能控制得这么好?

子路:老师曾说过,"唯酒无量,不及乱"!

"唯酒无量,不及乱"是人们最常提及的孔子言论或语录,孔子以客观的感受和主观的修养,得出唯有酒对于人来说是没有固定的量的,可以不加限量,只要没有到达"乱"的程度。孔子喝酒和我们凡人喝酒有没有什么区别呢?我们来看孔子说的一句话:"唯酒无量,不及乱。"我到底能喝多少酒,我也不知道,但我喝酒从没失过态,从没乱过性。这就是圣人和凡人的区别。

莎士比亚说,每一杯过量的酒,都是魔鬼酿成的毒水,一个人只要恶醉一次,对身体的伤害就相当于害了一场伤筋动骨的大病。

我们现在喝酒常常不是为了高兴,而是为了借酒浇愁,却不知借酒消愁愁更愁,其实真正有志向的人绝对不会让自己成天沉醉在酒精之中。

②"李白斗酒诗百篇,长安市上酒家眠,天子呼来不上船,自称臣是酒中仙。"李白喝酒喝到这个地步,天子喊我都不理睬,但是你发现没有,李白酒喝得再多都有个界限,真正做到了"唯酒无量,不及乱"。

李白一生豪迈,桀骜不驯,却始终没有被皇帝杀掉,因为他做人很知道把握分寸,在天子面前喝酒一定不能"乱性",天子呼来不上船,自称"臣"是酒中仙。他可没说是人中仙,还是自称"臣"是酒中仙。他知道,再桀骜不驯,也只能在高力士面前给自己赢得一世英明,但在皇帝面前不行。

③杯酒喝下去都不醉的人在历史上很多,但是喝多了以后不误事的人却很少。比如三国时的张飞。

当吕布投靠刘备的时候,张飞对吕布非常不满。有一次他让手下人陪自己喝酒,可有一个人就是不喝。

张飞说:"在你张爷爷面前做事的人竟然不会喝酒?!喝!不喝老子打你。"

"张爷爷,你看在我家女婿的脸面上就饶了我吧!我是吕布的岳父。这酒是不是…别喝了?"

"吕布的岳丈？打的就是你！"这件事传到吕布耳里，最终导致吕布翻脸。张飞生命的最后一刻，也是因为喝醉了酒，才被两个手下暗算、一命呜呼。

实际上，孔子的酒论，都与他一生为之奔走的观点相一致的，即都是以"周礼"作为他人生最高的礼治目标。也可以说，礼治作为孔子对当时治理社会的一种坚定信念。所以这里说的"乱"并不局限于醉酒狂乱，重点在于不违反礼法伦常。

其实，孔子喝酒的时候也特别讲究礼仪，他说"乡人饮酒，杖者出，斯出矣"。不管喝得再高，结束后一定要让老人先出去，年轻人才能跟着出来。

酒是一种文化，与民族、民俗、医药饮食、文学艺术都有密切的关系，礼尚往来，以酒助兴，少饮无害，过则伤身。

世界卫生组织国际协作研究指出：为了预防对酒精依赖的发生，男性安全饮酒的限度是每天不超过 20 克、女性不超过 10 克纯酒精的饮用量，对此，专家给予了通俗的解释，男性每天饮酒不超过 2 瓶啤酒或一两白酒，女性每天不超过 1 瓶啤酒，决不可混饮。

2.酒精进入血液只需 5 分钟

酒的主要成分是酒精（乙醇），喝下的酒 80% 由十二指肠和小肠吸收；20% 由胃吸收，吸收的速度很快，据测定，5 分钟后酒精即进入血液，两个半小时被全部吸收。吸烟有害，无人不知，但对过量饮酒对健康的危害有些人总是认识不足。

当血液中酒精超过 0.1% 时即进入醉态，醉酒伤肝不亚于轻型肝炎，而超过 0.4% 便可招致生命危险。世界卫生组织统计，全球因饮酒而死的人数超过因吸毒而死的，酒成为仅次于香烟的第二大杀手，世界卫生组织还将酒精和吗啡一起列为心理依赖性、生理依赖性和耐受性最强的毒品，其致依赖性是烟草的 3 倍，甚至远远大于可卡因和大麻。

酒最核心的化学物质是酒精。专家们通过动物实验，研究了酒精在体内的全部代谢过程，从而发现了喝酒成瘾的症结。

专家们发现，90% 以上的乙醇会在肝脏内被分解成乙醛，当人大量饮酒时，体内乙醇和乙醛的浓度即会增加，这样便加速了氧化能量代谢的过程，大脑的兴奋性和器官功能得到暂时增强，人会格外欢快、活跃。

时间一长，机体的这种反映就逐渐变成了常规并在大脑中形成"定时饮酒"的定式，这种已建立起来的反应方式一旦遭到中断，就会发生失调综合征，各器官和系统的综合性功能出现紊乱，人会难受、烦躁不安、易怒、心不在焉、失去判断力，甚至性格改变、心理改变、人格丧失，除了渴望酒，对周围的人和事漠不关心。

只有把酒饮下去后，机体功能得以平息，对人事物的反应方式重新恢复，症状才会消除。于是，便形成了没有酒就活不下去的恶性循环状态，铸就了难以克制的酒精依赖症，即俗话说的酒瘾。

3.饮酒不当如中"摧心掌"

有酗酒习惯的人小心了，长期大量饮酒会对健康造成影响。

（1）急性中毒

一次饮酒过量可引起急性酒精中毒。表现分三期：早期（兴奋期），表现语无伦次，情感爆发，哭笑无常等。中期（共济失调期），表现语言不清，意识模糊，步态蹒跚等。后期（昏迷期），表现昏迷，瞳孔散大，大小便失禁，面色苍白。一般人的酒精致死量为5~8克/千克体重。

（2）慢性中毒

长期经常饮酒可引起慢性酒精中毒。表现性格改变，精神异常，定向力差，记忆力减退，末梢神经炎等。

（3）对人体各系统器官危害

心脑血管：饮酒可使心肌纤维变性，失去弹性，心脏扩大，胆固醇增高。动脉硬化，发生冠心病，高血压，脑血管意外等。

消化系统：饮酒可发生口腔溃疡、食道炎、急慢性胃炎、胃溃疡、慢性胰腺炎、急慢性肝炎、肝硬化等。

呼吸系统：饮酒降低呼吸系统的防御机能，肺结核发病率比不饮酒的人高9倍。

神经系统：酒精可使大脑皮层萎缩，大脑功能障碍，出现精神神经症状，意识障碍等。

对生育的影响：酒精可使男性血中睾酮水平下降，性欲减退，阳痿。女性性欲减退，阴冷，月经不调。精子畸形，精子和卵子的基因突变，产生"胎儿酒精综合征"：智能发育差，先天性缺陷，生长缓慢等。

酒精引起多个系统器官的癌症发病率增高，还可引起"酒精性贫血"等。

4.58%的肝癌是喝酒导致

酒在国际上早就已经成为一大公害，酒已经被认为是一种软性毒品。在联合国的《国际禁毒公约》中，酒、烟和毒品一并被认定为有依赖性特性的物品。不仅高度白酒,就是啤酒都会导致酒依赖。正因为酒的这种功能,某些民族的宗教戒律认为酒是可以迷乱人性的物质,是魔鬼的饮料,因而予以限制或禁止。

大量研究表明:约58%的肝癌是喝酒喝出来的,饮酒与肝癌关系密切。

如果长期饮酒或过量饮酒,特别是常饮高度酒,就会使肝细胞反复发生脂肪变性、坏死和再生,导致肝硬化,最终转化为肝癌,由肝硬化转化成肝癌的比例高达70%。少喝酒或尽量不饮酒、多食用奶制品和新鲜水果能减少人们患肝癌的可能性。万一因工作需要,每周饮酒量不要超150克还可以,否则百害无益。在控制喝酒的情况下,如果每天食用奶制品,比如牛奶和酸奶,患上肝癌的概率将比普通人减少78%;如果每天坚持食用新鲜水果,患肝癌的概率可减少52%。

5.饮酒可能会导致精神疾病

由于近年来喝酒的人数和人们喝酒次数的逐渐增多,导致目前酒依赖患者数量明显上升,有的医院住进了因酒依赖引起的精神障碍患者,这类精神病人已占到住院患者总数比例的近10%。

调查表明,酒依赖、药物依赖、吸毒等活性物质依赖,能引起人的精神障碍,近几年来,酒依赖患者呈现逐年上升趋势。"酒依赖"目前已被正式列入精神病的一大类别,酗酒使人对酒形成心理及躯体上的依赖,发生人格的改变、思维的紊乱。

近年来,随着人们在现代生活中社交活动、会亲访友聚餐饮酒的增多,泡酒吧、夜生活的增多,以及随着生活条件的改变,一家人、独自一人喝酒的机会增多,出现了酒依赖的高发期。一些人喝酒喝没了工作,喝垮了家庭,把自己也喝进了精神病医院。近年因酒依赖而住院的精神病患者,达到了10年前的50倍。

据悉,目前综合医院里接诊的酒依赖病人成倍上升,比专科精神病院接诊人数还要多。在综合医院大都对酒依赖患者按照酒精中毒的病症进行洗胃治疗,对产生精神病症状严重并闹事的患者,则交由公安机关管制。

有关专家指出,酒依赖问题不可忽视,饮酒者一定要有自控能力,以防因酒伤体伤神。一旦发现有了酒依赖疾患,最好到精神病专科医院去诊治,以免延误病情。

6.饮酒安全量的12条诊断标准

俗话说:"无酒不成席",但过量饮酒却会造成人体肝脏、心脏、肾脏及其他脏器的损害,这一道理差不多是人人知晓。但许多嗜酒者一上了餐桌,见到酒就顾不了那么多,不喝个酩酊大醉决不罢休,这是个心理行为问题,这里暂不去说。

资料表明,正常成年人每天能代谢的酒精量最多不超过150克;不至于造成肝脏损害的酒精摄入量,每日每千克体重最多不能超过1克,如相当于体重65千克者,每日摄入酒精量应低于65克;而最安全的饮酒量(嗜酒者的警戒线),即一天喝入的纯酒精量不超过28克。

研究人员曾为避免嗜酒者身体和精神损害而制订了超过饮酒安全量的12条诊断标准:

(1)饮酒后造成工作上的失误(饮酒后怠工)。

(2)饮酒后工作效率明显下降。

(3)饮酒后耍酒疯。

(4)曾因饮酒而造成家庭不和。

(5)因饮酒而陷入经济拮据。

(6)曾因饮酒而看过医生甚至住院治疗。

(7)曾因饮酒而完全丧失记忆力。

(8)曾因饮酒而招来不好的声誉。

(9)到时候不饮酒就难受或不饮酒就不能入睡。

(10)一饮酒就对他人漠不关心。

(11)为了消除恐惧(或为了增加自信或为了回避现实)而饮酒。

(12)因饮酒而深感后悔而每日又愿意在同一时间饮酒。

若符合以上12条中的任何两项,说明已接近超量饮酒的边缘;若符合4项以上,则肯定超过了安全警戒线。

7.饮酒忌讳多多

(1)啤酒也有"缠丝擒拿手"

很多人都认为啤酒含酒精量不高,喝三五瓶没什么问题,甚至有些人把啤酒当水喝,用来解渴,殊不知甜美的啤酒也会导致胃肠道疾病的发生。

啤酒中的某些特殊的成分能抑制前列腺素和前列环素的合成,削弱胃黏膜的自身保护机制,为胃酸、胃蛋白酶损害胃黏膜创造了机会,所以经常大量地饮啤酒,有可能诱发胃炎。而患有胃炎的人由于胃黏液——黏膜屏障的保护作用已经减弱,如果继续饮啤酒就会进一步加重胃的损伤。因此,慢性胃病患者需要忌酒。对于已患有胃肠道疾病的患者应及早治疗,以免延误时间,加重病情。

夏季多饮些啤酒会增加尿量,而经常有小便的冲刷,能促进结石的自然排出,这种观念无疑是错误的。因为用来酿造啤酒的麦芽汁中,含有钙、草酸、鸟核苷酸,这几种物质能促使尿路结石的发生。

啤酒里含有一定量的酒精即乙醇,乙醇通过胃肠道进入血液,在肝脏中转化成为乙醛、再转化成乙酸,由乙酸分解成二氧化碳和水从而发挥解毒作用,患有肝脏疾病的人由于肝功能不健全,对乙醇的解毒能力有不同程度的降低,以致在长期饮啤酒的过程中,会造成乙醇的毒性在肝脏内蓄积,使肝细胞受损。

(2)醉酒后不可催吐以解酒

日常应酬中,不少人采用的"喝酒秘诀"是到卫生间抠喉咙。专家认为,"抠嗓子"催吐虽然可起到一定的醒酒作用,但是剧烈呕吐会导致腹内压增高,除了容易引起胃出血外,还会使十二指肠内容物逆流,引发急性胰腺炎等急症。另外,因为醉酒者意识不清,很容易吸入呕吐物而引起窒息,甚至危及生命。专家提醒,饮酒过量者,千万不要通过刺激咽喉催吐,以免引起急性胰腺炎,造成生命危险。

(3)"上脸"之人少喝酒

亲朋好友聚会时常常要喝点酒,推杯换盏之间,有些人酒刚一下肚脸就红了。有人认为这是不胜酒力,得悠着点喝,还有人说脸红的人酒量大、代谢好,多喝几杯也没事。那么,喝酒上脸到底好不好呢?

人喝酒后面部潮红,是因为皮下暂时性血管扩张所致,因为这些人体内有高效的乙醇脱氢酶,能迅速将血液中的酒精转化成乙醛,而乙醛具有让毛细血管扩张的功能,会引起脸色泛红甚至身上皮肤潮红等现象,也就是我们平时所说的"上脸"。

除乙醇脱氢酶外,人体内还有一种叫作乙醛脱氢酶的物质,喝酒脸红的人只有前一个酶而没有后一个酶,导致乙醛在体内迅速累积而迟迟不能代谢,所以脸红的时间会比较久。与酒后"面不改色"的人相比,乙醛在这种人体内停留时间较久,毒性作用更大。不过,一般来说,过了 1~2 个小时后,红色就会渐渐褪去,这是因为,肝脏中的细胞色素 P450 会慢慢将乙醛转化成乙酸,乙酸进入循环系统后会被代谢掉。

一旦发现"上脸"时,不妨喝点蜂蜜水。研究人员指出,蜂蜜中含有一种特殊的果糖,可以促进酒精的分解、吸收,减轻头痛症状,补充维生素 C、B 族维生素,或吃些甜食、蛋白类食物,能增加血糖浓度,缓解酒精对人体的损害;酒后及时喝果汁或糖水,可对肝脏起到保护作用;吃点猴头菇,可以保护胃黏膜不受损害;也可以喝热汤,尤其是姜丝炖鱼汤,解酒功效更好;糖醋菜的解酒效果也不错,因为醋和酒能在体内形成乙酸乙酯,有解酒作用;饮用牛奶也可延缓酒精在胃内的吸收,并保护胃黏膜不被酒精损伤。

(4)孕妇,请放下你的酒杯

科学家近日指出,如果排除遗传因素,怀孕期间喝酒是造成胎儿智力不健全的主要原因,而戒酒是预防弱智的唯一途径。

女性都很了解在怀孕期间吸烟对胎儿的危害性,但并不十分了解在怀孕期间喝酒对胎儿的危害比吸烟还要大。在怀胎期间喝酒说得上是"一大悲剧"。据医学界的统计,500名新生儿中就有1名新生儿因其母亲在怀孕期间喝酒而导致智力不健全。

为此,科学家不仅劝告孕妇戒酒,而且要求医生们不要对孕妇宣传少量饮酒的好处。曾有些妇科大夫认为,少量饮酒不但无害,而且有益,这些妇科大夫的失误之处在于他们把喝少量的酒,尤其是红葡萄酒对心血管健康有好处同孕妇喝酒对胎儿发育的影响相混淆了。"母亲是保育箱",不管她喝多少酒都会降低胎儿的智商。为此,孕妇应不吸烟、不喝酒和每天服用维生素 B_9。

科学家强调,为了维护胎儿的健康,孕妇应从放弃避孕措施的时刻起就不要喝酒了,因为很多孕妇在怀孕七八周之后才知道自己发生了什么变化。胎儿所有器官在怀孕8周之内发育成形,弱智和外表先天性畸形最容易在这一时期发生。

(5)饮酒御寒,万万不可

天寒时,人们常常喝上几杯酒来暖和身子,认为饮酒可以御寒。一般来说,喝酒可使呼吸加快、血管扩张、血液循环的速度随之加快,能量消耗增加,让人感到身上热乎乎的;同时,酒里含有酒精,饮酒后导致神经出现短时的兴奋,口腔和咽喉黏膜也出现轻轻颤动。这样,全身就有一种温暖和舒适的感觉,实际上,这是调节体温的中枢发生紊乱的前兆。

特别是酒喝多时,可引起体温调节功能失调、能量丧失增多,这时胃受酒精的麻醉,功能也明显下降,人体产热功能减弱。御寒一是要进食有营养的食物,增加能量;二是加强保暖。若是单纯靠饮酒御寒,反倒不耐寒。所以,不宜饮酒御寒。

(6)喝酸奶不能阻止酒伤身

不少人都在喝酒前喝上一杯酸奶或者牛奶,认为这样喝酒就不会伤身体,于是开始无所顾忌地大口大口喝酒。

其实,喝酒前喝牛奶、酸奶能保护身体的说法,目前还没有科学根据,不要以为喝牛奶就会给胃穿上保护甲,少量饮酒或不喝酒才是保护身体的"正道儿"。

因为饮酒过量不但是导致胃溃疡、脂肪肝、肝硬化的主要原因,酒精也是很多人患上股骨头缺血坏死等骨科疾病的罪魁祸首。

很多患有股骨头坏死患者就医时,医生基本都要问:是否喝酒,每天喝多少等问题,过量饮酒是造成股骨头坏死的常见原因之一,酗酒者中约有 2%~5% 会发生骨坏死。一项调查表明,在患有股骨头坏死的病人中,由于过量饮酒引起的占 46%,远远高过激素引起的 34%,另有研究表明,每周酒精摄入量超过 400 毫升就可能发生股骨头缺血坏死。

从中医角度看,适量饮酒尤其是喝点红酒对健康有一定好处,但不能空腹喝酒。另外,有人大量饮酒后,产生饱胀感,不想再吃饭了,其实这是非常有害的。研究发现,在喝酒的同时多吃饭,补充足量的碳水化合物,可以减少酒精性脂肪肝的发生。

饮酒时,吃些蔬菜尤其是醋拌凉菜以及水果,也可减轻肝脏负担,它们可起到中和酒精的作用,水果中的糖分又能加速酒精在体内燃烧,同时补充维生素 C、维生素 E、微量元素硒等重要的抗氧化剂,减轻酒精对身体的毒害。

(7)酒后不可马上喝茶

茶是千家万户常用的饮料,亦可说它是健康的饮料,但酒后尽量不要立即饮茶。

李时珍在《本草纲目》中对酒后饮茶的危害做了明确的表述:酒后饮茶伤肾,腰腿坠重,膀胱冷痛,兼患痰饮水肿。

许多人由于缺乏医学常识,酒后往往爱饮茶,想以之解除酒燥,化积消食,通调水道。但是因为酒味辛甘,入肝、肺二经,饮酒后阳气上升,肺气增强;茶味苦,属阴,主降。酒后饮茶,特别是饮浓茶对肾脏不利。酒精进入肝脏后,通过酶的作用分解为水和二氧化碳,经肾脏排出体外。

而茶碱有利尿作用,浓茶中含有较多的茶碱,它会使尚未分解的乙醛(酒精在肝脏中先转化为乙醛,再转化为乙酸,乙酸又被分解为二氧化碳和水)过早地进入肾脏。而乙醛对肾脏有很大的损害作用,易造成寒滞,导致小便频浊、阳痿、睾丸有坠痛感和大便干燥等病。所以,酒后最好不要立即饮茶,尤其不能饮浓茶。最好进食瓜、果或饮果汁,既能润燥化食,又能醒酒。

(8)海鲜啤酒不可同食

经常见到一些食客边吃海鲜边喝啤酒,津津有味,乐不可支。殊不知,痛风和胆结石、肾结石的危险就在眼前。

海鲜是高蛋白、低脂肪食物,含有嘌呤和苷酸两种成分;啤酒则含有维生素 B_1,它是嘌呤和苷酸分解代谢的催化剂。边吃海鲜边喝啤酒,造成嘌呤、苷酸与维生素 B_1 混合在一起,发生化学作用,会导致人体血液中的尿酸含量增加,破坏原来的平衡;尿酸不能及时排出体外,以钠盐的形式沉淀下来,容易形成结石或引发痛风。严重时,满身红疙瘩,痛痒不止,无法行走。真是"贪得一时口福,吞下难忍苦果"。

那么,喜欢吃海鲜的人怎么办呢?

除了吃海鲜时不要同时饮用啤酒外,还要注意以下几点:

先将海鲜水煮一下,去掉嘌呤和苷酸。煮海鲜的汤要倒掉,不可食用。

大量饮用开水。每天饮 2000~2500 毫升,及时将尿酸排出体外。

吃海鲜的同时,搭配些富含维生素 A、维生素 C、维生素 E 的蔬菜和水果。因为维生素 A、维生素 C、维生素 E 有抗氧化的作用,可减轻尿酸盐的沉淀。但菜花、菠菜和蘑菇除外。

(9)美酒过后不可再续咖啡

美酒加咖啡,一杯再一杯,这首老歌描绘出的浓浓情调,曾令很多人沉醉其中。在现实生活中,有些人在饭店用餐时,就习惯在饮酒后叫一杯咖啡喝。殊不知,美酒加咖啡,会加重酒精对人体的损害,而且危险性还很大。

在饮酒后,酒精很快会被消化系统吸收,接着进入血液循环系统,影响胃肠、心脏、肝肾、大脑和内分泌系统,并导致体内糖代谢、蛋白代谢、脂肪代谢紊乱,其中受害最直接、最严重的就是大脑。而咖啡的主要成分咖啡因,有刺激中枢神经和肌肉的作用,还会加快新陈代谢。

如果酒后再喝咖啡,会使大脑从极度抑制转入极度兴奋,并刺激血管扩张,加快血液循环,极大增加心血管的负担,对人体造成的损害会超过单纯喝酒的许多倍,甚至诱发高血压,如果再加上情绪激动、紧张,危险性会更大。

其实,不光白酒,即使有多种保健作用的葡萄酒也是如此。因此,饮用30°以上白酒超过 50 克的人,酒后最好不要喝咖啡,而对于喝了很少量酒的人,喝咖啡最好不超过一杯(200 毫升)。在饮用白酒 30~60 分钟内,饮用葡萄酒 1~3 小时之内,人体中游离的酒精含量会达到最大值,在这期间不要喝咖啡。

有人在酒后饮咖啡是为了解酒,其实,解除酒后头痛的最佳办法是喝蜂蜜水。可以在饮酒之前或之后喝杯加有一汤匙蜂蜜的水。蜂蜜中含有一种果糖,可以促进酒精的分解和吸收,提高血液中葡萄糖的含量。此外,西红柿汁也含有丰富的果糖,酒后吃一个西红柿也能起到醒酒的功效。

饮酒忌讳有很多,下面列出一些仅供参照,提醒大家饮酒时注意身体,常想一二。

(1)忌饮酒过量

(2)忌一饮而尽

(3)忌空腹饮酒

(4)忌喝冷酒

(5)忌饮掺混酒

(6)忌酒和汽水同饮

(7)忌酒后受凉

(8)忌酒后看电视

(9)忌酒后喷农药

(10)忌睡前饮酒

(11)忌酒后洗澡

(12)忌带病饮酒

(13)忌孕期饮酒

(14)忌美酒加咖啡

(15)忌啤酒冷冻喝

(16)忌上午饮酒

(17)忌饮雄黄酒

(18)忌酒后马上用药

8.喝酒不伤身的"闭穴功"

(1)饮酒有讲究,4个最佳不妨看一看

饮酒有许多讲究,下面就饮酒的最佳品种、最佳时间、最佳饮量、最佳佐菜逐一分说。

①最佳品种

酒有白酒、啤酒、果酒之分,从健康角度看,当以果酒之一的红葡萄酒为优。法国人少患心脏病即得益于此。据研究人员介绍,红葡萄酒中有一种植物色素成分。此种物质以抗氧剂与血小板抑制性的双重"身份"保护血管的弹性与血液畅通,使心脏不致缺血,常饮红葡萄酒患心脏病的概率会降低一半。

②最佳时间

每天下午两点以后饮酒较安全。因为上午几个小时,胃中分解酒精的霉——酒精脱氢酶浓度低,饮用等量的酒,较下午更易吸收,使血液中的酒精浓度升高。对肝、脑等器官造成较大伤害。此外,空腹、睡前、感冒或情绪激动时也不宜饮酒,尤其是白酒,以免心血管受害。

③最佳饮量

人体肝脏每天能代谢的酒精约为每千克体重1克。一个60千克体重的人每天允许摄入的酒精量应限制在60克以下。低于60千克体重者应相应减少,最好掌握在45克左右。换算成各种成品酒应为:60°白酒50克、啤酒1千克、威士忌250毫升。红葡萄酒虽有益健康,但也不可饮用过量,以每天2~3杯为佳。

④最佳佐菜

空腹饮酒有损健康,选择理想的佐菜既可饱口福,又可减少酒精之害。从酒精的代谢规律看,最佳佐菜当推高蛋白和含维生素多的食物。如新鲜蔬菜、鲜鱼、瘦肉、豆类、蛋类等。注意,切忌用咸鱼、香肠、腊肉下酒,因为此类熏腊食品含有大量色素与亚硝胺,与酒精发生反应,不仅伤肝,而且损害口腔与食道黏膜,甚至诱发癌症。

下酒菜的做法是:

做菜时宜放些糖。酒的主要成分是乙醇,进入人体在肝脏分解转化后才能排出体外,这样就会加重肝脏的负担。所以做下酒菜时,应适当选用几款保肝食品。糖对肝脏具有保护作用,下酒菜里最好有一两款甜菜,如糖醋鱼、糖藕片、糖炒花生米等。

做几款富含蛋白质的菜。酒进入肠胃,会影响人体的新陈代谢,易出现蛋白质缺乏。因此,下酒菜里应有含蛋白质丰富的食品,如松花蛋、家常豆腐、清炖鸡、烧排骨等。

准备几款碱性食品。鸡鸭鱼肉等多属酸性食品,为了保持体内的酸碱平衡,下酒菜里应有碱性食品,如炒豆芽、菠菜,苹果、橘子等果蔬食品。

(2)喝酒不伤身有窍门

喝酒对很多人来说,是很无奈的包袱,不过既然人在江湖,就只好多多保养,以免身体受到伤害。

目前市面上的解酒液,效果并不是很好,所以要避免宿醉,最好先从减少酒精摄取量入手。首先在饮酒前,先吃一些淀粉类的食物,如馒头、花卷等,因为研究证明,要减少酒精的吸收,水溶性的淀粉比脂肪有效,如果来不及吃这些东西,可以先喝代餐,如泡一杯高

妊簋

纤维的燕麦片喝下,代餐中有纤维,会使胃部立即有饱胀感,减少酒精的摄取量。

下面,我就教你喝酒不伤身的5个窍门:

①尽可能饮热酒。酒加温后饮用不但芳香适口,还可挥发掉醛类等有害物质,减少有害成分。

②空腹时不要饮酒。饮酒时进食,酒精受胃酸和食物的干扰,吸收缓慢,不易醉。

③不要多种酒混合饮。各种酒成分、含量不同,互相混杂,会起变化。

④酒后不要洗澡。酒后体内葡萄糖在洗澡时会被体力活动消耗掉,引起血糖含量减少,体温急剧下降。

⑤不用药酒做宴会用酒。某些药物成分可能跟食物成分发生矛盾,或起化学变化。

(3)酒类饮料混搭打理健康

节假日亲朋好友聚会,免不了畅饮一番。虽然酒多伤身是人人都明白的道理,但难得的假期总不忍心扫兴而归。以下几种酒类和饮料的混搭,不仅教你喝出时尚,更喝出健康。

①啤酒+牛奶

假日聚会,最受欢迎的酒水莫过于啤酒了。可你知道吗?今年流行啤酒加上牛奶一起喝。这种啤酒是用牛奶、啤酒和鸡蛋进行适量配比混合而成的混合饮品,看上去像是牛奶,喝起来却有啤酒的清香。

适合人群:任何人士

适合场合:任何场合

②洋酒+冰绿茶+苏打

洋酒,要享用、品尝才显得恰如其分。这种烈性子的酒,身边有好多朋友大概都有过第一次喝洋酒突然就醉得一塌糊涂的经历。即便如此,还是有很多人喜欢在酒吧里开上一瓶洋酒,慢慢享受,喝不完,还可以存酒,也为自己找到一个下一次来这里的理由。

现在流行许多种洋酒搭配饮料的喝法,比如:加冰绿茶、苏打水、可乐、雪碧……这般疯狂的跨界饮酒潮流,已经成为眼下的一种时尚。

适合人群:白领、优雅的女士

适合场合:交际场合

③白酒+可乐或雪碧

长期以来大家都习惯在酒席上饮白酒,饮法也比较单调,多数都是"一口干"。但白酒也可以调制成鸡尾白酒的,其方法是在白酒里加冰块、雪碧和柠檬,这样兑的酒的度数低了许多,喝起来口感与原味大不相同。

适合人群:小资

适合场合:交际场合、家宴

④葡萄酒+水果

现在有一种流行的喝葡萄酒的方法,就是用水果和葡萄酒搭配,调出各种不同的味道。

用青苹果加红葡萄酒调出的果酒,口感平和,青苹果的酸中和了些许红酒的甜味,一点也不觉得腻;用柳橙加白葡萄酒调出的果酒,有淡淡的橙香,酒质丰润,入口爽滑;用蓝莓加白葡萄酒调出的果酒,有淡淡的蓝色,能平和你的烦躁。

适合人群:白领

适合场合:交际场合

(4)小饮黄酒延缓衰老呵护心脏

在啤酒、葡萄酒、黄酒、白酒组成的"四大家族"中,当数黄酒营养价值最高,而其酒精含量仅为 15%~16%,是名副其实的美味低度酒。

黄酒的能量如加饭酒,每 100 毫升可供能量 500 千焦,喝 300 毫升黄酒相当于吃了 100 克米饭或 150 克馒头。黄酒中蛋白质含量较高,并含有 18 种氨基酸及大量 B 族维生素,经常饮用对女性美容、老年人抗衰老较为适宜。

黄酒内含多种微量元素,如每 100 毫升含镁量为 20~30 毫克,比白葡萄酒高

孔子智慧通解

图文珍藏版

10倍,比红葡萄酒高5倍。在心血管疾病中,这些微量元素均有防止血压升高和血栓形成的作用。因此,适量饮用黄酒,对心脏有保护作用。黄酒最传统的饮法是温饮。温酒的方法一般有两种:一种是将盛酒器放入热水中烫热,另一种是隔火加温。但黄酒加热时间不宜超过5分钟,温度以30℃左右为限。

(5)喝酒不醉的"混元气"

喝酒,我想对于那些酒量不高的朋友来说,是件头疼的事。有时为了应酬或不忍心破坏氛围,只能硬着头皮喝,那如何才能不醉呢?下面就给大家列出11个喝酒不醉的方法,供大家参考。

①不要空腹饮酒,这是饮酒不醉的主要诀窍。因为空腹时酒精吸收快,人容易喝醉。最好的预防方法就是在喝酒之前,先行食用油质食物,如肥肉、蹄髈等,或饮用牛奶,利用食物中脂肪不易消化的特性来保护胃部,以防止酒精渗透胃壁,可使乙醇在体内吸收时间延长。

②由于酒精对肝脏的伤害较大,喝酒的时候应该多吃绿叶蔬菜,其中的抗氧化剂和维生素可保护肝脏。还可以吃一些豆制品,其中的卵磷脂有保护肝脏的作用。

③宜慢不宜快。饮酒后5分钟乙醇就可进入血液,30~120分钟时血中乙浓度可达到顶峰。饮酒快则血中乙醇浓度升高得也快,很快就会出现醉酒状态。若慢慢饮入,体内可有充分的时间把乙醇分解掉,乙醇的产生量就少,不易喝醉。

④食饮结合。饮酒时,吃什么东西最不易醉?以吃猪肝最好。这不仅是因为其营养丰富,而且因为猪肝可提高机体对乙醇的解毒能力,常饮酒的人会造成体内维生素B的丢失,而猪肝又是维生素B最丰富的食物,故吃煮猪肝或炒猪肝是很理想的伴酒菜。

⑤喝白酒时,要多喝白开水,以利于酒精尽快随尿排出体外;喝啤酒时,要勤上厕所;喝烈酒时最好加冰块。

⑥疲倦时暂时别喝为宜。

⑦吃药后不要喝酒,特别是在服过安眠药、镇静剂、感冒药之后。

⑧在饮酒之后,尽量饮用热汤,尤其是用姜丝炖的鱼汤,特别具有解酒效果。

⑨甜点加水果。饮酒后立即吃些甜点和水果可以保持不醉状态。俗话说"酒后吃甜柿子,酒味会消失",这话不错。甜柿子之类的水果含有大量的果糖,可以使乙醇氧化,使乙醇加快分解代谢掉,甜点也有大体相同的效果。

⑩预防酒醉性胃炎和脱水症,可饮加砂糖或蜂蜜的牛奶,既可促进乙醇分解,

又能保护胃黏膜。由于脱水会使盐分丢失，可适量饮些淡盐水或补液盐。

⑪酒醉后最好不要喝浓茶组可以喝点淡茶。茶叶中的茶多酚有一定的保肝作用，但浓茶中的茶碱可使血管收缩，血压上升，反而会加剧头疼。如果有人身不由己喝得太多，可以事后吃一些水果，或者喝一些果汁，因为水果和果汁中的酸性成分可以中和酒精。很多人酒后往往不吃饭，这样危害更大，应吃一些容易消化的食物，比如来一碗面条就非常好。

（四）不撤姜食

姜有佛心。也许源之姜花的白洁纯净，清香弥远。

生姜不仅可以增添美味，也有很好的食疗药效。几千年来，炎黄子孙世世代代，早已体验到了生姜对强身保健、防病治病、益寿延年的作用。所以民间自古就有"常吃姜，寿而康"。

大思想家王夫之一句"最疗人间病乍炎寒"，道出孔子2500年前饭必食姜的缘由。

实际上，孔子是嗜姜的受益者。在当时平均年龄不过40岁的年代，孔子活到73岁的高龄，这与他常年食姜有莫大的关系。

《论语·乡党》中有："不撤姜食"。其意为每天都吃些姜。单凭这一句，我们就拜孔子为养生家，因为他肯定懂得姜的妙用。

1.孔子每天饭后嚼姜数片

乍暖还寒，百木凋零。

公元前2500年的一个清晨，孔子师徒一行数人匆匆离开宋国。因为政见没有得到诸侯的认可，更因为"儒"术无法在此地推行，无奈之余，怀揣着鸿鹄之志，孔子师徒又踏上颠沛流离的游说之旅。

这一切，对孔子来讲已习以为常。不过，即使在这样郁郁而忧的日子里，有一样食物孔子每餐必食，那就是姜。

弟子们还像平时一样恭敬他们的老师，随时记下他言行中闪耀的思想光芒。一个阳光明媚的下午，深思数日后孔子开尊口教导弟子，说了四个字：不撤姜食。（详见《论语·乡党》）

其意为，每餐必须有姜为佐料，不然无法下饭。毋庸置疑，"不撤姜食"是孔子养生观的支流，也可能暗合着孔子的某些人生理念。不过，无论哪一种，都可以看出，孔子对"姜"的态度几乎达到"嗜"字。

一个为人师表万世景仰的圣人，为什么对"姜"情有独钟，而且还把此事写进流芳千古的《论语》中？这是他老人家故弄玄虚，还是另有奥妙？

通读《论语》，我发现，这种嗜姜的习惯与孔子的日常工作与生活习惯，有着千丝万缕的因果基因。

孔子到诸国游说政见，过的是颠沛流离的车马生活，或受蔑视，或受监控，甚至被陈蔡的军队围困在田野，还差点被宋司马魋杀死。那时候说他风餐露宿，沿街乞食，未免过苦，但饥饱无常应该是个常态。

我们能想象得到，孔子一路上颠沛流离，饮食不济，消化不良有个胃病应该是常事。在这种情况下，孔子就有每天饭后嚼姜数片的习惯，以达到驱寒养胃的目的。

可以推测，孔子是在数次食用姜片后，发现其"驱寒养胃"的功效。不过，即使聪明如孔子也不会想到，姜有延缓衰老的功效，让他活到73岁的高龄。

朋友们，别认为这个故事充满想象性，但道理却是真实的。可以肯定地说，在那个平均年龄不过40岁的几千年前，孔夫子他老人家活到73岁的高龄，这与他常年食姜有莫大的关系。

"那么人的生理寿命究竟能活多少岁？"用现代胚胎细胞分裂代数与周期计算，人类平均自然寿命为110~120岁。为什么绝大多数人迄今活不到120岁？其中最主要的因素是体内过氧化脂质的生成。

在孔子那个年代，肯定论证不了吃姜与长寿的有关系。现代医学研究表明，常食生姜可以延缓衰老。营养学家发现，生姜中含有的辛辣成分被人体吸收后，能够抑制体内过氧化脂质的生成，其抗氧化作用比目前应用的抗氧化剂——维生素E的作用还明显，因而具有很好的抗衰老作用。

因此，中老年人在平常膳食中适量地吃点生姜和姜制品，可以达到防病抗衰、颐养天年的效用。

看到这里，如果家里有老人，那就马上行动起来吧！

2.谨护元气——男子不可百日无姜

在西方读者看来，孔子只是一位知者，开口不是格言，便是警句。这种看法，自然不足以阐释孔子思想的博大精深。孔子在饮食养生上的独特见解，与他所追求的理念是相伴而生。

懂得医理药理的美食家常常告诫人们：男子不可百日无姜。可以说孔子并没有听过这句话，不过，他却是个不折不扣的实践者。

小时候看《白娘子传奇》，有一幕白娘子盗仙草救许仙，此仙草就是生姜芽。事实上，生姜还有个别名叫"还魂草"，而姜汤也叫"还魂汤"。凡避邪通气的素菜或天然物调味品，如花椒、辣椒、姜、蒜等多有壮阳提神、谨护元气，增强活力之功效。

东汉经学家许慎的《说文解字》中，姜本写作"薑"，称为"御湿之菜"。按中医理论，生姜是助阳之品，宋代的王安石《字说》中讲：姜能疆御百邪，故谓之。

我想，许多朋友一定想知道姜是否真那么神奇？

而现代临床药理学研究发现，姜具有加快人体新陈代谢、抗炎镇痛、同时兴奋人体多个系统的功能，还能调节男性前列腺的机能，治疗中老年男性前列腺疾病以及性功能障碍，因此，姜是男性保健的佳品。

按照阴阳寒热五行之说，白天阳气旺盛的时候应该多活动，温补性质的药物吃下去就可以帮助阳气生发，因此，每天可以摄入适当的阳性（温性）食物，如生姜等。

①早上吃姜，胜过参汤

《论语》这部书，教给我们很多处世的方法、做人的规矩。这些道理看起来很朴素，但有时候这些办法还透着一些变通。

简单地说，它告诉我们的是做事的原则和把握的分寸。简单的同样一种姜，什么时候吃，吃多少都有一个原则。

小时候老人就告诉我们："早上吃姜，胜过参汤；晚上吃姜，好似砒霜"；在古代医书中也有这样的警示："一年之内，秋不食姜；一日之内，夜不食姜。"

早上吃姜，到底有什么好处？曾有一位手术中发现全身淋巴系统已有癌细胞转移、接受化疗的患者，由于发生条件反射性呕吐，每个化疗周期、体重都要减轻2~3千克，健康受到严重损害。经过采用临床营养支持、调理患者饮食，每天上午接受化疗前不强制病人进食，而让他口含一片薄姜，起到用鲜姜止呕和温中散寒的作用。到下午四时，趁化疗药物的毒性高潮期已过，分多次、少量进餐，以保证患者获得足够的能量和营养补充。

在历时一年的治疗中，患者体重不仅没有下降，反而增加了10千克。免疫功能的增强，使得患者的生命又延续了5年之久。在这里生姜的作用功不可没。

②晚上吃姜，好似砒霜

是不是所有人都适合吃姜呢？

古代养生法是站在宇宙变化规律上概括养生理念。一年之中阴阳各半，春夏养阳，秋冬养阴。《黄帝内经》强调四季养生，天人合一。按照阴阳寒热五行之说，身体五行：心属火，肺属金，肝属木，肾属水，脾属土。

有些人会感觉五行之说理解起来很困难，所以不愿意多研究。但事实是什么？各脏腹间都具有相生相成的自然规律，当这个相生的运化完全处于自然运化状态时，人体是没有病的。当这个自然运化被自己人为打乱的时候，你的身体就会出现失调现象，也就是亚健康状态。这种失调现象持续久了，就会形成疾病，成为病人，就需要来调整，使其回复到身体小宇宙的自然运化状态。

好了，当你知道五行的养生之道后，不用我说，你也可以得出结论：白天阳气旺盛的时候应该多活动，温补性质的药物吃下去就可以帮助阳气生发，可以摄入适当的阳性（温性）食物，如生姜等。晨起吃姜升发肝气令人阳气开放，精力充沛；傍晚吃萝卜令阳气收降，迎接阴气开放以利睡眠。

这样看来，理解起来是不是简单多了！

"早上吃姜，胜过参汤"，这流传千古的养生谚语讲的是早晨如春，人体需要借助生姜推动阳气运行以流畅气血，气血流畅则百邪不侵。晚上阴气逐渐旺盛时，阳气就要收敛起来，不能再像白天那样亢奋，这时如果摄入过多的温热食物或补品，会影响睡眠、影响身体合成代谢，不利于劳累后机体的自我修复，对身体有害，正所谓"晚上吃姜，好似砒霜"。

说到这里，我不得不提醒读者们一点，每个人的体质是有寒热之别的。热盛的人，经常感到身体有各种热的表现，这类人无论白天、晚上都不宜吃姜，而应该多吃寒凉的食物。

3.夏季吃姜三大功效

说来说去，夏季吃姜有哪些好处？下面，就简单地说三方面：

（1）增进食欲：由于夏天炎热，人体受暑热侵袭，出汗过多，消化液分泌减少，加之人们习惯贪凉，易产生暑湿，影响脾胃。所以夏季胃口不好，少食厌腻。

生姜中的姜辣素能刺激舌头上的味觉神经，刺激胃黏膜上的感受器，通过神经反射增强胃肠蠕动，促进消化液的分泌，增强消化功能。生姜还能刺激小肠，使肠黏膜的吸收功能增强，从而起到开胃健脾、促进消化、增进食欲的作用。因此，夏日食姜可明显增进食欲。

（2）解毒杀菌：夏季人们喜食冷饮、冰棒、雪糕以及凉菜等冷制品，这些食品易受外界病菌污染，食入不当会引起恶心、呕吐、腹痛、腹泻等症状，而生姜所含的挥发油有杀菌解毒作用。另外，夏季做鱼、肉等更应放些生姜，既可调味，又可解毒。

（3）祛风散寒：由于人们夏日易贪凉，常会出现脾胃虚寒等症，生姜有温中、散寒、止痛作用，可避免上述现象发生。生姜中的挥发油可促进血液循环，对大脑皮层、心脏、血管运动中枢均有兴奋作用。在饮食中加些姜，可提神醒脑、疏风散寒，防止脾胃受寒及感冒。

4.小心姜中的"腐骨穿心膏"

可能朋友会想，既然吃姜有这么多好处，那没事就像孔子一样嚼点姜片行吗？当我们有这个念头的时刻，已经在不知不觉中违反了五行养生之法。矛盾有普遍性，也有其特殊性，只要你身体真正需要的时候，才是真实的需求。

翻阅一些古代医书，就会发现人们常犯的"禁姜令"，现总结一下：

（1）凡属阴虚火旺、目赤内热者，或患有痈肿疮疖、肺炎、胃溃疡、胆囊炎、痔疮者，都不宜长期食用生姜。

（2）生姜红糖水只适于风寒感冒或胃寒患者，不适于风热感冒者，更不宜用它来治疗中暑。服用鲜姜汁对受寒引起的呕吐有缓解作用。

（3）吃生姜并非多多益善。夏季天气炎热，人们容易出现口干、烦渴、咽痛、汗多等现象，而生姜性辛温，属热性食物，不宜过量食用。

（4）生姜腐烂后会产生一种毒性很强的黄樟素，这种物质被胃吸收后很快会到达肝脏，可造成肝细胞普遍中毒变性，特别对肝脏病患者影响更大。如果肝脏病患者误食烂姜，不但会加重对肝细胞的损害，还会危及病人生命，故烂姜不能食用。

（5）生姜性辛温、逐寒邪而发表，所以应在受寒的情况下食用。如果受寒以后突出的症状是喉痛、喉干、大便干燥等，则不宜用生姜。脏腑有热者也应慎用。

（6）姜不能食用过多，过多会导致大量姜辣素经消化道吸收后由肾脏排泄而刺激肾脏，并造成喉痛、便秘等症状。

（五）不多食

1.长寿秘诀：孔子每餐只吃七分饱

在2500年前那个动荡的岁月里，孔子带着他的几个得意弟子奔波于诸侯国之间，传播自己的信仰。虽然各国国君都并未完全采纳孔子的理论，但对享有崇高威望的孔子本人,都是非常景仰与尊敬的。表达这种景仰和尊重最好的方法,就是以国宴招待孔子。

一次,在郑国国君为孔子举办的国宴上,有几道菜肴香味十分独特,令一向稳重的孔子也不禁站了起来,连呼"美味"。但孔子面对如此美味却没有大快朵颐,很快便放下了餐具。郑国国君感到奇怪,于是问孔子为何如此。孔子微微一笑,从容地说了3个字:"不多食。"

短短3个字,便道出了一条十分重要的养生法则,难怪乎郑国国君听后肃然起敬,立拜之。

也许你会有疑问,现在又不是战争年代,又没闹饥荒,何必连吃饭都不让人吃饱呢?顿顿饭都只吃七分饱,岂不是会营养不良吗?"想吃就吃饱,困了就卧倒"才是养生的至理名言!

无论是古老的中医养生学说,还是运用很多高科技的现代营养学,都认为顿顿吃饱喝足对长寿无益。相反的,每顿饭只吃七分饱,才是长寿的秘诀。

从中医角度讲,孔子提出的"不多食"是让我们懂得饮食的节制,不能贪吃。如果吃得太多,就会增加脾胃的负担,并连带产生心气不足。

从五行的角度来看,火生土。心为火,为母;脾为土,为子。如果脾胃的负担特别重,气不足,消化食物的能力就不够,这时候就会发生"子盗母气",即儿子(脾胃)气不足,跑去向母亲(心)要气。所以,如果吃得太饱,往往会感觉心脏不舒服,就是因为心气不足了。

特别是上了年纪的人,本身就阳气不足,心肺功能也多有衰退,如果再暴饮暴食,就容易造成心气严重不足,诱导心脏病发作。

所以说,表面上看,暴饮暴食损伤的是脾胃,实际上损失的是心气和肺气。上了年纪的人,大多心肺功能都有所衰弱,所以,饮食方面必须遵守"不多食"的法则,才能在养护脾胃的同时,保护心肺功能,从而增加寿命,提高晚年的生活质量。

在"不多食"这一问题上,孔子的观点和许多先贤们不谋而合。

大约与孔子同时代的管仲就说过,饮食方面有些节制,就会对身体健康有好处,还可以延年益寿;如果经常暴饮暴食,就会因此而生病,导致寿命不长。("饮食节,则身利而寿命益","饮食不节,则形累而寿命损"——《管子》)

梁代名医陶弘景强调,吃得太多会导致脾胃劳损。("强食则脾劳"——《养性延命录》)

药王孙思邈在《千金要方·养性序》中则进一步指出:"不欲极饥而食,食不可过饱;不欲极渴而饮,饮不可过多。饱食过多,则结积聚,渴饮过多,则成痰癖"。意思是:不要等到极度饥饿时才想起来吃饭,吃饭的时候也不要吃得太饱;不要等到渴极了的时候才想起来喝水,喝水的时候也不要一次喝得太多。吃得太饱容易导致腹痛,喝水太多太猛容易导致岔气。

这些论述都说明了节制饮食对养生的重要意义。他们按照"不多食"等方法养生,都得享了很高的寿命,孔子得享 73 岁高龄,管仲得享 78 岁寿命,陶弘景活了 80 岁,药王孙思邈更是到 141 岁才仙逝。

2.少吃一口少得病

动画大师宫崎骏的作品《千与千寻》讲了这样一个故事:小女孩千寻与父母旅行到陌生奇怪的小镇,父母被镇上餐馆中的美食所吸引,欲罢不能,开始大吃,一直吃到被魔法变成了牲畜,于是千寻开始了对父母的拯救。

当时看这部动画片只觉得荒诞和离奇,可现在却觉得,宫崎骏并非虚构,没错,我们正渐渐陷入贪食的陷阱。

没时间吃早点,中午时分饥肠辘辘,于是冲到餐馆或食堂敞开肚皮猛吃,一顿饭要吃回两顿饭的感觉;自助餐会或食堂里,面对丰盛的食物,总是抵御不住诱惑,把餐盘堆到满得不能再满;商务宴请上,那些为了卖相漂亮浇满了明油的食物,大批地涌入我们的肠胃;为了节省时间,上快餐店,以油炸食品和大杯饮料打发我们的肚子!

很多父母总担心宝宝营养不够,个头没有别家的宝宝大,于是给宝宝加餐,加各种辅食,把宝宝的肠胃从小就撑得大大的!

我们吃下去的早就超过了身体的需要!

报应很快就来了,虽然我们不会变成动画片中可怕的牲畜,但是糖尿病、高脂血症、肠道肿瘤等疾病会毫不客气地找上门,曾经玉树临风的帅哥和婀娜多姿的美女,也挺起了将军肚、带上了救生圈。

所以请相信:"饿"有好报!吃到意犹未尽的 7 分饱,绝对是每个都市上班族的健康必修课!

不但孔子在 2500 年前说出过"不多食"的养生名言,大约同时代的西方医学之父希波克拉底(公元前 400 年)也常告诫人们要"少吃一点"!

希波克拉底说:胖人要少吃,因为肥胖之躯不会一成不变,只会每况愈下;病人要少吃,因为病人疾病处于"高峰"之时,饮食最好处于低谷,否则饮食就会成为病情恶化的催化剂;成年人要少吃,因为成年人体内有充足的"能量",若摄入大量食物,会导致肥胖,而老人之躯需"能量"少,犹如炉火只需少许"燃料",燃料过多反而会使其熄灭。

现在,也有越来越多的研究证明了这位圣人的箴言:"寿命是从嘴里省出来的"。在全球最大的搜索引擎 google 上查找"calorie restriction"(限制能量)和"restriction diet"(控制饮食),相关结果有一百多万条;而在全世界最大的医学文献检索系统 PubMed 上,相关专业文献已达将近 1 万篇。

即使你不懂"血脂沉降指数"这些专业的术语,但美国布法罗大学 2007 年 12 月的一项研究显示,这个叫"少吃点"的家伙可以把内脏和血管中囤积的脂肪"赶跑",提高运动和反应能力。对于糖尿病患者来说,"少吃点"更是妙不可言——不仅餐后血糖不会让你"难堪",对于长期的血糖稳定也是好处多多。除此之外,也有大量研究显示,"少吃点"可以降低心脏病和多种癌症的发病率。

3.少吃三成饭——增加寿命 30 年

2007 年 11 月,澳大利亚科学家公布的研究显示,每顿饭少吃 30%,就能让你的寿命增加 25%!

美国科学家经过多年试验,也得出了类似的结果:如果你把每顿饭的量减少 1/3 并持之以恒(当然也需要配合适度的体育锻炼),就很有可能增加 20~30 年的寿命!

因此,少吃点你就能够多活 30 年。

(1)饱食易使肠胃负担过重

人体过多地摄取蛋白质和脂肪,使消化系统负担过重。人的消化系统需要定时休养,才能保持正常工作。如果顿顿饱食,上顿的食物还未消化,下顿的食物又填满胃部,消化系统就得不到应有的休养。

人体胃黏膜上皮细胞寿命很短,每 2~3 天就要修复一次,一日三餐之外还常吃夜宵,就使胃黏膜得不到修复的机会。如果胃总是处于一种饱胀状态,胃的容量就会过大,消化吸收功能就会下降,易造成消化不良。由于让食物长时间滞留胃中,逼迫胃大量分泌胃液,破坏胃黏膜,容易产生胃糜烂、胃溃疡,从而诱发胃癌。

未被消化的食物长时间滞留在肠道内,会产生许多毒素和致癌物质。这些毒素和致癌物质不但易使人患肠道疾病,还会被肠道吸收,透过心脑屏障,损害中枢神经系统,使人衰老患病。

(2)避免饱食带来的大脑代谢紊乱

科学研究证明,饱食后,大脑中有一种叫"纤维芽细胞"的生长因子会比不饱食时增长数万倍,而这种生长因子会使脂肪细胞和毛细血管内皮细胞增大,促使脑动脉硬化,脑皮质血氧供应不足,脑组织萎缩和脑功能退化,最终出现痴呆而缩短人的寿命。

(3)避免饱食损伤细胞,引起早衰

人们呼吸时吸收的氧,有2%被氧化酶催化形成自由基(活性氧)。自由基是对人体极其有害的物质,能导致细胞损伤、动脉血管硬化,引发疾病、衰老,甚至死亡。而人体摄入的能量越大,产生的自由基就越多,人老化的程度也就越快。而少吃点可以减少自由基的产生,使细胞免受其害,从而延缓衰老。

(4)避免饱食引起各种病变

营养过剩同样会增加体内各脏器的负担与畸形发展。心脑血管疾病、糖尿病、脂肪肝、肥胖症等等"富贵病"的原因皆为贪吃惹出来的。另外,体内甲状旁腺激素的多少又与平时饮食量成正比。

(5)避免饱食导致骨质疏松

长期饱食就会使人体内甲状旁腺激素增多,容易使骨骼过分脱钙,造成骨质疏松,从年轻时就经常饱食的人,到了老年,由于体内甲状旁腺激素含量明显增加,即使摄取较多的钙,也难以沉着于骨骼之中,所以患骨质疏松的机会就会明显增加。

(6)避免长期饱食带来的肥胖

大量摄入的脂肪、蛋白质不能有效地利用,就会大量贮存起来,造成营养过剩,引起肥胖、糖尿病、高脂血症、动脉硬化、冠心病、肠道肿瘤等疾病。

(7)避免酸性体质

现代人普遍爱吃肉食、精制谷类等酸性食物,这类食物如果过量摄入,会造成人体内环境的酸性化,形成酸性体质,为各种疾病的发生提供了温床。

(8)保持清醒的头脑

一些减肥者发现,当他们只吃适量食物后,思维变得活跃了,创造力更丰富了。这是因为一顿饱餐后,胃肠道负担加重,餐后一定时间内血液都集中在肠胃中帮助消化代谢,大脑供氧供血不足,人就处于昏昏欲睡的迷糊状态。如果老是吃得很撑,大脑总处在缺血缺氧状态,感觉自然就是变"笨"了!减少食量,这种状态也就

孔子智慧通解

图文珍藏版

不存在了。

由此可见,2500年前的孔子所说的,为了长寿要"不多食",与现代医学提出的"限制能量"和"控制饮食"可以增加寿命,是多么地相似。

(六)食不语

1.饮食安全——谨记"食不语"

孔子周游列国时,各国君候都极其景仰孔子的学识,争相设宴款待,希望孔子在宴席上大发谈性,详细地阐述一下他口中的"儒"是怎么一回事。但令他们略感失望的是,孔子在宴席上几乎一言不发,该吃吃该喝喝,直到放下餐具之后,才开始讲解儒道。

君候们疑惑不解,问道:"先生为何不伴着美酒佳肴边吃边谈?"孔子淡淡一笑,说道:"食不语。"

孔子虽然不是医生,但此言却颇和医学道理。因为咽喉部是一个四通八达的通道,向上可通鼻腔、口腔,向下后可通食道,向前则可通气管。吞咽食物时,为了保证食物通路的顺畅,吞咽反射会进行一系列的复杂动作。一是小舌头上抬,正好盖住鼻腔后部,防止食物进入鼻腔;二是咽部一些小肌肉收缩,防止食物往前流入口腔或误入"耳咽管";三是喉头上提,使会厌软骨盖住气管。这样,四通八达的咽喉就只剩下食道,保证了食物能乖乖沿食管进入胃。

如果吃饭时说话、大声吵嚷或哈哈大笑,都可能干扰到这一过程,使食物误入"歧途",进入鼻腔或气管,引发咳嗽等问题。

那些在宴席上一边胡吃海塞一边高谈阔论的食客,匆忙进食间,辛辣烫热的食物最容易把喉咙灼伤,灼伤部位引起肿胀发炎,令食道收缩,吞咽困难,引来不少后患。还有些食客一边举杯畅饮,一边听人讲风趣的笑话,忍不住一声狂笑,酒水喷得"天女散花"咳嗽不止。甚至还有几个粗豪的汉子一不小心把食物误送气管,登时脸色涨红,换不过气来,若不是抢救及时,差一点就去见了炎黄祖先。唯有孔子,严格执行"食不语"的养生法则,没发生过被食物噎住、被酒水呛住的事情。

2500年后的今天,大多数人都已经把圣人的谆谆教导抛之脑后了。现在的人,不论是单位的应酬吃饭,还是和亲朋好友聚会吃饭,都会边吃边谈,偶尔冷个场,一定会有人千方百计地找话题以活跃气氛。好像不在吃饭的同时多说上几句话,主人就不够大方,客人就不够尽兴似的。

但是圣人说的话肯定是有道理的。俗话说，"不听老人言，吃亏在眼前。"不听老人的话都要吃亏，不听圣人的话还用说吗？

八月份的一天是我的朋友小王的生日，十几个亲友同事一起到海鲜大酒楼为他过生日。宴席间大家的兴致都很高，轮流向小王敬酒，说些祝福的话。还有几个活宝轮番讲笑话，把大家逗得一阵阵喷饭。我劝他们吃饭认真一些，免得呛到。但大家气氛高涨，没人听得进去。

不多时，小王正在与一只大龙虾"战斗"，一个同事过来劝酒，小王边吃边说："你们车轮大战我也不怕，等我消灭了这只龙虾再……咳咳……咳咳……"坏了，一不留神卡住了嗓子。小王使劲咳嗽了几声，不但没把异物咳出来，反而觉得咽喉处越来越痛，表情极其痛苦。喝醋喝到反胃也没用，吞饭团也没啥效果。最后，小王不得不到医院请医生取出了异物。一场本该高高兴兴的生日宴会，就这样不欢而散了。

一周后，我去看望小王，调侃他说："怎么样，那天不听我的劝告，吃亏不小吧！"

小王叹道："可不是。处置费、药费，一共花了三百多块呢！其实花点钱也算不了什么，关键是遭了好几天的罪，现在嗓子眼还有点疼呢。看来今后吃饭啊，还真是得'食不语'啦。"

其实要我说啊，现在咱们吃饭——尤其是亲友、同事间的聚会，也没必要特严格地恪守"食不语"，要不然大家都闷头吃饭一言不发，气氛也怪尴尬的。适当地谈话，不但无损健康，还可以增进食欲，使每一个人都吃得开心快乐。

但一定要注意的是，所谓"适当地谈话"，是指在品尝食物的间隙进行的。也就是说，咽下食物之后，放下碗筷，谈笑几句是完全可以的。在品尝食物的同时，是一定要"食不语"的，否则嘴里还在嚼着各色菜肴，同时还含混不清地高谈阔论，那就很可能重蹈小王的覆辙喽。

如果要讲个笑话，不妨提前预告一下，待大家都做好准备再开讲，一来可以让所有人都留心听自己讲笑话，取得强烈的搞笑效果，二来也可以避免有人喷饭或堵塞到喉咙。

2.嘴不争胃——吃饭时谈笑不利于消化

下面，我再说一下孔子所说的"食不语"还有第二层含义：吃饭时高谈阔论会影响消化。

唾液，是每个正常人都有的，但并不为人所重视。事实上，唾液在消化过程中扮演着相当重要的角色。首先,大部分食物都是相对干燥的,进入口腔后,必须依靠大量的唾液及时浸湿才能方便咀嚼和下咽。如果唾液分泌量不足就会很糟糕,无论吃什么美味佳肴,都会像干嚼一大口干巴巴的面包一样生涩,难以下咽。

其次,唾液中含有很多有助于消化的酶,很多营养物质从进入口腔的一刻起,就已经开始被分解消化了。食物进入胃之后,唾液中的酶会与胃液中的消化酶会合在一起,共同完成消化的任务。

第三,唾液还使得口腔湿润,使食物残渣不易黏在牙齿上,有助于保持口腔清洁卫生。

如果吃一盘味道很差的菜,一定没胃口,嘴里也干巴巴的;如果吃一道自己特别喜欢吃的菜,不用吃到嘴里,光是看着美味佳肴端上桌,口水就已经情不自禁地流出来了。

这充分说明唾液来自食物的刺激,而且唾液的分泌量与食物的美味程度成正比。

如果在吃饭时尽情谈笑,必然会分散注意力,使口腔中食物的诱惑力大大下降,进而导致唾液分泌量不足。人们在谈笑过程中,自然难以察觉这细微的变化,但日久天长的话,还是会对消化产生不良影响的。

食物的消化是个复杂的生理过程,由于各种食物各自的性状(色、香、味)在口腔中能刺激感受器,通过神经反射机制迅速引起各消化器官进入正常工作:口腔咀嚼、吞咽,唾腺、胃肠分泌各种消化液,胃肠蠕动加快,胆、脾脏等多个消化腺体都旺盛地分泌各种功能不同的消化液,使食物的消化活动顺利进行。此时,肠胃等整个消化系统都开足了马力进行运转,需要大量的血液来支持。所以,吃饭时身体的血液会向消化系统"集中调动"。

众所周知,大脑的重量只占体重的1%,但消耗的血氧却占全部血氧消耗量的10%,可见大脑是身体里的一个"能耗大户"(也许这就是人类智商高的代价吧)。如果在吃饭时高谈阔论,会使大脑皮层迅速兴奋起来,使肠胃的神经反射受到了抑制,会使本该流向胃的血液流向了"能耗大户"——大脑,消化系统急需大量的血液支持消化功能,而血液却被嘴(嘴巴高谈阔论导致大脑消耗血液增加)争走了,就会影响肠胃的消化功能。

此外,说话延长了吃饭时间,饭菜凉了对胃也是不良刺激。长此以往,肠胃将不堪重负。

3.边谈边吃——一吃就多

在吃饭的时候,随着胃内食物越来越多,胃会向大脑发射一个信号,也就是"饱足感"。但是,这个"饱足感"的信号通常有一定的滞后性。这个滞后性不但是因人而异的(一般来说,胖人的饱足感滞后性更强,更容易吃多),而且还会因吃饭的情况不同而产生变化。

如果我们在吃饭时谈笑,人们自然而然地会把注意力从吃饭转移到谈论的事情上,即使已经有了饱足感也容易被忽略,本就滞后的"饱足感"信号被谈话一干扰,就滞后得更加厉害了,难怪边聊边吃一吃就多。

孔子一直恪守着"食不语"的准则,吃饭就是吃饭,从不谈笑。吃饭如此认真,肠胃自然工作卖力,会及时地把"饱足感"传递给大脑。所以,孔子他老人家一直能很好地控制自己的饭量,顿顿都吃到恰到好处的七分饱。

看到这里你应该明白了,孔子所言的"食不语",其实是与另一句养生箴言"不多食"相呼应的。做不到"食不语",就很难做到"不多食";做到了"食不语","不多食"也就容易控制;二者都做到了,健康长寿也就是情理之中的事了。

4.被呛被噎——老人小孩要格外注意

现在来看,食不言,正襟危坐,是符合饮食习惯的,这样,更有利于专注嚼磨食物,品味佳肴。不但利于消化道的吸收,而且利于充分调动五官,细细感觉其色、香、味、形、声等,最终在各种感官享受的叠加中获得最大限度的满足。

小孩子普遍比较活泼好动,喜欢在吃饭时说话甚至打闹。但是,小孩的咀嚼吞咽功能尚未发育完全,而且喉咙、食管都比成年人细得多,稍不留神就容易被食物噎住,轻者疼痛难忍,重者甚至会导致窒息,危及生命。

春秋时,虢国(地处今湖北省北部)国君十分宠爱自己的大儿子,并立他为太子,准备在自己百年之后把国家交给他来治理。太子得国君宠爱,越发沉溺于酒色之中,夜夜与门客宴饮,观赏歌舞伎的表演。一日夜宴,太子边用刀子割牛肉吃边看歌舞伎起舞。突然,一名歌舞伎脚下一滑,摔了个大跟头,赶紧爬起来却撞倒了另两名舞伎。一场精彩的舞蹈表演,就此变成了"摔跤比赛"。太子骤见此景,登时开怀大笑,刚放到嘴里的一大块牛肉突然滑入喉内。其他人都在看着舞伎大笑,没人留意到太子已经出了意外。等到舞伎们重新起舞时,太子已经被憋得嘴唇面皮发白了,众人这才发现。这样严重的情况,即使放到今天,如果抢救不及时的话也很容易因窒息而死。两千五六百年前的虢国,肯定是没有 120 的,所以几分钟的功夫,太子就被那块牛肉憋得见了诸位虢国先王了。

为人父母者,一定要以虢国太子为戒,教育孩子从小养成"食不语"的习惯,吃饭要专心,尽量不要说话,更不可嬉戏打闹。尤其在给孩子吃花生米、瓜子、核桃、栗子等不易嚼碎的坚果类食品时,更是要严格制止孩子嬉笑或打闹玩耍的行为,否则很容易引起呛咳,使食物进入气管内,引发窒息。

老年人也应该格外注意"食不语"。因为老年人本身气血不足,如果在吃饭时高谈阔论,本就不多的气血再被大脑抢去一部分,肠胃等消化系统的处境就更艰难了。并且老年人的肠胃功能本身就有不同程度的衰退,甚至有肠胃疾病,再因为吃饭的时候高谈阔论导致"嘴争胃气",就会让肠胃功能加速恶化,后果是不言而喻的。

另外,老年人因为肌肉松弛,咽喉部位的肌肉力量衰退、反映速度减慢,在吃饭的同时谈笑,也更加容易被食物噎住喉咙,导致危险情况的发生。

所以,为人子女者,一定要劝父母"食不语",更不要在父母吃饭时讲笑话。孝敬父母的千言万语,都留在饭后说吧!

(七)重食医

1.培养耐药性——等于慢性自杀

孔子东游列国数年,很少患病,就连头痛脑热也十分少见。随行弟子究问其源才发现,孔子在饮食方面非常注意食疗,对于一些常见疾病,他都有一套饮食方法化解。

"有病就得吃药打针",这是小学生都懂的道理。但是,这条道理真的是颠扑不破的吗?我看未必。

我在一个山区小镇长大,镇里只有一个缺医少药的卫生所,就连治疗感冒发烧的药品都时常短缺。所以,我20岁之前因为生病而打针吃药的情况极少,即便着凉感冒了,喝碗热姜汤,挺个三五天就好了。也就是因为小时候打的底子好,自身免疫系统比较强大,所以至今也很少得病。

再看看现在的小孩子,得个普普通通的感冒就要去医院打点滴,花好几百块医药费。殊不知,钱财的浪费事小,产生抗药性,甚至是依赖药物,才真的后果严重。

其实,普通感冒和轻度上呼吸道感染即使不打针吃药,7天左右也会自行痊愈(流感和禽流感除外)。为了加快病情痊愈的速度,减轻病痛,吃点口服药也是可以的。但是，仅仅因为一个普通的感冒就会输液几天就显得小题大做了。

俗话说"是药三分毒"，在治病的过程中，肝脏肾脏也承受了分解排出药物的巨大负担，病治好了，肝脏肾脏也累得不轻。如果一有小病就打针，长此以往，肝脏肾脏经常承受本职工作以外的负担，必然会导致功能早衰，甚至诱发病变。

另外，人体内的病菌病毒也不是"傻子"，药物一来就束手就擒，它们会与药物顽强地战斗，即使失败了（对人来说就是病好了），也会留下变异的种子，等到时机成熟，下次发病的时候，它们就会像川剧变脸一样摇头晃脑地一变，以另一张面孔出现。你再用上次的药物对付它们，药物们不认得这帮经过"变脸"的病菌病毒，所以效果就差得多。

这个过程，就是耐药性的产生。

有些自认为"体质差"的人，一有点小病就跑医院打点滴，结果几年下来身体越来越差，夸张点说，喝口凉水都能冰得感冒一场。这样就形成了一个恶性循环：生病——打针——再生病——再打针——再再生病……

由于耐药性的产生并逐渐加重，病人发现以前疗效不错的药物已经渐渐地不起作用了，不得不使用更加高档也更加昂贵的药物。更严重的是，自己的体质真的变差了，已经离不开药物了，别人能挺过去的小病，自己必须打针才行。盘算盘算，自己辛辛苦苦挣的工资，一大半都贡献给了医院和药厂。

产生严重耐药性的人，一旦得了重病，普通的药物根本无济于事，甚至高档药的疗效都不尽如人意，严重的，会因为并发症而危及生命。所以说，过分地依赖药物，以至于让身体产生耐药性，无异于慢性自杀。

2.药食同源——重视食疗，远离疾病

孔子虽然被后世尊称为"圣人"，但毕竟也是血肉之躯，也难免有个头疼脑热的小病。2500年前的春秋时代还没有抗生素，也没有药液可供注射，即便是中医药，也远没有唐宋时代那样完备。那么，孔子是如何调理身体健康，治疗各种疾病的呢？

在《论语》中，我们找到了答案："重食医。"就是要重视食养（食疗）与药膳。

中医认为"药食同源"，食物不仅充饥养人，也是可以治疗疾病的。俗话说："民以食为天"，自神农氏尝百草的滋味、水泉的甘苦，开启了我国远古人找寻和认识药食同源的历史。

儒家自我国商代伊尹、西周食医和孔孟倡导"食性"以来，历代儒医对食养多

孔子家语

孔子智慧通解

图文珍藏版

有所继承和发展。

在五千年社会历史变革的长河中，虽难免不受佛、道等宗教文化的某些影响，但也逐渐形成了儒家食养的风格和原则，其特点大致可概括为三点。

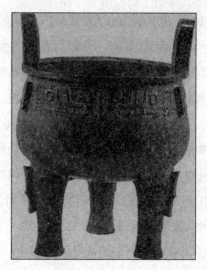

德鼎

（1）因后天之本，及早食养

祖国医学一直认为，脾胃是人体的后天之本，故倡导养生特别是食养最好要从小做起，至迟也须从青、中年开始，经过饮食调理以保养脾胃实为养生延年之大法。如味甘淡薄也足以滋养五脏，故劝人尽量少吃生冷、燥热、重滑、厚腻饮食，才不致损伤脾胃。如能长期做到顾护中气（即脾胃生发的功能）而恰当地食养，则多可祛病长寿。

（2）食养关键在于饮食有节

节制饮食的要点关键在于"简、少、俭、谨、忌"五字。饮食品种宜恰当合理，进食量不宜过饱，每餐所进肉食不宜品类繁多，要十分注意良好的饮食习惯和讲究卫生，宜做到先饥而食，食不过饱，未饱先止；先渴而饮，饮不过多，并慎戒夜饮等。此外，过多偏食、杂食也不相宜。

（3）先食疗、后药饵

食疗在祛病治疾方面有利于长期使用。尤其对老年人，因多有五脏衰弱，气血耗损，加之脾胃运化功能减退，故先以饮食调治更易取得用药物所难获及的功效，尤其大多数老年人患有程度不一的慢性病或身体虚弱，一则难坚持长期服药，二则有的不太习惯，三则易发生不良反应，故先食疗而后必要时用药才较妥当。

人生就像盖大楼，生病就像发生了建筑质量问题，打针吃药就如同对有质量问题的部分加以修补。修补得再好，都会留下隐患。高明者，从打地基开始，每一道工序都严把质量关，根基稳固则大楼坚固，没有质量问题也就无须修补。

所以，若要健康长寿，应按照本书所介绍的"孔子饮食养生法"身体力行，若发现疾病找上门来，只要不是急症，就不要急着打针吃药，试试食疗和药膳，不但能和医药一样治病，还有固本培元、增强体质等诸多好处。

中国从古至今一共有数百位皇帝，按说这些"天子"们享受着全天下的美味珍馐、玉液琼浆，又有最优秀的"太医"为其调理身体、诊治疾病，还有层层选拔上来的绝色美女伴其左右，虽说真活个"万岁"不太现实，但活到七八十岁应该不成问题。但事实恰恰相反，皇帝们的平均寿命只有 39 岁，年少夭折的更是大有人在。这是怎么回事呢？

其实道理很简单，这些短命皇帝们的生活虽然极尽奢华，却是与养生法则背道而驰。俗话说："酒是穿肠毒药，色是刮骨钢刀"。孔子对饮酒的限制相对宽松，但也有个底线，就是"不及乱"。

但历代也有一些皇帝十分注重养生之道，并持之以恒，最终得享高寿。唐朝女皇帝武则天岁生性刚烈不让须眉，从年轻时就十分注重养生，最终活了 82 岁；南朝梁武帝萧衍崇信佛教，只食五谷杂粮，不近酒肉女色，深得养生真髓，最终得享 86 岁高寿。而历代皇帝中寿命最长的，当属 89 岁高龄才仙逝的清高宗爱新觉罗·弘历——乾隆皇帝。

乾隆皇帝接受的是儒家教育。成年之后，乾隆皇帝不仅把儒家思想用在治理国家方面，更是对孔子的养生之道大加赞赏并身体力行。比如说，乾隆皇帝好酒，却从不喝醉；好肉，却从不多吃；好美女，却十分注意阴阳调和……但最重要的一点，就是乾隆皇帝十分注重食补的功效。

说到食补和药膳就可能涉及冬虫夏草、人参、当归、天麻、杜仲、枸杞子等，这些药物在与食物配伍、炮制和应用时都需要遵循中医理论，使它们之间的作用互相补充、协调，否则就会出现不良后果。因此，中国传统医学对药膳应用有严格的禁忌。普通人不了解药材与食材的配伍特性，随便乱搭配不但起不到应有的作用，反而可能产生危险。

不要着急，接着看下去，我将分门别类地为不同人群介绍一些易于制作的食疗和药膳的配方。

（八）八不食

1. 八不食的袖里乾坤

人从出世开始就要吃东西，"吃"是维持人类生命的一个重要基础。从我们经常说的"民以食为天"就可以看到"食"是以"天"为喻的，如此说来，"吃"无论任何时候都是在我们的生活中位居第一位的。

但是，人为什么要吃，应该怎么吃，如何吃得好，却并不是每个人都知道的事。

那么,科学的吃法应该是什么样的呢?

孔子一生的大部分时间都不得志,经历了许多生活纷扰,可是他仍活了73岁。人生七十古来稀,应该说,孔子是长寿的,这与他晚年科学饮食密切相关。

孔子晚年饮食很讲究,有"八不食"的习惯,从现在的保健、饮食卫生观点看,这"八不食"分为三类:一、色味方面,食物变颜色了不吃,变味了不吃。二、食物质量方面,粮食陈旧了不吃,鱼和肉不新鲜了不吃,不新鲜的蔬菜不吃。三、制作方面,烹调不当的食物不吃,佐料放得不当的饭菜不食,从市场上买回的酒和熟肉不吃。这八不食,对饮食卫生的要求很全面,对当代人也是一种启发。

也许有人会说"不就是吃吗?反正能吃饱就行,还讲质量?"是的,孔子在质量方面指出:不是时候吃的就不吃;鱼和肉不新鲜的就不吃;粮食旧的不吃。饭要定时的吃,如果我们没有规律地一味吃,不但会给肠胃消化带来压力,而且还会影响体内的正常代谢以及营养吸收,很容易引起肥胖等不良症状。

平时我们很多人并没注意到烹调技巧可以影响一个人的食欲,只是随随便便的落油,放菜,放盐就起锅了。当然,也没什么不妥,饭量也一样。可是,假如我们多去几次酒楼,再回家吃饭菜时,就会觉得这中间有明显的差别了。

孔子强调:烹调不当的不吃;佐料放得不妥的不吃;从市场买回来的酒和熟肉在加工过程中不符合卫生条件的不能吃;这就对食物加工和烹调提出了较高的要求。

酒楼的厨房里大大小小的配料一应俱全,加上厨师是受过专门学习和培训的,它煮出来的菜品当然好吃。而我们呢?家庭中有真正参加过饮食营养培训或烹调培训的人并不多,对科学饮食是个什么概念还不懂,所以不要以为饮食很简单,其实饮食是关系到人的身体健康问题的,学习并讲求一定的制作技巧还是很有必要的。

2.食饐而餲,鱼馁而肉败,不食;色恶,不食;臭恶,不食

食饐而餲,鱼馁而肉败,不食;色恶,不食;臭恶,不食。这是"八不食"中的前三项,其中"饐"(音"毅")、"餲"(音"爱")、"馁"和"败"四个字,都是指鱼、肉等食物腐烂变质,发出臭味的意思。

这句话翻译成现代汉语的意思是:放久了的鱼和肉类等,不要吃;颜色不新鲜的食物,不要吃。味道发臭的食物,不要吃。总的意思是,食物一定要吃新鲜的,放久了,或者颜色发生改变,或者产生腐败臭味,这样的食物,一定不要吃。

这个道理,现代人是普遍知道的。但在2500年前的春秋时代,医学卫生知识还相当匮乏,大部分人都不太注重饮食卫生。在那样的环境中,孔子"八不食"的前三位都是阐述饮食卫生方面要求的,这才是难能可贵的。

我们不但要"知其然",还要"知其所以然"。那么,为什么放久了的食物就不能再吃了呢?

肉中含有丰富的营养物质,但是不宜久存,在常温下放置时间过长,就会发生质量变化导致腐败。

肉腐败主要是由微生物作用引起变化的结果。肉内的微生物是在畜禽屠宰时,由血液及肠管侵入到肌肉里,当温度、水分等条件适宜时,便会高速繁殖而使肉质发生腐败。肉的腐败过程使蛋白质分解成蛋白胨、多肽、氨基酸,进一步再分解成氨、硫化氢、酚、吲哚、粪臭素、胺及二氧化碳等,这些腐败产物具有浓厚的臭味,对人体健康有很大的危害。

肉类腐败的速度,与环境温度有直接的联系。在盛夏,清早宰杀的猪,如果有肉放到傍晚还没卖出去,恐怕就要扔掉了。因为剩下的肉在高温下直接导致肉上附着的各种微生物以极高的速度繁殖,一白天的时间就足以让肉初步腐败,产生臭味了。

所以说,买肉、鱼,一定要买新鲜的,或者是冷鲜保存的。不新鲜的,或者发臭变味的肉、鱼,是万万不能买,也是吃不得的。

相信大部分人对肉类食物的新鲜程度都是十分重视的,但很多人却对剩饭剩菜"情有独钟",尤其是一些老年人,剩菜剩饭热了好几遍,放了好几天也舍不得扔。这也是一个很不卫生的习惯。

虽然冰箱会阻止大部分微生物的繁殖,但这并不是绝对的,许多病菌在低温下照样繁殖,例如耶尔氏菌、李斯特菌等在4℃~6℃的冷藏柜里照样"生儿育女"。经常吃含有耶尔氏菌、李斯特菌的剩饭菜,后果可想而知。

如果一定要保存剩菜,那也应注意保存方法。剩下的汤菜、炖菜和炒菜等,必须先烧开(杀死食用时餐具带入的各种微生物),装在有盖的容器中,变凉后再放入冰箱中冷藏。剩下的拌菜,酱、卤肉类应立即放入冰箱冷藏或冷冻,下次吃时一定要回锅加热,或者改制,如改为汤菜、炖菜。

除了剩菜,处理好剩饭也是很重要的。保存剩饭,应将剩饭松散开,放在通风、阴凉和干净的地方,避免污染。等剩饭温度降至室温时,放入冰箱冷藏。剩饭的保存时间,以不隔餐为宜,早剩午吃,午剩晚吃,相隔时间尽量缩短在5~6小时以内。

有人说了,你这是危言耸听。剩饭菜并不可怕,只要再吃时充分加热,就可以杀灭细菌了。但是我可以负责任地告诉你:这种观点并不全正确,因为有些食物的毒素仅凭加热是不能消除的。

在一般情况下,通过100℃的高温加热,几分钟即可杀灭某些细菌、病毒和寄生虫。但是对于食物中细菌释放的化学性毒素来说,加热就无能为力了。加热不仅不能把毒素破坏掉,有时反而会使其浓度增大。

另外,在各种绿叶蔬菜中都含有不同量的硝酸盐。硝酸盐是无毒的,但蔬菜在采摘、运输、存放、烹饪的过程中,硝酸盐会被细菌还原成有毒的亚硝酸盐。尤其是过夜的剩菜,经过一夜的盐渍,亚硝酸盐的含量会更高。

而亚硝酸盐经过加热后,毒性会增强,严重的还可导致食物中毒,甚至死亡。另外,像发芽的土豆中含有的龙葵素、霉变的花生中所含的黄曲霉素等都是加热无法破坏掉的。因此,我们千万不要以为剩菜只要热热就行了,最好还是吃多少做多少。

常温下,存放到第二天产生亚硝酸盐较多的有菠菜、菜花、豆角、甘蓝、青椒,菠菜中的亚硝酸盐远远超过其他蔬菜。这几类蔬菜应该吃多少做多少,即使剩下一些也最好扔掉。

产生亚硝酸盐较少的有西红柿、莴笋、韭菜、西葫芦、茄子、蒜薹、胡萝卜、芹菜。这几类蔬菜相对"安全"一些,注意低温冷藏,再吃时充分加热,还是可以保证健康的。但是,最多也只能再吃一次,不可反复冷藏反复加热。

3.失饪,不食

"失饪,不食。"也是常被人误读的。按字面解释,失是失去、没有的意思;饪是烹饪的意思。这样一来,这句话的意思就成了"没经过烹饪的食物(凉菜)不要吃。"

其实在这句话里,饪指的不仅仅是烹饪的过程,更重要的是烹饪的方法。所以,"失饪,不食"的真正含义应该是:"烹饪方法不对的食物,不要吃。"

在日常生活中,由于烹调方法不当,会产生多种致癌物质。

动物肉、鱼类等动物蛋白,火候超度,容易产生致癌物氨甲基衍生物,所以动物禽畜肉类、鱼肉类,不可爆炒,烧焦后更不宜吃。

高温加热或油炸食品,可产生致癌的多环芳烃物,因此应少食或不食油炸食品。

新鲜蔬菜洗切后搁置时间过长会产生致癌物质亚硝酸盐,因此蔬菜应现洗、现切、现炒、现吃,这样既可避免亚硝酸盐产生,也减少了营养素的损失,特别是水溶性维生素的损失。

严禁用煤、原油、木柴等燃料熏制食品,否则会产生致癌物 3—4 苯并芘,会对人体有害。

另外,做菜的方法有煎炒烹炸蒸煮烧烤等很多种,一道菜,用什么方法来做也是有讲究的。

比如,鸡是属于火性的,如果用烘烤的方法来做,烘烤就会增加它发散的热性,就是失饪,也就是说没有循着这个食物的本性去烹调它。所以,为了平衡鸡的热性,平常我们都是炖鸡,而不是烤鸡。

而鸭子,就一定要用烤的方法,因为它本身属于寒性,烤寒性的东西,正好可以把它的寒凉的性质去掉一些,然后取其平补之性。所以说,最出名的是北京烤鸭,而不是北京炖鸭。

4.不时,不食

不按节气上市的食物不要吃,比如,冬天吃西瓜,在古人看来就是不守时令。孔子说不时不食就是告诉我们一定要吃应季的食物。所谓应季的食物,就是得节气之气的食物。

也许你会说,孔子所处的时代农业水平非常落后,想吃不守时令的水果还没有呢;现在农业科技高度发达,夏天的水果冬天全都能吃到,我们何乐而不为呢?

殊不知,正是这种利用科技手段人为地改变农作物的生长时令,为身体健康埋下了祸患。

绿油油的西瓜、黄澄澄的鸭梨、紫珍珠似的葡萄、红艳艳的荔枝……冬季里各色反季节水果飘散着阵阵或浓烈或淡淡的果香,源源不断地走进千家万户。可就在人们品尝美味的同时,也不断传出一些不和谐音:济南、西安相继有三四岁男孩女孩因吃早熟的"激素水果"过多而出现男孩长胡子、女童乳房鼓胀来月经的性早熟症状。

性早熟会影响儿童身高,并引发心理自卑两大危害。由于性早熟儿童发育提前,开始发育时的基础身高低于正常发育者,骨龄提前而超越年龄,骨骺提前愈合而停止生长,最终使成年身高不能达到应有的高度。此外,早熟的儿童因为生理发育与众不同,很可能引致其自卑心理,而心理年龄与生理年龄的差异,往往又是青少年早期出现性犯罪的一个诱因。

其实,单纯的反季节水果本身是没有危害的,但产量较低,为了增加产量,有些不法果农过量使用植物生长调节剂,即激素。目前植物生长调节剂在蔬菜、水果种植业已较多应用,一株果树从幼苗至成熟可以使用十几种激素,包括细胞分裂素、生长素、生根素、抑制剂等几大类几十种,常用的有赤霉素(促进发育)、膨大剂(果实长得大)、乙希利(促催红)等等,使用激素后可增产 20% 左右,使坐果率增加、果实增大。

另外,一些长相奇怪的水果,也大多是激素的产物。比如长得像小馒头似的草莓、个头特大还有方有棱的猕猴桃、连把都红了的荔枝等等。

医学专家研究证明,吃过经"催熟"和保鲜的水果后对人体很不利,尤其是用来"催熟"的药物中很多都含有雌激素,吃后会使女性性早熟,男性性特征不明显。而且,因为这些激素残留遍布果皮、果肉、果核等部位,所以即使削了果皮,果肉中依然有激素残留。最好对这些反季节水果"敬而远之"。

怎么样,看到这你有些吃惊了吧!有些人专门买高价反季节水果吃,殊不知,在饱了口福的同时,也吃进去各种各样的激素,为身体健康埋下了定时炸弹。

孔圣人说的话,2500 年后仍然是至理名言!

如果想健康长寿、高质量地享受生活,就请你切记"不时,不食",远离反季节水果,坚决不吃奇形怪状的水果。

5.割不正,不食

"割不正,不食。"这句常常被误读为,切割得不方正的食物,不能吃。中国古汉语博大精深,一个字通常有多种含义,要结合具体的语境来分析才行。在这句话的语境中,"正"字并非是字面的"方正"的意思,而是"方法"的意思。也就是说,"割不正,不食"的真正含义是:"如果食物在烹饪过程中的切割方法不对,就不要吃。"

表面看来,好像孔子的要求太高,太挑剔,毕竟吃的是食物而不是切割方法,但实际上这正是圣人看问题的独到之处。

孔子认为,食材的切割方法是做一道菜最基本的工序之一,如果一个厨师在烹饪过程中,连正确的切割方法都做不到,那么他做别的事情也容易出错,他做的菜也就不值得信任,起码来说,卫生方面就值得怀疑。

孔子看一个人的品格，是从外而内，再由内反映到外的。对烹饪技术的要求，也就是对人性、人格和人生态度的一种要求。如果一个厨师，连自己本职的切割工作都做不好，或者能做好的事嫌麻烦不愿做的，那么这个人在其他方面也会是一个不负责任的人。反过来说，一个没有责任感的厨师做出来的菜，会怎样呢？

那么，具体来说，食材要怎样"割"才"正"呢？

首先，肉类食材要横着切才对，因为横着切会把瘦肉的纹理切断，不但容易入味，而且不易塞牙。如果把瘦肉顺着纹理来切割，做熟之后肉丝会比较长，不易咀嚼，很容易塞牙，而且不容易消化。这一点，对小孩子和老年人格外重要，因为小孩子消化功能还未发育完全，把肉的纹理横着切断才易于消化吸收。老人除了消化功能有所减弱外，通常牙齿也不太好，如果不把瘦肉的纹理切断，老人吃起肉来会相当吃力，剩下的牙恐怕也会很快掉光的。

其次，对于肠胃功能不好或有肠胃病的人来说，要把食材（主要指肉类）切割得很细碎才算"割得正"。因为这类人消化功能非常弱，肉类虽然很有营养，但消化起来也比较困难，必须切割得比较细碎，甚至做成羹来食用，才容易消化吸收。这一层的意义，是与"食不厌精，脍不厌细"相互映照的。

最后，割得正不正，还涉及是否会中毒的大事。比如我们吃鲈鱼和河豚的时候，有毒的部分一定要切走，而且要切得干净利落，不能让毒素污染到肉质上，否则吃了会要人命的。切走了有毒的部分，就是"割正"了；"割不正"的，坚决不能吃。

下面，我就介绍几种对身体有益却不好切割的食材的切割方法。看了之后，你就知道什么是"割得正"了。

（1）巧切黏性食物。先用刀切几片萝卜，再切黏性食物。萝卜汁能防止其黏在刀上，切出来也很好看。

（2）巧切肥肉。切肥肉时，其中大量的脂肪会溶出来，一来不容易固定在案板上，下刀时会滑刀切手，二来不好掌握肉块的大小。可先将肥肉蘸凉水再切，边切边洒凉水，这样既省力，肉也不会滑动。

（3）巧切鱼肉。鱼肉质细、纤维短、极易破碎。因此切时应将鱼皮朝下，刀口斜入，下刀的方向最好顺着鱼刺。另外，切鱼时要干净利落，这样炒熟后形状才完整。

（4）巧切羊肉。羊肉中有很多黏膜，炒熟后肉烂而膜硬，口感不好。所以，切羊肉前应先将黏膜剔除。

（5）巧切牛肉。牛肉筋多，为了不让筋腱整条地保留在肉内，最好横切。

（6）巧切猪肝。猪肝要现切现炒，因为切后放久了不仅使养分流失，炒熟后还会有许多颗粒凝结在肝片上。鲜肝切片后，应迅速用调料及水淀粉拌匀，并尽早下锅。

（7）巧切蛋糕。生日蛋糕很容易黏在刀上，因此，切前最好将刀在温水中蘸一下，这样，热刀会融化一些脂肪，起到润滑作用，防止蛋糕黏刀。此外，用黄油擦在刀上也可起到同样的效果。

（8）巧切大面包。可先将刀烧热再切，不会使面包黏在一起，也不会松散掉渣。

6.不得其酱，不食

不得其酱，不食，指的是不同季节的食物制作要搭配不同的酱剂。如果配伍不当的话，也不可以食用。

中国古代是非常注重食用酱剂的。特别是夏天和秋天，正好是万物成熟的季节，食物比较丰盛，在这样的季节吃一些酱剂，有利于消化和吸收。冬天和春天蔬菜相对匮乏，吃一些酱剂有利于丰富乏味的餐桌，增进食欲。

春秋时期，烹饪的方法还比较少，炒和炸还没被发明出来，食物大部分都以煮和蒸为主，味道难免清淡，必须用酱料增添味道。现代的风味小吃中，涮涮锅就基本保留着春秋时期的遗风，它没什么汤头，几乎全靠酱料赋味。由此可见，春秋时期酱剂的地位绝对不低。

在孔子时代，豆、面类发酵的调味料——豆豉、豆酱、面酱、酱油等还没发明，所谓"不得其酱不食"，显然和豆酱、面酱无关。在先秦古书上，酱是个通称，泛指各种酱类，其中肉酱称醢，肉骨酱称臡，也有直接称酱的，如芥酱、卵酱。

《周礼·膳夫》："凡王之馈，食用六谷，膳用六牲，饮用六清，馐用百二十品，珍用八物，酱用百有二十瓮。"王室甚至设有制作肉酱的官吏"醢人"，古人对酱的重视，实非今人所能想象。光是古书《十三经》中可以查到的"酱"就有兔醢、鸡醢、雁醢、鱼醢、蜗醢、蠃醢（螺酱）、蜃醢（蛤酱）、蚳醢（大蛤酱）、蚔醢（蚁卵酱）、蜱醢（蟛蜞酱）、鹿臡、麋臡、芥酱、卵酱（鱼子酱）等十四种。另外，常见的马、牛、羊、狗和猪的肉和内脏都可以制作多种肉酱，以每种家畜制作五种计，单单"六畜"就可以制作30种，所谓"酱用百有二十瓮"，应非夸张之词。

各色各样的酱，和各种食物相搭配，久而久之就约定成习，甚至形成一种"礼"，随意搭配非但不合味，也显得粗野不文，这或许就是"不得其酱不食"的真义吧？举例来说,古人吃鱼脍一定沾芥酱;脍指细切的肉丝、鱼丝,加上调味料生食;鱼脍膻腥,要用芥酱调配,这样的味道才最鲜美,这和日式生鱼片的吃法如出一辙。

关于醢(肉酱)的制法,是把肉剁碎,拌上盐、酒曲、生姜、桂皮等,再加上酒,密封百日而成。古时酒的浓度不高,用来浸渍碎肉,多少都会发酵。食物发酵后会产生特殊的气味,对于以煮和蒸为主要烹饪手段的古代饮食,更具有其添香、加味的意义。

各色各样的酱,除了作为酱料,还可以作为调味料。《左传·昭公》:"水火醯醢盐梅,以烹鱼肉。"说明当时烹调鱼肉要用到醯(醋)、醢(肉酱)、盐和梅。梅是古代重要的佐料,如今日本人还用,中国早就不用了。从生食鱼肉、清淡寡味、多用酱料、以梅赋味等来看,古时的中国菜似乎更像日本料理呢!

到了汉代,出现了豆酱和面酱,紧接着,魏晋南北朝又出现了酱油,于是先秦时期的各种酱开始退潮。酱油不但可以加味、添香,还可以增色,是中国菜最重要的调味料,甚至可说是中国菜的标志。豆酱、面酱和酱油将先秦时期的各种醢、胹推入历史,打开中国饮馔史的新页。

现在是 21 世纪,孔圣人的话也被新的时代赋予了新的含义。按照我的理解,"不得其酱"中的"酱"应该是泛指一切佐餐的酱剂,除了上述春秋时期名目繁多的肉酱之外,还应包括现代常见的豆瓣酱、酱油、韭花酱、蒜酱、辣椒酱、鱼子酱、虾酱……

7.沽酒市脯,不食

这句话的意思是:从市场上买的酒和肉脯不要吃。从中可以推断,孔子所在的那个年代已经出现了假冒伪劣商品。圣人的目光是独到的,看了商业的本质是追求利润,在金钱的驱使下,很多商人就把已经变质的酒肉"美容"一番再拿出来卖,或者在制作过程中不严格掌握卫生要求。所以,酒要喝自己家里酿造的,肉要吃自己家里养的禽畜,这样才能确保安全卫生。

但若拿这句话要求现代人,就显得有些不切实际了。因为谁也不可能自己在家酿造啤酒,或者在楼道里养几只猪啊牛啊,想吃的时候拉到楼下宰掉。

所以,我们今天读《论语》也应该活学活用,把"沽酒市脯,不食"改为"慎购"。也就是说,在市场上买酒肉的时候,要慎重小心,不要买到不新鲜的肉(病死肉)和质量低劣的勾兑酒。

（九）拥有一个博爱的胸怀

1.孔子是个高情商的智者

孔子是中国历史上第一个情商理论家、教育家，是一个名副其实的高情商智者，而且在《论语》中大量记载了有关情商方面的论述。早在两千多年前，曾子的"吾日三省吾身"之说，就告诉了人们自省的重要性。曾子每天以三件事来检查自己："为人谋而不忠乎？"替人做事，有没有尽心去做？"与朋友交而不信乎？"与朋友交往的时候是否做到了言而有信？"传不习乎？"老师教我如何做人做事，我真正去实践了没有？

如此反省自己，就像用三面镜子在对照自己。如果一个人能这样认识自己，做人做事怎么会不成功呢？

又如，子曰："君子不重则不威，学则不固，主忠信，无友不如己者，过则勿惮改。"孔子说："君子不重则不威，学则不固。"意思是说作为有学问的人，如果不能自重、自信，不能自我激励而缺乏信念，这个学者的心智是不稳定的，即使有知识也是毫无价值的。孔子又说："无友不如己者"，意思讲不要看不起身边的任何一个人，不要认为所有人都不如你。前一句讲自己的情绪管理，后一句讲对别人的情绪管理。可见在那么早时代的先贤就意识到了情绪管理的重要性和巨大的作用。

关于自我控制方面，孔子曰："以约失之者，鲜矣。"即一个人常常约束自己，过失就比较少。换句话说，要减少失败，就必须要做到自律。孟子是孔子情商理论的继承人和发扬者。孟子有一句话："富贵不能淫，贫贱不能移，威武不能屈。"至今仍被人们引为为人处世的警句格言。孟子强调做一个正直的人必须具有能够自控的修养。如此等等，古人在情商的多个方面都有阐述。历代的成功人士也无不是照此修身养性、积善积德，并身体力行的。

2.孔子有豁达的心胸

孔子为了宣扬自己的主张，周游列国，走遍了中原数不清的地方，但同时也经受了不少磨难，曾经被斥于齐，逐于宋、卫，困于陈、蔡之间。但不论遇到什么挫折和磨难，他都能够以豁达大度的胸襟去对待。正因如此，他常常对人说："君子坦荡荡，小人长戚戚。"

孔子虽然博学多艺，才华出众，可是却偏偏怀才不遇，屡屡不受重用。当被斥弃时，他不生气，更不怨天尤人，能够以平静的心情对待。"君子无所争"是孔子为人处事的哲学。在这种思想的指导下,他不论遇到什么情况,其心情总是处于清心恬静的状态。他主张"哀而不伤",遇到悲哀的事情不要过分伤心,要节制悲哀,这样才不至于损伤身体。因此,即使他到了晚年,仍然精力充沛、奔波不息地宣传自己的主张,这与他那种心胸坦荡、豁达乐观的心理状态是分不开的。

当他处境优越,在事业上取得成就的时候,也不盛气凌人,仍然保持谦虚谨慎的态度。他说:"君子泰而不骄,小人骄而不泰";"知者乐水,仁者乐山;知者动,仁者静;知者乐,仁者寿"。孔子认为有知识懂礼仪讲道德的人喜欢寓情山水,动静自若,从中陶冶情操,从而获得快乐和长寿。

现代科学研究表明,人的精神状态与健康长寿有密切的关系。在增进身体健康的种种因素中,情绪的稳定要居于首位。美国维兰特博士在对 2000 多人进行近 40 年的随访调查后指出,精神痛苦者至少会受到折寿 5 年的健康损害。古今中外无数的实例证明,凡是胸怀宽阔,豁达乐观,有远大理想的人,其寿命多数较长。调查资料表明,八九十岁的老人中有 70% 都是乐观者。我国科学工作者对新疆地区的长寿老人的调查资料也表明,他们绝大多数都是豁达乐观者。胸怀宽阔、豁达乐观的人,在日常生活中不会因为遇到一些不愉快的事情而忧心忡忡,这样可以避免积忧成疾。在那"人生七十古来稀"的时代,孔子之所以能享年 73 岁,是与他为人处事心境坦荡、豁达大度分不开的。

3.孔子的自得其乐

孔子曾这样评价他的弟子颜回:"贤哉,回也!一箪食,一瓢饮,在陋巷人不堪其忧,回也不改其乐。"即使在饮食上,颜回只需要一箪饭食,一瓢饮水;而在居住上,只住在简陋的小巷中,就可以自得其乐地生活着。同样,孔子还说"饭疏食,饮水,曲肱而枕之,乐亦在其中",意思是一个人纵使吃的是粗陋的饭食,饮用的只是凉水,弯曲着臂膀做枕头,但是心地从容安然,乐趣也在其中了。

孔子曾以"三十而立,四十而不惑,五十而知天命,六十而耳顺,七十而从心所欲,不逾矩"来概括他一生几个阶段的特点。其实这段话就是很深刻的养生经。人到了老年,自己的行为能把握得住,也能放得开,进入一个能"解脱一切"的状态,这时,不为世俗所困扰,对一切顺境、逆境都看得很开,变得眼界高超,虚怀若谷。但这与看破红尘,消极避世又有着很大的区分,对人生仍然是积极进取的,追求理想并享受生活乐趣。所以孔子晚年还致力于编撰《春秋》,不倦地学习《易》,并传下了"韦编三绝"的一段刻苦钻研的佳话,甚至还继续给弟子上课。有一次楚国大夫叶公问孔子的学生子路："你们的孔夫子是个怎样的人？"子路一时不知怎样回答。孔子知道了这件事后对子路说："孔子这个人啊，发愤时可以忘了吃饭，高兴时什么忧愁都扔掉了。他啊，连快要老了自己还不知道。"（其为人也，发愤忘食，乐以忘忧，不知老之将至云尔。——《论语·述而》）正是这种随性而为，自得其乐的生活态度使孔子获得了长寿，也给现代人的养生之道留下了宝贵的启迪。

当前，人们已经越来越重视生命的质量，现在风靡于大街小巷的身心修养、健身锻炼、气功按摩、食疗药疗、经络保健、祛病滋补等各种养生馆也构成了"百家争鸣"的形势。既给生活带来多姿多彩，也的确从中学到了养生的知识。但从近代医学的研究表明，人的衰老与机能的减退是与心理活动的变化有着内在的且极为重要的联系的。一个人心理的老化对衰老的影响，在一定程度上比自然老化更为巨大。因为所有的养生方法，首先必须保证心理健康，寄托于精神支柱下——充满乐观和自信的前提下，才能收到预期的效果。

尤其是老年人从原来的工作岗位上退下来，特别是当过单位领导的老同志，过去门庭若市，如今人走茶凉。像这种退休后一般都会有一种失落感无所事事，做一日和尚撞一日钟，这是现代老年人的普遍心态，时间久了，精神萎靡不振，容易对老年人的健康产生不良影响，心脑血管、高血压、糖尿病、冠心病和肠胃病等老年常见病就会随之而来。因此老年人在日常生活中可以每天听听广播、钓钓鱼、养养花鸟、唱唱歌，以此达到陶冶情操，自得其乐的目的，从而来保持老年人的身心健康。

4.孔子好学而宁静致远

说到孔子的好学之心，可能有人说这与孔子的情致养生没有多大的关联，然而孔子在他一生的颠沛流离的苦难生活中，却能安然地活到73岁高龄，这是与他的"敏而好学，不耻下问"息息相关的，我们可以看到，即使他在逃亡过程中也都手不释卷在读书。喜爱读书，善于学习和钻研与养成良好的情致有很大关联。我们可以看到周围喜爱读书的人，他们基本都有着高尚的情操和良好的素养，特别是都很长寿，正所谓"大德必得其寿"。被称为现代著名诗人、作家的"世纪老人"冰心活了99岁，国学大师季羡林寿辰98岁。这都说明了2500年前的孔子能长寿的秘密与他喜爱读书，有着好学之心是分不开的。

广泛地读书学习使人能够重视自己的道德修养。"养心先养德，养德促长寿"。只有品德高尚的人，才具备上善若水的品性和淡泊名利的心境，才能做到与人和睦相处，尊重别人，同时也能得到别人的尊重。解决问题的时候心地坦荡，大公忘私,到了晚年则会宁静处世淡泊名利,这样才能笑口常开,和颜悦色以增益康寿,而道德修养的提高则需要人们通过不断学习来得以增强。

亚里士多德曾经说:"吾爱吾师,但吾更爱真理",而孔子呢?他说学道方面,自己是"当仁,不让于师"(《论语·卫灵公》),甚至可以"朝闻道,夕死可矣"(《论语·为政》)。可见孔子的一生可以说是"君子忧道不忧贫"(《论语·卫灵公》)的一生:为道而学,为道而教,为道而施。为此,孔子"入太庙,每事问"(《论语·八佾》),别人嘲笑他既然博学晓礼为何还要"每事问",他回答说"好问"正是"礼"呀!按《论语》《史记》《左传》等文献的记载,孔子明确拜学过的人有郯子、蘧伯玉、师襄子、老子。

5.孔子的宽以待人

孔子与子贡有过一段对话。子贡说:"如有博施于民而能济众,何如?可谓仁乎。"孔子说"何事于仁,必也圣乎!尧舜其犹病诸!"(《论语·雍也第六》)

子贡,名端木赐,卫国人,比孔子小 31 岁。孔子去世后,他在众弟子中名气最大。子贡问道"博施于民而能济众"算不算仁爱呢,孔子说何止是仁呀,如果一定要讲它到底算什么,那也应该是"圣"吧!圣是更高的境界,就连尧舜要想做到这一点,都很头疼。这段话衍生出一个成语:"博施济众"。博施,即大量地为人做好事;济众,则可理解为具有豁达之心,不分亲疏,不分远近平等对待需要帮助的人。这就是孔子的宽以待人的思想,孔子教育他的弟子们:"泛爱众,而亲仁。""泛爱众"就是说不仅要爱人,而且要广泛地爱大众,也就是博爱;"而亲仁"则指亲近有仁德的人。

仁爱是中国五千年来重要的道德规范。孔子把仁爱作为他一生的追求,提倡人与人之间普遍的、无私的爱。即使到现在,拥有仁爱之心也是人们所关注的话题,巴金先生有一副对联:"心怀宽广能增寿,德高望重可延年",要淡泊宁静,知足常乐,万事只求安心。这里就包括能够包容一切,真心实意,宽人待人之意。仁者爱人,有一颗宽阔的心,就不会被外界的荣辱事所诱惑,外物映射到我们的内心自然会是美好的。把眼光放远些,放宽些,以宽容之心包容众生万物,以仁爱之心消除仇怨,这是我们对这个世界万物的正确方法,也是授人养心之法的关键。

心理健康重在养心,"心如明镜台,时时常拂拭,何处惹尘埃",有一颗仁爱的心、纯净的心、充实的心、快乐的心,就会享受到别人无法体会到的内心实在,虽青菜豆腐、粗茶淡饭,仍能其乐融融。现在流行的抑郁、失眠等病症,主要原因就是内心不快乐造成的,不快乐的原因就是没有足够的包容之心,总觉得什么都在跟自己过不去,自寻烦恼,病由心生。心底无私天地宽,摒弃私心杂念的纠缠,就是最大限度地放宽心,心宽则体健。古人常说,吃亏是福,难得糊涂是有一定道理的。

有位老人,年过花甲,体检时发现患有晚期肝癌,然而他并没有就此放弃,来中医院就医,主动和医生配合,正视病魔,积极抗争,乐观面对,生活起居打理得有条不紊,大大延长了生命期限。

当然,我们并不是在宣扬与世无争,在竞争日趋激烈的时代,不争就意味着被淘汰。但我们所提倡的争,不是与人争名夺利,好大喜功,尔虞我诈,钩心斗角。我们提倡的是人要有一颗积极进取之心,人生如棋,"胜固可喜,败亦欣然",不要计较于一时的胜负,关键是要苦练内功,以道家出世的情怀去从事儒家入世的功业。退一步海阔天空,许多事情,要舍得放弃,通达、乐观,学会换位思考,凡事不走极端,给自己,给别人留出一点空间,这个世界就会变得更宽广。

有一个故事:

一日,同一楼道周君之妻严某,与对门李某夫妇因楼道堆物小事发生口角。李氏夫妇以高八度二重唱推出系列污言秽语,严某不善相骂,一口难敌两嘴,急盼丈夫援助。熟料周君一言不发,拉着妻子进居室,关上房门,拿出《智取成虎山》音带,置入卡座,顿时,"穿林海,跨雪原……"声振楼板。李氏夫妻感到无趣,也自行退入房中。周君得意地对妻说"我这个办法好不好?"严某嗔道:"好个屁,阿Q精神!"周君笑道:"人有时候需要有点阿Q精神,它可以调节情绪,化有气为无气。这是一种非常实惠的养生之道。"

真是"有意栽花花不开,无心插柳柳成荫"。鲁迅先生在塑造"阿Q"这个人物时,大概不曾想到会无意中制造出一个副产品——"阿Q养生法"。人们对阿Q精神胜利法,几十年来有贬无褒。但是,若不涉及重大是非问题,单从养生保健这个小角度看,"精神胜利法"确实有益于调节心态平衡,有利于化解侵入心头的种种烦恼。所以说,阿Q养生法乃是民众根据实际生活,对阿Q的精神胜利法进行"医学改造",去糟粕存精华,反为正用,总结出来的民间养生方。

阿Q养生法的精髓在于"宽容"两字。我们常说,养身先养心。养心,首先要把它养"宽"。心宽体健、心平气和、五体安宁。唯宽可以容人,唯厚德可以载物。纵观世上长寿之人可以发现,他们之中几乎无一不是心胸宽阔,豁达大度者。

民间常听人说:"真是活活气死人。"人之所以会被气死,主观原因就是心胸狭窄气量小。三国时代的东吴名将周瑜就是一个典型例子。周瑜之才可与诸葛亮媲美,但他的心胸未免欠宽。因此在诸葛亮的"攻心战"下,被"三气"而英年早逝,直到临终还发出"既生瑜,何生亮"的长叹。孔明的攻心战用在周瑜身上屡试不爽,而用在司马懿身上就难奏效,原因就在老司马的心理素质比周瑜要好得多。尽管孔明派人给司马懿送去"巾帼女衣"对他进行羞辱,激他出兵,但司马懿照样能忍受,不但笑着对部下说:"孔明视我为妇人焉";而且宽待来使,若无其事,继续按兵不动。司马懿的这种对羞辱付之一笑的修养功夫,不有点近似阿Q精神吗?

人与人之间难免会发生一些小摩擦。如相互不能宽容,必定会气出病来。这种宽容的基础就是理解。理解万岁。能理解一切,就会谅解一切,就会包容一切,这时候人便会宽容起来。现在有些人火气很大,为一点鸡毛蒜皮的小事,便会引发出一场你死我活的搏斗,甚至闹出人命案。公交车上挤一下,马路上碰一下,毫无损伤,但有的人会因此争个不停,吵个不休。有人还会把"气"带回家中,结果惹得肝气不达、胃气不和、血压升高、心动过速、五体不宁。问题就在于缺乏理解精神。

理解往往意味着让步,甚至吃亏。先哲教导我们,处世以让一步为高,对人宽一分是福不是祸。民间也有"吃亏就是福"的说法。这些经验,实际上都包含让步、理解等一系列健康心理的素质,并借此达到我国哲人林语堂所说的"怡然自得乐,潇洒对人生,淡泊以明志,豁达心宽容"的境界,使心理常处于安然舒适的状态。在这方面阿Q精神中的"容忍"两字总是能助人一臂之力。

研究表明,良好的人际关系是健康长寿的主要因素之一。与他人相处和睦者的预期寿命,比人际关系紧张者要长得多。而处理好人际关系的主观因素,就是要宽容,要理解。宽容、理解是美德,人与人之间如能相互宽容、理解,这世界也许就更适于生活,这世界长寿者也会越来越多。

6.孔子的平常之心

古人说:"百年三万六千日,不在愁中即病中。"一个人即使活到100岁,不是忧愁就是病痛,这样的人生未免太没质量了。通常人的寿命只有六七十岁,但计算一下:15岁以前少不更事,不能算;最后的15年,老朽不堪,耳鸣眼花,也不能算;中间三四十年,一半在睡觉,又不能算。余下的日子不过15年左右。这15年要快快乐乐地过日子还好,倘若"不在愁中即病中",那么在人生中,快乐正常地活着的时间真不多,再加上家事、国事、天下事,事事关心;风声、雨声、读书声,声声入耳,那简直没法活啦。尤其是孔子,看得见的,如忧国、忧家、忧天下;看不见的,如德之不修,学之不讲,闻义不能徙,不善不能改……他什么都要忧,什么都要管,孔子一生实在痛苦。可事实是"子之燕居,申申发也,天天如也"(《论语·述而》),是说孔子平常在家的生活很舒展,不是皱起眉头一天到晚唉声叹气,忧愁烦恼。他修养很好,非常爽朗,而且活泼愉快。孔子尽管忧国忧民,但还能保持爽朗的胸襟,活泼的心境,能够让自己挺拔于尘俗之中,关键是他以一颗平常之心对待人生的祸福,他关注的是人生的平淡,即"贫而乐,富而好礼"的养生境界。

如果你的办公室位于高楼大厦里,而且你的办公桌总是拥挤不堪,那么光是看见桌上堆满了还没有回的信、报告和备忘录,就足以让人产生混乱、紧张和忧虑的情绪。更坏的事情是,经常让你想到"每天有几十件事情要做,可时间有限,每天要加班",这样不但会使你忧虑,感到紧张和疲倦,长此下去还会患上高血压、心脏病和胃溃疡,严重者可患上抑郁症。反之,如果你以平常之心对待每天的人、事、物,有条理地去处理每件事,则会使自己的心胸开阔。从而避免患上疾病。

病由心生,有一颗健康快乐知足的心,就会有一个健康的体魄,健康从心开始,我们在重视生理健康的同时切不可忽视心理的健康问题,保持一颗健康的心,去铸造一个健康的身体。

男子常因七情不节,内伤脏腑,导致高血压、冠心病、溃疡病、神经官能症、偏头痛、甲状腺功能亢进、糖尿病以及癌症等。史书上记载伍子胥过昭关,一夜间须发全白,就是由于极度焦虑所致。还有"笑煞程咬金,哭死程铁牛"的记载,都说明情绪对健康的危害之大。西医学发现,当男子的大脑皮层处于正常工作的情况下,全身的神经、内分泌功能稳定,睾丸的生精功能以及性功能都很正常。如果精神处于长期压抑、悲观、忧愁状态,大脑皮层以及全身神经、内分泌功能便会失调,睾丸的生精功能以及性机能也会发生障碍,不育的可能性就会增加。

现代生活的压力,像空气一样无时无刻不在挤压着我们。有人总是背负着沉重的压力,损害健康。那么,怎样以平常之心来舒缓压力呢?

据研究,下列20种心理调节措施是行之有效的减压方法,供大家参考。

(1)健康的开怀大笑是消除压力的最好方法,也是一种积极愉快的发泄方式。

(2)高谈阔论会使血压升高,而沉默则有助于降压。正所谓"沉默是金",在没必要说话时最好保持沉默,听别人说话同样是一件惬意的事。

(3)轻松的音乐有助于缓解压力。如果你懂得弹钢琴、小提琴或其他乐器,不妨以此来对付躁动的心绪。

（4）阅读书报可以说是最简单、消费最低的也很轻松的消遣方式，不仅有助于缓解压力，还可使人增加知识与乐趣。

（5）做错了事，要想到谁都有可能犯错误，因而要以平和的心态继续正常地工作。

（6）在僻静处大声喊叫或放声大哭，也是减轻压力的一种方法。

（7）与人为善，千万别怀恨在心。"百年之后"一切都会变得很荒唐，而付出的利息则是紧张情绪以及可能缠身的疾病。

（8）世上没有完美。我努力了，能好最好，好不了也不是自己的错。

（9）学会一定程度的放松，对工作统筹安排，从而能劳逸结合，自在生活。

（10）学会规避一些不必要、纷繁复杂的活动，从一些人为制造的杂乱和疲劳中解脱出来。

（11）不要害怕承认自己的能力有限，学会在适当的时候对某些人说："不"。

（12）夜深人静时，让自己的心彻底静下来，不加掩饰，悄悄地讲一些只给自己听的话，然后酣然入梦。

（13）放慢生活节奏，把无所事事的时间也安排在日程表中。

（14）超然洒脱面对人生。想得开没有精神负担，放得下没有心理压力，淡泊为怀，知足常乐。

（15）在非原则问题上不去计较，在细小问题上不去纠缠，对不便回答的问题佯作不懂，对危害自身的问题假装不知，以聪明的"糊涂"来舒缓压力。

（16）遇事是否沉着，是一个人是否成熟的标志之一。沉着冷静地处理各种复杂的问题，有助于舒缓紧张的压力。

（17）不妨给久未联系的亲友写封信，不仅可以吐露一下自己的感受，同时也能让对方在收信时得到意外的惊喜。

（18）当你无力改变现状时，你应学会换一个角度看待问题。并独自对困扰你的问题进行分析，然后找出一个适合的解决方法。

（19）一旦烦躁不安，请睁大眼睛眺望远方，看看天边会有什么奇特的影像。

（20）既然昨天和以前的日子都过得去，那么今天和往后的日子也一定会安然度过，多念念"车到山前必有路，船到桥头自然直"。

（十）孔子的体格锻炼

早在春秋战国时期，就已经出现体育运动被作为健身、防病的重要手段。《庄子·刻意》云:"吹呼吸,吐故纳新,熊经鸟申,为寿而已矣。此导引之士,养形之人,彭祖寿考者之所好也。"说明当时用导引等方法运动形体来养生的人,已经为数不少了。荀况平时常用导引行气的方法锻炼身体,荀子能获百岁高龄,这也是因素之一。

《吕氏春秋》中更明确指明了运动养生的意义:"流水不腐,户枢不蠹,动也。形气亦然,形不动则精不流,精不流则气郁。"这里用流水和户枢为例,说明运动的益处,并从形、气的关系上,明确指出了不运动的危害。非常明显,此在说明一个道理:动则身健,不动则体衰,生命在于运动。

凤纹卣

《黄帝内经》也很重视运动养生,提倡"形劳而不倦",反对"久坐""久卧",强调应"和于术数"。所谓"术数",据王冰注:"术数者,保生之大伦",即指各种养生之道,也包括各种锻炼身体的方法在内。

而孔子那时既没有《黄帝内经》,也无详细的经络之说,但却十分重视体格锻炼。他兴趣广泛,对射箭、驾车、打猎、游泳、登山、郊游、钓鱼等样样精通。射箭是儒家非常重视的一项技艺,孔子经常传授其弟子练习射箭技术。《礼记·射义》记载:"孔子射于曼相之圃,盖观者如堵墙。"孔子射箭时,围观的人那么多,说明他的射箭技艺相当精湛。《礼记·射义》中还说:"孔子曰:'射者,何以射,何以听,循声而发,发而不失正鹄者,其为贤者呼。'"这种经验之谈表明孔子射得很准确。经常从事射箭锻炼,不仅可以增强手臂的力量,而且从腿的站法、身体姿势、眼力到神经系统等,全身均得到充分的活动,是一项强身健体、防病抗衰的健身运动,所以为孔子所爱好和推崇。据古籍记载,有人赞美孔子博学多艺,而借其没有夺冠成名。孔子听了以后对他的弟子说:"吾何执?执彻乎?执射乎?吾执御矣。"

孔子对弟子说的这段话,体现了这位圣人的谦虚,从中也可以看出,他对于射箭、驾车的技艺是颇为擅长的。毛泽东在《体育之研究》中说:"仲尼取资于射御",这是有充分的事实根据的。

孔子兴趣广泛,重视健身锻炼,锻炼出了一副强壮的体魄。据《史记·孔子世家》记载:"孔子身长九尺有六寸,人皆谓之长人而异之。"周代的尺比现在的尺短,一尺为现在公制 19.91 厘米,折算起来孔子身高约为 1.80 米,可见他的身材是很高大的。《吕氏春秋·慎大览》中说:"孔子之劲,举国门之关,而不肯以力闻。"这说明孔子的力气是很大的。《淮南子》中还说,孔子的勇超过著名的勇士孟贲,跑步的速度能追上野兔。当然,对孔子的这些描述可能有些夸张,但足以说明孔子是一位体格健壮,勇猛力大的人。

不妨再看看我国唐代伟大的医药学家、养生专家孙思邈的养生理论。他身体力行,寿高 101 岁,是中国历史上罕见的将养生理论和实践相结合的长寿老人。他主张动静结合。在实践中他发现:若只讲静功,不讲锻炼,一旦患病,往往半途而废,只讲运动,不练性功(养性),也将一事无成。他主张以静与动并重,认为运动比营养、休息更为重要,在他的养生理论中积极提倡按摩、摇动肢体等局部和全身运动。强调运动可以增强体质,促进新陈代谢,延缓衰老进程,生命在于运动,才是真正的养生道路。但同时强调一定要掌握运动的度,"常须小劳,但莫大疲及强所不能堪耳"。孔子的养生观不仅暗含了孙思邈的养生理论,同时也交给后人习练的方式。

有养生专家根据古代如孔子、孙思邈的养生理论和方法资料进行了一些梳理和习练,现归纳出如下 13 种养生秘诀,这些方法对现代人也很适用。

1.发常梳

将双手掌互搓数次,令掌心发热,然后十指由前额开始用手向后疏头发,经后脑回至颈部。早晚各做数次。头部有很多重要的穴位,经常做疏头动作,可以明目,防止头痛、耳鸣、白发和脱发。

2.目常运

第一个方法是——闭眼,用眼珠转圈,先左、上、右、下顺时针方向转,然后眼珠逆时针转圈。重复 3 次。第二个方法是——双手掌心搓热,将发热的掌心敷在眼部。这两个方法可强化眼睛的功能,对眼疾及近视有调节的作用。

3.齿常叩

口微微合上,依次叩门齿、左侧臼齿、右侧臼齿,各 30～10 次。叩齿时,不用太用力,但牙齿互叩时须发出声响。轻轻松松慢慢叩。叩齿一面方面可锻炼自己的精神集中的能力,一方面疏通上下颚经络,帮助保持头脑清醒,加强肠胃吸收功能,防止蛀牙和牙齿功能退化。

4.漱玉津

　　口微微闭合,舌头从门齿中间开始,沿左、下、右、上的方向(女士先沿右、下、左、上的方向转,不过,方向转反了也没有关系)转三圈,然后舌尖依次点下颚、上颚和门齿缝50次(过去讲72次)。点下颚时意念点到肚脐和命门连线的中间或靠后一点点,点上颚时要点到头顶百会穴对应处。点完之后,口里会有许多唾液,这时先用唾液漱漱,人安静之后的唾液清凉香甜,分三次下咽。第一次下咽时想着从身体中间直接送到命门;第二次下咽时要想着从左边(女士从右边)划个弧线到命门;第三次下咽时要想着从右边(女士从左边)划弧下到命门。从现代科学角度分析,口水含有大量酵素,能调和荷尔蒙分泌,经常做这种动作,可以强健肠胃,延年益寿。

　　5.耳常鼓

　　(1)两掌使劲把双耳掩上,用力内压,然后放手,应该有"噗"的一声,重复做10下。(2)双掌掩耳,将耳朵反摺,双手食指勾住中指,以食指用力弹后脑风池穴10下,要噗噗有声。这动作要在每天临睡前做,可起到增强记忆和听觉的效果。(3)还有一种鸣天鼓的方法。两掌根使劲把双耳掩上,手指掳在脑后相当于枕骨结节的地方,然后用食指、中指、无名指来敲,先食指敲,再用无名指敲,最后用中指敲。这么敲1分钟左右,最后三个指头一起敲3下,然后再撒手,耳朵"嗵"一响。这么敲,脑子里面会很清凉,比较舒服,是聪明大脑的好方法。

　　6.面常洗

　　一是双手掌搓热,用双手掌心上下敷面;二是两手搓热后,双手同时向外摩面。这动作经常做,可以令脸色红润有光泽,同时有减少皱纹的作用。

　　7.头常摇

　　双手叉腰,闭目,垂下头,缓缓向右扭动,直至恢复原位为1次,共做6次。反方向重复。这动作经常做可以令头脑灵活,防止颈椎增生。不过,注意要慢慢做,否则会头晕。

　　8.腰常摆

　　身体和双手有韵律地摆动。当身体扭向左时,右手在前,左手在后,在前的右手轻轻拍打小腹,在后的左手轻轻拍打命门穴位。反方向重复。最少要做50下,能够做100下更好。这动作可以强化肠胃,固肾气,防止消化不良和胃痛、腰痛。

　　9.腹常揉

　　搓手36下,手热后双手交叉,围绕肚脐顺时针方向揉。就好像自己的身体就是一个时钟。揉的范围要由小到大,做30~100下。这动作可以帮助消化和吸收,消除腹部鼓胀。

10.摄谷道

吸气时提肛,即将肛门的肌肉收紧,闭气。维持数秒,直至不能忍受,然后呼气(肛门)放松。这动作无论何时都可以练习。最好是每天早晚各做20~30下。相传这个动作是乾隆皇帝最得意的养生功法。

11.膝常扭

双脚并排,膝部紧贴,人微微下蹲,双手按膝,向左右扭动,各做20下。这动作可以强化膝头关节,所谓"人老腿先老,肾亏膝先软"。要延年益寿,得由双脚做起。

12.常散步

轻松地散步的时候,最好心无杂念。如果方便的话,我还是建议大家学练一下八卦走转。散步确实是对健康长寿有很大益处的一种运动。

13.脚常搓

一是右手搓左脚,左手搓右脚。由脚跟向上至脚趾,再向下搓回脚跟为一下,共做数10次。二是两手大拇指轮流搓脚心涌泉穴,共做100下。常做上述两个动作,可以治失眠、降血压、消除头痛。由于脚底集中了全身所有器官的反射区,因此,经常搓脚可以强化身体各器官,对身体的全面健康十分有益。

(十一)孔子的五脏锻炼

《论语》记载了孔子的一生"吾十有五而志于学,三十而立,四十而不惑,五十而知天命,六十而耳顺,七十而从心所欲,不逾矩。"73岁孔子去世。在孔子的一生中,基本上是以10岁为人生的一个阶段。孔子提出了人生"三戒"。君子有三戒:少之时,血气未定,戒之在色;及其壮也,血气方刚,戒之在斗;及其老也,血气既衰,戒之在得。壮年的时候,血气方刚,要戒斗,不要争强好胜,不要动不动就发怒,因为发怒容易伤肝,所以,壮年以后要注意养肝。从此可以看出,孔子的养生之道特别注意五脏调养。按照《黄帝内经》的说法,中年五脏气血衰落就是从肝开始的。

《灵枢·天年》中,以10岁为一周期将人的一生划分为10个阶段。

10岁时,五脏(心肝脾胃肾)之气已经稳定了。血气、血脉都畅通了,气血也流动了,这流动之气主要活动在人体的下部,所以10岁的特征是喜欢"走"。这个"走"不是现代汉语当中的走,而是小跑的意思。这也说明了小孩子喜欢小跑的原因。

　　20岁时，是人生第二个阶段，血气开始强盛，肌肉开始长得结实了，这个阶段的人"好趋"。"趋"是快步走的意思，要比小跑要慢一些。从10岁到20岁的动作由小跑到快步走的转变过程，可以看出生理的变化，精气神的变化。

　　30岁时，"五脏大定"，五脏之气更加稳定，肌肉也更坚固了，血脉也盛满了，所以就"好步"。这个"步"就是行走，喜欢行走了，这又比"好趋"更慢了一些。

　　40岁时，五脏六腑十二经脉都已经更加强盛了。到了极点了，所以就开始衰落了。这时皮肤开始疏松，脸面的光泽开始减退，头发也开始斑白；虽然这个阶段走路的时候还比较平稳，还没到摇晃的地步，但已经是"好坐"了，不喜欢走动了。这表示人体开始衰老。

　　从小跑到快步走，然后到普通的行走，直至喜欢坐，这整个过程是一个慢慢衰老的过程。人生到40岁的时候，开始有了衰老的迹象，还是外在的衰老。而从50岁开始，人真正地衰老了，从五脏开始衰老了。

　　50岁时，五脏就开始衰落了，先是肝气开始衰落，肝液开始薄了；所谓"肝胆相照"，接着胆汁的分泌也就慢慢地减少；并且，眼睛跟肝脏是有关系的，肝开窍于目，因而，眼睛开始看不清楚。

　　60岁时，心开始衰落，心气不足了，心里开始经常担忧、悲伤，血气也开始松懈、外散，所以人就"好卧"了，因为血气不足所以就喜欢躺着。

　　70岁时，脾气开始虚弱，皮肤开始枯萎。

　　80岁时，肺气开始衰落，魄开始离散。因为肺是藏魄的，所以80岁的人就会经常说错话。

　　90岁时，肾气就衰竭了，四脏的经脉都空虚了。

　　到100岁时，心肝脾肺肾五脏气血全都虚弱了，这个时候看上去形体还在，但实际上神气已经离去。

　　以"10年"为生命的一个周期，是以五脏气血的盛衰来划分的。从动作上看，一开始10岁的时候是小跑。到后来是快走，然后是一般的走，接着喜欢坐，到最后喜欢睡了。

　　而50岁以后，进入衰落期，从五脏六腑功能衰落的顺序上看，是按肝、心、脾、肺、肾顺序衰落的。这个顺序刚好是五行相生的顺序。

　　中医讲"五脏六腑"，"脏"是指实心有机构的脏器，"腑"是指空心的容器，即小肠、胆、胃、大肠、膀胱等分别和心、肝、脾、肺、肾五个脏相对应的五个腑,另外又将人体的胸腔和腹腔分为上焦、中焦、下焦为三焦,是第六个腑。六腑是水谷出入转输、受清泌浊的通路,属阳属表,它配合五脏而活动。

中医中,阴为实,阳为虚,阴为体,阳为用,因此,简单形象地理解,实心五脏为阴,空心六腑为阳。

中医的五脏是一个抽象的概念,它的功能作用远远超过了西医的心脏、肝脏。肾脏等解剖学中的各脏器的功能。简单来说,中医的五脏包含了心肝脾肺肾器官,但心肝脾肺肾器官并不是中医五脏的全部。

从中医角度来说,五脏是人体的核心,与六腑互为表里,并通过经脉的联络与皮毛筋骨、四肢百骸相联系。

心:主要功能是藏神,主血脉,负责血液的运行,所以凡是那种"六神无主"和血脉运行不利的情况都是心的基本病理变化,也就是有关神志思维活动的异常和血脉运行的障碍都要去心上找病因。

肝:主疏泄而又藏血,其性升发,所以肝的病变主要体现在疏泄失职、血失所藏和升发异常方面。此外,中医还说,肝藏魂,也就是肝与某些情志活动的调节也有关系,比如,人们常说的"大动肝火",郁闷愤怒会得肝病,都是源于此理。

脾:主运化升清而统血,其运化功能包括运化饮食水谷及体内的水湿,所以人体一旦出现消化功能障碍,体内水液潴留,脏气下陷及各种出血,就说明脾有些不适了。脾有个特性,喜欢燥讨厌湿,所以湿邪最易伤脾,脾虚最易生湿。

肺:主气,司呼吸,通调水道,相当于水的源头,肺的功能是通过肺气的宣发肃降来完成的,如果肺宣发肃降的功能出现了故障,就会引起通调作用受阻,所以,一些哮喘、小便不利等病症都要从肺找病根。

肾:藏精,主生殖,负责开阖,主水,主纳气,是"藏"的关键,一旦出现藏精不足,能量虚耗,或者封藏失职,开阖失度与不能纳气等问题,人体就会生病了。

五脏调养法——五禽戏

神医华佗为东汉末年非常著名的医学家,他创造了五脏调养法,即五禽戏。

《三国志·华佗传》中记载,华佗曾对其弟子吴普说:"人体欲得劳动,但不当使极乐尔,动摇则谷气得消,血脉流通,病不得生,譬犹户枢不朽是也。是以古之仙者,为导引之事。吾有一术,名五禽之戏。一曰虎、二曰鹿、三曰熊、四曰猿、五曰鸟。亦以除疾,并利蹄足,以当导引。体中不快,起作禽之戏,沾濡汗出,因上著粉,身体轻巧,腹中欲食。"吴普施行这种方法锻炼,活到九十多岁时,听力和视力都很好,牙齿也完整牢固。

华佗所说的这段话的意思是:人的身体应该得到运动,但不应当过度。运动后饮食的营养才能充分消化,血脉才能流通顺畅,人也就不会生病了,这正如转动着的门轴不会腐朽的道理是一样的。因此,古时修仙养道的人常做气功、导引之类的锻炼。我有一种锻炼方法,叫作"五禽戏",一叫虎戏,二叫鹿戏,三叫熊戏,四叫猿戏,五叫鸟戏,既可以用来防治疾病,同时也可使腿脚轻巧利索,可以将其当作"气功"来锻炼。身体不舒适时,就起来做上一戏,汗流浃背浸湿衣服后,接着在上面搽上爽身粉,身体便觉得轻松便捷,也就有食欲了。

的确,正如华佗所说,古人时常模仿熊攀挂树枝和鸱鹰转颈顾盼,舒腰展体,活动关节,以求得延年益寿。

而华佗这套"五禽戏"正是根据古代导引、吐纳、熊经、鸟伸之术,结合虎、鹿、熊、猿、鸟五种动物的活动特点,结合人体脏腑、经络和气血的功能,创编的一套对应五脏的医疗保健体操。

虎、鹿、熊、猿、鸟这五种动物的生活习性不同,活动的方式也各有特点,或雄劲豪迈,或轻捷敏捷,或沉稳厚重,或变幻无故,或独立高飞。人们模拟它们的姿态进行运动,间接起到了锻炼关节肌肉、调养脏腑的作用,运用仿生的肢体运动使得全身气血流畅。

五禽戏中,华佗把肢体的运动和呼吸吐纳有机地结合到了一起,通过气功导引使体内逆乱的气血恢复正常状态,以促进人体健康。人体是一个有机整体,五脏相辅相成,五禽戏中任何一戏的演练,既能主治一脏的疾患,又可兼顾其他各脏,互为调养。

五禽对应五脏,对应五行,适应四季变化。虎戏主肝,能疏肝理气,舒筋活络,春季尤其应该多练;猿戏主心,能养心补脑,开窍益智,对应炎炎夏日;鸟戏主肺,能补肺宽胸,调畅气机,秋季习练能够开肺气;鹿戏主肾,能益气补肾,壮腰健胃,冬季学鹿有利于养藏;熊戏主脾,能调理脾胃,充实两肢,季节交替之时训练有利于适应寒暑变化。

从传统五禽戏中可以获得一个科学而简便的锻炼理念,即调摄呼吸,在改胸式呼吸为腹式呼吸的同时,常常模拟动物的动作,如虎之威猛、熊之沉稳、鹿之温驯、猿之轻灵,鸟之轻翔伸展,皆当刻意模仿,向大自然的生灵学习保养之道。

(十二)孔子喜爱的养生运动

1.简单有效的健身运动——大步行走

中国有句俗话叫作"七十三,八十四,阎王不请自己去。"这里的"七十三",实际上说的就是孔子去世时的年龄这里的"八十四",实际上说的就是"亚圣"孟老夫子去世时的年龄。二者都是长寿之人,二者还有个相似的运动锻炼方式:就是行走。

孔子为了"道",为了自己的理想,携弟子三千周游列国,最主要的方式就是走,在他的一生里,大部分时间就是大步行走,这对孔子的身体起到了良好的锻炼作用。

孟子一生几乎走遍了中华神州大地,不辞辛劳,意志坚定,一方面到处宣扬自己主张的学说,一边饱览了祖国的名山大川,考察了沿途各国的风土人情,记录了大量的感想日记。长时间不停地行走,使孟子锻炼了一副结实的身体,抵抗疾病的能力自然就增强了。

南北朝时期,梁陶弘景所辑的《养性延命录》中说:"人欲小劳,但莫至疲及强所不能堪胜耳。人食毕,当行步踌躇,有所修为快也。故流水不腐,户枢不蠹,以其劳动数故也。"说明人饮食完毕,当行步踌躇即缓慢行走以助消化。常言道"饭后百步走,活到九十九","早起饭后走百步,不找大夫上药铺"等,可见行走是古今长寿妙诀之一。现代人讲"生命在于运动"。古往今来每个追求健康的人都期望享受运动带来的乐趣。

孙思邈的养生散步法,除饭后散步外,还常于练完功后散步。功后散步要求:第一,不能在潮湿处进行,以免耗气伤身。第二,外边地面潮湿时,应选择在室内或房檐下,干净处进行。第三,散步方向,以东西走向为宜。孙思邈平时散步于天气晴和之时,尤在春暖花开时,依气候的冷热和体力情况,一般行走二三百步或二三里。量力而行,不要使人感到少气乏力,喘促不已。或缓步慢行,以达心神愉悦,活跃气血。孙氏于亲友邻里相互访问时,认为不宜在房室闷坐闲聊,要求应共同走出门游行散步。观览风光,欢声笑语。不忍强劳,量力而行,适可而止,以抒怀畅志,长人精神。总之散步好处多,益寿又延年。

"生命在于运动。"早已成为众所周知的格言,即使在三九寒冬,一大早,公园里、马路上随处可见人们运动的身影。的确,运动能提高机体的新陈代谢,增强心肌的收缩能力,提高肺活量,使气管充满活力,从而推迟气管的衰老变化,增强体质,减少疾病。懒人是难以高寿的。《内经·素问》中说:"食欲有节,起居有常,不忘劳作,故能行与神俱,而尽终其天年度百岁乃去。"

但是散步能健身治病,还得根据各人的不同情况,注意环境的选择,才能收到理想效果。比如,肝气郁滞,心情不畅的人,应选择到鸟语花香的地方散步,以借景消郁;心火较重心情烦躁者,宜到海边或森林密布的地方散步,以吸收阳气滋润心神;患有风湿性关节炎或水肿的病人,则应到沙地干燥处散步,以燥湿消肿。

散步除了选择适宜的环境外,还得讲季节和气候变化的特点,比如春天宜在早晨到野外散步;夏天宜在鸡鸣起床到河塘柳河边散步,秋天宜在金色晚霞下散步;冬天宜在走廊,室内散步,以活跃阳气抵御风寒。

此外,还应根据个人的年龄、体质、职业和习惯的区别加以对待,年轻人体质好应积极参加体育锻炼,中年或体质较弱者,则应以静养为主,对老人而言,美国的"要散步不跑步"似乎是更为时尚的方法,每日散步1~2小时备受推崇。

古人的"饭后百步走",并不是指走出百步,而是指在一个时辰之内,朝着前方射出一箭,然后走到此箭位置上,继续一箭接一箭向着同一方向射出99箭。把所射出一支箭的距离称为一步,百步走是指走100支箭的路程。按古人的计算方法:1支箭的距离等于25丈。100支箭就等于2500丈。2500丈等于8.3千米。如果按正常人每小时步行4000米推算,也就是说完成百步走需要2小时。

我们要尊重古训,但不能追求古人一成不变的固定模式。要根据各人体质不同,爱好、兴趣、工作性质不同,所处地理位置、环境不同,气候的特点和温度的差别,在运动的强度、频度和时间方面灵活掌握。即以有氧代谢运动为宜,不应有过度疲劳或不适症状出现为原则。

最理想并且有规律的健身运动指标是步行1小时,路程4千米,每周运动5次或每天坚持1次为妥。运动量达到心律+年龄=170即可。一般在傍晚6点~8点,露天场所为宜,因为此时正是精神、体力、心肺功能最佳状态,适宜运动。

每天散步一段时间,坚持长年不断,要比每周走长路一次更有益。有人认为散步太简单,不怎么喜欢,对身体没有益处,据现代有关方面研究证明它的主要益处是:"人活到六十多岁以后,其中大多数人因循环功能不佳,关节,肌肉酸疼,关节炎及骨质变性。若能进行各种适宜的活动练习,就会使循环系统的功能得到改善,同时还可以增加肌肉力量。"

慢跑健身

针对行走而言,对于现代人还有一种运动方式即慢跑。

轻松慢跑运动,简便易行,不需要特殊训练,不受性别、年龄及健康状况等条件的限制,是健康长寿"最完美的运动"。坚持轻松慢跑运动,乃人生一大乐趣所在。

坚持轻松慢跑运动,能增强呼吸功能,可使肺活量增加,提高人体通气和换气能力,轻松慢跑时所供给的氧气较静坐时可多 8～12 倍。轻松慢跑运动可使心肌增强,增厚,具有锻炼心脏,保护心脏的作用。同时,慢跑可使血流增快,血管弹性增加,具有活血祛瘀,改善循环的作用,从而也增加了营养心脏的冠状动脉的血流量。轻松慢跑时冠状动脉血流量较安静时可增加 10 倍,即每分钟血流量可达 1200～1400 毫升。

坚持长期轻松慢跑的人,平时心跳频率可下降到 60～50 次/分左右,可使心肌得到较长时间的休整。轻松慢跑运动促进全身新陈代谢,能改善脂类代谢,可防治血内脂质过高。控制体重,预防动脉硬化多还可调整大脑皮质的兴奋和抑制过程。消除脑力劳动所造成的疲劳。特别是轻松慢跑运动,还可使人体产生一种低频振动。这种振动可使血管平滑肌得到锻炼,从而增加血管的张力,能通过振动将血管上的沉积物排除,同时又能防止血脂在血管壁上堆积,这在防治动脉硬化和心脑血管疾病上有重要的意义。总之,轻松慢跑运动可增强心肺功能。使全身气血流通,滋养心脑和周身血脉,又能增进食欲,提高消化和吸收功能;令人乐观,振奋精神,解除忧虑和精神紧张,改善全身新陈代谢;增强体质,以达到延年益寿的目的。

轻松慢跑运动的姿势是:精神旺盛,心情欢畅的情况下,全身肌肉要放松,呼吸要深、长、细缓而有节奏,可两步一呼,两步一吸;亦可三步一呼,三步一吸,宜用腹部深呼吸,吸气时鼓腹,呼气时宜呼尽。慢跑时步伐要轻快,双臂可自然摆动,其运动量以每天 20～30 分钟为宜,但必须长年累月,长期坚持才能奏效。

轻松慢跑运动可分为原地跑,自由跑和定量跑三种。原地跑即是在原地不动地进行轻松慢跑,开始每次可跑 50～100 步,循序渐进,逐步增多,持续 4～6 个月之后,每次可增至 500～800 步。高抬腿跑可加大运动的强度,自由跑是根据自己的情况随时改变轻松慢跑的速度,不限速度,也不限距离和时间。定量跑是有时间和距离的限制,即在规定时间内跑完一定的距离。从少到多,逐步增加。

轻松慢跑运动的时间:以早晨为宜。《素问·四时调神论》,曰:"夜卧早起,广步于庭"。其速度应据体力而定,原则是宜慢不宜快,以自然的步伐轻松地向前行

孔子家语

孔子智慧通解

图文珍藏版

进。运动量的掌握必以循序渐进,持之以恒为原则。要从短程开始,逐步增大跑程。自我掌握运动量,轻松慢跑后,自觉有轻松舒适感,没有呼吸急促,腰腿疼痛,特别疲乏等不良反应发生为宜。

库珀 12 分钟跑检测法

库珀是一位美国军医,这种检测法是他经过 14 年研究编制而成的,是对体质情况的衡量方法,不是锻炼身体的方法,其评定方法是:

40~49 岁,凡在 12 分钟内只能跑 1.3 千米以下的,其健康水平显然很不好;凡能慢跑 1.3~1.6 千米的,为不及格;凡能跑 1.7~2.1 千米的,为及格,凡能跑 2.2~2.4 千米的,好。凡能跑 2.5 千米以上的,很好。

50 岁以上,凡是跑不到 1.2 千米的,其健康水平显然很不好。凡能慢跑 1.2~1.5 千米的,不及格。凡能慢跑 1.6~1.9 千米的,及格。凡能慢跑 2~2.4 千米的,好。凡能跑 2.5 千米以上的,健康水平很好。

2.减轻压力的健身运动——登山运动

《孟子尽心上》云:"孔子登东山而小鲁,登泰山而小天下。"这说明了孔子曾经登上鲁国的东山、泰山的经历,发出"登泰山而小天下"的感慨,现在这里还有"孔子小天下处"的刻石。泰山一天门的一座石碑坊上也留有"孔子登临处"的古迹。这些古籍记载和文物,都是孔子喜爱登山活动的佐证。而且从孔子喜爱登山活动可以看出他身体健硕,登山运动不仅需要发达的四肢,而且需要非常好的耐力,意志薄弱和身体单薄之人是无法从事登山这样剧烈而又艰难的运动的。

经常出外进行登山野营活动对人体有很大的益处,在山顶上人们极力眺望远处,可以放松眼部肌肉,因为在城市中由于工业污染及热岛效应等因素,空气中颗粒悬浮物较多,能见度较差。山野之中,尤其是在山巅之上,可以使目光放至无限远,可缓解眼部肌肉的疲劳。

大山里的原始森林和草地的面积是远非城市中的绿地花草所能比拟的。因此在山间行走,对于改善肺通气量、增加肺活量、提高肺的功能很有帮助,同时还能增强心脏的收缩能力。山间道路坎坷不平,穿行此间有益于改善人体的平衡能力,增强四肢的协调能力,尤其是行走在没有经过人为修饰的非台阶路段,可使人体肌纤维增粗、肌肉发达,增强肢体灵活度。

平时人们体内的糖代谢属于有氧代谢,登山活动尤其是登高山,由于空气稀薄,人体内大部分碳水化合物都转为无氧代谢,加之登山野营活动的运动量较大,山中野餐往往难以满足体内能量的需求，因此，它能大量消耗人体内聚集的脂肪组织，尤其是腰腹部的脂肪组织，从而起到减肥的作用。登山运动可以缓解人的心理压力，调节人体紧张的情绪，能改善生理和心理状态，恢复体力和精力，使人精力充沛地投入学习、工作。登山锻炼还可以延缓人体衰老，还可以陶冶人的情操，保持健康的心态，俗话讲"近山则志高，临水而聪慧"，长期登山运动之人会心胸开阔，淡泊名利，以～颗豁达的心对待周围的事物，从而达到修身养性的养生目的。

三、修身之道

德不孤，必有邻

孔子可谓是一个品德高尚、讲求仁爱的人，他的一句"德不孤，必有邻"成了两千多年来的至理名言。这句话向我们传达了两层意思："德不孤"，一个真正有道德的人是不会孤立无援的，形单影只的必定是品德败坏的人；"必有邻"，人们愿意与有道德的人交往，而且有道德的人要尽量去结交那些与自己道德品质相近的人。其实，中庸处世思想也基于此：以"仁道"来修养自己的道德品质，这种道德品质最终表现出来的不仅仅是自己对社会的贡献，还表现为人际交往过程中的真诚与和谐。

品德是世界上最强大的动力之一。高尚的品德是人性最高形式的体现，它能最大限度地展现出人存在的价值所在；它是一个人最宝贵的财产。它构成了人的地位和身份，是一个人在信誉方面的全部资本。

当今社会，人与人之间的联系和交往越来越密切和广泛，许多事情不可能是一个人能够完成的，这就要求人与人之间要加强沟通、相互帮助，而这种关系更多的是体现在朋友之间。朋友的多少、好坏直接取决于你个人的内在品质，也直接影响着你能成就多大的事业。我们可以从战国时期的孟尝君身上了解这一点。

孟尝君是个有德行、有仁义的人。曾经有一个人，听说孟尝君礼遇宾客，就穿着草鞋前来拜见。

过了几天，孟尝君问客监这个人是做什么的。客监回答说："这位先生十分贫穷，只有一把剑，他经常一边手敲宝剑一边唱道：'长剑，回去吧！这里的饭菜连鱼都没有。'"孟尝君听后，就在他吃饭时特意为他添加了鱼这道菜。

几天后,客监又跑来说:"这位先生又敲着剑歌唱:'长剑,回去吧!这里出门没有车子坐。'"于是,孟尝君就把自己的车子给他用。

又过了几天,孟尝君又问起这个人的情况,客监回答说:"他又敲剑歌唱:'长剑,回去吧!这里不是自己的家。'"孟尝君听了很不高兴。

有一次,孟尝君派这个门客去薛国帮忙收租,可是,这个人不但没收回租子,反而把那些凭据当着老百姓的面给烧了,给孟尝君收回了"仁义"。后来,孟尝君被罢官回家的时候,全城的老百姓都出城迎接他。孟尝君流着泪对这位门客说:"你为我收来了我永远也买不到的东西。"

孟尝君手下门客三千,靠的并不是每天让他们酒足饭饱、有安身之所,而是以自己的德行和仁义来感召其他人,最终门客们也没让孟尝君失望。可见,当自己遇到困难的时候,不离不弃的才是真正的朋友,那些满脑子金钱和私欲的人,不能算作朋友。战国时期的廉颇通过亲身体验向我们证实了这一点。

廉颇被免官还乡的时候,府中的门客都走光了,等到他重新赴任的时候,那些门客又都回来了。廉颇很生气,就问他们:"你们不是都走了吗?现在怎么又回来了?"有一个门客说:"廉将军,话不能这样讲。当今天下结交朋友,就好像做生意一样,你有权有势,大家就跟着你,等你无权无势的时候,大家就会离开你。世道如此,廉将军又何必这样气愤呢?"廉颇对此很是感慨,从此交友谨慎起来。

大家可以看出,一个有德行的人,他的朋友并不一定也都是讲究德行的人。很显然,这位门客的话是在讽刺那些毫无德行的门客。这就告诉人们,有道德的人要尽量去结交那些与自己道德品质相近的人。

只要是一个道德高尚的人,无论走到哪里、做什么事,他永远都是集体、社会乃至整个民族的脊梁。我们从小就从父母、老师那里学到了善良、正直,人们也一直在朝着这个方向发展、努力,但当人们进入社会却发现世态炎凉,儿时的纯真梦想遭到现实最严重的打击,于是人们开始质疑和抛却人性中内在的品质,取而代之的是圆滑、世俗、狡诈,而且他们并不会以此为耻,他们觉得这不是个人的错,而是整个社会的错。事实真是这样吗?其实不然,社会是大家的,如果每个人都能立正自己,找准自己的位置,又怎么会将内心的德行丢弃呢?

有德之人总是按照良心法则去为人处世,从而能赢得人心,结交知己。因此,孔子这句话的重点在于强调,一个人必须首先提高自己的内在修养,然后再将这种修养扩展出来,才能建立良好的人际关系,最终在为人处世中实现中庸和谐。

其余不足观也已

孔子认为:才能资质属于才的方面,骄傲吝啬属于德的方面;才高八斗而德行不好的人,是"不足观"的,只有德才兼备的人才是真正的人才。

如此说来,德行要比才能更为重要,谦虚和大度是每个人都应该具备的道德修养。谦虚大度的人不露锋芒,不会恃才傲物,这也正符合中庸所提倡的"中和"之道。

有一天,一位鲁国大夫在朝廷上对官员们说:"子贡的贤能可以超过孔子了。"景伯就把这话告诉了子贡,想听听他的看法。

子贡说:"要是用围墙来做个比喻的话,我的围墙高与肩齐,站在墙外就可以看到屋子的美好;而老师的围墙高达几丈,要是摸不到大门进去,就看不到宗庙的雄峻和房舍的富丽。能够摸到大门进去的人或许很少。"

子贡是一个有着谦逊美德的人,听到他人的赞美时,用了一个形象的比喻,在自谦的同时不忘赞美老师德行的宏大。可见,一个为人谦虚、胸怀大度的人,在与他人交往的时候,不仅能够自谦,而且还会提高别人。赵国丞相蔺相如与廉颇将军的"刎颈之交"和"负荆请罪",二千多年来一直被传为佳话,仔细想来,人们更多的是感叹蔺相如的谦虚和大度。

战国时期,蔺相如身为赵惠文王手下的大臣。有一次,赵惠文王与秦昭襄王会晤于渑池,商谈盟约,蔺相如也一同前往。饮酒的时候,秦王为了显示自己的权威,要求赵王为他弹奏,赵王无法推托,只得弹奏一曲。秦王故意让属下的御史记录下这件事,作为史料,以此来羞辱赵国。

蔺相如见赵王受辱,立刻挺身而出,拿起桌上的瓦器不慌不忙地走到秦襄王面前说:"赵王听说秦王擅长演奏秦声,我特意奉上乐器,请求秦王击瓦助兴。"秦王不予理会,蔺相如捧着瓦器,态度强硬地说:"秦王你若不答应,我离你这么近,足以和你同归于尽。"秦王被蔺相如的气势所震撼,考虑到自己的人身安全,无奈之下拿过瓦器敲击了几下。蔺相如立刻让随行的史官也记下:某年某月某日,秦王为赵王演奏。

秦、赵渑池之会以后,赵王回到赵国,由于蔺相如功劳大,被任命为上卿,地位在大将军廉颇之上。廉颇十分不服气,说道:"我身为赵国的大将,有攻城拔寨的大功劳,蔺相如只不过是耍嘴皮子的本事,反而地位比我高,况且他本是一个出身卑贱的人。现在我位列他之下，真是羞耻，实在不甘心。我如果碰见蔺相如，一定要当面好好羞辱他一番。"

蔺相如听到这话以后。就故意躲避着不见廉颇。每次上朝的时候都推说自己有病，不愿与廉颇争抢位次的先后。有一天，蔺相如乘车外出，远远地看见了廉颇，就连忙令车夫调转车子躲避。蔺相如的家臣实在看不下去了，一起劝他说："我们之所以离开亲人来投靠您，是因为我们仰慕您崇高的节操。现在您比廉颇职位高。他口出恶言，您却怕他、躲他，这种胆小也未免太过头了。我们作为普通人尚且感到羞耻，更何况您呢？我们没有才能。请允许我们走吧！"

蔺相如长叹一声，说道："大家认为廉将军与秦王相比，哪一个更厉害？"家臣们回答说："当然是秦王厉害。"蔺相如接着说："像秦王那样威严的人，都听凭我在朝堂上大声呵斥，侮辱他的大臣，我即使再愚笨无能，难道会害怕廉将军到那个程度吗？我之所以避让他，是考虑到强大的秦国之所以不敢侵犯赵国，很重要的一点就是因为我们两人在赵国的缘故。一文一武正好辅助国家，现在两虎相斗，势必不能同时生存。我之所以这样做，是把国家的急难放在首位，而把私人的仇怨放在后面。"家臣听罢，没有人不为蔺相如博大的胸怀所感动，纷纷收回了自己先前说的话。

后来，这番话传到了廉颇的耳中，他深受感动，便脱去上衣露出肩膀，背上荆条来到蔺相如府上请罪，说道："我这个庸俗卑鄙的人，想不到您胸怀宽广到这种地步。"蔺相如急忙为廉颇抽去荆条。让他穿上衣服。两人终于和好如初，并结成了同生死共患难的朋友。

蔺相如以他的宽容和崇高的人格化解了一场事关个人荣辱与国家大业的风波。他的人品也为后世所称道。古语云："德不高则行不远"，只有品德高尚的人，才能获得真正的成功；只有德才兼备的人，才能与他人患难与共，共担荣辱。

品德，使社会中的每一个职业都成为荣耀，使社会中的每一个岗位都受到鼓舞；它比财富更具威力，它使所有的荣誉都得到保障；它伴随着时时可以奏效的影响，因为这是一个人被证实了的信誉、正直和言行一致的结果，而一个人的品德比其他任何东西都更显著地影响别人对他的信任和尊重。

改之为贵

孔子作为一位严师，总是告诫他的弟子们一定要听从别人的批评，并且还要确实能够改正;对于那些恭维的话,要学会冷静地去分析,这才是可贵的。这里孔子主要强调了怎样对待别人的规劝和赞扬的问题,对现代人很有启发作用。

以人为鉴可以知正误。犯了错误时,如果有人及时提醒,使自己认识到错误,加以改正,就可以尽力挽回损失。尤其要注意的是,当别人指出自己的错误时,即使自己没有这样的错误,也不能怨恨于人,要以宽广的胸怀去面对,谦虚谨慎地进行反思,无则加勉。只有这样,才能不断地完善自身。反之,如果以狭隘的思想去理解,认为对方是在故意找自己的麻烦,而不去反思自己是否真的有过错,那么就可能与事实背道而驰,与成功失之交臂。

有的人一听到别人的批评意见,就觉得如芒在背,也不管批评的对与错,便认为批评者是存心跟自己过不去。工于心计的,表面上诚恳接受,背地里却处处与人为难;性格耿直的,则免不了当场发作,与批评者针锋相对。这样时间长了,批评者就会变得"世故"起来,批评的声音也会日益衰弱下去。

有人会说,每个人都爱听好听的话。好听的话的确能够使人精神愉悦,同时又长面子,可是有些好听的话就如漂亮的罂粟花,美丽却不失毒性。

有则寓言故事,说的是一种叫猱的狐狸,最爱吸食动物的脑浆。一天,老虎觉得头痒难耐,就让猱为自己挠痒。猱慢慢地挠着,就将老虎的脑袋挠开了一个洞,可老虎全然不知,并且还很快活。猱一边吸着老虎的脑汁,一边对老虎说:"大王,您是百兽之王,人人都对您毕恭毕敬。我弄了一点荤味,不敢一个人独自享用,送给大王您吃吧!"老虎高兴地说:"你对我真是忠心啊!"最后,老虎的脑袋被掏空,大吼一声就死去了。

那些以阿谀奉承为能事的人,不正如猱一般阴险狡诈吗?

俗话说:"良药苦口利于病,忠言逆耳利于行。"一个人如果能听从难以入耳的忠言,就能修身养性,提高自己的品德;相反,如果一直听悦耳的话,被甜言蜜语包围,就如同中了鸩毒一般,看不到自己的缺点,则此生再也无望了。"鸩毒"是什么呢? 鸩是一种毒鸟,所谓"鸩毒",指的是用鸩制成的毒药。

有一次,管仲向齐桓公进谏:"宴安鸩毒,不可怀也。"原来齐桓公爱姬甚多,常在后宫饮酒作乐,管仲见了很担心,就把酒色比作鸩毒,劝诫齐桓公勿近醇酒妇人。齐桓公毛病很多,只因有管仲辅佐,他对管仲也委以重任,管仲常以忠言相劝,才使齐国成为春秋五霸之一。到管仲去世后,事情就发生了变化。

公元前 645 年,管仲病危。齐桓公前去看望他,问他:"仲父病成这个样子,有什么话要和寡人说吗?"管仲劝他离易牙、竖刁、常之巫这些人远点。

齐桓公说:"易牙把自己的儿子煮熟了做成菜肴让我尝鲜,这么忠心耿耿的人还值得怀疑吗?"

管仲说:"人之常情,谁不疼爱自己的孩子? 易牙杀死自己的孩子来迎合国君,这种行为不近人情,这样的人怎么值得重用和信任呢?"

桓公又问道:"竖刁把自己阉了以服侍寡人,这样的人也值得怀疑吗?"

管仲回答道:"按人之常情来看,没有不爱惜自己身体的。能下狠心把身体弄残了,那么对国君又有什么下不得手的呢?"

桓公又问道:"常之巫能推测人的生死,治愈百病,这样的人也值得怀疑吗?"

管仲回答道:"生老病死,符合自然规律。主君不顺其自然,守护根本,却完全依赖于常之巫,那他将对国君无所不为了。"

桓公又问道:"卫公子启方,侍奉寡人长达十几年,从未回国看过自己的母亲,这样的人也值得怀疑吗?"

管仲回答道:"按人之常情来说,没有不爱自己生身父母的。他背弃自己的父母来迎合国君,这种行为不近人情,这个人不能接近。"

管仲死后,齐桓公开始时还记着管仲的劝告,将这些人赶出了宫,可是他非常不习惯没有这些小人在身边的日子,于是不久之后又将他们接回来了。齐桓公将管仲的劝告置之脑后,亲近和重用易牙、竖刁、启方等人,这些人把持了齐国的大权,齐国政治日渐腐败。齐桓公却没感觉有任何不妥,说:"仲父的话是言过其实了。"齐桓公生病的时候,这几个人一同叛乱。他们在桓公寝室四周筑起一道围墙,禁止任何人入内。这时,桓公哭得鼻涕横流,感慨道:"唉! 还是圣人的眼光比我们远大呀! 若是死者地下有知,我还有什么脸面去见仲父呢?"说罢,自己扬起衣袖捂住脸部,气绝身亡,死在寿宫。由于齐桓公的儿子们为争夺君位而相互攻杀,没人有心思去管死去的齐桓公。齐桓公的尸体在床上停放了 67 天,上面只盖一张席子,以至腐烂发臭,蛆虫爬出门外。直至无诡正式即位,才将齐桓公的尸体放入棺中,停枢待葬。

齐国的霸业就这样骤然衰落了。

齐桓公的死可以说是他自己一手造成的,他的悲剧提醒人们,如果听不到批评意见,听不进逆耳的忠言,就认识不到错误,察觉不了灾祸,就无法提醒、警策自己,这是件很危险的事。整天被赞扬的话包围,赞美之词不绝于耳,就像喝含有"鸩毒"的美酒一样,听多了就会丧失警觉,削弱自己发奋上进的精神,沉湎在自我陶醉的深渊中,积羽沉舟,最终毁了自己。

《周易·小过》中有:"弗过,防之,从或戕之,凶。"意思是说,在没有产生失误前要加以防范,过于放纵就会伤害自己,那就凶险了。因此,当我们觉得自己没有过错而受到别人的批评时,千万不要盲行和顶撞,要勇于接受批评,时刻引起警惕。

忠言与谗言之间,顺耳与逆耳之间,每一次选择都意味着对缺点的正视与逃避。不可以轻易否定忠言,否则你将会错失一位真心的朋友,也不可以盲目地陶醉于花言巧语,否则你将会沉溺于自我,看不到外面的世界。

唐太宗李世民有一次上朝的时候,跟魏征争得面红耳赤。唐太宗实在听不下去,想要发作,又怕在大臣面前丢了自己接受意见的好名声,只好勉强忍住。退朝以后,他憋了一肚子气回到内宫,见了他的妻子长孙皇后,气冲冲地说:"总有一天,我要杀了这个乡巴佬!"

长孙皇后很少见太宗发那么大的火,问他:"不知道陛下想杀哪一个?"

唐太宗说:"还不是那个魏征!他总是当着大家的面侮辱我,叫我实在忍受不了!"

长孙皇后听了,一声不吭地回到自己的内室,换了一套朝见的礼服,向太宗下拜。

唐太宗惊奇地问道:"你这是干什么?"

长孙皇后说:"我听说英明的天子才有正直的大臣,现在魏征这样正直,正说明陛下的英明,我怎么能不向陛下祝贺呢!"

这一番话就像一盆清凉的水,把太宗的满腔怒火浇熄了。

唐太宗正是因为有魏征的忠言,才能及时更正错误,使人民安居乐业,国泰民安。后来,魏征死了,他伤心地说:"人以铜为镜,可以正衣冠;以古为镜,可以见兴替;以人为镜,可以知得失。魏征没,朕亡一镜矣。"

虽然批评意见有时"带刺",令人难以接受,但它含有品评、判断、指出好坏的目的,带有激励、教导、鞭策的愿望,起着积极的作用。可人是有感情的,常常因情感、情绪的变化,对别人的批评有不同的反应。喜欢听溢美之词,厌恶批评之语,这是人性的弱点,也是人之常情,即使是大人物也在所难免。但是,如果一味地沉浸在恭维称赞声中,总有一天,自己会被淹没。我们需要不断地进步,就要听得进忠言,别人的批评教育在我们的人生路上就像一盏明灯,照亮着我们前进的道路。

　　生活即艺术，是一种修炼，是一片净土，不是武术，不是战场。虔诚的攻艺者当专心不二地将自己的精力、心力都用到艺事上。批评是一束智慧，批评是一份爱心，批评是一片袒露的真诚，批评，始终是攻艺者的强身之本。

　　因此，我们要感恩批评，把别人的忠言和批评当作前进的动力。

举直错诸枉，则民服

　　"把正直的放在不正直的之上，百姓就信服；把不正直的放在正直的之上，百姓就不信服。"孔子这看似简单的回答却是为人处世的一番大道理，孔子教导我们做人一定要胸怀磊落、光明正大。一个人想成就一番事业，就要真正懂得为人处世中"方"的重要性，做得正、行得直，这是一种高尚的品质，是一种伟岸的气度，是一种不流俗的精神。

　　人们只知道狄仁杰断案奇绝，殊不知他的过人之处远不止于此，他个性耿直无私，执法如山，伸张正义，不畏权势，即使在唐高宗、武则天面前也坚持原则，最终赢得武则天的信任和同僚的尊敬。

　　狄仁杰，字怀英，今山西太原人。狄仁杰曾历任汴州判佐、并州都督府法曹、大理丞、宁州刺史、江南巡抚史、文昌右丞、豫州刺史等职，武则天时两度拜相，深受武则天器重，是为数不多的在武则天手下得以善终的重臣。作为初唐时期的杰出政治家，狄仁杰

狄仁杰墓

在远比破案广阔的领域里留下了自己的印记。

　　狄仁杰出身名门，祖父和父亲都曾担任过唐朝的高官，但他生性淳朴，从不以出身做人，因此年轻时就受到长辈的夸赞。在他担任并州都督府法曹时，同僚郑崇质奉命出使去一个遥远的蛮荒之地，而郑崇质有一个年老多病的母亲，郑崇质丢下老母只身远行，心里很不放心，狄仁杰见状十分同情，便求见作为主管长官的长史蔺仁基，说："郑崇质的母亲年老多病。你怎么能忍心让他在万里之外还为老母担

忧呢?"随即自告奋勇,要求代替郑崇质出使。狄仁杰的举动使蔺仁基深受感动。

恰逢此时,蔺仁基正和司马李孝廉闹矛盾,两人不但在公事上互相拆台。而且平时形同陌路。面对涉世不深却如此急公好义的狄仁杰,蔺仁基非常惭愧,于是他硬着头皮找到李孝廉,把狄仁杰的所作所为从头到尾说了一遍,并深有感触地叹道:"与仁杰相比,我们难道不自惭形秽吗?"李孝廉也深受震动,两人从此和好如初。

不仅对情同手足的同僚如此,即使是对曾经诋毁过自己的人,狄仁杰也能从大局出发,不计较个人恩怨,与他们和睦相处。

狄仁杰第一次拜相后。武则天有一次半开玩笑半认真地对他说:"你在当豫州刺史时,干得很不错,但还是有人说你的坏话,你想知道这人是谁吗?"狄仁杰心里清楚,这个时候只要点一点头,武则天便会把那个人的名字说出来,但如此一来,除了使自己平白多了一个仇人以外没有任何好处,于是他不卑不亢地答道:"陛下如果以为微臣有什么过错,微臣请求陛下给我一个改过自新的机会,假如陛下知道微臣没有做错事,则微臣万幸,他人的谗言又何足道哉? 所以我不想知道此人是谁。"

在大臣们之间制造不和,一直是女皇帝武则天行之有效的驭臣之道,想不到这一次却在狄仁杰面前失了效。武则天失望之余,却也不得不在心里赞叹狄仁杰的耿直。

对待朋友、同僚乃至政敌,狄仁杰都可以说是一个谦谦君子,但是,在涉及大是大非的原则问题时,他却十分固执,寸步不让,与平时判若两人,甚至皇帝也无计可施。

狄仁杰刚到京师担任负责审判罪案的大理丞时,有一次左威卫大将权善才、左监门中郎将范怀义误砍了皇帝祖坟昭陵的柏树。唐高宗李治十分愤怒,要求审理此案的狄仁杰判处权、范两人死刑,但是按照法律,两人犯的"罪行"却只能处以免职。狄仁杰便如实对李治汇报说:"权、范两人够不上死罪。"李治正在气头上,自然顾不得法律规定,他恨恨地说:"权善才等人竟敢砍我祖陵上的树,实在是胆大妄为,狗胆包天,我不杀他,我就是祖宗的不肖之子。"

说到这里,李治面红耳赤,显然是动了真怒,但是狄仁杰视而不见,他不紧不慢地对李治讲述了法律的有关条文。说明判处两人死刑的不当之处。李治被缠得心烦意乱,一气之下便要把他赶出去。不料此时,一贯温文尔雅的狄仁杰却执拗起来,他对李治说:"犯颜直谏,自古就以为是一件难事。然而微臣以为,碰到桀、纣这样的昏君确实是难,但是遇到尧、舜这样的明君则容易得很。现在,权、范两人法不当死而陛下非要杀他们不可,这样法律还有什么权威性呢? 老百姓又如何根据法律来约束他们的行为呢? 为了一棵柏树就杀掉两位将军,后人又会怎么看待陛下呢?"

狄仁杰这番话说得很有策略,前面的两句。其实是在暗示自己之所以敢对李治如此顶撞,是因为把李治看作了尧、舜那样的明君,如此一来,后面的话说得激烈一些也就没有关系了。果然,听完狄仁杰这番议论,李治的怒气消了不少,权、范两人的死刑也就由此作罢。

后来,权、范两人被依法撤职,并被流放到了屺南,只因误砍了一棵树便遭此处罚,现在看来未免有点小题大做,但是,与杀头相比,这是不幸中的万幸了。其中,狄仁杰无疑起了至关重要的作用,他本可按照高宗的意见来处理此事,可个性使然,他偏不就范,冒着杀头的危险大胆劝谏,由此可见其秉性耿直的一面。

武则天时期,越王李贞在豫州发动叛乱,宰相张光辅率兵讨伐。很快平定了这场叛乱。此时,狄仁杰正在豫州刺史任上,免不了要和张光辅打交道。张光辅的部将因为平叛有功,十分骄横,常常向狄仁杰提出一些无理要求,但这些无理要求都受到了狄仁杰的婉言拒绝。

在狄仁杰这里碰壁的将士便去向张光辅告状。不可一世的张光辅自然容不得狄仁杰不给自己面子,他便找到狄仁杰,兴师问罪道:"你小小一个州官,难道连我元帅也不放在眼里吗?"

谁知狄仁杰对他的问题避而不答,却说了一句莫名其妙的话:"为害河南者,不过一个越王李贞。现在一个李贞刚死,却又有千万个李贞生了出来。"

张光辅丈二和尚摸不着头脑,便问他到底是什么意思。狄仁杰冷笑了一声,说:"明公带兵三十万,要杀的不过是越王一人。可是现在越王已经伏法,明公却仍然纵容部下滥杀无辜,为非作歹,你的这些部下和李贞有什么两样? 说他们是新生出来的李贞,难道有什么不对吗?"

张光辅原本就是一个欺软怕硬的人,被狄仁杰如此一说,反而不知道如何是好,只得悻悻而归。

人们都说武则天心狠手辣,但在狄仁杰这里却另当别论。每当武则天有不对的地方,狄仁杰会毫不客气地指出来,这同样也是他正直、耿直的表现。

有一次,武则天问狄仁杰说:"朕想找一个得力的人来委以重任,你看谁比较适合?"狄仁杰回答说:"不知陛下想让这个人派什么用场?"武则天说:"想让他做宰相。"狄仁杰想了一想,便说了苏味道、李峤、张柬之三人的名字。但他认为苏、李两人都是著名诗人,以文学见长,而张柬之则是一个具有罕见行政才能的人,虽然年纪稍大,却是当宰相的最佳人选,武则天见狄仁杰说得头头是道,便连连称赞。

第二天,武则天提拔原为荆州长史的张柬之当了洛州司马。又过了几天,武则天再次要求狄仁杰推荐得力的人,狄仁杰这次却不着急,缓缓说道:"上次推荐的张柬之,陛下还没用呢!"武则天回答道:"不是已经升他的官了吗?"狄仁杰一脸凝重地说:"微臣推荐的,是做宰相而不是做司马的人。"狄仁杰似乎认了死理,一句话就把武则天顶了回去。这时,武则天才想起自己上次让狄仁杰推荐的确实是做宰相的人,狄仁杰郑重其事地推荐了张柬之,自己却又不明不白地让张柬之当了个洛州司马。于是,她又赶紧下令,再提拔张柬之当了秋官侍郎。

狄仁杰还举荐过夏官侍郎姚元崇、监察御史桓彦范、太州刺史敬晖等十几个人,这些人后来都成了名臣,有人曾经不无敬意地对狄仁杰说:"天下桃李,无不出自您老的门下!"狄仁杰却毫无得意之色,而是很认真地答道:"举荐贤良是为了国家,而不是满足我自己的虚荣心。"

李楷固、骆务整都是契丹的大将,当契丹军队寇掠唐朝边境时,两人曾屡挫唐军,尤其是李楷固,身怀绝技,每与唐军交战,总是冲锋陷阵,所向披靡,使唐军望而生畏。后来契丹兵败,两人都投降了唐朝,但法司仍然准备治他们的罪。狄仁杰听说后,对身边的人说:"李楷固等人都是骁勇无比的将才,两人打起仗来都很卖命,如果我们能以仁德感化他们,使他们为我所用,两人一定能建功立业。"说罢便上奏请求武则天赦免李、骆两人。但是其他同僚都认为武则天决不会赦免这两个杀死过唐朝无数官员的人,劝狄仁杰不要去碰这个钉子,狄仁杰对大家的好意却不以为然,说:"只要我做的一切有利于国家,碰不碰钉子又有什么关系呢?"结果,武则天出人意料地采纳了狄仁杰的建议,不但赦免了李、骆两人,而且委两人以重任,两人后来都在讨平契丹余部的战斗中立了大功,李楷固还被赐姓武,成了武则天的亲信。

有人因为人正直、个性耿直而受挫,而狄仁杰却因此而受荣,这就说明,正直耿直之人终将善终。一个具备优秀品质的人,无论在什么环境、在什么条件下,都能坚守内心的"方",为人堂堂正正,不趋同世俗,不随波逐流,制约他们的因素必然会很少,也就无法阻止他们的成功。

孔子智慧通解

图文珍藏版

所以，只要是一个向往优秀品质的人，就应该保留内心中的那份"方正"，并日益完善它。参天大树离开了"根本"，就会死去；为人放弃了"方正"的根本，也必定一无所成。安贫乐道，富贵于我如浮云

孔子说："吃粗粮，喝凉水，睡觉时弯着胳膊当枕头，这里边也是有乐趣的。用非正当的方法得到的富足和尊贵，在我看来犹如浮云一般。"

孔子做鲁国大司寇时，其弟子原宪做了他家的总管。孔子给他每年九百斗谷子的俸禄，他坚决推辞不肯接受。直到孔子对他说："不要推辞了，你若用不了，可以分给你家乡的穷人。"他这才勉强接受。

有一次，原宪问孔子："老师，您说什么是耻辱呢？"孔子回答说："如果一个国家被君主治理得很好，百姓安居乐业，有学问的人做官拿俸禄，是值得赞扬的。如果一个国家的君主，把国家弄得兵荒马乱，民不聊生，这时候有学问的人去当官拿俸禄，就是可耻的了。"

孔子去世后，周王室更加衰落，各诸侯国连年征战。大国称霸，弱国受欺，国君昏庸无能，百姓苦不堪言。原宪想起了老师关于耻辱的教诲，于是便辞官去卫国乡下隐居。

这样的隐居生活很清苦，原宪夫妻二人住着两间草屋，家徒四壁，唯有一床破席，外面下大雨时屋内就下小雨。但原宪依然很快乐，照样读书吟唱。

那时，孔子的另一个弟子子贡在卫国做宰相，当他得知自己的同学原宪也居住在卫国后，便穿着华贵的衣裳，带上大批的随从，坐着四匹马拉的豪华车子，预备去拜访原宪。

一路上，地面崎岖不平，两旁杂草丛生，好不容易才颠颠簸簸地来到原宪家。子贡下车一看，只见房屋低矮简陋，门窗破旧不堪。这时，一个头顶桦树皮做的帽子，衣裳朴素，鞋无后跟，拄着藜杖的人迎面走来。子贡仔细一打量，这人正是自己的同学原宪。

"你是不是生病了？"子贡惊疑万分。

原宪回答说："我听说没有金银财宝的人叫穷，没有学到治国本领的人才叫作病。我没有病，只是穷而已。"

原宪虽然神清气爽，但毕竟面黄肌瘦，与自己的境遇相比，反差实在太大，子贡心中未免有些不忍，又有点羞愧，便说："你为什么不出去做官拿俸禄，使生活过得富裕点呢？"

原宪说:"政治这样黑暗,当政者如此愚昧,如果我出去参与政事,不是等于与他们同流合污吗?我现在的生活虽然是粗衣疏食,但也可以过得去的。我所忧虑的是,世道这样混乱,百姓的苦难什么时候才能结束啊!"

子贡听了,想起了老师的教导,自愧不如原宪,无话可说,尴尬地告辞。

孔子由于政治主张得不到各诸侯国君主的认同,虽才华横溢、德高望重,却四处碰壁,因此他常常处于无官可做的贫困和尴尬的境地。面对这种情况,孔子采取的对策是"用之则行,舍之则藏",即你任用我,我就为你施政;你不用我,我也不会为了拥有富贵而不择手段。我只会隐藏起来,安贫乐道。但是不管怎样,我的儒家主张、政治理想不会放弃,立身处世的一切儒家行为规范不会改变,追求也不会停止。我心中有道,所以虽处境贫困,却仍能安贫乐道。孔子的这个思想与孟子"富贵不能淫,贫贱不能移,威武不能屈"的坚定意志,给后代追求理想的人们以巨大的鼓舞。

"富贵于我如浮云"也成为后世知识分子追求理想境界而蔑视荣华富贵的一种宣言。他们蔑视这种荣华富贵,不是因为他们本能地厌恶舒适生活,而是不愿用理想和人格的代价去换取舒适的生活。

一言以蔽之,曰"思无邪"

孔子是一个"畅情论"者,是一个快乐主义者,他提倡的"无邪"思想是中国人最光辉的人性传统、人道传统和人文传统,只要一个人思想纯正就不会走入欺诈的歧途。反之,就容易走上极端,积重难返,我们来从历史中寻找证据。

杨广为了从杨勇手中夺得太子之位,其欺诈世人的手段可谓是一流的。他为人不喜欢声色,虽然姬妾成群,但他从不和她们在一起寻欢作乐,只与肖妃一人住在一起。

杨广每天上朝的时候,车马随从,但很是俭朴,对待朝臣也恭敬有礼。有一次下雨的时候,侍从连忙递过雨衣,他却说:"士卒毕沾湿,我独衣此乎?"因此,上到皇上下到随从都称赞杨广仁义。

但谁也没想到,杨广夺得太子之位以后就凶相毕露:隋文帝病重,入宫侍寝,他趁机奸淫其父的妃子,后来被父亲发现,就派人杀了父亲,做伪诏将皇位传给自己,并赐杨勇死刑。即位以后,他更是变本加厉,专制残忍,排挤旧臣,对献媚自己的人赐以高官厚禄,而那些忠诚之士却惨死在他的屠刀之下。

这样的欺诈手段实在是令人发指,所以杨广最终"搬起石头砸了自己的脚",身败名裂,得到了暴君应有的下场。思想纯正、秉性耿直的人能做到表里如一,真诚待人,宋朝的王安石就是这样一种人。

王安石,字介甫,抚州临川人。父王益,任都官员外郎。王安石少年时就喜好读书,一经过目便终身不忘。他写文章落笔如飞,初看似乎漫不经心,完成后,所见之人无不佩服他的文章精彩奇妙。

后来,王安石考中进士,名列上等,任签书淮南判官。以前的制度规定,任职期满,准许呈献文章要求考试馆阁职务,唯独王安石没有这样做。再调任鄞县知县,他在鄞县修筑堤堰,浚治陂塘,使水陆交通得到方便,把官谷借贷给百姓,秋后百姓加些利息偿还,使官仓中的陈谷能够换新粮。之后,文彦博做宰相,向皇帝推荐王安石,说他淡于名利,请求越级提拔,想以此来遏止为名利而奔走竞争的风气。不久,朝廷召王安石考试馆职,但他不肯参加。欧阳修推荐他任谏官。他以祖母年事已高辞谢。欧阳修对朝廷说王安石须用俸禄养家,因此任命他为郡牧判官,他请求担任常州知州。调任提点江东刑狱,入京任度支判官。

不久,王安石任职集贤院。在此之前,朝廷多次下达委任他担任馆阁职务的命令,他都辞谢了。士大夫们认为他是无意显赫于世以求仕途畅达,都恨自己不能结识他,朝廷多次打算委派他担任名利优厚的美差,只是怕他不就任。第二年,任命他同修起居注,他推辞了好多天,他上章辞谢了八九次,才接受了同修起居注的任命。于是任知制诰,纠察在京刑狱,从此他不再辞官了。

当时有诏令规定舍人院不得申请删改皇帝诏书文字,王安石争辩说:"确实如诏令所说,那么舍人就再不能履行他们的职责,而听任大臣为所欲为,这虽不是大臣为了私利而侵夺舍人职权,不过立法也不应该如此。今天大臣中软弱的人不敢为陛下执法守纪,而刚强的人则假借陛下的旨意来制造命令,谏官、御史都不敢违背他的旨意,我实在感到害怕。"王安石的这些话触犯了执政大臣,从此,更加与执政大臣相抵触。王安石因母亲去世离任,一直到英宗朝结束,朝廷多次召他,他都不肯起复任职。

王安石的意志坚定,是一般人所做不到的。他当宰相时在政治、教育等诸多方面大力推行变法,敢于打破旧框框,推出新措施、新制度,这都证明他确实是一个思想纯正、秉性耿直的人。

那么,在实际的人际交往过程中,怎样去做一个有谋但不奸诈的人呢? 首先,一个人要品格高尚，为人正直，待人处世不愠不怒；其次，能将他人托付的事情办理的很好，而不提回报，不会斤斤计较，也不会背弃信义。著名花旦梅兰芳的父亲就是这样一个人。

梅兰芳的父亲，小时候学拉胡琴，学成后，跟随名伶戏子到处表演，积攒了五千多两银子，这时家中来信催他回去完婚。

有一天，他乘马车返乡，走到京南的时候，看到道旁有许多茅棚，所住的都是灾民，因为遇到灾年，许多人都成群结队奔来京南。梅君一见，顿生恻隐之心。心里想，我现在有五千两银子，如果舍去三千两，剩下两千两也足够回去完婚的了，当即拿出三千两布施灾民。但是灾民太多，三千两银子根本不够用，还有许多灾民苦苦哀求，梅君确实心有不忍，又将余下的两千两银子取出来全部分给灾民。多年的血汗钱一天之内全都散尽，而他心中却十分安慰，但是，这次回家怎么完婚呢？梅君拿定主意，决定推迟几年再完婚，于是又回到北京。梅君又在北京工作了三年，才回去完婚。

荀子说，人的本性看起来如果是善的，那就是他努力伪装出来的，人性本来就是丑恶的。其实，"善"和"恶"对于每个人来说都有不同的理解。只要先修养自己致诚致信，自己先做到对他人"善"。那么，别人"善"的大门才会向你开放。

恭慎勇直，才能荣辱无忧

孔子说："只注重态度恭顺，却不知礼节，就会倦劳不安；只知道小心谨慎，却不知礼节，就会畏缩害怕；只凭勇敢有胆量，却不知礼节，就会犯上作乱；一味地心直口快，却不知礼节，就会尖刻刺人。"

孔子所强调的是礼对恭、慎、勇、直这些品德进行规范的重要性。没有礼的节制，这些本来是优秀的品德就会走样，甚至产生不堪设想的后果。

齐国有个隐士，名叫能意。他为人刚直不阿，说话从来不拐弯抹角，看到别人的缺点和错误，他总是直言不讳地指出。认识他的人，有的欣赏他的直来直去，有的却批评他口无遮拦。

能意的事情传到了齐宣王的耳朵里，齐宣王很感兴趣，便想会一会这位口无遮拦的能意。于是，就派人把他请到自己的王宫来。齐宣王问能意："寡人听说，你为人坦诚，说话也总是直言不讳，从不阿谀奉承，是这样的吗？"

能意见齐宣王以好奇的目光望着自己，便起身说道："没有的事，小人怎么能够做到为人坦诚,刚直不阿呢?"

能意的有意回避让齐宣王心里很不愉快,但心里又暗暗思忖,难道人们说的都不是事实。于是,他又问能意:"那为什么人们都说你刚直不阿呢?"

能意笑笑说:"齐王,我听说过这样一句话,叫作'腐朽的国家没有刚直不阿的人的容身之处,而这样的人也见不到昏庸的国君'。而我呢?不但见到了国君,而且还安居乐业,所以我就不是个刚直不阿的人,若一定要说我是刚直不阿的人,那岂不是在说齐国是个腐朽的国家,您齐宣王是个昏庸的国君了吗……"

还没等他说完,齐宣王勃然大怒:"呸!你这个大胆的刁民,竟敢辱骂寡人。"说着,齐宣王命人将能意抓了起来,想要严厉惩罚他。

只见能意不慌不忙,他分辩道:"齐王息怒,小人我自幼争强好胜,长大成人后,亲身体验过许多事情,唯独还没有尝过坐牢受罚的滋味,齐王今天这样做,真是遂了我的心愿,我真要好好感谢陛下呀!"

齐宣王听能意这样一说,先是一愣,后又转念一想,今天的事如若传扬出去,世人岂不说寡人器量狭小吗?最后,齐宣王只得无可奈何地驱逐了能意。

能意因为刚直不阿,在齐国可谓家喻户晓。不过,他在齐宣王面前的一番直言,意存讽刺,苛刻刺人,欠缺礼节,也因此惹祸。所以孔子说:"直而无礼则绞。"这句话指出了耿直的人在直言无忌的时候,容易犯不注意礼节的毛病,人们应该吸取教训。

孔子说,君子用深厚的感情对待老百姓,他们就会近仁;王侯将相不遗弃故交,平民百姓间的情感就不会淡薄。以此说明,礼是规范、塑造、建立各种内心情感的尺度。不论在什么情况下,都应注意礼节。只有这样,人与人之间的相处才会更融洽。

自我修炼,追求人生的完美

子路问孔子:"怎样才是个完美的人。"孔子说:"如果具有臧武仲的聪明、孟公绰的廉洁、卞庄子的勇敢、冉求的多才多艺,德存于内而文现于外,这也就可以说是个完美的人了。"孔子又说:"现在要成为一个完全的人哪里一定要这样呢?只要看见财利便先想到义,遇到危险肯于舍出生命,长期贫困也不会忘记平日的诺言,这也就可以说是个完美的人了。"

臧武仲是鲁国的大夫,他逃到齐国后,预料到齐庄公不会长久,便设法不接受齐庄公给他的封地。后来,齐庄公果然被杀,他却没有因此而受牵连,因而被人誉为聪明人。孟公绰清心寡欲,自身清高廉洁。卞庄子是鲁国卞邑的大夫,据说他是鲁国著名的勇士,曾只身打虎。冉求是孔子的弟子,以多才多艺而著称。

孔子在这里说要成为一个完美的人,必须兼备这四个人的优点:高度的智慧、深厚的道德涵养、勇敢决断的精神、高度的礼乐修养。但这个要求实在是太高了,所以孔子又讲现在只要能够"见利思义",即见到对自己有利的事情,先考虑一下是否合情合理,符合仁义;"见危授命",即在危险时,接受任命,为完成任务,宁可牺牲自己;同时不管时间多久,都能言行一致,说得到做得到。这样也就是了不起的人了,不必要求太高。所以"见利思义""见危授命"也成为考验一个人的重要标准。

春秋时期,有一次,鲁国的老百姓奉命放火烧荒。不料,天上骤然刮起大北风,风助火势,很快便向南蔓延开去。鲁哀公恐怕大火无情地烧毁了国都,就亲自率领老百姓去救火。但是,不一会儿,救火的人都跑得无影无踪了,原来大火烧起后,很多野兽被迫逃了出来,人们都竞相争着去捕杀野兽,哪里还顾得上救火呢。鲁哀公紧急召来孔子,向他问计。孔子答道:"那些捕捉野兽的人既享受到实惠又不受到处罚,而那些救火的人既劳累辛苦又没有奖赏,这巨大的反差就是救火的人少而逐兽的人多的原因。"鲁哀公说:"您的意见很有见地。"孔子又进言道:"现在是火烧眉毛,十分危急,来不及去赏赐救火的人了。况且,纵然是救了火的人都给予赏赐,那么,国库的财富恐怕也不够,现在唯一可行的,只有去惩罚那些不去救火的人了。"于是鲁哀公下令说:"凡不去救火者,比照叛国投敌罪惩处;凡是去捕获野兽者,比照擅自进入禁区罪惩处。"这道命令还没等传开,火很快地就被扑灭了。

南宋的奸臣贾似道任宰相时,有一天,京城临安突然失火,当时贾似道还在离临安20里远的葛岭,前来报火警的人络绎不绝。他却像什么事都没有发生一样,只是说:"火烧到太庙时再来报告。"不久,报火警的人又来报:"火将要烧到太庙了。"贾似道一听,便坐上轻便的小轿子,跑到了太庙跟前。他下命令时神情严肃,只说了一句话:"要是烧了太庙,就斩殿帅。"于是,殿帅带领着一批勇士很快就扑灭了大火。贾似道虽然是个玩弄权术的奸臣,然而他的威令下达后便要执行。

东汉末年,刘备在攻打刘璋时同将士们约定好:"如果攻下成都,刘璋都府里所有的财物,我一概不予过问,任凭你们自由去拿好了。"将士们听了非常兴奋,等到一鼓作气地攻下成都后,将士们纷纷放下兵器,前往刘璋各个府库里竞相抢夺财宝。但如此一来，军队的开支又不能予以弥补了，刘备因此十分担心。谋士刘巴献计道："这件事好办，可以铸一批价值一百缗的钱币，用它来平抑物价，下令官吏设置官家市场，强迫推行。"刘备听从了他的意见。几个月后，官府的仓库又充实了起来。

南宋嘉熙年间，峒族人反叛攻打吉州府，当时万安县县令黄炳率兵扼守府城。这天五更时分，探子来报，说是："逆寇已经打过来了。"黄炳便命令巡尉马上率兵前去迎战，但此时将士们还没吃早饭。他们一个个叫道："饿着肚子怎么打仗？"黄炳安慰大家道："大家不要着急，你们赶紧走吧，早饭我随后就送到。"等部队走了以后，黄炳就率领全体幕僚，一个个带着竹箩木桶，到居民点里挨家挨户地叫道："知县买饭来了。"当时老百姓家里的早饭刚刚做熟，家家都有热饭开水，知县一行便用优厚的价格买了下来，然后一起担着饭送往前线。于是，全军将士都及时地饱餐了一顿，一仗就打退了敌人。为此，朝廷后来论功行赏，提升黄炳任临州太守。

南宋赵从善任京兆尹时，有一次，宦官有意刁难他，命令他在一天之内准备好三百张红漆桌子，以供皇上祭礼之用。赵从善不敢怠慢，马上派人到京城里的各个饭店酒楼里借来三百张桌子，一一洗干拭净，然后小心翼翼地用白纸糊好，再涂上红漆，按时交了差。又有一次，两宫皇太后到聚景园游玩时，夜里经过万松岭，宦官们要求立即找三千个火炬来照明。赵从善马上命令取下街上妓院里的竹帘子和芦苇，灌上油脂，然后再把它卷了起来，用绳子捆紧，挂在道路两旁的树上，这样一来，当三千个火炬一起点燃时，便把山道照耀得如同白天一样明亮。

不断拓展，勇于迎接挑战

孔子在卫国。一天他正在敲击着磬，一个挑着箩筐从门前走过的汉子说："这个敲击磬的人是有深意的呀！"一会儿那汉子又说："可鄙呀！没有人了解自己，你就罢休好了。水深，索性穿着衣服走过去；水浅，就撩起衣服走过去。"孔子说："说得真干脆！没有什么可责问他的了。"

当孔子击磬时，他的人格与音乐的声音是一致的。这位知音直率地指出孔子个性中的弱点，并以水为例，指责孔子：何必犹疑呢？天下有很多路可走。

实际上，我们要做自己想做的事，是用强烈的使命感去迎接一个又一个的挑战。对人生的使命感，会使人脱离安逸的环境，迎接挑战。

如果一直安于现状，终将会使人丧失斗志，并且担心和害怕——害怕改变、害怕失去、害怕被拒绝,害怕正是安于现状的主要原因。害怕是一种软弱的表现,它使人退缩不前、失去勇气、自我封闭,而这些畏缩、胆怯、封闭的现象,会使人感到越来越不满。

你也许会说你对自己的人生感到满意,但是如果你没有成长、不追求挑战、不去冒险,很难让人相信你可以真的感到满足。在你内心深处,一定有一个角落在呐喊着:我需要更多、更新、更好的事物,它或许被层层的失败、贬损、侮辱、拒绝和消极的想法所覆盖,但这种希望自己进步的渴求一定在你心中。

相反的,一个勇于前进、不断接触、追求、学习新事物的人,即使他目前尚未达到目标,或成就不大,但是他一定对自己的人生非常满意,因为他的人生有方向、有情感、有成长。这使他觉得满足而有收获,每一天都过得很有意义。

如果你可以轻易地依据自己现有的能力达到目标,而没有学习到新的事物、没有改变、没有成长,也没有做什么尝试性的冒险,那么你的这个选择就称不上"使命",你只不过是抓住了摆在眼前的机会而已。

你的使命永远在你的前方,当你追求自己的使命时,它也会获得发展与成长。但你永远不可能百分之百地完成它,它永远在前方召唤你,促使你迎向挑战,引导你更上一层楼。如果你所选择的目标是你现在一出门,马上就可以买到或做到的,那么这并不算一项挑战,它或许是一种机会,但绝对不是你的使命或梦想。

你的梦想中必须含有某种能激励你自我拓展、自我要求的要素,而这些要素也会帮助你不断成长、改变、进步。

一个真正的梦想必定充满着挑战性,正因为它具有挑战性,又是由你自己所选择的,所以你一定会积极地想完成它。换句话说,你的使命不仅是一种挑战,同时也是激励你的原动力。

仁者安仁,知者利仁

仁爱之心就是人心,就是天道,用仁爱来保存做人真性,也就保存了天道。仁爱之心绝对是温和的、博大的、宽厚的,是人与人之间交往的一个必要前提。《中庸》里强调以心为仁,即是从人的本性上来阐释"仁",所以孔子说:"仁者爱人。"只要修养得到了仁爱,那么仁爱就存在内心,待人处世有了仁爱之心,就顺应了"人"道,也就符合了中庸之道。

朋友之间应当相互理解和帮助,要有一种无怨无悔付出的心怀。希望自己能交到一个为你生为你死的朋友,首先自己要具备能为朋友两肋插刀的胸怀。这样,以义相报,患难相持,才称得上是真正的友谊,下面这个故事就足以说明这一点。

战国时期,齐相靖郭君门下有一个门客叫齐貌辨。这个人毛病很多,其他门客都不喜欢他,唯独靖郭君例外,他让齐貌辨住在上等客舍,让自己的长子侍奉着。门客士尉为此多次劝谏靖郭君,但靖郭君不听,于是士尉一怒之下离开了靖郭君的门下。孟尝君私下也为这事劝说过靖郭君,没想到靖郭君大怒说:"即使把我们都杀死,把我的家拆得四分五裂,只要能让齐貌辨先生满足,我也在所不惜!"

过了几年,齐威王死了,齐宣王即位。靖郭君的处世交往得不到齐宣王的赞许,他被迫辞官,回到封地薛处居住,但仍跟齐貌辨在一起。在薛地住了没多久,齐貌辨向靖郭君辞行,请求让他去拜见宣王。靖郭君说:"大王已经非常不喜欢我了,你去必定会凶多吉少。"齐貌辨说:"我本来就不是去求活命的,我一定要去!"靖郭君劝不住他,只好同意。

齐貌辨到了齐国都城,拜见宣王,齐宣王说:"你就是靖郭君言听计从、非常喜爱的那个人吧?"齐貌辨回答说:"喜爱是有的,至于言听计从却根本谈不上。有两件事我说给您听听,大王就知道了。一件事是,当初大王做太子的时候,我曾对靖郭君说:'太子耳后见腮,下斜偷视,相貌不仁,像这样的人会悖理行事,不如废掉太子,改立卫姬的幼子校师。'靖郭君流着泪说:'不行,我不忍心这样做。'如果靖郭君听从我的话这样做了,一定不会有今天的冷遇。第二件事是,靖郭君回到封地之后,楚相昭阳请求用比薛地大几倍的地方交换薛城。我劝他说:'应该答应他。'靖郭君不同意,说:'我从先王那里继承了薛地,现在虽然被后王所厌恶,但我忠于先王的心仍旧没有变,我如果将薛地换给别人,怎么对得起先王呢?'这两件事就足以证明靖郭君对我不是言听计从,而是对您的忠心。"

齐宣王听后长叹,激动地说:"靖郭君对我竟然忠爱到了如此地步,我年龄幼小,这些都不知道,你愿意替我把靖郭君请回来吗?"

于是,靖郭君来到国都,穿着齐威王所赐的衣服,戴着齐威王所赐的帽子,佩着齐威王所赐的宝剑。齐宣王亲自来到郊外迎接靖郭君,并请他出任齐国宰相。

真正的朋友不仅是在关键的时候挺身而出,而且任何时候都是值得信赖、以心相托的,就如同范式和张劭一样。

东汉的太学里,山东人范式和河南人张劭成了好朋友。学成后,两人约定重聚,并且定下了具体的日期。两年后的一天,张劭告诉母亲范式要来,请她准备酒食。张劭的母亲不信,说两地相距遥远,你就肯定他今日到?范式果然在这一天到了,张母说:"范式真是一个讲信义的君子,与他订交,不会有错!"

后来,张劭得病死了,下葬那一天,乡邻们发现远处有一辆车急驰而来,白马素帷,远远地就听到痛哭之声。张母说:"一定是范式来了!"范武手执麻绳、牵着灵车为张劭落葬,说:"去吧!元伯,生死异路,无法挽回,我和你就此永别!"乡中千余吊客闻言而同声落泪,都说没有见到过像范式这样真心诚意、生死不渝的朋友。

什么是友情?什么是道义?按照它们的标准来行事,就是即使死也不应当躲避。当然,这规矩是古人定的,对于今天的人来讲有点"苛刻"。但无论怎样,对朋友该做的事,还是尽量不要偏离道义的轨道。

只有真正具有"仁爱之心"的人才有可能去爱别人,如果"仁"于心中,而不用之,那也不能算是仁者。将"仁爱"存于心中,才能去爱别人,别人也就会用同样的"仁爱"待你。所以,修养本心,要依靠"仁"来完成;交往处世,要依靠"仁"来维系。

唯仁者能好人,能恶人

有人认为,在这样一个讲究实效的社会里,"仁德"的品质会让自己吃亏,这是一种短视之见。真正有眼光、会办事的人,总会把温良、谦恭等美德作为自己的处世工具。

《三国演义》中把刘备描写成一个大好人,评价与曹操完全相反。但是,若从个人能力上论,刘备是一个无能之辈。曹操顺利地扩充势力,而刘备却时沉时浮,举兵二十多年仍毫无建树。既然如此,曹操为什么会将能力远不如自己的刘备视为最强的对手呢?根本原因在于刘备拥有一种足以弥补个人能力不足的秘密武器,就是"仁德"。

譬如有名的"三顾茅庐"的故事,刘备为了聘请诸葛亮为军师,不惜三次亲自到诸葛亮的茅屋躬身等候。当时两个人地位相差悬殊,刘备虽然在争霸的过程中不太顺利,但是也颇有名望,而且刘备当时已年近五十,而孔明只是一个二十岁出头的无名小卒。刘备竟然会特地三次造访孔明,以崇敬的态度请求孔明做他的军师,在孔明应允之后,又马上将全部作战计划等国家大事都委任于他,这实在是最彻底的谦虚态度和深切的信赖。

除对待孔明以外,刘备对其他部下也是这样。比如,当赵云冒着性命危险从敌人重围中救出太子阿斗时,刘备不是欣喜若狂,而是生气地将阿斗扔到地上,感叹地说:"几乎因为你折了一员大将。"这种举动,又怎能不使部下感动而誓死效忠呢?

与刘备相比,曹操在这方面则不但不仁义,反而有些大逆不道。曹操在逃避董卓的追捕时,曾经到一个朋友家去避难,他把朋友为他杀猪接风的话误解为要把他捆缚交出去,于是一气之下将朋友夫妻一起杀死了。

曹操是一个毫无德行、不讲信义的刚愎自用之人,他自己也说过:"宁教我负天下人,也不让天下人负我"的话。曹操虽然能力过人,但是却不具有刘备那样的德行,这也正是他把刘备视为头号对手的原因所在。由此观之,我们确实应该向刘备学习以德感人的手段,以此弥补我们能力上的不足。

刘备临终前,曾经留给后主刘禅一封遗书来训诫他,其中有"惟贤惟德,能服于人"两句话。"贤"是指聪明,"德"是指仁德,德是人之所以为人的魅力所在。如果在位者缺少贤德,便无法推动臣下。刘备又说:"你的父亲是一个缺乏贤德的人,你千万不要像我一样。"刘备自谦地认为自己没有德,实际上正好相反。

刘备终于在晚年建立了自己的势力范围,这种成就与其说是刘备自己的才智所获得的,不如说是来自部下们的奋斗更恰当。像孔明、关羽、张飞、赵云等人甚至可以为了刘备赴汤蹈火而在所不辞,他们之所以如此地忠心耿耿,完全是因为刘备所具有的德的手腕,即温良、谦恭,以及对他人的信赖感。

无论在古代还是在当前,时代的变化并不能改变事物自身的规律。用心险恶、手段卑劣,虽有时候能获取蝇头小利和短暂的好处,但毕竟不是正道。只有内心仁德平和,行为光明正大,才是能够成就大事、行之久远的正确的做人做事途径。

在司马迁《史记·五帝本纪》里,记载着一位古代传说中的圣贤,名叫舜。据说,舜的母亲过早地去世了。而父亲瞽叟是个糊里糊涂的人。舜有个后母,还有一位后母生的弟弟名叫象。后母心地狭隘,兄弟傲慢狠毒。舜在家里的地位和处境,自是不言而喻。

舜在家体贴父亲,原谅后母,宽容弟弟,尽管劳动辛苦,缺吃少穿,但他毫无怨言。可是有几次,家里的人却想害死他。舜只好逃了出来,跑到历山的山脚下开荒种地,用水和泥制作成许多盛水用的陶罐分给乡亲们。乡亲们爱他,乐意跟随他,只要他住过的地方,便很快成为熙熙攘攘的村镇。

舜的生活好起来了,他主动接双亲和弟弟来历山居住,照顾他们。舜这个举动传来传去,传到统治天下的尧帝耳朵里。当时,尧帝年老,儿子丹朱愚钝无能,难以继承治理天下的大事,尧帝决定物色一个继承人。助手们异口同声地推荐舜,于是,尧帝将两个女儿娥皇、女英嫁给他,又派九个儿子去协助舜,考验他的品德和才能。

乡亲们见尧帝如此信任舜,都很高兴。弟弟象却怀着鬼胎,他要害死哥哥,霸占两位嫂嫂。于是便和母亲相商把舜找来,说是要修补屋顶,以防漏雨。这天,舜搬来一把梯子,又带了两个大斗笠,爬上屋顶去修房。象见四下无人,偷偷地把梯子搬走,在房屋四周点着火。顿时,火借风威,风助火势,舜情急智生,连忙将两个大斗笠系在胳臂上,就像大鸟展翅一样往下跳,终于安全脱险了。

弟弟一计不成,又生一计。他又去找哥哥,说是要打一口井。舜明知弟弟不怀好意,但还是带着斧子、铲子和绳子去挖井。他在井里先挖出一个洞穴,然后继续往深处打井。就在这时,一块又一块的大石块砸了下来,舜赶忙躲进洞穴,许久之后才摸着绳子爬出井来,弟弟的阴谋又落空了。

舜回到家里,听见弟弟正向父母说:"哥哥已被我用石块砸死了,我要与你们分家,哥哥的两位嫂子归我,其余的牛、羊、粮食也有我一份。"话音未落,舜推门进来了,他若无其事地拜见过父母,然后转身说道:"弟弟,我还有许多事情要做,以后你多多帮忙料理家事吧!"弟弟听罢,禁不住热泪盈眶,表示今后要悔过自新,双亲也觉得很惭愧,从此,家里和和睦睦,舜为百姓办事的劲头更足了。

尧帝经过多年的观察考验,发现舜果然是一位值得信赖的人,便把帝位禅让给他。舜50岁时开始代替尧帝行天子事,舜61岁时,尧帝死,舜正式登位。

也许在现在看来,舜的这种仁德有些傻气。其实他的心里对一切恶行都是了如指掌的,但他并没有以恶抗恶地去报复,而是以仁德来感化"恶"。这种行为不仅需要有宽容博大的心胸,更需要以"志于仁"来作支撑。

一个人能心志于仁,不做坏事,无论何时何地,都不会真正地吃大亏、被欺负。而从整个社会的发展规律来看,这种人也是符合道德取向和生存需要的。

不知礼,无以立也

中国是历史悠久、具有深厚的文化积淀的文明古国,在这些文化积淀中,"礼仪"占有重要的地位,是促使人与人之间相处融洽的最好方法,礼仪代表着交往双方的尊重、亲切、体谅等等,同时也表现出一个人的修养。社交礼仪与每个人的生活、工作都是密切相关的,谦而有礼的人生是成功的,彬彬有礼的生活是幸福的,合乎礼仪的交际是和谐的。所以孔子说:"不知礼,无以立也。"

通常来说,礼仪就是人们常说的礼貌。而有的人认为,礼貌只是人际交往的一种外在表现,是一种手段,并没有其他实际的价值。事实上并非如此,当你得不到别人尊重的时候,你就会很气恼,你也不会尊重他;相反,当别人尊重你,你会感到快乐,也会尊重他。现代心理学认为:"自尊是维持心理平衡的要素",可见,每个人都有维持心理平衡和健康的要求,只有得到了别人的尊重,才能进一步肯定自己存在的价值,所以,尊重、体谅等"礼节"不是明文规定,也绝对不是虚假表象,而是发自人们内心的最基本、最真诚的言行举止。

一、家庭的礼仪

现代家庭一般都是三口之家,关系比较单纯,因此矛盾也就相对较少,但矛盾少并不意味着没有矛盾,相反,这种矛盾会以一种更精细、更微妙的形式存在着。

家庭矛盾并不可怕,家庭成员之间产生矛盾也是正常的。因为每个人的性格、兴趣、观念有相对的独立性,这就会使双方产生一些分歧,这个时候如果不能很好地控制自己的情绪,不讲"礼节",那矛盾就产生了。所以,解决家庭矛盾的唯一办法就是"求和"。

左宗棠主张"家庭之间,以和顺为贵",就是看家庭中的成员是否尊重对方的独立性,是否理解并宽容对方的性格、兴趣和观念。"和顺"并不是在矛盾产生的时候才表达出来,而是在于平常的生活中自然而然要这样做的,要时时刻刻有解决和防止矛盾的意识。如果家庭成员都能随时随地的对家人尊重、爱护,那么即使是遇到不同的意见,大家也都会静下心来彼此商量,而不是因为一点私利就相互抵牾。

夫妻关系是家庭关系的核心。如果夫妻关系处理不好,那将直接影响家庭中的其他关系,那么该如何对待和处理夫妻关系呢?首先得承认自己是爱对方的,如果谈不上爱,也就不可能关心、体贴对方,虽然现在不是要求"举案齐眉"的封建时代,但夫妻之间最起码的礼节还是必要的。另外,不要太过于计较对方的爱,因为爱情是脆弱的、敏感的,在家庭中你创造的爱越多,你获得的爱也就越多;你越是吝啬你的爱,当然你获得的爱就少。

另外,无论是夫妻矛盾、婆媳矛盾还是兄弟矛盾,还有一个解决的方法,就是荀子所讲的"无宿问",说的就是当天的矛盾当天解决,不要拖拉。如果都能平心静气地坐下来,将各自的观点说出来,大家在一起共同商量、讨论,只要做到这一点,夫妻之间也好,婆媳、兄弟之间也罢,都会珍惜和理解对方的观点,那矛盾也就渐渐弱化了。

解决家庭矛盾，无论是哪一种方式，都应该以"和"为出发点，多从自己身上找原因，如果家庭成员都以"仁爱"为先、"礼仪"为重，那怎么会有解决不了的矛盾呢？

二、拜访的礼仪

古人云："出门如见大宾"。拜访他人是人们交往中必不可少的，因此，我们在拜访他人的时候一定要庄重得体，不失分寸。

一般说来，拜访可以分为正式的和非正式的。正式的拜访是指有正式的理由，还要通过事先预约，确定见面的时间和地点，并按时赴约而进行的拜访。而非正式的拜访则多出现在朋友之间的往来。当然两者之间并没有多大的界限，是可以相互转化的，但不论是正式的还是非正式的，都应该遵循一定的礼仪规则。

首先，拜访前要做一定的准备。拜访他人应该先约好时间。如果对方工作繁忙，就最好选择节假日，尽量避免在对方吃饭时前往，更不要在对方临睡前拜访，以免引起对方的反感和不满。约定时间以后，一定要准时到达，如果有意外情况发生而不能赴约，要事先通知对方，并表示歉意。

其次，拜访者的言行举止会直接影响到拜访目的的实现。到拜访对象的办公室或家中，事先要敲门或按门铃，等有人应允或出来迎接时方可进去，千万不要擅自闯入，否则，就会被视为缺乏教养。如果对方家中铺有地毯等地面装饰物，则要征求主人的意见，是否需要换鞋后再进入。进房间以后如果还有其他人在，就应该向对方打招呼。如果主人端上来茶水，应从座位上欠身，双手接过，并表示感谢。

再次，拜访时要注意交谈的时机和技巧。交谈中除了要充分表达自己的思想观点外，还要倾听对方的谈话内容，观察对方的情绪变化与周围环境的变化。自己说话时应注意给对方留一点插话或建议的时间和机会，切忌一个人在那高谈阔论、滔滔不绝。在与对方的交谈中，如果发现对方心不在焉，说明他心情烦躁，根本没有听进去你的话，或者对方另有朋友来访，就要把握好时机，有礼貌的提出告辞。不管拜访的目的达到与否，告辞的方式也要注意，千万不可显得急不可耐。辞行时，应与主人及其家属或在场的客人握手或点头致意。

总的来说，拜访别人一定要遵循"客随主变"的规矩，对待不同的人，应尽量采取符合对方特定身份和环境的不同礼节，不能一概而论，以免顾此失彼。

三、接待的礼仪

"礼尚往来"是我国的传统美德,所谓"来而不往,非礼也",拜访需要礼节,接待也需要讲究礼节。

首先,应该做好各方面的准备。个人的仪表要整洁朴素,居室要收拾干净,招待客人的必备物品如茶水、点心、香烟等要准备好。

其次,不论职位高低、是否熟悉,都应该一视同仁。如果在场的还有其他人,应及时予以介绍,以创造友好的气氛。如果是长辈或领导,应请其上坐,主人在一旁陪同;如果是晚辈或下属,则请随便就座。在斟茶递水时应请长辈或上辈先用,然后再端给平辈或下属,在交谈中,应适时地为对方添水,以免出现尴尬的场面。

父庚觯

尽量不要触犯禁忌。下列的情况应加以杜绝:对方来访时,主人蓬头垢面或室内脏乱不堪;客人进门,主人依旧在忙自己的事;与客人交谈时心不在焉、东张西望;把客人带来的礼品当场打开、乱翻;不经客人同意而打开对方随身携带的公文包。凡此种种,都是极端不礼貌、不文明的,甚至是极为丢脸的行为,在接待客人的时候应绝对避免。

再次,环境对人的情绪和精神状态影响也很大。在与对方交谈时,应该注意调节室内的温度、湿度等。如果来访者和主人家中其他人不太熟悉,其他人最好不要随便插话,如果无法避免,其他人也尽量各自做各自的事,比如看看电视、听听音乐,但一定要把音量调小,保持安静的环境。

最后,客人准备告辞时,主人应当适当地表示挽留,但不可强行阻拦。客人执意要走,一定要等客人先起身,然后主人再站起来相送,送客应送到住房门口或楼梯口。对于年长的客人或上级应送至楼下,如果送至电梯,则要等电梯关门后再走。不要等对方刚出门,就马上关上房门。

待客之礼最关键的就是,让对方高兴而来,满意而归,决不能因为自己的失礼使对方扫兴而归。

总而言之,讲究礼节本身是好事,但也并不是对每个人、每件事都有一整套刻板的礼节,那岂不是缚手缚脚了吗? 有许多的礼仪事实上都是现实生活中的一部分,是潜移默化的,也是习惯成自然的,我们并不会感觉到它的约束。对于比较特殊场合中的礼节,只要我们基于尊重、体谅别人的心情,也都是不难做到的。

俗话说:"先学礼而后问世。"没有人生下来就懂礼,总是经过后天学习培养而成,家庭、学校、社会都是人们学礼的环境,也只有通过这样的学习,才能逐渐使我们成为一个彬彬有礼的人。在现实生活中,学习礼节虽说不是件难事,但一个人能时时刻刻保持彬彬有礼的为人处世态度,也不是一件容易的事情,因为它在某种程度上体现了个人的道德、伦理、学识等素养,如果其他方面跟不上,"礼"也不可能得到很好地表达和应用。

君子有三戒

孔子告诫人们,在人生中的青少年、壮年、老年这三个阶段中都有应该戒忌的事情:青少年戒的是色,壮年戒的是斗,年老戒的是得。孔子的这段话,是对处于这三个阶段的人的有益警示,同时也向我们传达了一个理念,就是人的自我约束能力,即自律。

正常的社会生活与人生的发展,不仅依靠传统、道德等的制约,更重要的是要依赖人们自律的保障。自律是相对他律而言的一个概念,是指人们通过社会化和继续社会化的教育过程,树立正确的世界观和人生观,自觉地运用各种社会规范来指导、约束和检点自己的行为,使之"不逾矩"。

古今中外,人们十分重视自律,重视人自身的品德修养。在现实生活中,自律对人的成长进步以及整个社会生活的正常有序,都有着十分重要的意义。尽管自律的形式多样,概括起来主要有三种:

一、自识

自识,就是人对自我的认识。这种认识是多方面的,包括生理机制、心理素质、智能特点、行为特点等等,但从个人修养角度看,则主要在于个体应客观地、全面地正确认识和评价自己,为实现自律打下良好的基础。这就是所谓的"自知者明"。不能自识、自知就无从自律,行动中就会因盲动而招致失败。只有首先自识,才能自觉地按客观规律严于律己,在行动中获得成功。

二、自省

自省,就是自我反省、自我监督、自我检讨,这是在自识的前提下进行的。通过自省,发现自己思想深处存在的种种问题,及时加以纠正和克服。孔子的学生曾参说："吾日三省吾身"。唐代著名文学家韩愈也说："早夜以思,去其不如舜者,就其如舜者"。可见古人对自省的高度重视。

三、自责

自责,就是自我责备、自我解剖、自我批评,它是自我的进一步发展与深化,也是自省的结果付诸表面行动的过程。自我批评历来就是成就大业者自我教育和自我改造,开诚布公地承认错误和改正自己错误的最好武器。凡是在修养上卓有成效者,都是严于自我解剖、勇于自我批评的人。

自律就是人们对自己的行为进行内在控制,对人生发展有着重要意义。

一、增强一个人的适应能力

青年人刚踏上社会,刚开始时一切都会感到新鲜,但同时会在工作方式、人际关系以及生活方式等方面出现某些不适应感。他们处理现实的能力还比较弱,对一些令人高兴、满意的事比较容易接受,而一遇到那些扫兴、失意的事就想不开,容易走极端。这时,倘若用启发内心自觉的方式要求他严于自律,积极服从,就会使他们的情绪逐渐稳定下来,较快地适应新的生活环境和工作条件,并想方设法解决实际中的诸种矛盾,获得新的成绩。

二、培养一个人的独立能力

从心理学角度看,人们往往会在群体压力下形成一种"从众心理"与"从众行为"倾向,即当一个人发现自己的意见与行为同群体不一致时,他会感到心理紧张,迫使自己趋向一致,从而失去辨别是非的能力,失去自己的独立性。如果自律的约束有力,是非明确,就能够较快成熟起来,独立能力也会大为提高。

学会自律,善于自律,必须在实践中不断锻炼,实践可以检验自律,强化自律。在实践中,可通过一系列切实可行的具体方法加强自律。

一、自我规划

规划的目的在于促使自律目标实现。当然仅仅有计划并不能使自律有所成就,还需要有行动才能使自我系统运动起来。但自我规划毕竟是行动的前提,没有规划便不会产生理想的自律结果。规划的方法有多种,诸如列项目、提方案等,还有一种就是树立楷模,运用楷模形象不断要求与激励自己。

二、自我纠正

在实践中往往会出现一些偏差,甚至会养成一些不良习惯。一个善于自律的人可以通过自制力的作用,进行不良行为的自我纠正。

纠正的办法主要是实施自我强化。一般分三步进行，即习惯解冻、习惯转变和新行为冻结。习惯解冻是使自己跟已习惯的环境、条件、来源隔离，严格自我批评，设计新的行为标准；习惯转变是新行为由外部行动向内部心理的动作转化，加强自我监督，强化新行为；新行为冻结是保持强化环境，使新行为成为新习惯，或通过有间隔的强化防止新行为绝断。

三、把握正确的原则

原则是一种责任心，正己也要讲原则。原则有大小层次之分，所有规范、制度、纪律等都是原则。

四、持之以恒，永不懈怠

俗话说："善始容易善终难"，必须持之以恒、善始善终，才能锤炼出高度自律的品格。大凡成绩卓著者都是数十年如一日，专心致志自律的结果。只有从点滴开始，坚持不懈，才能使自律不断巩固与发展。

综上所述，自我控制与人们的思想觉悟程度有着密切的关系。能够自我控制和自我约束的人才是自己真正的主人，反之就会成为自己行为的奴隶。

行有余力，则以学文

孔子说："躬行实践之后还有剩余的力量，再去学习《诗经》《尚书》等经典。"

孔子认为，"弟子入则孝，出则悌，谨而信，泛爱众，而亲仁，行有余力，则以学文"。为此，孔子也是身体力行，他办教育，把培养学生的道德观念放在第一位，把文化学习放在第二位。其实，孔子这段话的意思非常明确，就是说，一个人要想学"文"，首先要在道德上立根基。这是人的根本，没有这个根本，学问是没有益处的。举个例子，警察和小偷之所学，有许多相似、相通之处，但是，同样的学，却导致不同的结果，为什么呢？根本原因就在于人之本，这就像今日所说的道德与科学的关系一样。如何运用科学技术，不是取决于科学技术本身，而是取决于人的道德观念。总之，孔子认为，仁是人之根本，有了本，才可以言及其他。换句话说，人只有先学会做人，才能再去做学问、做事。

一个人有没有学问，学问的好坏，主要不是看他的文化知识，而是要看他能不能实行"孝""忠""信"等传统伦理道德。只要做到了后面这几点传统道德，即使他没有学习过文化知识，但他也已经是有道德的人了。在今天，道德修养和文化知识同等重要。只有这样，才能成为德才兼备的有用之人。

的确，即使一个人学富五车、才高八斗，如果他的言谈举止、行为方式愚笨乖谬，不能解决一些实际问题，又有什么用呢？相反，一个人即使没有什么文凭，没有进过大学的校门，但他言谈文雅，举止得体，行为方式正确，能够有所发明，有所创造，难道你能够说他没有学习过什么吗？

人世间最难做的事是什么？做人。竭尽全力，拼搏几年而做成一件、两件事并不难，做人却是一辈子的事，弄不好一辈子都不知如何做人。一个人连怎么做人都不会还能做什么呢？

有一个名叫公明宣的人在曾子门下学习，三年不读书。曾子说："你在我家里，三年不学习，为什么？"

公明宣说："我哪敢不学习？我看见老师在家里，只要有长辈在，连牛马也没有训斥过，我很想向您学习，像您那样尊敬长辈，可惜还没有学好。我看见老师接待宾客，始终谨慎谦虚，从来没有松懈过，我很想向您学习，像您那样接待宾客，可惜还没有学好。我看见老师在朝廷办公事，对下属的要求很严格，但从来不伤害他们的自尊心，我很想向您学习，以便将来像您那样对待下属，可惜还没有学好。"

曾子离开座位，向公明宣道歉说："我不如你，我只会读书罢了！"

以往我们的教育偏重于告诉人们什么是好人、必须做好人。忽视教育学生怎样去做人，以致学生对于为人处世的原则方法技巧并不明了，因而不善应对、不善交际，不能协调好人际关系，不能较好地把内在的美德变成外在的美行，把个人体面地融会在人群集体之中。

那么，究竟该如何学做人呢？有人为此做出了如下界定：

其一，严于律己，宽以待人。这是做人的基本原则。严格约束自己，多做自我批评和自我检讨。对待别人，则要"以爱己之心爱人"，豁达地宽容别人。

其二，与人为善，切忌骄横。君子泰而不骄，小人骄而不泰。骄傲自满是做人的最大忌讳。骄傲就会过分相信自己，自满就听不进去不同的意见。这样的人，别说发展，生存也会成问题。

其三，谦和为美，多让少争。对人须有敬爱之心，相爱无隙，相敬如宾。小不忍而乱大谋，多加忍让，不闹无原则的纷争。

其四，诚信待人，远离是非。"言必行，行必果。"说得到，就要做得到。信誉是每个人的无形资产，是做人的基本原则。胸怀要坦荡，有言人前说，人后莫谈他人是非。

其五，仗义疏财，扶危济贫。财富面前心要稳，"君子爱财，取之有道，用之有度"。

做人是门大学问，绝对一言难尽，绝非一蹴而就。管窥蠡测，凭君撷取。"世事洞明皆学问，人情练达即文章。"如果你要学习文化知识，精通学问之道，也只有从做人的体会、人生的经验入手，才能够学有所成，学以致用，而不会成为读死书的书呆子。这也就是说做人首先要注重品德修养，其次才谈得上学习文化知识。正如意大利诗人但丁所说："一个知识不全的人可以用道德去弥补，而一个道德不全的人却难于用知识去弥补。"由此可见，做一个有道德的人，是做人的基本准则。

四、中庸之道

坚忍执着，从逆境中看到希望

孔子说："君子心地平坦宽广，小人经常忧愁局促。"

"坦荡荡"便是对君子这种精神状态的描述，它同小人（缺乏修养的人）的萎靡情绪形成了强烈对照。

恶劣的环境，在君子看来，那只是一时的逆境，终有夜尽天明的时候；而对小人来说，那就是注定的命运，永远也无法从黑暗无望的环境中解脱出来。

鲁迅先生说过："世上原本没有路，走得多了也就成了路。"事实确实如此。路是人走出来的，但不是什么路都能走得通。芸芸众生，每个人都有自己的秉性和特征，你必须根据自己的需要，选择自己能完成的目标，用自己的脚踏出光明的前程。

经常有人问："如何才能拥有成功的人生？怎样才能实现自己的抱负？"成功究竟是一种什么样的概念，财富、权力就意味着成功吗？

生命每日都向我们发出挑战，使我们的能力发展到极致。当我们贡献了自己的所有，我们就成功了。成功是在于做、而不是在于得，这是最重要的理念。生命并没有要求我们永远出人头地，它只是要求我们在每个阶段的经历里竭尽全力。路是人走出来的，看清你所走的路，正确把握自己，弄清楚自己想要什么，一步一步地跨出去，这就是最捷径的成功之路。

成功的人接受生命的真相，接受生命历程中所有的压力与挑战。他们并不因压力而抱怨，反倒去配合、适应这一切；他们并不责怪别人，也不制造借口，反倒去承担生命的压力。不论遭遇何种境遇，即使身处逆境，他们也正面地迎上前去，搏斗一番，毫不退缩。

成功的人对生命的发展保持着一个肯定的态度。他们在别人身上及世界当中寻找美好的一面，而且似乎总不落空；他们将生命视为一连串的机会与可能，并总是努力地去发掘这一切。

成功的人善于建立良好的人际关系。他们留心察觉别人的需要与感受，并体谅及尊重别人；他们有能力使别人发挥出自己的长处；他们有一种凝聚力，能使周围的人感受到温暖与和谐，因此，人们也乐于帮助他们。

成功的人有一种方向感与使命感。就是说，他们明白该往何处前进。他们设立自己的目标，但不是"空思妄想"，而是根据自己的实际情况设立的、通过自己努力可以实现的目标，然后埋头苦干，一步一个脚印地去完成它。之后继续设立新的目标，继续向它奋进。他们接受挑战也乐在其中，对自己始终充满信心。

成功的人对生命、世界及自身有极强的学习欲望。他们认为学习不是责任，而是享受；借着学习新的事物和改善自我，他们丰富了自己的生命。他们总是在挖掘、在成长。

成功的人是以行动为导向的。他们不怕工作的艰辛和劳累，以极大的热情和强烈的责任感投入到工作当中。他们深知时间的宝贵，从不浪费时间，只求尽善尽美地完成工作；他们积极地利用时间，既不会落入俗套，也不会心生厌倦，因为他们生活得充实，他们在不断地忙着追求新的体验。

成功的人在他们的个人行为上要求很高。他们在实现目标的道路上不断地完善自己的人格，提高自己的修养。他们明白诚实是一个好人性格中的基本要素，因此，于公于私他们都是诚实的。同时，他们是谦虚的、坦诚的，在成绩和荣誉面前从不骄傲自大，在失败与压力面前从不妄自菲薄、怨天尤人。

成功的人了解生存与生活的差别，而且他们总是选择生活。因为他们懂得生活的韵味，把生活当作一种欣赏，一种享受。一个人拥有了美好的心境，生活就充满了欢乐，就会达到人们常常仰慕的"神仙过的日子"。他们付出最多，得到的也最多；他们收获自己所栽种的，并且享受生命的极致。在拥有成功事业的同时也拥有了快乐的人生，使他们的生命更有意义。

纵观古今，那些成功人士都是在逆境中获得了磨炼，从而成就了一番事业。正如史学家司马迁在《报任安书》中所说：盖文王拘而演《周易》；仲尼厄而作《春秋》；

屈原放逐乃赋《离骚》；左丘失明，厥有《国语》；孙子膑脚，《兵法》修列；不韦迁蜀，世传《吕览》；韩非囚秦，《说难》、孤愤；诗三百篇，大抵圣贤发愤之所作也。并且司马迁本人也是逆境成才的一个典型。

当代保尔张海迪因病造成高位截瘫，但她以惊人的毅力与命运抗争。她学会了针灸，成为小有名气的医生；她自学了外语，翻译出版了《海边诊所》；她还通过了研究生考试，获得了硕士学位。美国的海伦·凯勒，眼瞎耳聋，说话都很困难，但是她却以优异的成绩大学毕业，而且成为一名掌握英、法、德、拉丁和希腊五种文字，学识十分渊博的著名作家和教育家。她把毕生的精力都献给了世界残疾儿童的教育事业，被誉为 19 世纪杰出人物之一。

"自古英雄多磨难，从来纨绔少伟男"。对于发愤的人来说，"逆境"反而是磨砺意志的砥石，增长才干的激素。对于意志薄弱者，对于在逆境中自暴自弃，自甘沉沦的人，逆境只能是他们的坟墓。无论置身于什么样的环境，明智的人都会透过密布的乌云，看到即将到来的灿烂阳光，从而执着于自己的既定目标，坚持不懈、奋斗不已，最终实现自己的梦想。

温厚待人，为自己留下余地

孔子说："君子想着道德，小人想念乡土；君子想着法度，小人想着实惠。"

猫头鹰喜欢吃腐鼠，但即使拥有再多的腐鼠，栖梧桐、饮露水的凤凰也不会羡慕。功名利禄使小人沾沾自喜，骄于世人，却不知他得到的正是君子们所厌弃的腐鼠。贪于物、贪于利、贪于小道很难进入人生的高境界。品行高洁的君子不易被外物侵蚀，而欲望丛生的小人却容易被恶魔占据心灵。

小人在意头上的帽子要漂亮；君子却在乎帽子下的头脑，他们时刻想念的是道德。馨香的品德使蓬荜增辉，杜甫的草堂狭小而简陋，但今人还去凭吊，而许多的侯门深院却已不复存在了。清风、明月、流水是自然给予每个人的财富，而金银财宝总是在更换着主人。为什么要去追求那短暂易失之财，而不去把握永恒的存在呢？

从某种意义上来说，社会人际关系越复杂，做人也就愈难；而做人愈难，人之压抑感就越大越强。人们为了获得一点基本的生存权和安全感，不得不如履薄冰，疑心重重，顾虑多端，把太多的精力投放于人际关系之中。从这个角度上来说，人际关系愈简单、愈单纯的社会，科学和艺术就愈有可能大发展，因为人们有更多的精力和智慧投入其中。

大观园就是这样一个做人难的地方。别看它一时富丽堂皇、景色优美，但生活在其中的人却个个心有委屈，惶惶度日，不得不有一些特别的心计。就拿平儿来说，虽然自己是一个极聪明、极清俊的上等女孩儿，但是却落到了贾琏、王熙凤的手里。他们一个俗得要命，一个心狠手辣，平儿夹在两人中间，左右难得做人，经常无故受到伤害。这一点就连贾宝玉都时常感慨，叹她并无父母兄弟姊妹，独自一人应付贾琏之俗，凤姐儿之威，竟能周全妥帖，真是薄命比黛玉更甚。

活着让人感念，这在大观园里本身就是一种成功。况且平儿生活在权力争斗的中心，命中注定要与心毒手辣的凤姐儿为伍，不为虎作伥也得装腔作势几声；若稍有无自知之明者，狐假虎威，仗势欺人，也能在大观园里做个盛气凌人的"二奶"，一时半会儿拿拿架势，抖抖威风。但是，如果这样，平儿也就不是让人们时常感念的那个平儿了，而她最后的下场也必定比王熙凤更糟，一旦失势遭人指骂还算运气，说不定会弄得当不成人也死不成鬼的结局。

说明白点，平儿有点儿像"暴君"手下的"二把手"角色，在王熙凤掌管大观园生死大权的日子里，平儿的地位既优越又尴尬。说优越，她是贾琏的爱妾、凤姐儿的心腹，里里外外，谁敢不对她敬怕三分？要说尴尬，自然是够尴尬的了，除了二位主子的不得人心之外，她自己并无威势，身不由己，不能不做很多违心的事、说些违心的话。在这种情况下，关键就看平儿如何在委曲求全中把握好自己，在忍辱负重中照顾到周围了。虽然不能在人生的一时一地争强好胜，但愿能在审时度势时保全自己。

说平儿是个"极聪明极清俊的上等女孩儿"，除了其做事不流于俗蠢之外，就在于她能有自知之明和知人之明。就后者来说，她明白贾琏夫妇的为人，更明白众人对他们，尤其是对王熙凤的憎恶之情。对于王熙凤，她也许比任何人都了解得透彻。除了看到了她的口蜜腹剑、心狠手辣的一面之外，还深知其内心痛苦不已，对前途惶惶不可终日的一面。因为凤姐儿虽然外表逞强，但内心毕竟虚弱，知道自己已经"骑上老虎了"，"一家里大约也没个不背地里恨我的"。所以她忍不住也会向平儿这个心腹有所交代："若按私心藏奸上论，我也太行毒了，也该抽头退步。回头看了看，再要穷迫苦克，人恨极了，暗地里笑里藏刀，咱们两个才四个眼睛，两个心，一时不防，倒弄坏了。"可惜，凤姐儿虽然对自己处境险恶心知肚明，但是毕竟已骑上虎背，想下来已为时过晚。

确实，平儿虽是凤姐儿的心腹和左右手，但在处世为人方面一直在抽头退步，为自己留后路，绝没有犯凤姐儿所说的"心里眼里只有了我，一概没有别人"的错误。更不像凤姐儿那样把事做绝。如果说平儿的让人感念有什么诀窍的话，那么此处便是。她对凤姐儿得顺着脾气摸，让凤姐儿信任她，但是对于众人决不依权仗势，趁火打劫，而是时常私下进行安抚，加以保护，一方面缓和化解众人与凤姐儿的矛盾，另一方面做了好人，为自己留了余地和退路。

话说回来，这"抽头退步"原本是王熙凤的话语，道理谁都懂，但是王熙凤至死也没有真正做到"抽头退步"，关键是在她始终放不下利欲和权势之心，所以这"抽头退步"对她来说，始终是一种人生策略和权宜之计。而平儿与她不同，平儿虽然无法彻底摆脱厉害之地，但是内心的善良，使她对大观园中的人生悲剧有更深的体验，知道人如果利欲迷心、图财害命，必不会有人生的好滋味和好结果。

平儿终得回报。凤姐死后，大观园一片败落，平儿却多次获得众人帮助渡过了难关。

用行舍藏，穷则独善其身

孔子说："见到善良，要像赶不上似的；见到不善，要像被水烫了似的。我见到过这样的人，我听到过这样的话。隐居起来寻求自己的志向、维护正义实现自己的理想，我听到过这样的话，没见到过这样的人。"

孔子认为世界上存在着两种人生态度，也就是存在着两种处世哲学：一种是独善其身的人，他们"见到善就如同赶不上似的急切追求，见到不善就如同用手试开水一样急忙避开"；另一种是"穷则独善其身，达则兼济天下"这类人能够隐居以保持自己的志向，行仁义以实现自己的理想。

孔子认为这两种人都不错。但孔子认为前一种人"独善其身"还比较容易做到，后一种人"穷则独善其身，达则兼济天下"则不容易做到。

上古有篇《白圭》，是一首专门赞叹玉的"玉洁冰清"的诗。古人重玉，认为人品应该要做到像玉一样洁白，于是人们常常拿玉来比自己人格学问的修养。南容读到这篇诗的时候，非常欣赏，再三地朗诵，这件事被孔子看到了。后来孔子平日里仔细地考察，发现南容非常注重品德的修养。考察后，孔子得出了这样的结论：一个时代——社会上了轨道的太平时代——就需要像南容这样的人才。南容的才干由此可见。有的才干卓著的人锋芒凌厉，一旦不得势，就会满腹牢骚，认为当今天下，舍我其谁？但是，南容的智慧、才干是不会被遗弃的，太平治世自然少不了他；一旦到了混乱的时代，才能越高的人，艰难险阻也越多，甚至生命也更危险，但南容不会。因为当社会乱的时候，也善于自处、清以自守之道，他绝不会遭遇杀身之祸，可以免于刑戮。换句话说，他善于用世。不但有用世的才干，也善于自处之道。于是，孔子后来把自己的亲侄女嫁给了南容。

在《毛灵公》篇里，孔子评论卫国大夫蓬伯玉，说他"邦有道则仕；邦无道则可卷而怀之。"意思是说蓬伯玉这个人了不起，国家社会有道时，就出来做事，担当大任务；但在邦无道，国家社会紊乱的时候，他认为时代转变如无法挽回时，可以把自己像一幅画一样，卷起来收藏好。他既不发牢骚，也没有什么怨言。孔子认为像蓬伯玉这样的人，很有才干，而且有一个基本修养，其本身的名利心很淡泊。"达则兼济天下，穷则独善其身"的道理人们都是知道的，但等到真穷、真困难的时候，对退下来"卷而怀之"，"独善其身"，却往往心有不甘，这是许多人很难做到的基本修养。

孔子十分赞赏"用之则行，舍之则藏"的处世态度。但是，人们往往是有这种处世态度，却不一定能真正实现，特别是关于"达则兼善天下"，也就是"行义以达其道"的方面，孔子自己也没能够做到。所以，朱熹认为：只有伊尹、姜太公一流的人才真正做到了"隐居以求其志，行义以达其道。"

之所以独善其身还比较容易做到，"隐居以求其志，行义以达其道"就非常难做到，这是因为，独善其身的主观能动性可以起很大的作用，不外乎是自己管住自己罢了。而"隐居以求志，行义以达其道"，尤其是"行义以达其道"就不是仅靠主观努力就可以做到的，还必须有客观的条件，也就是时势和机遇才行。因此，孔子认为，当没有时势和机遇的时候，你也就不必苦苦追求"行义以达其道"了，能够做到"见善如不及，见不善如探汤"，独善其身、洁身自好也就不错了。

伤人乎

马厩着火了，孔子不问马的情况却首先问人，"伤人乎"，简简单单的三个字却将孔子的"仁爱"思想表现得淋漓尽致。"仁爱"就是要以人为本，要有恻隐之心，这种道德品质才是人之所以为人的缔结所在。关于孔子的恻隐之心还有几点证据。

孔子见到穿丧服的人或者残疾人，即使这些人年纪比自己小，他也要站起来，以示心意。有一次，一个盲人乐师来见孔子，孔子迎接他，走到台阶时说："这是台阶。"走到座席时说："这是座席。"大家都坐下后，孔子告诉乐师自己在这里。

"恻隐之心，人皆有之""恻隐之心，仁也"，古代圣贤都将之归于"仁"，这种发自肺腑的"仁爱"，不是做作，也不是为了得到别人的赞誉，而是人之本性，人性使然，这与中庸思想中的"仁爱"有着异曲同工之处。

洪应明说："为鼠常留饭，怜蛾不点灯，古人此等念头，是吾人一点生生之机。无此，便所谓土木形骸而已。"古人常常害怕老鼠饿着而留饭给它，害怕飞蛾扑火而不点灯，既然对老鼠、飞蛾这样的动物都有恻隐之心，那么，何况是对人呢？古人尚且如此，那么现代人呢？对老弱病残者的关爱与尊重，难道不是我们所需要的吗？"恻隐之心"的存在就是需要真正的实行，而不是只在口上说说而已。

君子之于人，无贵无贱，无长无少，对于那些应该帮助的人，君子都是义不容辞地去帮助的。在现实生活中，恻隐之心不是看到别人过的困苦，就施舍给他几十块钱，如果这样，被救者和乞丐就毫无分别了，他人当然不会接受你的"同情"和"怜悯"。因为他会觉得你这种恻隐之心伤了他的自尊，那就更谈不上和谐相处了。中庸里说的不要偏激，不要走极端，也就是这个意思。但是，其中必然会提到一个"度"的问题，因为万物的生息都有自然规律，人不能打破这种规律，只能顺应它。

曾经有这样一则报道，说一些老人出于恻隐之心。将买来的鱼鳖放到海河里"放生"。殊不知这些鱼鳖中有些是"远来之客"，放到这种自然环境中没有天敌，这样人为的放生，可能会破坏原本就脆弱的生态关系，从而引起食物链的混乱。因此有关部门提醒，人们的恻隐之心也不是越多越好，因为这里涉及了自然规律，而自然规律所要求的也是和谐。

"恻隐之心"，归根到底讲的也就是人的修养，除了需要"仁爱"，还需要把握住中庸思想里的"度"，绝不能厚此薄彼。虽然现实生活中的"弱者"是值得人们怜悯，甚至是可怜的，但"弱者"也有他的尊严，不能因为他是弱者就可以鄙视、辱骂他。相反，你的恻隐之心要建立在真诚、尊重的基础上，归根结底，也就是看一个人的修养功到位是否。

在人际交往中，对于那些老弱病残，我们不应该嘲笑他，也不应该因此而鄙薄他，应该也要有"不忍人之心"，再多一点由内而外的恻隐之心，给予他们帮助，这样，他人就会觉得你对他们没有任何偏见，没有任何抵触，他们也才会以真心与你来往。

中和之美,处世必须务实

孔子杜绝四种弊病:"不主观臆断,不绝对肯定,不固执己见,不唯我独尊。"

孔子杜绝了四种毛病——毋意、毋必、毋固、毋我。"毋意",就是不凭空揣测,即根据客观实际认识事物;"毋必"就是没有一定要怎样的期望,含有全面地、灵活的意思;"毋固",就是不固执己见,不用静止的观点看事物,而用变化发展的观点看事物;"毋我"即不自以为是,也包含着对人对己的一分为二。

这四种毛病的共同之处均在于过分,不知权变,没有韧性。我们应该多有一点韧性,能够在必要的时候弯一弯、转一转。太坚硬的东西容易折断。唯有那些不只是很坚硬,而更多有一些弹性的人,才可以克服更多的困难,度过更多的挫折。杜绝此四病,得到的便是中庸之道,达到的便是"中和"之美。

诺贝尔奖得主莱纳斯·波林说:"一个好的研究者知道应该发挥哪些构想,而哪些构想应该丢弃,否则就会在差劲的构想上浪费很多时间。"有些事情,虽然你做出了很大的努力,但你迟早会发现自己仍然处于一个进退两难的地位,你所走的研究路线也许只是一条死胡同。这时候,最明智、最正确的办法就是抽身退出,去研究别的项目,寻找新的成功机会。

在人生的每一个关键时刻,要审慎地运用智慧,做最正确的判断,选择正确方向,同时别忘了及时检视选择的角度,并适时调整。放掉无谓的固执,冷静地用开放的心胸做正确抉择。每次正确无误的抉择将指引你走在通往成功的坦途上。

当你选定了目标以后,下一步便是鉴定自己的目标,或者说鉴定自己所希望达到的领域。如果你决心做一下改变,就必须考虑到改变后会是什么样子;如果你决定解决某一问题,就必须考虑到问题的解决中可能遇到的困难是什么。

当描述了理想的目标以后,你必须研究一下达到该目标所需要的时间、财力、人力的花费是多少,你的选择、途径和方法只有经过检验,方能估量出目标的现实性。你或许会发现自己的目标是可行的;否则,你就要量力而行,修改自己的目标。

有许多满怀雄心壮志的人毅力很坚强,但是由于他们不善于进行新的尝试,因而无法成功。请坚持你的目标吧,不要犹豫不前,但也不能太生硬,不知变通。如果你确感到行不通的话,就尝试另一种方式吧!

人们时常钻进牛角尖而不知自拔,因而看不出新的解决方法。成功者的秘诀是随时检视自己的选择是否有偏差,及时合理地调整目标,放弃无谓的固执,轻松地走向成功。

有两个贫苦的樵夫靠着上山捡柴糊口，有一天他们在山里发现两大包棉花，两人喜出望外，因为棉花价格高过柴薪数倍，将这两包棉花卖掉，足可使家人一个月衣食无虑。当下两人各自背了一包棉花，便赶路回家。

走着走着，其中一名樵夫眼尖，看到山路上扔着一大捆布，走近细看，竟是上等的细麻布，足足有十多匹。他欣喜之余，便和同伴商量，是否放下背负的棉花，改背麻布回家。

但他的同伴却有不同的看法，认为自己背着棉花已经走了一大段路，到了这里再丢下棉花，岂不枉费了自己先前的辛苦，所以坚持不愿换麻布。发现麻布的樵夫屡劝同伴不听，只得自己竭尽所能地背起麻布，继续前行。

又走了一段路后，背麻布的樵夫又看见林中闪闪发光，待近前一看，地上竟然散落着数坛黄金，心想这下可真的发财了，赶忙邀同伴放下肩头的棉花，改用挑柴的扁担挑黄金。

他的同伴仍是那套不愿丢下棉花，以免枉费辛苦的论调；并怀疑那些黄金不是真的，劝他不要白费力气，免得到头来空欢喜一场。

发现黄金的樵夫只好自己挑了两坛黄金，和背棉花的伙伴一起赶路回家。当两人快走到山下时，突然下了一场大雨，两人被淋了个湿透。更不幸的是，背棉花的樵夫所背的大包棉花，吸饱了雨水，重得已经无法背动，那樵夫不得已，只能丢下一路辛苦舍不得放弃的棉花，空着手和挑金的同伴一同回家去。

通过这个故事我们可以看出，有的人失败，不是没有本事，而是选错了目标。成功者为避免失败，应经常检查目标是否合乎实际，合乎道德。一个人要想获得事业上的成功，首先要有目标，这是人生的起点。没有目标，就没有动力，但这个目标必须是合理的、正确的，即合乎实际情况和客观规律，合乎社会道德，如果不是，那么，即使你再有本事，付出千百倍的努力，也不会获得成功。

兼善天下，先自治以治人

颜渊、季路侍奉时。孔子说："为什么不说说各人的愿望呢？"子路说："我愿意把车马衣服拿来与朋友共用，用坏了也没有不满。"颜渊说："我不愿夸耀自己的好处，不愿表白自己的功劳。"子路说："希望听听先生的志向。"孔子说："使老者安逸，使朋友信任我，使年轻人怀念我。"

孔子的言外之意是:人应该怎样在这世上活着?"双肩承一呼,俯仰天地间",只是存活而已。人更应该渴望长存,由"独善其身",进而求"兼善天下"。求个人的存活,常能苟存性命,活得久些;求兼善天下,常会牺牲小我,活得短些。但是后者的存在,是为众人的存在,也必将会"长存"在人们心中。

李世民不但在纳谏方面有名,而且还建立了一个让自己受到制约的制度,这就是著名的"封驳"制度。所谓"封驳"制度,就是赋予有关官员拒绝执行皇帝不正确旨意的权力。把不正确的诏书原件退回宫中不执行,这叫"封";说明不执行的理由,指出诏书中的错误,这叫"驳"。从有关史料来看,这一制度有时得到了执行。

公元630年,唐太宗想兴修洛阳行宫乾阳殿,拥有"封驳"之权的给事中(唐朝中央三大机构之一的门下省长官名称)张玄素认为不可,便进行谏阻,唐太宗只好放弃这一计划。

还有一次,李世民的儿子汉王元昌罪当处死,李世民欲将其免死,但群臣坚持依法治罪,李世民只好令汉王在家自尽。事后,又把几名没有尽到劝谏之责的重臣,如张玄素、赵弘智、令狐德等撤职,贬为庶人。

在"治近"方面,李世民曾下诏处死自己的外甥赵节,还将曾暗中为赵节开脱的姐夫、赵节的继父宰相杨师道降为尚书。事后,他亲自向姐姐进行解释,两人相视而哭。李世民哭着对姐姐说:"赏不避仇雠,罚不阿亲戚,此天下至公之道,不敢违也,以是负姊。"

李世民虽没像许多开国皇帝那样诛杀功臣,但功臣犯罪,他也决不姑息。公元635年,原秦王府高某犯罪,法当流放边地,有人为其求情。李世民说:"理国守法,事须划一……有功者甚众,若甑生(即高某)获免,谁不觊觎,有功之人,皆须犯法。我所以必不赦者,正为此也。"

由于李世民"先自治以治人,先治近以及远",所以贞观年间的政府法令很有权威。公元633年,各地死刑囚犯390人竟在无人押送的情况下奇迹般地全部赶往京师集中。这与汉武帝时"闻有逮证,皆亡匿",形成了鲜明的对比。如此,不但出现了"贞观之治"的盛世,而且犯罪的人也很少。在最好的年头,"一岁断刑,不满三十",比文景之治时的"每岁决狱,仅至四百"还进了一步。

掌握权力的人带头遵守法纪,在古代是确保法令得以执行的唯一条件。因为法令是要公之于众的,因而再残酷也还有个分寸,而统治者的贪欲残暴却没有限度。所以孔子认为,苛法也胜于无法。而且,真正能在统治阶级内部实行的法令,也不至于残酷到完全无法执行的程度。秦二世而亡，表面上看来是严刑苛法，实际上还是最高统治集团的"无法无天"。如秦始皇时期，"力役三十倍于古，田租口赋盐铁之利二十倍于古"，这实际上就是"无法无天"，随心所欲地驱使民众、勒索民众。赵高指鹿为马，公开在宫中羞辱耍弄秦二世及文武百官，更是"无法无天"到了极点。所以秦二世而亡，严刑苛法是一个方面，但更主要的还是像历代亡国之朝一样，法纪不行，天下大乱。

言传身教，才能取信于民

孔子说："领导者自身行为端正，不发命令，事情也能进行顺利；若是他自身不端正，即使发布命令，百姓也不会听从。"

齐景公喜欢穿紫色王袍，于是全国的人都以穿紫衣为流行，导致紫布紫绢价格大涨。

齐国的国相晏子就想找机会劝勉齐景公。一次，齐景公向晏子请教学问，说："我听说孔子对他的学生讲：'君子和而不同，小人同而不和。'这是什么意思？"

晏子解释说："所谓'和'者，君甘而臣酸，君谈而臣咸。也就是说，君主如果是甜的，那么，大臣就应该是酸的；君主如果是淡的，那么大臣就应该是咸的。只有这样，才能形成高能有效的领导集团结构。如果君主甜，大臣也甜，那就甜得腻人，甜得不好吃了，也没有特色了。满朝文武一个味，这个领导集团就没有生气，这个国家就没有创造力、凝聚力和战斗力。而且会使得世风懒惰、投机取巧。如此，即使有周公制典，尚父领兵，也不能有多大作为。"

齐景公说："我明白了！天下一色，反而失色。先太史史伯说过：'红黄蓝白黑，五种颜色和谐搭配，就很好看。'那么孔子说的'同'是什么意思呢？"

晏子说："单调的颜色使人疲倦，单调的声音使人烦躁，单调的味道使人反胃，这就是'同'的不足。史伯是先太史，他看到先朝'去和而取同'，搞一言堂、一刀切、一锅煮，不准有不同意见、不同风格、不同流派存在，从而预言朝政一定会衰落，后来的发展果然被他言中了。"

齐景公说："寡人治国，有没有这样的危险呢？"

晏子说："有，就说现在吧！我们齐人不论男女老少，听说主公爱穿紫衣，所以人人穿紫衣，以致全国一片紫色。民趋其利，士求其好，物价飞涨，产业单一，于时无补，与国不利，臣每日面对这一片紫色，常常感到害怕呀！"

齐景公闻此言也是一惊,他说:"你说得很有道理。是寡人不察,该如何补过呢?"

晏子说:"先王时代,管子说:'千里之路,不可以扶以绳;万家之都,不可以平以准。'就是说不要搞千篇一律、千人一面,而应该是乡有俗、国有法,饮食不同味,衣服有异彩。他的本义,就是君甘臣酸。"

齐景公悟到晏子之意,于是脱下紫衣,经常换穿不同颜色的衣服。于是,全国的紫衣风便自然化解,国人着衣千姿百态,一派生机。

作为一个领导者,言传不如身教。只有当领导者做对了事,有了威信,能够取信于部属,部属才会朝正确的方向前进。同时,作为领导者,也要包容不同的观点、不同的建议,才能使国家得到发展。

博闻多识,人生应当择善取之

孔子说:"大概有一种自己不懂却凭空妄为的人,我没有这种毛病。我是多多地听,选择其中好的来接受;多多地看,全记在心里。这样的知,是仅次于'生而知之'的。"

知识与道理,往往与外界事物有着千丝万缕的联系,表里可能一致也可能不一致,现象与本质可能相符也可能相悖,要掌握一门知识,懂得一个道理,不博闻、不多见,就难以纵横比较、全面思考,很难准确地选择并把握"善者"。人由于自身学识、心理、情感等因素的影响,对一个问题的理解,一门知识的掌握,如果不是在博闻、多见的基础上甄别、取舍后得来的,很可能受自身条件的限制、影响,而认识得不全面、不准确。所以,无论从客观上讲,还是从主观上讲,求知离不开、少不了"博闻""多见",但更要"择善而从"。谁能坚持这样做,谁就能求得真知。

医学家李时珍能编纂成《本草纲目》这本医学巨著,在于他能"遍尝百草,去伪补缺";而从其治学态度、方法而言,正得力于博闻多见,择善而从。

李时珍出生在湖北蕲州的一个世代行医的家庭,很小就随父亲一起行医。一天,李时珍出诊回来,一个姓庞的打鱼人焦急地赶来把他请去。老庞说他的妻子得了急症,让一位江湖医生给开了个方子,不料药服下去,病势却变得更重了。他望着昏迷的妻子,急得直流眼泪。

问题出在哪里呢?李时珍摊开江湖医生开的药方,看了好几遍,又给老庞的妻子号了脉,觉得方子上并没有开错什么药。他立刻想到,应该检查一下药渣。李时珍发现药渣中有"虎掌",方子上却没有这个药。再看方子上有"漏篮子",药渣里却没有。这肯定是药铺里发错了药,错把"虎掌"当成了"漏篮子"。他知道虎掌有大毒,立即取出救急的药,叫老庞给妻子服下去,病人总算脱离了危险。

回到家里,李时珍老是放不下药店配错药这桩事。他想,闹出这个乱子,也不能全怪药店,只能怪旧的"本草"的内容,就是说"漏篮子"又名"虎掌"。

"本草"是专门记载药物的书。我国最早的"本草"书是汉代的《神农本草经》,李时珍很佩服古代药物学的成就,同时,也发现了不少问题。今天的"漏篮子"事件,使他联想起过去因"本草"错误而发生的几件事。

"老本草已经好几百年没有修过,应该赶快修一部新的,把我见识到的东西都添进去,把古人讲错了的都给改过来。"李时珍这样想。但重新修订"本草",谈何容易! 过去修本草是朝廷组织力量进行的,个人的力量无疑显得太小。

但李时珍下决心要尽自己的微薄之力完成这件功德无量的工程。从此,李时珍在行医读书当中,更加留心一切和"本草"有关的材料、古籍和文献。《黄帝素问》《华佗方》《张仲景伤寒论》、《神农本草经》《证类本草》等药书,他都一一精读,加以校勘,写下札记。

为了修改好旧"本草",他坚持书本知识和调查实践相结合,穿上草鞋,背上药筐,拿起药锄,带上必要的药书和笔记本,投身到大自然中去实地采访。凡是需要调查研究的药物,事先都写在他的本子上,先寻找当地产的,再解决不易寻到的。自己不认识的草药,便向当地人请教。蕲州周围百十里内广阔的原野,偏僻的山谷,都印上了他的足迹。

广大的劳苦群众,不论是种地的、捕鱼的、砍柴的、打猎的,都亲热地留他在家住,热情地帮助他了解各种各样的药物,他也虚心求教。

保卣

李时珍整整花了十年的心血,还是有不少药没有收集到实物。于是,在他47岁时,决定做长途旅行。他收了一个徒弟叫庞宪,师徒结伴而行,先后到过湖北北部的武当山,江西的庐山,还到过江苏、安徽等地。

多走,多学,多见,多闻,他的那个药物名单中的空白点不断减少,而药包中的经验单方却在逐渐增多,老乡们告诉他:箭头草烧出烟来,可以熏疮;胭脂菜捣烂了,可以消除虫咬伤的疼痛;大蒜液杀虫和防痨非常有效;益母草是治疗妇女病的良药;患夜盲症,吃羊肝和胡核可以治愈……这些千百年来流传在民间的单方、偏方,既经济实用,又是十分珍贵的医药遗产,李时珍都把它们记录下来。

功夫不负有心人,凭着这种百折不挠的决心,李时珍药包里的资料已经多得不胜枚举,有矿物,有植物,有动物,还有不少珍贵的民间单方和书籍文献。三年后,李时珍回到家中,动员全家人参加编写工作。除了庞宪这个重要助手之外,他的三个儿子、四个孙子,有的帮助抄写,有的帮助绘图。1578 年,李时珍 60 岁的时候,这部辉煌巨著终于完成了。

李时珍之所以能取得巨大的成就,正是得益于博闻多识、择善而取之的治学之道! 我们在敬佩他的精神的同时,更应在自己的学习中采取这种正确的方法,以真正有效地不断提高自己。

欲先正人,必先让自己端正

孔子说:"假如端正了自己本身的言行,治理国家还有什么困难呢? 假如不能端正本身的言行,又怎样去端正别人呢?"

从政者必先要端正自身,所谓"身正不怕影子斜"。自身正直,人们都看在眼里,自然敬在心里,以此从政,当然人心顺服,困难不致太大;反之,自身不正,人们也都看在眼里,自然在心里有意见,以此从政,只会让人在心里冷笑,谁还会来听你的那一套?

对于身居高位的为政者,端正自身的行为可谓至关重要,它不仅关系到自身的修养境界,而且关系到部下群众的心理感受及由此引发的行为,直接影响到自己的政绩和功业。西汉名将李广的一生,虽时运不济,终其一生未能封侯,但其正直宽广的品行和胸怀,以及不可磨灭的功勋,已在千百年来的人心中树立了丰碑。

李广,西汉陇西成纪(今甘肃秦安西北)人。善骑射,每射敌,"即应弦而倒",且有"才气,天下无双"。

汉景帝刘启时,李广随太尉周亚夫击败吴楚等七国之乱,夺取敌人的军旗,功名大扬。后改任上谷太守。辗转为上郡、陇西、雁门、云中等边郡太守。他机智勇敢,所在各郡皆以善战著名。

汉武帝刘彻时,朝廷以李广为"名将",改任未央卫尉。后任北平(今辽宁凌源西南)太守。匈奴称之为"汉之飞将军""避之数岁,不敢人右北平"。一次,他外出打猎,误认草中一块巨石为虎,一箭射去,把整枝箭镞射人石中。他听说当地有猛虎出没,常亲自带人去射虎。一次,他被虎所伤,但终将猛虎射死,为当地百姓除了一害。

李广不但是一位骁勇善战百发百中的神箭手,而且还是一位体贴士卒、廉洁奉公的将军。他历任七郡太守,前后四十多年,每得到朝廷的赏赐,立即分赏给其部下,同士卒一起吃喝。可他家无多余的财物,始终不过问家产的事。他带兵打仗,每遇"乏绝处见水,士卒不尽饮,不近水,不尽餐,不尝食"。加上他平时对下属"宽缓不苛"所以士卒都爱戴他,很乐意被他任用。司马迁在《史记》中称赞不已,"'不令而行'。这不正是指李将军吗!"

公元前119年,年逾六旬身经百战的宿将李广,自告奋勇随大将军卫青再次带兵出击匈奴,因迷路误期被责,遂自刎身亡。李广为人光明磊落,心胸坦荡,将迷路的责任一人承担起来。这位与匈奴大小七十余战的"名将",一生诚恳待人,他死之日,"一军皆哭。百姓闻之,知与不知,无老壮皆为垂涕。"由此可以窥见他在军民心目中的分量。

李广以身作则,赢得了军心民望。当今社会中,个别身居官位,却不知为国为民尽心尽力,甚至毫无顾忌胡作非为的人,比起李广,能不愧死?

忠信笃敬,通行天下的至理

子张问如何才能使自己行得通。孔子说:"说话忠诚有信用,行为忠厚严肃,即使到偏远未开化的地方去,也能行得通。说话不忠诚,没有信用,行为不忠厚严肃,即使在本乡本土,能行得通吗? '忠信笃敬'这四个字,站立的时候,就看见它直立在眼前,坐车的时候,就看见它靠在车辕前的横木上,要时刻记在心里。这样做了以后,就能行得通。"子张把老师的话写在衣带上。

为人处世要讲信用,行为端正有礼貌,这样优秀的人,无论是做朋友,还是合作共事,相信都会大受欢迎的。相反,说谎欺诈、行为不端,是在任何地方、任何时候,都会让人厌恶的。作为一个社会个体的人,愿意选择做哪一种人,相信大家在理智上都不会犯迷糊。当然,仅仅有愿望是不够的,还必须下功夫去修炼提高。一旦能够做到这一点,也就可以"走遍天下都不怕"了。

其实,美好的品质不仅是一张人生的通行证,在很多时候,它显示出来的力量,比强硬的武力更有作用。

邓训是东汉人,太傅邓禹的儿子。史书上说他"少有大志,乐施下士",所以,在他身边聚集了不少士人。

那时候,在今天的甘肃、青海一带,居住着许多少数民族。为了使这些少数民族听命于朝廷,朝廷专门在这一带设置了护羌校尉,对当地的少数民族进行统治。

东汉明帝章和二年,护羌校尉张纡不善于安抚当地的羌人,羌人对其统治日趋不满。为了震慑羌人,张纡又诱杀了羌人的首领迷吾,企图用武力来实现当地的稳定。不料适得其反,此举不但没有吓住羌人,反而激起了他们更大的反抗。各部羌人群情激奋,原来彼此仇视的部落在反抗朝廷的目标下统一起来,一致对外。也有的部落间互相结亲,以此巩固联盟关系。一时间,反抗朝廷的羌人达四万多人。东汉的西北部地区形势日益严重。

在这种情况下,东汉朝廷决定由邓训代替张纡做护羌校尉。

邓训到任后,正赶上羌人首领迷唐率兵前来进攻。迷唐是迷吾的儿子,他为父报仇心切,所以率先前来。当时在边塞之内,还住着一些小月氏胡人,他们善于骑马,强健善战,与羌人打仗,常能以少胜多。这些小月氏胡人有时也反对朝廷,有时又为朝廷所用。迷唐率一万多骑兵来到城外,不敢直接攻打邓训,准备先攻打小月氏,将其制服后,再胁迫他们一起攻打邓训。

邓训看清了迷唐的用意,便派人安抚小月氏胡人,不让他们与羌人接战。部下很多人都对此十分不解,有的人找到邓训,对他说:"现在羌人和胡人自相残杀,应该先让他们互相消耗,这对朝廷是有利的。等到他们消耗得差不多了,我们再收渔翁之利,这正是以夷伐夷的好机会啊!"邓训说:"不对。如今是由于张纡失信于羌人,致使他们兴兵前来。朝廷不得不屯兵聚众,以备羌人。为屯兵备战,我们不得不竭尽财力以支付运输费用。现在形势十分紧急,我们需要小月氏胡人的全力支持。以前,胡人之所以不全力为朝廷作战,就是因为朝廷对他们的恩不深,信不厚。如今,小月氏胡人处于困境,我们应借此机会对他们施以恩德,使他们为我所用。"

于是,邓训便令人打开城门,腾出许多房子,将小月氏胡人的家眷全部接进城内,安顿住处,并派兵严加守卫。羌人在城外掠无所获,又见胡人已无后顾之忧,不敢与之开战,只得撤兵而去。于是,小月氏胡人对邓训感恩戴德,他们说:"过去的朝廷官员只是把我们当打仗的工具,根本不管我们的疾苦。如今邓大人对我们施恩讲信,开城门接纳我们的家眷,使我们父子母女相安,我们怎能不为朝廷尽心竭力！"

后来，邓训利用这支胡人的力量，使西北地区得到了平定。

邓训之所以能成功安边，关键在于他既通晓信任与恩德可以在任何地方感人心、化怨隙，又采取积极有效的怀柔政策，不战而屈人之兵。因为人心之向背，已决定了成败。

不出妄言，才能远离是非

孔子说："侍奉在尊长身边的时候，容易犯三种过失：话没临到你说的时候抢着说，叫作急躁；临到你说时却不说，是为隐瞒，不看看脸色就随意发言，称作没眼色。"

沟通是一门艺术，既讲究沟通的内容，又讲究沟通的方式，这两者都要恰当。否则，就有可能显露出自己的没"水平"，甚至还会因此惹来麻烦。尤其在有尊长者的时候，掌握好说话的火候非常重要。在我们的人生经验里，大概都听过、见过或亲身经历过因口无遮拦而惹祸上身的事情。从这个意义上讲，孔子的这句话，实在可以作为我们"何时开口，怎样开口"的指导原则。

在古代，作为臣子侍奉君王，察言观色说话的本领十分重要，甚至到了与性命利益攸关的地步。但仍有一些人，因各种原因，放纵口舌，以致惹怒上司，引来祸端。他们的教训，让人深思。

南北朝时，贺敦为晋的大将，自以为功高才大，不甘心居于同僚们之下，心中十分不服气，口中多有抱怨之辞。

不久，他奉调参加讨伐平湘洲的战役，打了个胜仗之后，全军凯旋，这应该算是为国家又立了大功，他自以为此次必然要受到封赏，不料由于种种原因，反而被撤掉了原来的职务，为此他大为不满，对传令使大发怨言。

晋公宇文护听了以后，十分震怒，把他从中州刺史任上调回来，迫使他自杀，临死之前他对儿子贺若弼说："我有志平定江南，为国效力，而今未能实现，你一定要继承我的遗志。我是因为这舌头把命都丢了，这个教训你不能不记住！"说完了，便拿起锥子，狠狠地刺破了儿子的舌头，想让他记住这血的教训。

光阴似箭，斗转星移，转眼几十年过去了，贺若弼也做了隋朝的右领大将军，他没有记住父亲的教训，常常为自己的官位比他人低而怨声不断，自认为当个宰相也是应该的。不久，功绩不如他的杨素却做了尚书右仆射，而他仍为将军，未被提拔，他气不打一处来,不满的情绪和怨言便时常流露出来。

后来一些话传到了皇帝耳朵里,贺若弼被逮捕下狱。隋文帝杨坚责备他说:"你这个人有三太猛:嫉妒心太猛;自以为是,自以为别人不是的心太猛;随口胡说目无长官的心太猛。"因为他有功,不久也就放了,他还不吸取教训,又对其他人夸耀他和皇太子之间的关系,说:"皇太子杨勇跟我之间,情谊亲切,连高度的机密,也都对我附耳相告,言无不尽。"

后来杨勇在隋文帝那里失势,杨广取而代之为皇太子,贺若弼的处境可想而知。

隋文帝得知他又在那里大放厥词,就把他召来说:"我用高颍、杨素为宰相,你多次在众人面前放肆地说'这两个人只会吃饭,什么也不会干,这是什么意思?'言外之意连皇帝我也是废物不成?"贺回答说:"高颍是我的老朋友,杨素是我舅舅的儿子,我了解他们,我也确实说过他们不适合担当宰相的话。"这时因他言语不慎,得罪了不少人,朝中一些公卿大臣怕株连,都揭发他过去说的那些对朝廷不满的话,并声称他罪当处死。

隋文帝见了对贺若弼说:"大臣们对你都十分的厌烦,要求严格执行法度,你自己寻思可有活命的道理?"贺若弼解说:"我曾凭陛下神威,率八千兵渡长江活捉了陈叔宝,希望能看在过去的功劳的分上,给我留条活命吧!"隋文帝说:"你将出征陈国时,对高颍说:'陈叔宝被削平,问题是我们这些功臣会不会飞鸟尽,良弓藏?'高颍对你说:'我向你保证,皇上绝对不会这样。'是吧?等到消灭了陈叔宝,你就要求当内史,又要求当仆射。这一切功劳过去我已格外重赏了,何必再提呢?"贺若弼说:"我确实蒙受陛下格外的重赏,今天还希望格外的赏我活命。"此时他再也不敢攻击别人了。隋文帝念他劳苦功高,只把他的官职罢了。

父子两代人,同样是因妄言而坏事,一个丧命,一个丢官,教训不可谓不大。在今天,虽然在上者的意志权力没那么大了,但要忍那些不该讲的话,以免招致不必要的祸端,还是有必要的。

知者不失人,亦不失言

孔子说:"可以同他谈话,却不同他谈,这就会失掉朋友;不可以同他谈话,却同他谈,这就是说错了话。聪明的人既不会失掉朋友,也不会说错话。"

孔子提倡"少言""慎言",的确有一定的道理,正所谓"病由口入,祸从口出",

因此把握好说话的时机、场合是很重要的。孔子认为，"可与言而不与之言，失人"，应该与人交谈沟通的时候却没有这样做，就失去了结交朋友的机会，可能与一个真正有益于自己的朋友失之交臂。还有一个经常犯错误的地方是，"不可与言而与言，失言"，说话不看对象，把话对不该说的人说。聪明的人能够看出哪种人才是真正的人才、真正的朋友、真正的英雄，所以，他能做到既不失去结交朋友的机会，也不会对道不同的人浪费言辞，说错话。

有人把语言比喻成刀剑，因此愈显得慎言的重要。人的脸孔上，有两个眼睛，两个耳朵，两个鼻孔，却只有一张嘴巴，这奇妙的组合蕴涵着很深的意义，就是告诫人们要多听，多看，少说。

《伊索寓言》中有这样一句名言："世界上最好的东西是舌头，最坏的东西还是舌头。"中国也有句谚语："背后骂我的人怕我；当面夸我的人看不起我。"因此，人要懂得"病由口入，祸从口出"的道理，多听、多看、少说，管好自己的舌头。

诸葛亮一生为人谨慎，刘表长子刘琦问他安身之术，他都"顾左右而言他"。最后，刘琦把他引上高楼，令人去梯，断绝他人来往，然后诸葛亮才为之谋划。历史上所说的"去梯言"，就表示慎言的意思。

东晋时代的王献之一日偕同两个哥哥王徽之、王操之一起去拜访当代名士谢安。王徽之、王操之二人放言高论，目空四海，只有王献之三言两语，不肯多说。三人告辞以后，有人问谢安，王家三兄弟谁优谁劣？谢安淡淡地说道：慎言最好！

还有一个外国的例子，也说明了做人要谨记慎言这个道理。

美国最近为一个在1953年被处决的死囚平反，认为他当年死于不公正的司法裁决。这个人糊里糊涂地被送上绞刑台，原因是说错了一句英语。

死囚名叫巴利哈，处决时年仅18岁。他是一个智商不高的不良少年，当年他误交损友卡拉克，与16岁的卡拉克一同去爆窃纽约南部的一个货仓。

当夜，卡拉克怀揣手枪与巴利哈一起犯案，哪知在盗窃的时候被两名巡警发现了。警察一看，竟是两个黄毛小子，便上前想把他们拘捕。

这时，卡拉克拔出手枪，指向警察，警察一步步地向他们走近，一个警察想把卡拉克手上的枪拿下，叫卡拉克把手枪交给他。

卡拉克的手颤抖着，用枪指着警察，大喝："不要过来。"但警察还是一步步地逼近，一面说："把枪交给我。"

巴利哈看见两人对峙，心里害怕极了。他怕卡拉克真的开枪将警察打死，他想让卡拉克把枪交给警察后投降，于是情急之下，他向卡拉克喊出了当代美国司法史上最著名的五个英文字：Celak，let him have it!

巴利哈想表达的意思是："卡拉克，把枪交给他吧!"可是，卡拉克却误解了他的意思，他以为巴利哈的意思是："把他一枪毙了吧!"他误以为话中的"it"这个代名词，指的是子弹。

卡拉克一枪就把警察击毙了。两人双双被捕，卡拉克对法官说，当时自己以为巴利哈叫他开枪，但巴利哈的律师申辩说，巴利哈的意思是想让卡拉克向警察交枪而不是开枪。陪审团相信卡拉克的说法，认为巴利哈参与谋杀。事发时巴利哈刚过了18岁生日，被判死刑，卡拉克尚未成年，只判监禁。

巴利哈这句英语有歧义，可作双解，虽然巴利哈的原意确实是叫同伴交枪，但当时青少年犯罪严重，舆论同情警察，巴利哈便非死不可。事后，巴利哈的家人为他奔走四十多年，终于争回清白。

对一句话的误解，可以送掉一条命，可见，做人谨记要慎言。

人生中，有人喜欢饶舌，但也有人习惯于慎言。饶舌的人常常会吃亏；慎言的人，则不容易受到伤害。

艾子发高烧，梦游阴曹地府，正见阎罗王升堂问事。有几个鬼抬上一个人，说："这人在阳世，干尽了缺德事。"

阎王命令道："用500亿万斤柴火烧煮。"

牛头鬼上来押解。那人私下里探头问牛头鬼："你既然主管牢狱，为何穿着这么破烂的豹皮裤子呀?"

牛头鬼说："阴间没有豹皮，如果阳间有人焚化才能得到。"

那人立即说："我舅舅家专门打猎，这种皮子多着呢，如果你肯怜悯，减少些柴，我能够活着回去，定为你焚化10张豹皮。"

牛头鬼大喜，答应减去"亿万"两字。煮烧时也只是形式而已。

待那人将归时，牛头鬼叮嘱道："等你回去了，可千万别忘了给我焚化豹皮啊!"

那人回头对牛头鬼说："我有一诗要赠送给你：牛头狱主要知闻，权在阎王不在君，减扣官柴犹自可，更求枉法豹子皮。"

牛头鬼大怒，把他又投入滚沸的水锅里，并加添更多的柴煮了起来。

艾子醒后，对他的徒弟们说："以后切记口是祸之门啊!"

由此我们知道，一个成熟的人知道什么话该说，什么话不该说；有些话，什么时候该说,什么时候不该说。因为我们不是独立的个体,生活在一个人际关系复杂的环境中。你只要放眼周围,人缘好的人,嘴巴绝对不是喷壶。而人缘好也分两种,一是天生心计单纯,拙于言辞,就像《红楼梦》里的李纨,一看就没有威胁力;二是把真实的自己隐藏得滴水不漏,显得淡泊名利,与人无争,就像薛宝钗。

不过我们在工作中不妨学学宝钗,而生活中应该还原自我,有些个性,只要这些恣意妄为不妨碍他人就行,一生为别人而活,死时不冤吗?

但是,对于知心朋友,我们应该多聊聊,有用的、没用的,不必有过多的顾忌。很多时候,我们都宁可将悲伤和失意压在心底,也不肯在别人面前展示自己的伤疤。但是,一个人的承受能力终究是有限的,与其一个人将所有的无奈和血吞下,不如找个人聊聊,还一个健康快乐的自己。真正的朋友在你沮丧的时候会安慰、激励你,在你需要帮助的时候会毫不犹豫地伸出援助之手。其实,有时候我们和朋友聊天,并不是想从朋友那里得到什么,释放出来何尝不是一种解脱?而且朋友的一句宽慰,一句鼓励,对于失意的人有着无穷的力量。

孔子在《论语》中还说过这样一句话:"陪君子说话容易有三种失误:还没有轮到自己说话却抢先说了,这叫急躁;轮到自己说了却不说,这叫隐忍;不察言观色而说话,这叫瞎子。"孔子早在两千多年前说的这段话,寓意极为深邃。其实,这也是在告诫人们说话要讲究分寸,少言、慎言。

淡言微语,令人回味,自会让对方发生好感;热情洋溢,打动心坎,自然会使对方产生甜蜜;激昂慷慨,言人所不敢言,自会令对方产生辛辣;施放冷箭,恶语伤人,更会使对方的心灵受伤害。

古语云:"良言一句三冬暖,恶语伤人六月寒。"这就告诫我们平时说话一定要把握分寸,少言、慎言,切记不要伤人。我们应该少做一些让人寒心的事,少讲一些刺伤人心的话,多一点随和,多一点宽容,让生活多一些幸福和欢乐。

吾斯之未能信

孔子叫漆雕开去做官。漆雕开回答说:"我对做官这件事还没有信心。"孔子听了非常高兴。

孔子高兴什么?

不是高兴漆雕开对做官还没有信心这事本身,而是高兴他能够说出这样的话。

孔子的理想是"学而优则仕",意思就是,学到知识,就要去做官。他经常向学生灌输读书做官的思想,鼓励和推荐他们去做官。孔子让他的学生漆雕开去做官,但漆雕开感到尚未达到"学而优"的程度,对于做官还没有把握,他想继续学礼,晚点去做官。"吾斯之未能信",一方面说明他很有自知之明,谦虚谨慎;另一方面也说明他对做官这事已有所认识,不然他怎么会认为自己离胜任还有所差距呢? 除了这两方面之外,还可以看出他并不像一般读书人那样急功近利,汲汲于功名富贵。由于有这些方面的原因,所以孔子对他的回答非常满意。

漆雕开的自知之明,一般人是很难做到的。

老子曾说:"知人者智,自知者明。"能够明白别人的优点和弱点,是"知人者智";知道自己的优点和弱点,则是"自知者明"。一个人就好比是一条船,无论大小,都必须随时知道自己处在什么位置,载重多大,航速为多少。所以说,做人要善于剖析自己。只有当他正确地认识自己的才能和价值时,他才能在各种条件下,充分地展示和发挥自己的才能。反之,一味自高自大,目空一切,只能是一生碌碌无为,毫无建树。

中央电视台曾经报道过一个叫作张静的"丑女"。几年前,因为她长得很丑,没有哪个招聘单位愿意接收她,并由此引发了一场这个社会是否过于以貌取人的争论。随着各大媒体的报道,这个长相不佳的女孩也有了一定的知名度,原先找不到工作的她,在小有名气了以后要求却高了,觉得自己应该并且可以做更大、更有意义的事情了。但是,事实却并非如此,被用人单位接受后,她才意识到自己在社会上生存缺少必须具备的能力,她还需要锻炼和努力。

世上万物,都有自己的长处和短处,然而,能否知道自己的长处和短处,却不容易。要么,何以自古就有"人贵有自知之明"之说呢! 其实,这种自知之明就是能发现自己的卓越和缺陷,认识自我的优势和劣势,从而依照自己的条件决定去干什么,不去干什么。然而,生活中却常常能够看到没有"自知"的人。他们往往在还不清楚自己的能力、兴趣、经验之前,便一头栽进一个过高的目标——这个目标是盲目追随别人得来的,而不是了解自己之后得出来的,所以每天要受尽辛苦和疲惫的折磨,而最终却不一定获得多大的成效。其实,他们的折磨完全是由他们的不"自知"造成的。

有这么一个故事:森林中,动物在举办一年一度的比"大"比赛。老牛登场表演,动物们高呼:"大!"大象走上台,动物们也欢呼:"真大!"这时,台下角落里的一只青蛙气坏了,难道我不大吗? 它一下子跳上一块巨石,拼命鼓起肚皮,同时神采飞扬地高声问道："我大吗？""不大！"台下传来一片嘲讽的笑声。青蛙不服气，继续鼓着肚皮。突然，"嘭"的一声，青蛙的肚皮鼓破了。就这样，可怜的青蛙到死也还不知道它到底有多大。

有一位登山队员，一次，他有幸参加了攀登珠穆朗玛峰的活动，到了7800米的高度，他体力支持不住，停了下来。当他讲起这段经历时，朋友们都替他惋惜，为什么不再坚持一下呢？为什么不再往上攀一点儿，再咬紧一下牙关，爬到顶峰呢？"不，我最清楚，7800米的海拔是我登山生涯的最高点，我一点儿也不为此感到遗憾。"他说。

每个人都不相同，有的人聪明，有的人平庸；有的人强壮，有的人弱小。每个人的性格、能力、经验也各不相同。人如果在生活中总是与别人比较，总是希望获得他人的掌声和赞美，博取别人的羡慕，那么，他就会慢慢地迷失自己。一个人成天期望获得别人的掌声，他的生活必然是空虚的，久而久之，他的生活就变成了负担和苦闷。因此，我们只有了解自己，依照自己的潜能去发展，那才有真正的喜悦，那才有真正的快乐与成功。

一代伟人汉高祖刘邦开创汉家400年江山，他曾说过，论筹集粮草，安抚百姓，他比不上萧何；运筹帷幄，决胜千里，他比不上张良；行军打仗，指挥千军万马，克敌制胜，他比不上韩信。然而，他也有自己的长处，就是使人才各尽其所，共同为大汉尽心尽力。刘邦不因自己才能不济而嫉贤妒能，而是正确认识到自己的才能在于招揽人心，知人善任，终使自己身边人才济济，成就大业。

宋朝词人柳永，早年追求功名，然而仕途坎坷，生活潦倒，他终于认识到自己的天地不在庙堂，而在民间；自己的最佳身份不是封侯拜相，而是文人。于是他豁然开朗，自称"奉旨填词柳三变"，潜心研究制词、音律，吟风弄月，流连于舞榭歌台，将宋词的温柔旖旎推向极处，成为人们所喜爱的词人。

人贵有自知之明，我们应该认清自己的弱点和短处，而不去做那些力不从心、劳而无功的事情。既不要妄自菲薄，也不要自吹自擂，更不能过高地估价自己的能力和水平。

人贵有自知之明，就是要看清自我，摆正位置，无论别人怎么对待你，怎么说你，你都要用理智的这杆秤将自己秤准，找准保持心中天平平衡的砝码。不要拿别人跟自己过意不去。即便是在物欲横流，人心叵测的环境中，也要保持平和的心态，乐观的精神，学会换位思考，"补偿"思考，活出个性，活出自我。

尼采曾经说过:"聪明的人只要能够认识自己,便什么也不会失去。"正确认识自己,才能使自己充满自信,才能使人生的航船不迷失方向;正确认识自己,才能正确确定人生的奋斗目标。只有有了正确的人生目标,并充满自信,为之奋斗终生,才能获得想要的成功。

世界上没有两片完全相同的树叶,人也一样,每个人都是上天的宠儿。正确认识自己,既看到自己的长处,也认识到自己的不足,为自己正确定位,这样才能自信地去迎接机遇和挑战,为自己创造更多的成功和欢乐。

虽然生活赋予我们每个人的并不是完全相同的阳光雨露,但上天是公平的,"天生我材必有用",只要我们正确认识自己,不失自知之明,就能谱写出属于自己的华美乐章。

俗话说:"金无足赤,人无完人。"人,只有经历暴风骤雨的洗礼,雪压霜欺的磨砺,在无数次的跌倒中爬起,然后再用镜子照清楚自己,找到真实的自我,方能达到"有自知之明"之境界,再经过不断地修补和完善,向完美的人生靠近。

放于力而行,多怨

孔子说:"依照自己的私利而行动,会招致很多怨恨。"

孔子的这篇言说的对象主要是上层统治者。如果统治者行事只为一己私利,而不为百姓着想,那么天下苍生定会遭殃。所以,放于利而行,必招民怨,这是政治层面的解读。但是,儒家内圣外王之道不是割裂开的,而是相互融合的。修身而后能平天下,齐家之道和治国也是共通的。儒家不是单纯的政治哲学或者单纯的伦理学,对于个人来说也是有意义的。社会是一个大群体,人是处于人际关系中的动物。因此,"放于利"是行不通的。正如程子所说:"欲利于己,必害于人,故多怨。"

孔子所说的"利义"的本质,就是说一旦义与利出现了非此即彼的尖锐对立时,君子和小人的选择是截然不同的。当然,孔子所希望的是义与利能和谐地统一起来。如果真有这样一个社会,或者有这样一个人,谋利完全合乎义,行义也能带来利,那无疑是最理想的。

"人不为己,天诛地灭。"一个人有私利是在所难免的。有的时候,你的私利或许不会妨碍他人,但在大多数情况下,对私利的无尽追逐会有害于他人,遭怨也就难免了。人争取利益是可以理解的,但一定要以义为准则,不仅要满足自己适度的生存要求,还要顾及他人的存在。对大多数人来说,完完全全地舍利取义是不大可能的,但是,完全地"放于利"也是万万不可取的。

世界之人,从古至今,从中到外,十之八九都有自私的本性,这本无可厚非。那剩下的十之一二,就成了伟人、巨人、善人,流芳百世,永垂不朽。而那十之八九的人,就成为世间的匆匆过客,过完平淡的一生。

十之一二的伟人、巨人、善人,也不能说他们就大公无私。全心全意地为人民服务了。但是,他们不损公肥私,不唯利是图,十之五六为了自己,十之四五为了别人,这已经很了不起了。就是十之八九为己,十之一二为人,也是大大的好人、善人,也会受人尊敬,受人爱戴。

自私自利,是人的本性;避害趋利,是人的本能。这是无可厚非的。自私自利,避害趋利,并不危害社会,危害他人,甚或还有利于社会的进步和发展。为吃穿而奔波,为富贵而奋斗,为地位而努力,为改变命运而拼搏,只要手段正当,没有危害他人,何乐而不为?

可怕的是,世界上总有那么万分之一二的恶人、坏人、贪官、污吏,他们不是一般意义上的自私自利,唯利是图,而是鱼肉百姓,无恶不作,危害他人,危害社会。

追逐个人利益也是人类得以生存的主要基础之一。孔子并不反对这个观点,他认为正当的利益是应该的,即使从事卑贱的工作获得利益也无可厚非,但不能唯利是图。孔子也敏锐地看出,如果每个人都以自己的一己私利为基点来行事,就会产生灾难性的恶果。正是在此意义上,孔子主张:"依照私利而行的人,必定会多受埋怨和怨恨。"

人生来有向往幸福、追求富贵的权力,而有些人为了自己的权力而去侵犯他人的权力,这就变成了罪恶。人性中有一种恶叫作贪婪,而这贪婪就是自私自利的源泉。

因为自私自利,世界上出现了什么"宁要我负天下人,不要天下人负我"之类的极端自私思想,这让我们不得不感叹人性的可怕。这种人缺乏的是宽容,是智慧。

去掉自私自利的不宽容,这个世界会以最真最美丽的形式展现在你面前。有更值得你去寻找的伟大,它的名字叫宽容。自私自利是人的原罪之一,既应得到宽恕,也应加以约束。它是一种动物本能,是一种本能的欲望,如果走了极端,失了平衡,就会产生与造物目的相反的效果,甚至给自身带来毁灭性的后果。

五、处世之道

至察无徒，对人不能求全责备

如果水太清澈就不会有鱼的存在，人如果过于挑剔就不可能拥有信徒，格调越高雅，就越难以被人们理解和接受，这是世上人们都普遍认为的道理。

孔子说："士人若留恋安逸的生活，那便不配做士人了。"孔子经常教导学生一些为官从政的道理，他十分注重对学生为政做官能力的培养。

有一天，学生子张问孔子说："我体会到夫子教我们的一些为官之道了。夫子能再告诉我们一些为政的道理吗？"

孔子回答说："君子治理民众，不要标准过高，不要目标太远，也不要好大喜功。现在，如果拿前代圣贤成功的事例给人民看，人民只会崇敬，而不会欢迎；如果用很多年才能建成的功业去诱导他们，他们就会感到忧愁，进而逃走。"

子张说："弟子诚恳地接受您的教诲。"孔子接着说："你一定要牢记，水如果太清了就会没有鱼，人如果过于明察就会没有追随者。所以古时候帝王的皇冠前面垂着玉串，就是为了不使他们的眼睛太过于明察；用耳塞来塞住耳朵，也是为了不使他们的耳朵过于聪灵。因此，人民中间出现了差错就要纠正过来，使他们有所收获。要实行宽大的政策，使民众自己寻求自身的不足；要根据民众的水平来教授他们道理，使他们可以独立思索，自己寻找方向。人民犯了小的错误，则要根据他的善行来赦免他，使他就像是死人获得重生一样，这样他一定会变得越来越好。而这也就是实行仁政啊！"

子张听后诚恳地对孔子说："夫子说得太好了。"

孔子说："因此，你要想让别人相信你，最好是先虚心地接受别人的意见；要想使政令迅速得到执行，最好是自己先做出表率；要想使人民尽快服从，最好是用正确的道理去教诲他们。如果你能够做到这些，而不是苛责民众的话，就会成为一个好的执政者！"

水至清无鱼，人至察无徒。要以一颗宽容的心来对待他人，不能对人求全责备。世界上不存在绝对完美的人，每个人或多或少地都会有些缺点。"至察无徒"正是教育人们要宽厚待人，对别人的期望不要过高，要求也不要过于苛刻，要善于发现别人的长处,发现别人值得尊重和学习的地方,否则就会把他人看得一无是处,使自己在社会上失去可以信赖和可以交往的朋友。

不念旧恶,君子宽以待人

孔子说:"我从没见过喜爱道德能像喜爱美色一样的人。"

孔子周游到卫国的时候,受到了卫国的国君卫灵公的尊敬。卫灵公对孔子不但以礼相待,还专门到都城的郊外去迎候孔子,孔子觉得卫君很尊重贤人,于是就在卫国住了下来。

不久,卫灵公要出行,但出行的时候卫灵公和夫人同坐在一辆车上,让宦官坐在他们旁边,却让孔子另外坐一辆车跟在他们后面。孔子觉得非常耻辱,他说:"我还从来没有见过喜好仁德像喜好美色一样的人。"再加上孔子在卫国已经住了很久,卫灵公却一直没有重用他的意思,于是孔子就离开了卫国。

后来卫国发生了叛乱,孔子的弟子们相互谈论。冉求问子贡说:"你认为夫子会帮助卫君吗?"

子贡说:"我也不知道,不过让我去问他吧!"于是,子贡就走进孔子的屋里,问孔子说:"伯夷、叔齐是什么样的人?"

孔子回答说:"伯夷、叔齐是殷朝末年孤竹君的两个儿子。他们的父亲本来打算传王位给叔齐,父亲死后,叔齐自认为才德在伯夷之下,便要求让伯夷继位;伯夷觉得父命不可违,王位理应归属叔齐。由于两人互相谦让,谁也不肯继承王位,后来就先后逃到周文王那里。正逢武王起兵伐纣,他们认为这种行为是不忠不孝,便加以拦阻。待周灭商统一天下后,他们觉得吃周朝的粮食是一种耻辱,于是,逃进深山中以野草充饥,最后饿死在首阳山中。他们是古代的贤人啊!"

子贡接着又问道:"那他们有怨恨吗?"孔子说:"他们追求仁,也得到了仁,又怨恨什么呢!"

听完以后,子贡出来对冉求说:"夫子应该会帮助卫国的。他并没有因为卫灵公不重用他而怀恨在心。"

"吾未见好德如好色者也",说明"好色"是人的一种本性,对于一种本性的表现,只要不超出道德法规的范畴,就算是小节。孔子不拘小节、不念旧恶,体现了他的宽以待人的态度。

宽以待人,就是对他人的过失和对自己的亏欠不要太过在意,不要挑剔别人的短处。但是宽以待人是指在仁的范围内，并不是要求无限度地对别人仁慈和迁就，也就是儒家所说的"善善而恶恶"。

谨言慎行，为人处世要格外小心

孔子说："君子不追求吃得好、住得安逸舒服；如果做事勤快，说话谨慎，能接近有道德的人，纠正自己的错误，这样，就可以说是好学的了。"

孔子周游列国，来到周王朝所在地，参观周朝的祖庙，看见祖庙右边的台阶前有一尊铜人。

铜人的口部被封了三层，背后面有铭文写道："止乃上古慎言者。慎言，慎言。不要多言，言多必失，不要多事，多事必然有灾祸。平安快乐的时候一定要小心。不要做使自己后悔的事情。不要以为没有妨碍，祸患将随之增长；不要以为没有危险，祸害将随之增大；不要以为没有危害，祸害将随之到来；不要以为没有人知道，天灾正在那里等待着对你的惩罚。小的火苗不扑灭，烈焰冲天便无可奈何；小的水流不堵塞，奔流成河便一筹莫展。长长的细线不截断，就将织成罗网；茂盛的树苗不砍除，就将变成巨木。如果出言不慎，就会埋下祸根。强横的人不会正常死亡，好胜的人一定会遇到敌手。盗贼怨恨主人；民众憎恶权贵。君子知道：天下不可以一手遮盖，所以就对人退让一点，谦卑一点，使人亲慕自己。持一种谦卑、退让的态度，就不会有人与自己争衡。人们趋向那边，我独坚守此处；众人心智迷乱，我独思想坚定。把智慧深藏心底，不与人争技艺之短长。这样做，即使我地位高贵，也不会受到危害。江河之所以成为江河，是因为它卑下。上天没有特别厚爱的人，但是他一定佑助善者。"

看完以后，孔子回头对弟子们说："记住这铭文。这些话虽然通俗，但是切中了事情的要害。俗话说：'如临深渊，如履薄冰。'如果能够依照铭文立身处世，就不会因为口舌而遭到灾难了！"

孔子强调做学问的道理，他时常要求自己的弟子不能死读书，而要注重联系实际。他还要求弟子们生活上不要太奢侈，不要贪图安逸，做事还要敏捷，不乱说话。最终孔子强调"就有道"，指明不仅要从书本上修正做人的道理，还要接近有道德的人，以此来作为自己学习和行为的标准。

儒家认为：言行是人与他人与天地进行交流的方式，所以特别讲究慎言慎行，认为多言多语会引起许多不测，因此一直强调"三思而后行"，这样便会减少因多言多事给自己带来的灾难。

听言观行,知人知面更要知心

宰予白天睡觉,被孔子看到。孔子说:"朽烂了的木头不能用来雕刻,粪土一样的土墙已不能粉刷。对于宰予我还能责备什么呢?"孔子又说:"开始时,我对于人,是听了他的话便相信他的行为;现在我对于人,是听了他的话还要观察他的行为,宰予这个人使我改变了观察人的方法。"

孔子的弟子宰予能言善辩、巧舌如簧,说起话来娓娓动听。一开始孔子对他的印象很好,认为他是个人才,可是不久,宰予便渐渐地暴露出一些缺点。

因为宰予的思想比较活跃,有时就不免锋芒毕露,并且主观臆断。

一次,鲁国的国君鲁哀公问宰予什么木料可以用作宗庙祭祠的木料,宰予大胆臆测地说:"夏代用松木,殷代用柏木,周代用栗木,用栗木的用意是使人民战栗。"

孔子知道后,觉得宰予对鲁哀公有教唆的嫌疑,而且其对周代用栗木的解释也过于主观,所以就严格地讲他批评了一番。

又有一次,宰予竟然向孔子提出要把为父母守孝三年的传统礼制改为守孝一年,他认为丧期过长,会耽误正业。这样违反礼制的问题,自然遭到孔子毫不客气的批评。

后来,宰予又问孔子一个古怪的问题:"有仁德的人,你如果告诉他井里有仁德,他会不会跟着跳下去呢?"孔子认为他的这个问题有失厚道,所以就对他说:"对待君子,你不可以陷害他,你可以让他走开;哪怕是欺骗他,也不能愚弄他。"

一天,孔子给弟子们讲课,发现宰予没来听课,就派弟子去找。一会儿,弟子回来报告说,宰予在睡大觉。孔子听了,十分生气。平时,宰予巧言利口,思想不合礼仪,本来已经让孔子很生气,如今又在白天酣然人眠,就越发让孔子感到失望。

孔子感伤地说道:"腐烂的木头不能雕刻,粪土一样的墙壁不能粉刷。最初我听到别人的话,就相信他的行为一定与他说的一样;现在我听了别人的话之后,还要考察一下他的行为。就是从宰予这件事上,我改变了态度。"

孔子的另一个弟子叫澹台灭明,字子羽,鲁国人,比孔子小三十九岁。子羽的体态和相貌都很丑陋,但他十分想侍奉孔子。开始,孔子觉得他资质低下,难成大器。但他从师学习后,回去就致力于修身实践,处事光明正大;不为公事,他从不去会见公卿大夫。后来,子羽游历到长江,跟随他的弟子有三百人,其声誉很高,各诸侯国都传诵他的名字。

孔子听说了这件事,感慨地说:"我只凭言辞判断人品质的好坏、能力的高低,结果对宰予判断错误;我只凭相貌判断人品质的好坏、能力的高低,结果对子羽的判断又错了。"

孔子在这里提出了一个识人的原则,就是观察一个人,不仅要听他说的话,还要观察他的行为。俗话讲,"知人知面不知心",对人的认识,如果仅仅凭借仪表言谈自然是荒谬的,而应该通过人的行为全面了解其素养和道德品质。

孔子的这句话是他在实践中亲身体会到的。孔子也希望能够以此警示众弟子,使他们敏于事而慎于言。

君子喻于义,小人喻于利

对于义和利的态度,是孔子区分君子和小人的主要标准,也是他教育思想的重要组成部分。在孔子眼里,道德高尚的君子重义而轻利,见利而为的小人重利而轻义。前者受人尊敬,后者遭人唾弃。

在"天下熙熙,皆为利来;天下攘攘,皆为利往"的现实社会中,孔子出于对封建统治阶级长远利益的考虑,提倡人们"舍生取义、杀身成仁",但却始终没有得到统治者的理解,以致终生坎坷,颠沛流离。艰难的人生使他领悟到了利与义的矛盾并非轻而易举就能统一或者消除的,但他还是明确表示,在二者发生矛盾的时候,应当以道义为上,他虽然不认为富贵是人的一种必然追求,但他仍然蔑视那种不合道义的富贵和见利忘义行为。这种以道德力量来化解义利矛盾的辩证思维,正是我们今天所需要的。

就做人而言,应先义后利,见利思义,甚至舍生取义。董仲舒说:"仁人者,正其道不谋其利,修其理不急其功。"作为一个有仁德的人,只讲道义而不计较功利,这是从道德人格上说的,但义利从生活的需要来说,"利以养其体,义以养其心",利义是身心所不可缺的,在人身上达到统一。宋明理学家认为利应分公利和私利,公利就是义,张载认为:"义,公天下之利",私己之利为私利,为国家谋利,即是义;国家对于天下而言,为一国谋利为私利,为天下义利纳入公私的价值评价,义利就出现层次上的分别和层次上的相对性。

这种公利私利之分,即义利之分,启示现代人不要见利忘义、以权谋私、图财害命、以自己私利而损害公利,如防洪堤坝的"豆腐渣"工程,桥梁和建筑的偷工减料,所造成的决堤和倒塌,使千万人民生命财产深受其害,应受到道德良心上的谴责。这时的义就是道德良心,而以私利损公利者,各类害人者等,都是丧失天理良心者。

追逐财富、期盼发家是人之常情。在一个成熟的商业社会里,个人对创造积累财富的努力,也是有益于社会发展进步的。即便在儒家传统占统治地位的古代,圣贤们也肯定"爱财"的一样称得上"君子"。求财可以,却应"取之有道"。其实说来轻松,能始终遵守这个原则却并不简单。面对财富诱惑,有些人定力不足、利欲熏心,进而不择手段,往往为了短期的利益,失去了长期的机会,为了有限的金钱背上了难以摆脱的恶名。如此种种"无道"之财,或许得来容易,但去得也快,即使眼前痛快,但后患无穷。

儒教所说的义和利,是指道义与功利、整体利益与个体利益、道德价值与物欲价值等意思,义普遍地充满于主体的利益活动之中,利益活动使人民生活丰厚。利依义而建立,义依利而体现,义利互即互涵。虽然孔子以义利来区别和认识君子、小人,但他并不否定利,也不否定个人利益。他认为"富与贵,是人之所欲也",只是反对以不正当的手段得到它。如果财富可求的话,即使从事卑贱的工作也去做。孟子也在不否定利的情境下,反对不以其道得之的不正当手段。

史颂鼎

荀子在承认义利有别的情况下,主张义利的融合:"义与利者,人之所两有也。虽尧舜不能去民之欲利。然而能使其欲利不克其好义也。"使欲利与好义之间达到一种平衡、和谐。既然圣王都不能取消民的欲利,民的欲利就有其存在的合理性和合法性。因为义与利是主体的两种价值追求与需要,但他亦以"先义而后利者荣",他认为人的价值就在于有义,主张先义后利,义利有分有合。

利益是一个好东西,利益的反义词是弊害。反对追求利益的人,大概也不会去崇尚弊害,只是我们应该注意的是不要唯利是图,或许"只有偏执狂才可以生存"并非只有一种解释。我们每一个人都置身在环境中,不对环境构成威胁的利益才可能是长远的,让我们的环境和谐、平衡,其实至关重要。

义利和合，义利兼顾，既知其分，又知其合，互相协调、制约，并使两者有一定张力，使人谋利时不忘义，以义制约、指导谋利，讲义时兼顾利，使其有谋利的积极性，并由谋私利而推及公利，这才是人生应走之路。

儒家思想的精髓在于"折中"，这种思想并不绝对守旧。相反，这还要求我们"日新不已"。应该说这与我们"与时俱进"的时代精神是一致的，尽管它与我们的哲学出发点并不相同。所以我们也要注意吸取儒家思想中的合理成分，为我们所用，为时代所用。以信待人。

孔子和他的弟子被困在陈国和蔡国的交界处，一连七天没有饭吃，对此，大家都一筹莫展。子贡就偷偷从包围圈中逃了出去，用自己的随身财物跟附近的居民换了一些米。孔子非常高兴，就让颜回和子路在旁边的破屋里做饭。但是子路在打水的时候发现颜回从做饭的甑里抓了一些米放在嘴里吃了。子路非常不开心，就走到孔子那里问："夫子，是不是仁人君子到了逆境中也会改变自己的气节？"

孔子对这个问题感到很突然，但是仍回答说："如果他改变了自己的气节，他怎么还能被称为君子呢？"

"那么您觉得像颜回这样的人会不会改变呢？"子路又接着问道。

孔子回答："不会改变的。"

于是，子路就把亲眼目睹的一切告诉了孔子。

孔子说："我相信颜回是个君子，我也相信你所看到的是事实，不过他这样做肯定是有理由的，让我问问他。"

孔子便把颜回叫过来，对他说："我刚才梦见我的亡父了，如果食物干净的话，我想用来祭祀。"

颜回回答说："不行，食物不干净。刚才有尘埃落到了饭里，粮食来之不易，扔掉太可惜了，我就抓起来吃了。"

孔子听完后，说："我相信颜回，不是从今天开始的。"

过了一会儿，孔子似有所悟，便对其他的学生说："应当信赖的是眼睛，但是眼睛有的时候仍然不足以信赖；应当凭借的是心，可心有的时候仍然不足以凭借。弟子们记住吧，了解一个人不是一件简单的事情啊！"

儒家提倡人与人之间要相互尊重、相互信任、相互理解，而不要随便怀疑别人。信任建立良好人际关系的基础。但是有时候自己的眼睛也会欺骗自己，因此要相信别人，最根本的就要加强对别人的了解和尊重。

今天的是是非非绝不比古代少，而不断上演的一幕幕人为戏剧又有愈演愈烈之势，追根溯源大都离不开个"亲"字。首讲者大都说是亲眼所见，或者亲耳所听。于是讲者就认为依据充分，听者就认为证据确凿，传者也就信以为真，或许只有当事者在不明究竟、莫名其妙的情况下，变成了被大家误解的对象。甚至到了当事者想辩解和抗衡时竟到了连对手是谁都不知道的状态。

其实，别的不论，只说亲眼所见就有不少情况未必是真。魔术是大家亲眼所见，三维立体画初看时也是亲眼所见等。如此这般的亲眼所见显然是不真实的。"透过现象看本质"人人都会说，但要真正落到实处并非易事。特别是某些人由于亲眼看见，又不假思索地把现象视为本质，自然也就有了这是是非非。

古人尚有"不明不说"及"闻流言不信"之说，那么现代人至少要做到不要在"走马观花"的亲眼所见时制造流言。这不仅是衡量一个人素质高低的标准之一，而且也有利于团结、和谐与稳定。特别是领导者们更应该好好地学习孔子，就是亲眼所见，也不妨再深入地调查一番，如此将大大减少本不该发生的是非，还"颜回们"一个清白。

获罪于天，无所祷也

现实生活中，有些人在做了坏事之后心里会感到不安，于是他们就向各种"神灵"祷告，以求使自己的罪恶消失于无形。其实，这些都是没有用的。孔子的劝王人要堂堂正正做人，不要做违反道义的坏事，否则，迟早都要遭到报应。这对我们每一个人都有一定的警示意义，我们不要让自己在罪恶中越陷越深，以致无法自拔。

世间万物都有一定的标准，儒家思想将其上升到理论层面上就是道义、礼节等，这是事物发展规律的表现，一旦严重偏离，就会遭到规律的惩罚。比如见利忘义，唯利是图，"争名于朝，争利于市"，殚精竭虑，而自以为得计。即使于蝇营狗苟、纷纷扰扰之际得蝇头微末之利，却丧失了长远根本之利。更有甚者以邪恶手段攫取财富，到头来难免"机关算尽太聪明，反误了卿卿性命"，贪利损身、求荣反辱的事，古往今来，着实不少。

有一个人名叫丁戌，客游北京，途中遇一壮士，名叫卢强。丁戌见他义气慷慨，说话投机，两人便结为兄弟。

原来卢强是个强盗。不久之后，盗情事发，卢强被关进了监狱。丁戌到狱中探望,卢强对他说道:"我不幸犯罪,无人相救。承兄弟平日相爱,有句心腹话要与你说。"丁戍说:"承蒙不弃,你有所托,我必当尽心而为"。卢强便说道:"我有白金千余,藏在某处,你可去取了,用些手脚营救我出狱。万一不能救出,便只求兄照管我狱中衣食。他日死后,只要兄葬埋了我,剩下的东西任凭你取了。只此相托,再无余言。"

于是,丁戍便告别卢强,依着卢强所说的到某处取得了千金。丁戍见钱眼开,便想独吞,但又一想:若不救他,他教人问我,无可推托,把他惹恼了,万一攀扯出来,我这钱财也得不稳。何不结果了他,倒是落得干净。于是,他便送给两个狱吏一些银两,要他们借机杀了卢强。

丁戍白白地得了千金,摇摇摆摆在北京受用了三年,用去了七八成之后,下了潞河,搭船回家。到了船中,忽然跌倒了,一会儿爬起来,睁大双眸大喝道:"我乃北京大盗卢强也。丁戍天杀,得我千金反害我性命,现在要还我命来!"同船之人见他声音与先前不同,又说出这些话来,晓得丁戍有负心之事,便好言劝慰了一番。

丁戍歇患了一会儿回到家里,终因做贼心虚,船上犯的那毛病又犯了,并且比先前更狠了,最后自杀而死。

这个故事虽有些离奇和极端,但细想一下也属必然。丁戍的报应,是因为他的行为已偏离道义太远,那种迫使他自杀的力量,既来自他自身内部,更来自"天",即道义力量的强大施压。一个人只有弃恶从善才会得到好结果,下面故事中这对夫妇就是证明。

某日黄昏,有一名看似大学生的男孩徘徊在台北街头的一家自助餐店前,等到吃饭的客人大致都离开了,他才面带羞涩地走进店里。

"请给我一碗白饭,谢谢!"男孩低着头说。

饭店老板见他没有点餐,一阵纳闷,却也没有多问,立刻就盛了满满一碗的白饭递给他。男孩付钱的同时,不好意思地说了一句:"我可以在饭上浇点菜汤吗?"

老板娘笑着回答:"没关系,你尽管用,不要钱!"

男孩吃饭吃到一半,想到浇菜汤不要钱,于是又多叫了一碗白饭。

"一碗不够是吗?我这次给你盛多一点!"老板很热情地响应。

"不是的,我要拿回去装在便当盒里,明天带到学校当午餐!"

老板听了,在心里猜想,男孩可能来自南部乡下经济条件不是很好的家庭,为了不放弃读书的机会,独自一人北上求学,甚至可能半工半读,处境的困难可想而知,于是,他悄悄地在餐盒的底部先放入店里招牌的肉燥一大匙,还加了一颗卤蛋,最后才将白饭满满覆盖上去,乍看之下,以为就只是白饭而已。

老板娘见状,明白老板想帮助那名男孩,但却搞不懂为什么不将肉燥大大方方地加在饭上,却要藏在饭底?老板说:"男孩若是一眼就见到白饭加料,说不定会认为我们是在施舍他,这不等于直接伤害了他的自尊吗?这样,他下次一定不好意思再来。如果转到别家一直只是吃白饭,怎么有体力读书呢?"年轻的老板夫妻,沉浸在助人的快乐里。

"谢谢,我吃饱了,再见!"男孩起身离开。

当男孩拿到沉甸甸的餐盒时,不禁回头望了老板夫妻一眼。

"要加油喔!明天见!"老板向男孩挥手致意,话语中透露着鼓励,请男孩明天再来店里用餐。

男孩眼中泛起泪光,却也没有让老板夫妻看见。从此,男孩除了连续假日以外,几乎每天黄昏都会来,同样在店里吃一碗白饭,再外带一碗走,当然,带走的那一碗白饭底下,每天都藏着不一样的秘密。直到男孩毕业,往后的二十年里,这家自助餐店就再也不曾出现过男孩的身影了。

某一天,将近五十岁的自助餐店老板夫妻,接到市政府强制拆除违章建筑店面的通告。面对中年失业,平日储蓄又都给了儿子攻读学位,想到生活无依,经济陷入困境,老板夫妻不禁在店里抱头痛哭了起来。就在这个时候,一位身穿名牌西装,像是大公司经理级的人物突然来访。

"你们好,我是某大企业的副总经理,我们总经理命我前来,希望能请你们在我们即将要启用的办公大楼里开自助餐厅,一切设备与食材均由公司出资准备,你们仅需带领厨师负责菜肴的烹煮,至于盈利的部分,你们和公司各占一半!"

"你们公司的总经理是谁?为什么要对我们这么好?我们不认识这么高贵的人物!"老板夫妻一脸疑惑。

"你们夫妻是我们总经理的大恩人,也是好朋友,总经理尤其喜欢吃你们店里的卤蛋和肉燥,我就只知道这么多,其他的等你们见了面再谈吧!"

故事的结局可想而知,这对乐善好施的夫妇肯定得到了报答。

所以,一个人不管做什么事,都会得到相应的报应:你对别人好,别人也会对你好;你伤害别人,别人就会报复你。一切因为个人私欲而谋划得来的东西,永远不能和你的辛劳成果画上等号,而只是加速良知与肉体走向深渊的推进器。

讷言慎行，收敛锋芒谦逊处世

孔子说："君子要言语谨慎，而行动要勤劳敏捷。"

才美不外露是难能可贵的，大智若愚更是难上加难。言语谨慎却勤于行动的君子，他们没有华丽的言辞、招摇的行动，却实实在在地做事。"诸葛一生唯谨慎"，所以他没有错误，他一生的智慧全在谨慎两字。然而，风大的时候不一定凉，无风的时候也不一定热，最重要的是气温。能说善道的人知识不一定渊博，沉默寡言的人知识也不一定贫乏，最重要的是学问。

志当高远，事当谨慎，这是历史指示的做人原则。所谓立身，包括树立自己的名声，明确自己的做人原则，建立自己有代表性的业绩。这里的环节有很多，而且有许多潜在的危机，所以必须谨慎。

吕僧珍字元瑜，是山东范县人。从南齐时起，吕僧珍便随从萧衍。萧衍为豫州刺史，他任典签；萧衍任领军，他补为主簿。建武二年，萧衍率军援助义阳抗御北魏，吕僧珍随军前往。萧衍任雍州刺史，吕僧珍为萧衍手下中兵参军，被当作心腹之人。萧衍起兵，吕僧珍被任为前锋大将军，大破萧齐军队，为萧衍立下大功。

吕僧珍有大功于萧衍，被萧衍恩遇重用，其所受优待，无人可以相比。但他从未居功自傲，恃宠纵情，而是更加小心谨慎。当值宫禁之中，盛夏也不敢解衣。每次陪伴萧衍，总是屏气低声，不随意吃桌上的果实。有一次，他喝醉了酒，拿了桌上一个柑橘。萧衍笑着说："卿真是大有进步了。"拿一个柑橘被认为是大有进步，可见吕僧珍平日谨慎到什么程度。

吕僧珍因离乡日久，便上表请求萧衍让他回乡祭扫先人之墓。萧衍为使其衣锦还乡，光宗耀祖，不但准其还乡，还给其使持节、平北将军、南充州刺史等职，即管理其家乡所在州的最高行政长官。然而，吕僧珍到任后，平心对待下属，不私亲戚，没有丝毫张狂之举。吕僧珍的从侄，是个卖葱的，他听说自己的叔叔做了大官，便不再卖葱了，跑到吕僧珍处要求谋个官做。吕僧珍对他说："我深受国家重恩，还没有做出什么事情以为报效，怎敢以公济私。你们都有自己的事干，岂可妄求他职，快回葱市干你的本行吧！"吕僧珍的旧宅在市北，前面有督邮的官府挡着。乡人都劝吕僧珍把督邮府迁走，把旧宅扩建。吕僧珍说："督邮官府自我家盖房以来一直在此地，怎能为扩建吾宅让其搬家呢？"遂不许。吕僧珍有个姐姐，嫁给当地的一个姓于的人，家就在市西。她家的房子低矮临街，左邻右舍都在开店铺货摊，一看就是下等人住的地方。但吕僧珍常到姐姐家中做客，丝毫不以出入这种地方为耻。

君子立身处世，贫贱不能移，威武不能屈，富贵不能淫。这是封建社会中理想的做人准则。然而，这并非是寻常人可以做到的。更有甚者，很多人贵而忘贱，得志便猖狂，恣意妄为，最终身败名裂。吕僧珍可谓深知立身之道的智者，他功高不自居，身贵不自傲，从而使皇帝对他更加信任，放心。吕僧珍58岁时病死，梁武帝萧衍下诏说："大业初构，茂勋克举，及居禁卫，朝夕心诚。方参任台槐，式隆朝寄；奄致丧逝，伤恸于怀。宜加代典，以隆宠命，可赠骠骑将军、开府仪同三司、常侍、鼓吹、侯如故。"不但如此，吕僧珍还被加谥为忠敬侯。吕僧珍善有其终，这和他立身谨慎是分不开的。

五代时吴越国王钱镠，原本是杭州临安的盐贩，出身低微。在群雄竞起、攻伐不已的复杂局面下，他逐渐发展自己的势力，占据了两浙，建立了吴越国，并能够存在很久，这和他立身严谨是大有关系的。在这方面，他留下了不少故事。

钱镠从小当兵，夜晚很少睡觉，太疲倦时就枕一个圆木头，或者枕一个大铜铃，稍微沉睡，圆木或铜铃一转动，他便惊醒了，因此称作为"警枕"。他又在卧室里放一个粉盘，半夜三更，想起什么事，就写在粉盘上面，直到老年都乐此不疲。每晚他都分派侍者轮换值勤，规定只要外面有事报告，便马上敲铃。他听到铃声后便应声而起，有事情立刻处理，不等到天亮。他还怕守卫者当班时睡着，常常把铜丸弹到楼墙之外，用以提醒巡夜值更的人。时人称他为浙中"不睡龙"。由于钱镠要求十分严格，值更的人都非常小心，不敢疏忽大意。

一次，钱镠穿着平民衣服出行，回来时天已入夜，他想从北门进城，守门官不肯开门。他说了很多好话，还是没能奏效。守门官说："不管是谁，即使大王亲自驾到，我也不开。"钱镠只得从别的门进来。第二天，他召见北门守门官，对守门官的恪尽职守深表嘉许，并赐给优厚财物。

钱镠虽据江浙富庶地区，又身为国君，但其生活却十分节俭。他的住处用具都十分俭朴，衣服衾被全都用细布制成，平时用膳，餐具不过是瓷镠漆器而已。旧寝帐敝坏，其妻想用青绢帐更换，他执意不肯地说："作法于俭，犹恐其奢。我只担心后代都追求享受而用锦绣。这顶帐子虽然旧了，还可以蔽风。"有一次，除夕守岁，子孙们都会聚在一起，大家非常高兴，便命乐工奏乐助兴。但没奏两支曲子，钱镠便马上让停下了，他说："不知道的人还以为我是在作长夜之饮。上行下效，不可不知。"

成由节俭败由奢，古往今来皆如此。钱镠虽偏居一隅，并没有建立显赫无比的功业，但由于他采取了正确的对外对内的策略，使江浙地区保持了相对的稳定，这对社会生产的发展起了很好的作用。而他立身的严谨，是他事业成功的重要保证之一。

居功自谦，从而使人心悦诚服

孔子说："说话大言不惭的人，实行这些话一定很难。"

骄傲是无知的别名，自满是智慧的尽头。夜郎人闭目塞听，自以为是天下最大的国家。其实，当时离它并不太远的汉朝，不知要大它多少倍！

居功自谦，是一种美德；树威望以服众，是一种明智。如果前者为臣，后者为君，君臣才能心心相印，才能更好地用武将治军，用文臣治国。三国时期，吴王孙权与战将周泰之间发生的一件事，恰恰反映了这个道理。

吴国有个将军，名叫周泰。周泰为人正直，打仗极为勇敢，胆气超人。

周泰每次战斗都冲锋在前，与敌人拼杀搏斗，全然不顾个人的安危，所以身上留下了很多伤痕。

周泰虽然屡建战功，但他自己并不喜欢宣扬，因此他的部下朱然、徐盛等人对他的战功都不太了解。在一些军事行动中，这些部将由于对周泰有些儿不服气，往往各自坚持自己的意见，不听从周泰的指挥。周泰对此也觉得很伤脑筋。

孙权对周泰是很了解的，并且很喜欢他，因为周泰曾舍命保护过孙权：那是在孙策讨伐山越时期，当时孙权的部队驻扎在宣城，保卫他的士兵很少，还不到一千人。一次几千名山越兵突然包围了孙权的军营，孙权在慌乱中刚刚上了马，强盗们的大刀已经砍着了孙权的马鞍。

周围的人见此情景，谁也不敢上前。只有周泰策马飞奔来到孙权身边，奋力抵挡，毫不顾及自己的安危。

周泰在奋不顾身保护孙权的战斗中，身上受伤达 12 处，很长时间才养好伤痛。

孙权听说有人对周泰不服气，认为应当让别人了解周泰。于是他特意安排去濡须巡视，借给大家庆功为由，摆上酒宴，召见所有周泰属下的将领，让大家开怀畅饮。

酒宴中间，孙权来到周泰面前，向他敬酒，一连敬酒数杯。周泰喝了很多酒，觉得全身燥热，但碍于礼节，不好解衣凉快。

这时,孙权上前主动劝周泰脱衣凉快凉快,并替周泰解开衣扣。

衣服脱下后,露出周泰浑身布满的伤疤,孙权便指着这些伤疤,一一加以询问。

周泰一向对孙权恭敬,见孙权询问自己身上的伤疤,就细细解答在历次战斗中是如何负伤的。整个谈话,在座的人都听到了,也了解了周泰的功绩。

孙权询问完伤疤后,一面让他穿上衣服,一面感慨地说:"你是有功之臣啊!"随后命人授给周泰一个御用伞盖。

从此以后,朱然、徐盛等人对周泰才真正服气了,矛盾也就消除了。

见贤思齐,见不贤则引以为戒

孔子说:"看见贤人,就应该想到向他看齐,看见不贤的人,就应该在内心进行自我反省。"

在生活中,有一些人对比自己能力强的人所持的心态是忌妒,而对比自己水平差的人则加以鄙视和嘲笑。这种态度对他们本身有什么好处吗?可以说是有害无益。真正的聪明人,总是会向比自己强的人虚心学习,以使自己尽快达到对方的水平;而见了有毛病的人,则会对照对方来反观自己,看看自身是否也有这方面的不良现象,有则改之,无则加勉,这才是能够切实提高自己的修养品位,而不会走向相反方向的有效途径。

自古以来,妒贤嫉能者都难以成大气候,甚至还会落得不堪收拾的下场。因为这种人不仅才能相对稍逊一筹,而且由于心胸狭窄,一旦妒火燃起,就有可能失去理智,进而丧心病狂地不择手段,以致一步步走向毁灭之路。战国时期的庞涓,就是这样一个活生生的例子。

在三家分晋以后,韩、赵、魏三家中数魏国的势力最强大,魏惠王野心勃勃,也想学秦国收拢人才。之后庞涓的到来,令他激动不已。庞涓担任大将,他的儿子庞英、侄子庞葱、庞茅全都当了将军,训练好兵马就向卫、宋、鲁等国进攻,连打胜仗,弄得三国齐来拜伏。东方的大国齐国派兵来攻,也被庞涓打了回去。从此魏王就更信任他了。

庞涓的同学孙膑是大军事家孙武的后代。他德才兼备,是个少见的人才。尤其是从老师鬼谷子那里得到了祖先孙子的十三篇兵法,更是智谋非凡。一次,墨子的门生禽滑厘来拜访鬼谷子,见到孙膑,为他的才德所感动,就想让他下山,帮助各国国君守卫城池,减少战争。孙膑说:"我的同学庞涓已下山去了,他当初说一旦有了出路,就来告诉我的。"禽滑厘说:"听说庞涓已在魏国做了大官,不知为什么没写信给你,你何不到魏国打听一下。"

孙膑来到魏国,先见了庞涓,又见了魏王,一谈之下,魏王就知道孙膑才能极大,想拜他做副军师,协助军师庞涓行事。庞涓听了忙说:"孙膑是我的兄长,才能又比我强,岂可在我的手下。不如先让他做个客卿,等他立了功,我再让位于他。"在当时,客卿没有实权,却比臣下的地位高,孙膑还以为庞涓一片真心,对他十分感激。

庞涓原以为孙膑一家人都在齐国,孙膑不会在魏国久留,就试探着问他:"你怎么不把家里人接来同住呢?"孙膑说:"家里的人都被齐君害死了,剩下的几个也已被冲散,不知何处寻找,哪里还能接来呢?"庞涓一听傻了眼,如果孙膑真在魏国待下去,自己的位置可真要让给他了。

半年以后,一个齐国人捎来孙膑的家书,大意是哥哥让他回去,齐国也想重振国威,希望孙家的人能在齐国团聚。孙膑对来人说:"我已在魏国做了客卿,不能随便就走。"并写了一封信,让他带回去交给哥哥。

孙膑的回信竟被魏国人搜出来交给了魏王,魏王便找来庞涓说:"孙膑想念齐国,怎么办呢?"庞涓见机会来了,就对魏王说:"孙膑是大有才能之人,如果回到了齐国,对魏国十分不利。我先去劝劝他,如果他愿意留在魏国,那就罢了,如果不愿意,那就交给我来处理罢。"魏王答应了。

庞涓当然没有劝孙膑。而是建议他回齐国"探亲"。于是第二天,孙膑就向魏王请两个月的假,魏王一听他要回去,就说他私通齐国,立刻把他押到庞涓那里审问,庞涓故作惊讶,先放了孙膑,再跑去向魏王求情,过了许久,才又神色慌张地跑回来说:"大王发怒,一定要杀了你,经我再三恳求,大王总算给了点面子,保住了你的性命,但必须处以黥刑和膑刑。"孙膑听了,虽非常愤怒,但觉得庞涓为自己出力,还是十分感激他。

孙膑被在脸上刺了字又被剔去了膝盖骨,从此只能爬着走路,成了终身残疾。

庞涓倒是对孙膑的生活照顾得很周到,孙膑觉得靠庞涓生活,就主动提出要替庞涓做点什么,庞涓说:"你那祖传的十三篇兵法,能不能写下来,咱们共同琢磨,也好流传后世。"孙膑想了想,只好答应了。由于孙膑只能躺在那里用刀往竹简上刻字,所以每天只能刻十几个字。这样一来,庞涓沉不住气了,就让手下一个小厮催孙膑快写。小厮见孙膑可怜,便不解地问服侍孙膑的人说:"庞军师为什么死命地催孙先生快写兵法呢?"那人说:"这还不明白。庞军师留下孙先生的一条命,就是为了让他写兵法,等写完兵法,孙先生也就没命了。"

孙膑听到了这话,大吃一惊,前后一想,恍然大悟,霎时间大叫一声,昏了过去,等别人把他弄醒时,他已经疯了。只见孙膑捶胸披发,两眼呆滞,一忽儿把东西推倒,一忽儿又把写好的兵法扔到火里,还把地下的脏东西往嘴里塞。从人连忙奔告庞涓说:"孙先生疯了!"

庞涓急忙来看,只见孙膑一会儿伏地大笑,一会儿又仰面大哭,庞涓叫他,他就冲庞涓一个劲地叩头,连叫:"鬼谷老师救命! 鬼谷老师救命!"庞涓见他神志不清,但怀疑他是装疯,就把他关在猪圈里,庞涓仍不放心,就派人前去探测。一天,送饭人端来酒菜,低声对他说:"我知道你蒙受了奇耻大辱,我现瞒着军师,送些酒菜来,有机会我会设法救你。"说完还流下了泪水,孙膑显出一副莫名其妙的样子说:"谁吃你的烂东西,我自己做得好吃多了!"一边说,一边把酒菜倒在地下,抓起一把猪粪,塞进嘴里。

那人回报了庞涓,庞涓心想,孙膑受刑之后气恼不过,可能是真的疯了。从此,他只是派人监视孙膑,不再过问。

有一天夜里,有个衣着破烂的人来到他的身边,那人揪揪他的衣服,轻声对他说:"我是禽滑厘,先生还认得我吗?"孙膑大吃一惊,经过仔细辨认,确认是禽滑厘,便泪如雨下,激动地说:"我自以为早晚要死在这里,没想到今天还能见到你。"禽滑厘说:"我已经把你的冤屈告诉了齐王,齐王让淳于来魏国访问,我们全都安排好了,你藏在淳于的车里离开魏国,我让人先装成你的样子在这里待两天,等你们出了魏国,我再逃走。"

禽滑厘把孙膑的衣服脱下来,给他手下一个相貌与孙膑相近的人穿上,躺在那里装作孙膑,禽滑厘就把孙膑藏到了车上。

第二天,魏王叫庞涓护送齐国的使者淳于出境,过了两天,躺在街上的孙疯子忽然不见了,庞涓来查找,井里河里全都找遍了,也未见踪影,庞涓又怕魏王追问,就撒了个谎说孙膑淹死了。

孙膑到了齐国,齐威王一见之下,如获至宝,当即拜他为军师,后来,孙膑陆续打听到自己的几位堂哥都已久无音讯,才知道原来送信的人也是庞涓派人装的。前前后后,这一场冤屈全由庞涓一人导演而成。

不久,庞涓带兵连败宋、鲁、卫、赵等国,赵国向齐国求救,齐王派田忌为大将、孙膑为军师，使庞涓连连败北，最后，孙膑用"减灶法"引诱庞涓来追，暗设伏兵，将庞涓射死在马陵道上。魏国从此衰败，并向齐国进贡朝贺。

庞涓最终死于非命的下场，可以说是他自己为自己铺设的。如果他能够向师兄孙膑谦虚请教，互相切磋，共同进步，说不定会出现如"将相和"那样的佳话，成就事业，流传美名。可惜的是，他没能见贤思齐，而是采取了卑劣的打击手段。结果，害了别人，更害了自己。

君子周而不比，小人比而不周

人生在世上不能离群，离群就难以存活下去，要想在社会上有所作为，就必须依靠群策群力，越是能团结更多的人，发挥大家的智慧和力量，就越能做出惊人的事业来，这就是孔子所说的"周而不比"的君子行为。但是，团结并不等于勾结，倘若为了自己的目的结党拉派，打造专属于自己的小集体，就会成为"比而不周"的小人。孔圣人的这种说法也恰恰符合了中庸所讲的适可而止、不走极端的道理。

在我国历史上，但凡能干出改天换地伟大业绩的人，都跟个人的才干有着莫大的关系，而且这种才干主要是他能容纳和团结其他人，因而关键时刻能够得到他人的帮助。"宽仁待人，人乐为用"是一条为人处世的大智慧，既无武艺又不认字的唐末农民杨行密就是靠此白手起家，创建了五代时的吴国。

杨行密，字化源，今安徽合肥人，唐朝末年参加农民起义，被朝廷俘虏，唐朝刺史郑棨喜爱他的容貌，就把他放了。后来杨行密应募成为州兵，在边远的地方服役，不久成为队长。服役期满后回到地方军队，没想到地方的军吏百般习难他，于是他不得不再次回边关。在杨行密将行的那一天，他来到军吏的住所，军吏问他还需要什么东西，杨行密说："唯少公头尔！"说完就砍下了军吏的头，起兵为乱，自号八菅部知兵马使，占据庐州。当时谁有兵据地就归谁所有，唐王朝为笼络杨行密，只好任他为庐州刺史。

后来，杨行密起兵攻入扬州，朝廷任命他为淮南节度使，占有淮南、江东等地，受封为吴王。当时江、淮之间因战乱连年，人烟稀少。杨行密南边联合钱谬，北边抵挡朱温，并带领人民学习农桑，发展生产，人民生活有所好转。

杨行密原来只是一个普通农民，没有多少武技，甚至目不识丁，但是为什么他能据淮南、江东之地，封国称王呢？主要是因为他"宽仁雅信"，且善于团结他人：叛将蔡俦毁了他的祖坟，他不以毁其祖坟还报，不效"俦以此为恶"；其护卫张洪曾行刺过他，但仍用张洪好友陈绍为护卫而不疑；其将刘信被骂，醉而投敌孙儒，他戒左右勿追，料其"醒必复来"。从这些事中可见杨行密宽仁待人，也说明他能团结人，故能用人。杨行密正是依靠这种个性创建了一个国家的。

待人以宽仁，讲究团结，才是君子风度，只有这样才能降服人心，让他人乐为己用，从而为成就事业奠定良好的基础。但是，容人、团结的"度"是需要把握的，否则就会走向"勾结"的极端，这样就是小人所为了。让我们从北宋李纲的身上学习一下如何把握这个"度"。

李纲，字伯纪，北宋时坚决主张抗击辽兵，多次为抗辽出谋划策，曾经担任礼部尚书，负责制定朝廷的礼仪制度。张所，字叔夜，宋高宗时曾经上书斥责当时的宰相黄潜善，与黄潜善结下不解之怨，后来被贬到江州。

当时宋朝正在和辽国开战，以韩士忠、李纲为首的主战派坚决用战争的方式击退侵略，然而河北正是辽宋两国的交界地界，连年的战乱致使民不聊生，如果河北不稳固，金国的兵马将长驱直入进中原，距离开封也就不远了。经过商议，宋高宗决定授权礼部尚书李纲选择一人担任河北宣抚司使，专门负责河北军务。李纲想来想去，觉得只有一个人能够胜任此职，就是由于上书斥责黄潜善而被贬到江州的张所。

李纲深知张所为人性情刚烈，永不屈服，又善于领兵作战，是河北军务负责人的最合适人选。可是由于张所和宰相黄潜善的关系，李纲又不敢擅自做主，否则他将无法面对贵为当朝宰相、位高权重的黄潜善，可能自己的地位都会受到影响，但是河北军务紧急，又不能拖延太久。

一天，李纲在路上遇到黄潜善，就邀请他到家中喝酒谈心，黄潜善欣然前往。酒过三巡之后，李纲委婉地对黄潜善说："如今辽国大兵压境，河北危在旦夕，国家处境非常艰难。我们身为朝廷重臣，肩负着天下安危的重任，而各地的士大夫们个个只求自保，都不愿意应招前来为国家效力。上次朝廷建议设置河北宣抚司，几乎没有可用之人愿意前往就任呀！"黄潜善说道："这的确是个大问题，河北乃中原的门户之地，一旦落入辽人手里，我大宋江山就岌岌可危了。对于河北宣抚司，你心目中可有合适的人选？"李纲一看黄潜善有意讨论此事，就说道："我看只有一个人能够胜任，就是张所，他的能力无须多言，但他曾经因为狂妄自大而冒犯过您，以他所犯过的罪行，谁都会认为他不合适就任此职。不过现在形势所迫，又不得不启用他。当然，如果让他在京师担任要职，那是万万不行的，不过让他到河北担任宣抚司,替朝廷守住门户要地,立功以赎罪过,不知您意下如何?"

黄潜善一听李纲言之有理,心想,都说宰相肚里能撑船,元帅肩上能跑马,今天我就做一回大度!于是,他也就不再计较和张所的个人恩怨,欣然点头同意委任张所为河北宣抚司使。

李纲从大局出发向黄潜善讲明了局势,阐述了保家卫国的重要性,委婉地劝说其放弃个人恩怨,这就是他对"度"的把握。倘若在这个时候李纲只为自保,不从国家利益出发,不规劝于黄潜善,而与宰相沆瀣一气的话,结局恐怕就迥然不同了。俗话说:"私怨不入公门。"一个人在工作时,千万不可把私人恩怨带人公事之中,而应该按照工作所要达到的目标合理地用人、做事。不然的话,就有可能使工作陷入困境,因小而失大。

君子走在人生正途上,只要遇到志同道合的人,不论是亲朋好友,还是死党家,他们都能友善相处,不会固执地坚持自己的成见,而是从大局出发为长远考虑,因此,他们在为人处世中能左右逢源、无往不利。

躬自厚而薄责于人,则远怨矣

关于立身处世的道理,自古以来的圣贤都认为要严于律己,宽以待人。严于律己,可以不断提高自己的修养水平和能力;宽以待人,则可以赢得尊敬和友谊,不得罪人,不为将来埋下隐患。凡事多为别人设身处地地想一想,不对犯错的人刻薄责备,既能使对方知错而改,又会对你心怀感激,予以回报,这实在是一种为人处世的大智慧。我们来看几个历史中的典型证据。

春秋时,楚庄王有一次和群臣宴饮,晚上大殿里点着灯,正当大家酣畅之际,突然一阵风把灯烛吹灭了。这时,庄王身边的美姬叫了一声,庄王问:"怎么回事?"美姬对庄王说:"大王,刚才有人牵拉我的衣襟非礼我。我扯断了他帽子上的系缨,现在还拿着,赶快点灯,抓住这个断缨的人。"

庄王听了,说:"是我赏赐大家喝酒的,酒喝多了难免会有人做些出格的事,没有什么大不了的。"于是命令左右的人说:"今天大家和我一起喝酒,如果不扯断系缨,就说明他没有尽兴。"群臣一百多人马上都扯断了系缨,热情高昂地饮酒,尽欢而散。

过了三年,楚国与晋国打仗,有一位将军常常冲在最前边,勇猛无敌。战斗胜利后,庄王感到惊奇,忍不住问他:"我平时对你并没有什么特别的恩惠,你打仗时为什么如此卖力呢?"那人回答说:"我就是三年前那天夜里被扯断了系缨的人。"

无独有偶,同时期的秦穆公也是这样一位开明的君主。

有一次,秦穆公的一匹马被岐下的乡下人偷着宰食了。秦国的官吏捕捉到这些乡下人,打算严加惩处。秦穆公说:"我不能因为一条牲畜就使那么多人受到伤害。听说吃了良马肉,如果不喝酒对身体会有害。赏他们酒喝,然后全放了吧!"

后来,秦国和晋国在韩原交战,这些人闻讯后都奔赴战场帮助秦军,正巧穆公的战车陷入重围,形势十分险恶。这些乡下人便高举武器,争先恐后地冲上去与晋军死战,晋军的包围圈被冲散,穆公终于脱险。

还有一个故事,说明的也是这个道理。

汉代的丙吉任丞相时,他的一个驾车小吏十分喜欢饮酒,有一次他随丙吉外出,竟然醉得吐在丞相的车上。丞相属下的主吏建议应该把这种人撵走,丙吉听到后说:"如果以喝醉酒的过失就把人撵出去,那么让这样的人到何处安身呢?暂且容忍他这一次的过失吧,毕竟只是把车上的垫子弄脏了而已,不是什么大错。"

这个驾车小吏来自边疆,对边塞紧急情况下的报警事务比较熟悉。有一天外出,正好遇见驿站的骑兵手持红白两色的袋子飞驰而来,知道这是边郡报警的公文到了。到了城中,这个驾车小吏就尾随着驿站骑兵到公车署打探详情,了解到敌人已经入侵云中、代郡两地,急忙回来求见丙吉,向他报告了有关情况,并且说:"恐怕敌虏所入侵地区的地方官员因年迈病弱,反应不灵,不能胜任军事行动了。建议您预先了解一下有关官吏的材料,以备皇上询问。"丙吉认为他讲得有道理,就把有关材料详细地研读了一番。

不久,皇上下诏召见丞相和御史,询问敌虏入侵地区主管官员的情况。丙吉一一做了回答,受到奖赏,而御史大夫不知详情,无从应对,受到皇上的斥责。丙吉给皇上的印象是非常忠于职守,时时详察边地军政情形,而实际上这些都是驾车小吏的功劳。

容忍他人小的过失,他就会以自己的一技之长来报答;而责备只会让人徒增怨恨。大度明达,宽宏待人,自古以来就被一些历史名人奉为为人处世的重要标准,我国唐朝的女皇帝武则天也是其中的代表之一。

武则天十四岁时被唐太宗挑选入宫,太宗死后为尼。高宗时期复被召为昭仪,后立为皇后,参与朝政,后号天后,与高宗并称"二圣"。中宗即位,她临朝称制,次年,废中宗、立睿宗,后废睿宗,自称圣神皇帝,改国号为周,史称武周。

武则天为人处世固然有其独断专行的一面,但也有宽宏大量、与人为善的一面,特别是她那大度明达、不计私愤的心怀,更给后人留下了深刻的印象。据记载,武则天登基后不久,一个叛臣的女儿出于父亲被杀的仇恨之心,当着武则天的面写了一首《剪彩花》的诗文,最后两句是"借问桃将李,相乱欲何如?"意思是说:你这个不检点的女人,夺了男人的权,乱了伦理道德,要走向何处去? 很明显,这个矛头是直指武则天的。怛是,武则天并没有因此而嫉恨她,更没迫害她,反而把这种指责视作是对自己的一种警示,并进一步认为治政非常需要这种"专门找茬"的人。怀着这种心态,武则天把这个人请进了王宫,让她从事监督自己的工作。

武则天这一宽宏大度、不嫉恨反对者的行为,使得此人感激涕零,成了一位衷心拥护武则天当政的人。时隔不久,被称为初唐四杰之一的骆宾王,也以同样的手法攻击武则天,不仅没有受到打击报复,反而被视作一个难得的人才,受到了武则天的重用。

武则天作为一个女皇帝,在封建条件下能这样宽容地对待异己,确实是难能可贵的。正是因为她推行了一套"躬自厚而薄责于人"的施政方略,在其执政的四十九年中,大唐帝国才出现了一片繁荣的景象。

俗话说:"得饶人处且饶人。"既说"能饶人",也就有"不能饶人"的,这是说饶人是要有原则的,比如说对害国害民之贼,饶恕他们就是对国家、对人民犯罪;如果饶恕之而对大局即对国家和人民有好处,即使是自己的仇人也应饶恕之。至于私人之间的恩恩怨怨,能饶恕就饶恕之,这对彼此都有好处,因为"冤冤相报何时了"。

一个人只要做到处处为别人着想,从对方的立场来考虑别人的行为,就能够做到原谅许多人,宽恕许多事,也就能够让自己多一条路,而不至于轻易树敌,为自己设置障碍。

不患莫己知,求为可知也

"不忧愁自己没有地位,只忧愁用什么本领来任职;不忧愁没有人知道自己,而是追求足以使人了解自己的本领。"孔子这种强烈的自省精神着实令人佩服不已,这是孔子具有自知之明的充分体现。

然而,在竞争激烈和节奏加快的现代社会中,许多人不再在坚定自己的修为和内涵方面下功夫,他们认为关键在于谋求一个好的职位,把自己的名声做大做响。这种观点和行为也许合乎时宜,但是"墙上芦苇"终究不会长成"参天大树"。与其成为一个名不副实的自己,还不如先苦练内功充实自己,使自己更明智些。我们来看一个例子。

有一个伐木工人,身体非常强壮,而且勤劳工作,可是最近他发现自己的伐树数目却日渐减少。他认为一定是自己的工作时间不够长。所以伐树的数目才会减少,于是他除了睡觉和吃饭,其他的时间都用来伐树。但是于事无补,他这样做,每天伐树的数目反而有减无增。

一天,一位老者看见他满脸愁容,便关心地问:"你为何愁眉苦脸呢?"伐木工人回答说:"我对自己失去信心了,我以前每天砍十多棵树,现在每天都在减少,但我真的没有偷懒,而且还增加了工作时间,我真不明白为什么?"

老者看了看他,再看看他手中的斧头,笑着说:"你是否每天都用这把斧头伐树呢?"工人点头说:"当然啦!这是我从开始做伐木工作以来一直都不离手的工具。"老者听了,又问他:"你有没有磨利这把斧头再使用它呢?"工人回答他:"我每天勤劳工作,伐树的时间都不够用。哪有时间去磨利这把斧头?"

老者笑了笑,向他解释说:"你可知道,这就是你伐树数目每天递减的原因。你没有先磨利自己的工具,又如何能提高工作的效率呢?"

俗话说:磨刀不误砍柴工。"磨刀"一开始牺牲的不仅仅是时间,还有精力,但当你前期的准备基础工作做扎实后,你后面的工作效率将会大大提高,你所有的损失将会迅速补回,机会给了我们,关键看你有没有练就真本领。关于这一点,孔子认为君子应当博学多识,具有多方面的才干,不只局限于某个方面,因此,他才可以通观全局,领导全局,成为合格的领导者。明朝开国皇帝朱元璋虽然只读了几年私塾,但他却酷爱读书,无论在战争年代还是在建国时期,他都始终以书为伴,诸子百家无所不读,知识非常丰富。

有一次,朱元璋微服私游来到金陵古渡,正遇上一些来京应试的举子在江边作诗吟联,一位举子吟道:"采石矶兮一秤砣。"其他举子齐声赞道:"好一个气势磅礴的起句!比得好,起得好!快说下句吧!"只见那举子思索半天也没有找到恰当的下句,别的举子也都苦思不得。

朱元璋在一旁看在眼里,忍不住笑了起来,众举子不解地问他笑什么,朱元璋开口道:"我笑你们起句气魄虽大,却后劲不足,力不从心,所以下句难对。"一听这话,众举子很是心服,可他们心中虽这么想,却又不肯服输,便说:"我们倒想先听一听你老先生的,你且吟吟看,再品评我等不迟!"

朱元璋说:"我不是说你们才学不足,而是说你们受气魄胸怀限制,待我续完此诗,你们看看怎样:采石矶兮一秤砣,长虹作杆又如何? 天国弯月是秤钩,称我江山有几多!"朱元璋话音一落,众举子惊讶不已,钦佩不已。

"书犹药也,善读之可以医愚。"掌握了知识,就可以使人成为明白人,成为能干的人,台塑集团总裁王永庆就深谙此道。

王永庆小时候因家境贫寒,只读了小学,然后做学徒、开米行、办工厂、成立大公司,一步步做大做强。他在创业实践与领导管理过程中,越来越感到知识的重要,于是不断学习,汲取新的知识。与王永庆接触过的人都不相信他只上过几年学,说他风度儒雅,学贯中西,很有儒商的魅力。王永庆说:"虽然我只上了小学,但不等于说没读多少书,我一直在如饥似渴地读书,来武装自己的头脑,这样就可以更加敏锐地发现人才,更亲和地与他人交流、与下属沟通。"

知识就是力量,知识就是魅力。正如李嘉诚说的那样:"在流动与变化万千的世界中,发现自己是谁,了解自己要成为什么样的人,是建立尊严的基础。儒家之'修身'、'反求诸己'、'不欺暗室'的原则,西方之宗教教律,围绕这些题目落墨很多,到书店、在网上,自我增值的书和秘诀多不胜数。我认为自我管理是一种静态管理,是培养理性力量的基本功,是人把知识和经验转变为能力的催化剂。"

多闻阙疑,慎言其余,则寡尤

"良药苦口利于病,忠言逆耳利于行",只有善于听取他人的意见和建议,才能知道事情的真相,才能做出正确的决策;反之,闭目塞听,处处自高自大,对自己的过失不加以改正,最终会铸成大错。我们来从历史长河中找寻证据。

西周末年,周厉王当政,法令苛刻,残害百姓,举国上下怨声载道、苦不堪言,但周厉王不以为然,而大臣召公对此却忧心忡忡。

有一天上朝,召公把当下的情况告诉了周厉王,并说:"百姓们都不能忍受您的政令,为了国家的安定,希望天子能够改正!"周厉王说:"不久之后,我就会让国人不再有什么怨言。"

召公以为周厉王会听取自己的谏言改过自新,不料周厉王变本加厉,派巫者去监督百姓,只要听到谁对自己有稍微地不满就抓住杀掉,结果国内再也没有敢讲周厉王不对的人,街上出现了无人的状况。

周厉王知道后十分高兴,并且马上告诉召公说:"你看,我已经消除了人们的怨言。"召公着急地说:"您这样做就大错特错了!""怎么会呢? 我看是你太过虑了。"周厉王不以为然地说。

"您只是堵住了大家的嘴,并没有消除人们的怨言,这就好像是堵塞洪水,洪水被堵住以后一旦决口,伤人必定无数。所以,治水的人应该排除堵塞,使水流通畅。治理百姓也是同样的道理,大王应该引导百姓,让他们自由地发表言论。您在处理政事的时候让群臣直言劝谏,让百姓把意见传达上来,让全国人民都监督您的过失对错,然后自己再斟酌决断。而如今您堵住了天下百姓的嘴,这恐怕会给国家带来祸患。"

"哪里会有危险。您不用多说了。我觉得这样做是对的!"周厉王拒绝了召公的意见,依然派人到处监视百姓的言论。

两年以后,国人不堪周厉王的暴政,终于揭竿而起捉住了周厉王,把他流放到了彘地,最后惨死他乡。

周厉王弭谤而被流放,正是闭目塞听所造成的,如果他听从召公的谏言,结局也许会截然不同,正是因为他没有采纳正确的建议去解决问题,才导致了后来的灾祸。倾听他人的话需要倾听者与提出意见者之间的共同趋向,如果找不出共同点,那么倾听者就不愿意倾听,这是很简单的道理。我们来看一个成功的例子。

有一家著名的牙膏厂,该厂的负责人有一次欣然接受了一位员工的建议,因为他觉得这位员工的建议实在是正确的,起因是他发现生产流程常常因为钢槽需要清洗而中断。他说:"我们只有一个钢槽,而这位员工建议我们应该安装第二槽。在清洗第一槽时,我们可以用第二槽,这样就再也不必由于清洗而中途停产了。加装一个螺栓,加装一个槽,帮我们节省了70%的转换时间,效率也因此大大提高了。"

这位负责人得到第二个有关生产牙膏的点子,也是在生产线上诞生的,并且同样重要。一直以来,工厂在牙膏输送带下装设精密昂贵的仪表,它的功能是为了确保每个牙膏盒中都装入一管牙膏。不过,这样高科技的仪器偶尔也会出现故障。这位负责人说:"我们有时候还是把空纸盒封起来送进去。结果又是那位员工,他的意见是把这些昂贵的机器换掉,只要在输送带旁装一个小型的空气喷射器。把气压设定好,只要空气喷到空纸盒上,就足以把空纸盒吹到输送带之外。"

为了一家牙膏厂的发展,公司的员工能够提出这样既有价值又方便快捷的建议,是值得公司领导采用的,这样既节约了时间又节省了成本,而且还提高了生产效率。所以,除了要有善于提出意见或建议的人,还需要一个倾听者,倾听者要善于做出正确的判断。二者同样重要,缺一不可。

聆听者虽然很少开口,但事实上聆听者往往都能积极地参加对话。当然,这也很难做到:首先,要全心全意地聆听,要善于发现问题并提问对方,而且鼓励对方表达他的看法。其次,表示积极参与谈话的方式很多,不要总是打断对方的话。如果我们在聆听的时候善意或表示肯定地点点头,偶尔回应几句,就会使气氛变得轻松、和谐,双方也就能达成一致的意见。

可与言而不与言,失人

人际交往中的语言交流是一门艺术,的确,当说则说,不当说则不说,把握说话的火候并不容易。所以,孔子认为有智慧的人才能把握住说话的时机和火候:当说时不说,就失去了机遇和人才;不当说时说了,轻则对牛弹琴,重则祸从口出,因此,立身处世最重要的原则之一就是"不失人,亦不失言",孔子对子路的劝诫就说明了这个问题。

有一次,子路穿着十分好看的衣服来见孔子,孔子就说:"仲由,你为什么这样衣冠楚楚呢?过去长江从岷山流出,在其发源地水流很小,只能浮起酒杯,流到大水的渡口,若不是两只船并列以避开大风,就不能渡河,这不就是因为流水大有危险吗?今天,既然你穿着华丽,面带得意的样子,那么天下有谁愿意规劝你呢?"

于是,子路回去换了一件朴素的衣服,孔子说:"仲由,你记住,把聪明显示在脸上,显出能干的样子,这是小人。所以,君子知道就说知道,不知道就说不知道,这是言谈的要领。能够就说能够,不能就说不能,这是行为的标准。说话有要领,就是智;行为有标准,就是仁。言行既智又仁,怎么会还有不足的地方呢?"

孔子劝说子路的这段话,不是直接去要求他换回原来的衣服,而是教导子路:该说的说,该做的做,不该说的、做的,就尽量避免,把握住时机和火候才是最重要的。历史上有人成于言,也有人败于言,我们来看下面这个故事。

明朝开国皇帝朱元璋出身贫寒,少年时候曾放过牛、打过工,甚至为了果腹而出家当和尚,但是他胸怀大志,终于成就一代霸业。

有一天,他儿时的一位伙伴进京求见,此人一进大殿即行大礼,高呼万岁后,说:"当年我跟随你扫荡芦州府,打破罐州城。汤元帅在逃,拿住豆将军,红孩儿当兵,多亏菜将军。"朱元璋听他说的话动听含蓄,心里十分高兴,回想起当年两人饥寒交迫时有难同当、有福同享的情形，心里很是激动，当下重重封赏了这位老朋友。

这个消息一传出，另一个当年和朱元璋一起放过牛的伙伴也来觐见皇上，说："我主万岁！您不记得吗？那时候咱们一起给人家放牛，有一次我们在芦苇荡里，把偷来的豆子放在瓦罐里煮，还没煮熟，大家就抢着吃，把罐子打破了，豆子撒下一地，而你只顾从地上抓豆子吃，结果把红草根卡在喉咙里，还是我出的主意叫你吞下一把青菜，才把那红草根带下肚子里。"此言一出，朱元璋又气又恼，当即喝令左右把老朋友轰了出去。

齐侯匜

世界上有两种人，一种是喜欢说实话的人，另一种正好相反，谎话连篇。但是有些人就喜欢听或是因为有忌讳而宁愿听谎话、假话和恭维他们的话，不喜欢那些说大实话的人，所以这个时候就要讲究技巧了，既要说实话，又要考虑到对方现在的身份或能否接受，所以要将实话说得委婉动听。

一个人要想恰如其分地赞美别人，的确不是一件容易的事。如果称赞不得法，反而会遭到排斥。与人交谈，事先总得考虑对方是不是能接受，会不会有损于他的形象，能做到这一点，也就后备无患了。关于说话的时机和火候问题，韩非子在他的《说难》中有自己的独到见解。

韩非子说："凡是听说的务本，在于装饰所说的应慎重，而要灭去他人所耻：他人有私急，必以公义强横他。他有意于下，然而不能不已；说话的人要装饰他的美，而少说一些他不能做的方面。他有心攀高，实在不能及，说话的人为他说出过错，使他看到这方面的坏处，以使他不能这样做。有要想慎重智能的，就为他举出不同事的同类，使话利于我，却装着不知，以资助他的智慧。要想保存自己说的话，就必以美名来明示于他，而使他能看到合乎自己私利。想陈述危害的事情，就显示出对事情的毁谤，也能使他看到合乎自己私利的坏处。称誉他人与同行的人，规劝他事与同计谋的人，有与同于美玉的人，就必须大肆装饰他，使他没有伤害。与同样失败的人，就必须以明理劝他，使他不失去信心，使他自己多做努力，就没有因他的难而感慨他。自勇其断，就不以他的过失而恼怒他。自智其计，就不以他的失败而没有智谋。大意没有违逆，说话无所抨击，然后及时以智慧来辩解，这就叫作亲近不疑，而能尽自己的所说。"

韩非子所说的这些，虽然是为游说人士所立的原则，但如今对于朋友、同事、上级和下级之间的关系，只要是与别人进行谈话，还是有很多用处的。

总的来说，说话的最佳时机就是要看准对方的目的，投其所好，再加上掌握谈话的时机的变化，以及其他一些细小方面的具体事项，这些要靠每个人在实践中去领会，去发挥。

巧言乱德。小不忍，则乱大谋

孔子认为，一个人不能忍一时之气，或者过分计较小事上的利害得失，就可能因小失大，无法成就大的事业，因此，凡事都应当从大局出发，从长远考虑，"小不忍则乱大谋"这句话是每一个人都应当明白和遵守的处事箴言。

忍让是一种美德。人们在面临他人的误解、轻信甚至侮辱时，生气无助于雾散云消，恼怒也不会春风化雨，而一时的忍让则能帮助我们恢复应有的形象，让时间和事实来表白自己，从而摆脱相互之间无原则的纠缠和不必要的争吵，得到公允的评价和赞美。下面这个故事说明的就是这个道理。

宋朝有位尤翁，开了间典当铺。年关前夕，尤翁正在里间盘账，忽然听见外面柜台传来吵闹声，原来是附近的一个穷邻居正在与伙计争吵。尤翁先将伙计训斥一遍，然后再好言向邻居赔不是，可是那位邻居板着脸不见一丝和缓之色，靠在柜台上一句话也不说。

挨了骂的伙计悄声对老板诉苦道："老爷，这个人不讲理，他前些日子当了衣服，现在他说过年要穿，一定要取回去，可是他又没有钱。我刚一解释，他就破口大骂，这事不能怪我。"尤翁点点头，自己过去请邻居到桌边坐下，语气恳切地说："老人家，我知道你的来意，过年了，总想有身体面点儿的衣服穿。这是小事一桩，大家都是低头不见抬头见的熟人，万事好商量，何必与伙计一般见识呢？"

说完，尤翁不等对方开口辩解，马上吩咐伙计查一下账，从那人典当的衣物中找来四五件冬衣。然后，尤翁指着这几件衣服说："棉袍是你冬天里必不可少的衣服，这些你先拿回去吧，其余的衣物不是急用的，可以先放在这里。"那位邻居似乎不领情，拿起衣服，连个招呼都不打就急匆匆地走了。尤翁并不在意，仍然含笑拱手将他送出大门。

殊不料，当天夜里那位邻居竟然死在另一位开店的街坊家中，他的亲属趁机控告那位街坊逼死了人，与街坊打了好几年官司，最后，那位街坊花了一大笔银子才将此事摆平。原来这位穷苦的邻居因为负债累累，家产典当一空后走投无路，就预先服了毒，来到尤翁的当铺寻事，想以死来敲诈钱财，没想到尤翁做人一向忍让，即使吃亏也不与他计较，邻居只好赶快走，在毒性发作之前又选择了另外一家。

事后，有人问尤翁怎么会料到邻居会有以死进行讹诈这一手，从而躲过这一场灾祸的，尤翁说："我并没有想到他会走到这条绝路上去，我只是根据常理推测，若是有人无理取闹，那他必然有所凭仗。天大的事，忍一忍也就过去了。倘若我在这件小事上没有忍让，那么与他打官司、真正被敲诈的就是我了。"

尤翁以少见的忍耐力避开了灾祸。的确，天大的事，忍一忍也就过去了，这可谓是能屈能伸、低调做人的至高境界。

在人生旅途中，存在着很多诱人的小利、纠缠和挫折，倘若我们被微利迷惑，纠缠于细节、琐事，而忘记大目标，则十有八九要失败。一个人要想成大器、立大业，做事就必须分清轻重缓急，该舍的就得忍痛割爱，该忍的就得从长计议，刘邦和项羽之间的争霸称雄，其实就是在"忍小取大，舍近求远"上见出高低、决出胜负的。

楚汉战争之前，高阳人郦食其向刘邦献计献策，一进门看见刘邦坐在床边洗脚，便不高兴地说："假如您要消灭无道暴君，就不应该坐着接见长者。"刘邦听后，没有勃然大怒，而是赶忙起身致歉，请郦食其坐上座，虚心求教，并按郦食其的意见去攻打陈留。刘邦围困宛城时，被困在城里的陈恢偷跑出来见刘邦，告诉他围城不如对城内的官吏封官劝降，化敌为友，这样就可以放心西进，先入咸阳为王。刘邦采纳了他的意见，使宛城不攻自破。

与刘邦的容忍态度相反，项羽则刚愎自用，自以为是。一个有识之士建议项羽在关中建都以成霸业，项羽不听，那人出来发牢骚："人们说楚人是'沐猴而冠'，果然如此。"结果项羽知道了大怒，立即将那人杀了。楚军进攻咸阳时到了新安，只因投降的秦军有议论，项羽就起了杀心，一夜之间把十多万秦兵活埋，残暴名闻天下。他怨恨田荣，故意不封他，而立齐相田都为王，致使田荣反叛。项羽甚至连身边最忠实于自己的范增也心存怀疑，结果错过了鸿门宴杀刘邦的绝佳机会，最后气走范增，成了孤家寡人。

其实刘邦原本是一个性情不好的人，在沛县乡里做亭长时，好酒好色。当军队进入咸阳，将士们纷纷争抢金银财宝时，刘邦自己也曾被阿房宫的富丽堂皇和美貌的宫女弄得眼花缭乱，但在部下樊哙"沛公要打天下，还是要当富翁"的提醒下，立时醒悟，忍住贪图享乐的念头，吩咐将士们封了仓库和宫殿。此后，他带将士们回到军营,约法三章,这就使他赢得了民心,得到了民众的支持。而项羽一进咸阳就杀了秦王子婴,烧了阿房宫,收取了秦宫里的金银财宝,掳取宫娥美女据为己有。

楚汉战争中,刘邦的实力其实远不如项羽,当项羽听说刘邦已先入关时,登时怒火冲天,决心要与刘邦决一死战。当时项羽四十万兵马驻扎在鸿门,刘邦十万兵马驻扎在灞上,双方相隔四十里。在这种情况下,刘邦能做到"得时则行,失时则蟠":先是在张良的陪同下去见项羽的叔叔项伯,再三表白自己没有反对项羽的意思,并与之结成儿女亲家,恳求项伯在项羽面前说句好话。之后,刘邦又带着张良、樊哙和一百多个随从,拿着礼物到鸿门去拜见项羽,低声下气地赔礼道歉,化解了项羽的怒气,缓和了关系。

表面上看刘邦忍气吞声,项羽挣足了面子,实际上刘邦以小忍换来了自己和军队的暂时安全,赢得了发展和壮大力量的时间。刘邦对不利条件的隐忍,对暂时失败的忍耐,既反映了他对敌斗争的谋略,也体现了他巨大的心理承受力。相比之下,项羽则能伸不能屈,赢得起而输不起,因此连连中计,听到"四面楚歌"就怀疑楚被汉灭,一败涂地,自己大放悲歌。后被刘邦追到乌江时,一个亭长要送他过河,他却认为"天要亡我,渡过去又有何用?"自动放弃了重整旗鼓、卷土重来的机会,拔剑自刎而死。可惜的是他到死也没明白,他是输在自己手里的。

刘邦之所以成大业,是因为他懂得忍下人之言,忍个人享乐,忍一时失败,忍个人意气;而项羽气大,什么都难忍难容,不懂得"小不忍则乱大谋"的道理,大业未成身先亡,可悲可叹!

无论是创业的征程还是人生旅途,想成大业、千大事,就得忍住一时的欲望,或一时一事的干扰,甚至屈辱。要站得高,看得远,不为眼前的小是小非缠住手脚,排除各种干扰,创造条件向着大目标、大事业迈进。

其知可及也,其愚不可及也

大智若愚、难得糊涂历来被推崇为高明的处世之道。我们大多数人总是善于在境遇好的时候表现出自己的聪明才智,然而在境遇不佳的时候做到韬光养晦、藏而不露,就不那么容易了。

孔子在这里所说的"有道"和"无道",指的都是人们所处的大环境,对于一般人来说,外界的大动荡往往会对他造成伤害,但如果能认清局势变化并加以利用的话,就能够随波起伏而毫发无伤,大获其利。隋唐时期的裴矩就是这样一个人物。

裴矩一生侍奉过北齐、隋文帝、隋炀帝、宇文化及、窦建德、唐高祖、唐太宗，共三个王朝、七个主子，并且他在每一个主子手下都很得意。

　　裴矩深知隋炀帝是一个好大喜功的人，便想方设法挑动其拓展疆土的野心。裴矩不辞辛苦，亲自深入西域各国，了解各国的风俗习惯、山川状况、民族分布等情况，撰写了一本《西域图记》。此举果然大得隋炀帝的欢心，赏赐他绸缎五百匹，每天都将他召来询问西域状况，并将他升为黄门侍郎，处理与西域各国的事务。

　　有一年，隋炀帝要到西北巡视，裴矩不惜花费重金，说服西域二十七个国家的酋长服锦衣绣，焚香奏乐，拜谒于道旁；又命令当地百姓浓妆艳抹，夹道欢迎，可谓盛况空前。隋炀帝大为高兴，又将他升为银青光禄大夫。

　　裴矩见自己的招数屡屡奏效，便越发别出心裁，请求隋炀帝将天下四方各种奇技，诸如爬高竿、走钢丝、相扑等各种杂技玩耍，全都集中到东都洛阳，令西域各国酋长使节观看，以示国威，前后历时一月之久。在这期间，他又在洛阳街头盛陈酒食，让外国人随意吃喝，分文不取。隋炀帝十分满意，对裴矩更是夸奖备至，说道："裴矩太了解我了，凡是他所奏请的，都是我早已想到的。如果不是对国家的事处处留心，怎么能做到这一点？"

　　如此一来，裴矩是富贵了，却给国家和人民带来了巨大的灾难。讨伐辽东的战争就是皇上在裴矩的唆使之下发动的，战争旷日持久，耗尽了隋朝的人力、物力和财力，以至于国敝民穷，怨声四起，导致了隋朝的灭亡。

　　在隋炀帝困守扬州一筹莫展之时，裴矩深知这个皇帝已是日暮途穷了，便将目标转向了那些躁动不安的军官士卒身上，他向隋炀帝建议："陛下来扬州已经两年了，士兵们在这里形单影只，这不是长久之计，请陛下允许他们在这里娶妻成家，将扬州内外的孤女寡妇、女尼道姑分配给士兵。"隋炀帝对这一建议十分赞赏，立即批准执行，士兵们皆大欢喜，对裴矩赞不绝口。到后来将士们发动政变，绞杀隋炀帝时，唯独裴矩幸免于难。

　　后来裴矩几经辗转，投降了唐朝，在唐太宗时担任吏部尚书。他看到唐太宗喜欢谏臣，于是摇身一变，成了一位直言敢谏的忠臣。

　　唐太宗对官吏贪赃受贿之事十分担忧，决心整治，却苦于没有证据。有一次他故意派人给人送礼行贿，有一个掌管门禁的小官接受了一匹绢，太宗大怒，要将这个小官杀掉。裴矩劝阻道："此人受贿，应当严惩。可是，陛下先以财物引诱，因而处刑，这叫做作人以罪，恐怕不符合以礼义道德教导人的原则。"唐太宗接受了他的意见,并召集臣僚说道:"裴矩能够当众表示不同的意见,而不是表面上顺从而心存不满。如果在每一件事情上都能这样,还用担心天下不会大治吗?"

裴矩的聪明之处就在于善于"见风使舵",我们可以学他那种"邦有道,则知;邦无道,则愚"的手段,做一个世俗的聪明人。

其实,无论人们自身的素质如何,相对于强大的外部环境来说,都显得比较弱小,尤其当局势动荡变化时,我们必须采取适当的态度和手段,该智则智,当愚则愚,这样才能保住身家平安,才能图谋机会以求发展。范蠡的做法或许会给我们一些启示。

历史上,吴、越两国相邻,但是为了争夺霸业,互不相让,相互对抗。后来,越王勾践败于吴王夫差之手,逃亡会稽山,忍辱负重与吴国谈和,在交涉后,吴国答应勾践回国。勾践回国后一直牢记所受的耻辱,卧薪尝胆,立誓雪耻。二十年后,终于灭掉吴国,而帮助越王取得成功的就是范蠡。

范蠡被任命为大将军后,深知自己可以跟勾践分担劳苦,但是不能与他共享成果,于是他便向勾践表明自己的辞意。勾践尚不知晓范蠡的真实意图,便拼命挽留。但范蠡去意已定,自此搬到齐国居住,与勾践一刀两断,不再往来。

移居齐国后,范蠡不问政事,与儿子一起经商,成为富甲一方的大富翁。齐王看中他的能力,想请他做宰相,但他婉言谢绝。因为他深知"荣耀长久了会成为祸害的根源"。于是,他将财产分给众人,又悄悄离开了齐国到了陶地。不久后他又在陶地经商成功,积存了百万财富。

有一个成语叫"明哲保身",明哲就是指深刻的洞察力,即发挥深刻的洞察力来保全自己,范蠡正是这种能够明哲保身的人。但是,如果依照世俗的眼光看,他的行为"蠢"得不可理解,其实,这才是真正的"若愚的大智",范蠡超出常人的聪明之处也正在于此。

"大智若愚",重在一个"若"字,"若"设计了巨大的假象与骗局,掩饰了真实的野心、才华和感情,这种甘为愚钝、甘做弱者的低调做人术,实际上是精于算计的聪明,它鼓励人们不求争先、不露真相,让自己明明白白过一生。

孝悌,人之本也

孔子说:"孝顺父母,尊敬兄长,这是做人的根本啊!"

孝悌是中华民族的优秀传统道德之一。"孝悌"本身包含两层意思:"孝"和

"悌",即孝顺父母和尊敬兄长。孝和悌是相互关联的,是为了适应古代家庭宗法制度而提出的关于如何管理好家庭的思想。儒家将"孝悌"视为做人的根本,进而提出了"修身、齐家、治国、平天下"的理论。

微软总裁比尔·盖茨曾经说过这样一句话:"世界上什么都可以等待,唯有孝顺不能等待。"是啊,时间是不等人的,"树欲静而风不止,子欲养而亲不待。"等到你真的有了孝顺能力的时候,也许,一切都为时已晚。另外,对父母的爱更是人类一切爱的源泉,从爱父母开始,爱同学、爱朋友、爱集体、爱祖国……这让我们渐渐懂得如何去爱。反之,不孝顺则是人类最大的罪过,是一个人修养中最大的缺憾。

"修身,齐家,治国,平天下。"家庭是一个社会的细胞,是一个国家的基本单位,唯有家庭关系安定和睦了,社会才会健康和谐发展,国家也才会长治和久安。试想,一个人如果连孝敬父母、报答养育之恩都做不到,他还能为国家做多少贡献呢?"亚圣"孟子也曾说过:"尧舜之道,孝悌而已矣!"

《三字经》里说:"能温席,小黄香,爱父母,意深长。"其中提到的小黄香是汉代江夏一位因孝敬长辈而名留千古的好儿童。

黄香9岁时,母亲不幸去世,小小年纪的黄香便懂得孝敬父亲。每当夏天炎热时,他就把父亲睡的枕席扇凉,赶走蚊子,放好帐子,让父亲能睡得舒服;严寒冬日,床席冰冷如铁,黄香总是先用自己的体温把被子捂热后,再请父亲睡到温暖的床上,唯恐父亲受凉。小黄香不仅以孝心闻名,而且刻苦勤奋,博学多才,受到当时的皇帝的赏识,赐封他八个字:"江夏神童,天下无双。"并任他为郎中,誉为孝子,特许他在皇帝的书房阅读御书。

孝敬父母,不但要很好地承担对父母应尽的赡养义务,而且要尽心尽力满足父母在精神生活、情感方面的需求。特别是对年迈的父母,更要精心照顾,耐心安慰。"今之孝者,是谓能养。至于犬马,皆能有养,不敬何以别乎?"意思是说,现在人只把能养父母便算孝了。就是犬马,一样能有人养着。没有对父母一片敬心,又在何处作分别呀?因此,对父母尽孝也不能仅仅停留在物质生活层面,还应懂得老人未减的爱心需要领会,老人的寂寞需要慰藉,老人的想法需要尊重。也就是说,精神赡养也至关重要。比如,现在城市里的大多数老人,虽然有儿有孙,在生活上不愁吃穿,不缺钱花,但是孩子因为工作的缘故几乎都不在身边,平时很少见面。所以,在他们的感情上最渴望的是能与所有的亲人团聚。不是有首歌中唱到"常回家看看,回家看看,哪怕帮妈妈捶捶后背,揉揉肩,老人不求子女为家做多大贡献,只求个平平安安,团团圆圆",这正是老人心境的反映。

因此,将来不管我们走到哪里,都要记着爸爸、妈妈,而且更要趁现在在他们身边的时候,多孝敬他们。人生几十年匆匆而过,如果不能在父母在世的时候懂得这个道理,那么以后后悔也晚了。

一个女人28岁时便开始守寡,带着一双儿女艰难度日,却始终不肯再嫁,因为怕让孩子受委屈。后来,儿子长大了,在一个离家很远的城市里发展。他一直盼望着境况好些再把母亲和妹妹接来,为此,他早为母亲准备好了一套崭新的衣裳和一双母亲最爱穿的软底鞋,还有一副老花眼镜,只等待那喜洋洋的团聚时刻。但是,因为种种原因,一家人的团聚推迟了一次又一次。

忽然有一天,他接到了妹妹发来的电报。电报上说,母亲因心脏病复发突然去世了。当他匆忙赶回家并为母亲穿上早已买好的衣服和鞋子时,悔恨的感觉让他痛不欲生。

在人的一生中,父母的关心和爱护是最真挚最无私的,父母的养育之恩是永远也诉说不完的:吮着母亲的乳汁离开襁褓;揪着父母的心迈开人生的第一步;在父母无微不至的关怀中成长;灾灾病病使父母熬过多少个不眠之夜;读书升学费去父母多少心血;立业成家铺垫着父母多少艰辛。可以说,父母为养育自己的儿女付出了毕生的心血。这种恩情比天高,比地厚,是人世间最伟大的力量。如果人类应该有爱,那么首先应该爱自己的父母,其次才能谈到爱他人,爱集体,爱社会,爱祖国……

爱父母是天经地义的事情。用爱的心去对待身边的每一位长者,也会带给我们无穷的快乐。正所谓"老吾老以及人之老",我们不仅要孝顺自己的父母长辈,对别人的长辈也应当予以尊敬和孝养。

有一个男孩到美国留学,在语言学校的附近,他每天都能看到一位老人去买报纸。一天早上,老人在买完报纸返回的途中摔倒在了路边,男孩发现后,立即将老人送到了医院。一老一少就这样相识了。老人孤独一人,并且还有严重的心脏病。在老人的要求下,男孩搬到了老人的住处。

一年后的一天,老人在洗手间突然晕倒了,男孩将老人送到了医院。医生告诉男孩,老人必须做心脏搭桥手术,否则就有生命危险。但是,手术的费用非常昂贵,男孩根本支付不起。于是,他连夜敲响了几个同学家的门,总共借到了5000美元,终于让老人顺利地上了手术台。

手术之后,老人的身体越来越不好。有一天晚上,老人将男孩叫到床前说:"你照顾了我一年多,真是很感谢你,我不知道该怎样报答你,就送给你一样东西吧!"老人从手上摘下一枚铁指环,接着说道:"这枚指环是我的祖父留给我的,虽然不值钱,但也算是一份礼物,送给你作个纪念吧!"他还叮嘱男孩,千万不要把它弄丢了,一定要戴在无名指上。第二天,老人就去世了。

老人去世后,他的两个儿女将男孩告上了法庭,要求继承父亲的遗产。老人唯一的财产就是那枚铁指环,他的房子是社会福利机构提供的,他去世之后房子也被收了回去。最后,男孩赢得了这场官司,但他还是把这枚铁指环交给了老人的儿子。老人的儿子看了看这枚黑黑的指环,气急败坏地把它丢在地上,扬长而去。而男孩却将指环捡起来,又戴在了自己的无名指上。

后来,一个偶然的机会,男孩才得知,这枚"铁"指环原来是一枚价值连城的钻戒,是老人故意在指环上镀上了一层氧化铁。

善良的中国男孩用自己的爱心温暖了一个孤苦无依的美国老人,最后他的爱心也得到了回报。

没有一份爱会遗失人间,所有的爱都有它的因果。正如一首歌中所唱:"如果人人都献出一点爱,世界将变成美好的人间。"这不是一句普通的说教,而是人类最美丽的语言。

父母之年,不可不知

孔子说:"父母的有生之年,不可以不知道;当父母还健在的时候能够侍奉膝下,能够尽自己的孝义,是一件可喜的事情;与此同时,尽孝的日子也是一天天减少,心里很害怕'子欲养而亲不待',于是内心担忧不已。"

孔子认为,"父母之年,不可不知"。文字虽浅显,却是意味深长。"年",望文生义,指的是年纪。对自己父母的年纪,子女当然不可不知,这是一个起码的要求,若连这个都不知道,那就是枉为子女。但这里所说的父母之年,除了指父母的年纪之外,还有更深一层的意义,即作为子女,除了要知道父母的年纪之外,更重要的是要知道父母之年意味着什么,并做出相应的反应,不可对此熟视无睹,麻木不仁。

那么,父母之年意味着什么?意味着年事已高,身体衰弱,而再进一层,则意味着不知什么时辰,就会突然离去,撒手人寰。因此,孔子在"父母之年,不可不知"之后,紧接着说:"一则以喜,一则以惧。"所以喜,是因为父母健在享高寿,儿女可以一尽孝心，侍奉膝下；所以惧，是因为忧父母于世很可能已时日无多，害怕"子欲孝而亲不待"。

父母之年背后隐含的于世时日无多这层意味，是无情的，残酷的，但这是客观规律，谁也无法改变和扭转，因而也是让人无奈的。但是不是就只能任其发展，无所作为了呢？答案是否定的。因为子女可以在父母的有生之年，尽力孝顺，多给父母以关心和照料，回报父母的养育之恩。这样，当父母百年之后，我们也就不会因为没有好好孝顺而悔恨不已了。

孝敬父母，尽多地给父母回报，这正是许多孝子的所作所为。他们从不计较在父母身上付出了多少，也不惦记父母的财物和觊觎父母的积蓄；他们关心父母的饮食起居，不信奉所谓的"久病床前无孝子"；他们在意父母隆冬是否冷、酷暑是否热，他们不用父母开口就会给老人置办所用所需；他们总是抽时间陪父母聊天说话，他们不仅要父母身体健康还要父母精神愉快，他们尊重老人的意愿而不自作主张，如此等等。总之，他们只有想不到没有做不到，恪尽着作为子女的责任和义务。

但我们看到，孝敬父母的子女固然世间很多，但不孝敬的子女却也为数不少。他们明明知道父母年事已高、体力不支，但却像巴尔扎克笔下的高老头的女儿们一样，只知榨取，不愿奉献。他们自私自利，总是把麻烦事向父母转嫁，把劳累向父母转移，一而再再而三把种种劳务加在他们的身上，似乎父母有永远用不完的气力，似乎父母在他们身上有永远尽不完的义务，是他们不必花钱的终生义工。还有一种子女，他们也知道要孝顺父母，也有孝心，但总是因为种种原因而一再推延。想想，我们总是跟父母说的一句话是什么？就是："妈，我最近不回来看你，实在是太忙了。"

忙，有时候是可以忙忘的，但有时候忙是可以取舍的，取重而舍次。什么是重？人们往往觉得事业是重的，朋友的快乐是重的，在这种时候，父母往往是被忽略的。

我们总是能听到父母说这样一句话："你去忙吧，要是太忙就不用着急回家来，打个电话就行了，让我知道你好就行。"而孩子们呢，则往往把这些话当成真话，从没仔细想想父母的真实感受。

"树欲静而风不止，子欲养而亲不待！"这是人世间最悲怆的痛！父母健在就是子女们的福分，所以，当我们的父母还健在，作为子女的我们还有机会报答时，让我们尽量多陪陪父母，多为他们想一点，做一点。

"父母之年，不可不知。"这句话告诉我们，为子女者，要有良心，要有良知，要以尽孝者为榜样，要有尽孝的紧迫感，不可只想着让父母为自己一再付出，而应多想想父母在自己从小到大，成家立业这一漫长过程的恩重如山，多想想"父母之年"所含的残酷意味，在"父母之年"多做反哺回报。

君子之过也，如日月之食焉

人皆有过，关键在于犯错之后的态度，君子由于知错必改，所以仍旧可以得到人们的仰慕，周围的人依然归服他、效法他。唐太宗李世民就是一个敢于承认错误，并且能够正视错误和改正错误的明智之人。

唐太宗非常喜欢魏征所说的"兼听则明，偏信则暗"这句话，他时常对大臣们说："自古以来，帝王恼怒就随便杀人，我总是提醒自己以此为戒。为了国家，请你们经常指出我的过错，我一定接受。"

唐太宗不但这样说，在实际行动中也的确知错就改。有一次，唐太宗出行至洛阳，由于地方供应的东西不好而发火，魏征当即劝谏道："隋炀帝为追求享乐到处巡游，使得民不聊生，以至灭亡。今圣上得天下，应当接受教训，躬行节约，怎能因此就发脾气呢？如果上行下效，那将成什么样子？"唐太宗悉心接受了他的批评。

又一年，陕西、河南发大水，不少地区遭灾，唐太宗却执意要建飞龙官。魏征上书反对说："隋炀帝大修行宫台榭，徭役无时，把人民逼上绝境，最后招致灭亡。皇上要引以为戒，如果重复隋炀帝的做法，还会重蹈隋亡的覆辙。"最后终于说服唐太宗停建了这项工程，并把备用的木料都送到灾区救济灾民。

还有一次，唐太宗要修洛阳宫，河南陕县县丞皇甫德参上书反对说："修洛阳宫，是劳民之举；收取地租，是重敛于民；天下妇女时兴高髻，是从皇宫里传出来的。"唐太宗看了奏章勃然大怒，说："这人是想让国家不役使一个人，不收一斗租，宫里的女人都变成秃子，他才会满意！"魏征连忙解释说："人臣上书，言辞不激烈不足以引起圣上的重视，言辞激烈又近于诽谤，希望陛下能够理解。"唐太宗听了怒气顿息，派人赏赐了皇甫德参。

贞观二年，唐太宗访得隋朝旧官郑仁其有个女儿生得国色天香，又有才学，想纳入后宫为妃，甚至连册封的诏书都已写好。魏征听说郑女早已许嫁陆氏，于是劝谏道："陛下为天下子民的父母，应爱抚百姓，忧其所忧，乐其所乐。自古有道行之君总是怀揣百姓，现郑氏之女已许嫁别人，陛下却想娶至后宫，这哪里是为民父母者应做的事情呢？"此言一出，唐太宗无言以对，马上停止册封，让郑氏之女仍归陆氏,并作诏自责:"听说郑氏之女已受人礼聘,朕下诏册封的时候没有详审,实乃朕的过错!"

由于唐太宗能听大臣的劝谏,勇敢地认识并改正了自己的过错,因此带来了"贞观盛世"。

人犯了错,无非有两种反应,一种是死不认错,而且还极力辩白,另一种反应是坦白认错。第一种做法的好处是不用承担错误的后果,如果躲得过,就可以避免别人对你的形象及能力的怀疑。但是,如果你犯的是大错,那么此错必然尽人皆知,你的狡辩只是"此地无银三百两",让人心生嫌恶罢了。在现实生活中,有些人明明错了却始终不愿承认,害怕丢人现眼,这正是一种心高气傲的表现,同时也暴露出了他内心的怯懦。更重要的是,不敢承担的错误会成为一种习惯,会使一个人丧失面对错误、解决问题和培养解决问题能力的机会,下面故事中的主人公就深受此害。

有一位退休的机械工程师,他对事情是否做到精确无误的程度的关心,甚于关心自己的事业是否成功。他认为一个被他人指出错误的人就如同笨蛋一样,无论错误是由于测量不准确也好,观测的角度不对也好;是错误的结论,还是无效的评估,这些对他来讲都一样。他最喜欢说的一句话是:"你不可以在别人面前丢脸。"

事实上,只要是人都会出错,这位工程师也不例外,为了保全面子,即使他心里知道自己做错了事,也会在大庭广众之下装出一副自己没错的样子。更为可笑的是,他对自己不知道的事情会装出一副很懂的样子,在他身边工作的人当然很厌烦他这一点,为此,这位工程师失去了很多人的喜爱和尊敬。

上面所说的那位工程师,他的为人和装出什么都懂的样子,只会让别人讨厌。作为一个人,与其装出一副自己什么都对、洋洋得意的样子,倒不如做错事情的时候勇敢承认明智一些。

孔子一直强调人们在修身正己的过程中,要把改正错误作为重要内容,错误有时不以人的意志为转移,但犯了错误不能改正错误,那就错上加错;犯了错误,若敢于正视和改正,不但对事情有所补救,而且也能从错误中吸取教训。从某种意义上讲,人就是在不断犯错误,又不断改正错误中进步的。

晋文公谲而不正,齐桓公正而不谲

晋文公和齐桓公是春秋五霸中最有名的两位,齐桓公最先成为诸侯盟主,晋文公在其后，两个人都打着"尊崇周天子、讨伐诸夷狄"的旗号。不过，他们两个人在政治作风方面却完全不一样。孔子认为，晋文公善用权术，却不守法度；齐桓公坚持法度，却不会用权术。

由此看来，就管理而言，运用权术和遵守法度兼而有之才会行之有效；就为人处世而言，依据眼前的实际情况，不固执、不僵持。才会达到事半功倍的效果。姜太公治理国家的策略就是依据于此。

姜太公被周王封于齐后，不到半年就来报告说齐地的政事已经安排好了，人民也安定下来了，一切都转入了正常的轨道。周公对吕尚的话不太相信，就问："怎么会这么快？"姜太公说："我只是简化了君臣上下繁缛的礼仪，没有改变他们的风俗习惯。比如，原来大臣觐见君主要经过几重审批才行，这样耽误了不少时间；各处衙门的长官做出决定也必须向大王禀报，他们自己没有自主权。现在我保留了他们的风俗习惯，使他们不会感到生活有什么太大的变化，反而更加轻松；我给各衙门长官一定的自主权，不用事事禀报，小事他们自己做主就行了，这样不但提高了工作效率，也提高了大臣们工作的积极性。人民安居乐业，国内秩序井然，政治局面很快得到了安定。"

后来，周公派儿子伯禽去治理鲁国，三年多了他才回来报告说政事安排好了。周公问："怎么这么慢呢？姜太公不到半年就使齐国稳定了。"伯禽答道："我改变了他们的风俗，革除了他们的礼仪，规定他们必须亲丧三年才能除掉丧服。"周公听了说："这样下去，恐怕鲁国的人都会跑到北面的齐国去了。国政繁琐而不简便，尊严而不平易，百姓们就不能与其君主相亲相近，只有君主平易近人，百姓才会依附他，爱戴他。"

周公又问姜太公用什么方法治理齐国，太公说："尊重圣贤之人而推崇有功绩之人。"周公不以为然，说："如此一来，齐国必然出现篡权弑君之人。"太公反问用什么方法治理鲁国，周公说："尊重圣贤之人而尊崇公族亲属。"太公说："那么，王室的势力必然日渐衰微。"周公不解，太公继续说道："尊崇王室，他们就会不劳而获，坐享其成，不务正业，以至于最后什么本事都没了，不衰弱才怪。"

在我们现实生活中，当我们要解决问题时，一定要考虑到当时的环境，针对不同环境做出不同的选择。有时候，可能同一件事情在不同的时间和空间下，解决的方法就会迥然不同，必须因时因地制宜才是。除此之外，处理事情时当一种方法行不通时，我们可以尝试用另外的方法，这也是解决问题的一条途径，有例为证。

苏琼是南北朝时有名的清官,他在担任清河太守时,清正谨慎,政绩卓著,深受人民爱戴。

有一次,一个法号道研的和尚来见他,说是想和他商量一下寺院讨债的事情。苏琼心想:寺院本是清净之地,和尚不应该过问俗事,可这个和尚竟然来商量讨债的事情,一定不是什么正道的债。于是,他就命令下人通知道研和尚说:"太守正在会见贵客,请你过几天再来。"道研和尚无奈只好回去了。

之后,苏琼马上派人到道研和尚所在的寺庙明察暗访,原来,道研平日里学了一些医术,经常上山采药,本来是自己用的。有一次,在采药回来的路上,他发现一个人昏迷不醒,与那人同来的人以为他死了,道研认为是中暑了,于是把他背到自己寺庙内,煮了草药给那昏迷的人服下,不几天就好了。自此,道研声名鹊起,来找道研看病的人很多,道研就借此提高药价,赚了不少钱,而有些付不起高额药费的人只好欠账,道研就是要请苏琼帮助他要这些账的。

苏琼了解到这些情况后,胸有成竹。当道研第二次来找他的时候,一进门,苏琼就和他大谈高深玄妙的佛法和人生哲理,还把道研说成是至高无上的僧人等等,道研倒被弄得不好意思,根本无意再提要债的事。另一方面道研不想得罪苏琼,只能耐着性子和他谈,害得自己连插嘴的机会都没有。道研只好告辞,一连几次都是这样。

道研的徒弟看到师傅总是无功而返,就问他:"师傅,您怎么一连去了几次都没有结果呢?"道研丧气地说:"没办法,每次一见到苏太守,他就和我谈一些云里雾里的事,我连话都说不上,更不要说讨债的事了。"道研没有办法,只好烧了这些债券,也不敢再抬高药价了,生怕被苏琼抓到把柄,治他的罪。

道研本是和尚,卖高价药本身就有违佛法清净,苏琼正是抓住了他的这个特点,见面就谈为人、修养之道,把他捧得高高的,道研自然难以启齿。

苏琼拒绝道研的办法就是根本没有拒绝他,对于道研的用意,苏琼心知肚明,如果等道研说出口再拒绝就不好了,故而他先下手为强,把对方的想法扼杀在萌芽之中。

俗话说:"曲径可通幽"。我们在为人处世中要根据不同的情况,用不同的方法来达到同样的目的,切不可僵化固执,一条路走到底,让事情变得无法收拾。

邦有道则知,邦无道则愚

孔子说:"宁武子这人,当国家政治清明的时候,他便发挥自己的聪明才智,当国家政治黑暗的时候,他便做出一副愚笨的样子。他的那种聪明是人们可以赶得上的,而他的那种愚笨却是很难学会的。"

谨慎行事是一个人在纷扰的社会里立足必须注意的问题。小心行得万年船,千万不能自恃有某一方面的才能,就锋芒毕露,到处显摆。现代社会关系复杂多变,稳中求实是难能可贵的,有才能的人最易遭人忌妒。因此,在适当的时候,表现得"愚"一些,态度隐忍一些,采取平和的心态去面对一切,就可以避开危险。

宁武子是春秋时期卫国很有名的大夫,姓宁,名俞,谥号武。他经历了由卫文公到卫成公两代,虽然这两个朝代完全不同,但宁武子却相安无事地做了卫国的两朝元老。

卫文公时,国家步入正轨,政治、经济和文化蒸蒸日上。宁武子发挥自己的聪明智慧和超人的能力,为卫国做出了很大贡献,深得卫文公的赏识。

宁武子的外交才能是非常出色的。卫文公四年(前656),宁武子到鲁国聘问,鲁文公设宴招待他,并且与他对饮。在席间,鲁文公亲自为宁武子朗诵《湛露》和《彤弓》两首诗歌。朗诵完毕,宁武子不言不语,既禾说感谢的话,也不赋诗回答。文公感到很纳闷,就派人私下问:"文公为你朗诵诗歌,您怎么不说声谢谢,也不赋诗回答一下呢?这不是对人不尊重吗?"

宁武子回答说:"我还以为这次是在练习演奏呢!从前诸侯在正月里去京师向天子朝贺,天子设宴奏乐,在这个时候赋《湛露》这首诗,那就表示天子对着太阳,诸侯听候命令为国效劳。诸侯把天子所痛恨的人作为敌人,为帮助天子平定天下而贡献出自己的力量。天子因为这样而赐给他们红色的弓一把、红色的箭一百枝、黑色的弓十把、黑色的箭一千枝,用以表彰功劳,还用设宴奏乐作为报答和奖赏。现在,下臣前来拜访贵国,来巩固过去的友好关系,承蒙君王赐宴,哪里敢触犯大礼来自取罪过?"

宁武子靠自己的聪明才智,不卑不亢地在外交过程中为卫国争得了面子,从此其他国家不再敢小视卫国,卫国的政治、经济得到了稳固的发展。

后来到了卫成公的时候,由于卫成公治国无道,导致卫国的政治、经济等多方面都很混乱,人人相互攻击弹压,形势十分险恶。为了保护自己于危难,以苟存微薄之躯来挽救国家和人民,宁武子却表现得与卫文公时完全不同。他装出愚钝无能的样子,以掩盖自己的锋芒,让别人觉得自己无知,对别人没有任何威胁,别人也不会加害于自己,从而保护了自己。可是,他一点也不笨,他施展自己的聪明才智,

孔子家语

孔子智慧通解

图文珍藏版

巧妙地与各种势力周旋,终于平定了内乱,挽救了卫国,并为百姓做了不少有益的事,受到国人的敬畏和拥戴。

在现实生活中,人际关系错综复杂,盘根错节,有很多事情是不能太认真、太较劲的。做人太认真,不是扯着胳膊,就是动了筋骨,越搞越复杂,越搅越乱乎。因此,顺其自然,必要时装一次糊涂,不丧失原则和人格,或为了公众,或为了自己的长远目标,哪怕暂时忍一忍,受点委屈,也是值得的。

装"糊涂"有时候也是一种无奈之举,特别是当弱者面对强大的敌人时,装糊涂就成为一种重要的智慧了。

成功的道路并不是笔直平坦的,它是由许多曲折和迂回铸成的。聪明的人在不能直达成功彼岸的时候,就会采取迂回前进的办法,不断克服困难,最终走向成功。当我们面临困难,面对无可奈何的局面时,不妨学着糊涂一点,只有这样,才能摆脱暂时的困境,走向成功的彼岸。

贫而无谄,富而无骄

孔子强调人们应当志在追求仁义,即使处于贫穷,也应安贫乐道,轻视富贵。

孔子的"富贵于我如浮云"思想与孟子"富贵不能淫,贫贱不能移,威武不能屈"的道德准则,给后代追求理想的人们以巨大的鼓舞。

孔子去世后,周王室更加衰落,各国诸侯连年征战,大国称霸,弱国受欺,国君昏庸,权臣僭主,世事浑浊,百姓苦难。孔子有一个名叫原宪的弟子,他遵照老师关于政治黑暗时不要去做官的教导,到卫国乡下隐居去了。

孔子的另一个弟子子贡在卫国做宰相,听说同学原宪就住在卫国,于是坐着四匹马拉的豪华车子,穿着华贵的衣裳,带了大队的随从,到原宪的家里去。来到原宪家一看,只见房子低矮简陋,门窗破烂不堪,原宪戴着桦树皮做的帽子,衣裳露臂,鞋没有后跟,拄着一根藜杖迎了出来。

子贡惊疑地问:"你生病了吗?"

原宪回答说:"我听说没有金银财宝的人叫穷,没有学到治国本领的人才叫有病。我现在是穷,而不是有病。"

子贡看看四周,又看看原宪,他虽然神清气爽,但脸面却肌瘦蜡黄,与自己的境遇相比,反差实在是太大了,心中未免不忍,又有点羞愧,说:"你为什么不出去做官拿俸禄,使生活过得好一些呢?"

原宪说:"政治这样黑暗,当政者如此昏庸,如果我出去参与政事,不是帮着他们干坏事吗? 我现在的生活虽然清贫了些,但并不忧虑,虽然是粗衣疏食,但也还算过得去。我忧虑的是,世道这样混乱,百姓的苦难什么时候才能到头啊!"

子贡听了,想起老师的教导,知道自己的德行不如原宪,不禁惭愧尴尬地向原宪告辞了。

"富贵于我如浮云",也成为后世知识分子追求理想境界而蔑视荣华富贵的一种宣言。在中国古代,不知有多少人,在"大义"面前放弃了"大利",为了自己的人格尊严,为了自己的道德原则,为了一个理想社会,宁肯过着贫穷的生活,也绝不改变自己的志向,不改变自己孜孜以求的东西,视富贵如浮云,安贫乐道,淡泊宁静,默默无闻地走过一生。对这些人而言,道德、操行、信念胜过一切。

《吕氏春秋》说:"古之得者,穷亦乐,达亦乐。所乐非穷达也,道得于此,则穷达一也。"无论在任何社会,人们都应该追求正义,而抛弃贪腐的想法。

六、为学之道

敏而好学,不以虚心求教为耻

孔子周游列国时,他的一班弟子总是跟随着他。有一次,子路因事掉了队,找不到老师,十分焦急。他忽然看见迎面走来一个老人,便走上前去向老汉举手行了个礼,问道:"老人家,您看见我的老师了吗?"

老人笑了,说:"我怎么知道你老师是谁呀?"

于是子路把找不到孔子的事告诉了老人。老人说:"我看这样吧,一时半会儿也找不到你老师,天快黑了,你先到我家歇息一下,明天再找吧!"

子路犹豫了一会儿,最终还是决定继续找老师。因为他怕老师遇到困难,而自己却没能帮上忙,于是他谢绝了老人。老人见子路寻师心切,说:"好吧,看来也留不住你,那我就送你几句话吧!'南路不通北路长,孔子受阻在路旁。老大蜗牛穿不过,等你去问采桑娘。'"

子路匆匆别了老人后马不停蹄地赶路,终于在第二天赶上了孔子。果然,孔子真的被阻挡在路边了。原来,听说孔子和弟子们将途径自己的国家,那里的国君便派使者送来一只很大的蜗牛壳,并说:"你是圣人,听说没有办不成的事,这个蜗牛壳是我们国君的心爱之物,因为穿线断了没人再能穿上,国君急得不得了,说如果你能把线穿过蜗牛壳就放你们过去。"

孔子和众弟子把蜗牛壳翻来覆去地看,只见蜗牛壳内盘旋回曲,不知绕了多少个弯,怎样才能把线穿过去呢? 正在束手无策时,子路赶到了,孔子就把蜗牛壳穿线的事告诉了他,并嘱咐他去周围拜访一下,也许会碰到能人。

子路按照老师的话去走访。这时正是春暖花开的四月,虽是鸟语花香,子路却无心赏景,只是四处寻人打听。正焦急时,忽然看见一个女子在高高的桑树上采桑叶,桑树北枝又粗又壮她不攀,却踏在细细的南枝上,压得那细枝颤颤悠悠地摆动。子路不禁惊叫了一声,但限于男女授受不亲的教条,他不好随便说话,只得大声地自言自语道:"南枝危险北枝好。"子路连念几遍希望那女子能够听到。不料那女子也念了一句:"线穿蜗壳烟熏蚁。"也连念几遍。子路看到那女子把身子移到粗枝上才放心地离开。走到半路,他猛然记起老人说的"老大蜗牛穿不过,等你去问采桑娘"的话,又连忙折回去问采桑娘,可是这名女子早已不见了。子路只好懊丧地回来并把这件事原原本本地告诉了老师。

不料孔子听后高兴地说:"有办法了!"他叫弟子按那采桑娘说的,抓来一只大蚂蚁,把丝线拴在蚂蚁腰上,放进蜗牛壳,然后用烟熏,那蚂蚁便顺着蜗牛壳的曲线不停地爬着,没多久就从蜗牛壳的顶端钻了出来,自然,拴在蚂蚁腰上的线也就穿过去了。

孔子感叹地对弟子们说,采桑娘就比我有智慧,人哪怕是向学识才能比自己浅的人请教,也能够学到很多有用的东西呀!

"不耻下问"是说,不但要虚心向比自己低下的人请教,而且要不以虚心求教为耻。为了求得真知,可以不顾及自己的颜面和身份才是一种真正的智慧,也是一种良好的心态和习惯。在当今社会,不耻下问更是值得我们推崇的学习态度。

知之为知之,不知为不知

孔子说:"仲由! 我教你的东西你都明白了吗? 明白了就是明白了,不明白就是不明白,这才是明智的做法。"

孔子的话告诉我们这样一个哲理:在现实生活中,许多人不愿意说出"不知道"这三个字,认为那样做会让别人轻视自己,使自己很没面子,结果却适得其反。

大约与孔子同时代的古希腊著名哲学家苏格拉底也曾说过:"我唯一知道的,

就是我什么都不知道。"他以最通俗的语言告诉我们,知识是无限的,我们了解的只是很少一部分,我们要有自知之明,不能满足于已知。

如果一个人对自己不明白的问题加以隐瞒,不去向别人请教,在别人面前仍然不懂装懂,那他就太无知、太虚伪了。对有些知识,不懂并不可怕,可怕的是不懂装懂。学无止境,知识无限,谁都不可能做到"样样通,样样精",而只有虚心向别人学习,不耻下问,才能不断进步。否则,我们若像南郭先生那样"滥竽充数",只能是贻笑大方,最终被社会所淘汰。

其实,对自己不知道的事情,坦率地说不知道,反而更容易赢得别人的尊重。

世界著名物理学家、贝尔物理学奖获得者美籍华人丁肇中在接受中央电视台《东方之子》采访时,曾对很多问题都表示"不知道"。他在为南航师生做学术报告时,面对同学提问又是"三问三不知":"您觉得人类在太空能找到暗物质和反物质吗?""不知道。""您觉得您从事的科学实验有什么经济价值吗?""不知道。""您能谈一下物理学未来20年的发展方向吗?""不知道。"三问三不知! 这让在场的所有同学感到意外,但不久就赢得全场热烈的掌声。也许,一些人在说"不知道"时往往会担心被看作是孤陋寡闻和无知的表现,但丁先生的"不知道"却体现着一种做人的谦逊和科学家严谨的治学态度,不禁令人肃然起敬。

学问愈深,未知愈重;越是学识渊博,越要虚怀若谷。作为专家、学者,对不知道的东西,我们不仅应当老实地承认"不知道",而且要敢于说"不知道"。其实,丁肇中教授大可不必说"不知道",比如可以用已有的知识去搪塞,也可以建议去查阅有关资料,以作思考,还可以委婉地对学生说:"这些问题对于你们来说太深奥,一两句话解释不清楚。"但是,这位诺贝尔奖得主却选择了最老实、最坦诚的回答方式,而且表情自然、诚恳,没有故弄玄虚,也绝没有"卖关子"。丁教授坦言不知道,更无损于他的科学家形象。

聪明的人有勇气承认"没有人知道一切事情"这个事实。当面对不了解的事情时,他们能够坦然地说自己不知道,随后就去寻找自己所欠缺的知识。承认自己不知道无损于他们的自尊,对于他们来说,"不知道"是一种动力,促使他们积极采取行动,进一步了解情况,求得更多的知识。当然,也有一些人,总是想尽办法来掩饰自己不知道的事情,摆出一副不懂装懂的姿态,殊不知,这样反倒会给人一种浅薄的感觉。

有一次,一位外国人去旁听一位美国加州大学著名教授的演讲。课上他提出自己做的老鼠实验的结果。此时，一位学生突然举手发问，提出了他的看法，并问这位教授假如用另一种方法来做，实验结果将会怎样？所有的听众全都看着这位教授，等着看他如何回答这个他根本就不可能做过的实验。结果，这位教授不慌不忙、直截了当地说："我没有做过这个实验，所以我不知道。"

当教授说完"我不知道"时，台下响起了经久不息的掌声。

同样的情况假如发生在另一位教授身上，情形恐怕就会完全不同。也许他会绞尽脑汁，说出"我想结果是……"的话来。

一般人都有不想让别人看出自己弱点的心理，因此很难开口说"不知道"。其实，有时对自己不知道的事情坦率地说不知道，反而能够赢得别人的尊重。因为直截了当地说不知道，会给人留下诚实的印象，并且敢于当众说不知道，其勇气更让人佩服。这样，对你所说的其他观点，人们会认为一定是千真万确的，因此对你也就会更加信任。反之，如果明明不知道却强说知道，自作聪明，欺人自欺，最后只会贻笑大方。

有个美术评论家总是大吹大擂，凡事不懂装懂。

有一天，他受一位知名人士邀请到家中做客。这位名人家里来了许多美术界的权威，他们畅所欲言，谈笑风生。

一会儿，主人拿来一幅画像说："这是我刚买来的毕加索的画，请各位点评一下。"

于是，那个不懂装懂的评论家马上站起来说："色彩华丽，线条鲜明，果然是毕加索的画。你刚拿来的时候，我就看出来了。"

青铜方尊

主人听完，再仔细看了一下画说："真抱歉，我刚才介绍错了，这不是毕加索的画，而是米开朗琪罗的作品。"

"什么？米开朗琪罗的？"

顿时，在座的各位名家捧腹大笑。评论家羞得无地自容，恨不得挖条缝钻进去。

不要不懂装懂，所以孔子才告诉他的弟子仲由"明白了就是明白了，不明白就是不明白，这才是明智的做法"。

求知最忌自欺欺人，不懂装懂。人们时常讽刺那种只会说"Yes"的"假洋鬼子"，这是不懂装懂的典型形象。而实际上，生活中这种自欺欺人的人太多了。他们充斥在社会的各行各业，各个角落。如果只是读书求知，那不过是学不到真东西，对别人也不至于有什么害处。但如果让这种人从政治国，那可就不是害己的问题了，小则害己害人，大则亡党亡国。所以，我们绝不能低估了不懂装懂的危害，因为它完全可能由一种个人品质而发展成为一种社会公害，贻害无穷。

让我们一起努力学习，老老实实地做学问，踏踏实实地干事情吧！

学而不厌，诲人不倦

孔子说："把所学的知识默默地记在心里，勤奋学习而不满足，教导别人而不知道疲倦，这对我能有什么困难呢？"

"默而识之"，学问要靠积累知识而得来，这里的"识"在古代文字中是与"志、记"通用的，所以，这句话的意思就是，做学问要宁静，不可心存外物，更不可力求表现，要默默地领会在心，这是最重要的。

"学而不厌"，是指做学问永远不能厌倦、满足，这在文章上读起来很容易了解，但仔细体会一下，孔子的学问就在于此。知识是无限的，学习是一个日积月累的过程，也是一个需要静下心来默默坚持的过程，所以，要想做好学问，必须永不满足，终生学习。

有一个徒弟跟随师傅学艺3年后，自觉把师傅的本领都学到了，就对师傅说："我已经把您的手艺全学会了，可以出师了吧？"

师傅望着得意扬扬的弟子问："什么是全部学到了呢？"

徒弟说："您传授我的，我都学会了。我觉得我的知识已经满了，再也装不下去了。"

师傅笑了笑，说道："好吧！不过，你得先为我做一件事情。拿一个大碗来，找些石子把它装满。"

徒弟虽然不明白师傅的意图，但还是照师傅的吩咐做了。

"装满了吗？"师傅问道。

"满了！"徒弟回答。

师傅笑着走过来，捧了一把沙子，撒入已经装满了石子的碗里，但沙子并没有溢出来。

"这回满了吗?"师傅再问。

"满了!"徒弟很干脆地回答。

师傅又向碗里倒入一杯水,水仍然没有溢出来。

"你不是说满了吗?"师傅看着徒弟的眼睛温和地责问。

徒弟的表情充满了困惑,两眼直勾勾地看着那个总也装不满的大碗,一句话也说不出来。

知识是无止境的,一个人永远不可能穷尽所有的知识。知道自己能够掌握的知识有限,才能在不满中去追求更多的知识。可惜,更多的人学到了点知识,取得了一些成就,就以为自己了不起了,自满了,停止了追求知识的脚步。

追求学问贵在坚持,要持之以恒,没有这样的毅力和恒心,很难学到真知。孔子教导他的弟子要"学而不厌,诲人不倦",实际上也是在教导我们这些子孙后代,学习不是一朝一夕的事儿,要努力啊!

学如不及,犹恐失之

孔子认为,学习知识要有"学如不及,犹恐失之"的精神。"学如不及"是说学习好像追逐自己所渴求的东西那样,生怕追逐不上,拿不到手;"犹恐失之"是说即使追上了,握在手中了,又会担心再失去,要时时刻刻地记住它、领悟它、运用它。"学如不及,犹恐失之"这句名言告诫我们:学习必须有强烈的求知欲,方能全力以赴。

有一次,齐景公问孔子的学生子贡:"你的老师是谁?"

子贡说:"鲁国孔仲尼。"

齐景公又问:"仲尼是贤人吗?"

子贡回答说:"他是圣人!岂止是贤人呀!"

齐景公哈哈大笑说:"既然他是一个圣人,那他的学问有多大呢?"

子贡说:"这我可不知道。"

齐景公很不高兴,变了脸说:"你才说他是圣人,现在又说不出他的学问有多大,这是怎么回事呀?"

子贡说:"我们一辈子头上都顶着天,却不知道天究竟有多高;我们一辈子脚都踩着大地,却不知大地究竟有多厚。我向孔子学习,就像渴了拿个小瓢从江海中掬一点水喝喝,喝饱了就走,哪会知道江海究竟有多深呢?"

齐景公笑了笑说:"你对你的老师的比喻太过夸张了吧?"

子贡说:"我怎么敢过分夸他,反倒是考虑这样能否讲到位呢。我赞扬他,就好比是用我的两手捧了土放到泰山上,这对泰山的增高没一点用处,这是十分明白的。就是要我不赞扬而反过来贬低他,也不过像用我的两只手从泰山上扒下两把土,对泰山的减低不起任何作用,这同样也是十分清楚的。"

齐景公听了,无言以对。

古人在几千年前就已把读书求学的苦乐描画尽了,人生的追求总是这样,在我们这个古老的国家,追求学问曾经是人们的最高理想,无数人为了追求知识孜孜不倦,所以,就有了"活到老,学到老""书山有路勤为径,学海无涯苦作舟"这样的名言警句。曾几何时,追求新知是多么高尚的事。

时代变迁,世事沧桑。在今天这个飞速发展的时代,知识以不可思议的速度更新,也许你一天不看报、不上网,你就会错过知道这一天有多少发明、发现。有些人在物质欲望的侵蚀下,渐渐淡去了对新知的渴求。但总是有那么多的人坚持追求新知,所以我们的社会才得以飞速地发展下去。

人区别于动物最根本的地方就在于人能够主动地追求和探讨未知的东西,发现大自然的奥妙。尽管追求新知的路上充满了艰难险阻,但这个过程也充满了乐趣,和到达高山之顶的自豪。不论这个社会怎样的发展,是怎样的价值观影响着人们,任何人都不应该停止追求知识的脚步,社会的进步是由每一个人共同推动的结果。

"满与不满"是一个人成就大事不可或缺的一关! 有所成就的人之所以成功,是因为他们知道前面还有更长的路,他们不自满,继续向未知求索。所以,他们总是向着一个又一个目标迈进。

年轻时,人们可能体会不到有"不满"之心对我们的好处,当想起它的好处的时候,我们韶华已逝,已经永远没有不满的机会了。别留下这样的遗憾,趁着年轻,多学习一些东西。

聪明并不是万能的,勤奋才是成功的关键。

朝闻道,夕死可矣

"朝闻道,夕死可矣",是孔子勉励人们追求真理的名言。孔子所说的"道"指事情当然之理,就是真理。这句话的意思是说,早晨明白了道理,哪怕晚上就死去,也是没有什么遗憾的。这句话强烈地表达了孔子渴望认识真理的心情。他愿意以生命交换对真理的透彻认识,由此可见,他追求真理的迫切心情与追求真理而不得时的困惑与苦恼。同样,这句话也是在教导人们,不要认为自己地位低,学什么都没用;也不要认为自己年岁大了,再学也没用了,千万不能有这种想法,学无止境,探索真理更是一个漫长的过程。

晋平公作为一位国君,政绩不凡,学问也不错。70岁的时候,他依然希望多读点书,多长点知识,总觉得自己所掌握的知识还不够。可是70岁的人再去学习,是有很多困难的,因此,晋平公对自己的想法犹豫不决,拿不定主意。徘徊之际,他决定去询问一位贤明的臣子师旷。

师旷回答说:"我听说,人在少年时代好学,就如同获得了早晨温暖的阳光一样,那太阳越照越亮,时间也久长;人在壮年的时候好学,就好比获得了中午明亮的阳光一样,虽然中午的太阳已走了一半了,可它的力量还很强,时间也还有许多;而人到老年的时候好学,虽然好像到了日暮时分,没有了充足的阳光,可他还可以借助蜡烛啊!蜡烛的光亮虽然不足够明亮,也很有限,但也总比在黑暗中摸索要好了很多吧?"

晋平公听后恍然大悟,高兴地说:"你说得太好了,的确如此!我知道该怎样做了。"

古人对仁德、知识的执着追求,给后人留下了极好的榜样,也表达了历来追求真理的人们的共同感受。

俄国作家契诃夫曾经说过:"人生的幸福不在金钱,不在爱情,而在于真理。"追求真理的路是漫长的,真理也往往在那无限险峰之处。有的人为了追求真理宁愿牺牲生命,有的人为了追求真理奋斗终生。

公元前212年,罗马人占领了叙拉古城。此时,阿基米德不知城门已破,还在凝视着木板上的几何图形沉思着。当罗马士兵的利剑指向他时,他却用身子护住木板,大叫:"不要动我的图形!"他要求把原理证明完再走,但激怒了那个鲁莽无知的士兵,他竟用利剑刺死了年逾古稀的老科学家。

追求真理的内容是非常丰富的,实事求是的精神、各种科学知识、学术自由、人格自由,等等,都应该属于真理的范围。

古今中外,不知有多少人为了追求真理奋斗了一生。在今天这个时代,物质利益的诱惑比过去更大了,但依然有那么多人走在追求真理的路上,他们甚至贫穷、孤独或不被理解,但历史最终会证明他们的价值。"朝闻道,夕死可矣",这就是追求真理的精神。

学而时习之,不亦说乎

学习是人天生的一种本能,人只有通过学习才能唤醒潜能,同时又要不断地投身到实践中,并在实践的过程中得到快乐。孔子用简短的一句话告诉人们:学习是必要的,而实践也是不容忽视的,我们不能只学不做、纸上谈兵,也不能一味蛮干、脱离理论指导,只有二者相辅相成,才能真正体会到人生的快乐,这是孔子中庸处世思想的直接体现。

知识就是力量,知识就是魅力。掌握了知识,就可以使人成为明白人,成为能干的人。

刘邦本是个不学无术的流氓,他瞧不起、甚至侮辱读书人,做了皇帝以后也常流露出对知识分子的鄙视。

有一次,谋臣陆贾谈起《诗》《书》等儒家经典,刘邦很反感,当即就说:"我刘邦夺得天下,靠的不是什么《诗》《书》,而是在战马上得来的!"陆贾立刻反问道:"陛下,恕我直言,就说你是在马上夺得天下,难道还能在马上治理天下吗?"刘邦细一思忖,觉得陆贾的话很有道理。

于是,他请陆贾把古往今来立国的得失、成败。相继写成十二篇文章,自己认真进行了钻研,深感读书做学问对治理天下很有作用。他的态度改变了许多,不仅尊重有知识的人,只要有空儿,自己也读书,这样不断改掉自己身上的毛病,变得有修养起来,也就更加具有亲和力。在晚年,刘邦亲自写遗训《手敕太子文》,教育太子刘盈要好好读书做学问。

关于理论和实践的关系,我们用"贵在学习,重在应用"来描述无疑是最恰当不过的。纸上谈兵的人,最终只能是自掘坟墓。儒生赵括可以说是理论脱离实际的"最佳人选"。

赵括是赵国名将赵奢的儿子,赵奢是一个老成持重、具有丰富经验和真才实学的将军,但他的儿子赵括却是一位空谈家。

赵括自幼聪明,又善言好辩,跟随父亲读了很多兵书,父子俩也经常辩论行军作战事宜。辩论时赵括口才很好,常常引经据典,赵奢往往不是儿子的对手。赵括学了一些理论知识之后,就狂妄自大,经常吹嘘自己,认为他就是举世无双的能人,但赵括的父亲和母亲都十分清楚,赵括只会夸夸其谈而已,并无真实本领。

赵奢去世后不久,赵括的母亲听说赵王任命儿子为主帅,惊慌万分,立刻去见赵王,哭着对赵王说:"赵奢临死的时候曾嘱咐我,大王千万不可重用赵括,因为行军打仗是凶险的事情,需要万分谨慎,而赵括谈起军事来总是轻率随意,如果让他带兵打仗,非失败不可。再说,赵括也不会得到士兵的拥戴,他的父亲每次受了大王的恩赐,从不拿回家去,而是全部转分给将士;一旦接受命令,就全心全意地为国工作,从不过问家事。而赵括恰恰相反,他做了将军,就会盛气凌人,对大王的赏赐,他全都拿回家置办房屋田产,对部下也会毫不关心,难道这样的人能做大将带兵打仗吗?还是请大王收回成命吧!"

丞相蔺相如等人也极力反对,但赵王一意孤行,不肯收回成命。赵括的母亲见不可挽回,就对赵王说:"如果您一定要让赵括做主帅,将来他出了差错,请您不要怪罪我们全家。"赵王答应了她的要求,给她立了字据,保证赵括成功与否,绝不会连累家人。赵括的母亲回到家里,知道赵括必败无疑,就分散了家财,遣散了众人。

赵括挂上帅印,来到长平,更换了一些主守的将领,拆除了原来筑建的防御工事,做好部署,准备大举进攻秦军。秦国见赵国用赵括为帅,十分高兴,立刻调整部署,派白起为帅,王元做了副将,同时增派了大批援军。

冯亭等一些老成持重的将领看到赵括急于进军,忙来劝阻,希望他能继续坚守,但赵括却说:"我有40万大军,声势浩大,士气正可用,遇见敌军就要迎头痛击,不杀得秦国片甲不留,决不退兵!"赵括刚愎自用,理论脱离实际让他不知所以然,更不知自己的事是小,赵国生死存亡是大,用如此性格之人为将,实在是赵国的重大失策。

白起是身经百战的宿将,深知用兵之道。他决定先给赵括一点甜头,以诱其出兵。于是,白起派出几支小部队前去挑战,接连几次都大败,赵括因此十分得意,第二天亲率大军追出城来,这时候,忽听军士报道:"后路已被秦国大军堵死。"接着又有一位将军来报:"西面已满是秦军,无法通行,只有东面尚且安全。"这时。赵括已三面环敌,只有东面还是空隙,他只得往东面的长平关撤退。刚跑了五里地,就冲出一支秦军,赵括立刻吓得晕头转向,主意尽失,在半路上就地扎寨了。

冯亭等老将劝说道:"现在虽然四面被围,但我军势力尚大,如能拼死突围,还有希望回到大营。如果就地扎寨被秦军四面围住,那就必死无疑了。"但是赵括仍旧不听劝诫,执意在中途扎寨。如果赵括能听冯亭等人的劝告,或许还有生还的机会,再重新布置工事,调整战略方案,胜败难测,可个性刚愎的赵括却偏偏不听,这不是自掘坟墓吗?

白起一见赵括扎寨,立即抓住时机四面围住,赵括即刻成了孤军,苦守了46天,外无救兵,内无粮草,兵将杀人相食,无法支撑下去,赵括只得选派军士冲击,但每次都被秦军的强弓硬弩射回,死伤惨重。赵括眼见无计,只得亲率5000精兵强行突围,却正撞上了秦军大将王翦和蒙骜,吓得拨马旁逃,掉入陷坑之中,被秦军乱箭射死。赵军见主帅已死,失去了斗志,手足无措,全部缴械投降,白起把投降的40多万赵兵全部活埋。

赵括是书生之能,是纸上谈兵之辈,他没有多少经验,仅仅凭着自己的一点浅薄知识夸夸其谈,而且听不进别人的劝告,在与秦军交战中,理论脱离实际,刚愎自用,招致长平惨败,使赵国彻底走向了衰落。

我们学习知识、掌握理论的最终目的就是学以致用,如果一个满腹经纶、学富五车的人处处唯唯诺诺,不愿付诸实践的话,那么他只能是个"书呆子",与赵括无异。甚至从某种意义上可以这么说,这种人比目不识丁、不学无术的人更可悲,更一无是处!

多闻,择其善者而从之

这一句话实际上是孔子对自己学风和求学态度的概括性介绍,包括了其他地方谈到的"述而不作""敏而好学"等多方面的内容。同时,孔子之所以这样自我介绍,也是针对当时存在的"不知而作"现象有感而发的。其实,在现实生活中,这样的人比比皆是。

有个美术评论家总是喜欢大吹大擂,凡事不懂装懂。

有一天。这位美术家受一位朋友邀请去做客。这位朋友家里来了不少美术界的知名人士,他们谈笑风生,畅所欲言。不一会儿,主人拿来一幅画像说:"这幅画是我刚买来的毕加索的画,请各位鉴赏一下。"

于是,不懂装懂的美术评论家马上就说:"线条粗而鲜明,色彩也华丽,果然是毕加索的画呀,你刚才拿来的时候,我一眼就看出了是毕加索的作品。"对此,主人犹豫了一下,说道:"对不起,我介绍错了,这不是毕加索的作品,而是米开朗基罗的。"

"什么? 米开朗基罗?"

顿时,在座的人都看着那位美术评论家捧腹大笑,结果不懂装懂的评论家满脸羞红,不好意思再说什么了。

对于自己不甚了解的事情,不要冒充内行,否则,小则贻笑大方,大则害人害己。孔子正是看到了这种"不知而作"风气的严重危害,才现身说法,以自己的所作所为来反对这种无知的行为。

那么,如何才能避免这种自欺欺人现象的发生呢?孔子给了我们答案,那就是"多闻,择其善者而从之,多见而识之",这就告诉我们要谦虚谨慎,要善于观察周遭的事物及其变化,以此来提高自己的修养和能力。

常言道:识时务者为俊杰。一个人要想实力强大,求得发展,并非一日之功,而是一个慢慢积累的过程,需要与时代的节奏同步,与环境的变化同步。也就是说在时势变化时,你要具备审时度势的能力,应当以变应变,寻找出路,不然你会处于被动地位。

当今社会,各种事物都是飞速发展变化的,因此深处其中的人,也应审时度势,顺势而变才能取得成功。在这里我们以曾国藩为例,虽然他并不处在我们这个时代,但从他一生的"三变"中,我们可以看到一个成大事者以变应变的人生策略。

曾国藩的为人处世实际上是一种灵活辨证的处世态度和方法。因此,虽然他处世中勤于功名,以儒家思想为核心,恪守仁义的宗旨未改,但在为人做事的"形"上,却是一生三变。正是这"三变"引来了人们对他的褒贬。但无论怎样,倘若没有这适时的"三变",便不会有他如此大的成功和名声。

史料记载说,"曾国藩一生三变,书字初学柳宗元,中年学黄山谷,晚年学李北海,而参以刘石,故挺健之中,愈饶妩媚。"这是说他习字的三变。"其学问初为翰林辞赋。即与庸镜海太常游,究心儒先语录,后又为六书之学,博览乾嘉训诂诸书,而不以宋人注经为然。在京为官时以程朱为依归,至出而办理团练军务,义变而为申韩。尝自欲著《挺经》,言其刚也。"这里说的是他学问上的三变。

纵观曾国藩一生的思想倾向,他一直是以儒家为本,并杂以百家为用,各家思想在他的每个时期几乎都有体现。但是随着形势、处境和地位的变化,各家学说在他思想中体现的强弱程度又有所不同,这些都反映了他深谙各家学说的"权变"之术。

曾国藩的同乡好友欧阳北熊认为:曾国藩一生的思想也有三变。早年在京城时信奉儒家,治理湘军、镇压太平天国时采用法家,晚年功成名就后则转向了老庄的道家。这个说法大体上描绘了曾国藩一生三个时期的重要思想特点。

曾国藩扎实的儒家功底，是在京做官时打下的。他用"程朱理学"这块门砖敲开了做官的大门之后，并没有把它丢在一边，而是对其进行了深入研究。又由于受到唐鉴、倭仁等理学大家的指点，他在理学素养上更是有了质的飞跃。曾国藩不仅对理学证纲名教和封建统治秩序的一整套伦理哲学，如性、命、理、诚、格、物、致、知等概念有深入的认识和理解，而且还进行了理学所重视的身心修养的系统训练。这种身心修养在儒家来说是一种"内圣"的功夫，通过这种克己的"内圣"功夫，最终达到"治国平天下"的目的。

曾国藩还发挥了儒家的"外王"之道，主张经世致用。唐鉴曾对他说："经济，即经世致用包括在义理之中。"曾国藩完全赞成并大大地加以发挥，他非常重视对现实问题的考察，重视研究解决的办法，提出了不少改革措施。曾国藩对儒家，尤其是对"程朱理学"的深入研究，是他这个时期的重要思想特点，而对于这一套理论、方法的运用，则贯穿了他整个一生。

太平天国起义后，曾国藩返回故里组建了一支湘军。在对待起义军和管理湘军的问题上，他的一系列措施表现出他对法家严峻刑法思想的极力推崇。他提出要"纯用重典"，认为"非采取烈火般的手段不能为治"。而且他还向朝廷表示，即使由此而得残忍严酷的恶名也在所不辞。事实上他也是这样做的：设立审案局，对所捕农民严刑拷打，任意杀戮。他还规定，不纳粮者，一经抓获，就地正法。在他看来，儒家的"中庸"之道，在这个时候是行不通的。

后来，他在《与魁联》的信中解释说："我在公寓内设立了审案局，10天之内已处斩了5个人。世风不厚之后，人们各自都怀有不安分的心思，一些恶人造谣惑众，希望天下大乱而去作恶为害，稍微对他们宽大仁慈些，他们就更加嚣张放肆，光天化日之下竟敢在都市抢劫，将官府视同无物。不拿严厉的刑法处治他们，那么坏人就会纷纷而起，酿成大祸就无法收拾了。因此，哪怕只能起一丁点的作用，也要用残酷的措施来挽回这败坏已久的社会风气。读书人哪里喜欢大开杀戒，关键是被眼下的形势所逼迫的，不这样就无法铲除强暴，从而安抚我们软弱的人民。这一点，我与您的施政方针，恐怕比较吻合吧！"

曾国藩在后期的为官方面，恪守的却是"清静无为"的老庄思想。他常表示，于名利之处，须存退让之心。太平天国败局已定，即将大功告成之时，这种思想愈加强烈，一种兔死狗烹的危机感时常萦绕在心头。他写信跟弟弟说，自古以来，权高名重之人没有几个能有善终，而要将权力推让几成，才能保持晚节。天京攻陷之后，曾国藩便立即遣散湘军，并作功成身退的打算，以免除清政府的疑忌。

不同的时期有不同的思想倾向，曾国藩善于从诸子百家中吸取养分以适应不同的情况。容闳说，曾国藩是"旧教育中之典型人物"。无疑在曾国藩身上，融合了中国传统文化的各种基因，也正是这些基因，才使曾国藩成了中国古代社会的"三个不朽"人物之一和最后一个精神偶像。

可见，善于观察，从观察中发现问题，找出办法，进而发展自己，这是人类具备的一个突出能力。作为一个人来讲，观察能力强的，会给自己的人生和事业带来更多的良机。孔子的这句话既向我们阐述了一种现象，又给出了解决问题的答案，真可谓是言简意赅、一语中的。

真学为己，学思结合行止端正

孔子说："古人学习是为了提高自己，今人学习是为了炫耀于人。"

道家的思想家庄子名扬天下，很多人都推崇他的学识，但也有一些人却并不欣赏庄子的学说。由于庄子拒绝在朝廷为官，家境清贫，经常穿着破烂的衣服在街上行走，很多人因此而嘲笑、讥讽他。

有一次，鲁国的君王骄傲地对庄子说："我们鲁国有很多有本事的学者。"庄子说："我怎么没见到什么学者。"

"怎么会？"鲁王说，"你看，我们鲁国到处都是穿着学者服装的人，怎么能说没见过呢？"

庄子说："我听说，学者头戴圆顶的帽子，表示懂得天文，穿着方形的鞋子，表示懂得地理；身上佩带有缺口的玉环，表示明白道理，办事果断。可事实上，那些拥有这样本事的人不一定穿学者服装，穿学者服装并不代表有这样的本事。"

鲁王不信，于是庄子说："您可以发布一个命令：凡是没有懂天文、通地理、明道理的本事却穿学者服装的人，一律处死。看看还会有多少人穿学者服装。"

于是，鲁王试着发布了这样的命令，不到五天，鲁国就没有人敢再穿学者服装了。又过了几天，有一个人穿着学者服装，站在宫殿门前。鲁王把他召来一问，果然他精通天文地理，谈到国家大事，也有其独到的见解。

庄子对鲁王说："这么大一个鲁国，真正称得上学者的，不过只有这一个人罢了！还能说鲁国有很多有本事的学者吗？"

唐代的一行和尚是当时非常著名的天文学家。他和天文仪器制造家梁令瓒合作，制作出了黄道游仪和浑天铜仪，并且利用黄道游仪观察天象，在世界上首次发现了恒星移动的现象，比英国天文学家哈雷关于恒星自行的观点整整早了一千年。浑天铜仪是在东汉张衡的设计基础上改进而成的，是世界上最早的自动报时器。一行和尚组织了在各地测量日影的工作，在世界上最先测算了子午线的长度。他主持完成了《大衍历》的编制工作。这部新历法比较准确地掌握了太阳运动的规律，把太阳和月亮每天的位置和运动，每天所见到的星象和昼夜时刻，日食、月食和五大行星的位置都做了说明。

千里之行，始于足下。一行和尚在天文学上能够取得如此大的成就，与他从小勤于学习、勤于思考是分不开的。一行和尚出家以前叫张遂。他从小就喜欢读书，尤其对天文和数学的兴趣最大。他善于思考，遇上一些天文、历法及算术中的疑难问题，总是要寻根问底，不弄明白就不罢休。

时间一久，他不仅打下了扎实的知识的根底，而且培养出惊人的理解力。有一次，他向著名学者尹崇借了一本《太玄经》来读，这本西汉学者扬雄的哲学著作，内容深奥难懂，涉及多方面的科学知识，尹崇读了许多年，读了不知多少遍，仍没有完全读懂。但是没用几天，张遂就把它读完了，而且把其中的道理也搞清楚了，还把自己的思考所得写成了一篇题为《义决》的读书笔记，并绘制了一张《太衍玄图》。当他来到尹崇家向尹崇请教时，尹崇不禁为张遂的惊人理解力、读书和思考密切结合的良好学习习惯而惊讶，他感叹道："真是后生可畏啊！"因此，张遂年纪轻轻，就已成了长安城的名人。

孔子说："古之学者为己，今之学者为人"。其所指的古今之别实际上就是有德与无德之别，是做人方式的真假之别。真正的学者，其学习的目的是为了充实自己，引发自己的内在潜力，修正自己做人的方式；那些伪学者的学习，只是为了取得外在的名声、地位，或者政治上的特权。而庄子、张遂等人则属于真正的学者。

真正的学者是君子，他们从不道貌岸然、满嘴说教，而是秉持着良知，去做于人民有益的事。他们更具有一种道德勇气。这种勇气不是莽夫之勇，它是指在任何情况下，都坚守着理性、良知、信念和节操，"威武不能屈，贫贱不能移"，永远保持人格的纯真和端正。在坚持纯真而端正的人格的同时，像孔子提倡的那样在学习中思考，在思考中学习，把学习和思考结合起来，这样才能达到预期的学习效果，成为一个真正的学者。

孔子家语

孔子智慧通解

图文珍藏版

学之不倦，功高不傲显风骨

孔子说："学习三年却没有做官的念头，这需要很高贵的品德。"

徐达，出生于安徽凤阳的一个农家，儿时曾与朱元璋一起放过牛。他一生有勇有谋，用兵持重，战功无数，为明朝的创建做出了巨大的贡献，是中国历史上著名的谋将帅才，曾深得朱元璋倚重。

他虽然屡获成功，却从不居功自傲。徐达每年春天挂帅出征，暮冬之际回来，回来后立即将帅印交还，然后在家里过着极为俭朴的生活。按理说，这样一位与朱元璋一起长大的至交，且战功赫赫，甚至朱元璋还将自己的次女许配给他的人，完全可以"享清福"。朱元璋也在私下对他说："你建立了盖世奇功，从未好好休息过，我就把过去的旧宅邸赐给你，让你好好享几年清福吧！"朱元璋的这些旧邸，是其登基前当吴王时居住的府邸，可徐达说什么都不肯接受。万般无奈的朱元璋想出了一个办法，他请徐达到这个府邸饮酒，将其灌醉，然后蒙上被子，亲自将其抬到床上睡下。徐达半夜酒醒后问周围的人自己住的是什么地方，侍者说："这是皇上旧邸的龙床。"徐达大吃一惊，连忙跳下床，俯在地上自呼死罪。朱元璋见其如此谦恭，心里十分高兴，命人在此旧邸前修建一所宅第，送给徐达，在门前立一牌坊，并亲书"大功"二字。

徐达居功不骄，还体现在他的好学不倦、严于律己上。放牛出身的徐达，少年时虽然没有读过书，但他十分好学，虚心求教，每次出征都携带着大量书籍，一有时间便仔细研读，所以他掌握了渊博的军事理论。因此他每每临阵指挥，莫不料敌如神，进退自如，且每战必胜，令人心服。

身为统帅的徐达，还能处处与士兵同甘共苦。遇到军粮不济，士兵未饱，他也不饮不食，扎营未定，他也不进帐休息；士卒伤残有病，他亲自慰问，给药治疗。如遇上士卒牺牲，他更是筹棺木葬之。将士们都对他充满了感激和尊敬。

徐达平生无声色酒赌之好，正所谓，"妇女无所爱，财宝无所取，中正无所疵，昭明乎日月。"朱元璋赐予他一块沙洲，由于沙州正处于农民水路必经之地，家臣以此擅谋其利，徐达知道后，立即将此地上缴官府，世人赞颂他："其无私欲，持大节类如此。"

1385年，徐达病逝于南京。朱元璋为之辍朝，悲恸不已，追封为中山王，并将其肖像陈列于功臣庙第一位，称之为"开国功臣第一"。

读书时没有任何功利观念是非常难能可贵的。孔子所崇尚的是一种生活哲学，主张读书的根本目的是成为一个谦谦君子，而不是升官发财。

读书是一条道路，一种方法，它能使你了解人类社会所走过的历程，让你正视自己的位置，展望未来的道路。而不是让你利用这种方法去满足一己私欲。

进德修业，终生不辍人生之志

孔子说："我十五岁时开始立志学习；三十岁能自立而有所建树；四十岁时明白了一切事物的道理而不再有疑惑；五十岁时懂得了天命的道理；六十岁能听得进不同的意见；到了七十岁时已经达到随心所欲的地步，但从来都不会逾越法度。"

人的一生短暂，但生命的成长和精神境界提升的历程却是一个漫长的过程。许多人都在追逐一些华而不实的东西，却忽视了作为人一生中一切事务的根基的进德修业功课，以致到头来才发觉自己的一生其实都处于浑浑噩噩的状态中，并未取得任何实质性的成就。

自我的完善，不仅是为人处世的前提条件，更是自身充实生命的需要，因此，需要时时处处勤奋努力。即使这样，能达到孔子所说的那种境界也是有困难的。

古人形容学习刻苦，常用"十年寒窗苦读"这句话。其实，这仅仅是考取功名前的阶段。许多人通过这种途径，一举成名，而随后就把"读书"这块敲门砖给丢弃了。而真正的杰出贤者，不但在成功之后依然勤学不辍，甚至终其一生都在为不断提升自己的知识和能力而不懈努力。

北宋大改革家王安石就是好读书的典范。王安石从小就好学不倦，连吃饭睡觉的时候，手中的书也不肯放下。他的学习兴趣很广泛，不管是儒家的经书，古代的史书，还是哲学著作、诗歌、小说，甚至医书，他都认真阅读。不光学习书本知识，就连种田的学问他都留心注意。

22岁时，王安石考中了进士，被派到扬州做淮南判官。在官署里，他除了办公以外，就是埋头学习，甚至连睡觉的时间都牺牲了。有时，他一直读书到天快亮，实在支持不住了，才睡上一两个小时。而后便匆匆起床，胡乱穿上衣服，到府里去办公，常常连脸都顾不上洗。因此，人们总见他蓬头垢面，一副奇形怪状的模样。

当时，担任扬州知府的是韩琦，他见这个科第出身的属官如此不修边幅，放浪形骸，就怀疑他夜间不务正业。为此，韩琦几次好心地劝告王安石说："你年纪轻轻，前途不可限量，要自爱才是。千万不能自暴自弃，误入歧途啊！"王安石听了，只是连声感谢太守的教诲,一句分辩的话也没有说。日后韩琦得知王安石之所以衣冠不整,形容憔悴,是因为通宵达旦苦读的缘故,心中大为惊奇。从此,便对王安石另眼相看了。

宋仁宗庆历七年,王安石改任鄞县知县。刚刚到任,就给自己定了一个规矩:一周中,拿出两天时间集中处理公务,其余时间全部用在读书和写作上面。他非常勤奋,为了多读一些书,忘记了休息睡眠,连吃饭的工夫也常常被挤占了。每当他得到一本新书,就昼夜不分,专心致志地去诵读,简直到了入迷的程度。

王安石几十年如一日博览群书,钻研了大量经史典籍和政治、经济、军事、文学艺术等著作,同时还研究了佛学和道学。孜孜不倦地学习读书,使王安石的眼界越来越宽广,学识越来越渊博,这使他最终成为我国历史上杰出的政治家和文学家。

王安石能够成为杰出的政治家、文学家不是靠手段,更不是靠运气,靠的是坚持不懈的修业进德,不断地提升自己。这样,他的水平达到了那种层次,并且有一种积极向上、旷达圆融的精神贯穿支撑,难怪他们会在芸芸众生中脱颖而出。

我非生而知之者

毋庸置疑,有的人的确"生而知之",因此他们自得自满,结果往往是一事无成;而孔子认为自己"非生而知之",所以他"敏以求之",最终成为中国历史上的圣贤之士。为人处世中,学习和不学习,其结果迥然不同。我们来看看孔子是如何教导弟子子路的。

子路是"七十二贤"之一,以勇武刚直、擅长治政而著名,但他在刚刚见到孔子的时候,根本不知道学习的重要性。

孔子见到子路,以为他是为求学而来,所以迎头便问:"你爱好什么?"子路回答:"我爱好长剑。"孔子摇了摇头,说:"我问的不是这个。我是说,你是个有能力的人,假如再加上勤学好问,成就将不可限量。"

子路理直气壮地说:"南山上的竹子,本来就直挺挺的,用不着矫正,砍来当箭用,可以射穿犀革。由此看来,本质好就行了,做学问有什么用呢?"

孔子进一步解答道:"不错,砍了竹子是可当箭用的,但如果在它的一端束上羽毛,在另一端装上金属的箭头,并且磨得十分锋利,难道不会射得更加深入吗?"

子路听了,恭恭敬敬地行了个礼,说:"我十分愿意接受你的教育!"

学而知之,这是自古以来治学立身的良训,也是为人处世中能够有所成就的根本之策。像子路刚开始那样，根本不懂得学习重要性的人当然很少，但我们大多数人则只是满足于一知半解或是浅尝辄止，这是一种很可怕的心理状态，历史上著名的方仲永就深受其害。

金溪县有个人叫方仲永，他五岁时就能写诗，无论人们以什么事物为题让他作诗，他都能当即写成，文采道理都有可取之处，被认为是神童。于是，就有人请他父亲带方仲永去做客，并即席作诗，有的人还赠些银两。他父亲认为有利可图，就天天拉着他去拜见县里的人。在他十三岁的时候，写诗已经不能和以前的名声相称了。又过了七年，他已经默默无闻，和一般人一样了。

神童历代各国均有，但最终能成才的却寥寥无几。认为自己"灵"的人往往想凭"灵"生活一辈子，到头来只能是痴人说梦罢了；而认为自己笨的人，往往肯于"敏以求之"，勤学苦读，取得非凡成就，医学家李时珍就是这方面的佼佼者。

李时珍能编纂出《本草纲目》这部医学巨著，在于他能"遍尝百草，去伪补缺"，而从其治学态度、方法而言，正得力于博闻多见，勤奋好学。

李时珍出生在湖北蕲州一个世代行医的家庭，他秉承祖业，很小就随父亲行医。一天，李时珍出诊回来，一个打鱼人焦急地赶来把他请去，说他的妻子得了急症，让一位医生给开了方子，不料药服下去，病势却变得更加严重了。

李时珍摊开江湖医生开的药方，看了两三遍，又给打鱼人的妻子号了脉，觉得方子上并没有开错什么药，他立刻想到，应该检查一下药渣。李时珍发现药渣中有"虎掌"，方子上却没有这个药，再看方子上有"漏篮子"，药渣里却没有。这肯定是药铺里发错了药，错把"虎掌"当成了"漏篮子"。他知道虎掌有大毒，立即取出救急的药叫病人服下去，病人很快脱离了危险。

回到家里，李时珍却一直忘不掉药店配错药这件事。他想：出了这样的差错，也不能全怪药店，还要怪旧的"本草"书，那本叫《日华本草》的书，就是说"漏篮子"又名"虎掌"。"本草"是专门记载药物的书，我国最早的"本草"书是汉代的《神农本草经》，李时珍很佩服古代药物学的成就，同时也发现了不少问题。今天的"漏篮子"事件，使他联想起过去因"本草"错误而发生的几件事："本草"书上说巴豆是泻药，可是他有一次给溏泄病患者服用少量的巴豆，反而止住了腹泻，后来继续使用，成功病例已近百人；有人按"本草"书所说，把"草乌头"当作"川乌头"服用，结果一命呜呼。

"老'本草'已经好几百年没有修过，应该赶快修一部新的，把我见识到的东西都添进去，把古人讲错了的都改正过来。"李时珍这样想，但重新修订"本草"谈何容易？过去修"本草"是朝廷组织力量进行的，个人的力量无疑显得太过渺小。

但是，李时珍下定决心要以自己的微薄之力来完成这个浩大的工程。从此，李时珍在行医读书中，更加留心一切和"本草"有关的材料、古籍和文献。《黄帝素问》《华佗方》《张仲景伤寒论》《神农本草经》《证类本草》等药书，他都一一精读，加以校勘，写下札记。

为了修改好旧"本草"，他坚持书本知识和调查实践相结合，穿上草鞋，背上药筐，拿起药锄，带上必要的药书和笔记本去实地采访。凡是需要调查研究的药物，事先都写在本子上，先寻找当地产的。再解决不易寻到的。自己不认识的草药便向当地人请教，广大的劳苦群众都亲热地留他在家住，热情帮助他了解各种各样的药物，他也虚心求教。

李时珍花了整整十年的时间，可还是有不少药没有收集到实物。于是，在他47岁时，他决定做长途旅行。他收了一个徒弟叫庞宪，师徒结伴而行，先后到过湖北北部的武当山、江西的庐山，还到过江苏、安徽等地。

多走、多学、多见、多闻，他的那个药物名单中的空白不断减少，而药包中的经验单方却在逐渐增多，老乡们告'诉他：箭头草烧出烟来，可以熏疮；胭脂菜捣烂了，可以消除虫咬伤的疼痛和瘙痒；大蒜液杀虫和防痨非常有效；益母草是治疗妇女病的良药；患夜盲症，吃羊肝和胡核可以治愈……这些千百年来流传在民间的单方、偏方，既经济实用，又是十分珍贵的医药遗产，李时珍都把它们记录了下来。

功夫不负有心人，凭着这种百折不挠的毅力，李时珍药包里的资料已经非常全面了，有矿物，有植物，有动物，还有不少珍贵的民间单方和书籍文献。三年后，李时珍回到家中，动员全家人参加编写工作，除了庞宪这个重要助手之外，他的三个儿子、四个孙子，有的帮助抄写，有的帮助绘图。在李时珍60岁的时候，这部辉煌巨著终于完成了，全书记载了药物1892种，插图1160幅，附方11016则，共100多万字，订成52卷。

李时珍并非"生而知之"，但他能取得如此巨大的成就，正是得益于敏而求之、博闻多识的治学之道。我们在敬佩他的精神的同时，更应该在自己的学习中采取这种正确的方法，真正有效地不断提高自己。

"生而知之"确实是一件幸事，但"非生而知之"却"敏以求之"的精神更是难能可贵的。时光的不可逆转性是任何人都无法改变的，在生活和学习中不应为流逝的时光而叹息,重要的是努力抓紧剩余的时光勤学多问、博学多识,这也不失为人活于世的乐趣所在。

见义不为,无勇也

当良知和道义告诉我们应该挺身而出的时候,保持沉默、拒不出手就是懦弱的表现,而绝非美德或智慧;与此相反的,不符合自己的身份、不合时宜的事情却偏偏要去做,这就是阿谀奉承的行为。孔子对此有着辩证客观的看法,这也正是他所倡导的中庸处世的集中体现。从历史的记录中我们可以清楚地看到,坚持这条行事原则的"得",而违反这一原则的"失"。

西汉初年,作为"汉初三杰"之一的萧何,协助吕后诱杀了韩信。汉高祖刘邦此时正率军队在外平叛,闻讯后,立即派使者拜萧何为相国,外加许多优厚的恩赐奖赏。文武百官都为此向萧何贺喜,唯有一位叫召平的老臣前来报忧吊丧。他对萧何说:"目前诸王都心怀二志,所以皇帝要亲自率兵在外平叛,无暇后顾。而相国您却镇守京都,不用冒负伤战死的危险,皇帝难免对您有疑心。所以,皇帝给您加封晋爵,用意只在于试探您。倘若您因此而居功自傲的话,日后就难免有不测之祸。所以我恳求您坚决推辞掉这些封赐,再拿出全部家财来资助劳师远征的军队,唯有如此,才可消除皇上对您的疑虑。"萧何听后恍然大悟,马上依计而行,消息传到刘邦那里,刘邦十分高兴,对萧何不再疑心了。

同年秋天,淮南王黥布又起兵反汉,刘邦不得不再次率兵亲征。出发后,他数次派遣使者回京,询问萧何在后方具体做了一些什么事。萧何得知就想旧戏重演,他的一位宾客知道此事后,马上劝阻他:"您如果再像上次那样的话,就将面临杀头灭族之祸了。作为相国,您已是功盖群臣,权力爵位也是登峰造极。现在皇上之所以数次派使者来询问您的情况,就是害怕您以自己的声望给他'后院放火',所以,您现在应该用贱价来强买民间田宅,并向民众放债,以此来招致民众的怨恨,这样皇帝就会对您感到放心了。"

萧何醒悟过来,又是依计而行。不久,他低价收买田产,高价放债,装出一副贪婪鬼、守财奴的嘴脸,对政事再也不多过问,把自己搞得声名狼藉。刘邦在前线知道了萧何与民众失和,悬着的心果然放了下来,萧何也就因此而避开了大祸。

萧何做到了"危行言孙""有所为有所不为",所以明哲保身,免去了灾祸。可是历史上有一位人物却截然相反,他就是民族英雄岳飞。

当时,岳飞北伐抗金打着"直捣黄龙、迎回二圣"的口号,要迎回来的"二圣"是已在台上执政的南宋高宗赵构的父亲和哥哥。岳飞口号的意思就是一定要打到"黄龙府"去,把太上皇、皇兄两个人请回来。他这个话说得不错,但宋高宗听了却很不高兴。

在赵构看来,倘若抗金胜利迎回其兄,那么他现在的皇位也就坐不下去了。与其这样,还不如表面上做出抗金的样子以平众怨,而实际上借助金人的力量,构成南北对峙的局面,苟且偷安,这样皇位就能坐得稳稳当当,宋高宗心里窝火,却又不好明说。秦桧察言观色,心领神会,揣摩到了个中奥妙,于是设计陷害岳飞,高宗为了自己的皇帝宝座,自然是不惜让岳飞当个屈死鬼了。

人怀才不遇是经常的事情。一种可能是由于自己的才华没有被人发现,所以也就不可能被使用;二是虽然胸怀大志,满腹文韬武略,但是生不逢时。因此,做人要审时度势,择主而侍。这样就要忍受一时的贫穷、困苦,忍受住自己的不得志,而不能为了眼前的功名利禄而放弃自己的追求。真正有大志的人,即使是平生不得志,也会廉洁自守,刚正不阿,不会依附权贵,更不会与奸人同流合污。

当然,时代不同,有些人纵然有济世之才,也可能因时运不济而暂时报国无门,但这不是说他一生一世永远没有显露才华的机会。只要你时刻都在准备着适时亮出自己,总会有机会到来时,我们来看看李续宾的做法。

李续宾是曾国藩手下善于揣测领导意图的爱将。一次,曾国藩召集众将开会,谈到当时的军事形势时说:"诸位都知道,洪秀全是从长江上游东下而占据江宁的,故江宁上游乃其气运之所在。现在湖北、江西均为我收复,仅存皖省,若皖省克复……"此时,李续宾早已明白曾国藩的意图,趁势插话道:"筑帅的意思,是要我们进兵安徽?"

"不错!"曾国藩看了李续宾一眼,"续宾说得很对,看来你平日对此已有思考。为将者,踏营攻寨、计算路程尚在其次,重要的是要胸有全局,规划宏远,这才是大将之才。续宾在这点上,比诸位要略胜一筹。"李续宾一句话即得到了这么高的赞扬,实在是高明之举。

曾国藩说李续宾"平日对此已有思考",一语中的。常言道:凡事预则立,不预则废。只有平时紧紧围绕对方关心的敏感点进行思索,才能在把握对方意图和办事思路方面有超过其他人的可能。李续宾作为曾国藩的心腹、爱将,善于表现自己,给曾国藩挣了面子,既保住了自己被赏识和重用的地位,又平了曾国藩欲提拔自己而怕众人不服的口实。

所以，为人处世需要的不仅仅是敢于亮出自己的勇气，也需要有适时而动的技巧，在最合适的时候，不鸣则已，一鸣惊人，成功的大门才会被你轻松敲开，这才是孔子所说的"见义不为，无勇也"的真谛所在。

如不可求，从吾所好

一位名人讲过："你一定要做自己喜欢做的事情，这样才会有所成就。"这句话无疑是对孔子"如不可求，从吾所好"的最合理解释。每个人必须去做自己喜欢做的事情，这样才会有饱满的热情和积极的态度，当知道自己走错方向的时候，他也能及时地改变，朝正确的方向前进，这样才会达到理想的目的地。我们每天都有许多事情要做，但有一条标准是永远不能改变的，就是一定要做自己喜欢的事情。

鄂叔簋

有一位工程师不喜欢自己的工作想转行，却迟迟下不了决心，因为他已经学了二十多年的工程，如果突然换一份其他工作，他会感到不适应，尽管自己不喜欢，却无法抛开累积了这么多年的工程专业知识。他试图改变，但又甩不掉过去的包袱，自然无法突破。这是个矛盾，既然知道自己再继续做下去也不会有所得，就应该果断地做出决定，做自己喜欢的事情毕竟是令人兴奋的，也更容易激发自己的想象力和创造力，并最终取得卓越成就。

要改变自己目前的状况，让自己更自信，做事更有成效，我们就必须做出更好的决定，采取更好的行动。做你自己喜欢做的事情其实是很困难的，大多数的人多半都在做他们讨厌的工作，却又必须逼迫自己把讨厌的事情做到最好。他们经常失去动力，时常遇到事业的"瓶颈"，他们不断地征求别人的意见，却还是按照一成不变的生存方式在进行。凡事没有进展，原地踏步，这些当然不是他们想要的，但是由于种种原因，他们当中却很少有人试着去改变自己的状况，其实，要找到自己真正喜欢的工作，只需要把自己认为理想和完美的工作条件列出来就一目了然了。让我们看看下面这位颇有名气的心理学专家在寻找自己最喜欢做的事情时的经历。

运动和数学一直是李浩很喜欢做的两件事。从小到大，李浩一直是运动健将，不仅担任过体育组长和篮球、乒乓球队队长，还是校田径队的杰出运动员，李浩曾经想过如何把兴趣发展成职业，他不断地问自己：这些真的是我自己想要的吗？我愿意把运动当成自己一辈子的终生事业吗？后来李浩发现靠体力过生活并不是自己真正喜欢过的生活，虽然他非常喜欢运动。

在高中和大学的时候，李浩的数学成绩一直都是名列前茅的，他也曾经想过要当一位数学教授。决定要做这件事之前，李浩列出一张理想和完美的工作条件表，他告诉自己：一，时间一定是由自己掌握；二，要能不断地接触人，因为他喜欢人群；三，必定对社会有所贡献；四，可以环游世界；五，必须能够不断学习与成长；六，必须能够不断地建立新的人际关系，可以跟一些成功的朋友交往；七，收入状况可以由自己的努力来控制。李浩发现，当一位数学教授并不能达到他理想的工作条件，于是，他又开始寻找另一个可以当成他终生事业的工作。

17岁的时候，李浩接触到了汽车销售业，因为他喜欢车子，他想自己应该可以做得不错。真正进入了这个行业之后，他发现这个行业有非常大的特色，但是他的个性似乎并不适合这份工作，于是，他又转行了。从16岁到21岁，李浩陆陆续续换了十多种不同的工作，可是每次换工作之前，他从来都没有仔细想过："自己到底要的是什么？"直到他把那些理想和完美的工作条件列出来。

李浩相信，只要自己可以，别人一定也做得到。在一个很偶然的机会，李浩参加了一个激发心灵潜力的课程，这给了他非常大的震撼。李浩发现，自己上了那么多的课程，学习了那么多的资讯，却没有任何一个课程比得上他的老师在短短的八小时当中所分享给他的那么多。

李浩想，他以后也能做别人所做的事情，把一些真正对人们有帮助的资讯，能够分享给想要获得这些资讯的人。这个工作完全符合他所列出来的理想和完美的工作条件，当他了解到这件事以后，他知道这就是他毕生所寻找的方向。

李浩曾经听他的老师这样说过："世界上的每一项工作都很好，但是，没有任何一项工作比他目前所做的更有意义，因为他可以通过帮助别人来帮助自己。"这句话让李浩决定一辈子都做这件有意义的事情，经过八年的坚持，他终于可以在这个行业崭露头角，让非常多的人得到非常具体的帮助。

以前，李浩一直把赚钱当成非常重要的目标，后来他才明白，赚钱并不是全部，也不是绝对。赚钱固然重要，但是，李浩现在一心一意只想把所有精力放在如何提升自己、如何提高工作品质、如何提供更多更有价值的服务上，帮助更多想要拯救自己的人，以及想要"更上一层楼"的人们。

每当李浩发现一个人不再自我成长，觉得自己没有什么可以学习的时候，他就为他感到非常可悲。因为就连世界上最顶尖的人都还是那么谦虚，那么努力地想成长，他们已经是全世界最棒的，却还在不断地学习如何再进步。世界顶尖的人士，一定有他们拯救自己的方法和道理，这些都是我们应该学习的。

如何让自己变成一位成功者？我们必须研究成功的人是如何思考的，他们采取什么样的行动、用什么样的态度、有什么样的想法，他们结交什么样的朋友，在他们还没有成功之前，他们到底付出了多大的代价和努力？当他们面临失败和巨大挑战的时候，又是如何坚持到底的？归根结底只有一个原因，那就是：做自己喜欢做的事，并且把要做的事做得最好。

力不足者，中道而废

一个人没有行动，则抓不住机会，只有行动才会产生结果，行动是成功的保证，任何伟大的目标和计划都必然落实到行动上。但无论你所树立的是怎样的目标和计划，信念坚定、不以物移，应该是必须坚持的原则。只有如此，才不会使自己理想中的东西一直遥遥无期。在这方面，汉末时管宁"志于道"的高风亮节，或许可以给我们带来一些有益的启示。

管宁，字幼安，北海朱虚人，年幼时家境贫寒，十六岁父亲病逝，亲戚朋友可怜他，赠送了许多财物让他葬父，可是管宁一文不取，凭借自己的真实财力安葬了父亲。

管宁好学，结交了几个学友，一个叫华歆，一个叫邴原，三个人很要好，又都很出色，所以当时的人把他们比为一条龙，华歆是龙头，邴原是龙腹，管宁是龙尾，他们最尊敬的大学者是当时著名的陈仲弓，陈仲弓的学识行为成了他们的追求目标。

当时，三人求学的时候，常常是一边读书，一边劳动。有一天，华歆、管宁两个人在园中锄草，菜地里头竟有一块前人埋藏的黄金，被管宁的锄头翻腾出来了。华歆、管宁他们平时读书养性，就是要摒弃人性中的贪念，见了意外的财物不能动心。管宁见了黄金，就把它当作砖石土块对待，用锄头一拨就扔到一边了。华歆在后边锄，过了一会儿也看见了，明知道这东西不该拿，但心里不忍，还是拿起来看了看才扔掉。过了几天，两人正在屋里读书，街上有达官贵人经过，乘着华丽的马车敲锣打鼓的，很是热闹。管宁仍旧和没听见一样，继续认真读书。华歆却坐不住了，跑到门口观看，对达官的威仪艳羡不已。车马过去之后，华歆回到屋里，管宁却拿了一把刀子将两人同坐的席子从中间割开，说："你呀，不配再做我的朋友了！"

汉末天下大乱之后，中原一带就更没法再待下去了。管宁、邴原还有王烈几个人相约，到比较安全的辽东去避难。当时辽东太守是公孙度，很有统治能力，而且辽东地理位置偏僻，战乱没有波及，是当时一个理想的避难地。管宁几个人在中原的名气很大，公孙度是知道的，所以对于他们的到来非常欢迎，专门腾出驿馆来请他们居住。见了公孙度，管宁谈了谈经典学术，对当时的政治军事局势却闭口不谈。拜见过公孙度以后，管宁没有住驿馆，而是找了一处荒山野谷，自己搭了个简易房子居住。

公孙度死后，儿子公孙康掌了权，野心比他父亲还要大。他想给管宁封个官，让管宁辅佐自己，可是慑于管宁的贤名，硬是开不了口。曹操做司空后，下令征辟管宁入朝，公孙康把诏命押下不宣布。中原局势稳定以后，许多流民都返乡了，但管宁依然不动，安居辽东。

不久，辽东的局势也有了变化，公孙康死后，弟弟公孙恭继位。这个人生性懦弱，没有统治能力，而公孙康的私生儿子公孙渊是个雄才，不安于下位。管宁看到辽东快要乱了，这才带着家属乘船回中原。公孙恭亲自送他，赠送了许多礼物，管宁先收了。出发时，连同以前公孙度、公孙康的赠物全部留下来，一分不取，保持了清白本性。

船队在海上航行时遇到风暴，大部分船都沉没了，管宁坐的这只船也很危险，但是管宁从容不迫。这时奇迹发生了，夜幕中突然出现了一点亮光，给船只指引方向，到达了一处荒岛，这才转危为安。当时人们发现岛上没有居民，也没有火的痕迹，这光是从哪里来的呢？人们把它解释为奇迹，说这是管宁的"积善之应"。

管宁的回乡，名义上是奉了魏文帝的征辟诏书，实际上是为了躲避即将到来的辽东之难。但回到故乡以后，魏文帝就下诏封管宁为太中大夫，管宁坚决推辞，说自己实在没什么才能，要求皇帝放过他，可是皇帝偏偏不肯。魏文帝死后，魏明帝又多次征召他，华歆、王朗、陈群等朝中大臣更是反复地推荐管宁，华歆还提出把自己的太尉之位让予管宁。而管宁则是一律推辞，到死也没有答应出仕。

诚然，要求现代人去像管宁那样做是有些不符合实际的，但他那种即使是"务虚"也坚定不移的精神，是值得我们去学习的。

现代社会中物欲横流,无处不在的诱惑常常使我们陷入犹豫和迷茫之中,令我们向着目标前进的努力半途而废。所以,从这个意义上讲,淡泊明志,不以物移,确实是成就一番远大事业的保证。

不在其位,不谋其政

"不在其位,不谋其政",是封建社会统治者为了维护社会稳定,抑制百姓"犯上作乱"而制定的"缓兵之计",然而它对后世也间接地产生了很大的影响,其深层思想正在于强调各守其位,各司其职,行政分工,各专其职,这是一条最基本的行为准则。

除了孔子说的"不在其位,不谋其政"外,《易传》中也说:"君子谋划事情不越出他的职位。"韩非子更是强调要严惩那些侵官越职管闲事的人,虽然这有些偏颇,但也确实从一个侧面说明了各守其位、各司其职的重要性。下面这个故事可以帮助我们更好地理解这一点。

有一次,韩昭侯由于心情不好多喝了几杯,喝醉了就趴在几案上睡着了,这时专门为他管帽子的人怕他着凉,就在他身上披了件衣服。

韩昭侯一觉醒来,发现身上加了衣服,就问下人:"谁给我加的衣服?"下人回答说是管帽子人加的。于是,韩昭侯下令把管衣服和管帽子的一同治罪。

可见,权责越位的人不仅得不到任何好处,反而会与疏忽渎职者一同被治罪。《庄子·逍遥游》里有个"越俎代庖"的故事,说的也是这个道理。

尧想让天下给许由,许由不愿接受,推辞说:"您已经把天下治理得很好了,我再来代替你,这就好比鹪鹩在森林里筑巢,占一根树枝的地方就行了;鼹鼠在河边饮水,顶多喝满一肚子也就够了。算了吧,我的君主!我要天下干什么用呢?厨师在祭祀的时候,又做菜,又备酒,忙得不可开交,可是掌管祭祀的人,并不能因为厨师很忙而忘记自己的本职工作,丢下手中的祭祀用具去代替厨师做菜、备酒啊!你就是丢开天下不管,我也决不会代替你的职务。"说罢,许由就到田间劳动去了。

俗话说:要干一行爱一行,不能吃着碗里的还望着锅里的。就是要求做人做事要根据自身情况,将自己分内事很好地完成也就行了,千万不要插手另一件事,其实也就是"不在其位,不谋其政"的意思。我们再来看一个例子。

汉文帝时期,大功臣周勃被拜为右丞相,陈平为左丞相。周勃与陈平共辅国政,忠心耿耿,但有一次周勃却被汉文帝问得冷汗直流,自惭不已。

有一天，汉文帝问周勃："天下一年内，决狱几何？"周勃回答不出。文帝又问："每年钱谷出入多少？"周勃又无言以对。

汉文帝心中不快，转问陈平，陈平从容奏道："这些事自然有人知道。决狱几何，可问廷尉；钱谷多少，可问治粟内史。"汉文帝听了很恼火，就责问陈平："照你这么说，那你宰相是干什么的？"陈平又从容回答说："宰相的职责，上佐天子，下抚百姓，内使卿大臣各尽其职。"

陈平这番话答得何等巧妙。意思是说：当宰相的就是考察各大臣是否尽职，至于像决狱、钱谷一类的情况，只要向这个部门的大臣了解就可以了。丞相作为皇帝的直接助手，一人之下，万人之上，他的职责就是"上佐天子，下抚百姓，内使卿大臣各尽其职"，这就是"在其位，谋其政"。正因为如此，不可能对各种具体事务管得细致入微，陈平如果样样清楚，样样都管，那将是"越局滥职"，就是"不在其位而谋其政"。就重视行政分工，强调各司其职来讲，陈平的答话，是非常正确的。

汉文帝原本以为陈平是在说自己问错了对象，这会儿才知道他是在说明各司其职的道理，立即转怒为喜，称赞陈平回答得好，讲得对。

有人认为陈平的这一回答是"狡辩"。但我们认为，这不仅展示了陈平作为政治家的气度，而更重要的是他懂得"不在其位，不谋其政"与"在其位，谋其政"的辩证关系。

其实，孔子是主张积极人世的，他所说的"不在其位，不谋其政"实际上包含了两个方面的深刻的治事原则：其一，不要随便议论、批评自己本职工作以外的事情；其二，不要越俎代庖，超越自己的职责、身份去染指他人的职事。

因此，只要我们运用"不在其位，不谋其政"的原则，注重实干，少发议论；提倡人人干好本职工作，避免相互内耗；严明职责权限，根除踢皮球、乱扯皮现象，就可以避免外行干扰内行和不经切身经验、不明情况的胡乱干预。对于一个国家或组织来说，这无疑是一种提高组织效率的有效办法。

君子欲讷于言而敏于行

孔子一句简单的"讷于言而敏于行"，向我们阐述了一个为人处世的大道理，那就是少言多行，少抱怨多做事。道理虽然简单，实施起来却没有那么容易，如何才能"讷于言而敏于行讷"呢？这就需要我们做事有条理，有法可依，有章可循。如果头脑中没有一丝一毫的条理，只是走一步算一步的话，就不能很好地完成任务。

有一位成功的企业家把他遇到的两种人做了比较,对于我们理解这一点或许会有帮助。

有一种性急的人,无论是在工作的时候,还是平时在路上,他们都表现出风风火火的样子,如果你有什么事要找他们谈话,他们通常只会给你几分钟的时间,时间一长,他们就会不停地看表,暗示他们时间很紧张。他们公司的业务虽然做得很好,也有可观的收入,但开支也大。这是因为他们在安排工作时常常颠三倒四,毫无程序可言,而开会的时候也时常丢三落四的,分不清主次轻重。做起事来更是一团糟,常为杂乱的东西所阻碍。你看他们的办公室会发现桌子上摆放的乱七八糟,"我很忙""我真的没有时间"是他们经常说的话。

而另外一种人则恰恰相反。他们总是一副很悠闲的样子,能够把最重要的事放在前面,一些小事就留在后面,做事非常冷静沉着。当你有事找他们的时候,他们总是彬彬有礼,绝对不会开口提醒别人自己没有时间,他们喜欢将下一个星期的约会写在一个本子上,都安排得有条不紊,恰到好处。在他们的公司里,所有的员工都会将自己的桌子收拾得整整齐齐,而你看他们的办公桌也同样是整齐的,他们表面上从来没有一丝慌乱,都是井井有条的。

"你工作有序,处理事务有条理,在办公室里决不会浪费时间,这样就不会被一些琐事扰乱自己的心志,那么做起事来效率必然会很高。从这个角度上看,你的时间也一定会很充足,你的事业也会按照你的预定计划一步一步地走向成功。"企业家最后这样总结道。

古人说:"不做无益害有益",照现在话说就是不做"无用功"。在社交处世中,做任何事情都应该循序渐进,有条有理,如果没有任何章法可循,那就没有了原则,关系网也必定杂乱不堪,一旦遇到什么事的时候,也可能会尽心竭力地去做,但最后还是起不到任何效果。

那么,我们怎样才能使自己做事有条理、有章法呢? 这就需要我们在做一件事情之前先有一个计划,然后付诸行动来实施。一个没有计划的人是很难取得成功的,有了严密的计划,就可以未雨绸缪、防微杜渐,并能把握事物发展的态势,就可以为下一步的行动做好应对的准备。史书上记载,伍子胥不仅骁勇善战,而且还有深邃的政治远见,如果夫差能够听信伍子胥的劝谏,执行"联齐抗越"的谋略和计划,那么最终被消灭的不是吴国,而是越国了。

越王勾践在危难之时采纳了文种、范蠡提出的"委曲求全"策略，假意投降，以图后举。而吴王夫差却听信小人之言，准备放勾践一马。伍子胥听到消息后坚决不同意，他认为，争霸中原与灭越相比，后者更有利，但是夫差不听。

后来，夫差率兵攻打齐国，伍子胥劝他暂时不要攻打对吴国没有威胁的齐国，而应实行"联齐抗越"的策略，吴王仍旧不听。最后吴国在艾陵打败了齐国，正当满朝文武举杯庆贺的时候，唯独伍子胥忧心忡忡，他预见吴国最终会灭亡。

不久，夫差听信谗言，以"私通齐国，阻挠抗齐"的罪名，逼迫伍子胥自刎。伍子胥在自杀前说："把我的眼睛取下来放在吴国的东门上，我将亲眼看一看越国打进东门来灭吴国。"十年后，伍子胥的预言真的应验了，夫差兵败自杀。

吴国的灭亡充分证实了伍子胥的"灭越""联齐抗越"主张是正确的，有力地证明了他出色的战略远见，只可惜夫差刚愎自用，不肯听信他的话，也没及时制定计划，夫差的失败是在所难免的。

就现在社会来讲，每一个部门以及做每一件事，如果不能立足实际，设定严密的应对计划，那就无法取得良好的效果。一个国家必须有一个整体的建设计划，每一个部门也要有各自的计划，如经济建设计划、农业建设计划、国防建设计划等等。只有每一个部门的计划具有合理性和应对性，整个国家的建设计划才能更好地进行。而一个人也要立足自身实际，做出正确的预见并制定相应的计划。人的一生应该有一个长远的计划，一年要有一年的计划，一件事要有一件事的计划，然后按预先的计划行事，按部就班去完成它。如果都没弄清楚怎么回事就盲目去做，那就是急于求成，当然也就不可能取得成功。

计划，就是立足实际排列优先顺序的方法。人的一生不可能做对每一件事，但你要做对最重要的事，这就需要长远的预见和严密的计划，这样才有实现"讷于言而敏于行"的可能，才有取得成功的把握。

好之者不如乐之者

孔子认为"知之者不如好之者，好之者不如乐之者"，这里没有具体指懂得什么，他是泛指，包括学问、技艺等。孔子这句话为我们揭示了一个怎样才能取得好的学习效果的秘密，那就是对学习的热爱。不同的人在同样的学习环境下学习效果不一样，自身的素质固然是一方面，更加重要的还在于学习者对学习内容的态度或感觉，正所谓"兴趣是最好的老师"，当你对一门科目产生了兴趣之后，自然会学得比别人好。

要做好一件事情，首先要有对此事的认知，否则就无从下手。但单纯的认知并不能激发人们的主动精神。因此，孔子提出应在"知"的基础上加入"好"，也就是有充分的兴趣。这样不仅完成的效果会大不一样，而且做的人也可以在过程中有所收益。当然，这种收益不一定是物质利益，所以，孔子更进一步地指出，做事的最高境界是把它本身当成一种乐趣。

研究表明，对自己感兴趣的事物，人们都会产生强烈的积极进取的意念，总是要做得更好一些；而对讨厌的事情，则犹恐避之不及。解决一个很感兴趣的问题时，灵感会源源不断地涌现；而从事一件讨厌的工作时，灵感几乎等于零。

从生理学上分析，思考某件令人讨厌的事情时，会发生胃痛或头晕的现象，人类与生俱有的生命力会对本身的喜恶加以控制，当它急急要把讨厌的事情排除时，表现在身体上的就是对一种刺激反应速度放慢。

当你做自己感兴趣的事情时，体内的血压和荷尔蒙的分泌会很均衡正常，这是生命力的作用，会促使你产生好的印象，思考自己喜欢的问题，即使不能立刻寻到答案，也会继续不厌倦地思考。

对于某件事来说，求知者不如爱好者，爱好者不如乐之者。因为"乐之者"是做人做事的最高境界，快乐的心态让人充满智慧，使人直接走向成功。

亨利·福特从小就喜欢研究机械，经常免费帮助邻居们修理钟表和农具，既积累了不少修理经验，也获得了大量机械方面的知识。13 岁那年，他和父亲一起去了趟底特律市。在那里，他初次见识了蒸汽机。

这次经历对未来的汽车大王影响极其重大。蒸汽机使他懂得了热能如何转化为机械动力的原理，使他制造引擎、引动车辆行走的热情从此被激发起来，并一发而不可收拾。最后，他成为汽车巨头——"把美国带到轮子上的人"。

沃尔特从小就喜欢在农场中与动物相处，并把它们画出来。一头叫"波克"的小猪，日后还荣幸地成为他卡通片中的原型。他后来一直以动物为原型，创造了米老鼠等世界闻名的卡通，创造了迪斯尼梦幻乐园，与此有十分密切的关系。

魔幻现实主义的作家代表之一的加西亚·马尔克斯，小时候住在外祖父家，听了许多怪诞、离奇的民间传说和各种故事。而外祖父家的房子也同小镇的命运一样，经历了从繁华走向衰败的过程。这一切都深深地影响着幼小的加西亚·马尔克斯。童年的经历深深地影响了他后来的创作，尤其是其代表作《百年孤独》，更是奠定了他在世界文坛的杰出地位。

一个人之所以有时做不好事情,就是因为他还没有真正地成为"乐之者"。如果你真正地乐于做某件事,你就会成就你要做的事,事情本身也会成就你。只有真心喜欢一件事情,我们才会成功。

从前,有个闲适的有钱人问古希腊智者西塞罗:"你愿意坐下来和我一起探讨真理吗?"

西塞罗回答道:"与其与一个一无所知的普通人一起探讨真理,还不如与柏拉图一起犯错误呢。"

他的意思是:知识上的探讨我已不感兴趣,现在我只关心精神上的愉悦。精神上的愉悦者就是孔子所说的"好之者",一个从心里喜欢的人。

冬天的时候,河里都快结冰了。有人看见希腊智者米松光着身子在河里捉鱼。人们惊异地问道:"米松先生,您不穿衣服难道不冷吗?"米松举着手里的鱼笑道:"它们不也没穿衣服吗?"

米松多么天真,说鱼"也没穿衣服"。也许有些人会说米松的这个行为根本不明智,更可以说是愚蠢,不能叫智者。而见此能会心微笑的人明白米松为什么会这样做:他快乐呀,他懂得自然之道,这就是智者。

中国魏晋时期著名的竹林七贤之一的阮籍喜欢喝醉了倒地就睡,经常睡在酒店老板娘的身旁。酒店老板开始以为二人有染,日久细看根本没这事,阮籍只不过是喜欢这样罢了。

现在,像阮籍这样的"好之者"已经不多了,而像孔子这样主张人生为快乐的智者也越来越少了。

"好之者不如乐之者。"孔子这句话是说,做一件事只有爱好还不行,还必须不断收获快乐才能成功。这时,人是忘我的、天真的、自然的、活泼的。

要问世界上究竟有多少种快乐?恐怕没有人能说得清楚。一个人之所以活着,就是为了让自己身心愉悦。当然,快乐和快乐之间也是有区别的。有眼前的、短暂的快乐,也有无形的、精神上的快乐。为了得到快乐,我们要把心灵开放出去,接收进来,用心聆听先哲的启迪。

七、交友之道

益友相交,相互切磋可成功

孔子说:"有益的朋友有三种,有害的朋友也有三种。和正直的人交朋友、和诚恳的人交朋友、和见多识广的人交朋友,就能受益;和谄媚的人交朋友、和奸佞的人交朋友、和不学无术的人交朋友,只会有害。"

嵇康是三国时期的竹林七贤之一,他不但文章做得好,也长于弹琴,善于吹笛,是个有文人气节的人。他非常喜欢竹子,就种了一片竹林,并在竹林深处造了一间竹屋,竹屋前放了一张竹桌和一把竹椅,竹桌上放着文房四宝和竹笛,闲暇时,嵇康就会在竹屋里读书写诗,弹琴吹笛。

嵇康交友,有其特殊的标准,常以竹量人。他从来不会与谄媚奸诈、不学无术、没有气节的人交往。由于他极有声望,慕名造访的人络绎不绝,他只好躲起来,不予接见。

有一天,嵇康正在竹屋里写诗,忽听到有人进了竹林,便拿纸提笔,想写几句拒客诗,刚写完一句,听见脚步声近了,于是便扔下笔躲进了密林深处。来人名叫阮籍,也是个有名气的诗人,他走进竹屋一看没有人,以为嵇康不在家,顿时觉得很扫兴。正预备走时,猛然发现桌上诗笺上有行字,写的是"竹林深处有篱笆",而墨迹还没有干。阮籍望着墨迹,思索着诗意,明白了这是句拒客诗。阮籍嘿嘿一笑,提笔在那句诗的下面加了一句"篱笆难挡笛声转"。写罢,便拿起桌上的竹笛使劲地吹了起来。

这一吹不要紧,拜访嵇康的人寻声而来,一会儿就聚集了五个人,他们分别是山涛、向秀、阮咸、王戎、刘伶。那些人只见阮籍吹笛,不见嵇康,便问阮籍嵇康去哪里了。阮籍没有说话,只是向桌上的诗笺努了努嘴,然后继续微笑着吹他的"高山流水"。大家一见诗笺,全都明白了,于是一人一句开始对句。

嵇康躲在暗处,原本以为来访的人见不到他便会离开的,谁知他们不但没有走,反而来得越来越多,实属无奈,嵇康只得勉强出来一会。

阮籍一见嵇康,哈哈大笑起来,并说:"来来来,以文会友。诗笺上你起了头句,看来是想叫来人做联诗的,我们每个人都联了一句,你看看我们这些人值不值得一交？是拒是会就看你大笔一挥了。"嵇康拿起诗笺来看，只见上面写着："竹林深处有篱笆，篱笆难挡笛声转。笛声换来知音笑，笑语畅怀疑笔端。笔笔述志走诗笺，笔笔录下珠玑言。箴语共话咏篁句……"

嵇康发现联诗每句起头之字都是竹字头，心想：来者都是喜爱竹子之人，值得一交，于是便提笔在最后添了句："篁篁有节聚七贤。"从此以后，这七个人成了好朋友，史称"竹林七贤"。他们经常在竹林内聚会，谈天说地，畅所欲言，彼此之间结下了深厚的友谊。

每个人都需要友谊，友谊能使人们在学识上互相帮助，事业上互相支持，生活上互相关心……当然，友谊的前提是妥善择人。与谄媚，奸佞、虚伪的人交往，就如同良木与山火相近，其结果可想而知。与正直、诚信、博学多才的人交朋友，必定会获益匪浅。

以友辅仁，事业上相互砥砺

曾子说："君子以讲习诗书、礼乐、文章、学问来结交朋友，依靠朋友互相帮助来培养仁德。"

春秋时期，管仲与鲍叔牙在年轻时就是至交。起初，他们合伙做生意，管仲本钱出得比鲍叔牙少，可是到分红的时候，他却要多拿。鲍叔牙手下的人骂管仲贪婪，鲍叔牙却解释说："他哪里是贪这几个钱呢？他家生活困难，是我心甘情愿给他的。"管仲带兵打仗，进攻的时候他退避三舍，退却的时候他首先溃逃，手下的士兵不愿再跟他去打仗。鲍叔牙解释说："管仲并不是真的怕死，他爱惜自己是因为家中还有老母亲需要他侍奉。"鲍叔牙总是替管仲的缺点进行辩护。

后来，鲍叔牙辅佐齐国公子小白，管仲辅佐齐国公子纠。公子小白与公子纠互相争夺齐国王位。为保公子纠登上王位，管仲曾箭射公子小白。最后小白继承王位为齐桓公，公子纠和管仲都羁留在鲁国不能回国。后来鲁国和齐国交战失败，公子纠被杀。鲍叔牙劝说桓公重用管仲，齐桓公说："有你足够了。"鲍叔牙说："国君若想国家昌盛，人民安居，用我就足够了；若想称霸天下，会合诸侯则非管仲不可。"后鲍叔牙又说服齐桓公不计一箭之仇，重用管仲为齐国宰相，自己却甘当下属。管仲任齐国宰相以后，使齐国迅速富强起来，并辅佐齐桓公成就霸业。特别是管仲帮助齐桓公多次召集诸侯主持会盟，避免了诸侯之间的战争，使得老百姓免于流血，免于被杀戮。孔子对这样的爱民仁德给予了高度的赞赏。

为什么鲍叔牙总是为管仲的缺点进行辩护？因为鲍叔牙深知管仲的价值、才能高于自己，所以要千方百计地保护这个人才，给他施展才华的机会。管仲曾说："生我者父母，知我者鲍叔牙也"。鲍叔牙能出以公心，不计个人地位和得失，把管仲举荐到一个最能发挥他才能的职位上去，以造福国家和百姓。

　　管仲有鲍叔牙的友谊辅助，才能在事业上取得成功，但管仲在自己病重时推荐了比鲍叔牙更有才能的人来接替自己的相位，而没有推荐鲍叔牙。对此，鲍叔牙不但不感到愤怒，反而认为管仲做得对。他们在友谊上共同遵守的原则是公正无私。管鲍之交正是"以友辅仁"的最好示范。

　　孔子把交友看作是影响一个人品德学问的重要因素。人们以文会友，不仅是为了加深了解和友谊，更重要的是通过互相交流、切磋，提高各自的学识水平。人们以友辅仁，通过互相帮助、学习，让对方的仁德来促使自己完善，同时也以自己的仁德影响对方，汲取精华，共同进步。

将心比心，以诚挚之心去对待他人

　　子贡说："如有人能让百姓都得到实惠，又能扶贫济困，怎样？可算仁人吗？"孔子说："岂止是仁人！必定是圣人！尧舜都做不到！有仁德的人，自己要想站得住，同时也要让别人站得住；自己要想通达，同时也要让别人通达。凡事都要能设身处地地为他人着想，这可以说是实行仁德的方法了。"

　　公元前266年，赵国国君惠文王去世，年幼的孝成王即位，由其母赵威太后摄政。

　　第二年，秦国起兵进攻赵国。赵国势单力薄，便急遣使臣请齐国出兵救赵。齐国提出了必须以赵太后的幼子长安君做人质的条件。赵太后爱子心切，唯恐长安君遭受痛苦，坚决不肯答应齐国的条件。其时，众大臣进谏，恳请赵太后忍痛割爱，反遭赵太后斥责。

　　赵国的老臣触龙知道这件事情后，就进宫去拜见赵太后。起初，触龙只是关切地询问一些饮食起居方面的情况，并向赵太后介绍自己的养生之道。太后看到触龙不但没有提到长安君做人质的事，还很关心她，也就没有了抵触心理。

　　触龙对太后说："我最小的儿子，没什么出息，但我仍然十分疼爱这孩子。想求太后准许他去宫中当侍卫，好让他保卫王宫，效忠国家。我是冒着死罪来向您禀告这件事的，恳请太后恩准。我只是想在辞世之前把他托付给您。"

太后望着触龙问道:"难道世上的男人也知道疼爱自己的孩子吗?"

触龙回答说:"男人比妇人更疼爱自己的孩子。燕后乃太后之女,远嫁燕国国君,老臣觉得太后疼燕后,远远超过了疼爱长安君。"

太后说:"您错了,我疼爱长安君比疼爱燕后更深切。"

触龙对太后说:"父母要是真正疼爱孩子,就必须替他们做长远的打算。您当初送燕后出嫁时,非常伤心,泣不成声,觉得她嫁得太远了。她走后,您仍然十分想念她。可每逢祭祀的时候,您又祈祷说:'千万别让她回来。'这不正是替她做长远打算,希望她的子子孙孙永远继承燕国的王位吗!"

太后说:"确实如此。"

触龙继续说道:"太后,请您从现在往上推到赵氏开国之时,赵王的子孙被封侯的,他们的后代继承人还有在位的吗?"

太后想了想,回答说:"没有。"

触龙说:"不只是赵国,各诸侯国的子孙后代被封侯的,他们的继承人还有在位的吗?"

太后回答说:"好像也没有。"

触龙说:"其实这不是这些子孙们自身的问题,是因为他们长期处于尊贵的地位、俸禄优厚,却没有机会立功,怎么可能永远保全他们的爵禄呢?如今您老人家使长安君处于尊贵的地位,让他拥有许多肥沃的土地,赐给他很多金银珍宝,却因为怕他吃苦,不给他为国家建功立业的机会,一旦您不在了,长安君还怎么在赵国立足呢?老臣认为您没有为长安君做长远打算,所以说您疼爱长安君不及疼爱燕后那么深切呀!"

太后被触龙的一番话所震动,她看到了爱国老臣的良苦用心以及对国家的忠诚,更被他讲述的道理所折服,懂得了作为父母怎样才算是真正爱护子女。于是,太后对触龙说:"我把长安君交给您,一切听凭您的安排吧!"

最后,赵国为长安君准备了一百辆马车,把他送到齐国去当人质。齐国即刻出兵救援赵国。

自己想明白的道理也要让别人明白,自己欲事事行得通也应使他人事事行得通。以己所欲,推己及人而成全他人,是"恕"的高标准,即从积极意义上实践"仁"。从消极意义上来说,推己所厌而不加恶于他人,即"己所不欲,勿施于人"。孔子提出"近取譬",推己及人,察己知人,只有这样,才能扩而充之,想到天下人的利益,这样就开始走上了仁的道路。

要想别人都以一颗真诚的心来对待我们,我们首先要学会的就是友善地对待别人,并且以诚挚的心去为他们着想。所以,怀有一颗真诚的心,是做一个善良的人的基本要求。

言过其实,君子不以言举人

孔子说:"君子并不因为一个人话说得好就举荐他,也并不因为一个人品德上有问题而鄙弃他的主张。"

人们常说:"言为心声。"但语言不是行为,言语表达的是一种可能性,却不一定是事实。因此,仅有言还不行,还要强调语言和行为的一致。所以,决定任用一个人,不要只看他会不会说话,更要看他能不能做事。有些领导者常常被别人的花言巧语而迷惑,让他担任要职,结果却坏了大事。

公元 228 年,诸葛亮第一次北伐,他亲自统率蜀国大军取道甘肃祁连山,进攻魏国,并选拔马谡担任参军的职务。

马谡是诸葛亮的好友。他博览群书,很有才气,并熟读兵法,好论军事,深受诸葛亮的器重。两人经常彻夜交谈,商议军国大事,谈得非常投机。

蜀军出发后就遇到魏兵的截击。于是,诸葛亮在马谡的再三请命下,派他率领二万五千名兵将去守卫要道街亭。街亭在今甘肃省秦安县与庄浪县交界的地方,但是,考虑到马谡缺乏实战经验,诸葛亮又派了作战经验丰富的王平作为副将,以防不测。

马谡领兵到达街亭,看到这里一面靠山,一面临水,中间只有一条不宽的通道,地势非常险要,便下令部队全部到街亭山上扎营。而王平则认为,如魏军围山断水,我军就会不战自乱。

马谡自恃熟读兵法,根本听不进王平的劝告,还对王平说:"兵驻街亭山,居高临下,杀敌势如破竹,即使魏兵围山断水,我军将士必破釜沉舟,置之死地而后生。"王平再三劝阻,马谡火了,并傲慢地说:"丞相都常常向我请教,你懂什么军事。"最后王乎只好分兵五千,自己找个驻扎的营地。马谡则带两万多名将士上山去了。

魏军统帅司马懿听说蜀军已抢先占据了街亭,先是大吃一惊。后来,他得知马谡把兵营扎在街亭山上,不禁喜出望外,立即命令大将张郃领兵将街亭团团围住,并断了蜀军的水源,导致山上蜀军军心大乱。于是,马谡只好冒险突围,结果街亭失守,马谡弃山而逃。若非王平率领将士拼死接应,使张郃怀疑蜀军另有埋伏,不敢追杀,马谡几乎做了魏军的俘虏。

由于街亭失守,诸葛亮不能再以此为堡垒出击魏兵,所以只好退据汉中。北伐曹魏是蜀汉政权借以守存的重大战略,为此曾进行了长期的准备,却因街亭的失守而被全盘破坏了。

按照军法,马谡必须处死,在斩首示众之前,马谡致书诸葛亮沉痛地说:"丞相待我如子,我尊崇丞相如父,我虽死无恨于黄泉之下也。"斩首之时,诸葛亮泪涕横流,面对此情此景,在汉中的十万蜀军将士无不为之动容。

事后,诸葛亮对后主刘禅派来的使者说:"先帝临终时,曾告诫我:'马谡言过其实,不可大用。'今天果然如此,我深悔自己糊涂。"综观诸葛亮一生做事小心谨慎,谋事神机妙算,这次严重失误就是错在没有做到"听其言而观其行",正是犯了"以言举人"的错误,过分地轻信了马谡脱离实际的言谈。

孔子认为,要想真正看清一个人,必须将其言行结合起来考察。不能仅仅因一个人说了好听的话就去举荐他。同样,如果一个人有缺点错误,而他却时常有些正确的或有价值的言论,对此也要全面地来看待,不可因人而废言。

为予解病,不以别人的牺牲为代价

子贡问道:"有一个字可以终身奉行吗?"孔子说:"那就是恕字吧? 自己不愿意的,不要强加于人。"

孔子强调、重视"恕"字,是因为它可以调整人与人之间的关系,使之合理化。恕,原则地说,高标准是"己欲立而立人,己欲达而达人";低标准才是"己所不欲,勿施于人"。那种"己欲立而立人,己欲达而达人"的高标准虽然好,却未必每个人都有实行的条件。而"己所不欲,勿施于人"这样的低标准,则是许多人可以做到的,而且适用于所有人的整个一生。上至帝王,下至普通老百姓,都应该以"恕"字规范自己,要求自己。孔子正是从社会需要,从人们的心理出发,提出以"恕"为人生修养的着眼点,可见他提倡修养非常讲究从实际出发。

对孔子的"己所不欲,勿施于人",不仅孔子之后的大儒们都做了继承性的发挥,而且在中国的传统意识中,已成为处理人与人之间关系的准则之一。

贞观四年,有一次,唐太宗李世民与臣属魏征私下交谈,中心议题就是讨论皇帝的行事原则问题。李世民说:"皇帝都希望扩建修饰宫殿屋宇,游玩观赏池台,但这些不为百姓所希望。帝王喜欢骄奢淫逸，百姓讨厌劳累疲惫。其实，劳累疲惫恐怕是人见人弃的事。孔子曾经说过：'己所不欲，勿施于人'，看来劳累疲惫的事，确实不能施加给百姓。我处于帝王的尊位，富有天下，凡事若都能设身处地地为百姓着想，才真正可以节制自己的欲望。如果总是做那些百姓不希望做的事情，一定不能够顺应民情。"魏征说："陛下素来怜恤百姓，常常顺应民情而节制自己。臣听说：'拿自己的欲望去顺应民情的就会昌盛，劳苦百姓满足自己的就会灭亡。'隋炀帝贪心无厌，喜好奢侈，每当有关官署供奉营造稍不称心，就严厉处罚。上面喜好做什么，下面必定效仿。上行下效，奢靡没有限度，导致灭亡。史籍有所记载，也是陛下亲眼看见的。因为他荒淫无道，所以上天赐命陛下取代他。陛下如果认为欲望满足了，那么现在就应该节制欲望了。如果认为欲望还不能满足，那么再超过这样万倍也不会满足。"唐太宗说："你讲得很好！如果没有你，我怎么能听到这样忠诚的话？"李世民接受了魏征的谏言，作为自己的规则。

有一年，公卿大臣上奏说："按照《礼记》，夏季最末一个月，可以在高台上筑成的楼阁里居住。现在夏热未退，秋季的连绵大雨才开始，皇宫里低矮潮湿，请陛下营建一座楼阁来居住。"臣僚奉迎皇上，真可谓是用心良苦，要为李世民修建一座避暑的行宫，还引经据典，搬出《礼记》来，意思是说，修建避暑行宫，先贤已记载在典籍中，不是奢侈的事情，旁人也不便说三道四，皇上您尽可放心！可李世民见到奏章后说："我患有气喘病，确实不适宜住低下潮湿的地方，修建宫阁按理说也不为过，但如果同意了你们的请求，实在靡费。从前汉文帝为爱惜相当于十户人家财产的费用，就不再兴建露台。我耗费的财物比汉文帝多，而德行却不及他，难道称得上是体恤百姓的国君吗？"尽管公卿再三奏请，李世民还是未允许。

不仅如此，李世民还心怀一丝"竭人财力，朕所不取"的想法，破例放了不少宫女。那是贞观初年，李世民对大臣说："妇女幽禁在深宫里，情状可怜。隋朝末年，无休止地选宫女，以至于皇帝行宫别馆，都聚有很多的宫女。而宫女除了洒水扫地做家务之外，还用来做什么？现在我放她们出去，任他们选择丈夫。不仅减少百姓负担，而且也是成全他们各自的本性。"于是从后宫，前后放出了三千多人。

李世民通过节制自己的物欲、情欲来体现"己所不欲，勿施于人"的恕道。其实遵循恕道不仅是此一项，能够设身处地为别人着想，理解别人合理的欲念，宽容别人的过失等都是"恕"，或者说都是"己所不欲，勿施于人"这种美德的延伸和扩展。即是说，"恕"的适用范围极其广泛，可以通过多领域、多侧面、多层次表现出来。

恕是推己及人的情操，就是我想要的别人也会要；我所想占有的利益，别人也想占有。既然如此，我们每个人都应该严格地要求自己，自己不能容忍的，也不要强加给别人；同时我想得到的利益，应想到别人也会和我一样，于是分给别人一点利益；或者觉得别人对不起自己，也不必放在心上，学会宽容与谅解等等。

孔子关于"己所不欲，勿施于人"的思想，包含着极为丰富的内容，对于为政者，孔子反对"居上不宽"，要求对下级"赦小过"。孔子提出的"君使臣以礼"，便是说上级使用下属，不要逾越制度规定的职责范围。孔子提出的"使民如承大祭"，便是要为政者像祭祀天地祖宗那样慎重、虔诚的使用民力，不要轻率妄为，这些都是对为政者行恕道的基本要求。对一般人而言，要求"躬身自厚而薄责于人"，即多反省自己，少责备他人。贵人而贱己，先人而后己等，都是"恕"的体现。

不为己私，坦然面对一切事情

曾子说："我每天再三反省自己——为别人办事没有尽心竭力吗？与朋友交往不诚实了吗？老师传授的学业没有用心复习吗？"

曾参的反思的三件事可以归结为一件，即反省对自己对他人是否诚实，自己是否违反了"诚"这一基本的道德准则。诚实，是一种可贵的品质，在任何时候都是如此。如果想成为一个强者，诚实是最基本的要求。所以，高允以诚立身的行为，深得人们赞许。

魏世祖太武帝时，高允与司徒崔浩奉命一同撰写《国纪》。高允以侍郎、从事中郎兼任著书郎。他精通天文历法，在著述过程中，经常匡正崔浩的谬误，令人叹服。当时，著作令史闵湛等人乖巧奸佞，崔浩对其非常信任。他们见崔浩注释《诗》《论语》《尚书》《易》，便上奏章，说马、郑、王、贾所注述的《六经》，疏漏谬误之处很多，不如崔浩所注的精微，因而请求搜集这些在境内流行的各家注述书籍，颁发崔浩的注书让天下人学习。同时请求世祖赐命，让崔浩再注释《礼传》，以使后生晚辈们能够真正领会其中的义理。面对奉迎吹捧，崔浩飘飘然不知所以。闵湛阿谀有功，崔浩就上表推荐他，称赞他才华横溢。不久，闵湛又怂恿崔浩将其撰写的《国纪》全文刊刻在石碑上，立于交通要道，以求永垂不朽，并借以彰明崔浩秉笔直书的事迹。

高允得知此事后，忧心忡忡，他预料崔浩得意忘形，肯定会没有好结果。他对著作郎宗钦说："闵湛所作所为，实在是岌岌可危，恐怕会给崔浩宗族招来永世大祸，我们恐怕也会被牵涉其中。"高允果然料事如神，不久，崔浩因撰写《国纪》触怒世祖，被收押监审。

此时高允在中书省供职，恭宗已被世祖立为太子。高允曾经给恭宗讲授经史，恭宗对他十分尊敬。恭宗知道高允因参与《国纪》的撰写也将受到牵连，就设法救助。他派东宫侍郎吴延请来高允，让他留在宫内。第二天，恭宗命高允陪同自己一起进宫朝见世祖。到了宫门口，恭宗说："现你我一同进见至尊，进去后我自会为你疏导，至尊如果询问，你只需依我的意思回答即可。"二人进宫面见世祖，恭宗小

高允

心翼翼说道："中书侍郎高允一直在臣宫中，与臣相处多年，为人一向小心谨慎，臣对此十分清楚，他虽与崔浩共事，但位卑言轻，受崔浩制约，请赦免高允一死。"世祖召高允进前问道："《国纪》是否皆为崔浩所作？"高允答："《太祖纪》为前著作郎邓渊所撰；《先帝纪》及《今纪》，臣与崔浩同作，但崔浩综理全面，事务繁杂，虽是共撰，其实不过总审裁断而已。至于书中注疏，多为臣所作。"世祖听后大发雷霆地说："如此说来，你的罪责更大于崔浩，岂能放你生路。"恭宗见势不妙，马上插话解释："父皇息怒，高允乃一介小臣，恐惧迷乱所以导致语无伦次。臣过去曾详细查问，高允都称《国纪》为崔浩所作。"高祖再问高允："果然如太子所言？"高允面无惧色，从容作答："臣才疏学浅，著述多有谬误，有违圣恩，又触怒天威，臣已知罪。臣死在即日，不敢胡言妄说，欺蒙圣听。太子殿下因臣多年一直随侍左右，讲授经学，所以可怜臣下，极力为臣请求宽免，其实殿下从来没有问过臣，也没有说过这样的话。臣如实奏报，不敢有丝毫隐瞒。"世祖听罢，怒气顿消，对恭宗道："真是直言不讳！临死而不巧语饰过，岂不难哉。且为臣不欺君，告朕以实情，真是忠贞之臣。虽然有罪，也可宽免。"于是，高允得到了赦免。

世祖随即召见崔浩，命人相问。崔浩惶恐迷乱，不能应答，世祖愈发恼怒，命高允拟写诏书，将崔浩以下，童仆小吏以上共128人，满门抄斩，诛灭九族。高允受命草拟诏书，但他迟迟不肯写，世祖频频派人催问，高允请求再次觐见世祖，说明情况然后才好拟诏，世祖于是答应了他。高允面奏说："崔浩获罪，若另有罪状，臣不敢

多言,但若仅以此事论罪,罪不该死。"世祖一听,勃然大怒,命侍卫将高允拿下。恭宗只得再次帮高允求情,世祖道:"不是此人劝谏,更要致死数千人。"恭宗与高允于是不敢再说什么,拜谢退下。崔浩最终仍遭灭门之祸,崔浩僚属童吏也都被处死,但仅止于本人,未曾累及妻子儿女。著作郎宗钦临刑前,想起高允当时的预言,长叹一声道:"高允有先见之明,简直是个圣人啊!"

事过之后,恭宗曾责备高允说:"做人应知道随机应变,否则多读书又有何益。当时我让你依照我的意思回答,你为什么不听呢?以致触怒圣帝,雷霆万钧,至今想起仍心有余悸。"高允怎会不明白恭宗的一片苦心,但他有自己的想法和道理,此时才告之恭宗:"臣是一村野凡夫,本来没有想过要做官,不想被朝廷征召,沐浴圣恩,在中书省为官。自思多年来尸位素餐,枉享官荣,妨碍贤良,心中每每不安。至于说到史籍,应为帝王言行实录,是将来的借鉴,因此帝王的言行举动,无不一一记载,为人君者自然对此分外审慎。崔浩世受皇恩,荣耀一时,而辜负圣恩,以致自取灭亡。崔浩本是平庸之才,而承担栋梁重任,在朝内没有忠诚正直的节操,退归没有雍容自得的声誉,为官也不清廉,个人好恶掩盖了正直与公理,这些应是崔浩的罪责,至于其记载朝廷起居之事,评论国家政事得失,本是撰写史书的惯例,并没有多少违背。臣与崔浩共撰一书,亦是事实。死生荣辱,不该有别,依理而言,臣不应有所特殊。今日获免,由衷感激殿下再生之恩。但若要臣违心地苟且偷生,臣于心不安啊!"高允掷地有声的一席话令恭宗连连感叹。

综观高允言行,他始终表里如一,不投机取巧、阿谀逢迎,他的立身准则就是忠直坦诚。人生在世,能够做到"诚"并不难,难得的是在生死攸关的时刻,仍能坚持以诚实来面对。封建时代,官场多是名利场,为争权逐利、为谋取高官厚禄,尔虞我诈、逢迎拍马、巧言令色、欺上瞒下,更是司空见惯。高允身在官场几十年,不管风云变幻,不计利害得失,坚持以诚立身,实在是难能可贵,也正因如此,他才赢得了别人的信赖和尊敬。

诚实,是为人处世最宝贵的品质之一。以诚立身,或许在某些情况下会吃亏,但从长远来看,必然会得到人们的理解与信赖。最终,诚实的品质也会使人成为真正的强者。

益者三友,损者三友

孔子说:"有益的交友有三种,有害的交友有三种。结交正直的朋友,诚信的朋友,见闻厂博的朋友,这是有益的。结交谄媚逢迎的人,结交表面阿谀奉承而背后诽谤人的人,结交善于花言巧语的人,这是有害的。"

中国人有许多传统美德,在交友方面,古人讲究"莫逆于心,遂相与友"。意思是说,要思想一致,志趣相投,才能成为朋友。鲁迅说:"人生得一知己足矣,斯世当以同怀视之。"可见人们是多么看重友谊。

孔子认为,"友直,友谅,友多闻,益矣",这是交友、择友的基本原则。孔子从自己的生活体验中,总结出结交这三种人为友是有益的:一种是"友直","直",指正直,就是说要选择那些正直、爽快的人为友;"友谅","谅"指诚信,就是要选择那些诚实守信的人为友;"友多闻","多闻",指博学多识,就是要选择那些博学多闻、见多识广的人为友。他认为,与这样的人交友才是有益的。

孔子在指出"益者三友"的同时,也告诫人们要慎交那些有损于自己成长和进步的人,这就是所谓"损者三友"。孔子认为,"友便辟,友善柔,友便佞,损矣",意思是说,与那些虚浮而不正直、有媚态的人交朋友,与那些常以和颜悦色掩饰自己、较为圆滑的人交朋友,与那些惯于夸夸其谈、善于辩解而不务实的人交朋友,是相当有害的。可以看出,孔子对于生活、对于人际交往是很有原则的、很严肃的。孔子要告诫人们尽可能减少"损者"之友对自己的影响。

总的来说,孔子认为,与正直、诚实、讲信,而又学识渊博的人交友,则对自己有帮助,会经常受到教益;而与惯于巧饰外表,但内心全无真诚、善于媚悦讨好,而又巧言善辩、不忠诚的人交友,则耳濡目染,日生邪情,自然容易受到损害。

交朋友,建立友情,要有自己的选择,要经过自己认真地思考。与有操守,有才能的人交朋友,对自己是一种帮助和提高;与行为不良的人交朋友,不但不会帮你,反而会损你、害你。善交益友,不交损友,乐交净友,这是交友的三大原则。择友,慎之又慎确是明智的保身之举。

唐代宗时,吐蕃、回纥兵又逼近邠州,郭子仪派他的儿子郭晞带兵去协助邠州节度使白孝德防守。

郭晞仗着父亲的地位,滋长了骄傲情绪。他部下的士兵纪律松弛,有的士兵在外面欺负百姓,干了坏事,郭晞只当不知道。

邠州地方有些地痞流氓,觉得在郭家军里当兵既无约束,又有靠山,便纷纷找熟识的兵士,在郭晞军营中挂个名,穿起兵士的服装。那批流氓和兵士勾结起来,大白天成群结队地在街上为非作歹,遇到他们看不顺眼的人,就动手殴打,甚至把

孔子家语

孔子智慧通解

图文珍藏版

人打成残废。街上的商铺也常常遭到他们的抢掠。

邠州节度使白孝德为这件事很头痛，但是他自己也是郭子仪的老部下，不敢去管郭家的人。

邠州旁边是泾州，泾州刺史段秀实听到这个情况后，特地派人送信给白孝德，要求接见。

白孝德把段秀实请了来。段秀实说："我们都是郭令公的部下，他对我们就像朋友一样。作为朋友，如今郭公子的手下这样胡闹，我们不能看着他惹出祸端啊！"

白孝德知道段秀实是个有见识的人，就向他请教。

段秀实说："我看到您这里这样乱，心里也很不安，所以特地来，请求在您部下做个都虞候（军法官），来管理地方治安，怎么样？"

白孝德拍手说："好啊，你肯来，我真求之不得哩。"

段秀实在邠州当上了都虞候。这件事并没有引起郭晞手下将士的留意，一些兵士照样胡作非为。

有一天，郭晞军营里有17个兵士在街上酒店里酗酒闹事，酒店主人要他们付酒钱，他们就拔出刀刺伤主人，还把店堂里的酒桶全部打翻，酒全流到水沟里去了。

段秀实得到报告，立刻派出一队兵士，把17名酗酒闹事的人统统逮住，就地正法。

老百姓看到这批害人的家伙受到了惩罚，个个高兴地拍手称快。

马上，消息传到了郭晞军营。兵士们一听到有人居然敢杀郭家的人，都大吵大嚷起来。不一会，所有将士都穿戴好盔甲，只等郭晞发出号令，去跟白孝德的兵士拼命。白孝德害怕了，直怪段秀实给他闯了祸。段秀实说："白公不要害怕，我自会去对付。"说着，就准备到郭晞军营里去。

白孝德要派几十个兵士跟随段秀实一起去，段秀实说："用不着了。"他解下佩刀，选了一个跛脚的老兵替他拉着马，一起到了郭晞军营。

郭晞的卫士们全身盔甲，杀气腾腾地在营门口拦住段秀实。

段秀实一面笑，一面走进营门，说："杀个老兵，还用得上摆这个架势！我把我的头带来了，叫你们将军出来吧！"

士兵们看到段秀实泰然自若的样子，呆住了，马上报告郭晞，郭晞连忙请段秀实进来。

段秀实见了郭晞，作了一个揖，然后说道："郭令公立了那么大的功劳，大伙都敬仰他。现在您却纵容兵士横行不法,这样下去,能不大乱才怪呢!如果国家再发生大乱,你们郭家的功名也就完了。"

郭晞听了,猛然惊醒过来,说:"段公指教我,这是对我的爱护,我一定听您的劝告。"他边说,边回过头对左右兵士说:"快去传我的命令,全军兵士一律卸下盔甲,回自己营里休息。再敢胡闹的处死!"

当天晚上,郭晞把段秀实留下来喝酒。段秀实把带来的老兵打发走了,自己在郭晞的营里过了一夜。郭晞怕坏人来暗算段秀实,自己不敢睡,专门派兵士在段秀实宿营地巡逻保护。第二天一早,郭晞还跟段秀实一起到白孝德那儿道歉。

打那以后,郭家的兵士军纪肃然,没有人再敢违法闹事,邠州地方的秩序也安定下来了。郭晞也把段秀实当作自己的良师益友,对他非常尊重。

"有难同当,有福同享"是交友、处世的最高境界,但实际上,富贵不相忘者极少。帮助别人就是帮助自己,只有勇于付出才能得到回报。

范滂,字孟博,汝南征羌人。冀州因饥荒而百姓闹事,范滂由朝廷任命为清诏使,前去治理。他登车前往,慨然有"澄清天下之志"。待到了州境,地方官自知贪赃枉法,闻风而弃官逃跑。

范滂经常举报地方长官。他说:"我的举劾,如果不是针对奸暴而为民除害,那我做官还有什么必要!现在只是先举所急,还有待充实材料。农夫去草,嘉谷必茂;忠臣除奸,王道以清。如果我言之不实,愿受处治。"范滂为民除害,帮助百姓度过危难,深得百姓爱戴。

汉灵帝刚即位的时候,窦太后临朝,封她父亲窦武为大将军,陈蕃为太尉。窦武和陈蕃是支持名士一派的,他们把原来受到终身禁锢的李膺、杜密又召回来做官。有人上奏章,请求汉灵帝再一次下令逮捕党人。

汉灵帝才14岁,根本不懂得什么是党人。他问曹节:"为什么要杀他们,他们有什么罪?"

曹节指手画脚地把党人怎样可怕,怎样想推翻朝廷,图谋造反,乱编了一通。最终,汉灵帝相信了他们,连忙下令逮捕党人。

逮捕令一下,各州各郡又骚动起来。有人得到消息,忙去报告范滂。范滂坦然说:"我一逃,反而连累了别人,怎么能这么做呢!"

汝南郡的督邮奉命到征羌捉拿范滂。到了征羌的驿舍里,他关上门,抱着诏书伏在床上直哭。驿舍里的人听到哭声,弄不清是怎么回事。消息传到范滂那里,范滂说："督邮一定是不愿意抓我才哭的,我不应该让他为难。"

他亲自跑到县衙里去投案。县令郭揖也是个正直的人,突见范滂来了,不由得一怔。

郭揖说："天下这么大,哪儿不能去,您到这儿来干什么?"

郭揖表示愿交出官印,跟范滂一起逃走。

范滂很感激郭揖,但他说："不用了,我死了,朝廷也许能把抓党人的事停下来。我怎么能连累您啊,再说,我母亲已经老了,我一逃,不是还连累她吗?"

县令没有法子,只好把范滂收押在监狱里,并且派人通知范滂的老母亲和他的儿子跟范滂来见面。

范母带着孙儿随着公差到监狱来探望范滂。范滂安慰母亲："我死后,还有弟弟抚养您,您不要过分伤心。"

范母说："你能和李膺、杜密一样留下好名声,我已经满意了。你也用不着难过。"

范滂跪着听母亲说完,回过头来对儿子说："做人要懂得替他人着想,敢于承担责任。无私地帮助别人,才能赢得别人的敬重。我在狱中没有吃苦受罪,是因为有这些朋友的帮助。我之所以选择去死,就是怕连累亲人和朋友。"旁边的人听了,都禁不住流下了眼泪。

和范滂一起被杀的一共有一百多人。有一名叫张俭的人,却逃过了官府的搜捕。他到处躲藏,许多人情愿冒着生命危险收留他。等到官府得到消息来抓他的时候,他又躲到别处去了。于是,凡是收留过他的人家都遭了祸,轻的下狱收监,重的被杀,甚至整个郡县都遭到了灾殃。因此,人们就更加怀念范滂了。

酒肉之交不是朋友,患难才见真情。交友要有分寸,择友要讲究缘分。交友重在相互帮助,相互提高,共同面对人生的磨难,交友不慎会留下终生遗憾。因此,在结交朋友的时候,不能盲目而交,需要在交友过程中擦亮眼睛,善于观察和鉴别。

会交朋友的人,不仅知道哪些人该交,还知道哪些人不能交。我国著名画家徐悲鸿成名以后,不忘两位黄姓朋友的帮助,用"黄扶"作为自己的别号。真正的患难之交,就是相互携手,你挽我扶,共度人生困难,共攀理想高峰。

人与人之间的影响是潜移默化的,在对方的影响下形成自己的习惯、性格及做事方式。俗话说:"近朱者赤,近墨者黑。"选择朋友的时候一定要选那些和自己志同道合的人,千万不要与小人为伍。

古希腊哲学家亚里士多德曾经说过："很多显得像朋友的人其实不是朋友。"因此，一定要结交那些品性高尚的人，宁缺毋滥。宁可孤独，也不找小人为伴。

道不同，不相为谋

孔子说："主张不同，不互相商议谋划，应该各人追随各人的志向。"

孔子是一位既高明又中庸、高出尘世也深通世故的圣人。他主张："道不同，不相为谋。"他的意思就是要与仁德的人交往，接受其熏陶，与其愉快相处。

每个人的道德修养既是个人的事，又必然与所处的外界环境相连。重视对朋友的选择，是儒家一贯注重的问题。一个人初出茅庐，如果能够得到别人的正确指点和帮助，会在创业的途中大为受益。

"善不吾与，吾强与之附。"就是说，即使好人不愿意与自己交往，自己也要尽力地向他靠拢，就一定会结交到品德好的朋友。习俗可染，如果所交朋友都是德高望重之人，自己耳濡目染，修养也会提高。

人们大都愿意与品德高尚的人结交，而品德低劣的人，却常常被人所鄙视，很少有人愿与之交往。

《世说新语》记载了这样一个故事：管宁和华歆一起在园中锄菜，看到地上有片金子，管宁依旧挥锄，视之如同瓦石一样，华歆却捡起来给扔了。

俩人还曾坐在一张席上读书，有人乘华车经过门前，管宁读书如故，华歆却丢下书，出去观望。管宁就把席子割开，和华歆分席而坐，并对华歆说："你已经不是我的朋友了。"

管宁从日常的行为中，看出两人之间不同的追求，于是就有了"割席断交"的典故。从二人后来的前途来看，他们确是道不同。管宁作为一代名士，一生以教书为业，曹魏政权多次征召他，委以高官厚禄，管宁都坚决不接受。他的高风亮节得到后人的推崇。华歆也是一代名士，他先在汉灵帝时为官，后为曹魏政权效力。虽然他一生位极人臣、廉洁自律，但他并没有获得民间的褒扬。因为在当时，曹魏政权是从正统的汉朝窃取来的，为正直人士所不齿。也许，管宁早就看出了二人的道不同，所以，虽然华歆仰慕管宁的才华品质，管宁还是断然与他绝交。

也有的人以利益为基础来交友，这样的交往是不会长久的，但真正不图私利而交友的人又是很少的。交朋友，是要和他的德相交，而不是依仗或贪图什么才和他相交。因此，交友首先要注重其人的德行。

国学经典文库

孔子家语

孔子智慧通解

图文珍藏版

有位心理学家曾做过这样一个实验,将十几个素不相识的人关在一间屋子里,与世隔绝。几天后发现,有共同爱好和追求的人大都成为好朋友,而没有共同爱好和追求的人则形同陌路。所谓"人各有志,不能勉强",又所谓"燕雀安知鸿鹄之志",其实都是"道不同,不相为谋"的意思。

司马迁说:"世上学老子的人不屑于儒学,学儒学的人也不屑于老子。道不同,不相为谋,是不是说的这种情况呢?"这是思想观念、学术主张不同,不相为谋的典型。

伯夷、叔齐相传为殷代孤竹君之二子。武王灭殷,天下宗周,伯夷、叔齐义不食周粟,隐居首阳山,终于饿死。

司马迁由此而感叹说:"道不同,不相为谋,真是各人追随各人的志向啊!"这是政治态度不同不相为谋的典型。

"道不同,不相为谋",是择友的一个重要原则。朋友之间要志同道合,否则,只会南辕北辙,越走越远。

真正的朋友不会把友谊挂在嘴上,他们并不为了友谊而相互要求,而是彼此为对方做一切能办到的事。在我们的日常生活中得更多的则是,各自为了自己的利益而斤斤计较,而不会替别人着想。

有一种朋友,就是酒桌上的酒肉朋友,这是最不可靠的朋友。有些人历来会做表面文章,在酒桌上觥筹交错,推杯换盏,似乎一个个都是铁哥们。其实呢,人一走,茶就凉。

人与人相交才会有真正的朋友。然而,不相信任何人和盲目相信任何人都是错的。正如古希腊哲学家德谟克里特所说:"不要对一切人都以不信任的眼光看待,但要谨慎而坚定。"

巧言令色者,耻之

孔子说:"花言巧语,伪装和颜悦色,低三下四地过分恭敬,左丘明认为这种人可耻,我孔丘也认为可耻。把对人的怨恨隐藏在心里,而表面上却装出友好的样子,左丘明认为这种人可耻,我孔丘也认为可耻。"

孔子反感"巧言令色"的做法,他提倡人们正直、坦率、诚实,不要口是心非、表里不一。这种思想在我们今天仍有一定的意义,对那些人前一套、背后一套的人有很强的针对性。

儒者对伪君子的鄙夷之情溢于言表,仅孔子对"巧言令色"的斥责,在《论语》中就有多次记载。曾子也曾说:"胁肩谄笑,病于夏畦。"意思是说,耸起两个肩头,做出一副讨好人的笑脸,这真比顶着夏天的毒日头在菜地里干活还要令人难受。然而,古往今来,这种巧言令色、胁肩谄笑的人却并不因为圣人的鄙夷而有所减少。所以,直到今天,我们仍然要牢记圣人提醒我们的话,时时警惕那些花言巧语、满脸堆笑的伪君子。

俗话说:"画虎画皮难画骨,知人知面不知心。""人心隔肚皮",在茫茫人海,我们很有必要练就"一语识破""一眼看穿"的识别人心的技巧。

对人心的识别,是"横看成岭侧成峰,远近高低各不同"。花言巧语,给人戴高帽子,一般是对有权有势的人而言。

唐玄宗时的宰相李林甫,他陷害人时并不是一脸凶相,咄咄逼人,而是吹捧,就是所说的"口有蜜,腹有剑"。当然,在当代也不乏口蜜腹剑的阴谋家。他们就在我们的周围,有时,他们看到你直上青云就会逢迎拍马专拣好听的话讲;有时,他们看到你事事顺心、进展神速就在背后造谣生事向上级进谗言;有时欺骗、谎言、圈套从他们头脑中酝酿成"捆精绳"套在你身上,使你翻身落马。所有的这些,我们岂能不防?

具有识人的本领,就意味着你可以在瞬息万变之间看透周围发生的人与事,谨防被小人暗算。有些人表面上装着非常友好的样子,但暗地里却隐藏着阴险的人心。对这样的人,定要强加防范。只有这样,才能使自己免于陷入危难的困境之中。

孙膑和庞涓都跟随鬼谷子学习兵法,他们两人既是同窗好友,又是八拜之交的兄弟。但孙膑为人憨厚老实,心地善良,而庞涓则为人刻薄,有着极强的嫉妒心。

有一年,庞涓听说魏王要招纳贤士,就辞别师父去了魏国。临走前,他对孙膑信誓旦旦地说:"只要有朝一日讨得一官半职,一定不会忘了我们同门师兄弟的情谊。"

庞涓到了魏国,魏王见他有出众的文韬武略,就命他做军师。在随后的战争中,庞涓帮助魏王屡克强敌,名震诸侯,深得魏王的赏识。但他并没有实现自己先前许下的诺言,将孙膑引荐过来。因为他知道,孙膑无论在哪方面都比自己强,他不允许孙膑抢占了他的风头。

有一次,墨子去拜访好友鬼谷子,见到孙膑后,对他的才华赞叹不已。后来,墨子来到魏国,魏惠王对墨子待如上宾,为了答谢惠王的厚待,墨子就向他举荐了孙膑。魏王知道孙膑和庞涓是同窗,就叫庞涓修书一封,请孙膑到魏国来。庞涓深知孙膑一来,自己必然失宠,但他又不敢公然违背魏王的命令,只得硬着头皮给孙膑写了封信。就这样,孙膑来到了魏国。

魏惠王见孙膑才华出众,便任命他为庞涓的副手。对于自己能在魏王手下做事,孙膑一直以为是庞涓的提携,对此,他对庞涓很是感激。庞涓对孙膑表面上称兄道弟,看上去十分亲热,而内心却妒火熊熊。庞涓嫉妒孙膑智高一筹,更恨他分享自己的地位和权势,因此,他一直暗中寻找机会干掉孙膑。

庞涓开始在魏王面前说孙膑虽然身在魏国,而心却还向着齐国。魏王一听大怒,遂将孙膑削职,并要庞涓监视他。庞涓乘机说孙膑有私通齐国之罪,应砍掉他的双脚,让他成为一个废人,永远都不让他回齐国。

魏王听从了庞涓的建议,砍掉了孙膑的双脚,并在他的脸上刻上"私通外国"四个字。这个时候,庞涓仍假惺惺地对孙膑说:"魏王本来是要我将你处死,但我竭力劝阻,再三保奏,魏王才决定免你一死。"孙膑不知真相,对庞涓仍然万分感激。

其实,庞涓之所以不杀孙膑,有自己的用意,他就是想得到孙膑的《兵法》。但孙膑并不知道庞涓的想法,为了感激庞涓对自己的照顾,还每天拖着残废之躯为庞涓写兵法。后来,庞涓的仆人可怜孙膑,就把真相告诉了他。孙膑得知真相后,就开始装疯,以此来消除庞涓对他的防范。不久,事情有了转机,一次,墨子的弟子禽滑里去魏国时知道了孙膑的不幸,于是向墨子诉说了孙膑的遭遇。墨子又将孙膑的事通知了齐王,齐王于是派人将孙膑接回了齐国。

回到齐国后,孙膑做了田忌的军师,在后来的"围魏救赵"的计策中大败庞涓,又在韩魏战役中,以"增兵减灶"的计谋,诱敌深入,将庞涓射死在马陵道。

庞涓本来也是个很有才学的人,但他嫉妒心强,并且心狠手辣。对于孙膑来说,庞涓就是一个不折不扣的小人,但他因为缺乏警惕之心,所以险些被庞涓害死。

由此可见,虽然小人的内心可耻,但他们的面孔却很难辨认,因为他们都戴着一副假面具。因此,我们必须透过这副假面具,才能看清他的本质。

唐太宗李世民不可谓不圣明,但这一代明君在魏征死后很快就被"巧言令色"的小人包围。太子李承乾发动政变,事败被杀。因魏征曾是太子师傅,唐太宗听信谗言,命人将御笔亲书的魏征墓碑推倒并砸碎。直到东征高丽失败,狼狈而归,李世民才又想起了魏征,他长叹道:"魏征若在,不使我有是行也!"不久,他命令去魏征墓前悼念一番，并将当初推倒的墓碑又立了起来。

"巧言令色"编织的无形之网不仅能网住帝王，也会随时把我们纳入其中。这就更需要我们谨记孔子的这句话了。

君子和而不同，小人同而不和

孔子说："君子讲求和谐而不同流合污，小人只求完全一致，而不讲求协调。"

我们知道，矛盾无处不在，无时不在，任何事物都是矛盾的综合体，矛盾是事物存在的依据。如果没有了矛盾，也就没有了事物本身。"和而不同"是孔子思想体系中的重要组成部分。孔子认为，"君子和而不同，小人同而不和"，即君子可以与他周围的人保持和谐融洽的关系，但他对待任何事情都必须经过自己大脑的独立思考，从来不愿人云亦云，盲目附和；小人则没有自己独立的见解，也不讲求原则，只求与别人完全一致，但最终他仍不能与别人保持融洽友好的关系。

这是在为人处世方面。其实，在所有的问题上，往往都能体现出"和而不同"和"同而不和"的区别。"和而不同"显示出孔子思想的深刻哲理和高度智慧。

结交朋友就是这样。没有完全一致的、十全十美的朋友，求同存异，和谐相处，是最大的收获，最愉快的结果。

在现实生活中，朋友之间所处的环境不同，在经历、教育程度、道德修养、性格等方面虽然是"同声相应、同气相求"，但也不尽相同，必然存在着一定的差距。这个差距，不应该成为友谊的障碍。真正的朋友应该通过交换意见、沟通思想而取得共识。有时候，即使思想暂时统一不了，也不应伤了彼此的和气，时间一长，就可以看出谁对谁错了。因此，要承认自己和朋友在对待事物方面的差距，适应这种差距，双方可以有争论，有辩解，但不可偏激，应在争论中寻找契合点，求大同，存小异。而事实上，有许多友情之所以中断，就缘起于对一些小异的偏激争执上。

所以当双方都各执己见、观点无法统一时，自己应该会把握自己，把不同的看法先搁下来，等到双方较冷静的状态时再辨明真伪。也许，等到你们平静的时候，说不定会相顾大笑双方各自的失态呢。

"求大同，存小异"是中国文化的根本特征和基本价值取向。"君子和而不同"正是对这一理念的具体阐发。"和而不同"实质上追求的是内在的和谐与统一，而不是表象上的相同与一致。今天，"和而不同"是人类共同生存的基本条件和基本法则。

在人与人、人与自然的关系上，中国传统文化历来主张平衡和谐，"以和为贵"。"君子和而不同"似乎可以区分为两种情况：就自身而言，不高明的人见到旁人的成功就一窝蜂随大流地模仿别人，反而引起恶性竞争，最终导致不和谐；高明的人总是与别人相协调，但并不盲目地重复或附和别人，因协调而不重复故能达成和谐。

美国的大富翁亚默尔年少时在家里干农活，17岁那年，全国的淘金热席卷而来，亚默尔毅然决定加入淘金者的行列。

淘金的山谷气候干燥，水源极其缺乏。因此，人们一面寻找金矿，一面不停地抱怨，甲说："谁让我喝一壶凉水，我宁愿给他一块金币。"乙宣布："谁若是能让我喝个饱，我将给他两块金币。"丙发誓："老子出三块金币！"当时也是淘金者的亚默尔，同样也遭遇到没水喝的困境，也发出过没水喝的抱怨声。

但后来亚默尔不再抱怨了，他从"没水喝"的问题中发现了机遇：如果将水卖给这些人喝，比挖矿更能赚钱。于是，他毅然放弃淘金，用原来用于挖金矿的铁锹去挖水渠，努力过后，河水流入了他事先挖好的水池中。于是，他干起了担水桶、提水壶的活儿，把一壶壶的水卖给挖金矿的人。一起淘金的伙伴们都嘲笑他："不挖金子发大财，却干这种蝇头小利的买卖。"后来，黄金渐渐难找了，很多淘金者都空手而归，而亚默尔腰包里的黄金却鼓了起来。

亚默尔顺应了淘金的潮流，这是"和"；但他没有重复别人，这是"不同"，合起来就是"和而不同"，所以他比别人高明，发财是对高明的应有报偿。

高明的人总是追求和谐，为此而包容差异，在丰富多彩中达成和谐；不高明的人，总是强求一致，因容不得差异而往往造成矛盾冲突。

一个乐队，想要演奏出和谐美妙的音乐，需要使用十几种乃至几十种不同的乐器，各奏其乐，各发其声，从而汇成宏大动听的交响乐。反之，如果乐队中只使用同一种乐器，其单调乏味是可想而知的。又比如，生物分雌雄，动物分公母，人类分男女，倘若世界上只有同一个性别，无法交媾，也就无法造就新的生命。我们的世界本来就是，也应当是一个"和而不同"的多样性的世界。

那么，如何才能达成"和"的局面呢？和而不同，也就是不要求与别人重复，不强求非与他人一致。在大目标不冲突的前提下，求大同，存小异，才能化解矛盾，共存共荣。

只要愿意共存共荣，就必然要磨合。磨合就是通过接触、交流、沟通来达成共识，以达到"和"的目的。

圆融为人就要求我们能允许不同意见的存在。不仅在一些思想观念上我们要求同存异，就是在具体的办事过程中，我们也要根据求同存异的原则，这样才能有更多的思路把事情办好，同时加深彼此之间的感情，以便以后进一步合作共事。

乡原，德之贼也

关于"乡原"，孟子有着更为具体的解释，就是"阉然媚于世也者"，'换句话说，乡原就是那种一味讨好别人、虚伪狡诈的人。这种人是"德之贼"，因为他们四处讨好、八面玲珑，无论在什么事情上都是毫无原则的一团和气，不得罪人，结果使得道德原则无法伸张。又由于他们总是以"老好人"的身份出现，不像那些公开的坏人，所以，他们败坏了道德，就如同偷道德的贼一样。

孔子微言大义，一言以蔽之，这就告诉我们在与人交往的过程中要恪守中庸之道，既不能做"老好人"，也不能做"公开的坏人"，说话办事要以"诚信"立身，体现本我，为人处世要由衷而做，切不可虚伪狡诈，我们来看一个事例。

战国时期，秦国出于对外扩张的目的，必须夺取地势险要的黄河崤山一带，派公孙鞅为大将，率兵攻打魏国。公孙鞅大军直抵吴城城下，但是吴城原是魏国名将吴起苦心经营之地，地势险要，工事坚固，正面进攻难以奏效，公孙鞅苦苦思索攻城之计。后来，他探到魏国守将是与自己曾经有过交往的公子昂，心中大喜，便马上写信，说道："虽然我们现在各为其主，但考虑到我们过去的交情，还是两国罢兵，订立和约为好。"此信念旧之情溢于言表。

信送出后，公孙鞅还摆出主动撤兵的姿态，而公子昂看罢来信，又见秦军退兵，非常高兴，马上回信约定会谈日期。公孙鞅见对方已入圈套，就暗地在会谈之地设下埋伏。会谈那天，公子昂刚刚入席还未坐定，就听见一声号令，伏兵从四面包围过来，公子昂和三百随从反应不及，全部被擒。公孙鞅利用被俘的随从打开吴城城门，占领吴城。魏国只得割让西河一带，向秦求和。

这则故事向人们敲响了警钟，虽然现代社会已经不是刀兵相见的战争时代了，但人心难测，你不得不小心提防身边的人，小心那种"笑里藏刀"的人害你于无形之中。

那么，在实际的人际交往过程中，怎样分辨他人是诚实还是欺骗呢？诚实的人，品格高尚，为人正直，待人处世不愠不怒；诚实的人，会有很多要好的朋友，而且都是正直的朋友;诚实的人,能将你托付的事情办理的很好,而不提回报;诚实的人,不会斤斤计较,也不会背信弃义;诚实的人,不一定有钱,但会让你觉得和他在一起很快乐;诚实的人,不一定长得好看,但当你发觉他"至诚至信"的心之后,你会发现他是世界上最美的人。

而欺诈的人,花言巧语,弄虚作假,阿谀奉承,他们可能也有很多朋友,但不是狐朋狗友就是酒肉朋友;他们会不声不响地采用让你上当的手段,会在你面前数落别人的不是;他们也许会很有钱,却是为富不仁;他们可能外表看起来很漂亮、很英俊,但当你摘下他们面具的时候,你会发现他们是何等的肮脏不堪。

荀子在论人性的篇章中说,人的本性看起来如果是善的,那也是他努力做的伪装,人性本来就是丑恶的。对于人性的"善"与"恶",在真正意义上的人际交往中并没有多大的指示作用,"善"和"恶"对于每个人都有不同的理解。或许荀子的话应该这样理解:那些向来诚实的人,其本性就是善的;而那些惯于欺诈的人,其本性就是恶的。

俗话说:"巧诈不如拙诚",不要自以为做的巧妙,神不知鬼不觉,就心存侥幸,人际关系不是要你怎样去用谎言或欺瞒去取悦于人,而是要求你用自己的真诚去对待他人,只有如此,你在与人交往共事的过程中才会得到欺诈的人所得不到的友善与和睦。

当仁,不让于师

孔子教给了我们一种表现真实自我、诚信处世的方法,就是"当仁,不让于师"。人们总是觉得好人似乎得不到好报,当我们试图与别人和睦相处的时候,别人总会得寸进尺,他们希望高你一等,使你灰心丧气,这样你就不会阻碍他们前进了。这时候,假如你不理直气壮地坚持要求得到真正属于自己的东西,别人就不会理睬和帮助你。

生活中一些蛮横霸道的恶人之所以能够得意一时,就是因为社会上的老实人太多了,他们作威作福、发火撒气往往找那些软弱善良者,因为这样做不会招致什么值得忧虑的后果。在我们身边到处都有这样的受气者,他们看起来软弱可欺,最后也必然为人所欺。一个人的软弱,事实上助长和纵容了别人侵犯你的嚣张气焰。

在社会中生存,只要你显示出你是一个不受欺侮的人,你就能够做到不受气。也许你不必处处睚眦必报,只要你能抓住几件小事大做文章,让冒犯者知道你的厉害,你就立刻能收到一种"杀鸡儆猴"的效果,我们来看张作霖是如何做到这一点的。

作为民国时期的大军阀,张作霖强烈主张抵御日本侵略,这一点可谓是深得人心。有一次,张作霖出席一个名流集会,席间有几个日本人走到张大帅身边,说道:"久闻张大帅文武双全,请即兴赏一幅字画,如何?"张作霖知道这是对方在故意刁难他,但在大庭广众之下也不能直言拒绝,于是满口答应,吩咐笔墨伺候。他站在桌前,大笔一挥写就了一个"虎"字,然后得意地写上落款"张作霖手黑",那几个日本人面对题字,一时摸不着头脑。

机敏的秘书一眼就发现了错漏,他连忙贴近张作霖耳边小声道:"大帅,您写得'墨'字下面少了一个'土','手墨'变成'手黑'了。"张作霖眉梢一动,故意呵斥秘书道:"我还不晓得这'墨'字下面有个'土'?因为这是日本人索要的东西,不能带'土',这就叫作寸土不让!"话音刚落,满堂喝彩。那几个日本人这才看出张作霖不好惹,都觉得没趣,只好悻悻退场了。

张作霖在自己丢脸的情况下,并没有乱了阵脚,而是将错就错,巧妙地暗示大家他把"墨"写成"黑",不是因为自己不会写,而是因为他有一颗拳拳的爱国之心,对于日本的侵略坚决寸土不让。可见,当自己的利益受到损害或威胁时,我们不能因为怕得罪别人或自己会遭到报复就畏缩,就不敢作反抗,而应该理直气壮地站起来,勇敢地维护自己的权利,否则就是一个不值一提的弱者。

人类社会跟动物界相似,"弱肉强食"的现象时常发生,一类人总爱处处占别人的便宜,凌驾于弱者之上;而另一类人就是所谓的"受气包",很自然地成了别人侵犯的对象。世界上没有天生的"受气包",那些经常成为众人发泄对象的人之所以迈不开步子,是因为他们首先用自己的左脚踩住了右脚。他们从未做过一件自己想做的事,他们在第一次受气时就放弃了反抗,这一行为的反复便会形成一种心理定式和社会交往模式,别人就认为你应该逆来顺受。

许多人选择了忍气吞声的生存方式,往往是由于他们患得患失,自己在主观上吓倒了自己。而无数的事实证明,挺身而出、捍卫自己的正当权益,其实是再自然不过的事了,跨过这道门槛,你会发现没有什么大不了的,卸掉了精神包袱,你反而会活得更加自在。

不敢进行第一次反抗,就不会有第二次反抗,因为你永远不知道新世界的滋味有多么美好,而有了第一次的反抗,尝到了其中的美妙,你自然就会全力去进行更多次的反抗。久而久之，你就会修正自己的心理模式和社会交往方式，由一个甘心受气、只能受气的人，变成了一个不愿受气、不会受气的人。

立，则见其参于前也

孔子要求人们把"忠信笃敬"作为座右铭印在脑子里，融进血液中，落实在行动上。做到了这一点就可以走遍天下，否则将寸步难行。诚信是人们之间和谐相处的道德准则，为人处世中想要拥有独特的人格魅力和与人亲善的性格，就需要做到"诚于心，信于外"，这才是与人交往中"诚"的最完满表达。

"择善而固执之"，这是做人的一种主观精神，是一种道德观。《中庸》上说："修养自身，要根据道的规定。"用"道"来要求自身，多从自身找原因，以便发现自己的不足和错误。"道"即是人生来与万物共有的"本性"，这种"本性"是将人与世界、自然、万物联系在一起，让人学会从外界找到修养自身的途径，是修养"诚信"的契机，而后才能"固执之"，并得到自我道德观的升华。有这样一则寓言，说的就是这个道理。

一条鳄鱼从水里爬出来，不知不觉走到了沙漠中，由于天气炎热，鳄鱼浑身没了力气，这时，它看到一个小伙子走了过来，鳄鱼就对他说："看得出来，你是一个勇敢的人，不仅勇敢，而且还是个大力士，你能不能帮助我回到水里？我快要死了，我一定会报答你的！"善良的小伙子同意了，背起鳄鱼就走，快到河边的时候，鳄鱼在想：这么强壮的人，他的肉一定很好吃，到了河里我就可以饱餐一顿了。小伙子把鳄鱼放到河里，它却一口咬住恩人的腿："年轻人，我好几天没吃东西了，你不如好事做到底，把你的腿给我当晚餐吧！"

"你这个忘恩负义的家伙，怎么不讲信用？"小伙子骂道，"你说我把你背到河边，你就会报答我的，可你现在却要吃我，这能算是报答吗？"

"你误会我了，要是在平时，你落在我手里，我早就把你整个吞下去了，现在我只要你的一条腿，这已经是对你的报答了。"小伙子找到河马说理，河马怎么也不相信："鳄鱼这么重，你怎么能背动？想要让我相信就再背一次。"小伙子没办法，只好把鳄鱼又背到了原来的地方，这时候河马说："小伙子，你现在还想救鳄鱼吗？"

这个故事告诉大家，在处理人际关系的时候，缺乏诚实，不讲信用，是没办法得到别人信任的，这样的人在社会上无法立足。虚伪的人不乏聪明，但他们的聪明却为人所不齿，他们时常心存侥幸，以为可以用"精妙"的伪装来蒙蔽别人，从而达到自己的目的,但有朝一日,他们的伪装被撕下,人们就会认清其本质,再看下面这个故事。

汉代时,有个叫少翁的人向汉武帝吹嘘自己会鬼神之术,因此被招进宫中。当时,汉武帝有个十分宠爱的妃子刚死不久,汉武帝对她念念不忘。少翁知道后就对汉武帝说:"我可以召回妃子的魂魄与你相见。"汉武帝很高兴,于是少翁叫武帝坐在屏风后面,略施伎俩,汉武帝真的在屏风后面看到一个与妃子很相像的身影,抑郁的心情得到了缓解。汉武帝就封少翁为文成将军,并赐给他很多东西。

一年以后,少翁的法术渐渐不灵验了,做法时鬼神也不再来临。少翁感到情况不妙,于是暗地里写了一卷帛书让牛吞下,然后故意装出不知道的样子,对汉武帝说:"这头牛最近很奇怪,肚子里肯定有什么东西。"汉武帝命人把牛杀了,取出那卷帛书,上面的言辞十分怪诞,汉武帝怀疑是少翁做了手脚。拷问之下,少翁只得俯首认罪,汉武帝怒不可遏,将他斩首示众。

那些虚伪的人,只会凭着自己的小聪明耍一些小把戏,当这些把戏被揭穿的时候,他就会千方百计想对策,以保住自己得到的利益,但比他聪明的人一眼就可以看出来,那个时候,他的原形就暴露在世人面前,也将无处可遁了。无独有偶,在《笑林》中有这样一则故事,讽刺的是那些没有真才实学而又虚伪的人。

有一个人想在县令手下谋个差事,于是就去拜见县令。到了县衙,他向旁边的差役打听:"县令平时最喜欢什么?"差役说:"我们老爷平时最喜欢读《公羊传》"。这个人进去求见,县令问:"你读过书吗? 是些什么书?"他回答说:"只是读了《公羊传》"。县令一听觉得自己终于找到知音了,就试探着问:"你读《公羊传》,那么你知道是谁杀了陈他吗?"这个人想了好久,才支支吾吾地回答说:"大人,我平生实在没有杀过陈他。"

县令听他这么一说,就知道他什么都不懂,于是故意开玩笑说:"你没有杀陈他,请问那是谁杀的呢?"一句话把这个人吓坏了,光着脚就从县衙跑了出来。

很明显,不管你掩饰的手段再高明,谎言编造的有多美丽,总有水落石出的一天,真相也必然为世人所知。在现实中与人交往,不要只看一个人的表面工作,也不要听信他那些天花乱坠的话,而应该注意他平时的一言一行。那些喜欢耍把戏、玩手段的人,也应该收敛了。

我们在与人交往时,要时刻记着自己是这个社会的一员,如何让自己在人际关系中既符合自己的意愿,而又不违背社会道德规则呢? 这一点,就要先立正自我,找准自己在社会中的位置,在实际交往过程中,以诚信待人待事,此所以天地之为天地,人之为人。

真诚待人、恪守信用是赢得人心、培养亲和力的道德前提。只有做到了诚信,才能得到别人更多的帮助和支持,才能获得更多的成功机会。一个人要打扮、装饰自己的外表很容易,但在修养自身方面要做到"诚信"却很难,这就需要我们用心去做到"诚信",这样,我们的社会就会变得平和,人与人之间也就变得更加和睦。

过而不改,是谓过矣

我们在与人相处的时候难免会犯错误,有的人犯了错却强词夺理,一味找借口,甚至为求自保而诋毁他人。所谓"见善则迁,有过则改",犯了错误之后,只要真诚对待,能改正过来就可以了。要想搞好人际关系,就得在错误面前勇于承认,并发自内心地改过,这才是君子所为,这同样也是中庸之道强调的"不偏执、不走极端"的一种表现。

古时候有一个十分懒惰的人,每天都依靠偷鸡摸狗维持生计,有个好心的邻居就劝告他:"你到处偷人家东西,闹得人家鸡犬不宁,这可不是好人的行为啊!"那人听了,想想说:"那么,从今天开始我就少偷一点,由每天一次改成一个月一次,等到明年我就不干了。"邻居听他这样说,摇了摇头,说道:"你明明知道这样做是错误的,就应该马上停止,为什么还要等到明年呢?而且还以为减少数量就能减少自己的错误吗?你的恶习看来是改不掉了!"

既然知道自己错了,就应该马上改过来,而不是去找推脱的理由,要真诚地去剖析自己的错误,然后改正过来。正如曾国藩所言:"知己之过失,即自为承认之地。改去这无吝惜之心,此最难之事。豪杰之所以为豪杰,圣贤之所以为圣贤,便是此等处磊落过人。能透过此一关,寸心便异常安乐,省得多少纠葛,省得多少遮掩装饰丑态。"曾国藩之所以能发此感慨,是因为对于这一点他有着切身的感受。

曾国藩两次自杀,都被一个叫李元度的人舍身相救。李元度,字次青,湖南平江人。曾国藩失败以后,召集幕僚,让大家指出失败的原因,但大家都不敢说。曾国藩就指着李元度:"次青,你大胆地说。"李元度说道:"岳州之败,师未集而因大风阻于洞庭湖,敌察我困,大股围入,其败可谓天意,于理于势者都是如此结局,并且师出不为退路着想,乃行军大忌。犯此,则不能不败。"李元度的话如芒刺在背,一针见血。曾国藩不但没有惩罚他,而且是十分赞同。

可见，曾公能承认自己的错误，而且还能够接受别人的意见。这种求过的方法，即是真诚者也，可谓是大人者。无论是做事还是与人交往，做到真诚认错、真诚改错，这肯定不容易，这个时候就看个人的修养是否完善了。

有道是："人非圣贤，孰能无过"，尔后"知错能改，善莫大焉。"然而至于承认错误，说起来容易，真正能做到的人却少之又少。圣人之所以为圣人，并不是因为他们没有缺点，不犯错误，而是他们能真诚地去面对，而且能及时改过，总结经验，并能够为后人提供借鉴，警示后人不能重蹈覆辙。

当然，无论做什么事，我们都希望自己是对的。当我们得出正确的结论时，我们会感到欣喜若狂。但人们也应该知道，在我们所做的事情中，很少有人敢说哪些事情是百分之百正确或百分之百错误的。然而，不管是在学校也好，公司也好，还是从事政治

曾国藩

活动或是在运动场上，我们所有的社会系统都只能容忍我们做出正确的事情，结果很多人都是在充满防御的心理下长大，而且学会了掩饰自己的错误。还有一种人，他们在被指出错误之后因为害怕再犯错，干脆什么事情也不做，他们会变得既紧张又有抵触的心理。

俗话讲的好："或许你会因此而赢得某场战役，可是你最后可能会输掉整场战争。"有些人不仅坚持认定自己无时无刻都对，而且他们在赢了之后还会对别人幸灾乐祸，自我吹嘘一番。这种人是令人无法忍受的，他们的为人和自以为是的样子，只会让别人讨厌而已。对于这些人，我们要奉劝：与其装出一副自己什么都对、洋洋得意的样子，倒不如做错事情的时候勇敢承认比较明智一些，如果一个令人难以忍受的人在你做错事情的时候贬低你，你应清醒地明白这个人的心理或许有些问题。同样的道理，对于那些斩钉截铁地说自己对，并常常要证明自己对的人，人们也会抱着敬而远之的态度的。

故而，对于自己的缺点或错误，自身要有一个清醒的认识，真诚地承认自己的缺点和错误并不是丢人的事，而是为了提升自己在他人心目中的地位，能够更好地

得到他人的尊重，这样，每个人都能找准自己在社会上的位置，才能抱着一颗至真至诚的心待人待事。

道听而途说，德之弃也

孔子说："道听而途说，德之弃也。"就是说，路上听说便在路上传播，这是有道德的人应该摒弃的作风。可见，早在两千多年前，孔子就告诫人们不要道听途说，听到别人的话，既不在心里考虑一下，也不经过事实查证，便不负责任地传播出去，这是做人的最大忌讳，因此，实事求是、明辨是非才是一个有道德的人应该提倡和发扬的，关于这一点，春秋时期齐国的宰相管仲就是最好的例证。

齐桓公是春秋战国时期有名的君主，国家在他的治理下强盛一时，人民安居乐业。齐桓公之所以能够取得如此好的政绩，有一个重要的原因就是他重用管仲，并拜其为相，管仲为齐国的强大做出了不可磨灭的贡献。

有一次，齐桓公和管仲正在花园里闲谈。谈到高兴处，齐桓公兴高采烈地对管仲说："丞相，前几天我去围场打猎，正当我骑马奔跑时，突然从树丛中跳出一只猛虎。我的马立时就停住了，我吓得心惊肉跳，可是你猜后来怎么样了？"

"大王没有被老虎吃掉，而是安全回来了。"管仲说。

"是啊，可是你一定不会想到那只老虎怎么样了。"齐桓公露出一脸神秘的样子。

"难道有人从背后射了一箭，老虎死在大王面前了？"管仲问道。

"不是。"齐桓公更加得意。

"那就是老虎跑了。"管仲说。

"是啊，那老虎与我的马对视了片刻，不知为什么就离去了，我想上天一定是宠爱我，让我大难不死，我相信自己一定能够完成祖传基业，把齐国治理成为诸多国家中最强盛的一个，这就是上天的安排啊！"齐桓公深情地说。

"大王，您当时是不是背向着太阳啊？"管仲问道。

"是啊，这又有什么关系？"齐桓公反问道。

"相传，有一种专门吃老虎的猛兽叫骏，它的样子酷似马。既然您当时背向太阳，老虎就是面向太阳了。阳光刺眼，老虎看不清楚，就把马当成骏了，所以老虎就跑掉了。"管仲分析道。

齐桓公听到这里有些沮丧，心中泛起些许懊恼。管仲看出了齐桓公的心思，就说：“大王，您不必懊恼，您应该高兴才对啊，这是上天给您的暗示啊！”

“什么暗示？”齐桓公追问道。

“大王，上天是在告诉您一个治理国家的良策！假象不辨，真相难明，正是因为老虎不明马和骏的区别才会溜走。自然界是这样，您处理政务也是如此啊！”管仲说。

齐桓公沉思片刻，深有体会地说：“的确如此，我不会再相信什么上天眷顾，而是要提高自己的能力，才能把齐国治理好啊！”

管仲没有趋炎附势地顺着齐桓公的意思大发感慨、道听途说，而是根据当时的实际情况推断出了事情的真相，还以此引申到治理国家的策略上，这的确是一般人难以做到的。

除此之外，判断一个人对自己是否真心诚意，是否值得交往，不仅要看他对你怎样，还要看他日常的言行举止，如果他只会一味地向人谄媚，缺乏仁义道德，此人就不值得深交。而那些能够真心为你提意见的人才是可靠的。

管仲病危时，齐桓公亲自去他家看望他，看到管仲病情很严重，齐桓公不禁悲伤不已。管仲劝齐桓公不要悲伤，说：“生老病死是人之常情，我也不能长生不老啊！”齐桓公说：“您生病了，有什么话要嘱咐我吗？”管仲回答说：“我希望主公能够远离易牙、竖习、常之巫、卫公子启方这些人。”

齐桓公不解，心想这些人平时对自己总是毕恭毕敬，于是问：“当初我身处险境，无米无粮，是易牙亲手煮了他儿子的肉来孝敬我，使我免受饥饿之苦，这说明他爱我胜过爱他的儿子啊！这难道还有什么值得怀疑的吗？”管仲说：“虎毒不食子，更不要说人了，天下哪里有父母不疼爱自己子女的，他对自己的儿子都这么残忍，又怎么能对您好呢？他这样做无非是想讨好您，达到他的目的罢了。”

齐桓公又继续问道：“竖习不惜阉割自己来侍奉我，这可是一般人难以承受的痛苦，这说明他爱我胜过爱自己的身体，这又有何值得怀疑的呢？”管仲说：“世间之人没有不爱惜自己身体的，竖习连自己的身体都不爱惜，那又怎么会爱惜您呢？他这样做不过是想赢得您的信任，整日陪在您的左右，对您阿谀奉承，使您成为不听忠言的昏君啊！”

齐桓公听到这里出了一身冷汗，又问：“常之巫能够占卜人的生死，为我治病，难道也不能信任吗？”管仲答：“生死有命，富贵在天。大王不相信天命固守本分，而是依靠常之巫，想长生不老，他必然会利用您而胡作非为啊！”

齐桓公又问:"卫公子启方侍候我都十多年了,也没回家看看自己的父母,就连他父亲去世,他都没有回去奔丧,这样的人难道对我还不够忠心吗?"管仲说:"天地间,没有不爱自己父母的,卫公子对待自己的父亲尚且如此,又怎会真心对待您呢?"

管仲看问题深刻透彻,能够看出小人伪装出的一副忠诚的面孔,投齐桓公所好。而世界上大多数人都是爱听阿谀奉承的话,不愿听逆耳忠言。如何才能辨别真伪?提高自身素质和能力是重要前提。只有如此,才能在关键时刻识破假象,取得成功。因此,聪明的人应该练就犀利的慧眼,识破假象,取得成功。

人而无信,不知其可也

"信誉",按照现在的意思来说,是指个人或社会集团履行承诺和义务的水平,以及他们在人们心目中的可信任程度,是个人或社会集团的社会信用和相应的社会赞誉的统一。《中庸》上说:"诚者天之道也,诚者人之道也。"只有诚实的人才会在与人交往中对他人讲信誉,讲信誉的人就是诚实的人。讲诚实和信誉都要符合天道、人道,并顺应天之本性、人之本性。

中国古代的信用观是基于对宇宙存在价值的肯定和补充,是对人的本性、人类道德价值的肯定和补充。它强调的是人的存在、人类道德与人的本性完整统一,而这种统一是出自天地万物的自然本性。要求人们在充分认识到自我存在之后,能够尊重和认同天地万物的本性,再按照人的本质去对待、去生活、去行动,使出于自然的德性融入人类自身和实际的社会交往生活中,不勉强,不做作。有一位千万身价的富翁,讲了这样一个发生在自己身上的故事。

十年前,我的事业刚刚起步,每天只能骑自行车上班。有一天傍晚,我急匆匆地往家赶,可没走多远,轮胎就破了。我推着车子走了很长时间,才看到一个修理铺,当时天就要下雨了,我恳求修车师傅赶紧帮忙修一修。

当我发现自己口袋里没有带钱时,那位师傅说:"行啊,留下点什么东西做抵押吧,明天来取。"我想了想,就把工作证递给了他。车子修好以后,他很抱歉地对我说:"先生,我没有文化,可能做得不对,但我是迫不得已的!按理说,谁能万事不求人呀?留下您的证,望您多担待吧!"我说:"没关系,倘若没有您的帮忙,我怎么回家呀?"我心里想:付出劳动得到报酬是天经地义的事,况且他要的仅仅是两元钱而已。

第二天下班的时候，我来到车铺，想把钱还他。可他却一脸惶恐，说昨天下雨走得匆忙，不小心把我的工作证弄丢了。尽管今天自己还在发烧，但为了等我，还是坚持在这里摆摊。我控制不住自己的情绪，将他数落一番，而他只是一个劲儿地道歉。

后来，我渐渐忘记了这件事。可是，一个月后，修车的师傅却找到我公司来了，送来一百五十元钱，说是给我重新办证用的。我知道这几乎是他一个月的劳动所得，尽管我一再说明情况，但他还是执意把钱留下，最后说道："真对不住啊，收下吧！做人总该讲信用的，那是老天教人做人的本分。"

从那一天起，我一直感谢那位师傅给我上的关于信用的最好的一课。事实上，这件事给了我很大的震动，修车人的举动让我重新思考公司的立足之本。在公司得到发展以后，我恳求修车人来公司上班，他成为一名出色的仓库管理员。

孔子说，一个国家可以没有食物、没有士兵，但不能没有"信"，"信"是立人之本，也是人际交往、为人处世的一种德行。学者台静农先生就是一个"重信"的楷模，他待人处世可谓是"至诚至信"。

台静农执掌台湾大学中文系二十年，办公室的大门永远向人敞开着。任何人进去不必喊"报告"，而他对学生也是和蔼可亲，有求必应。有一次上课，一位学生站起来对他说："我想看看泱泱五百卷的《太平广记》中的某一卷。"台静农笑笑说："下次上课，我带一套给你看看。"同学们听了都大笑起来，觉得他在开玩笑。

第二天上课的时候，同学们果然看见他抱着一卷十册的《太平广记》进来。

可见，台先生是一位讲信用的人，不得不让人佩服。不过，现实生活中往往有一些不讲信用的人，他们受到的待遇与台先生相比可谓是天壤之别。

某厂的职工小唐，总是向同事炫耀自己在市房管所有熟人，办房产证很容易，而且花钱少、办事快，同事们都信以为真。

有一次老王找到他，说急着要办理房产证，便交钱相托。但过了很多天没有回音，老王就跑过来问到小唐，他支吾半天说："近来人家事太多，你再等等看，包在我身上，肯定行的。"拖得时间长了，老王对他的办事能力就产生了怀疑，便向他要钱，他却说："谋事在人，成事在天。你的事虽然没办成，可我该跑的跑了，该请的请了，你总不能让我为你掏自己腰包吧？"言下之意，钱已经花完了。

从这件事发生后，小唐的话就再也没人信了，以至于同事们在闲暇聊天的时候，只要小唐往人群里一站，大家就不再言语，继而纷纷散去了。

做人做到这个地步,也着实可悲可叹。每个人在与人交往共事的时候,他的言行必须与自己的本性相吻合,不能反复无常。只有这样,才能更好地维持社会的秩序,建立更好的人际关系,也才能保证世界和人类自身的和谐。

良好的人际关系的开端就是看信用与否,如果你真的做到了讲信用,别人也就会对你讲信用,反之亦然。做一个狡诈的人,信用对于他而言是一种忌讳;做一个讲信用的人,信用就是他一生的财富。

晏平仲善与人交,久而敬之

"交友"是一个古老而常新的话题,我们常常感叹:"相识满天下,知己能几人?"这就是说,能够善始善终,始终保持友谊的朋友是很少见的。可是,孔子说晏子这个人很了不起,他不仅能和朋友善始善终、保持友谊,而且还能让朋友长久地尊敬他。晏子为什么能做到这一点? 虽然孔子没有直言,但我们综观孔子的言论及其思想,可以得知,关键在于一个"诚"字,而且是不偏不倚、恰到好处的"诚"。

诚实可以使一个人在与人交往时保持正直不阿,保证自己不被世事所迷惑而失去本性。诚实是一个人自我修养的最高境界,将诚实恰到好处地表达出来,对于这个人来说应该是一件莫大欣慰的事。即使我们没有达到预期的效果,但自己离"至诚"已经不远了,也就做到了"仰不愧于天"了,也正如《中庸》所说:"夫焉有所倚"。关于这一点,宋代大词人晏殊就是典型代表。

有一次,晏殊去参加殿试,看过试题之后,他对皇上说:"请皇上换别的题目吧!这个题目我几天前就已经做过了,而且文章的草稿还保留着。"宋真宗一听就非常喜欢晏殊的这种诚实。

宋真宗有一次特别允许臣子们出去旅游举行宴会,各级官员都十分欣喜的张罗筹备,而晏殊却独自在家读书。这天,宋真宗在臣子中挑选辅助太子的官职,当下就选中了晏殊,宰相就问真宗的用意,真宗就说:"我听说各级官员都出去游山玩水,寻欢作乐,唯有晏殊闭门在家读书,如此谦厚,当然可以担当辅佐太子的重任了。"晏殊听说之后,便老老实实地对真宗说:"我并不是不喜欢吃喝玩乐,只是因为我现在没有银子。如果有,我也一样会出去参加的。"宋真宗越发佩服晏殊的诚实,又由于晏殊懂得为臣之道,便越来越受到真宗的重用,到宋仁宗时,晏殊位居宰相之职。

中华民族古往今来都十分崇尚"诚实"这一美德,的确如果人与人之间的来往缺少了诚实,任何一方都不可能得到自己想要的东西。人,不是单独一个个体,不可能与世隔绝,与人有相交的地方很多。一个人可以待人以诚以信,但不能忘了讲诚信是双方的,是互动的,所以,要区别对待,万万不能"一根筋",不能一味地愚诚愚信,否则结局就会像下面这位少年一样。

春秋时期,有一个名叫尾生的少年,风度翩翩,仪表堂堂。这一天他与心仪的姑娘相约在桥下会面,但姑娘因故未能及时赶到。后来下起了大雨,河中涨起了洪水,而尾生为了恪守承诺坚持不走,抱着桥下的石柱直至溺死。

坚守诺言是一个人得到别人尊重、喜爱的重要方面,这自然是无可厚非的,但像尾生这样的人的确千年难得一见,真可谓是"愚诚愚信"到了极点,这种方式每个人都不会赞同的。在现实社会上,如何处理人际关系,诚信固然至关重要,但讲到忠诚也要分清对象,不能盲目地跟随别人,他人要你怎么做你就怎么做,在做之前都要仔细考虑,切不可丧失了主见。

所以,在与人交往的过程中,"诚信"是一个前提,只要做到了才能问心无愧。但是,在讲诚信的时候,一定要分清状况,那些不讲诚信的人是不可交的,否则自己是要吃亏的。对方不讲诚信,当然你会觉得自己上当受骗了,绝对不能愚诚愚信,要把握住这中间的一个"度",要做到恰到好处,才有可能得到别人的帮助和敬佩。

君子不以言举人,不以人废言

孔子根据自己的经验,认为一个人的言与行不一定是一致的。所以,不能听到某个人说了一些好听的话,就认为他有德有能,就重用他,而应当"听其言而信其行"。但是,也不能因为一个人能力有限,或是品德不佳,就剥夺他说话的权利,或者认为只要是这个人说的话就一文不值。这两种行为都走了极端,不但是孔子所不提倡的,更是违反了中庸之道。一代枭雄曹操在这方面做得就很不错。

曹操起兵时人手很少,七拼八凑也不过四千兵马,但由于他在用人问题上宏韬大略,短短几年内,就拥有了"谋士如云,战将如林"的庞大军队。

有一次,曹操准备起兵攻打乌桓,召开了一次军事会议,参加会议的将领差不多都反对这次出征,而曹操却坚持己见,不改变计划,会后就发兵去攻乌桓,结果大胜而归。曹操得胜归来后,又把那些反对攻打乌桓的将领找来开会,这些人因为反对错了,怕得要命,但是又不敢违命,一个个都战战兢兢地来见曹操,但出乎他们所料,曹操并没有责备他们。相反,曹操还表扬他们当时反对起兵是对的,因为按天时地利来讲,此仗的确不应该打。将领们面面相觑,有人问:"丞相为何出此言?"曹操说:"我们虽然获胜了,但完全是侥幸,下不为例。"说罢,曹操下令给每人一份奖品。

一个团队有凝聚力才会有战斗力,而凝聚力取决于领导者的行为,一是要团结下属,爱护员工;二是要唯才是举,人尽其才。曹操能正确对待反对自己的人,善于将对自己不利的人心凝聚为对自己有利的力量,这才是一种高超的用人艺术。

据《战国策》记载,纵横家苏代在和燕昭王的谈话中,论述了两种人的不同作用:一种是品行好的人,孝道如曾参、孝己,信义如尾生高,廉洁如鲍焦,这些都是品行好的人。但是苏代认为像曾参、孝己这样的孝子,只不过是赡养其父;像尾生高这样讲信用的人,只不过是不欺骗人;像鲍焦这样廉洁的人,只不过是不偷人钱财。而另一种是具有才能的人,这种人有进取心,想有大作为,苏代说他自己就是这种人。苏代将这两种人进行对比,他认为前一种人只是在德行上自我完善,虽然他们德行完善,却缺乏进取之心;而具有进取心的人,才有建功立业宏愿,才能辅助君王成大业,才于国于民有利。西魏大丞相宇文泰就深知人才的重要性。

在当时动乱的年代里,宇文泰知人善任,反对"州郡大吏,但取门资"而"不择贤良"的做法,主张选才"当不限荫资,唯在得人",提拔重用了有真才实学的苏绰等人。

苏绰,陕西武功人,才华出众,经人推荐担任了行台郎中。宇文泰通过接触和了解,觉得苏绰很有才学,就找机会把他留下来交谈。过后,宇文泰对属官周惠达说:"苏绰真乃奇士,我将把政务委任给他。"不久,苏绰被擢升为大行台左丞,参与国家机密要政,越来越受到宇文泰的宠信和厚待。后来,苏绰成为宇文泰的重要助手,帮助他大力改革官制、颁行均田制、创立府兵制,从而使西魏一天天强大起来,为北周政权的建立奠定了基础。

举荐人才时往往并非一帆风顺,唯有真正爱才的人,才会有举才不遗余力,力荐反复,许多人才也就是在这种反复曲折的过程中才被发现任用、发挥才干的。被人誉为"半部《论语》治天下"的北宋宰相赵普,在宰相位几十年,曾对北宋的建立和巩固做出了巨大贡献。在荐贤用人上,他也是不遗余力。

一次,赵普举荐某人为官,宋太祖不许;第二天复荐,仍不许;第三天再荐,宋太祖大怒,撕碎他的奏章。赵普脸不变色,跪在地上把残牍碎片拾起,然后还朝回家。第四天,他补缀好旧牍,更奏如初。宋太祖明白了赵普的苦心,终于任用所举之人。

又一次,有几个臣僚应当升迁。宋太祖一向厌恶这些人,不予批准,赵普却再三请命。宋太祖很生气,说:"朕偏不准这些人升迁,看你有什么办法?"赵普据理力争,说:"刑以惩恶,赏以酬功,古今通道也。且刑赏天下之刑赏,非陛下之刑赏,岂得以喜怒专之。"宋太祖怒不可遏,起身走入后宫。赵普紧跟不舍,来到寝宫门前,恭立等候,久久不肯离去。宋太祖无奈,只得谕允其请。

赵普为了国家利益,不依君主一时好恶和个人得失,再三举荐人才,使真正的人才得到了重用,留下了力荐举才的美谈。

纵观历史,再看现实,一个领导者能否成事,关键取决于有无人才,而选择人才时尤为注意的就是孔子所说的"不以言举人,不以人废言",从全面、客观的角度识人辨人。

有容乃大,宰相肚里可撑船

孔子说:"凡事多责备自己而少责备别人,就可以避开怨恨了。"

孔子认为,君子要以宽大为怀,宽厚为人,宽容对人。从历史上来看,确有不少人物值得称赞。但也有的人出于个人意气,为了达到泄愤的目的,不择手段诬陷以致杀害对方,落得害贤之名,因遭到舆论的责备而惶惶不安。武周时的娄师德不计个人的私怨,反而以德报怨,他的襟怀,使排挤或攻击他的人也愧悔万分,叹服悔罪。

娄师德,唐高宗时为监察御史,后率师讨伐吐蕃,屡有战功。武周时,初任左金吾将军,检校丰州都督。他率战士屯田,积谷数十万,自足于军旅,减轻了国家的负担。武则天曾致书嘉奖,令他负责边军屯田事,任河源、铲石、怀远、河、兰、鄯、廓州检校营田大使。后他调入朝廷,先后任凤阁侍郎,同凤阁鸾台平章,兼检校右肃政御史大夫,参与政事。娄师德虽位至宰相,又深得武则天的青睐,却从不居高欺人,以能容人著称。他深沉有度量,人有忤己的,也能宽容,不见怒形于色,而是谦逊相待。

娄师德体胖,走路迟缓,他与李昭德同行,数次落后,李也多次停下来等他,并烦闷地说:"为田舍于所留。"娄师德不但不恼,反而笑言:"吾不田舍,复在何人?"

娄师德弟弟在代州任城守,不满其职,欲辞官,他便劝其弟多忍耐。弟弟认可说:"你叫我忍受,我便忍受。别人唾我的脸,我不恼怒,擦干就是了。"娄师德说:"不,不要擦,让唾液自己干,擦干会让唾你的人更生气。"由此可见娄师德容人之量。

狄仁杰低微时，娄师德见其颇有贤才，便向武则天举荐其做了辅政，与娄师德同朝为臣。狄仁杰认为娄师德无才，多次排挤他，武则天发觉后问他娄师德是否有才干。狄仁杰回道："做将军还算谨慎守本分，才干却没听说。"又问他娄师德是否有知人之明，狄仁杰又回答说："不知。"

武则天说："我用你，是师德推荐，他推荐你就有知人之明！"说完，就把娄师德推荐仁杰的奏章拿给仁杰看。仁杰看了，惭愧不已，便叹说："娄公盛德，我为他所容乃不知，我不如远了！"娄师德推荐狄仁杰辅政，却被狄仁杰排挤，他仍能坦然处之，并且不炫耀自己荐人之功，可知其肚量确实很大。

师德为人如此，正如武则天所说"贤而知人"。狄仁杰是武周名相，深得武则天的器重，但若无娄师德的推荐，也许他也不能脱颖而出。师德为将相达30年，恭敬有雅量，勤勉谨慎，武周时有不少将相动辄获罪，而师德竟能以功名始终，这与他器量宽厚大有关系。

俗话说，海纳百川，有容乃大，襟怀宽广，自己的事业也会受益无穷。

认知自我，人贵能清醒地对待自己

孔子问子贡："你和颜回哪一个强？"子贡答道："我怎敢和颜回相比？他能够以一知十；我听到一件事，只能知道两件事。"孔子说："赶不上他，我同意你赶不上他的看法。"

哲人说："诚实地向自己展开自己，这是人生一道优美的风景线。"由于生物遗传密码的千差万别，成就了每个人的优点特长和缺陷短处；后天教育与环境的差异更是造就了不同的志趣、性格和风采。其中既有迷人之处，又有遗憾之处。它可能是爽朗、是幽默、是仁慈、是热情、是勤快、是深沉。当这些"自我"能真实地表露出来时，其魅力一定最动人。而牵强自己，一味地要求自己与令我们羡慕的人看齐，常常会将美好的东西丧失，而流于尴尬与痛苦。

子贡的自知是明智，子贡的从容更是胸怀博大。他虽不及颜回的闻一知十，但却以其独特的人格魅力传之千古。

如果你已经为自己制定了个人身价的发展策略，那么在面对"更上一层楼"的机会时，你是否有勇气让自己重新被估价？

自知，就是要知道自己、了解自己。常言道："人贵有自知之明"。把人的自知称之为"贵"，可见人是多么不容易自知；把自知称之为"明"，又可见自知是一个人智慧的体现。人之不自知，正如"目不见睫"，即人的眼睛可以看见百步以外的东西,却看不见自己的睫毛。人要知道自己、了解自己,首先要知道自己有多高、多重、多胖、多瘦、多美、多丑这些外在的东西。有的人自信心实在太好,怎么看自己怎么顺眼,这使人想起郑谷的一首诗:"举世何人肯自知,须逢精鉴定妍媸。若教嫫母临明镜,也道不劳红粉施。"

人们都喜爱听好话、奉承话,不自知的人听到好话、奉承话,信以为真,飘飘然,觉得自己好伟大。但他没有考虑在这些话的背后,说这话的人的目的是什么。《战国策·齐策》中的邹忌就很有自知之明,没有被旁人的吹捧搞昏了头。他说:"妾之美我者,畏我也;客之美我者,欲有求于我也。"在这里,他把吹捧者的内心揭露无余,因此也就不会被"妾"和"客"所欺骗。

人不自知常常是虚荣心在作怪。比如,一味地盲目效仿,反倒弄巧成拙,东施效颦的故事可为佐证。人要知道自己、了解自己,还应该知道自己是一个什么样的人,有什么优点和缺点,自己应该走什么样的路,适合干什么等,也就是说人要找准自己的社会角色定位。

《太平广记》中记载了这样两则故事:一监察御史文笔不行却爱好写文章,人家奉承他两句,他就拿出一部分工资请客。监察御史的老婆劝他说:你并不擅长文笔,一定是那些同事在拿你寻开心。这位老兄想想也是这么回事,就再也不肯出钱了。其他御史感觉到了,就互相嘀咕道:人家后面有高人,不能再逗人家玩了。还有一位就不是这样了,他写诗很不入流,别人用刻意称赞来嘲弄他,他还当真了,杀牛置酒来招待人家。他老婆知道他那两下子,就哭着劝他。没想到这位老爷以为是老婆在嫉妒他,竟然感叹道:"才华不为妻子所容!"前者虽不自知,一经人点拨,便幡然悔悟;而后者乃病入膏肓,竟连老婆也信不过,以为自己实在了得,所以愈加可笑可悲。

人贵有自知之明。可怕的自我陶醉比公开的挑战更加危险。自以为是者不足,自以为明者不明。自明,然后方能明人。流星一旦在灿烂的星空中炫耀自己的光亮,也就结束了自己的一切。在这方面古人有经典论述,"三人行,必有我师焉","知人者智,自知者明"。

要想真正了解自我,就必须换双眼睛看自己。首先要"察己"。客观地审视自己,跳出自我,观照自身,如同照镜子,不但要看正面,也要看反面;不但要看到自身的亮点,更要觉察自身的瑕疵。包括对自己的学识能力、人格品质等进行自我评判,切忌孤芳自赏、或妄自尊大。其次要不断地自我完善,有则改之,无则加勉。

须知道天外有天,人外有人;尺有所短,寸有所长。

只有真正了解自己的长处和短处,明确哪些是需要继续发扬光大的,哪些是需要避免的,避己所短,扬己所长,这样,才能对自己的人生坐标进行准确的定位。

当你能认识到自己的不足之处时,就是你进步的开始。

宁缺毋滥,选择朋友一定要慎重

孔子说:"可以与他一起学习的人,未必可以和他一起趋向正道;可以和他一起趋向正道的人,未必可以和他立于礼乐;可以同他立于礼乐的人,未必可以同他一道通权达变。"

交朋友不是让我们用眼睛去挑选那些十全十美的人,而是让我们用心去吸引那些志同道合的人。

有锦上添花的热闹朋友,让你感觉生活是花好月更圆;有雪中送炭的可贵朋友,寒冬腊月也能让人心暖如春;有直言不讳的耿介朋友,提醒你在高处不可骄,在低处不可易志。

"多一个朋友多条路",朋友多自然是好事,但却不可滥。热闹时不请自来、危难时不见踪迹的"朋友",要趁早了断。

交朋友的道理是:择交宜慎,用情宜淡。慎就会少出错,淡就能长久。正如孔子所言,交朋友主要要求我们用心去吸引那些志同道合的、与你精神相通的人,俗话说"患难见真情"。

《礼记》中说:"君子之交淡如水,小人之交甘如醴。君子以清淡而成,小人以甘甜而坏。"

有人这样说:"淡就能长久。过分亲热则难以继续,过于亲密就难以增加友情。人生之中怎么会事事都能称心如意呢?偶尔有一句话、一件事不相合,就会互相结怨生仇,像这样还不如恬淡静寂为好。"

"风尘扰攘之中,绝没有好步伐;交际寝暗之内,绝没有好人品。圣贤取人,宁可拘泥也不随便,宁可磊磊落落也不马马虎虎。"

"交友不在多,得到一人可以胜过百人。"

人的一生中会有很多朋友,但真正能与你精神相通的却是凤毛麟角,因此,择友时一定要用心!

水满则溢,谦虚才能向别人学习

孔子说:"几个人同行,其中一定有我可以学习的人;我选取他善的品行去学习,看到他不善的地方就作为借鉴而改正。"

"谦受益,满招损",自古皆然。谦虚的好处说起来也许太抽象,但自满的弊端却俯拾即是。

孔子带着学生到鲁桓公的祠庙里参观的时候,看到了一个可以用来装水的器皿,倾斜地放在祠庙里。那时候把这种倾斜的器皿叫欹器。

孔子便向守庙的人问道:"请告诉我,这是什么器皿呢?"守庙的人告诉他:"这是欹器,是放在座位右边,用来警诫自己;如'座右铭',是一种用来伴坐的器皿。"孔子说:"我听说这种用来装水的器皿,在没有装水或装水少时就会歪倒;水装得适中,不多不少的时候就会是端正的;里面的水装得过多或装满了,它也会翻倒。"说着,孔子回过头来对他的学生们说:"你们往里面倒水试试看吧!"学生们听后舀来了水,慢慢地向这个器皿里灌水。果然,当水装得适中的时候,这个器皿就端端正正地在那里。不一会儿,水灌满了,它就翻倒了,里面的水就流了出来。再过了一会儿,器皿里的水流尽了,器皿就倾斜了,又像原来一样歪斜在那里。

这时候,孔子便长长地叹了一口气说道:"唉! 世上哪里会有太满而不倾覆翻倒的事物啊!"

孔子借用欹器装满水就倾覆翻倒的现象来向学生们说明骄傲自满的坏处。从而告诉人们要谦虚谨慎,不要骄傲自满,凡骄傲自满的人,没有不失败的。

水满自溢,人自满会跌倒,这是自然规律。

日中就得西斜,月圆就要亏缺,物盛必衰,这是天地的道理。人体验到了天地的道理,高就会自卑,盈就会自谦,等就会自抑。

所以孔子又说:"君子做人不向大,有功不自傲。"

"君子不以他所能做到的而瞧不起别人,不以由己不能做到的而自愧于人。"

虚己对人是长进仁德的基础,自谦是受人尊敬的阶梯。念念不忘"谦虚"二字,自然是高风可仰,心光可掬。

适人自抑,就能广造福用。王阳明说:"现在人们最大的缺点,基本上就是一个'傲'字,千万种罪恶,都是从傲里滋生出来的。傲就自高自足,不肯屈人之下。所以身为学子骄傲,就不能孝敬长上;身为弟弟骄傲,就不能尊敬兄长;身为臣子骄傲,就不能做个忠臣。"

以财势傲人固然不应该,以学问傲人也不应该,以俸禄傲人就更不应该;以气色傲人固然不应该,以态度傲人也不应该,以言语傲人就更不应该。人的傲骨傲性,只能针对占据上位的卑鄙小人、贪官污吏及鱼肉百姓的坏人。对于其他的任何人，都不能存有半点的傲气。

傲的反面就是谦，谦是傲的对症良药。不但外貌要恭敬谦逊，心中更要敬让。常常看到自己的不对之处，就能虚己受人。尧舜之所以称为圣人，就是谦虚到了至诚的境地。

做到了谦就能虚，虚就能受。

《礼记》上说："傲不可长，欲不可纵，志不可满，乐不可极。"

谦恭自守，必然会大得人心；虚下自处，必然会受人尊敬。

不用自己的智慧对付他人的愚蠢，不以自己的贤能瞧不起他人的笨拙，不以自己的长处克制别人的短处，这些都是承载福禄的方法与道理。

治骄傲就要用谦虚，治盈满就要用空虚，治狂妄就要用礼义。人有一分虚心，就增加一分谦让；守住一分礼貌，就减少一分狂妄。

"气就怕盛，心就怕满，才就怕露。"盛气就会凌人，心满就不求上进，露才就流于肤浅。这三条都是人们修身的大敌。所以只要是圣贤哲士，都会极力做到虚怀若谷，谦恭自守。地位越高的人，尤其要做到这点。

反身而诚，躬自厚而薄责于人

孔子说："多责备自己，少责备别人，这样做就不会招人怨恨了。"

责人以仁则易足，易足则得人，自责以义则难为非，难为非则行饰。责己厚，故身益修；责人薄，故人易从，所以人不得而怨之。

孔子认为有道德修养的人应该严格要求自己而不应苛求别人。对于别人做错的事情，不要像对待自己那么严格。这样为人处世，就会减少怨恨。这与孔子所讲求的"君子求诸己，小人求诸人"的思想是一致的。所以，后世的儒家主张"反身而诚"，即责备人家要以宽厚存心，要求自己则要严格检点，这已经成为士人及知识分子修身的基本要求。

蔺相如出使秦国完璧归赵，在渑池会上保全赵王不受屈辱，立了大功。赵惠文王十分信任蔺相如，拜他为上卿，地位在大将廉颇之上。

对此，廉颇很不服气，他私下对自己的门客说："我是赵国大将，立了多少汗马功劳，有攻城野战、保疆卫国之功。蔺相如有什么了不起？仅仅凭动动口舌立了点功，竟然位居我之上。何况蔺相如本来出身卑微，这简直是要我的难堪！我无法忍受。"他公开扬言说："哼！我见到蔺相如，一定要当面羞辱他，总要给他点颜色看看。"

这句话传到蔺相如的耳朵里,他就想方设法地避免与廉颇见面,甚至装病不去上朝。有一天,蔺相如带着门客坐车出门,真是冤家路窄,远远就瞧见廉颇的车马迎面而来。他就叫赶车人退到小巷里去躲一躲,让廉颇的车马先过去。

蔺相如的这些举动使他的门客大惑不解,于是门客们就联合进言说:"我们之所以离别亲人来追随在你的左右,无非是仰慕先生您超众的品行啊!如今,您与廉颇同朝为官,不分上下,廉颇将军对您恶言相加,您却吓得躲躲藏藏,未免太胆小怕事了吧?我们没有才能,无法忍受这种耻辱,请允许我们告辞吧!"蔺相如却再三挽留。

蔺相如对他们说:"你们看廉将军跟秦王比,哪一个势力大?"众门客回答说:"当然是秦王势力大。"蔺相如说:"对呀!天下的诸侯都怕秦王。但为了保卫赵国,我就敢当面斥责他,羞辱他的群臣。即使我再不中用,也不会见了廉将军反倒怕了吧?因为我想过,强大的秦国不敢来侵犯赵国,就是因为有我和廉将军两人同时在朝为官的缘故。要是我们两人不和,恰如两虎相斗,势必不能两全。秦国知道了,就会趁机来侵犯赵国。就为了这个,我宁愿容让点儿。我之所以忍辱负重地时时躲避他,是把国家的急难放在前面,把个人的恩怨放在后面啊!"

有人把这件事说给廉颇听,廉颇听后感到十分惭愧。他就裸着上身,背着荆条,跑到蔺相如的家里去请罪。他对蔺相如说:"我是个粗鲁人,见识少,气量窄,哪里知道您竟这么容让我,我实在没脸来见您。就请您责打我吧!"蔺相如连忙扶起廉颇,说:"咱们两个人都是赵国的大臣。将军能体谅我,我已经万分感激了,怎么还来给我赔礼呢。"

两个人都激动得流出了眼泪。打这以后,两人就做了知心朋友。

在邦在家,不把自己的意志强加给别人

冉雍问孔子,该怎样去实行仁德。孔子说:"出门办事时,要像接待贵宾那样恭敬、庄重;使用百姓时,要像承办大的祭奠那样严肃、认真。自己不喜欢的事,就不要强加给别人。要做到在诸侯国中无人抱怨,在卿大夫封地中无人抱怨。"冉雍说:"我虽然不是很聪明,但我愿意遵照这话去做。"

唐朝武则天当政时,武则天为了除掉那些反对她的大臣,就下了一道命令,发动全国告密,并对告密者给予重赏。这样一来,四面八方告密的人越来越多。

有告密材料,当然就得有人来审问。于是又出现了许多审判官吏,这些官吏极端残忍,他们审问案件,不管有无证据,一律先用酷刑逼人承认犯罪,再大搞冤狱迫

害这些人。其中最残忍的就是周兴和来俊臣。他们每人手下养了几百个流氓,专门干告密的事。只要他们认为谁有谋反嫌疑,就派人同时在几个地方告密,捏造证据来迫害这个人。

那时候,各种各样惨无人道的刑罚都是周兴、来俊臣想出来的,而且名目繁多,花样百出。他们抓到人,只要把各种刑具在"犯人"面前一放,"犯人"一看,往往就吓得赶紧招认了。死在周兴等人手中的有好几千人,周兴等人的残酷让人们听到他们的名字就恐慌。

有个正直的大臣看不下去了,便对武则天说:"现在下面告发的谋反案件,多数是冤案、假案,也许有人阴谋离间陛下和大臣之间的关系,陛下可不能不慎重啊!"可是,武则天不愿听这种劝告。于是,告密的风气不衰反盛,连她的亲信、掌管禁军的大将军,也被人以谋反罪告发,被武则天下令给杀了。

有一天,武则天接到告密信,说周兴跟已经被处死的禁军大将军同谋。武则天一听,大吃一惊,立刻下密旨给来俊臣,叫他负责审理这个案件。

当太监把武则天的密旨送到来俊臣家时,来俊臣正在跟周兴一起喝酒。来俊臣看完武则天的密旨,面不改色,而且什么也没说,把密旨往袖子里一放,继续跟周兴谈话。

来俊臣说:"最近抓了一批犯人,可是他们却不肯老实招供,您看该怎么办?"

周兴微微一笑,说:"这还不容易!我最近就想出一个新办法,拿一个大瓮放在炭火上烤,谁不肯招认罪名,就把他放进大瓮里,还怕他不招?"

来俊臣听了,连连称赞说:"好办法,好办法。"他一面说,一面叫下人去搬一口大瓮和一堆炭火到大厅里来,把瓮放在火上。炭火越烧越旺,烤得整个大厅里的人汗水直流。

周兴奇怪了,心想难道你还能把犯人带到家里来审不成?这时,来俊臣站了起来,拉下了脸说:"接密旨,有人告发周兄谋反。你如果不老实招供,只好请你进这个瓮了。"

周兴一听,吓得魂飞魄散。来俊臣整犯人的手段,他是最清楚的。周兴连忙跪在地上向来俊磕头求饶,表示愿意招认。于是,来俊臣根据周兴的口供,定了他死罪,上报给武则天。

由于周兴为武则天干了不少事,而且武则天也不确定周兴是不是真的谋反,所以并没有杀周兴,只是把他革职流放了。

孔子说:"己所不欲,勿施于人"。只是,有很多人总喜欢把自己的意志强加于人。若想与人好好相处,必须学会尊重他人的意志和人格,不把自己的意志强加给他人,也不把自己不喜欢做的事情让他人来做,这样才不会对他人造成伤害。

成人之美,是为真君子

孔子说:"君子成全别人的好事,不帮助别人做坏事。小人则与此相反。"

君子看见别人做好事,都愿意帮助他完成;坏事则要设法阻止,使他难以完成。从政、做人都要做到这一点。而小人则喜欢帮人做坏事。

由于对于"美"的理解不同,所以对成人之美,也就有不同的理解。从孔子的角度来看,他强调:要完善自我的道德修养,要有宽阔的胸襟和高雅的度量。

唐朝的武则天对于反对她掌权的人进行无情镇压,但她又十分重视任用贤才,经常派人到各地去物色人才。只要发现谁有才能,不计较门第出身、资格深浅,破格提拔,大胆任用。所以,在她的手下,涌现出一批有才能的大臣。其中最著名的是宰相狄仁杰。

狄仁杰在当豫州刺史的时候,办事公平,执法严明,受到当地百姓的称赞。武则天听说他有才能,便把他调到京城当宰相。

一天,武则天召见他,对他说:"听说你在豫州的时候,名声很好,但是也有人在我面前揭你的短。你想知道他们是谁吗?"

狄仁杰说:"别人说我不好,如果确实是我的过错,我应该改正;如果陛下弄清楚不是我的过错,这是我的幸运。至于谁在背后说我的不是,我并不想知道。"武则天听了,觉得狄仁杰器量很大,因而更加赏识他。

在狄仁杰当宰相之前,有个将军娄师德曾经在武则天面前竭力推荐他;但是狄仁杰并不知道这件事,他认为娄师德不过是个普通的武将,不大瞧得起他。

武则天

有一次,武则天故意问狄仁杰说:"你看娄师德这人怎么样?"狄仁杰说:"娄师德作为将军,小心谨慎守卫边境,还不错。至于有什么才能,我就不知道了。"

武则天说:"你看娄师德是不是能发现人才?"

狄仁杰说:"我跟他一起工作过,没听说过他能发现人才。"

武则天微笑地说:"我能发现你,就是娄师德推荐的啊!"

狄仁杰听了,十分感动,觉得娄师德的为人厚道,自己不如他。后来,狄仁杰也努力地物色人才,随时向武则天推荐。

一天,武则天问狄仁杰说:"我想物色一个人才,你看谁行?"狄仁杰说:"不知陛下要的是什么样的人才?"武则天说:"我想找个能当宰相的。"狄仁杰早就知道荆州有个地方官员叫张柬之,年纪虽然老了一些,但办事干练,是个当宰相的人选,就向武则天推荐了。武则天听了狄仁杰的推荐,便提拔张柬之担任洛州司马。

过了几天,狄仁杰上朝,武则天又向他提起推荐人才的事。狄仁杰说:"上次我推荐的张柬之,陛下还没用呢!"

武则天说:"我不是已经任用他了吗?"狄仁杰说:"我向陛下推荐的,是一个宰相的人选,不是让他当司马的啊!"武则天这才把张柬之提拔为侍郎,后来,又任命他为宰相。

像张柬之那样的人,狄仁杰前前后后一共推荐了几十个,后来都成了当时有名的大臣。这些大臣都十分钦佩狄仁杰,把狄仁杰看作是他们的老前辈。有人对狄仁杰说:"天下桃李,都出在狄公的门下了。"狄仁杰谦逊地说:"这算什么,推荐人才是为了国家,不是为了我个人的私利啊!"狄仁杰一直活到93岁。武则天很敬重狄仁杰,把他称作"国老"。狄仁杰多次要求告老还乡,武则天总是不准。他死去后,武则天常常叹息说:"老天为什么这样早就夺走我的国老啊!"

雪中送炭,君子周急不继富

子华出使齐国,冉有替子华母亲向孔子要些小米。孔子说:"给她六斗四升。"冉有请求再添一点。孔子说:"再给她二斗四升。"而冉有却给了她八十斛。孔子说:"公西赤到齐国去,坐着肥马驾的车子,穿着轻而暖的皮袍。我听说过:君子只周济贫穷的人,而不接济富有的人。"

孔子认为帮助他人的原则应该是,用自己的力量去帮助更需要帮助的人,而不必去为富有有的人捧场、锦上添花。君子周急不继富,不仅是指经济财力上的救济,更应该是危难之时给予道义和精神上的支持。能够在别人危难的时候挺身而出,雪中送炭,这才是真正的君子作风。雪中送炭才能见真情,锦上添花不足贵。

秦朝末年,有个叱咤风云的人物,他便是帮助汉高祖夺得天下的大将韩信。

韩信是淮阴人,少年丧父,家境贫穷,他既不会种田做买卖,又不能去当官,只能过着游荡的生活。为了填饱肚子,他不得不常借故到别人家里去吃饭。他的母亲不久也去世了。母亲死后,韩信更是游手好闲,四处游荡。由于有个亭长曾与他有过往来,他便常常到这个亭长家里去吃饭。亭长的妻子见他常来白吃饭很不高兴。

有一次她故意一清早便烧好饭,早早地就吃完了。韩信来了好长时间也不见亭长家吃饭,知道人家不愿留自己吃饭,就愤然离去,发誓再也不去亭长家里了。

韩信为了能填饱肚子,只好常常到淮阴城下的河边去钓鱼。河边有几个老婆婆常在那里洗衣服,日子久了,其中一个老婆婆看韩信落魄无聊,很同情他。一次家人送来午饭,她就分了一点给韩信吃。韩信饥不择食,接过来便狼吞虎咽地吃了起来。从此,那洗衣婆每次都分给韩信饭吃。

一次,韩信吃过饭之后,向洗衣婆深深地施了一礼,激动地说:"承老大娘这般厚待,我永生难忘,将来我得了志,会报答您老人家的!"

洗衣婆婆听了,责怪韩信说:"男子汉大丈夫说这种话干什么!我看你相貌堂堂,不忍心看你挨饿,才给你吃点饭,哪里想到要你的报答!"说罢,拿了洗好的衣服离去。

望着老婆婆的背影,韩信暗下决心,有朝一日发迹了,一定要兑现今天的诺言,重重报答这位老人家。

韩信后来受汉高祖刘邦的赏识,被拜为大将,在楚汉战争中为汉高祖立下赫赫战功,与张良、萧何被合称"汉初三杰"。韩信替汉王立了不少功劳,被封为楚王。楚地本是韩信的故乡,他想起从前曾受过洗衣婆的恩惠,就设法找到了她,对她谢了又谢,送给她千金作为报答。老婆婆并不图这许多钱,但推辞不得,只好领谢而去。接着,他又派人把那个亭长找来,却只赏给他一百小钱,并说:"你是个小人,没将好事做到底。"

这个故事说明,第一,真心诚意地乐于助人的人,是永远不会要求别人报答他的;第二,有钱人对穷人的救济,那是一种捐助,即使穷人真有一天得志了去报答他,也不能称谓"一饭千金";第三,最难能可贵的是在自己也十分困难的情形下,出于友爱、同情地去帮助别人,这样的帮助,在别人看来,确实是"一饭"值"千金"。

己欲立而立人,己欲达而达人

仁爱不仅是一张人生的通行证,在很多时候,它显示出来的"立人、达人"的力量,比强硬的武力更有作用。能够设身处地地为别人着想,许多事情就都可以顺利地解决,这个世界就会拥有更多的关怀。邓训是东汉人,是太傅邓禹的儿子,在他身上就充分体现了这一点。

东汉时,在今天的甘肃、青海一带,居住着许多少数民族。为了使这些少数民族听命于朝廷,朝廷专门在这一带设置了护羌校尉,对当地的少数民族进行管理。

明帝即位后,护羌校尉张纡不善于安抚当地的羌人,羌人对其统治日趋不满。为了震慑羌人,张纡诱杀了羌人的首领迷吾,企图用武力实现当地的稳定。不料适得其反,此举不但没有吓住羌人,反而激起了他们更激烈的反抗。各部羌人群情激愤,原来彼此仇视的部落在反抗朝廷的统一目标下团结起来,一致对外,也有的部落间互相结亲,以此巩固联盟关系。一时间,反抗朝廷的羌人达四万之多,东汉的西北部地区形势日益严重。

在这种情况下,东汉朝廷决定由邓训代替张纡做护羌校尉。邓训到任时,正赶上羌人首领迷吾的儿子迷唐率兵前来进攻。当时在边塞之内还住着一些小月氏胡人,他们擅长骑马,强健善战,与羌人打仗常能以少胜多。这些小月氏胡人有时也反对朝廷,有时又为朝廷所用。迷唐率一万骑兵来到城外,不敢直接攻打邓训,准备先攻打小月氏胡人,将其制服后,再胁迫他们一起攻打邓训。

邓训猜到了迷唐的用意,便派人安抚小月氏胡人,不让他们与羌人接战。部下很多人都对此十分不解,有的人找到邓训,对他说:"现在羌人和胡人自相残杀,应该先让他们互相消耗,这对朝廷来说是有利的。等到他们消耗得差不多了,我们再收渔翁之利,这正是以夷伐夷的好机会。"邓训说:"不对,如今是由于张纡失信于羌人,致使他们兴兵前来。朝廷不得不屯兵聚众,以备羌人。为屯兵备战,我们不得不竭尽财力以支付运输费用。现在形势十分紧急,我们需要小月氏胡人的全力支持。以前,胡人之所以不全力为朝廷作战,就是因为朝廷对他们的恩不深,信不厚。如今小月氏胡人处于困境,我们应借此机会对他们施以恩德,使他们为我所用。"

于是,邓训令人打开城门,空出许多房子,将小月氏胡人全部接进城内安顿住处,并派兵严加守卫。羌人在城外掠无所获,又见小月氏胡人已无后顾之忧,所以不敢与之开战,只得撤兵。于是,小月氏胡人对邓训感恩戴德,他们说:"过去的朝廷官员只是把我们当打仗的工具,无视我们的疾苦。如今邓大人对我们施恩讲信,开城门接纳我们的家眷,使我们父子母女相安,我们怎能不为朝廷尽心竭力?"

后来,邓训利用这支胡人的力量,使西北地区得到了平定。

邓训之所以能成功安边,关键在于他既能通晓信任与恩德来感人心、化怨隙,又采取了积极有效的怀柔政策,不战而屈人之兵。同样,在与人相处时,也应该用仁爱之心来面对他人，这就要求我们对别人的小缺点不要太在意，千万不要做一个小肚鸡肠、神经过敏的人，否则即使是本来很亲近的人，也不会喜欢和你携手共事的，关于这一点。宋朝的吕蒙正就是最好的证明。

吕蒙正从不喜欢与人斤斤计较，他刚任宰相时，有一位官员在帘子后面指着他对别人说："这个无名小子也配当宰相吗？"吕蒙正假装没听见，大步走了过去。其他参政为他愤愤不平，准备去查问是何人敢如此胆大包天，吕蒙正知道后，急忙阻止了他们，说："如果知道了他的姓名，那么就一辈子也忘不掉。这样耿耿于怀的话，必定得不偿失，所以千万不要去查问此人姓甚名谁。其实，不知道他是谁，对我并没有什么损失呀！"当朝的人都佩服他气量大。

吕蒙正做人是这样，做事情也是这样。宋太宗时期，有人上奏说在汴河从事水运工作的官吏中，有人私运官货到其他地方贩卖，众人颇有微词。听了这话，太宗对左右说："要将这些人完全根除实在不是容易的事，这就像以东西堵塞鼠洞一样无济于事。对此，不可以过于认真，只要将那些做得过分、影响极坏的首恶分子惩办了即可。如有些官船偶有挟私行为，只要他没有妨碍正常公务，就不必过分追究了。总之，这样做也是为了确保官运物质的畅行无阻呀！"

站在一旁的宰相吕蒙正也表示赞同，他说："水若过清则鱼不留，人若过严则人心背。一般而言，君子都看不惯小人的所作所为，如过分追究，恐有乱生。不若容之，使之知禁，这样才能使管理工作顺利开展。从前，汉朝的曹参对司法与市场的管理非常慎重，他认为在处理善恶的执法量刑上应该有弹性，要宽严适度，谨慎从事必然能使恶人无所遁形。这正如圣上所言，就是在小事上不要太苛刻。"

不过分吹毛求疵，凡事皆留有回旋的余地，对微末枝节的小事不妨姑且放过，这乃是大部分精明之人处事为人的信条。

生活中的很多误解和隔膜实际上都是由于人与人的生活状态存在差异，因而造成的思维角度和方式不同所引起的。一个人如果能够充满仁爱之心，言行充满人情味，不但能给他人带来温暖，也会令自己的人生顺风顺水。

泛爱众，而亲仁

孔子说："学生们在家里要孝顺父母，在外要敬爱兄长，做事要谨慎而诚实，博爱众人，而亲近仁德的人，躬行实践之后有剩余的力量，再去学习《诗经》《尚书》等经典。"

在清朝后期，曾国藩堪称忠臣、重臣，但他在写给家人的信中反复提道："居官不过偶然之事,居家乃是长久之计"。这也是他一生为官的心理写照。他始终把居家放到做官之上,认为家才是一个人长久的安身之地,而为官只是一个人一生偶然为之的事情,这在他留给子孙的遗嘱中也时有提到。他认为官场复杂险恶,伴君如伴虎,稍有不慎就会获罪,从而牵连全家。因此,他并不要求子孙后代刻意求取功名。正如他在写给次子曾纪鸿的信中所说:"凡人多望子孙为大官,余不愿为大官,但愿为读书明理之君子……"当他身在官场中沉浮时,也时时做着辞官归隐的打算。

曾国藩对家人的管教是很严格的,从流传下来的《曾国藩家书》中可以看出。古代长兄如父,所以当他取得功名后,思考的就是要替父亲教育好子侄。

《曾国藩家书》从很多侧面反映了曾国藩身为家中长子长孙对家庭的尽职尽责。在持家教子方面,他主张勤俭持家,努力治学,睦邻友好,读书明理。他希望后代兢兢业业,努力治学。他常对子女说,只要有学问就不怕没饭吃。他还说,门第太盛则会出事端,主张不把财产留给子孙,子孙不肖留亦无用,子孙图强,也不愁没饭吃。

曾国藩治家严格,严禁家人干预地方官员的事务。然而,家族毕竟有权有势,他的父亲及诸弟有时候也依仗权势,干预地方事务。特别是他的四弟曾国潢,尽管曾国藩家教极严,但其总是飞扬跋扈,常借地方官员之手杀人。

同治年间,湖南哥老会兴起,特别是湘西地方。那些人多是原来参加湘军,被遣散返乡后,参与哥老会的。曾国潢在家乡,不仅大力剿杀哥老会,对他"厌恶"的人,也决不留情。他总是将人捆送县府,请求杀掉。并且凡是他有所请,县官也不敢不服从。有时捆送五六十人,基本没有几个能生还的。当时的湘乡县令熊某,是个佛教徒,秉性慈善,常接到曾国潢的请求,不答应又拗不过他的权势,答应了又良心折磨太甚。所以,每接到要他杀人的手令,总要躺着哭几天。有人问他哭什么,他回答说:"曾四爷又要借我的手杀人了!"有一年,湘乡县城新建一个码头,按照惯例,应用牲畜来察祀。然而,在曾国潢的主持下,却杀了16个人来举祭。

曾国潢在乡间为人所恨,曾国藩是略有所知的。他常在家信中告诫诸弟:"吾兄弟当于极盛之时作衰时设想,总以不干预公事为第一义。"在倡导"八字"家风中,对其弟特别强调"宝"字,即"人待人为无价之宝也",居乡勿作恶事。咸丰年间曾国藩奔父丧在籍,听得曾国潢在乡间杀人太多,为人所怨,想要惩戒其弟。一天,他趁弟弟躺在床上睡午觉时,向夫人要了一个锥子,猛刺其弟的大腿,顿时鲜血直流,染红了被褥。曾国潢对哥哥的这一举动,高声直呼:"残暴!残暴!痛死我了!"曾国藩闻声反问:"我只是用了一个锥子刺你,你就直呼痛死了。你杀了人家,人家痛不痛啊!"

经过曾国藩这一训诫,曾国潢果然有所收敛,待百姓的态度亦有所好转。曾国藩治家的成功,使得他在官场上从来没有因为家人的事情而受到牵制,反而其家里人才辈出,各有所长,这可以说是后人为官持家都应当效仿的。

凡能成大事者,在孝道上都是尽力而为之的,在家尽孝、为国尽忠二者是相通的,一个不愿尽孝的人,也不会为国尽忠,这是由人的本性所决定的。

以敬老尊贤,代替傲慢与偏见;以慈悲爱护,代替刻薄与寡恩;以宽恕协助,代替仇恨与敌对,使人人皆以感恩报德的心情,放下个人的恩怨,生活将充满幸福与欢笑,人心就会得以慰藉及安宁。"孝敬之家,必获吉祥",说的就是这个道理。

清代学者陆陇其,原名龙其,字稼书,浙江平湖人,是康熙九年的进士,他先后担任过浙江嘉定和河北灵寿的知县,为官清廉,不仅受到士子百姓的赞颂,也常受到朝廷的表彰。

陆陇其做县令时,提倡简约朴素,以德行教化百姓。如果遇到父亲告儿子不孝,陆陇其不用威势压人,而是晓之以理,动之以情,往往声泪俱下,劝说其子尽孝。到最后,儿子常常真心悔改,将父亲带回家中,尽孝侍奉。遇有兄弟之间争讼打官司,陆陇其常调查出指使打官司者,加以杖责,对兄弟则施以教育。兄弟之间常常能够和好如初,不再争讼。

陆陇其为官不为权势所屈,往往抑强扶弱,教育士民百姓弃恶向善。他从不用县衙中的吏胥捕人,族人之间相争,让族长出面将当事者叫到县衙;乡里百姓相争,便叫乡中长老将双方叫到县衙中。后来,县中养成了良好的民风。

陆陇其清廉公正,为官很有政绩,这与他十分注意言传身教是分不开的。他任灵寿县令的时候,有一次有个老太太控告她的儿子忤逆不孝。陆陇其立刻叫人把老太太的儿子叫到跟前,一看原来这个儿子还未成年,便对老太太说:"我官衙中正好缺少个小童,你儿子就暂时留在这里当差,等到有人来接替,我再好好地教育他。"

于是,陆陇其让那少年跟随在自己左右,形影不离。

陆陇其有个习惯,就是每天起床后,都毕恭毕敬地站在母亲的房外,等到母亲一起床,便立即递上洗漱用具,然后再送上早餐。待到吃中饭时,陆陇其侍候在桌旁,给母亲送上好吃的食物,而且总是面带笑容。等到母亲吃饱后,自己才去吃饭。一有闲暇,陆陇其便坐在母亲身旁,给她讲一些故事或者民间传说,或者聊聊天,想尽一切办法让母亲保持心情愉快。母亲只要有哪里不舒服,陆陇其就悉心加以照料,称药量水,服侍在侧,有时几夜不睡觉也毫无倦意,毫不懈怠,就这样过了几个月。一天,那少年突然在陆陇其面前跪下,请求放他回自己家去。

陆陇其知道几个月来的言传身教,已经在少年身上产生了效果,却故意对少年说:"你们母子不和,为什么要回家去呢?"

那少年哭着回答:"小人一向不懂得礼节,所以得罪了母亲,现在亲眼看到大人所做的一切,因而感到后悔不已。回去以后我一定痛改前非,尽心侍奉我的母亲!"

陆陇其便将那少年的母亲叫来,母子相见,不禁抱头痛哭。后来,那少年果然痛改前非,成了远近闻名的孝子。

八、立志之道

学以致用,寻找永恒的快乐

孔子说:"经常学习,不也喜悦吗?远方来了朋友,不也快乐吗?得不到理解而不怨恨,不也是君子吗?"

孔子认为人生有三乐:一、学而时习之,不亦说乎?二、有朋自远方来,不亦乐乎?三、人不知而不愠,不亦君子乎?孔子所说的人生三乐,实际上是代表了人生的三种境界。如果没有到达到这三种境界,不仅没有这人生的三大乐趣,而且人生一定会很痛苦。

那么,什么样的人可以得到孔子所说的三种快乐呢?那就是仁者和君子。追求仁义道德的人,他可以从生活中得到真正的快乐、永恒的快乐。仁是每个人都有的善良本性,但是对于普通人来说,他的善性可能已经被世间物欲所掩盖;整天为追求个人名利而奔波,为衣食住行而操劳,再也找不到回归的家园。所以,世人追求名利,沉迷于感官刺激,自以为这样就快乐了。而实际上,这是短暂的快乐。

怎样才能得到真正的和永恒的快乐呢?

首先,就是通过学习去追求人生的真正快乐。通过学习,通过老师的言传身教,并且到实践中去不断体悟,学以致用,那他就会找到自己真正的快乐。所以孔子说:"学而时习之,不亦说乎?"在这里,他强调了两个方面:首先是要学习,然后要实践。韩愈说"人非生而知之者,孰能无惑?惑而不从师,其为惑也,终不解矣。"孔子说"唯上智与下愚不移",对于大多数的人来说是要通过学习才能明白道理的。人类的知识有间接知识和直接知识,一个人的生命是有限的,要想尽快地吸收人类积累的全部知识,就只有学习,接受先知的教导。但是,光是学习还不行,学习的目的是为了提高自己,是为了觉悟自己,所以学习后就必须身体力行,在生活实践中把学到的知识加以运用。

孔子的学以致用,是注重一个人在思想方面的成熟。即是要把老师所讲的道理,在生活实践中进行对照和观察,看自己坐卧行住、言行举止是否都能够做到。最主要是观察自己每时每刻的意念是善的、还是恶的,当达到纯善的境界时,也就是"仁"了,永恒的快乐也就出现了。所以,只有学习和实践同时并重,才能得到人生的真正快乐。

其次,人生的快乐就是广交善友,广结善缘。一个人只有广交善友,才能不断地提高自己。所以孔子说遇到远方的朋友来相会,是一件很快乐的事。

第三,是要谦虚谨慎,严于律己,宽以待人。只有虚怀若谷的人才有永恒的快乐。至于别人不理解我,甚至误会我、诽谤我,我也不怨恨,这更是一种很高的境界。满招损,谦受益;不求出人头地,但求谦虚谨慎。这是追求仁的方法。如果别人说我好话就高兴,说我坏话就仇恨,那么这个人实际上是在为别人而活着;这样他就失去了自我。时时为世间一切所动心,整天为名利而奔波,他还能够得到真正的快乐吗?

桃李无言,一切皆在我心

曾子说:"认真办理丧事、深切怀念先人,社会风气就会归于淳朴。"

曾子是孔子学生中最老实的一个人,外表看起来比较笨拙,平常也不爱多说话,但是他却得到了孔子的真传。他得到真传的秘诀是因为他为人处世时抓住了事物的本质。事物的本质在于自己的心,抓住了自己的心也就抓住了事物的本质。

曾子成为孔子的嫡传弟子,他写了《伏学》;其用心的方法又传给了孔子的孙子子思,子思作《中庸》;子思又传给了孟子。可见从孔子到曾子,再到子思和孟子,曾子起到了承前启后的作用。

曾子是儒家思想中最主要的修养方法"慎独"的发明者。《中庸》说:"莫见乎隐,莫显乎微。故君子慎其独也。"意思是君子要经常检查自己的思想和细微的念头,即使在没有人的地方,也要使自己的行为谨慎不苟。

从前有个人,在旅途中又饥又渴,他走到了一片桃李树下休息,这时桃李都已经成熟,鲜艳欲滴,这个人休息后,没有去摘桃李来解除饥渴,只是继续赶路。别人看见他这样,都迷惑不解,问他为什么这样傻。他回答说:"桃李无心,我心有主。"主人不在,桃李是不会管自己的,但是我去偷吃,我的善心则不存在了。古人说:"莫以善小而不为,莫以恶小而为之。"所以只要管住了自己的心,一切犯罪行为都可以控制在萌芽状态之中。曾子的这种慎独功夫到后来发展为程朱理学最主要的修养方法。

当下一念,是最重要的。像曾子一样,反省当下的一念是善还是恶,不久就能进入圣流。只要每天不断地反省自己,才能主宰自己的心;只有主宰了自己的心,才算真正主宰了自己。

清心寡欲,淡泊心境无挂碍

孔子说:"学习三年却没有做官的念头,是很难得的事。"

读书不含任何功利观念是非常难能可贵的。儒家所崇尚的是一种生活哲学,读书的目的是学做一个君子,而不是升官发财。读书是一条道路、一种方法,它使你了解人类社会所走过的历程,正视自己的位置,展望未来的道路。它会给你一把开启世界的神奇钥匙,使你的胸襟也随之拓展。

有的人读书只是为了求名求利,甚至由于读了更多的书,而能用更高明的方法来欺世盗名。他们是没有真正体悟到求学问道的正确含义。"学而优则公",为天下百姓造福是许多读书人的梦想,但却不是求学的终极目的,更不要把学问看作升官的一个砝码。"学"的最高境界是为了在生活中做一个实践道德的君子。

古人说:"为了天下平民百姓的举止措施,就叫做事业;为了一家的举止措施,就叫作产业;损害天下人的举止措施,而对一家人有利的,就叫作冤业。把产业作为事业,人们必然怨恨;把产业作为冤业,天就会毁灭它。"

历代失败之人,无不败在无情操、无节俭上,这是不得不使人们警惕的。何况"悖逆事物而人的人,也必定会悖逆而出"呢!一个人要想培养自己高风亮节的高尚情操,首先要做到"如果不是属于我所有的,虽是一毫也不能取"。

这又在于要能够安分、安贫、安心不动,要想做到少欲望、少贪得、少求取,就要求拥有高风亮节的高尚情操。

宋凌冲任合山知县,有清廉的名声,一毫也不妄取,百姓称颂他的德行。他任期结束回归时,身边有一块砚池,宋凌冲拿出来看看说:"这不是我来时的东西。"于是便命人还回去。这不就是"如果不是属于我所有的,虽是一毫也不能取"的最好例证吗?

治理百姓的官员,古代称之为父母官,就是要服务于人民,而不是在人民之上作威作福、暴敛民财。所以宋代张之才做阳城知县,离任辞行时作诗说:"一官来此四经春,不愧苍天不愧民。神道有灵应信我,去时犹似到时贫。"

寇准出入宰相30年,没有建造私房,清操的名声显著。所以处士魏舒称赞他:"做官居在高位处,却无地方起楼台。"

唐伯虎作诗说:"钓月樵云共白头,也无荣辱也无忧;相逢话到投机处,山自青青水自流。"如果人人都能了悟"山自青青水自流"的境界,就自然万事不会求助于人了。

节俭的人必定知足。老子说:"金玉满堂,也无法永远守住。"既然有了外在的东西,也不能有所依靠。吕坤说:"凡是在于我的,都是分内的,在内缺一分,便不能成人;在外得一分,就要知足。"做到了知足就能无人而不自得,无处而不自安。

贫而安于贫的人是富;贱而安于贱的人是贵。无求就是富,无求就是贵。自富其富,自贵其贵于内。

宋代的处士魏舒,隐居不做官,他曾经作诗表露自己的心迹。诗中写道:"有名闲富贵,无事散神仙。洗砚鱼吞墨,烹茶鹤避烟。"宋真宗多次下诏书征用,他都不肯出任,并对来使说:"九重丹诏,休教彩凤衔来;一片闲心,已被白云留住。"皇上嘉奖他的志向,于是不再征召他。魏舒最后老死在深山岩石之间。这就是自知自足,闭门于处,尽力修养内在的功夫。

君子喻义,见利忘义失败是必然

孔子说:"君子明白的是道义,小人懂得的是利益。"

君子了解义,行事便以义为标准;小人了解利,所以行事易追逐利益。和君子交往主要是讲道德、礼义,和小人交往就只能讲利益。

孔子说:"明智的领导者明白义理,平民知晓他自己的利益。智慧人明白按照圣人的话好善去恶、立是去非,愚昧人则只晓得追求私利。"

战国时期,魏、齐、楚、燕、韩、赵、秦最为强大,称"七雄并立"。秦以强大的实力为基础,攻占了巴蜀和三晋许多地方,称雄于西方。于东方六国建立"合纵"同盟,即"合众弱以攻一强",共同对付秦国,其中齐是东方强国,楚则虎视于南方,齐楚联盟成了秦国的心腹大患。秦国千方百计要瓦解东方六国的合纵同盟,采取联合东方弱国对付其他弱国的"连横"战略,以便各个击破六国。于是,秦派张仪,拉拢魏国脱离了合纵,然后又离间了齐楚两大国,使六国合纵化为乌有。

公元前313年,张仪带着厚礼来到楚国,楚怀王见财眼开,热情接待。张仪用花言巧语欺骗楚怀王说:"大王如果能够与齐绝交,秦愿献商于之地六百里给楚。这样,秦楚结为盟好,长期成为兄弟,也可以削弱北方的齐国,于秦于楚都有利,再没有比之更好的办法了。"楚怀王满心高兴,便欣然答应了。大夫陈轸劝谏说:"秦尊重楚,是因为楚齐结盟的缘故。如果秦答应给我们的土地还没有到手就和齐国绝交,楚国一孤立,秦就会轻视楚国。如果先要秦割地再与齐绝交,秦国未必肯答应;先绝交再割地,又怕秦不守信,欺骗我们。而大王您被骗,定会怨恨秦,这样秦、齐都成了楚的敌人。两国的军队都来攻楚,这是非常危险的。为今之计,最好是表面同齐绝交,派人随张仪到秦国取土地,等土地到了手,再与齐国绝交。这样,即使土地不到手,楚国也不会有什么损失,也不会得罪齐国。"其实陈轸的主张是万全之策,但楚怀王被张仪的甜言蜜语所迷惑。他一心想要得六百里地,不听陈轸的话,一面派人随张仪去取土地,一面派人去齐宣布绝交。

楚使者随张仪到了秦国,张仪装酒醉从车上摔下来受重伤,一连三个月在家养伤,闭门不上朝。楚怀王闻知此事,以为是张仪怀疑他和齐没有完全决裂的缘故,于是,便派勇士到齐国去,当面把齐宣王辱骂一通,使齐宣王极其恼火。这时,秦王刚好派人前来拉拢齐国,齐国正恨楚国无信义,就同秦国言和。直到秦齐联盟正式建立后,张仪出面对逗留了三个月的楚国使者说:"我自己有封地六里,愿意献给你们大王。"楚使者说:"我是奉大王之命来取六百里地,没听说过六里之说。"

楚怀王听了使者的回报,大骂张仪,气冲冲地要兴兵伐秦。陈轸却认为不可,他说:"为今之计,进攻秦国,还不如索性送一个大都邑给秦,和秦一道攻齐,把失去的土地从齐国中取得补偿。如果出兵攻秦,就会使秦齐联合对付楚国,楚国要吃大亏。"

但楚怀王盛怒之下,仍派大将率兵攻秦,结果被秦军打得大败,被俘将领70人,主帅也被杀,士卒死亡8万人,大片土地被秦国夺取。楚怀王又倾尽全国兵力攻秦,在蓝田大战,又被打垮,秦又夺得楚国两城。从此以后,楚国元气大伤,一蹶不振。

割席而处,寻求名利之外的境界

孔子说:"对于学问,懂得它的人不如喜好它的人,喜好它的人不如以从事它为快乐的人。"

孔子认为,在学习时,人们仅仅是有目标地追求,还不如从中得到心理满足效果好;得到心理满足,又不如对学习、工作感到强烈兴趣效果好。在这里,孔子提出了一个重要的教育原则:通过调整人们的心理状态,调动其学习的巨大积极性和潜力。仅仅懂得学问、道理,却不能从心中喜欢它,说明学得不够深入、透彻。在学习时,如果将学习看成是"苦学""困学",那么即使对书本倒背如流、对道理讲得清楚明白,仍然没有"学而时习之,不亦乐乎"的乐趣。而如果心里喜欢,却不去身体力行,从实践中感受到愉悦、快乐,那么这种喜爱也不深刻。叶公好龙,嘴里说自己如何喜欢,可是真龙来了,却吓得要死。

孔子表面上说的是学习之道,实际上是在讲如何遵循仁之道。对于儒家学说,要了解其内容并不难,但要从内心培养对这种仁道精神的喜爱之情,却并不容易做到,至于要亲自去实践就更难做到了。所以孔子提出的解决办法就是要"好之、乐之",要从内心去提高自己的修养,完善自己的品格。如果具有很高的境界,那实行仁道自然就如高屋建瓴一般容易了。所以孔子循循善诱地教导人们,要始终自强不息,追求更高的境界。

管宁是三国时期的学者,是春秋时期著名政治家齐相管仲的后代,他以操守淡泊著称。他身高八尺,相貌不错,但家里很穷,而且他16岁时就死了父亲,亲戚朋友可怜他、同情他,赠送了许多财物让他葬父,可是管宁一文不取,只凭借自己的真实财力安葬了父亲。对一个16岁的少年来说,这是很难得的品质了。

东汉末年,政治腐败,战乱频仍。管宁离家游学,潜心读书,结交了几个后来很著名的学友;一个是年长他一岁的平原高唐人华歆,一个叫邴原。三个人很要好,又很出色,所以当时的人把他们比喻为一条龙,华歆是龙头,邴原是龙腹,管宁是龙尾。他们最尊敬的大学者是著名的陈仲弓。陈仲弓的品德、学识行为成了他们的追求目标。

管宁性情恬淡,沉默寡言;华歆好动健谈,喜欢访朋会友,善于多方交际,但内心深处则是热衷于功名利禄。他们在一起的时候,免不了谈古论今,抒发各自的人生抱负。华歆总是喜欢评说古往今来将相王侯的事业和地位,一副垂涎三尺的神气,并且十分羡慕管宁的家世。管宁则不以为然,每当谈到这种话题时,他总是拍拍书本,又指指屋后的菜地,那意思是说:身处乱世,我不能治国安民,只要能够读书和劳动,就别无所求了。

龙头华歆和龙尾管宁之间曾发生过一件著名的绝交事件,后人称之为"管宁割席"。管宁与华歆经常同坐在一张宽大的芦席上读书。门前时常经过坐着豪华车子、身着华丽衣服的大官，后面跟随着持戈的卫士和骑马的侍从，前呼后拥，耀武扬威。每到这时，管宁充耳不闻，照旧读书；而华歆就坐不住、沉不住气了，他放下书本，跑到屋外街上，挤进围观的人群里仰视，对达官的威仪艳羡不已。回来后，他也不继续读书，而是赞叹不已地对管宁描绘"轩冕者"高贵堂皇的仪容。管宁劝阻华歆：我们是读书、做学问，不必去仰慕那些高官厚禄的人！

有一天，门前又行进一列朝廷重臣的车队。华歆又像往常一样，出门观看去了。回转时，却大为惊诧地看到：管宁竟用刀子把芦席割为两截，自己独坐一截用心读书。

华歆不解地问："幼安，你为什么要把席子割为两截，你我不是从来都同坐一席吗？"管宁缓缓地合上书本，一字一句地说："你呀，不配再做我的朋友啦！我怎么能与不是自己朋友的人同坐一席呢？"说罢，管宁背过身去，拿起书本，再也不理会华歆了。管宁的割席，毋宁说是绝交，不如说是劝诫，希望华歆不要改变了初衷。

从此以后，两个年轻的朋友便分道扬镳了：管宁潜心读书，成为德高望重的学问家；华歆却一头扎进名利场中，先事孙权，后投曹操，趋炎附势，不择手段，为帮助曹氏父子剪除政敌充当打手。华歆曾经带领五百甲兵入宫捉拿伏皇后。曹丕废献帝自立时，华歆更为活跃，他按剑指着汉献帝厉声斥责，并将其赶出京城。后来华歆官拜司寇，终于达到了其青云直上的目的，但是却一直为世人所不齿。

后来，管宁避居辽东，当地的人感念他的贤德，服从他的教化，形成了良好的社会风气，大家和睦共处，安居乐业。管宁回乡后，魏文帝就下诏封管宁为太中大夫，管宁坚决推辞，说自己老了，实在没有什么才能，要求皇帝放过他，可是皇帝偏偏不肯放过他。魏文帝死后，魏明帝又多次征召他，华歆、王朗、陈群等朝中大臣更是反复地推荐管宁，华歆还提出把自己的太尉之位让给管宁。管宁则是一律推辞，到死也没有答应出仕。世人都赞佩管宁的操守，鄙薄华歆之所为。

后人有诗叹华歆曰："华歆当日逞凶谋，破壁生将母后收。助虐一朝添虎翼，骂名千载笑龙头！"管宁在辽东时，常戴白帽，坐卧一楼，足不履地，终身不肯仕魏，又有诗赞管宁曰："辽东传有管宁楼，人去楼空名独留。笑杀子鱼贪富贵，岂如白帽自风流。"

苟患失之，无所不至矣

"患得患失"是人类的一种通病：当没有得到的时候，害怕自己得不到；而当得到以后，又担心失去。对此，孔子的看法是"苟患失之，无所不至矣"，即患得患失的人将一事无成。患得患失是人生的精神枷锁，是附着在人身上的阴影，是浮躁的表现，来看下面的证据。

古代神话中的后羿，练就了一身百步穿杨的好本领，几乎从来没有失手过，人们争相传颂他高超的技艺，对他十分敬佩。

夏王也听说了这位神射手的本领，就把后羿召入宫中，要求后羿单独给自己表演一番，好尽情领略一下他那炉火纯青的射技。后羿被带到后花园的一处开阔地带，夏王命人拿出了一个兽皮箭靶，用手指着后羿说："今天请你来，是想让你展示一下精湛的技艺。为了使这次表演不沉闷乏味，我来给你定个奖罚规矩：如果你射中的话，我奖给你黄金万两；如果射不中，那么就削减你五百户的封地。"

后羿听了夏王的话一言不发，面色变得紧张起来。然后。取出一支箭搭在弓上瞄准。一想到这支箭发出之后可能发生的结果，一向镇定的后羿呼吸变得急促起来，手也微微颤抖，瞄了多次都没有发出去。最后，后羿下定决心，松开了弦，箭钉在离靶心几寸远的地方。后羿再次开弓搭箭，精神却再也无法集中，箭射得更加离谱。

夏王在失望的同时心中顿生疑惑，便问手下说："这个神射手不是平时百发百中吗？今天怎么会大失水准呢？"

手下解释说："后羿平时射箭，本着一颗平常心，水平自然发挥得正常，可是今天他射出的成绩直接关系到自己的切身利益，这让他怎能静下心来施展技术呢？"

生活中往往有这样一些人，做什么事情都要反复考虑，做完之后又放心不下，并且极其重视个人的得失，心绪不得安宁，生活中也就无法体会到轻松和愉快。我们不妨从战国时期的孟子身上学到一些技巧。

战国时代，孟子名气很大，府上经常宾客盈门，其中大多是慕名而来求学问道的。这一天，接连来了两位神秘人物，一位是齐王的使者，一位是薛国的使者。齐王的使者给孟子带来黄金100两，说是齐王所赠的一点见面礼，孟子见其没有下文，坚决拒绝齐王的馈赠，使者只好走了。薛国的使者给孟子带来了50两金子，说是薛王的一点心意，感谢孟先生在薛国发生兵难的时候帮了大忙，孟子吩咐手下人把金子收下了。

左右的人看到孟子截然不同的做法后都十分不解，就问孟先生："齐王送你那么多的金子，你不肯收；薛国才送了齐国的一半，你却接受了。这是为什么呢？"

孟子回答说："在薛国的时候，我为他们出谋设防，平息了一场战争，算是个有功之人，受到物质奖励是理所当然的；而齐王无缘无故给我那么多黄金，是有心收买我,君子是不可以用金钱收买的,我怎么能收受他们的贿赂呢?"

左右的人听了,都十分佩服孟子的高明见解和高尚操守。

君子有所为,有所不为,面对纷繁杂乱的世事,形形色色的诱惑,知道自己真正想要的是什么,不患得患失,安然淡泊于山水之间。在人生的旅途中,一个人如果总是把自己所遇到的每件东西都背上,身上负重,这样就会感觉到很累。只有携带越少才会越超脱,一个人越是清心寡欲,精神就越自由。

那么,我们怎样才能像孟子这样为人处世呢?关键就在于心态。心态是人类情绪和意志的调控器,它决定了人们行为的方向与质量。心态不同,观察和感知事物的侧重点就不同,对信息的选择就不同,因而在他眼里的环境和世界就不同了。我们来看一个故事。

战国时,卫国的弥子瑕由于长得英俊而深得卫王宠爱,被任命为侍臣,随驾左右。

有一次,弥子瑕母亲生病,私驾卫王的马车回家探视。按当时卫国的法律,私下使用大王车马者当处以斩断双脚的刑罚。卫王知道此事后,不但没有处罚弥子瑕,反而称赞他:"子瑕真孝顺啊!为了生母的病,竟然忘了刑律。"

又有一天,弥子瑕陪同卫王游果园,弥子瑕摘下一个桃子,吃了一半,另一半献给卫王。卫王高兴地说:"子瑕真爱我啊!好吃的桃子不愿独享,献给我吃。"

多年以后,弥子瑕年老,卫王就不喜欢他了。有一次,弥子瑕因小事不慎,卫王就生气地说:"弥子瑕曾经私驾我的车,还拿吃剩的桃子给我吃。"在数落弥子瑕的罪状之后,就罢免了他。

卫王对弥子瑕同一桩事情前后的不同态度,只因为他的心态不同。当卫王喜欢弥子瑕的时候,就能宽容弥子瑕的过错和失误,甚至可以法外施恩;而当他不喜欢弥子瑕时,就会因小事而苛责他,这就是心态的作用。

不同的心态决定了人们对事物看法的不同:豪迈者看江是"大江东去浪淘尽"的气势,而忧伤者看水则是"花自飘零水自流"的闲愁。从这个意义上说,我们的境遇并不完全是由周围的环境造成的,而是来自面对境遇的正确心态。我们不能忘记:在任何特定的环境中,人们还有最后一种自由,就是选择自己的态度。

非求益者也,欲速成者也

做人有一个原则,就是不可急功近利、急于求成,要有长远眼光和宏图大志。做出一项决策,开始一种行动,都要顾及后果,不要企图一蹴而就,感情用事,也不要为一些小利益花费太多的心力,要顾及整体大局。孔子的这种说法与中庸之道中的循序渐进、按部就班是殊途同归的。

纵观历史,一心求速成,因冲动而坏事甚至误国的教训有很多,我们来看一个典型的例子。

春秋战国时期,楚国发兵攻打绞国,而绞国大王深知两国实力悬殊,故而闭门不出,固守城池。楚军多次实施攻城,无奈墙高城阔,久攻不下,两军相持了一个多月不见胜负。

楚大夫屈瑕仔细研究了敌我双方的情况,认为绞城只可智取,不可强攻。他向楚王献计说:"攻城不下,不如利而诱之。绞城已被围困一个多月,城内囤积有限,必定缺少柴火。我方可派些士兵装扮成樵夫上山打柴,敌军一定会出城抢夺柴草。开始几天,让他们抢一些回去,等到他们麻痹大意,派大批士兵出城劫夺柴草时,我们设下伏兵,断其后路,伺机围而歼之,乘势攻城,必定获胜。"

楚王听了,担心地问:"只是敌人怎么会轻易上当呢?"屈瑕胸有成竹:"大王请放心,绞国小而轻躁,轻躁则少谋略。"楚王依计行事,安排一些士兵装扮成樵夫上山打柴。绞侯听说有樵夫进山,惊喜地问:"这些樵夫可有兵马保护?"探子报,并无楚兵跟随。于是,绞侯马上派一哨兵马出城,抢回不少柴草。见有利可图,绞侯派兵出城的次数越来越多。

第六天,绞国大队兵马涌出城门,"樵夫"们见绞兵冲来,背着柴草拼命逃窜,绞兵穷追不舍,不知不觉被引入楚军埋伏圈。刹那间战鼓雷鸣,杀声四起,绞国士兵措手不及,死伤无数。楚王趁机号令攻城,绞侯无力抵抗,只得跪拜请降。

与此截然相反,三国时期的刘备犯了急躁冒进、急功近利的毛病,导致功败垂成、一蹶不振。

三国时期的刘备、关羽、张飞弟兄三人想借"匡扶汉室"之名,成就一番事业。奋斗前期一直未成什么大气候,后来得到诸葛亮的辅佐才时来运转,得了荆州,进了四川,在蜀地称帝。

当时三国鼎立的态势虽已形成,但曹魏实力最为强大,吴蜀两国相对弱小的格局并未打破,蜀地周围少数民族经常前来袭扰,国家初建时满目疮痍、百废待兴。刘备要想大展宏图,本应凭借天时、地利、人和的良机励精图治,稳固基业,或者加强吴蜀联盟,一致抗魏。可是由于东吴利用关羽骄傲自满的情绪,攻取荆州,并杀了关羽,使刘备悔恨交加,决定举倾国之兵东出伐吴,企图消灭吴国,为关羽报仇。

赵云当时劝阻道:"今曹丕篡汉,天下共怒,陛下应早图关中,屯兵渭河上流,以讨凶逆,这样关东义士一定会裹粮策马以迎王师;如果舍魏伐吴,兵势一交岂能骤解。请陛下察之。"刘备却回答道:"孙权害死我二弟关羽,我与他有切齿之仇,啖其肉灭其族,方雪我恨,你不要阻拦。"赵云仍坚持道:"曹丕是窃汉朝的国贼,我们与他的仇是公仇,讨伐东吴报杀弟之仇是私仇,但愿我主能以天下为重。"刘备愤愤地说:"朕不为弟报仇,虽有万里江山,何足为贵?"因一时的愤怒,大目标早已被他抛至脑后,始终不肯听从赵云的劝谏。

诸葛亮见此情形,便率领文武百官当面劝谏,刘备也不听。后来诸葛亮又专门写成奏章,分析伐吴的利弊,刘备也同样置之不理,诸葛亮等人只好作罢。此后,刘备亲自率领七十五万大军,出师伐吴。

起兵之时,蜀军浩浩荡荡,气势恢宏,斩将夺关。孙权在危急之时拜儒生陆逊为大都督,统率东吴六郡八十一州兼荆楚诸路军马,并郑重嘱托道:"京城以内的事,我自己主持,京城以外所有疆土上的事,由你决策。"

刘备打了几个小胜仗,已是沾沾自喜,如今又听说东吴任命一介书生为帅,更是不放在眼里,便催促各路人马加速前进。陆逊走马上任后,运用"持重不抢先,待机而制人"的战略严阵以待。首先,陆逊宣布决策:"各处关防牢守隘口,不许轻敌。"当刘备大军压来,陆逊与吴将韩当并马而望,陆逊指着刘备的军马说道:"刘备兵刚来,又连胜十余阵,锐气正盛,正自得志,我们只要坚守不出,对方求战不得。等到时机成熟,我将用奇计破之。"

时隔不久,陆逊果真瞅准时机,率军动如脱兔,终于一把火烧了蜀军七百里连营。陆逊趁蜀军混乱,率大军掩杀过来,加之风助火势,导致蜀军全线崩溃。刘备带领残兵败将抢占马鞍山依险据守,陆逊又督各部兵马四面围攻。情急之下,刘备夜晚趁黑冲出重围,靠沿途驿站焚烧军车、铠甲来阻断追兵,才逃回白帝城。直到此时,刘备还说:"我竟被陆逊所折辱,岂不是天意?"

其实,刘备战败哪里是什么天意,完全是他"求小利、欲速成"酿成的苦果。刘备只记得报兄弟之仇,放弃主要的敌人曹魏,不惜破坏吴蜀联盟,这种政治上的短见已埋下了失败的祸根。进而在率军队攻吴的过程中,只求速战速决。到后来,竟然刚愎自用,犯下兵家之"依山傍水结营"的大忌,终于给了陆逊可乘之机。如此看来,刘备正是在政治和军事上都急于求成才导致了失败,这正为孔子所告诫的"欲速则不达"提供了绝好的佐证。

孔子曾经劝诫自己的学生子夏做一个地方首长,行政、建设等一切制度要顾全到后果,为百年的大计,不要急功近利,不要想很快地就拿成果来表现,要注意层次和秩序，一步步稳扎稳打，决不突击政治或者急功近利。可见，事情只有这样做才有成功的可能，汉高祖刘邦就是一个成功的例子。

刘邦初定天下时，民生凋敝，北方的匈奴便借机屡屡进犯边关，使得高祖皇帝焦头烂额，尤其是"白登之围"后，朝野上下对匈奴普遍怀有畏惧心理，于是匈奴更加肆无忌惮，边关百姓叫苦连天，不断向中原迁徙。

刘邦召见关内侯刘敬商议对策，刘敬分析道："天下刚刚平定，将士常年拼战已十分疲劳，如果兴师动众进行征伐，时机恐怕不合适。依微臣看来，武力征服匈奴不太可能实现。"

"不动用武力，难道可以用文治教化的办法吗？"刘邦忧虑地说，"这些匈奴人生就强暴凶悍，礼仪不兴。怎么可能臣服？"

"确实如此，匈奴王冒顿脾气暴烈，的确没办法和他大谈仁义道德。"刘敬说，"但是，仍然有办法使他归顺，而且他的子子孙孙也不会冒犯边境，这可是一个长治久安的计划，不知道陛下是否认同？"刘邦当然十分高兴能够一劳永逸地解决问题，忙示意刘敬快快说下去。

"皇上如果希望匈奴臣服，只有采取和亲政策，化仇敌为亲戚。若陛下肯忍痛割爱，将公主嫁给匈奴大王冒顿，招他为婿，他一定欢喜不已，必册立公主为后，将来生下孩子，自然就是王位继承人，陛下可以利用这种关系，逢年过节时赠予珠宝金银，如此一来，即使凶猛的老虎也可以变成陛下坐骑啊！"

刘邦仔细想来，发现除此以外的确别无他法，最终采纳了这一计策，成功地安抚了匈奴。

如果一个人做事时缺乏冷静的判断，以偏概全，急于冒进，不遵循科学规律，失败就在所难免，唯有脚踏实地、循序渐进才是成功的正确途径。

古者言之不出，耻躬之不逮也

在《学而》篇里，孔子说"敏于事而慎于言"；在《为政》篇里，孔子说"先行，其言而后从之"；在《宪问》篇里，孔子说"君子耻其言而过其行"；在这里，孔子又说"古者言之不出，耻躬之不逮也"。所有的这些说法，意思只有一个，就是要求人们少说多做。话一旦出口就要言行一致，切不可轻易承诺、表里不一。

一般来讲，承诺有两种情况：一种是自觉的承诺，即明确地答复别人，应允其请求之事；另一种是不自觉的承诺，自己并未应允，但在别人看来，你已应允了。其实，在人际交往中，轻易承诺很容易造成被动的局面，正如拿破仑说过的那样："我从不轻易承诺,因为承诺会变成不可自拔的错误。"看完下面这个故事,或许你会更深切地明白这一点。

有一位老人坐在树下歇息,一个年轻人飞奔到老人面前,惊慌失措地哀求老人救他,说有人误以为他是小偷正在追捕他,要剁掉他的双手。说完,年轻人纵身爬到那棵大树上躲了起来,并再一次要求老人不要告诉追捕他的人自己躲在树上,老人回答说:"让我想一想。"

就是老人这句不自觉的承诺,使年轻人放心了。不一会儿。追捕的人赶到大树下,问老人有没有见到一个年轻人从这里跑过去,谁知这个老人随口回道:"见过。"追捕的人又问:"他往哪儿跑了?"老人朝树上指了指。

年轻人从树上被拖了下来,剁掉了双手,年轻人大骂老人违背了自己的承诺,背叛了他。

有时候,我们会在无意中,由于措辞或者说话的语气不同,使人们对你要表达的意思产生误解,造成一些不必要的误会。古人告诫我们:轻诺者,必寡信。承诺一出,不兑现者不仅要为之付出代价,而且会被人斥为卑鄙小人。请看下面这个历史故事。

李渊能够成功地推翻隋朝,次子李世民的功劳最大。于是李渊一高兴便许诺李世民:"大事如果成功,天下如果到手,就让你当太子。"李世民则一面叩谢,一面辞让,心中却充满了当太子以后登基当皇帝的美好愿望。

当李渊登上帝位,建立了庞大的唐朝时,许多将领及官员都要求李渊册封李世民为太子,但是长子李建成玩弄阴谋,获得了李渊的好感,后来被封为太子。不过,太子李建成喜欢饮酒、游玩,三子李元吉又不断犯错,李渊对这两个儿子都不喜欢,而李世民的功劳和声威渐大,李渊常常想改立他为太子。此时,李建成的心里逐渐不安,便跟李元吉合作共同打击李世民。

李渊后宫中有许多嫔妃,她们都争着与李建成、李世民、李元吉交往,以巩固自己的地位。李建成、李元吉也费尽心机跟这些嫔妃来往,希望借着她们来得到李渊的欢心,只有李世民不肯奉承这些嫔妃,于是嫔妃们就在李渊面前都称赞李建成、李元吉,而说李世民的坏话。

庆州地方军统领杨文干曾经是李建成的太子宫卫士,他帮助李建成暗中招募勇士,送到长安壮大太子的力量。李渊到仁智官避暑,命令李建成留守京师,由李世民和李元吉陪同出发。李元吉一直想除掉李世民,在出发前,李建成也嘱咐李元吉,有机会就除掉李世民。

李渊到了仁智宫，尔朱焕和桥公山直接向李渊告发，指控李建成和杨文干内呼外应，图谋不轨。李渊大为愤怒，召见李建成，李建成赶到仁智宫，叩头请求原谅，杨文干得到消息，马上起兵叛变。李渊跟李世民讨论军情，李世民认为只要派一个将领出击，就足以消灭杨文干。李渊则要求李世民亲自率领军队出击，并承诺胜利回来时改封他为太子。

李渊

李世民出发后，李元吉跟李渊的嫔妃不断地在李渊面前替李建成辩护，李渊对李建成的态度也随着转变了，不但不追究他涉嫌谋反的罪责，还命令他返回京师，继续留守京城。

李世民很快就平定了杨文干的叛乱，但回京后李渊并没有改封他为太子，自此李世民跟李建成、李元吉兄弟之间的裂痕也逐渐加深了。有一次。李建成宴请李世民，却在酒中下毒，李世民喝了酒后腹痛如绞，口吐鲜血。李渊得到消息，告诉李世民："当初是你提出雄伟战略，又削平海内群雄，这些都是你的功劳。我打算封你当太子时，你坚决辞让。建成是大哥，当了这么久的世子，我实在不忍心剥夺他的继承权。不过依据目前的状况，你们兄弟已经不能互相包容了，一定会发生冲突。所以，我把陕州以东的地方封给你，今后你就居住洛阳，当个一方之主吧！"

但是，就在李世民即将出发前往封地时，李建成和李元吉商量："李世民如果前往洛阳，手中拥有军队、城池，我们就无法控制他了。如果让他留在长安，最多也只是个匹夫而已，那样制服他易如反掌。"于是他们便派亲近的大臣挑拨离间，最后使李渊改变主意，让李世民继续留在京师。

李世民的心腹房玄龄、杜如晦等人都要求李世民立刻除掉李建成、李元吉。之后，李世民先向李渊呈上密奏，指控李建成、李元吉跟后宫嫔妃通奸，李渊大吃一惊，派人转告李世民："明天我会问清楚，你最好早一点入朝。"第二天，李世民在玄武门设下伏兵。李世民一箭射死李建成，尉迟敬德射杀了李元吉，然后手执长矛走到李渊面前。这时，李渊才正式诏封李世民为皇太子，由李世民实际管理朝政。不久李渊又把皇帝宝座传给李世民，然后自称为太上皇。

正是由于李渊轻许诺言而无法兑现，才致使自己的三个儿子自相残杀，而他自己也失去信誉而被逼架空权力，成为没有实权的太上皇，这个教训可谓是深重。

许诺帮别人办事,固然可以体现自己的热心肠,可是,如果你自身能力有限,无法将承诺兑现,就会被人认为言而无信,久而久之,就失去了自己的信誉。因此在承诺别人的时候,要掂量一下自己的实力,做不到的事情别轻许诺言,别把话说得太满,要给自己留条后路。

君子不器

孔子吾诫人们:君子不能像器皿那样被限制,要善于判断形势,掌握变通之道,才能在为人处世中左右逢源,无往不利。

自古以来,"知进知退、变化通融"就不是一件容易处理的事,不管一个人的主观愿望如何,只要他一味耿直、不识时务,就很容易走上极端,使一生功绩都毁于一旦,遗恨终生。战国时代政治家商鞅的一生就是这样的悲剧。

商鞅在秦孝公执政时,以历史上有名的"商鞅变法"奠定了自己的地位,同时巩固了秦国的统治。然而,他后来却遭到了"五马分尸"的极刑,使一世功绩化为乌有,甚至死后人们对他仍是骂声不绝。

商鞅最大的过失,就是触怒了原来是他强有力靠山的秦孝公。当初,商鞅在孝公的支持下,采取了极其严厉的政治改革措施,尽管为秦国政治清明、富国强兵做出了很大贡献,但是这些措施也触动了新兴地主阶级的利益,一时间商鞅在朝野上下树起了数不清的政敌。变法期间商鞅有秦孝公支持,政敌们对他无可奈何,但是当时商鞅已经使孝公感受到了威胁,据说,孝公生前曾故意要传位于商鞅,以试他心。这时的商鞅就本该主动从位子上退下来隐遁避险,可是商鞅不以为然,固执己见。

秦孝公去世后,新王即位,反对派们纷纷策谋陷害商鞅,他终于以谋反罪名被处以极刑。

商鞅惨遭毒手,是他太不识时务,不会变通,故而引起众怒,不死将何?或许商鞅的例子比较特殊,但是,凡是在变通上处理不当者,大多没有好下场,相反,处理得当者却能名垂千古。我们只有居安思危、高瞻远瞩,认识到"满方易折、物极必反"的道理,进而用变化通融的态度去面对世事,才能保实力、图发展。

真正有远大志向和做事有眼光的人,总是会在坚守原则的基础之上,运用灵活多变的方法去行事,这样既保证了自己的权威和公信力,又不会使事态走向极端。这种古今相通的正确途径,已被越来越多的人奉为立身处世的方法和准则。我们可以从下面这个事例中得到一些有益的启示。

春秋时期,晋、燕联合出兵攻打齐国,齐国节节败退。齐景公召集文武大臣商量对策,相国晏婴认为最要紧的是选拔一位得力的统帅,他对齐景公说:"臣举荐一人,名叫田穰苴,此人文能服众,武能慑敌,希望大王试一试。"齐景公立即召来田穰苴,与他谈退敌之计,齐景公听后非常高兴,认为此人确实是难得的将才,便当场宣布田穰苴为齐军最高统帅,由他率领大军抵抗晋燕之师,保卫齐国。

田穰苴受命之后向齐景公请求说:"微臣素来卑贱,大王虽然提拔我为大将,位居大夫之上,但唯恐人心不服,请大王派一位您最信任的显贵为监军,这样微臣才好发兵。"齐景公马上同意,任命自己最宠爱的贵戚大臣庄贾为监军。田穰苴和庄贾约定,次日中午在军营的大门口相会。

第二天,田穰苴在军营门口等候庄贾。庄贾平日里就十分傲慢,依仗自己是齐景公的宠臣,根本无视田穰苴和军中纪律。过了正午他还没有到,田穰苴只好独自发布命令部署军队,直到黄昏时分庄贾才来。

田穰苴责问庄贾:"你身为监军,为何不按时到来?"庄贾满不在乎地说:"听说我当了监军,亲戚朋友都来送行,大摆筵席,结果晚来一步!"田穰苴严肃地说:"一个带兵的人,从接到委任的那一刻起,就应当忘掉自己的家事,治理军队就应当忘掉自己的亲人,临阵对敌就应当忘掉自己。而今强敌压境,举国上下人心惶惶,士卒在边境死战,社稷危在旦夕,你还有心情饮酒作乐?"随即调过头去问站在一旁的军正官:"按照军法,约定时间而不能准时到达者,应当如何处理?"军正官说:"杀头!"庄贾听到这两个字顿时噤若寒蝉,连忙命手下人报知齐景公。

齐景公听说田穰苴要斩庄贾,立即派使臣前来营救。使臣在军中驾车奔跑,也犯了军令,本应斩首,只因为持有君命,田穰苴命令斩其仆从及左骖,毁了车子左边的立木,以晓示三军,并派使者向齐景公汇报,然后发兵。

自此以后,军中无人敢违军令,军威大震,田穰苴带领齐军抗击燕、晋联军,收复失地,取得胜利。

田穰苴的治军之法,从理论上讲完全符合孔子那种"君子不器"的指导原则,他有治军的决心和能力,但同时又请求显贵做监军;他严格执法,但又能变通赦免庄贾和使臣。这种既有坚定的原则,又不墨守成规认死理、根据实际条件决定自己行为的做事方法,是永远不会过时的。作为现代人,我们既应该接受学习,更要把它运用到自己的实际生活中去,让自己能够省心省力地做人做事。

儒家认为,君子立身处世应当完全依据公道、正义作为基准,而没有主观的偏执和个人私利的考虑,同时也强调在这个框架内,并不拘泥于一定的条款规矩,即做事方法要灵活,但一定要以正确、坚定的原则做保证。这既是正确做人的道理,也是成功做事的途径。

道不行,乘桴浮于海

每个人都希望抓住机会,使自己生活得更好,这就需要改变自我、适度冒险,要有"道不行,乘桴浮于海"的勇气和魄力,这样才能说别人不敢说,做别人不敢做,从而打造出一番惊天动地的大事业来。战国时期的著名政治家吕不韦就是这样一位冒险高手。

吕不韦本来是一位大客商,偶然间遇到了在赵国做人质的秦公子异人,便以为奇货可居,在这位落难的公子身上下了很大的赌注。

异人是秦国派到赵国做人质的公子,当时穷困潦倒且处境困境,甚不得意。由于秦国经常出兵攻打赵国,两国关系紧张。于是赵国也就不按应有的礼节对待异人。这位落难的秦国公子身处异乡,整日满面愁云。吕不韦暗想,此时若能帮异人一把,他必定对自己感恩戴德,将来有了出头之日,看在患难之交的情分上必定对我知恩图报,这样自己便可得到享不尽的荣华富贵。

于是,吕不韦对异人真可谓是费尽心机,为了使异人获得秦国的王位,他耗费数千金,四下活动,奔走于秦赵之间,终于打动了秦王的宠妾华阳夫人。华阳夫人向秦王大谈异人的贤能之处,秦王爱美情深,只要华阳夫人喜欢,他是言听计从,当即赞同异人为嫡子,并刻符为记,永不反悔。

吕不韦将成功的消息带回赵国邯郸,告诉异人。异人自然十分高兴,也十分感激吕不韦,二人自然成了形影不离的好朋友。为进一步增进友谊,吕不韦还不惜忍痛割爱,将自己的美姬送给异人。后来,吕不韦自然是如鱼得水,飞黄腾达,并逐步掌握了秦国的大权。

正是吕不韦富有冒险精神的举动,改变了之后的历史进程,可见,卓有绩效的人往往敢于冒险。其实每个人都具有或多或少的冒险物质,因为并不是惊天动地才是冒险,冒险可以是做一点异乎寻常、有一点危险的事,比如换工作或者外出度假,这些小事对于锻炼一个人来说也大有助益。人生不如意事十有八九,平时刻意让自己多去应付一些难题,可以使你预习如何去面对突发的状况。那么怎样才能培养出敢于冒险的能力呢?下面的几点意见你不妨尝试一下。

一、扎实的基础

不管做什么事情都要重视基本功的训练,只有打好基础,才能有好的成绩,要建成高楼大厦,必须打好地基。如果一味地追求过高过远的目标,丧失了眼前可以成功的机会,就会成为高远目标的牺牲品。

许多年轻人不满意现实的工作,羡慕那些大款和高级白领,从而不安心本职工作,朝三暮四。其实,没有扎实的基础和过硬的本领,就不应有此妄想。脚踏实地,做好基础工作,才能走上成功之路。

二、尝试新鲜事物

积极尝试新事物,就是要冒一些小小的风险。在日常生活中,无聊、重复、单调、寂寞的情绪往往会逐渐腐蚀人的心灵,相反,消除一些单调的常规因素则会使你精神焕发。积极尝试新鲜事物,能使一蹶不振、灰心失望的人重新恢复生活的勇气,重新把握生活的主动权。

三、做先前厌恶的事

人们总是屈从于他人意愿或者一些刻板的清规戒律,进而逐渐丧失了自信,以至于使他们误以为自己生来就喜欢某些东西。其实人们应该认识到,你之所以每天都在重复,是由于你的懦弱和没有主见养成的恶习。如果你尝试做一些自己原本不喜欢做的事,就会品尝到一种全新的乐趣,从而慢慢地从恶习中摆脱出来。

四、不要依赖计划

人的一生是无法定出所谓清晰的计划,其中有许多偶然因素在发生作用,因此,有条有理并不能给人带来幸福,生活的火花往往是在偶然的机遇中迸发出来的,只有努力捕捉这些转瞬即逝的火花,生活才会变得生机勃勃,富有活力。

五、循序渐进

一位颇有经验的滑雪教练,带领一群初学者到陡坡上教他们滑雪。站在滑道顶端的边缘,初学者们从顶端一眼望到坡下,感到坡陡路险。产生了畏难情绪,为了帮助这些学员克服这种不良情绪,教练反复告诉他们:不要把整个滑雪过程看成是从山顶到山下,而应当分解开来,先想着怎样滑到第一个拐弯处,再想如何滑到第二个拐弯处。

教练的做法转移了学生们的注意力,他们纷纷把注意力放在目前自己能够做到的事情上,而不是目前做不到的事情上。他们转了几道弯之后,信心增强了,这时无须更多的激励,他们便能顺利滑下去了。

这个方法对我们同样有帮助,刚开始做一件事时,不要把注意力放在我们所面临的全盘事务上,先明白第一步怎样走,而且要确保这一步能顺利完成。这样一步一步地走下去,我们就能走到自己所期望到达的光辉目标。

冒险是人类生活的基本内容之一。没有冒险精神,就体会不到冒险本身对生活的意义,就享受不到成功的乐趣,也就无法培养和提高人的自信心,因此,瞻前顾后、惊慌失措、避免冒险无疑会使我们的自信丧失殆尽,更不用指望幸福快乐会慷慨降临。

人无远虑,必有近忧

"人无远虑,必有近忧"这一格言,如今常常为我们使用。任何事物都是不断发展变化的,如果我们不能居安思危、未雨绸缪,那么等到事情真正变化了,再做出反应就来不及了,正如《礼记》上所说的:"君子有终身之忧,而无一朝之患"。

在日常生活中,努力培养自己的忧患意识,提高自己对事物变化的把握能力,拓展思路,避开隐藏其中的危机是很有必要的,有例为证。

北宋的张咏担任崇阳县知县的时候,当地的居民都以种植茶树为生。张咏知道后说:"种植茶叶的利润丰厚,官府将来一定会对茶叶进行垄断,所以大家还是尽早改种其他植物为好。"然后他下令全县拔除茶树,改为种桑养蚕,这一举动却使得全县百姓怨声载道。

后来,国家果然对茶叶进行了垄断,其他县的农民都丢了饭碗,而崇阳县种桑养蚕的大环境已经形成,每年出产的丝绸有几百万匹。当地的居民们感激张咏给他们带来的福利,修建了祠堂来纪念他。

无独有偶,宋代名臣文彦博也是一个深谋远虑的高手。

宋仁宗晚年精神错乱,时有狂癫之状,宫廷内外气氛紧张。一代名臣文彦博和刘沆同为当朝宰相。这一天,文彦博等人留宿宫中处理紧急事务。深夜,开封府的知府王素急慌慌地叩打宫门,要求面见执政大臣,说有要事禀报,文彦博拒绝了:"这是什么时候,还敢深夜开宫门?"第二天一大早,王素又来了,报告说昨天夜里有一名禁卒告发禁军头目都虞候要谋反。有的大臣主张立即将这名都虞候抓来审问,文彦博却不同意,说道:"这样一来,势必扩大事态,闹得人人惊惶不安。"

他召来了禁军总指挥许怀德问:"这位都虞候是个什么样的人?"许怀德说:"这个人是禁军中最为忠诚老实的一个人。"文彦博又问:"你敢打保票吗?"许怀德肯定地说:"敢。"文彦博说:"一定是这个禁卒同都虞候有旧仇,所以趁机诬告他,应当立即将禁卒斩首,以安众心。"大家都同意他的见解。文彦博便签署行刑的命令,而且让刘沆也在命令上签了名。

不久,仁宗病情有所缓解,刘沆便诬告说:"陛下有病时,文彦博擅自将告发谋反的人斩首。"话虽不多,其用意却十分恶毒,分明是暗示文彦博纵容造反者,甚至是造反者的同谋。文彦博当即拿出了有刘沆签名的行刑命令,这才消除了仁宗的疑心。

张咏正是凭借他的深谋远虑,才透过种植茶树的表面看到了其不利的一面,帮助百姓躲开了可能降临的灾祸;而文彦博更是熟知官场中的复杂残酷,略施小计,免除了一场杀身之祸。我们还可以通过对宋朝李沆和王旦的对比来理解这一点。

宋真宗刚刚即位,对政事勤勉用心,重用了一批贤臣良将,朝野上下一派欣欣向荣的景象。当时的丞相李沆辅佐年轻的君主,有一段日子,因为用兵西北的事情,李沆和参知政事王旦经常很晚才能吃饭。

一次,已经快起更了,他们才忙完了当天的事开始吃饭。王旦看着若有所思的李沆,又望望眼前的清粥小菜,不禁叹息道:"唉,我们什么时候才能过上悠闲无事的日子呢?"正在沉思的李沆听到王旦的抱怨,苦笑一下,微微摇摇头,对王旦说:"贤弟切不可忘了'生于忧患,死于安乐'的古训,有点忧患可以成为警戒。就算是真有一天天下安宁无事,也未见得朝廷就会真的风平浪静。我死之后,必定由你出任宰相。朝廷很快就会同敌人和亲,一旦边境无事,恐怕皇上就会生出奢侈之心。陛下尚且年轻,多些警戒未尝不是好事。"王旦对这番话却不以为然,觉得李沆有点小题大做。

李沆每天都会将各地的水旱灾害、盗贼为乱以及不孝忤逆等事情上报给真宗,真宗听了很不高兴。王旦也觉得拿这些小事实在是没有必要,更何况每次还都是这些不美之事,有违皇上的心意。王旦多次劝阻李沆,李沆却自有道理,说:"皇上年少,应当知道四方艰难,这样才会常怀忧惧之心。要不然,正血气方刚的皇上就很有可能误以为天下太平,把心思都用在声色犬马上,或是大兴土木、兴兵打仗、兴建庙宇,这都是你日后要担心的事情啊!"

果然,李沆死后,宋真宗认为同契丹已经讲和,西夏也纳贡称臣,便封禅泰山,祭祀汾神,大造宫殿,没有一天闲暇,还任用了一批善于歌功颂德、不用心政务的奸佞小人。王旦看在眼里却毫无办法,想要进谏,自己却已经和这些佞臣同流合污了;辞官离去,皇上又着实待自己不薄,撒手不管实在是于心不忍。这时,王旦才终于知道李沆是多么有先见之明。

孟子曰:"生于忧患,死于安乐"。一个人只有时刻居安思危,防微杜渐,唯谨唯慎,方可维持自己事业的长久。其实忧患的来临必有征兆,如果不预先设法消除将后悔莫及。这种防患于未然的做法,正是明哲保身的大智慧。我们再来看一个故事。

汉朝初期，汉高祖刘邦派樊哙以相国名义带兵去平定燕王卢绾。发兵之后，有人揭发樊哙在刘邦生病时与吕后勾结。刘邦很生气，就派陈平去传达命令，让周勃代樊哙指挥军队，并立即在军中把樊哙斩首。

陈平接受任务后，私下里同周勃商量说："樊哙是功臣，又是吕后的妹夫，皇上只是一时恼怒想杀掉他。但是皇上已经病重，以后的情况并不明了，所以还是不把樊哙马上斩首，把他押回来让皇上自己下命令杀掉为好。"周勃也同意这样做。

后来，在押送樊哙回京的路上，陈平听说刘邦去世的消息，他急忙赶回向吕后报告逮捕樊哙的经过，吕后下令把樊哙放了，没有照刘邦的旨意杀死樊哙，又让他做太子的老师。

一个取得成功的人，必须拥有长远的眼光，才能不被眼前的繁荣所迷惑，看到隐藏在繁荣背后的危险。否则，一味陶醉在眼下的成功之中，在前进的道路上裹足不前，就有可能被潜伏的危险击倒，自尝失败的苦果。

不践迹，亦不人于室

孔子认为，善人是独善其身的人。不过正是因为善人并不能遵循成功者走过的道路前进，所以也就不能登堂入室了。孔子这句话的意思是非常明显的，先前成功的经验和教训都是值得我们学习和借鉴的，并且在这个过程中要结合自己的实际情况，而不是盲从。

"老"并不仅仅代表着年龄状态，它更是人生经验和智慧的象征。在人生事业的岔路口，善于总结和利用已有的资源，并且能虚心向人请教，是每一个人事业起步时必须学会的方法。看看下面这几个故事，你肯定能从中获益。

春秋时期，齐桓公亲率大军北定孤竹国，在追击残军时误入沙碛之地，迷失了归途。齐军东冲西突，毫无出路，齐桓公心里也很着急。这时，有人进谏说："臣闻老马识途，我们可以找一些当地的老马，看它如何走，然后让大军跟着，也许可以找到出路。"齐桓公听了他的话，让人赶紧去办，果然，那些老马不紧不慢地带着大军找到了正确的路。

"老马识途"这个典故给了我们很大的启示，做事要多听听富有经验者的意见，就能尽量减少失误。《后汉书》中有这么一个故事。

西汉初年，班超为西域都护使，在漠北任职达三十多年，威慑西域诸国。在他任期内，西域各族不敢轻举妄动，汉朝西北部边疆得以和平安宁。为此朝廷封班超为定远侯,可谓功成名就。

后来,班超年老力衰,感觉自己已不能胜任此职,便上表辞职,皇帝批准了他的请求,让任尚接替他的职务。办理交接手续的时候,任尚拜访班超,问他:"我要上任去了,请您教我一些管理西域的方法。"

班超打量了一下任尚,答道:"看你的样子就是一个刻板的人,做事喜欢一板一眼,所以我有几句话要奉劝你:当水太清时,大鱼就没有地方躲藏,同样,为政也不能太严厉、太挑剔,否则很容易失败。面对西域各国这些未开化的民族,你不能太认真,做事要有弹性,大事化小,繁事化简才是。"任尚听了虽口头上赞成,但内心却不服:我本以为班超是一个伟大人物,肯定有许多高招传授于我,却只说了些无足轻重的话,真令我失望。

任尚把班超的教诲当作了耳旁风。他到达西域后,严刑峻法,一意孤行,没过多久,西域百姓便起兵造反,从此这里又失去了和平,陷于激烈的刀兵状态。出现这样的结果,任尚是非常后悔的。但是,已酿成大乱,后悔已无济于事了。

班超出使西域数十年,他的成功经验当然是宝贵的;任尚毫无治理西域的经验,应该认真领会才对。可惜的是任尚太过自以为是,不但没听从班超的教诲,甚至反其道而行之,酿成大祸也是不足为怪的。

诚然,古人的经验和教训自有它的可取之处,但是我们不能把所有的希望都寄托在学习前人上面,只有结合现实条件有选择地继承和效仿,才是明智之举,否则就会走上极端,一事无成,下面这个故事说明的就是这一点。

战国时,有个叫伯乐的人,是名震一时的相马大师。为了不让自己相马的经验失传,他在晚年写了一本如何识别马匹好坏的书,名为《相马经》。在书中他记载了相马的全部方法和经验,是一部不可多得的好书。

自从伯乐出名以后,伯乐家的日子好过起来。伯乐的儿子终于等来了好日子,不忘享受一番,整日无所事事。父亲让他和自己外出,一边寻找好马,一边学习,可是他总是喊累,不肯出门。伯乐的儿子知道父亲写了一本《相马经》,于是,就拿着书在家里仔细研究,没过几天他就对父亲说:"父亲,您写的《相马经》我已经读完了,其中的精要我也已经领悟了。"伯乐听后,就对儿子说:"那好,你去帮我找一匹千里马来吧!"

儿子出门拿着父亲的《相马经》,翻到描写千里马的那一页,不住地念叨:"额头丰满,眼睛闪闪发光,蹄子大而端正。"刚出家门口一会儿,伯乐的儿子就有点累了,看到前面有一条小河,就跑到河边的树下休息。突然看到河边有一个"额头丰满、眼睛闪闪发光"的东西,伯乐的儿子想,这一定就是千里马了,和父亲书上所描述的差不多,只是四只蹄子还不够大而端正。于是,就挽起裤管下河去抓,那"千里马"的两只大眼睛不住地乱转,看到有人来抓它,就跳了一下。伯乐的儿子很生气,便一下扑了上去,两手牢牢地抓住了"千里马",虽然把衣服弄湿了,但终究还是抓到了千里马,儿子便兴奋地带着它回家给父亲看。还没进门,伯乐的儿子就喊:"父亲,我抓到千里马了,您快来看啊!"伯乐迅速从屋中跑了出来,可是看到儿子手中的癞蛤蟆,气得一句话也说不出来。儿子还兴冲冲地说:"您看,我找到了,和您书上写的大致相同,只是四个蹄子不够大而端正罢了!"伯乐哭笑不得,说:"是啊!这匹马喜欢跳越,只是不能用来拉车。"

伯乐的儿子把父亲的《相马经》视为"圣经",认为依照此书就可以找到千里马。殊不知寻找千里马是一件很困难的事情,仅仅去套用书上所说的千里马的特点是不可行的。对待前人好的经验,我们要很好地加以学习和利用,但切不可只从书本出发,而无视眼前的实际情况,这样就会犯教条主义的错误。

一个人树立了远大的目标,同时也有奋发进取的精神,这无疑是好的。然而,在奋斗的过程中,方法也是极为重要的。一般来说,每项事业都已有前人开拓的道路和已取得的成就,那么后来者就应该本着自己的实际情况,沿着前人的足迹前进,这样不仅可以避免误入歧途,也会大大节省时间和成本,才会离成功越来越近。

内省不疚,夫何忧何惧

真正的君子不忧不惧,因为他们时常内照反省,内心安详自在,行为光明正大,自然就不会有什么忧虑,也没有什么事情能使他们恐惧。这就是孔子对君子的一种评价,于今看来,仍然对我们有着重大的启示意义。

人一旦出头或者发达了,就容易成为其他人注目的焦点,被人品评。因此,越是位居显要,就越是要经常反躬自省,越是要讲究低调做人,融入大众之中。唯此,才能更加有效地保护自己。曾国藩以他的亲身体验向我们开出了三个药方,以防居官之败。

曾国藩说:"身居高位的规律,大约有三端:一是不参与,就如同与自己没有丝毫的交涉;二是没结局,古人所说的'一天比一天谨慎,唯恐高位不长久',身居高位,行走危险,而能够善终的人太少了;三是不胜任,唯恐自己不能胜任,正如《周易·鼎》上说的'鼎折断足',说的就是不胜其任。方苞说汉文帝做皇帝,时时谦让,处处表现出不能居其位的意思,难道不是在不胜任这方面深有体会吗?孟子说周公有与自己不合的人,仰天而思虑事情的原委,以致夜以继日,难道不是在唯恐没有结局的道理上有体会吗?一个人越走向高位,失败的可能性就越大,惨败的结局也就越多,因为'高处不胜寒'。那么,每升迁一次,就要以十倍于以前的谨慎心理来处理各种事务。"

曾国藩详细阐述道:"国君把生杀予夺的大权授给督抚将帅,如东家把银钱货物授给店中众位伙计。如果保举太滥,对国君的名器不甚爱惜,就好比低价出售、浪费财物,对东家的货财不甚爱惜一样。"他进而推说:"偷人家的钱财,还说成是盗,何况是贪天之功以为是自己的力量。"曾国藩认为利用职权牟取私利,这就是违背了不干预之道,是注定要自食恶果的。一事想贪,则可能事事想贪;一时想贪,则可能时时想贪,从而陷自己于不利的地步。

至于不终、不胜,曾国藩更是深有体会,他说:"陆游说能长寿就像得到富贵一样,开始我不明白他的意思。近来我混了个虚浮的名誉,也不清楚是什么原因。古代的人获得大的名声的时候正是艰苦卓绝的时候,通常不能顺利地度过晚年。想到这些我不禁害怕,准备写奏折把这些权力辞掉,不要再管辖这四省吧,害怕背上'不胜其任、以小人居君子'的罪名。"

正因为如此,曾国藩虽然身居高位,却时时如履薄冰,处处反躬自省化险为夷,不管别人如何评判,最终自己该得到的也得到了,不终也终了,不胜也胜了。通过曾国藩的一番见解,我们明白了一个人反躬自省的重要作用,其实,反躬自省在很大程度上说,就是一个调节自己情绪和心态的过程。

情绪包括很多方面,其中之一就与"乐观"有关。乐观者看到半杯水会说是半满,而悲观者看到同样的半杯水,会说它是半空的。理由很简单,乐观者把水加进玻璃杯,悲观者从玻璃杯中取水。那些只取之于社会而不贡献于社会的人是悲观宿命论者,那些努力而确实有贡献的人是乐观的。所以,你要改变自己的生活,就必须改变你所表现出来的一些不良情绪,生活中常见的一些不良情绪有以下几种:

一、伤心

人们每有所失时,就会觉得伤心。你觉得伤心时,应该设法找出失去的是什么?这种丧失对你有什么影响?失掉了之后能在哪里取得补偿?你觉得伤心,而且知道是谁令你伤心,应该怎么办?如果可能,就去找那个人当面直说他伤害了你,怎样伤害了你和为什么你有这种感觉。因为你的情绪总是要以某种方式发泄出来,倘若不向引起你情绪转变的人发泄的话,这些恶劣情绪就会随时随地发作,造成无法挽回的恶果。

二、焦急

人们在害怕受伤害或有所失去时就会变得焦急。如果你感觉焦急,就应设法确定你恐怕的是什么? 是你对境况和对自身的控制,还是你自己做人的自尊心和价值感? 想一想有什么能帮助你防止损失,或帮助你准备应变。不要因为想来太可怕而故意逃避,躲避你所怕的事,只能把事情弄得更糟,问题更难解决。

三、嫉妒

嫉妒使人们心中充满恶意和伤害。如果一个人在生活中产生了嫉妒情绪,那么他就会生活在阴暗的世界里,无法光明磊落地说话做事。嫉妒的人首先伤害的是自己,因为他没有把时间、精力和生命用在人生的积极进取上,而是用在无中生有的仇恨上,使人变得意志消沉,或是愤世嫉俗。如果一个人心中变得消沉或是充满仇恨,那么他距离成功也就越来越远了。

四、愤怒

愤怒往往容易使人失去理智。许多场合因为无法抑制的愤怒,使一个人失去了解决问题的良好机会。一时冲动的愤怒,就意味着事后要付出高昂的代价来弥补。在实际生活中,愤怒导致的损失可能是无法弥补的:你可能就此失去一个好朋友,失去一批客户;可能在领导眼里的形象受到损害,别人也开始对你产生疑虑。愤怒的最坏后果就是,人在愤怒的情绪支配下,不顾及他人的尊严,严重伤害别人的面子。诚然,损害他人的物质利益也许并不是太严重的问题,但损害他人的感情和自尊却无异于自掘坟墓。

五、恐惧

过分的担忧便会导致恐惧的产生,而恐惧则会使人回避、躲藏,而不是迎接挑战。对某些事物的恐惧情绪,大多来自缺乏自信,一次失败的经历或尴尬的遭遇都可能使人变得恐惧起来,这无疑使一个人在生活中丧失了许多机会。产生恐惧情绪而不加以控制和克服,这样就等于默认自己是个怯懦的失败者,人生路途上小小的失败就会令他望而却步,对于这样的人来说,便没有成功和胜利可言。

六、紧张

适度的紧张可以使我们集中精力、全神贯注,但紧张过度就会使我们的准备工作付诸东流。本来设想得很好的语言和手势,在紧张的作用下会忘得一干二净。其实,紧张是因为我们太在乎结果,缺乏一颗超然的心,有时候我们太过于担心自己的利益受到损害,而这种担心显然是由于对自己控制局面能力信心不足造成的。

七、内疚

人们很容易就产生内疚的情绪,表现为把每一件不顺遂的事都归咎于自己。那么,你怎样对付内疚呢?只要记住大多数内疚来自压抑的仇怒,而仇怒又是因心灵受伤害而产生的,解决的办法就是找出心灵所受的伤害,并探究造成伤害的原因,再把愤怒引回原来它应该发泄的地方。

总之,一切不愉快的情绪都必须消灭才好,动感情是消耗精力的,一个人要想改变自己的生活,就必须消除自己的不良情绪,反躬自省的意义就在于此。

岁寒然后知松柏之后凋也

古往今来,人们总是用耐寒的松柏来比喻经得住严峻考验的人,一个人的道德修养如何,究竟是君子还是小人,常常只有在最关键的时刻才能体现出来。所以,孔子的这句话就启示我们,一方面要以困难来考验自己的意志品质,在锻炼中使自己成熟起来,另一方面,在与人交往的时候尤其要注意他人在关键时刻的表现,切不可以貌取人,更不能被一个人的外表所迷惑。

人类认识事物的一般程序是:先由感官去接触,再通过大脑辨别发出评论,最后通过外在表现反映出来。因此说,要识人必须从人的外貌去辨别,这是最直接的识人方法。我们来看两个对比鲜明的例子。

明惠帝年间,科举考试中王良本应高中榜首,可由于相貌问题没有取得第一,而是第二,原先位居第二的胡靖成了第一。后来,惠帝亡国时王良誓死效忠惠帝,并以死殉国,而胡靖却投靠了永乐皇帝。这是对惠帝的莫大讽刺,因为他不识人。

明英宗也特别看重臣子的相貌。天顺朝时,韩雍由大同巡抚晋升为兵部侍郎,明英宗命大学士李贤为他推荐一个人继任大同巡抚。李贤举荐了身材高大、步履矫健又喜着宽身短袖服饰的山东按察使王越。明英宗对李贤推荐的人选甚是满意,说:"大学士果然有眼光,王越一看便是个豪爽之人。"后来,王越果然没有辜负皇帝,在边陲立下赫赫战功。明英宗没有以貌取人,而是以人品好坏评价官员,因此才能正确地用人。

古人云:"人不可貌相,海水不可斗量。"言外之意是告诉人们,识人不能单纯地从相貌出发,我们来看几个失败的例子。

三国时期,孙权号称是一位善识人才的贤君,可是却"相马失于瘦,遂遗千里足"。庞统被鲁肃大力举荐,孙权迫不及待地召见庞统。可见面后,先前的欢喜一扫而空,因为庞统生得浓眉掀鼻,黑面短髯,而孙权一向器重的是像周瑜那样相貌堂堂、有男子汉气概的人,所以孙权便根据相貌认为庞统只是一介莽夫,就没有重用。这时，鲁肃将庞统在赤壁大战时的出色表现，告诉了孙权，目的在于说服孙权重用庞统，可是固执的孙权依然没有采纳鲁肃的建议。

无奈之下，鲁肃把庞统推荐给了刘备。但一向求贤若渴的刘备也犯了与孙权同样的错误，因庞统的丑陋相貌而心中不悦，没有委以重任。身怀旷世之才的庞统，由于相貌丑陋而屡屡碰壁，满腔的壮志无法施展。后来，张飞奉命考察官员的时候，到了庞统所管辖的地界，却见庞统不理政务，整日喝酒，便责问他。庞统一笑，说那些只不过是小事，用不着他费心管理，于是命令衙役击鼓升堂，把堆积的案子都报上来，结果不到一天的时间，几百件案子都处理完毕，而且老百姓都非常满意。这时人们才知道庞统是一个奇才，于是张飞如实向刘备禀告，刘备才让他担任副军师中郎将一职。

曹操也曾经犯过与孙权、刘备同样的错误。

益州张松是天下奇才，具有过目不忘的本事，可却生得额镬头尖，鼻偃齿露，身材短粗。当时刘璋占据西川，张松是刘璋的手下，因为刘璋害怕别人来攻打，就派张松去结交曹操。张松千里迢迢来到许昌，他知道刘璋根本不能跟曹操、刘备、孙权等人抗衡，所以怀着私心而来想投奔曹操，还带了一份西川四十一州地图。可曹操却由于张松面貌丑陋，对他十分厌烦，再加上张松表现傲慢，这样就更突显了他的缺点，曹操一怒之下将张松赶了出去。

假设曹操不以貌取人，而是客气地善待张松，并让他充分发挥才能，那么结果恐咱又是另一番景象了，而司马懿在用人方面就跟孙、刘、曹就大不一样。

司马懿任用的名将邓艾在小时候经常被人瞧不起。邓艾是孤儿，做过放牛娃，有口吃的毛病，讲几句话常常憋得脸红脖子粗。这样的人想要做官原本是没有什么指望的，但是他从小喜欢武艺，爱看兵书，每见高山大河、形势险要的地方，总要指指点点，结结巴巴对人说："这……这里驻一支兵……兵马，敌……敌人就……打……打不进来。"人们都笑他人小心大。

就是这样的一个人，并没有因为相貌而被司马懿看不起，最终他做了尚书郎。后来，魏国进攻蜀国，邓艾出奇兵直取成都，迫使蜀国后主刘禅投降，消灭了蜀国，打破了"三分天下"的格局。

无独有偶，韦诜择婿的故事更是为"以貌取人"的人上了一课。

唐玄宗时，裴宽在润州地方官手下做事。当时润州刺史韦诜正为女儿选夫，一直没有遇到合适的。一天，他在家里休息，登楼远望，看见花园里有人往土堆里埋东西，于是让家人打听那人是谁。家人回来报告说："此人叫裴宽，为人清廉，不愿意接受人家的贿赂,生怕玷污了自己的家门。有人送给他一大块鹿肉干,他没法退还给那个人,所以就把它埋起来了。"韦诜听了,对裴宽的人品赞叹不已,决定把女儿许配给他。

结婚那天,韦诜让女儿躲到帷帐后面偷偷看裴宽。裴宽又高又瘦,穿着一件碧绿的衣服,人们都取笑他,叫他"碧鹳"。韦诜的女儿很不中意,韦诜严肃地说:"父母爱惜自己的女儿,一定要让她嫁给贤良的公子做妻子,怎么能够以貌取人呢?"果然,裴宽不负岳父的众望,后来当上了礼部尚书,很有声望。

韦诜选中了裴宽,着眼点不是以貌取人、以贫贱取人,他从裴宽埋肉干的行为看出他清正廉洁的人品,由此断定裴宽以后必定飞黄腾达,而后来裴宽当上了礼部尚书的事实,也证明了他的识人方法果然没有错。

以貌取人是用人、识人的大忌,以才取人才能选拔出真正的人才。评价一个人不能只看表面,他的真实本领和品质跟外表没有任何关系。人都是不断变化的,他可能暂时很贫贱,但不一定证明他日后就不能富贵;反之,表面上很风光的人,不一定以后就不会窘迫,关键在于学会识人,透过表象认识其本质。

九、正气之道

不立猛志,匹夫何以参天地

孔子说:"君子安详舒泰而不骄傲;小人骄傲凌人而不舒泰。"

"人不可有傲气,但不可无傲骨。"傲气是一种气焰,傲骨则是一种气概;气焰会伤人误己,气概则来自操守和胸襟。傲骨峥峥,必有所为;心地坦荡,自然是安详舒泰。

君子无傲气,但有傲骨。如梅花,苦寒之中仍绽放出一缕幽香,怡人性情,但却无肃杀之气,虽与苦寒对抗,花瓣却粉嫩鲜红。君子的傲骨正如梅花,在冷风冽冽中平和地散发出醉人的芳香。

匹夫立志,可参天地。这是君子立志的首要。所以朱熹在沧州精舍教导学生时说:"书不记,熟读可记;义不精,细思可精;惟有志不立,自是无着力处。只如而今,贪利禄,而不贪道义;要做贵人,而不要做好人;皆不立之病,志不方之弊。须反复思量,究思弊病起处,勇猛奋跃,一跃而出,方见得圣贤所说千言万语,无一浊实话,方始立得此志。就此积累功夫,迤逦向上,大有事在。"

立志小,眼光就短浅,志向自然不大;见识也会小,气象也肯定小。立志做人,心理上就要具备这样的含量:要让国家少不了我,人类少不了我,历史上少不了我,天地间也少不了我!这种自负宽大的心境是人生第一等大志。这种人的成就,自然是不可限量。

古代管仲,辅佐齐桓公,称霸诸侯,横匡天下。然而孔子认为管仲是"小气",认为他无圣人的志向,无圣人的胸怀,无圣人的气象。诸葛亮曾经说:"夫志当存高远,慕先贤,绝情欲,弃凝滞;使庶几之声,揭然有所存,恻然有所感。忍屈卑,去细碎,广咨问,除嫌吝;虽有淹抑,何损于美趣,何患于不计。若志不强毅,意不慷慨,徒碌碌滞于欲,默默束于情,永窜伏于凡庸,不免于下流矣!"这是议论一个人的志愿应高远,志气应恢弘,志向应坚定,志力应强毅;这四条都具备了,而不能超凡出众,是很少见的。

如果想成为一个顶天立地的人,成为一个前无古人、后无来者的人,志愿就得高远,志气就得恢弘,志向就得坚定,志力就得坚强刚毅。四条缺少一条,便很难成就至高无上的事业。

正气萦怀,为正义而洒热血

曾子说:"可以托付孤儿,可以托付江山,生死关头,临危不惧的人。是君子吗?当然是君子。"

曾子认为,人能做到朋友之间可以托付妻子儿女是非常难的,更别说是托付国家的命运了。能做到这些,就可以称得上是君子了。君子在生死存亡关头,能够保持自己的气节,坚持自己的仁德。这种人可能平时看不出有什么特别之处,但在关键时候却能够显示出气节。所以,看人要看大节。

孔子教人读书做学问,并不是教人死读书,而是提醒人如何做一个真正的君子,这就是儒家思想真正的价值所在。

春秋时,晋灵公宠信奸臣屠岸贾,残害忠良。他俩荒淫残暴,建造了一座豪华的楼,整日在那里饮酒,酒酣之际,各持弹弓,站在楼上,以射击楼下的行人取乐。被击中的百姓往往头破血流,非死即伤。大夫赵盾是个忠贞刚正的老臣。他闯上楼去向灵公直言进谏,指出"民为邦本,本固邦宁",弹打百姓等于自毁江山。不久,赵盾指使佽儿杀了晋灵公,另立了一个国君,即晋成公。

晋成公死后,晋景公即位,又宠信屠岸贾。屠岸贾把持了晋国朝政后,为所欲为。他诬蔑赵盾在世时,以下犯上,是乱臣贼子。他还说赵家招收勇士,暗藏兵器,企图谋反。晋景公本来就担心赵家的势力大,想借机整治赵家。于是他明知是假,也将计就计,要把赵家满门抄斩。

屠岸贾带人杀了赵氏满门。一夜之间,赵盾的儿子赵朔及家属、奴婢共计三百余口,全部倒在血泊之中。赵朔的妻子庄姬是灵公的姐姐,有孕在身,她逃到景公宫里躲藏起来。屠岸贾听说庄姬躲进王宫,就对晋景公说:"如果庄姬生个儿子,长大会报仇的,所以一定要斩草除根。"景公说:"不能杀我姑姑,如果她真生个儿子,把小孩杀掉算了。"

赵朔的一位门客名叫公孙杵臼,杵臼对赵朔的朋友程婴说:"你为什么不死?"程婴说:"赵朔的妻子有身孕,如果是男孩,我就奉养他;如要是女孩,我再慢慢去死。"几天后,庄姬果然生了个儿子,她对别人说生了个女儿,已经死了。屠岸贾不信,带人到宫里搜寻。庄姬把婴儿藏在裙子里,屠岸贾没有搜到,但他仍不放心,就出了告示说:"如果有人知道赵氏孤儿的真实情况,前来告发,赏金一千两;不说或窝藏孤儿的,全家抄斩。"

大臣韩厥是赵朔的好朋友,赵朔在遇难前曾对韩厥说:"如果庄姬生个儿子,就请你把他抚养成人,长大后替赵氏报仇。"当时庄姬也在场。当屠岸贾放松警惕后,韩厥就派程婴装成医生,提着药囊到宫里去见庄姬。庄姬知道来人身份后,看看左右没人,就把婴儿放在药囊里,这时孩子哭了起来,庄姬拍着孩子说:"赵武呀赵武,你可不能再哭了,我们赵家一百多人的血海冤仇就靠你去报呀!"孩子果然不哭了,被顺利带出宫门。

程婴对公孙杵臼说:"今天搜查没有找到,以后要再来搜查,怎么办呢?"公孙杵臼问:"扶立遗孤和死哪件事更难?"程婴说:"死很容易,扶立遗孤很难啊!"公孙杵臼说:"赵氏的祖先待您不薄,您就勉为其难吧;我去做那件容易的,让我先死吧!"于是公孙杵臼抱着程婴的孩子装作是赵氏孤儿藏起来,让程婴去告密。

程婴假意对追捕的将军们说:"我程婴没出息,不能扶养赵氏孤儿,谁能给我千金,我就告诉他赵氏孤儿藏在哪里。"将军们答应了他,就跟随程婴去捉拿公孙杵臼。杵臼假意说:"程婴,你这个小人哪!当初你跟我商量隐藏赵氏孤儿,如今你却出卖了我。即使你不能抚养,怎能忍心出卖他呢!"他抱着婴儿大叫道:"天哪!孩子有什么罪?请你们让他活下来,只杀我杵臼可以吧!"屠岸贾果然上当,杀了公孙杵臼和程婴的孩子。

过了15年,韩厥把实情完全告诉了景公。于是景公就与韩厥商量立赵氏孤儿,并先把他找来藏在宫中。将军们进宫问候景公的病情,景公依靠韩厥的众多随从迫使将军们同赵氏孤儿见了面。将军们不得已,只好说:"当初那次事变,是屠岸贾策划的,是他向群臣发令,不然的话,谁敢发动变乱呢!如果不是您有病,我们这些大臣本来就要请赵氏的后代了。如今您有这个命令,正是群臣的心愿啊!"于是,景公当时就让赵武、程婴一一拜谢各位将军,将军们又反过来与程婴、赵武一起攻打屠岸贾,诛灭了他的家族。景公又把原属赵氏的封地赐给赵武。

待到赵武行了冠礼,已是成人了,程婴就拜别了各位大夫,然后对赵武说:"当初事变,人人都能死难,我并非不能去死,我是想扶立赵氏的后代。如今你已经承袭祖业,长大成人,恢复了原来的爵位,我要到地下去报告给公孙杵臼。"赵武啼哭叩头,坚持请求说:"我宁愿使自己的筋骨受苦也要报答您一直到死,难道您真忍心离开我去死吗?"程婴说:"不行。他认为我能完成大事,所以在我之前死去;如今我不去复命,他就会以为我的任务没有完成。"程婴见赵氏大仇已报,陈冤已雪,便拔剑自刎,后人将他与公孙杵臼合葬一墓,人称"二义冢"。

保持真我,身心充溢浩然之气

孔子说:"拥有富贵的身份,却能谦逊地待人,还有什么人不尊敬;降低自己的省份去结交人,还有什么人不亲近"

仁是人的心,义是人的路。舍弃了正路不去走,丧失了良善之心不去寻找,可悲得很呀!

从前有人外出,父母怕他丢东西,教他一路上只念着三件物事:包袱、雨伞、我,以免丢失。其人遵嘱,一路默念不已。某夜宿客栈,早起持雨伞、背包袱欲出门,忽然想起:父母要我一路上管住三件物事,现在,包袱在、雨伞在,怎么"我"不见了。

这当然是则笑话,世人再痴,怕也不至如此。不过生活中确有将"真我"丢失了的事。"真我"即是良善之心,它是每个人先天具有的美德。鸡鸭鹅狗这些东西丢了,人们便急于寻找;善良之心在生活中渐渐流失,却常常引不起人们的重视。无论是高官显爵,还是穷居下僚;无论是学富五车,还是日进斗金,只有保有"真我",才能身心充溢浩然之气,不被外物熏染、同化。

有人用力服人,有人以德服人。用力服人是口服心不服,会积下怨恨,埋下祸根;以德服人,使人口心服,心悦诚服,不但能化解矛盾,消弭芥蒂,还能提高自己的威信,团结到更多的人才。

怎样才能以德服人呢?首先要诚恳和虚心。之所以提倡虚心,就是要求人们谨慎持守道德。舍己为人,亏己利人,薄己厚人,损己益人,把持住这四项基本观念,别人就会心悦诚服。

孔子说:"尽力照顾别人,我自己也就更加充实;尽力给予别人,我自己反而更加丰富。"这就需要至诚,以最完美的德来辅佐这个最崇高的诚,使它感人至深。他人有恩德于我,虽是一碗饭的施舍,也不能忘记;我有恩德于他人,虽是救死之恩也不能企望报答,也不能向他人提及。这也就是古代圣人所说的"施恩于人不望回报,受人恩惠万不能忘"的道理。

使人服从的关键是:凭道理不凭道术,凭仁德不凭力。依仗武力借助仁义而称霸天下的人,称霸时就必须有很强大的国力;依仗道德施行仁义而称王天下的人,称王时不一定要有强大的国力。依靠武力而降服人们,人们不是出于内心的真正归服,而是力量不够,迫不得已;凭借道德使人们归服,人们会因为发自内心的欢喜而心悦诚服,就同孔门七十二弟子拜服孔子一样。《涛经》中说"从东到西,从南到北,没有不心悦诚服的"说的就是这个意思。

所以说,以道德服人的人,就是修养自己的道德,使人们都服从自己罢了;修养自己而使内心达圣的人,以圣德光耀天下,使人们都仰慕他、尊敬他就是了。唯有孟子所说的服人道理,除了"以德"之外,还要有"行仁"来紧紧地跟着。也就是说,仅仅立自己的德是不够的,还要行仁于天下,还要有爱人、利人、济人、救人、立人、达人这样的道德。

己立己达,还不足以使人服从我,重要的是,人想立我就立他,人想达我就达他,人有困难就周济他,人有危难就解救他,人有所想就随他所想。这样愿望就能达到,利益就会归来,祸害就会免除,纯粹是一片仁人的胸怀。我只为人而不为自己,只利人而不利自己,只爱人而不爱自己,只尊敬他人而不尊敬自己,这样怎么会害怕人们不归服我呢?

我欲仁,斯仁至矣

一个人的修养得先从其自身找原因,要把"仁"作为自己修养与身体力行的前提,并能够帮助他人实行"仁道"。《中庸》上说:"修养人道要用仁的美德""圣人把修养人道当作对人民的教养"。孔子认为"仁"离自己并不遥远,我想要,"仁"就来了,这与中庸思想也是殊途同归的。

人生在世,一定要找准自己的位置,自己的优点和缺点都应该知道。做错了事,不能一味去追问别人的原因,而是首先要正视自己的缺点,这一点在人际交往或与人共事中十分重要。不能以为自己总是对的,因为每个人都有缺点,若不然他人就不愿意与你来往,那就谈不上和谐了。东汉的袁安就是这样一个充满仁爱之心的人。

有一次,鹅毛大雪下了整整一夜。第二天清晨,天放晴了,应该是扫雪的时候了。但是袁安怕由于扫雪而打扰了在门口避寒的人,于是就关上门继续在家里躺着。这时,洛阳的地方官来视察,发现家家户户都出来扫雪,唯独走到袁安家门前时,看见雪地上连脚印都没有一个,官员们急忙命人将他门前的雪扫开。走进屋子,看见袁安在家里躺着,地方官问他为什么不出去扫雪,袁安说:"这样的大雪天气,那些在我门前避寒的人又冷又饿,我不忍心出去打扰他们。"地方官认为他很贤德,就举荐他当了孝廉。

为自己谋取方便似乎是人们的天性,能够把别人放在自己心上来考虑的人,无疑是道德高尚的人。袁安由于怕妨碍别人在自己门前躲避寒冷而不出门扫雪,真可称得上是君子的行为。人在顺境中往往会沉浸其中,而忽视了他人的苦难和不幸,袁安却超脱于个人的情感之外,将关注的目光投向那些与自己素无瓜葛但需要帮助的人,体现出他高于常人的境界。无独有偶,北宋名臣张咏也是这样一个人。

一次,张咏办完公事回到后厅,见一名守卫正在愁眉不展,张咏和气地问道:"你怎么了,是不是家里出了什么事?"果然,那人闷闷不乐地说:"我母亲病了很久,哥哥外出很久了也没有音信。"张咏派人调查,证实守卫说的是实话。

第二天,张咏派了一个仆人去帮助看厅的人照料他的母亲,帮他把事情安排好,那人感激不尽。

的确,在生活中,一个充满人情味和爱心的人,往往具有很强的亲和力。无论其地位高低,都会赢得别人发自内心的尊敬。除此之外,"我欲仁,斯仁至矣"还包含着另外一层含义,就是与人交往中要当仁不让,恪守和维护自己的"仁德",这也是获得自己正当利益所必要做到的,有这样一则故事可以充分说明这一点。

王明是一家电视台的新闻主持人,在公司干了五年,他的新闻节目最近被评为当地第一流的节目,可是这五年来,他事业上的发展也不是一帆风顺的。三年前,当他不得不与电视台谈判签订合同时,遇到了一些阻力。电视台经理暗示他:继续签合同而没炒他鱿鱼,已经很幸运了。

当王明要求修改合同时,电视台经理大发雷霆,但王明坚信自己有能力做好,也有他本身的价值,所以坚决不让步。为此,新闻部主任多次把他叫进办公室,对他横加指责,而且每次训斥结束时总是说:"你就签了这合同吧!"几个月过后,他依然不动摇,最后,电视台经理答应了他提出的每一项要求。但是,在他签合同之前,他把那份合同拿给律师看,律师建议他在措辞上要改动几处。他回到公司跟经理说明,经理又一次责骂他,说他自私、不讲道德,但他就是不让步。最终,根据双方都能接受的意见,对合同的措辞进行了修改。

最近,他与同一家电视台又签了一份为期三年的合同。他说:"现在,他们都知道我是一个什么样的人,我说到做到。跟我在一起工作的人都对我说,我应该要求比我真正想要的更多,然后再让步,这样使主管们有胜利感。可是我不以为然,我要求他们给我提供必要的条件,而其他锦上添花的条件我不会奢求。"

这个故事的意义不在于他强硬的态度,而是说明一个道理:没有任何条条框框可以左右你应该得到的东西,只要自己对这份工作有足够的能力,能在工作中真正发挥自己的价值,你就有能力坚持得到自己想要的。

中庸思想要求做人处世不能偏激,也不要走极端,但是,当遇到对自己利益不利的情况,就应该据理力争,只要是自己的言行举止都能符合"恭、宽、信、敏、惠"这五种品德,那么就合乎"仁道",也就不违背中庸处世原则,也就不会与"仁道"相背离。

修养是"仁"的前提,"仁"又是言行举止的前提,要在现实生活中学会运用中庸思想,将"仁"用最佳的方式表达出来与人交往,那么,人际关系就会达到最佳的境界。

登堂入室,人生才能再上层楼

孔子说:"子路弹琴,为什么要在我这里弹?"学生因此不尊敬子路。孔子知道后,说:"子路弹得很不错了,只是还不精通而已。"

孔子在周游列国的时候,在卫国住了很长一段时间,跟他同去的弟子有不少人都在卫国做了官。其中子路做了卫国的浦邑宰。

一天,孔子的车马路过子路所管辖的领地,孔子看见道路两边庄稼繁茂,村庄整齐,人丁兴旺,于是赞叹道:"子路能够做到爱民如子施于仁政,好啊!"

进了城邑,孔子又看见街市繁华,买卖和气,甚至能听见琅琅的读书声。孔子又感叹道:"这是忠信教化的结果呀,子路真是不简单啊!"

说话间,车马进了子路的官署,孔子下了车,看见官署内冷冷清清,于是又称赞道:"子路能明察决断,为官清廉,善哉! 善哉!"

这时赶车的子贡皱起眉头,问道:"老师为什么您还没有见到子路,这一路上就已经称赞了他三次呢?"

孔子说:"难道你看不见城外的农民都在辛勤劳作,城里街道市井一片繁荣昌盛,现在这官堂内也没有官司吗? 照这样看来,我虽然已经称赞了他三次,但恐怕还不够呢!"

此时,子路匆匆迎了出来。行过礼,他把孔子及众人请到大堂落座。孔子四下打量,看见大堂一角落里堆着许多兵器,就对子路说:"看来,你还是很喜欢舞刀弄枪呀,不过这么多枪棒舞得过来吗?"

有盘鼎

子路回答道:"老师误会了,我现在根本没有时间舞枪弄棒,各种行政事务已经忙不过来了,这些兵器都是预防有敌寇来犯时,好发动百姓拿去自卫的。敌人看见我们全民皆兵,声势浩大,自然不敢轻举妄动。"

孔子听了,连连点头,回头对子贡说:"我说过夸奖他三次还不够嘛! 社会繁荣,如果没有武备,一旦外敌入侵,百姓无力抵抗,照样会遭殃,那么所有的政绩,就都会前功尽弃。如此看来,子路不再是一介武夫,而是一位政绩卓著的好官。"

子路连忙拱手道:"多亏了老师教导有方,才能取得这点成绩。"

子路在弹琴时的乐调,没有达到孔子的要求,孔子便开玩笑地说:"子路啊,你对于鼓瑟,还没有入门呢。"没有想到,这句话产生了负面影响,其他的学生由此便对子路不太尊敬了。于是孔子又出来说:"我说子路,是为了勉励他,希望他能再上一层楼。实际上子路鼓瑟的水平,已经进入了厅堂,只是尚未进入内室而已。"

天下无道,敢于担当才是勇士

长沮、桀溺一起耕田,孔子路过,让子路询问渡口。长沮说:"驾车人是谁?"子路说:"是孔丘"。"是鲁国孔丘吗?""是。""他天生就应该知道渡口在那里。"子路再问桀溺。桀溺说:"你是谁?""我是仲由。""是鲁国孔丘的学生吗?""是。""坏人坏事像洪水一样泛滥,谁和你们去改变? 你与其跟随避人的人,哪里比得上跟随我们这些避世的人呢?"他边说边不停地播种。子路回来告诉孔子,孔子失望地说:"人不能和鸟兽同群,我不同人打交道而同谁打交道? 天下太平,我就用不着提倡改革了。"

孔子在叶邑的时候,曾经带领众弟子漫游。孔子知道去楚国的希望已经十分渺茫,于是便想彻底放松自己的神经,暂时忘却那些天下家国的忧愁,全身心地去领略汉水之滨的美丽景色和风土人情。

一天,孔子与弟子们正走在一条河边,从翠绿又茂密的树林里忽然传来一阵清脆的歌声,那声音由远及近,不多久便有一个少年走了出来。少年边走边唱道:"沧浪的水清呵,可以洗净我的帽缨;沧浪的水浊呵,用来洗我的泥脚!"孔子刚想派子路去问路,那少年竟头也不回地走向远方。

孔子转过身来若有所思地对弟子们说:"你们听清楚了吗?这歌词是很有深意的,水清洗帽缨,水浊只能用来洗脚。这完全是由水本身决定的呀!"弟子们似有所悟地连连点头。

孔子和弟子们继续向前走,他想找一个渡口到对岸去看一看。可是找了半天也没有找到。孔子看见河边不远处,有两个人正在肩并肩地拉犁耕地,其中一个身材魁梧高大,身上汗如雨下,身子弯得像张弓,人们叫他长沮。另一个稍矮一些,裤腿挽过膝盖,两脚尽是泥巴,人们叫他桀溺。孔子于是让子路过去向他们打听这条大河的渡口在什么地方。

子路奉命,顺手将手中的缰绳交给了孔子,匆匆忙忙走了过去,向农夫施礼,并恭恭敬敬地问道:"请问这条河的渡口在什么地方?"

长沮停下手中的活计,朝马车瞟了一眼反问道:"马车上那位执辔者是谁?"

子路回答说:"是我的老师孔丘。"

长沮追问道:"是鲁国的孔丘吗?"

子路说:"正是。"

长沮于是说道:"是他呀,他率弟子周游列国,车辙足迹遍天下,他怎么会不知道渡口在什么地方?"长沮话中有话,他是在说孔子不是周游列国,推选政治主张吗?他应该知道路该往哪里走。

子路不理解长沮的意思,因见他转身继续锄地,于是又向满脚泥巴的桀溺深施一礼说道:"恳请长者告诉我此河的渡口。"

满脚泥巴的桀溺问道:"你是什么人?"

子路十分谦恭地说:"我是仲由。"

"是孔丘的弟子吗?"桀溺追问。

"正是。"子路耐着性子回答。

满脚泥巴的桀溺说:"当今天下如洪水泛滥,不管是好是坏,全被洪水淹没了,到处都是浊浪滔滔,有谁能改变得了,有谁能阻挡得了呢? 你们跟着孔丘四处逃避,可是坏人哪里都有啊! 你与其跟着他逃避坏人,倒不如跟着我们逃避整个世界!"桀溺说完,也不看子路,也转身埋头干活去了。

子路懊丧地回到了孔子身边,把刚才的对话原原本本地告诉了孔子。孔子沉默了一会儿,怅然叹息说:"鸟兽不可与同群,若不同人群相处,又与谁相处呢? 倘天下有道,我孔丘何须率你等四处奔波,从事改革呢?"他见子路仍然是一脸的迷惑,就又解释说:"他们都是隐士啊! 他们和我一样也是忧世之人,不过担忧的方式不一样。他们可以什么都不管不问的埋头种田,可是我不行,我放不开呀! 如果国家昌盛,天下太平,我又何必花费苦心来改变它呢? 正因为天下无道,民不聊生,我才要出来拯救万物苍生啊! 鸟要高飞在天空,野兽则要隐藏于山林,人各有志,我们还是各走各的路吧!"

这正是儒家和道家的分野。孔子不反对隐士的观点,只是有感而发:鸟是在天上飞的,兽是在地上跑的,而人类却处于社会中,各有各的路,也都能有自己的选择。孔子意思是,我虽然赞同他们的观点,但却无法与他们一样隐居不问世事。因为如今这个社会,处处让人忧虑,假设人人都隐居起来,不闻不问,那么最终真的会到无药可救的地步。所以,孔子愿意牺牲自己,竭尽全力来改变它。

由此也可以看出,一个人在面对艰难困苦时,可以选择逃避,但这最终不是解决之道。所以应该承担起自己的责任,知难而上"知其不可而为之",这才充分显示出一个人的品格和气节。

仁者智者,胸中自有沟壑

孔子说:"明智的人喜欢水,仁慈的人喜欢山;明智的人好动,仁慈的人好静;明智的人快乐,仁慈的人长寿。"

有一天,孔子对他的学生们说:"聪明的人喜爱水,有仁德的人喜爱山。聪明的人其性格就像水一样活泼,有仁德的人的性格就像山一样恬静。聪明的人生活快乐,有仁德的人会长寿。"

子张便问孔子说:"为什么仁者喜山呢?"

孔子说:"山,高大巍峨,山上草木茂密,鸟兽群集,山上出产了人们生产所用的一切东西,并且取之不尽用之不竭。山,无私地向人们贡献了许多有益的东西,可它并不从人们那里索取什么,四面八方的人来到山上取其所需,山都慷慨地给予。山还兴风雷做云雨以贯通天地,使阴阳二气调和;降下甘霖以惠泽万物,使万物得以生长,人民得以饱暖。这就是仁人之所以乐于见到山的原因啊!"

子贡接着问道:"那为什么智者喜水呢?"

孔子回答说:"水,就像是人的美德,它流向低处,蜿蜒曲折却有一定的方向,就像正义一样,它汹涌澎湃没有止境,就像人的德行。假如人们开掘堤坝使其流淌,它就会一泻千里,即使它跌进万丈深的山谷,它也毫不畏惧,奋勇向前。它柔弱,但是却又无所不达,万物出入于它,而变得新鲜洁净,就像善于教化一样。这不就是智者的品格吗?"

"仁者乐山,智者乐水"是儒家的经典论述。用山的给予和不求索取,象征有仁德的人的品德;用水的柔弱但却无所不达,象征智者的品格。而像山一样的仁者稳健而高尚的性格和像水一样的智者洁净而充满灵气的性格相结合,正是儒家追求的理想的人生境界。

将山水意识和智、仁联系起来,实际上是将山水与人的思想修养、气质德行、个性品格联系起来,使山水人格化。孔子是个既爱山又爱水,既主智又重仁的人。在孔子的眼里,这两种品德都值得大加赞赏。以义为质,人生当坚持正义之举

孔子对子夏说:"你要做一个有道德的君子儒,而不要做缺德的小人儒。"

所谓君子儒,就是坚持正义,设身处地为百姓的利益着想,着眼于大局,必要之时能够舍生取义。坚持正义就能获得道义上的支持,为政能令行禁止,作战能不战而屈人之兵,辩驳能开口即直指其腹。

明代著名的哲学家、教育家王阳明,名守仁,字伯安,浙江余姚人,曾筑室于会稽山阳明洞,故世称阳明先生,他就是一个能坚守道义的人。公元1502年,田州岑猛反叛,朝廷派大军镇压,岑猛被杀。但由于处理不当,叛军死灰复燃,岑猛余党卢苏、王受等人打着岑猛的旗号再次叛乱,使田州陷入兵祸。当时人心惶惑,便传言"岑猛并未死",使局势更加复杂。田州的总督虽屡次派兵进剿,不但未能剪除,且有呈燎原之势。御史石金趁机给朝廷奏本,说:"田州的总督轻信少谋,安抚无术,应当换人前去处理这件事。"于是明世宗便免去田州总督之职,命王阳明前往,任两广总督兼巡抚,即赴广西讨伐叛贼。

王阳明以哲学而知名,是中国文化史上的一颗亮星,其学术造诣颇深,其政治上亦有远见。嘉靖七年夏,王阳明至广西,准备接手平叛岑猛余部之事。当时田州的叛乱势头已开始向内地席卷,波及思恩,如不尽快剿灭,则广西全境不保。若继续推行武力镇压政策,则有越剿越乱之势;若是方法不当则会酿成当地土著大暴动的危险局面。王阳明思虑良久,他准备用诸葛亮收服孟获之计,改剿为抚,于是他

修书命使者送交卢苏、王受，希望不动兵戈，让其归附。

对王阳明的声名，卢苏、王受如雷贯耳，此次闻听朝廷派他率大军征讨，更是惶恐无状。他们正考虑逃进深山、躲其兵锋，却见王阳明派人送来招抚书信，这是他们未曾料到的。卢苏与王受商议说："他信中言辞恳切，并没有太加罪于我们，只说前去谢罪，便过往不咎。你我多年和朝廷为敌，岂能得获赦免，只恐有诈。"王受虽也摇摆不定，但他说："王阳明是一诺千金之人，口碑不错，想来应该可以信任，但事关你我性命，还是再观望观望吧！"这时，有人造谣说王阳明已调集数万兵马，准备一举歼灭田州的叛军，招抚只是其缓兵之计，骗他二人受死而已。卢苏、王受疑惧，更不敢去了。是年12月，王阳明抵达浔州，正赶上巡按御史石金也受命到达此地，王阳明劝服石金，认可了招抚的策略。

于是，王阳明遣散了各路兵马，只留永顺、保靖的数千名士兵，并让他们解甲休息，原地待命。王阳明再派使者至田州，招抚卢、王二人。卢苏、王受见王阳明二次前来招抚，并带来由他与巡按御史签发的赦书，才减少了疑心。又听说王阳明将讨伐他俩的大军撤去，以表明不用武力的决心，便回复王阳明，接受招安。王阳明亲赴南宁，准备与卢、王二人派来的使者谈判，但使者转达了卢苏、王受的意思，提出在受降时要带两万兵马以便自卫。王阳明猜他二人怕其中有诈，不以为忤，接受了。受降那天，卢、王二人果然带兵前来，但到了辕门却不再前行，问其原因，才得知，他们要求把门口的士兵换成自己的卫士。王阳明当即令自己的守卫退去，换防给田州的兵士，然后辕门大开，他只带几位文官和随从，出门迎候卢苏等人。卢、王二人见王阳明确有诚意，急忙下马跪拜在地。王阳明请二人起身，一起步入军中。卢苏与王受入城，才发现戎装整齐的明军随处可见，他们内心大惧。王阳明把二人领进议事厅，先是好生抚慰一番，接着面带威严，历数二人之罪，二人伏地谢罪不止。王阳明说："姑念你们尚有悔改之意，能前来服罪，恕你们不死，但朝廷律法不可废止，刑杖一百，以宣国威。"于是，二人被拖了下去，受了杖刑。其实王阳明早有安排，行刑者是田州士兵，杖刑很轻，无非是做做样子，这使得他们二人感恩戴德。行完刑后，王阳明又派人送去治金疮的药，并用酒肉款待他们。

两天后，王阳明把卢、王连同他们所带的兵马，一起送出城去，让他们安然返回田州。不久，王阳明又亲临田州，安抚众将士，使田州的土著心悦诚服。王阳明见叛民皆已臣服，便上疏朝廷，请求授岑猛之子邦相为判官，卢苏、王受为巡检，共领田州。朝廷应允。从此，田州一片安宁。

不仅如此，王阳明还擅长观察形势，分析世事，以利害教人。当王阳明被贬为贵州的龙场驿丞时，贵州土司安贵荣骄横傲慢，他因为曾随同朝廷的大军征讨香炉山，被加封为贵州布政司参政。他嫌官太小，便上奏章，请求朝廷削减龙场驿站，以奖赏己功。对此，朝廷停而不发，命贵州督府讨论决定。在龙场做驿丞的王阳明颇受安贵荣敬佩，对他的道德学问和智慧军功极为赞赏。

王阳明得知此事后，写信给安贵荣，劝他放弃打算。信上说：凡是朝廷的制度，都是由祖宗制定的，如果无特殊情况，后世沿袭遵守，不得擅自更改。如果朝廷制度能随意更改，国家就会乱了，何况是诸侯呢？你给朝廷上书要求官职和封赏，即使朝廷同意，但有关的部门也会追究罪行。即使你暂时幸免，或者八九年，甚至二三十年之后，当事的人，会依据有关的典章制度来非议你。如果真是那样，你现在的做法就是自取其害了。在你之前，自汉唐至今有一千几百年了，你们的土地和人民没有任何改变。之所以能够长期如此，是因为你们遵守天子的礼法，不敢有所越轨，因此，天子也不可能无故加罪于你们。不然的话，你的人民日渐富裕，朝廷像统治中原一样，以郡县制的方法治理，你又能如何？你向朝廷索取官职与封赏的理由哪一条是合理的？配合朝廷军队与贼寇作战是地方官的职责。你屡屡请功求赏，那朝廷给你的赏赐与俸禄是干什么的呢？现在给你的官职和赏赐已经超过制度了，你得寸进尺必定会引起朝臣的弹劾。宣尉使因为是边疆地方行政官员，因此让你世袭这里的土地和人民；如果委以你流官，则调你入川就须入川，调你人黔就须人黔，违抗则会被诛杀。由此看来，你现在参政的职务辞之唯恐不及，哪里还敢邀功求赏。安贵荣看后，惊出了一身冷汗，赶紧上表撤回请求，所以驿站也未削减。

真正的强者不以私利为人生的坐标，而是坚持以道义作为人生的标准，这样就会生出浩然正气，行事就会得到支持、受到尊崇，事务就顺理成章。

不陷不罔，做人要有不辱使命的气节

宰我问："作为一个仁慈的人，如果有人告诉他：'有个仁慈的人落井了'，他会跳下去吗？"孔子说："怎么能这样？君子可以去救人，却不可陷进去；可以受欺骗，却不可以盲目行动。"

孔子的弟子宰予的长处就是"利口"，孔子学说中的德性、政治、言语和文学，他学得都很好。他提出了一个如何从仁的问题，而孔子回答这个问题时机智幽默。孔子说：一个做学问成为君子的人，并不是一个愚蠢者，必须要晓得随机应变；不可以死记硬背教条，要懂得时遇，适合事况。

孔子在回答宰予的问话中，形象而鲜明地点出了大丈夫为人处世的气节！气

孔子家语

孔子智慧通解

图文珍藏版

节是人在受外界袭扰时必需的节操。

讲修养,若无气节,就如同说容忍没有广阔的胸襟一样,是荒谬的。也许在某些方面,广阔的胸襟还不及气节那么重要。因为人在修身正己的过程中,难免会受到外界因素的侵袭。有时是明显的干扰,有时却是暗地逼迫;有时是强权压迫,有时是世道的诱惑。在这样的情况下,最重要的是仍具备可欺不可罔的气节。因为只有这样,你才可能冲破这一切的障碍,最终走向正义的彼岸。

西汉时,汉武帝派遣中郎将苏武,带着和平的使命,手持汉朝的使节,率领副手张胜、常惠及百余卫兵,出使匈奴。苏武的出使是不同寻常的,因为当时双方刚刚经历了一场持年累月的战争,处于或战或和的抉择状态。所以到达匈奴后,苏武凡事都从有利于汉朝的立场出发,处处小心谨慎。想不到他的副手张胜急功近利,两次卷入了刺杀卫律的预谋之中。由于计划不密走漏了风声,于是,卫律和匈奴单于让苏武他们选择投降或者被囚遭杀。苏武一闻"投降"两字,就大义凛然地对在场的所有人说:"作为堂堂大国的使者,却像犯人一样被人审问,我已经有辱身份,倘再丧失气节,即使活了下去,又有何面目再去见人呢?"说完就拔刀抹颈自杀,浑身是血,即刻昏死过去。后来经过抢救他虽活了过来,但脖子却受了重伤,而罪魁祸首张胜却在匈奴人的刀口下屈膝投降了。

匈奴单于非常钦佩苏武的气节和精神,从而就更想将其收为己用。于是卫律奉主子之命,一而再,再而三地劝降。他软硬兼施,得到的却只是苏武的蔑视和责骂。单于无法,只得将苏武关在地窖里,断了水和食物,想迫使苏武就此屈服。苏武凭着气节与毅力,用雪和着毡来解渴充饥,顽强地活了下来。随后苏武又被流放到北海,单于让他在此牧羊,并说等到公羊生出小羊后,才准许他归汉。在那里,苏武以田鼠、野菜充饥,他把种种磨难和坎坷都不放在心上,唯独忘不了自己作为使者的使命,忘不了自己手中的使节。他白天放羊时拿着使节,晚上睡觉时仍抱着使节,天长日久,使节上的穗子全脱落掉了,他依然把那根只剩下杆儿的使节视如命根。就这样过去了十几年,单于又派汉朝的降将李陵去北海劝说苏武投降。李陵先以无人知晓苏武在这荒芜之处受罪,劝说他不如归顺匈奴,以享荣华富贵;并告诉苏武,他的兄弟被迫自杀、妻子改嫁和女儿下落不明的悲惨遭遇,欲断绝苏武的归汉之心。但苏武的回答依然斩钉截铁:"我生为汉朝之臣,绝不会做对不起自己列祖列宗和父母之邦的事情,你不用多费口舌了。"他还毫不客气地斥责李陵降匈奴之事,李陵极为汗颜。

19年以后,匈奴发生内讧。匈奴新单于急于向汉朝求和,苏武、常惠等人才历尽波折,终于回到了汉朝。此时武帝已经去世,汉皇乃昭帝。汉昭帝刘弗陵看到苏武手里仍拿着那条光杆儿了的使节,为之动容,称赞苏武是个真正的大丈夫。

苏武这种不以气节来交换荣华富贵的精神使我们看到了国家民族的脊梁,看到了他的气节中所体现出的民族尊严和人格力量,看到了气节如何具体地落实为生命的信念、生存的力量和精神的支柱。苏武虽然并没有做出轰轰烈烈、惊天动地的丰功伟绩,但他坚贞不屈的高尚气节实在是令人敬佩,也在我国的历史上永远闪耀着光辉。

杀身成仁,大丈夫之所为

孔子说:"志士仁人中,没有贪生怕死出卖正义的人,却有舍生忘死维护正义的人。"

仁人君子首先要具有仁的信念,不懈地坚持仁道,并且在困难的时候愿意为仁道而牺牲自己的生命,即杀身成仁。所以,在孔子以后的儒家思想中,人生的价值不在于富贵,也不在于长寿,而在于实行仁德,最终把自己塑造成仁人君子。

"仁"这种信念成为中华民族的一份宝贵财富。历史上许多仁人志士,都是宁可牺牲,也要捍卫自己的信仰。从另一个角度来看,人不肯为了生命的安全、去做违背仁义的事情,这标志着一个人的修养和对生命价值的看法。

文天祥是我国历史上著名的抗元将领。他从小爱读忠臣烈士的传记,立志要向他们学习。文天祥在南宋政权被元朝推翻之后,费尽心机,千方百计,企图设法加以挽救。

但是,尽管他们奋力抗敌,南宋军队还是被元军迫退到南方。最后,文天祥终于在1278年于广东再度被元兵俘虏了。被俘后,他依旧坚定不移,拒绝投降。元兵把文天祥送到元将张弘范的大营,张弘范假意殷勤,给文天祥松了绑。文天祥却说:"我知道投降你们,不但可以活命,而且可以得到富贵。但是,我宁可丢脑袋,也决不变节。"

张弘范知道张世杰平日很敬佩文天祥,就要求文天祥写信给仍在压山抵抗的宋朝将领张世杰,进行招降。文天祥冷笑着说:"我自己不能救父母,难道会劝别人背叛父母吗?"于是文天祥便把自己过零丁洋时写的诗拿给张弘范看,诗的最后两句是:人生自古谁无死,留取丹心照汗青! 张弘范看了只好苦笑。

元军攻下压山以后,张弘范召集将领,并举行庆功宴会,并把文天祥请来。宴会席上,张弘范对文天祥说:"现在宋朝灭亡,丞相已经尽到了最后一片忠心。只要

孔子家语

孔子智慧通解

图文珍藏版

您肯回心转意,归顺我们大元皇上,还能保持您丞相的地位。"文天祥含着眼泪说:"国破家亡,我身为宋朝大臣,没能够挽回局势,死了都有罪孽,怎么还能贪图活命呢。"

张弘范一再劝降,没有结果,只好派人把文天祥押送到元大都。文天祥为了表示他对宋朝的坚贞效忠,在艰苦的途中开始绝食,但绝食八天也没有死,只好恢复饮食。文天祥被押到元大都,元王朝下令把他送到上等的宾馆里,用美酒好菜招待他。过了几天,元朝丞相又派投降官员去劝降。文天祥一顿痛骂,把他们骂得抬不起头,只好灰溜溜地走了。元朝对文天祥劝降不成,就把他移送到兵马司衙门,戴上脚镣手铐。

文天祥在牢房中,写下了千古传诵的《正气歌》。在这首诗里,他举了历史上一些坚持正义、不怕牺牲的忠臣义士的例子,认为这都是正气的表现。他在诗中写道:"天地有正气,杂然赋流形。下则为河岳,上则为日星。于人曰浩然,沛然塞苍冥。……时穷节乃见,一一垂丹青。"

文天祥进牢的第三年,河北中山府发生了一场农民起义。起义领袖自称是宋朝皇室的后代,他聚集几千人马,号召大家打进大都,救出文丞相。这一来可把元王朝吓坏了,他们认为如果不杀文天祥,恐怕会闹出大乱子来。

在再次劝降失败的情况下,元朝统治者就下令将文天祥处死。这一天,北风怒号,阴云密布。京城的刑场上,戒备森严。市民们听到文天祥将要就义的消息,一下子就聚集了一万人。只见文天祥戴着镣铐,神色从容,来到刑场。他问旁边的百姓,哪一面是南方。百姓们指给文天祥看了。他朝着正南方向拜了几拜,便端端正正地坐了下来,对监斩官说:"我的事结束了。"公元1283年1月,这位47岁的抗元将领壮烈牺牲。他在宋王朝危亡时刻,表现了一身的浩然正气。

君子之志,没有什么人可以夺去

孔子说:"从三军之中,可以劫夺他的主帅;而一个真正有志气的人,却不能使他改变意志。"

三军之众,人心不齐,其帅可夺。匹夫有自己的人格尊严,其意志由自己掌握。虽然自己是一个个体,但只要意志坚定,任何力量也动摇不了。

有的人只顾眼前生活,没有什么志向,东风来西倒,西风来东倒。有的人虽然也有志向,甚至有雄心壮志,但却经不住威胁与利诱的考验。这其实是一种意志不坚定的表现,算不上真正的君子。

作为支撑真正不可夺志者的精神支柱，应该是人作为人的尊严，以及人的独立人格和自由的意志。

　　司马迁立志忍辱撰写《史记》，可谓是一个"匹夫不可夺其志"的典型。

　　司马迁自幼受其父影响，诵读古文，熟读经书，二十岁就周游全国，考察名胜古迹，山川物产，风土人情，访求前人轶事掌故。后又继任太史令，得以博览朝廷藏书、档案典籍。太初元年根据父亲遗志着手编撰一部规模宏大的史书。

　　正当司马迁努力写作之际，不幸的事情发生了。天汉二年，名将李广之孙李陵率兵五千出击匈奴，开始捷报频传，满朝文武都向武帝祝贺。但几天以后，李陵被匈奴围困，寡不敌众，在士卒伤亡殆尽的情况下，被匈奴俘虏。前几天称颂李陵的文武大臣反过来怪罪李陵。只有司马迁替李陵辩护。

　　他直言不讳，特别是提及汉武帝宠妃李氏夫人的哥哥李广利的失职，令汉武帝大为震怒，认为司马迁有意贬损李广利的功劳，而为李陵开脱罪责，将其下狱论罪。依当时刑律，犯死罪之人可以用 50 万钱赎罪，或是用宫刑替罪。司马迁学识满腹，却家无闲资，不可能弄来那么多钱赎罪，只剩下两条路可走：要么慷慨赴义，要么接受宫刑。司马迁想到"草创未就"的《史记》，心如刀绞，最终选择接受奇耻大辱的宫刑，留得性命，撰写《史记》。实际上，这是比选择死更艰难的抉择。

　　出狱之后，司马迁担任中书令，这种职务历来都是由宦官担任的，对士大夫来说可算得上耻辱。司马迁的朋友任安在狱中给他写信，表示对他的行为深感不解。司马迁回信说："我并非怕死，每个人都有一死，或重于泰山，或轻于鸿毛，如果我现在死了，无异于死了一只蝼蚁。我之所以忍辱苟活，是因为撰写史书的夙愿还没有实现啊！从前，周文王被困于里才推演出《周易》，孔子被困于陈蔡才做《春秋》，屈原被放逐于江南才写下《离骚》，左丘明失明之后才完成《左传》，孙膑被削掉膝盖骨才编著《兵法》、吕不韦被贬于蜀地才做出《吕氏春秋》，韩非被拘禁于秦才写出《说难》《孤愤》啊！我要效法这些仁人志士，完成我的书啊！到那时，就可以抵偿我的屈辱，即使碎尸万段我也没有什么悔恨啊！"

　　司马迁忍辱负重，坚忍不拔，以古圣贤命运坎坷、发奋著述的事例激励自己，用"身残处秽"的生命，去实现自己的理想。

　　大约在公元前 90 年，司马迁终于将这部前无古人的天下第一史撰写完毕，算下来，前后用了 18 年。

　　《史记》写成不久，司马迁便与世长辞了。这部书直到汉宣帝时期，才由司马迁的外孙平通侯杨恽整理刊行。

虽然司马迁这种忍辱偷生撰写《史记》的做法，有替父完成遗愿的心理成分，但其更主要的精神支柱，应该还是他心中的不屈之志，决心以事业上的成功来洗刷自己的耻辱。放弃是一种安逸得多的选择，但放弃也即意味着投降。这对于一个内心刚强的人来说，是不可忍受的。司马迁的行为，是一种男子汉的行为，更是一个有志君子负责任的选择。

不怨天，不尤人

人们都有一种趋利避害、趋成避败的心理，渴望成功者屡见不鲜，而真正的成功者却屈指可数。同样的际遇放在不同的人身上，其结果会千差万别。由此我们得知，决定成功的最重要因素不是外界，是自己，而自己的问题无非是一个怎样面对人生、面对机遇、面对成败的心态问题。

人们求得心理平衡的一条普遍捷径就是把失败归咎于偶然，归咎于环境，抱怨他人。环境和他人诚然有其不公之处，从不按照我们的愿望和需要来设计，然而事实并非都是如此，假如换一个角度，也许可以看到更多的真实情形。如果不从自身寻找失败的原因，而一味怨天尤人，那无异于缘木求鱼。

怨天尤人的坏处有两个：一是容易推卸自己的责任，养成一个拒绝自省的坏习惯；另一个坏处就是容易使人产生太多"我会失败"的心理暗示，必然会产生自暴自弃的情绪。与其沉湎于怨天尤人，还不如从现在开始理性宽容地去面对周遭的事物，在改变自己上下功夫，迎接下一次的挑战。历史上那些成功的政治家、著名的活动家、杰出的艺术家都有一种普通人所没有的主动精神，他们高标准地要求自己，并且采取许多有效的措施，使自己一步一步向目标前进。

进取，就是一种超强的自信心。进取者的处世态度是"天生我材必有用"，因而他们相信自己的力量，相信自己能有所作为，能达到自己所设定的目标，所以他们具有一往无前的大无畏气概。当然，主动争取并不意味着瞎干、蛮干，并不是唱高调、走极端。对主动进取者来说，最大的要求就是该争的时候不会轻言放弃。我们来看一个故事。

唐朝裴略出身于高级官员之家，后来成为唐太宗时期的一个朝廷侍卫。他头脑灵活，为人机警，当了两年多的宫中侍卫，增长了见识，也认识了许多朝廷大臣。

有一年，裴略参加了兵部主持的武官考试。考完后，裴略自我感觉不错，谁知到了开榜之日竟名落孙山。气恼之余，裴略并没有因为结果已成事实而放弃，而是觉得自己有被录取的实力，不能放弃争取最后的机会，于是他直接找到宰相温彦博申诉。正巧，兵部尚书杜如晦也在温家，二人已经在客厅饮茶交谈了很久。

裴略一见杜如晦也在，感到来得不是时候，便临时改换了一个话题。裴略彬彬有礼地说："我在官中干了很长时间，长了不少见识，我觉得自己能明辨事理，记忆力极好，尤其对语言特别敏感，别人说一段话，我能一字不漏地复述下来，如果在朝廷做个通事舍人，我认为自己是非常称职的。"

温彦博一听，心想：真是一个自命不凡的人。他对裴略说："太宗皇帝爱才惜才，但皇上量才录用，视能授职，要通过一定的考试程序。前不久兵部主持的考试就是为了选拔人才，你有没有参加这次考试？"

裴略回答说："我不但参加了，而且考得很好，但也许是考官们那天醉眼昏花，录取时把我的名字给漏掉了。"

温彦博哈哈大笑，对杜如晦说："你看，有人到这儿来告你兵部的状了。"

杜如晦从容说道："我真希望有人能对我们兵部的工作提出一些意见。不过，评卷、复查手续都很完备，至今尚未听说出现什么偏见。年轻人，你考得也许是不错，但别人考得更不错。这次没被录取，下次再考吧！"杜如晦接着又说："看你如此能说会道，你还有什么才能？"

裴略一听，马上大声说："我会写诗作赋，不信，您出题试试？"

温彦博抬头看到院子甬道两旁的数枝翠竹，于是对裴略说："你就以竹为题，赋诗一首吧！"

裴略低头略一思索，脱口而出："庭前数竿竹，风吹青萧萧。凌寒叶不凋，经夏子不熟。虚心未能待国士，皮上何须生节目。"这首诗抓住竹子外表有节、内里空虚，经冬不凋、经夏无子的特点，讥讽竹子徒有其表而不务实际，以竹喻人，一语双关。

温彦博和杜如晦听罢点点头，温彦博心想：也许他曾经作过这个题目的诗，所以作的诗显得敏捷、成熟，便决定换个题目，再试一下。于是又指着屏风对裴略说："你再以屏风为题，作诗一首。"

裴略随即缓缓走到屏风前，口中吟道："高下八九尺，东西六七步，突兀当庭坐，几许遮贤路。"他略一停顿后，突然大声说："当今圣明在上，殿门大开以待天下士人，君是何人，竟在此妨贤？"话音刚落，伸出双手将屏风推倒在地。裴略语出惊人，行动更是出人意料。这首诗表面上说的是屏风挡道，实际暗示当权者不识人才，堵塞贤路。

温彦博笑着对杜如晦说："你听出来没有？他的弦外之音是讽刺我温彦博

呢。"裴略随即接口,一面比画着自己的臂膀和肚皮,一面说:"不但刺膊(博),还刺肚(杜)呢。"温彦博和杜如晦被他的机敏逗得哈哈大笑。

没过几天,补齐必要的手续后,裴略被朝廷授予陪戎校尉,官职虽小,但毕竟是正式进入了仕途。

正是靠着主动争取,裴略在看上去似乎没有机会的情况下,没有怨天尤人,没有轻言放弃,而是紧紧地抓住最后一丝希望,最终引起了对自己命运起着关键作用的人的注意,迎来了人生的一大转折。

不怨天尤人,自己主动争取是一种对人生的热爱,对生活的激情,其基点就在于对人生价值的理解。如果一个人对生活的热爱和激情没有人生价值的支撑,那就有可能是弄虚作假的主动,就不可能持久,不可能永远朝气蓬勃地奋发前进。主动争取的人不轻易接受命运的安排,而是以一种"想人之所未想,见人之所未见,做人之所未做"的姿态出现在世人面前,他们不沉溺过去,不满足现在,而是着眼于未来。勇敢地踏上前人未走过的路,大无畏地去开创出一个美好的境界;他们不会轻易放弃自己的理想,也不会轻易承认自己失败;他们能承受住各种挫折和困难的考验,没有悲观,没有绝望;他们是坚强、勤奋和无畏的,他们永远是命运的主人。

人生在世,不管做什么事难免会遇到失败或被拒绝的时候,这时摒弃"怨天尤人"的消极态度,保持主动进取的精神,用自己的才华,也用合适的机遇让世人认识自己,这样才能成功。

十、成事之道

以礼待人,为成就事业奠定基础

定公问:"君主使用臣下,臣下侍奉君主,怎么样才好?"孔子回答说:"君主要按照礼来使用臣下,臣下要忠心侍奉君主。"

孔子这句话现在用来理解和处理领导与下属之间的关系,就是说领导要想得到下属的忠诚,首先要按人之常情和事之常理来对待下属。礼的内容是很多的,如尊重、仁慈、爱护等。领导如果对下属尽心,则下属自然也会忠心。

聪明的领导者都必须明白这个道理,争取群众的最大支持,才是建功立业的根本,不得人心者失天下,这是古已有之的训导。

为了争取人心,获得下属的忠诚和爱戴,需要领导者对下属同甘共苦甚至生死与共的精神。这样的领导者往往受到群众发自内心的拥护,他们与群众的结合最为有力和牢靠。他的仁慈爱人和身先士卒被士兵看在眼里、敬在心里,下属的顽强战斗力就可想而知了。

秦穆公作为一个英明的国王,他治国有方,文臣武将都能各尽其力,井井有条。而且他也一直具有称霸中原的野心,他不仅从军事上大力扩张实力,而且很注意施恩布惠,收买人心。

秦穆公养有一匹千里良驹,由于得来不易所以倍加珍惜。为此特地盖了新马厩,各处洗刷得一干二净,金络脑宝石鞍,配备得别提多齐整了。秦穆公对这匹马喜爱异常,派两名马夫精心伺候它。有一天马夫们一个闪失,马厩的门没关严,千里马瞅准机会便跑了出去。

这匹马跑出了都城,来到荒郊野外。由于它养尊处优惯了,没有料到会有什么危险。这时一群穷百姓看见了这匹无主的肥马,乐坏了,一拥而上将它逮住,毫不犹豫地就把它杀了,三百人美美地吃了一顿。

马夫发现马走失了,吓得大惊失色,赶紧报告上级官吏。官吏心想,此乃国王之爱马,有个三长两短怎么了得!一大群官吏倾巢出动去寻千里马。好不容易找到了它,但眼前的景象真令人意想不到:一大群衣衫褴褛的穷人正围着一锅肉吃得欢,旁边扔着马皮、骨头,真惨哪。

毫无疑问,三百人统统被抓起来,只待秦王一声令下便处以极刑。以百姓之贱躯,而敢食大王的爱马,还有比这更厉害的弥天大罪吗?官吏抱着将功折罪的心情飞报秦穆公,请其定夺。

秦穆公听了,沉吟半晌,说:"放了他们吧!"

"啊?为什么,他们可是吃了您的千里马啊!"

秦穆公说:"君子不能为了牲畜而害人。算了,不要惩罚他们了,放他们走吧!而且,我还听说过这么回事:吃过好马的肉却不喝点酒,是暴殄天物而不加以补偿,对身体大有坏处。这样吧,再赐他们些酒,让他们走。"

过了一些年,秦国发生了饥荒,晋惠公趁机大举入侵。秦穆公忙率领大军进行抵抗。这时,有三百勇士主动请缨,原来他们就是多年前吃掉千里马的那群百姓。战场上杀声震天,秦穆公被晋军包围了,身上也受了伤。三百勇士为了报恩,护卫着穆公左冲右突,拼力斩杀晋军,把晋军吓得连连后退,撤了包围圈。穆公才得以安全地逃脱。那三百勇士杀得性起,继续追杀晋军,最后竟然反败为胜,在乱军中战国时期，魏国有个名将叫吴起。吴起能征会战，善于用兵，在诸侯国中享有盛名。他不但会用兵，而且会带兵，所以一直受到士兵们的衷心拥戴，士卒肯于听其将令，听他驱遣。

作为军队的统帅，吴起丝毫不摆主帅的架子，常与下层士兵打成一片。他的衣服一点也不讲究，质地跟最低级的士兵的完全一样，吃的也并非精肴美馔，而是和大家的伙食一样。睡觉时，不铺厚褥，也只是薄薄的一层褥子。平时赶路能步行就步行，不骑马、不乘车。赶上行军艰难，他还亲自背上干粮身先士卒。士兵们都对他敬服不已，说他真是位能同甘共苦的好将领。

一次，吴起去查营，突然听见一座营房里传出痛苦的呻吟声。他马上走进去查看原因。只见一个士兵躺在床上，面如金色，疼得一股劲地叫唤，显得十分难受。几个士兵站在一旁，愁眉苦脸地看着他。

吴起关切地问："怎么回事？"

旁边有人答话："他患了痈疽。大夫不肯来看病，只得自己挨着。"

吴起勃然大怒："这还了得！速把大夫找来。"

大夫诚惶诚恐地赶到，给士兵看病，开了些药，并说："他这个病，得自己好，去了脓就逐渐好了。"

吴起仔细查看他的脓疮，只见又红又肿，脓包鼓胀胀的，散发出特有的恶臭。士兵不住地哼哼着，可怜巴巴地瞅着吴起。

吴起弯下身，凑近脓肿处，用嘴唇开始吸吮起来！"不，不，"士兵惊慌地扭动起来，不让他吮。旁边人也再三劝阻："将军您是军队的统帅，保重身体要紧，千万不可以这么做！"

吴起摆摆手，继续吮，吮一口，吐一口，脓肿逐渐消下去，病人露出了舒坦的神情。这时，包括大夫、旁观者和病人在内的人都感动得流下了眼泪。吴起如此对待他的部下，士卒们无不感动，因而他们打起仗来舍生忘死，视死如归，都抱着为吴起效死的决心。正因为如此，吴起统率的军队战无不胜。

温良恭让，用德赢得人心

子禽问子贡说："老师他老人家每到一个国家，必然能了解那个国家的国情政事。这是他自己去问的，还是别人主动告诉他的呢？"子贡说："这是由于他老人家的温和、善良、恭敬、节制、谦让的高尚表现，使各国国君主动拿国政向他请教。他老人家得到的方法，大概与别人求得的方法不一样吧?"

孔子认为人可分为五品:有庸人,有士,有君子,有贤人,有大圣。鲁哀公问孔子道:"请问如何行事就算是庸人呢?"孔子回答说:"我所说的庸人,嘴里说不出有道理的话,心里不知思虑,不懂得选择贤能善良的人把自己托付给他,让他分担自己的忧困;行动没有目的,不知道该在什么地方停下来;每天都在忙于选择事物,却不知道什么东西可贵;盲目地跟从外物的驱使,却不知自己应该有什么归宿;放任利欲侵害自己的本性,心情日趋败坏。像这样行事,就算得上是庸人了。"哀公说:"好。请问如何行事算是士呢?"

孔子回答说:"我所说的士,虽然不能穷尽各种道术,但总要有所遵循;虽然不能事事做得尽善尽美,但总要能够落实。所以士对于知识并不求多,而是追求所掌握的知识达到精深的程度;他们对于言语也不求多,而是追求使自己讲的话精当;他们还不妄求多做,而是追求用最恰当的方式来做事。所以对于他们来讲,知识既然已经取得了,言语既然已经说出来了,行为既然已经发生了,就好像是性命、肌肤不可改变一样。因此,富贵并不足以替他增加什么,卑贱也不足以损害他什么,能够这样行事的,就称得上是士了。"

于是鲁哀公又问孔子如何行事才算是君子。孔子回答说:"我所说的君子,说话讲求忠信,但内心并不以道德高人一等自居;行为讲求仁义,但并不露出得意的神色;思考问题明白练达,但言辞并不锋芒毕露,这样就让人觉得谁都能够比得上他似的,这就算是君子了。"尔后,孔子又向鲁哀公讲了贤人的标准,就是"行动合乎规矩,又不觉得本性受到压抑;言语足以为天下效法,但却能保证自己不为人言所伤;掌握着天下的财富,但却没有不义之财;恩惠遍及天下,而自己又不用为贫困所忧虑。能做到这些,就算得上贤人了。"

接着孔子又向鲁哀公讲述了大圣的标准。他说:"我所说的大圣,是通达大道、有无限的应变能力,明了万物情性的人。大道,就是借以变化而造就出万物的法则;情性,就是生来如此,难以变换的本性。所以,他要做的,是辨别天地间的万物,他对事物的明察洞悉就好比是日月,他还要像风雨一样普施于万物。他的态度虽说是平平和和,但他的行为是不可仿效的,就好像是上天的儿子,他的行为是人们不可理解的。百姓们浅薄,所以不可能认识到他所从事的事情,这样的人,就叫作大圣了。"

孔子对于人物的这段品评,其最基本的一个标准就是看人能不能以及能够在何种程度上识大体。以此为根据,孔子把人分为庸人、士、君子、贤人、大圣五个层

孔子家语

次。应当看到,在这些层次之间固然有精与粗的差别,更有大道与小道的差别。其实,在孔子看来,鉴别人的标准与一个人自我修养的标准是一致的。孔子树立起这个一般的对人的衡量标准,实际上在于他期望人们对于人生都有一种理性的自觉。

春秋时期,一代名臣百里奚在虞、晋、楚、秦四国的不同遭遇就很充分地说明了识才方能用才、用才方能兴国的道理。百里奚曾为虞国大夫,但虞国国君不认为他有多么高明,在与晋国作战时,他虽屡献良策,但虞君不信也不用,致使虞国被晋国所灭,百里奚与国君一起成为晋国的俘虏。晋人也没有发现百里奚是个人才,于是便在晋秦联姻时把他作为秦穆公夫人的陪嫁臣送往秦国。后来,百里奚逃亡时被楚国人抓住做了奴隶。秦穆公听说百里奚是个贤才,想用重金去赎,又怕楚国知其身价后不给,便降低其身价按照奴隶的价格去赎。他派人到楚国说:"我的陪嫁臣百里奚在你处,我愿意用五张羊皮将他赎回来。"楚人便将百里奚送回。这时,百里奚已年过七十,秦穆公与他畅谈三天,发现他确实是个难得的人才,于是任之为国政,号称"五羖大夫"。后来,百里奚又向秦穆公推荐了蹇叔,二人一起为穆公竭智尽力,为秦国的政治、军事、外交做出了巨大的贡献,使秦穆公成为春秋五霸之一。

虞、晋、楚不善于识才,致使百里奚这样的良才未能显露出来;秦穆公慧眼识才,知人善任,终成霸业。其实,在我国数千年的历史长河中,凡属盛世,必有明君;明君之明,首先在于知人善任。李世民识得并使用房玄龄、杜如晦这样的贤相,所以形成了路不拾遗,夜不闭户的清平盛世。唐玄宗误识并任用杨国忠、李林甫这样的奸臣,结果造成安史之乱,自己也不得不在尘土飞扬中仓皇出逃。用人的不同而有如此大的厉害悬殊,说明了这样一个道理:明君之治,患不知人,明君之德,莫大于知人。

古今时世不同,但"国之兴亡,务在得人"的道理却是相同的。如果说古代"帝王之德,莫大于知人",那么,今天领导者之德,亦莫大于识才。领导者善于识才用才,各种人才能才尽其用,我们的社会主义现代化建设事业就能无往而不胜。因此,人才考察至关重要。

敬事而信,民无信不立

子贡问政。孔子说:"确保丰衣足食、军事强大、人民信任。"子贡说:"如果不能同时做到,以上三项中哪项可以去掉?"孔子说:"军事。"子贡又问:"如果还不行,剩下二项中哪项可以去掉?"孔子说:"衣食。自古皆有死,缺少人民的信任,国家就要灭亡。"

在孔子的治国思想中,十分注重统治者在百姓中的信誉。他特别前调:统治者只有在百姓中树立起威信,才能够达到取信于民的目的,从而巩固政权的社会基础。管理一个国家与管理一个地区和组织的道理是一样的。孔子说:"人而无信,不知其可也;大车无輗,小车无軏,其何以行之哉!"又说:"言忠信,行笃敬,虽蛮貊之邦行矣;言不忠信,行不笃敬,虽州里行乎哉?""信"在孔子思想中的分量由此可见一斑。

为政者仅仅是在老百姓中有了威信还不够。孔子认为,要管理好政事,使人民安居乐业、国家兴旺发达,最紧要的便是当政者要讲信义。推而广之,让老百姓对国家产生信心才是最终的目的。

"民无信不立"意为如果百姓对当局失去信心,那么国家就失去生存之本。"信则民任也"诚实讲信用就会得到百姓的信任。正是由于孔子看到了人心向背对于一个政权的决定性作用,因而提出"得道多助""得民心者得天下"等思想,至今看来,仍应为执政者追求的最高境界。"一个以信为本的政府,将带动全社会的诚信建设,以及社会与经济秩序的良性发展;而一个不讲信用的政府,将使整个社会丧失信心,从而不可避免地陷入信用危机中。"从我国的古代典籍中可以看到:古人治国的招数,无不包含现代人讲的胡萝卜加大棒。然而,从政权的取得与巩固的原因上讲,无论何种学派都认同"得民心者得天下"。

战国时期,商鞅准备在秦国变法,他唯恐老百姓不信,于是便命人在咸阳都城的一个城门前,放了一根高三丈长的木柱,并到处张贴告示:"谁能把城门前那根木头搬走,官府就赏他五十金。"老百姓看到告示后都议论纷纷。大家怀疑这是骗人的把戏。但一个年轻力壮、膀大腰圆的小伙子说:"让我试试看吧!我去把城门前那根木头搬走,要是官府赏钱,就说明他们还讲信用,往后咱们就听他们的;如果不赏钱,就说明他们是在愚弄百姓。他们往后说得再好,我们也不信他们那一套了。"说罢,他来到城门前把那根木头搬走了。商鞅听到这一消息,马上命令赏给那人五十金。那位壮汉看到自己果真得到了五十金,不禁开怀大笑,一边炫耀那五十金,一边对围观的老百姓说:"看来官府还是讲信用的啊!"这事一传十,十传百,不久就传遍了整个秦国,商鞅这才下令变法。

"民无信不立"。商鞅"徙木立信"的策略正是孔子"敬事而信,取信于民"的治国方略的具体实施。立信要取得良好的效果,不仅必须做到言必信,行必果,而且要以出人意料的方式进行。体现在赏罚上不仅要分明,而且得重奖重罚,奖要奖得人们眼红,罚要罚得心惊肉跳。

商鞅"徙木立信",徙木者予五十金,以明不欺。法令本来是为人民谋求幸福的,但老百姓却产生恐惧,令商鞅不得不先演出"徙木立信"的一幕。这说明当时国家、百姓、法令这三者之间的关系是不正常的。

《汉书》中记载:一次,汉文帝马队经过中渭桥,有一人从桥下走出来,惊了汉文帝所乘马匹。于是汉文帝的手下把这人抓了起来,交给法官张释之处理。那人解释说,看见马队,躲到桥下,后来以为马队走了,就出来。出来

商鞅

看见马队还在,就跑。张释之依律,判此人罚款。对此,汉文帝很生气,便责问张释之说:"这人惊了我的马,多亏我的马性格比较温和,若换其他性格暴躁的马,不就摔伤了我吗?你怎么只是罚款?!"张释之说:"法律,是天子与天下人都必须共同遵守的。法律就是这样规定的,陛下如果要加重处罚,这样法律就不能取信于民了。"汉文帝思考后说:"法官说得对。"

汉文帝想加重处罚,但最后仍不得不依法办事。这就是孔子取信于民思想的具体表现。法律是天子与天下人都应共同遵守的,身为帝王,也不能把自己的个人情绪和意志加诸于法律之上。

言出必行,信乃立身立国之本

子贡问:"怎样才能算个真正的士呢?"孔子说:"做事时,要有羞耻之心;出国访问时,不辱使命。可算士了。""请问次一等的呢?""同宗族的人称赞他孝顺,同乡的人称赞他尊敬师长。""请问再次一等的呢?""说到做到,不问是非地固执己见,当然是小人!但也可以算最次的士了。""现在的领导怎样?""噫,这些鼠目寸光的人,算什么呢?"

孔子曾经多次谈到诚信的极端重要性。他认为一个不讲信用的人,就丧失了做人的起码的资格,是不能在社会中立足的。

信字,在字形结构上从人从言,讲的是言谈的诚实性,言由心出,表里一致。信字原本讲的是人在神面前祷告和盟誓的诚实不欺之语。古人认为:神灵具有人所不可企及的智慧和能力,人在神面前只能老老实实,否则必有灾祸降临。事实表明,人与人之间的交往更需要诚信。人是一种社会动物,总要与他人交往。人与人

之间的交流主要是通过言行来进行的。心有诚意，口则必有信语；口有信语，身则必有慎行。一个人如能够长期地坚持以诚信待人处世，就会形成诚信的人格；具有诚信人格的人，就会赢得人们的普遍信赖。自尊者人尊之，自敬者人敬之，自信者人信之，这是人际交往的必然规律。

一个人诚信与否，是以其行为和时间来检验的。孔子曾讲，"始吾于人也，听其言而信其行；今吾于人也，听其言而观其行。"一个有道德的人，以己之心度人之心，自己诚信故而也相信别人的诚信。然而，人并不都是言而有信、言行一致的，因此要听其言而观其行。比如，总有那么一些人或者是自以为很高明，认为别人都很好欺骗，或者是心存侥幸心理，骗人一次两次未被人发现，故而长于言而短于行。但是，人毕竟是不能依靠欺骗生活的，当其欺骗的把戏被人们普遍知晓的时候，这种人就变成了孤家寡人，再也没有欺骗的市场了。人们生活中流传的"狼来了"的故事，就是一个很好的证明。

某些人欠缺诚信的美德，却不思该如何实际地约束自己、提高诚信度，而是用各种手段和方法伪装诚信。《中庸》云，"莫见乎隐，莫显乎微"。在隐蔽的地方，在微小的地方，常常能够看出一个人的真实面目。即使伪装得再高明，总是会露出破绽和马脚的。只有表里一致的人，才没有破绽。我们常常看到这样的情况：内在德性诚实的人从来不表白自己的诚实，而惯于说谎的人总是诚恳地向他人表白自己说的不是谎话；诚实的人总觉得人人说的都是实话，不诚实的人总觉得别人都不诚实；厚道的人常常认为人人都厚道，工于心计的人常常认为人人都工于心计。具有丰富人生经验的人，不需费很大的气力就可以通过言谈洞察到一个人的德性。

在孔子的教诲下，其学生曾子的诚信是十分令人敬佩的。《韩非子·外储说左上》讲述了曾子"杀猪教子"的言而有信的故事。曾子的妻子要上街，她的小儿子哭闹着也要跟着去。曾妻便哄儿子说："你回去等着我回来杀猪让你吃肉。"她刚从街上回来，就看到曾子真的要杀猪，便急忙阻拦道："我只不过是跟孩子说着玩的。"曾子说："同小孩子是不能开玩笑的。孩子年幼没有知识，处处会模仿父母。今天你欺骗他，就是教他学你的样子骗人。做母亲的欺骗自己的孩子，那孩子就不会相信自己的母亲了，这不是教育孩子的好办法啊！"于是，曾子杀了那头猪，煮了肉给孩子吃。在"言"与"信"的关系上，曾子十分赞同孔子关于信的思想，认为说话就一定要算数。一个人应该做到"可言而不言，宁无言也"；"不能行而言之，诬也"；"言必有主，行必有法"。

诚信作为一个基本的道德规范，是对人们的共同要求。与人相交往，自己首先要保证诚信。然而,正常的、和谐的人际关系的维持则需要双方或多方都讲诚信。信字还包含同心相知、彼此信任的意思。如果双方当面说一套,背后搞另一套,友好的关系就不可能得到维持,两人更不能成为朋友。彼此以诚信相待,不因偶然事件而动摇,不因时光流逝而褪色,才算得上是真正的诚信。

社会政治生活是公共生活领域中最重要的方面之一。人类为了自己的生存和发展结成社会,为了特殊的利益和信仰建立国家,形成了不同于私人领域的社会政治关系。一个国家和一种政治秩序的维系,一般来说要靠两个方面,一是道德,二是法律。前者是软的一手,后者是硬的一手。在这两者的背后还有一个更基础性的东西,这就是诚信。孔子与其高足子贡谈论政治时曾说:"自古皆有死,民无信不立。"(《论语·颜渊》)这是就社会的统治者和政府而言的。孔子认为一个不讲信用的统治者,一个没有信用的政府,是不可能很好地治理民众的,更不可能长久地存在下去。如果一个国家的制度形同虚设,有法不依,最高统治者朝令夕改,老百姓就会无所适从。因此,孔子认为:民众对于统治阶层和政府的信任,比强大的军备和充足的食粮都更为重要。如果一个政府没有起码的诚信和信用,它所颁布的每一项政令、所设立的每一项制度都将没有任何的权威性。一个没有信用的政府是不可能获得民众的拥戴的,而不受民众拥戴的政府也是难以长久地存在下去的。

三国的政治家、军事家曹操虽然野心很大,有很多坏毛病,但是他却在其统领的军队中留下了诚信的美名,从而实现了其一统江北的霸业。

一次,曹操亲自统领大军去打仗。在行军的路上,看见路边的麦子都已经成熟了。原来老百姓因为害怕士兵,便逃到外边,不敢回来收割麦子。

于是曹操派人挨家挨户告诉村里人和各处看守边境的官吏说:"我奉皇上旨意,出兵讨伐叛逆的贼人,为民除害。现在正是麦子的收割季节,经过麦田的人,只要有践踏麦田的,就斩首示众,说到做到。父老乡亲们请不要害怕。"

开始老百姓们都不相信,仍旧躲在暗处观察曹操带领的军队的行动。

经过麦田的官兵,都下马用手扶着麦秆,小心地蹚过麦田,没一个敢践踏麦子的。

老百姓看见了,没有不欢喜称颂的,都望着官军的背影跪在地上拜谢。

曹操骑着马正在走路,忽然,田野里有一只鸟惊叫着飞起来。曹操的马受了惊吓,一下子蹿入麦田中,踏坏了一块麦田。

曹操立即叫来随行的官员,治自己践踏麦田的罪行。官员说:"怎么能给丞相治罪?"曹操说:"我亲口说的话,我自己都不遵守,还有谁会心甘情愿地遵守呢?

一个不守信用的人,怎么能统领成千上万的士兵呢?"随即抽出腰间的佩剑,想要自刎。众人连忙拦住。

这时,大臣郭嘉走上前说:"古书《春秋》上说,法不加于尊。丞相统领大军,重任在身,怎么能自杀呢?"

曹操沉思了好长时间才说:"既然古书《春秋》上有'法不加于尊'的说法,我又肩负着天子交给我的重要任务,那就暂且免去一死。但是我不能说话不算话,我犯了错误也应该受罚。"

于是,曹操用剑割断自己的头发,扔在地上,并说:"那么,我就割掉头发代替我的头吧!"随后,曹操又派人传令三军:"丞相践踏麦田,本该斩首示众,现在割掉头发代替。"

现在的人觉得剪去头发是件很平常的事。可是,当时的人认为,"身体发肤受之父母",头发是从父母那里继承来的。随便割掉头发是大逆不道的事情,是不孝的表现。因此,在当时的人看来,曹操当众割头发和割脑袋没什么区别。

先秦时期的韩非子说过:"信赏必罚,其足以战",意思是说有功的一定要奖赏,有罪的一定要惩罚,只有这样才能使部队形成很强的战斗力。

宽厚诚实,修身立名的金科玉律

子张问孔子怎样才是仁。孔子说:"能够在社会上实行五种品德的,便是仁了。"子张于是又问是哪五种品德。孔子说:"恭敬,宽厚,诚信,勤敏,慈惠。恭敬就不会受欺侮;宽厚就会得到众人的拥护;诚实就会得到别人的信任;勤敏就容易获得成功;慈惠就能很好地使用人。"

在著名的"官渡之战"中,曹操以很少的兵力歼灭了兵强势盛的袁绍的主力军,奠定了统一北方的基础。战后,曹军清点战果,清理出一大捆信件,都是袁绍仓皇逃走后扔下的。这些信件都是曹营中的一些人写给袁绍的。

曹操让人把这些信一封一封地念出来,原来都是些吹捧袁绍的信,有的甚至说要离开曹营,投奔袁绍。

曹操的亲信们看了这些信,非常生气,建议把写信的人都抓起来,可是曹操却让人把信烧掉并且表示不再追究。对此大家都不理解,曹操说:"当时袁绍的力量确实很强大,连我自己都没有把握能够自保,何况大家呢?"

那些曾经暗通袁绍的人,听说这件事后,便把高悬的心放了下来,而且也感激曹操的不追究,从而死心塌地地跟着曹操。而其他的人也觉得曹操宽宏大量,能为部下着想,于是也愿意为其效力,一时间,曹军军心大振。

恭、宽、信、敏、惠等各种优秀品质都是仁的价值取向。恭敬,就能赢得别人的重视;宽容,就能得到别人的拥戴;诚信,就能取得别人的信任;勤敏,就能取得事业的进步,慈惠,就能得到别人的尊敬。这五条原则不仅是仁者的必修课,甚至可以说,是中国人两千余年修身立名的金科玉律。即使是普通的老百姓,也用它们作为评判一个人的善恶、好坏的标准。

道听途说,谣言止于智者

孔子说:"在行走的道路上听到的话,不去证实就沿途传播,这是自甘抛弃道德的行为。"

在曾参的家乡,另有一个人也叫曾参,有一天这个人在外乡杀了人。案发后,大家都以为这个曾参就是孔子的学生曾参,于是都争相传说着。不久,这个谣言就传到了曾参母亲的耳中。

当他的母亲第一次听人对她说"曾参杀人"时,母亲对自己的儿子非常信任,她觉得善良、正直的儿子绝对不会去杀人。不久,又有人跑过来对她说"曾参杀人了",她还是不相信,依旧不慌不忙地织着自己的布。可是,当第三个人跑过来对她说,外面传得沸沸扬扬,都在说曾参在外面杀人了。曾参的母亲开始紧张了,她想:人命关天的事,别人总不会乱传吧?于是,为了避免株连亲眷,她也没想过要去打听儿子的下落,便趁夜逃走了。

按理说,以曾参的人品以及母亲对儿子的了解,他的母亲应该不会相信那些谣言,但是当说的人多了,就不得不让人相信谣言了。

很多时候,我们应该根据确切的事实材料、用分析的眼光看问题,而不要轻易地去相信一些流言。而且不管对待什么事情都要进行调查研究、弄清真相,才能下结论。谎言重复千遍仍然是谎言,但对于听到谎言的人来说,却往往会造成一种真实的效果,以致以讹传讹,造成视听混乱。

孔子强调在学习的时候,遇到问题,也一定要深入研究,不可道听途说。不能别人说是什么样就什么样,别人说怎么解答就怎么解答。不管是读书做学问,还是提高道德修养、为人处世,都要深入求证,不能胡乱相信传言。

忍字当头,小不忍则乱大谋

孔子说:"听从花言巧语就会丧失自己的美德,小事不忍耐就会搅乱大事情。"

中国人是最能够"忍"的。超凡的伟人,总有超凡的忍耐力。周文王曾忍食子之痛;孙膑曾忍断足之苦;韩信曾忍胯下之辱;勾践曾忍破国之屈。也正因为他们能忍,日后才能雪耻复仇,成就不朽的伟业。由此,我们可知"忍"字有多么重要。

忍是理智的抉择,是成熟的表现。忍有一个最重要的条件,就是要眼光放得远。忍一时,风平浪静;退一步,海阔天空。忍是另一种大胸襟、大气魄。

孔子说:"小不忍则乱大谋。"要做大事,需纵观全局,而不可纠缠在小事之中,摆脱不出。

隋朝末年,隋炀帝十分残暴,各地农民起义风起云涌,隋朝的许多官员也纷纷倒戈,转向帮助农民起义军。因此,隋炀帝的疑心很重,对朝中大臣,尤其是外藩重臣,更是易起疑心。由于唐国公李渊(即唐太祖)曾多次担任中央和地方官,其所到之处,均悉心结纳当地的英雄豪杰,多方树立恩德,因而声望很高,许多人都来归附。这样,大家都替他担心,怕他遭到隋炀帝的猜忌。

隋炀帝猜忌心极重,总怕别人夺了自己的帝位,当时流传着一条谶语"杨氏将灭,李氏将兴",方士安伽陀甚至劝炀帝杀尽姓李的人。炀帝大概是觉得这项工程过于浩大,难以完成,没有听从方士的话,但对姓李的名门望族却戒备重重,在毫无罪名的前提下,灭了右骁卫大将军、邸国公李浑的家族,目的就是要除掉隐患,而对李渊也是大不放心。一次,隋炀帝下诏让李渊到他的行宫去晋见,李渊因病未能前往,隋炀帝很不高兴,多少产生了猜疑之心。当时,李渊的外甥女王氏是隋炀帝的妃子,隋炀帝向她问起李渊未来朝见的原因,王氏回答说是因为病了,隋炀帝又问道:"会死吗?"

王氏把这消息传给了李渊,李渊更加谨慎起来,他知道自己迟早为隋炀帝所不容,但过早起事又力量不足,只好隐忍等待。于是,他故意败坏自己的名声,大肆收取部下的贿赂,整天沉湎于声色犬马之中,而且极力张扬。隋炀帝听到这些,果然放松了对他的警惕。

其实,唐国公李渊(即唐太祖)早就有起兵伐隋以取天下的思想。他身为太原留守,总掌一方军政大权,要造反倒是有许多便利之处。李渊秘密布署将领,随时准备起兵,因感到兵力不足,便以农民军将领刘武周占据汾阳离宫为契机,公开集结兵马。为准备起事,他派李建成、李世民等以防御突厥为名,招募士兵,购买边境少数民族的马匹,十几天的时间便扩充了近万人。

李渊的两位副手太原郡丞王威和武牙郎将高君雅看出李渊集结、扩招兵马是另有异图,便想找机会除去李渊。

公元 617 年五月，晋阳乡长齐世龙向李渊告密："威、君雅欲因晋祠祈雨，为不利。"李渊知道没法再拖延下去，便让李世民在晋阳宫外埋伏兵马，派人请王威、高君雅议事，然后捏造二人勾引突厥入寇的罪名将二人擒获，随即李世民派兵控制了晋阳城，大唐义旗就此竖起。

李渊起兵的战略是：因势惜力，发展自己，先取关中，号令天下，进而统一全国。所谓"因势"，就是因天下大乱之势；"借力"，是借突厥、李密等外部势力为己所用。当时突厥的力量相当强大，"中国人归之者甚众"；而李密领导的瓦岗军是当时实力最强的起义军。另外割据朔方的梁师都，马邑的刘武周，金城的薛举，武威的李轨等，均对李渊构成直接威胁。比较之下，李渊的势力还比较孤弱，他要兴兵起事，就必须取得某些外部势力的支持。为了将成为后顾之忧的突厥转化为可以借用的力量，他卑辞厚礼地结交之，甚至许诺："若能从我，不侵百姓，征战所得子女玉帛可汗有之"；给突厥可汗的信不署"书"，而署"启"，大有"心大能做小"之意。使可汗转而积极主张李渊取隋而代之。李渊派刘文静去突厥时说："胡骑入中国，生民之大蠹也。吾所以欲得之者，恐刘武周引之共为边患。又胡马行牧，不费当粟，聊欲借之以为声势耳。数百人之外，无所用之。"可知其派刘文静去的任务名为借兵，实是联络突厥，防止其与刘武周联合南侵。对李密，他写信称李密为"当今司牧"，希望他"早膺图箓，以宁兆庶"，讲到自己，则称"老夫年逾知命，愿不及此"，极尽谦恭吹捧之能事，使李密得意忘形，从而心甘情愿地为李渊充当"拒东都之兵，守成皋之厄"的角色，因而李渊得以乘虚入关，夺取长安。入长安后，李渊并未顺理成章地称帝，而是推戴代王杨侑为帝，倡言"废昏立明"，打着拥隋的旗号，欲行挟天子令诸侯之故事，将"弑逆"的罪名留给他人，而把自己竭力塑造成"应天顺人"的新主形象。这些都是李渊因势借力、以屈求伸、发展壮大自己、成就大业的思想的具体体现。

在取得长安后，李渊不但在地理位置上占据了优势，而且在政治上更是得天独厚，他出生于关陇集团贵族，在关中有很大影响，入长安后，可以取得当地人士的广泛支持；同时，占据京城，挟持隋帝，号令天下，有高屋建瓴之势，为统一天下建立了最为理想的根据地，创造了极为有利的条件。这充分体现了李渊为了图谋大业，能够克制隐忍、着眼长远的宽阔胸襟。

"小不忍则乱大谋"，孔子的这句话在民间极为流行，甚至成为一些人用以警诫自己的座右铭。它告诉人们：有志向、有理想的人，不应斤斤计较个人得失，更不应在小事上纠缠不清，逞匹夫之勇，而应有开阔的胸襟和远大的抱负。只有如此，才能成就大事,从而实现自己的梦想。

守信节用,勤政爱民传美名

孔子说:"治理一个拥有兵车千乘的国家,对政事要慎重处理,发号施令要讲信用,节约费用,爱护人民,役使老百姓要在农忙以外的一定时间之内,不可违背农时。"

为政治国要求做事严肃认真,说话讲究信用。自身要节约,百姓要爱护,在役使他们时,要不夺农时。这种准则无疑是以个人品德修养为基础的。一个人进德修业的最终目的,并不是为了独善其身,而是要去从政治国,兼济天下。

即使以现代的眼光看,这也是一种高明的做人做事之法。因为它既对自己有好处,又能惠及他人。在自己和他人之间互动,好处恩惠就像无尽的泉水,源源不断。

黄霸曾经被誉为汉代"循吏之首",他的政治生涯,之所以为时人所重,为后世所敬,也正是由于他恪守"敬事而信,节用爱人,使民以时"的原则。如此,不仅自己政绩斐然,而且为国家富裕、民众安康做出了贡献。

黄霸是淮阳阳夏县人,汉宣帝时任河南太守丞。汉宣帝继位前曾在民间有一段坎坷的生活,了解百姓苦于官吏的迫害和民间的疾苦,因此登上帝位后,希望"吏称其职,民安其业"。为了缓和武帝推行严刑峻法、连连外战所造成的社会矛盾,宣帝曾多次下"恩泽"诏书,以减轻人民负担,缓和社会矛盾。但是有些官吏为了自身的特权和私利,却在贯彻执行诏旨的过程中大打折扣。身为地方官的黄霸则不同,他选择能干的人员,派到各地去向人民宣传皇帝的恩泽诏令,使人们都知道皇帝要推行宽和的治民政策,减轻徭役和赋税,重视农业生产,为了推行"圣旨",黄霸在地方上具体规定:驿馆和乡官等,都要饲养鸡、猪,用以救济没有生活能力的鳏、寡贫穷者。在人民的生产和生活条件有所改善后,他又着手推行教化,并健全地方管理的乡官:设置父老(掌教化)、师帅(管治安)、伍长(管民户)等,鼓励人们向善除恶,努力耕桑,节俭持家。

黄霸在治民中不但提出了具体的要求,全力推行,而且还选派年长而能奉公行事的官员到各地明察暗访,被派下去的人员为了能够做到了解民情以及各项政策规定执行的真实情况,不住驿馆;怕走漏风声为地方官所知,坚持在路旁休息用餐,吃饭时甚至招来乌鸦与之攫肉争食。下去查访的人员能够了解到真实情况,回来又如实汇报情况,使得黄霸能够充分掌握下情,对所辖各处出现的问题,均能及时

孔子智慧通解

图文珍藏版

处理。如有的地方的鳏寡孤独者死后无法安葬，乡官上报后，黄霸马上处理，并能指出何处有大木可做棺材用，何处有猪可以做祭祀用。当办事人员去察看时，果如黄霸所言。人们都说黄霸"料事如神"，其实这正是他平日通过明察暗访掌握了实际情况的缘故。

因为他克己爱民、勤俭治政，所以在他所管治的地方，奸人恶棍无落脚为患之处，纷纷逃到它郡。境内盗贼日益减少，户口每年都有所增加，经济日益发展，社会秩序井然，治绩为"天下第一"。

黄霸为什么能被史籍称道，得帝王褒奖？当然在于其政绩卓然，而"敬事而信，节用爱人，使民以时"正是他取得良好政绩的基本根由和保证。

成事不说，遂事不谏，既往不咎

孔子认为，"成事不说，遂事不谏，既往不咎"。意思是说，做事情不要被已经发生的相关的事情所困扰，只要是正确的，就要义无反顾地走下去，没有必要因为做错了什么事情而悔恨，眼光要向前看。

每个人都有怀旧的心理，即使嘴里高喊着向前看，眼睛还是会不由自主地瞄向已经过去的日子。绝大多数人对新事物表现出一种欲拒还迎的姿态，直到新事物不再新鲜，再用一种怀旧的或者恍然大悟的口吻来评说，为时已晚。客观地分析，向后看既是对过去的留恋，也是对现实的迷惘和不满。

当匈奴贵族横行北方、西晋王朝面临崩溃的时候，晋朝有一些有志气的将领还坚持在北方战斗。刘琨就是其中的杰出代表。

刘琨年轻的时候，有一个要好的朋友叫祖逖。在西晋初期，他们一起在司州做主簿。晚上，两人睡在一张床上，谈论起国家大事来，常常谈到深更半夜。

一天夜里，他们睡得正香的时候，一阵鸡叫的声音把祖逖惊醒了。祖逖往窗外一看，天边挂着残月，东方还没有发白。祖逖不想睡了，他用脚踢踢刘琨，刘琨醒来揉揉眼睛，问是怎么回事。祖逖说："你听听，这是催人向上的声音呀！它在催我们起床了。"刘琨也兴奋地说："好啊，我们就从今天开始吧！"两个人高高兴兴地起来，拿下壁上挂的剑，走出屋子，在熹微的晨光下舞起剑来。就这样，他们一起天天苦练武艺，研究兵法，二人后来都成为有名的将军。

公元308年，晋怀帝任命刘琨做并州刺史。那时候，并州被匈奴兵抢夺杀掠，百姓到处逃亡。刘琨招募了一千多名兵士，冒着千难万险，转战到了并州的晋阳。

晋阳城里，房屋被焚毁，满地长着荆棘，一片荒凉。偶然见到一些留下来的百姓，已经饿得不像样子了。刘琨看到这种情况，心里很难过。他命令兵士砍掉荆棘，掩埋尸体，重新把房屋城池都修复起来。似亲自率领兵士守城，防备匈奴兵的袭击。他还采取计策，让匈奴的各部落互相猜疑。后来，有一万多个匈奴人投降了刘琨，连汉主刘渊也害怕了，不敢侵犯。

刘琨把流亡的百姓都召回来耕种荒地。不到一年时间，到处可以听到鸡鸣狗叫的声音，晋阳城渐渐恢复了繁荣的景象。

刘聪攻破洛阳之后，西晋在北方的兵力大多被打散了，只有刘琨还在并州一带坚持战斗。晋愍帝在长安即位后，派人封刘琨为大将军，要他统率并州的军事。

那时候，汉国大将石勒，占据了襄国，集结了几十万大军，想夺取并州。刘琨南面有刘聪，北面有石勒，前后受敌，处境困难到了极点。可是刘琨没有害怕，没有退缩。他在给晋愍帝的一份奏章里说："臣跟刘聪、石勒势不两立。如果不讨平他们，臣决不回朝。"

刘琨在晋阳的时候，有一次，晋阳被匈奴的骑兵层层包围。晋阳城里兵力太少，没有力量打退敌人。大家都感到惊慌，刘琨仍然泰然自若。到了傍晚，他登上城楼，在月光下放声长啸，声调悲壮。匈奴的骑兵听了，都随着啸声叹息。半夜里，刘琨又叫人用胡笳吹起匈奴人的曲调，勾起了匈奴骑兵对家乡的怀念，伤感得流下眼泪。天快亮的时候，城头的笳声又响了起来，匈奴兵竟自动跑散了。就这样，晋阳之围不战而解。

后来，刘琨联络鲜卑族首领一起进攻刘聪，没有成功。这时石勒进攻乐平，刘琨派兵去援救，被石勒预先埋伏好的精兵打得几乎全军覆没。在这危急之时，传来了长安被刘聪攻陷的消息。刘琨毅然放弃并州，带领剩下的士兵投奔幽州去了。

任何事都有终始点，沉沦于往事之中，就会失去今日之我，能做到忘记过去，争取未来，人生才会希望无限。

在纽约市一所中学任教的保罗博士曾给他的学生上过一堂难忘的课。这一个班多数学生为过去的成绩感到不安，他们在交完考卷后总是忧心忡忡，害怕自己不及格，甚至影响了下一阶段的学习。

一天，保罗在实验室里讲课，他先把一瓶牛奶放在桌上，沉默不语。学生们不明白牛奶和课程有什么关系，只是静静地看着老师。保罗忽然站了起来，一巴掌把那瓶牛奶打翻在水槽中，然后转身在黑板上写下一行字："不要为打翻的牛奶哭泣。"接着，他叫学生们围绕到水槽前仔细看一看，说："我希望你们永远记住这个道理，牛奶已经淌光了，不论你怎么后悔和抱怨，都没有办法取回一滴。可是，如果你们事先加以预防,那瓶牛奶可能还可以保住。但是,现在为时已晚,我们所能做的就是忘记过去,向前看,只注意下一件事情。"

是啊!无论你怎样痛惜,牛奶都无法归原于杯中,所以,"哭泣"又是何苦呢!这番道理让我们想到了这样一个故事:

一位老人在高速行驶的火车上不小心把刚买的新鞋从窗口上弄出去了一只,周围的人都倍感惋惜。不料,那老人立即把第二只鞋也从窗口扔了下去。周围的人都大吃一惊,百思不得其解。老人解释说:"这一只鞋无论多么昂贵,对我而言都没有用了,如果有谁能捡到一双鞋子,说不定他还能穿呢!"

这位老人的想法是不是很有道理呢?不要总是盯着打翻的牛奶伤心不已,我们完全可以把家中的猫抱来,就当为其准备的可口晚餐。

我们都经历过某种重要或心爱的东西失去的事情,其大都在我们的心理上投下了阴影。究其原因,是我们并没有调整心态去面对失去,没有从心理上承认失去,总是沉湎于已经失去的东西,没想到去创造新的东西。与其抱残守缺,不如就地放弃。普希金曾说:"一切都是暂时,一切都会消逝,让失去变得可爱。"失去不一定是损失,也可能是获得。终日为过去的错误和失误而悔恨,事业就会停滞不前。它会斩断进取的锐角,磨钝智慧的锋芒,甚至愚蠢地得出这样的结论:"我过去失败了,下次恐怕也不行。"因此,畏首畏尾,顾虑重重,很难取得事业的成功。

辛弃疾在一首词中写道:"叹人生,不如意事,十之八九。"是的,在生活中,不可能事事顺心,万事如意。下岗,被精简,被老板炒了鱿鱼,不如意;落选,被降职,被顶头上司冷落,不如意;经商亏本,工厂赔钱,路上被窃,也不如意……林林总总,不一而足。一旦遇到这样的事该怎么办呢?如果你哀叹、后悔、捶胸顿足、呼天喊地,如果你不吃饭、不睡觉,这一板上钉钉的事实也不可能改变。聪明的做法就是像扔鞋子的老人那样去做,这才是人生的大智慧。

在当代社会,更应具有这样的生存智慧,因为在社会激烈的竞争中,我们杯中的牛奶可能被打翻。遇到这样不如意的事,不哭天抹泪,不怨天尤人,不消沉颓唐,不心灰意冷;记取教训,挺直腰杆,义无反顾,径直向前。生活中,这样的人,才能出人头地,才能成为强者,才能事业有成,才能品尝到成功的喜悦,才会有鲜花美酒的陪伴。

既然事情已经过去,就不要再耿耿于怀。正所谓"黄河之水天上来,奔流到海不复回",过去的已经过去,不可能改写。为过去哀伤,为过去遗憾,除了劳心费神,分散精力,没有任何益处。因此,正确的做法是,调整好心态,勇敢地面对现在和未来。要知道,悔恨过去,只会损害眼前的生活。不要让"打翻的牛奶"潮湿了我们的心情,我们还有很多事要做,我们没有理由因为这件事而拒绝这一天的生活。相反,我们应该将这天的生活过得平静而恳挚,这样才会有丰盈的过去,也才能开创未来。

要想发挥自己的潜能,取得事业的成功,必须勇于忘却过去的不幸,重新开始新的生活。正如英国著名剧作家莎士比亚所说:"聪明人永远不会坐在那里为他们的损失而哀叹,而是用情感去寻找办法来弥补他们的损失。"

小不忍则乱大谋

"小处不忍,必乱大谋",这句话在民间极为流行,甚至成为一些人用以告诫自己的座右铭。的确,有志向、有理想的人,不会斤斤计较个人得失,更不应在小事上纠缠不清,而应有广阔的胸襟,远大的抱负。只有如此,才能成就大事,从而达到自己的目标。

人非圣贤,谁都无法抛开七情六欲,但是,要成就大业,就得分清轻重缓急,该舍的就得忍痛割爱,该忍的就得从长计议。我国历史上刘邦与项羽在称雄争霸、建立功业上,就表现出了不同的态度,最终也得到了不同的结果。苏东坡在评价楚汉之争时就说,项羽之所以会败,就因为他不能忍,不愿意舍弃小利益,白白浪费自己百战百胜的勇猛;汉高祖刘邦之所以能胜就在于他能忍,懂得"小处不忍,必乱大谋"的道理,养精蓄锐,等待时机,直攻项羽弊端,最后夺取胜利。

因此,在中国传统的观念里,忍耐也是一种美德。这一观点尽管与现代这种竞争社会不合拍,但是,很多学者已经发现,中国传统文化里有些东西并没有过时,相反,其中的学问博大精深,如果运用于现代人的生活,必将使人们受益匪浅。

宋孝武帝死后,他的儿子刘子业做了皇帝,被称为宋废帝。刘子业这个人十分傲慢,狂妄任性,又生性多疑,不理政事。辅佐他的大臣戴法兴劝他说:"陛下这样下去,可能天下就不能安宁了。"刘子业就对戴法兴很是不满,在他宠幸的宦官的唆使下,先是把戴法兴定罪免职,想想还是不解恨,就把他杀了。

湘东王刘彧是刘子业的叔父,刘子业担心他的势力强大起来,会对自己构成威胁,就把他和另两个叔父建安王刘休仁、山阳王刘休祐都召到皇宫里来,专门做了几个笼子,把他们关起来。因为湘东王刘彧很胖,刘子业就叫他猪王,让手下的人用槽子喂他,还让他吃杂食。后来,刘子业又让人把地挖一个坑,把刘彧的衣服都扒下来,让他躺在坑里,然后再把盛着猪食的木槽放在他面前,让他做出猪的样子来吃。刘子业就一边看着，一边骂着他取乐。刘彧虽然感到实在无法忍下去，但是他下定决心一定要杀掉暴君刘子业，于是就装出了猪的样子来，让刘子业取乐。

刘子业害死了很多族王，也担心他们的旧势力会起兵造反，就把十分英勇的宗越将军等人拉拢在身边儿。很多人对刘子业的做法不满，但是有宗越等人为他护驾，也没有人能对他如何。

后来，刘彧有了喘息之机，立刻把老朋友直阁将军柳世光和宦官阮佃夫等人找来，研究如何对付刘子业。直阁将军说："您现在所受的耻辱够多了，现在只要您一点头，我们就会砍下刘子业的脑袋。"刘彧还有些为难，他说："我之所以活下来，就是要出这口气，但是刘子业现在是皇上，我不想背上弑君的罪名。"阮佃夫等人就劝说刘彧，并把刘子业得罪了所有王族的事情向刘彧说了一遍。刘彧经过考虑，认为只有把刘子业杀死，国家才能有出路。于是就同意这些人进行安排。

阮佃夫找到了刘子业身边的护卫寿寂之，要他寻找时机。

恰好当时华林园发生了"闹鬼事件"。刘子业到华林园里游玩儿，他命令几十个宫女把衣服都脱光，在华林园里互相追跑。多数宫女都听从了刘子业的安排，按照他的要求把衣服脱下来，可是有一个宫女觉得这对她来说是最大的耻辱，就是不脱。刘子业问她为什么不脱，她说："我身体不舒服，不能脱。"刘子业很生气，叫人把她拉出去杀了。这天晚上，刘子业做了一个梦，梦到一个宫女指着他骂："你这个人残暴无度，活不到明年秋天。"醒来之后，刘子业就在宫女中找这个人，结果找到一个和梦里骂他的宫女长得很像的人，就又杀掉了。可是第二天，刘子业又梦见了这个宫女骂他。于是他就认为华林园有鬼，开始找巫师射鬼。

刘彧的人就暗中传话给刘子业说，湘东有人要起兵造反了。刘子业一听，就想先把刘彧等人杀了，然后发兵湘东。这天晚上，刘子业带着人在华林园射鬼，让手下那几个将军都回家去准备行装，第二天就出发。

寿寂之就利用刘子业带着几百个宫女在华林园射鬼的机会，带着十几个随从冲进来，把刘子业砍死在华林园。

几天后，湘东王刘彧被拥立为皇帝。刘彧忍得一时之辱，终于除掉了暴君。

唐代著名高僧寒山问拾得和尚："今有人侮我，冷笑我，藐视自我，毁我伤我，嫌我伤我，嫌我恨我，则奈何？"拾得和尚说："子但忍受之，依他，让他，敬他，避他，苦苦耐他，装聋作哑，漠然置他，冷眼观之，看他如何结局？"这种忍耐里透着的是智慧和勇气。

娄师德，字宗仁，唐代人，他官至同平章事，一生为将相三十多年，稳而不倒。

其诀窍是能忍受任何侮辱而不动声色。

有一次,他弟弟被派去做代州刺史,临行前来向娄师德辞行。他问弟弟:"你我受国家的恩宠太多,显荣太过,很容易招惹别人的妒忌,你有什么方法可以避免呢?"

他的弟弟说:"往后即使有人唾口水在我面上,我也只把它擦干而已。"娄师德说:"这还不行。人家唾你的脸,就因为他对你生气了,如果你把唾沫擦去的话,他便更恨你了。所以,你不要去揩,而要让它自己干,并且要面带笑容承受,这才对呢!"

人,贵在能屈能伸。伸,很容易,但屈就很难了,这需要有非凡的忍耐力才行。只要这个人真正有智慧,有才干,不管他忍耐多久,终究会有出头之日,而且他的忍耐力反而会更加富有魅力和内涵。人生不可能总是风调雨顺,当遇到不如意、不痛快,甚至是灾难时,一个人的忍耐力往往就能发挥出奇制胜的作用。很多时候,因为小地方不忍而误了大事,这是得不偿失的。不管是生活,还是工作,妥协都不仅仅是为了"家和万事兴""安定团结",还隐藏着一种坚持,这种坚持实际上就是一种坚定的决心。

忍耐,这是一种宝贵的人生财富!

大凡有人的地方,就会有矛盾。世界这么小,你不碰我,我还会碰你,关键是如何看待,如何处理。得饶人处且饶人,相逢一笑泯恩仇。一张笑脸,一句诚恳的道歉,就能化干戈为玉帛,冰释前嫌,何必为区区小事而斤斤计较、耿耿于怀呢?

以直报怨,以德报德

或曰:"以德报怨,何如?"

人世纷争,难免恩怨,如何处理恩怨,是为人处世的重大课题。"以德报怨"固然是胸怀宽广者的做法,然而没有原则地把德与怨一视同仁,甚至对于为非作歹的行为逆来顺受,就成了没有是非观念的人,就不正确了。当然,孔子绝不主张对于怨恨采取"以牙还牙"的做法,他主张的是"以直报怨,以德报德",这才是一个明智的人回报德与怨的理性做法。

在日常生活中,他人对自己有恩,我们必然会回报,而当与自己有恩怨的人犯了过错时,不仅不加重其罪,反而为之说情,这就不是一般人所能做到的了,明相杨士奇就有这种"以直报怨,以德报德"的高尚风格。

杨士奇年轻时曾在湖广各地做了很多年私塾老师,建文初被荐入翰林,做了编纂官,专门负责修补《太祖实录》。永乐初年成为右谕德,杨士奇忠于职守,做事谨慎,深得成祖的信任和器重。

有一次,成祖北巡,让杨士奇留在宫中辅佐太子。当初,成祖起兵夺位的时候,汉王立下了赫赫战功,成祖曾许诺将他立为太子,后来成祖宠爱年少的赵王,没有兑现当初的承诺,所以汉王心存怨意。汉王想争夺太子之位,便离间赵王与成祖的关系,于是成祖有了更换太子的想法。成祖北巡回来,召杨士奇问太子这些天的情况,杨士奇说:"殿下天资很高,有过必知,知必改,存心爱人,没有辜负陛下的嘱托。"成祖听了很高兴,打消了更换太子的想法。

后来,成祖病逝,太子继位,史称仁宗,由于杨士奇保护有功,所以又得到仁宗的宠信。仁宗对御史舒仲成不满,想找个理由治他罪,杨士奇知道后,为舒仲成解脱说:"陛下即位,诏向忤旨者皆得宥。若治仲成,则诏书不信,惧者众矣。如汉景帝之侍卫绾,不亦可乎?"仁宗觉得有道理,就不打算惩治舒仲成了。有人上奏说大理卿虞谦言事不密,仁宗一听大怒,准备降其职,士奇为之申理说:"若加之罪,则群臣自此结舌矣。"仁宗不仅不加罪,反而任虞谦为副都御史,并引过自责。

到宣宗即位,内阁大臣七人,有的被调外任,有的因病辞职,只有杨士奇、杨荣、杨溥三人留下任职。杨荣为人果毅,敢言敢为,他多次跟随成祖北征,知边将贤否,敌情顺逆,并与边将交往,时常收受一些物品和良马,而且有时候在背后诽谤杨士奇。宣宗知道后就问杨士奇,杨士奇为之说情道:"杨荣晓通边务,臣等不及,不应该以小过介意,愿陛下以容臣者容之。"宣宗也就不追查此事了,杨荣知道杨士奇为自己说情后感到惭愧,从此与杨士奇相得甚欢。

杨士奇用自己的德行回报朝廷的信任,面对诽谤自己的人也能正道而行,故历仕四朝,深得人心,促进了当时的政治稳定和经济发展。俗话说:将心比心,将心换心。你尊重别人,别人才会尊重你,你待人以爱,别人才会待你以爱。反之,你仇恨别人,别人也会仇恨你,你待人以恶,别人也会以恶来待你。三国时期刘备与诸葛亮这一对搭档,可以说是"君使臣以礼,臣事君以忠"最为典型的例证。

"三顾茅庐"是刘备求才的佳话,它展现了刘备的求才心切,爱才德盛,而且礼数感人。也正因为刘备有茅庐三顾,才有了后来诸葛亮的"鞠躬尽瘁,死而后已"。

刘关张兄弟三人"一顾"时,关羽、张飞两人都有点不耐烦,张飞说:"既不见,自归去罢了。"刘备说:"且待片时。"又等了一会儿,确实无望,关羽说:"不如且归,再使人来探听。"兄弟三人这才离去。

"二顾"时,急性子的张飞开始发脾气了:"量一村夫何必哥哥自去,可使人唤来便了。"刘备劝说一番,三人又一同出发,可还是没有见到。

"三顾"时,关羽和张飞已经是很不高兴了,关羽话说得很轻却落得很重:"兄长两次亲往拜谒,其礼太过矣。想必诸葛亮徒有虚名而无实学,故避而不见,兄何惑于斯人之甚也!"张飞更是按捺不住,准备动武:"量此村夫,何足为大贤!今番不烦哥哥去,他如不来,我只用一条麻绳缚将来!"但是刘备却意志坚定,一面呵斥张飞的鲁莽,一面对关羽说:"不然,昔齐桓公欲见东郭牙野人,五反而方得一面,况吾欲见大贤耶?"为了求得诸葛亮,不用说是"三顾",恐怕再多几次他也会毫不犹豫。

第三次终于见到了心仰已久的诸葛亮,刘备立即谦逊地请教:"现在汉朝崩溃,天下大乱,权臣控制朝政。我不度德量力,想伸义于天下,完成统一大业,恢复汉朝的统治,但由于才疏德薄,屡遭挫折,至今一无所成。不过,我并未因此而心灰意冷,还想干一番事业,希望先生为我谋划。"诸葛亮被刘备诚心的态度和正义的雄图所感动,便决心倾其所能予以回报。于是他毫无保留地对当时天下形势从政治、经济、军事、地理、人事等方面进行了精辟分析,并为刘备谋划了战略目标、战略步骤,这就是著名的"隆中对策"。刘备听后赞叹不已,相见恨晚,热诚地邀请诸葛亮出山辅佐自己成就大业,而诸葛亮也欣然应允。

刘备求得诸葛亮后说:"我得孔明,如鱼得水。"诸葛亮到刘备军中后,刘备不仅礼待如兄弟,而且委以重任,言听计从。诸葛亮见刘备如此器重自己,就放开手脚,不遗余力地施展自己的才华:首先帮助刘备扩充军队,又广纳人才,结好地方,使受尽挫折的刘备又看到了希望。此后不久,曹操亲率大军南下,对刘、吴集团虎视眈眈,诸葛亮自告奋勇,前去游说孙权联合抗曹,导演了一场"赤壁之战"的好戏,使曹操败北。如此,三国鼎立的局面方才形成。

赤壁大战后,诸葛亮积极谋划,亲自征战,使刘备出兵占领了荆州以南的地区,继而又占领了益州。之后,诸葛亮又在定军山大破曹军,使刘备一举占领了汉中。为了稳定社会,诸葛亮革新政治,严格执法,惩处豪强,任人唯贤。

由于刘备器重诸葛亮,尊敬诸葛亮,礼遇诸葛亮,使诸葛亮不但在刘备生前尽心尽力,在刘备死后,诸葛亮更是全身心地辅佐后主刘禅。诸葛亮在名垂千秋的《出师表》中写道:"先帝不以臣卑鄙,猥自枉屈,三顾臣于草庐之中,咨臣以当世之事,由是感激,遂许先帝以驱驰。"感慨流涕之余,提出"鞠躬尽瘁,死而后已"的口号以表忠心。

辅佐后主期间,面对着刘备东征失败后的现实,诸葛亮稳定秩序、恢复经济、重振军威,不辞辛劳,注重以法治国,严明法纪,并大力实行"务农植谷、闭关息民"的政策,整修水利,奖励农耕,在很短的时间内使蜀国经济有了一定的恢复和发展。为实现刘备统一中原的遗愿,诸葛亮更是不顾年迈体衰,六出祁山,北伐曹魏,最后抱终天之恨,病逝于北伐前线。

诸葛亮鞠躬尽瘁追随和报答刘备,充分体现了"臣事君以忠",当然,这是以刘备"使臣以礼"为前提的,同样的关系也见于刘备与关羽、张飞、赵云等诸多部下之间。

可见,这种双向互动在人际关系中是多么重要,任何一方的冷漠都有可能引起对方的寒心和无动于衷,那样,就不会出现令人感动的情谊,也不可能共同创造出满意的业绩来。

君子无终食之间违仁

孔子认为,一个人抛开了仁德就很难成就名声,君子不会吃完一顿饭就离开仁德,无论多仓促都会与仁德同在,哪怕是颠沛流离也不放弃。在这里,我们不妨把孔子所说的"仁德"理解为骨气、操守和追求真理的精神。

天底下的人和事,总是以骨气和操守为前提的,倘若人们没有了骨气和操守,那么他就不能称之为人,苏武牧羊的故事就是最好的例证。

苏武

汉武帝派苏武出使匈奴,和苏武同行的还有副使中郎将张胜和兼吏常惠。正当他们准备回国的时候,以前投降匈奴的汉将虞常来见张胜,说他们准备和过去一起投降匈奴的那些人谋反,特来征求张胜的意见,张胜欣然应之。

这天,单于出外打猎,宫中只留下王后和几个孩子,虞常准备第二天动手,但就在这天夜里,手下有人叛逃,进宫将虞常谋反的事告诉了王后,在战斗中虞常被抓。张胜知道后,把事情告诉了苏武,苏武说:"事情既然已经到了这个地步,必然会牵连到我们,与其被侮辱后死,还不如现在死了。"当下苏武就想自尽,在张胜和常惠的劝说下才放弃了这个念头。

果然不出苏武所料,虞常把大家都招供了出来,单于就下令召见苏武等人,苏武对常惠说:"如果屈了自己的节操,辱了国家的使命,即便是活着回到汉朝,又有什么脸面见人?"于是又试图拔刀自刎,被常惠等人阻拦。单于十分佩服苏武的气节,就想办法让苏武留在匈奴。但是苏武对荣华富贵毫不动心,单于无奈,只好把苏武关在地窖里,后来又把苏武迁到遥远的北海去放羊,就是在这么艰难的情况下,苏武始终没有丢掉自己的气节。

苏武被匈奴扣留长达十九年,一直等到汉昭帝即位的时候才被放还,当他回来时,胡子和头发全都变白了。苏武在匈奴期间,坚守节操,不变不移,从而名垂千古。

孟子曾说过:"不要我所不要的东西,不干我所不干的事。求我所必求,为我所必为。"这就是强调一个人要有做人的尊严和节操,不要成为外物的奴隶。我们再来看一个现在的例子。

国内革命战争时期,朱自清的胃病越来越严重。有一天,吴晗来到他家,递给他一份"抗议美国扶日政策并拒绝领取美援面粉"的宣言书,朱自清看过后就在上面签了自己的名字。两个月后,朱自清逝世。

当时,对于他的胃病来说,面粉无疑是不可多得的最佳食品,我们可以想象,他忍受不了美国面粉的侮辱性,而宁愿承受病痛的折磨,这种选择显然是他做人的价值取向。作为一个有独立人格的人,是不会为"五斗米折腰"的,这种坚守操守的精神,是我们每个人都值得钦佩和学习的。在历朝文人中,最有骨气的莫过于方孝孺了。

明朝燕王朱棣北平发兵时,姚广孝送到城郊说:"南方有个叫方孝孺的人,学问、品行兼优。将来成功之日,他一定不肯降服,但是请不要杀掉他,杀了他,天下的读书人就绝种了。"燕王点头应允。

等到建文帝离位出走,燕王立即召用方孝孺,方孝孺死不屈服,被关进了监狱。燕王要草拟即位诏书,大家一致推举方孝孺,于是就从狱中传唤方孝孺。方孝孺身穿丧服入见,痛苦之声响彻大殿。成祖燕王说:"我这样做,不过是效法周公辅佐周成王的故事罢了。"方孝孺问:"'成王'今天还在吗?"成祖说:"他已自焚而死。"方孝孺问:"为何不立'成王'的儿子?"燕王说:"国家所仰赖的是年长之君。"方孝孺又问:"为何不立'成王'的弟弟?"燕王被问得无话可说,下榻来到方成儒面前说,"这都是朕的家中事,不用先生操心。"

这时,皇帝左右的人将纸、笔交给方孝孺,说:"草拟即位诏书,天下人非您莫属。"方孝孺二话没说,拿起笔来一挥,写下"篡逆"二字,然后把笔掷于地上,边哭边骂道:"只有一死而已,诏书决不可写!"朱棣气急败坏,大声斥道:"你不怕灭九族之祸吗?"方孝孺说"即使是十族,又怎能奈何得了我?"

朱棣大怒,令人用刀子豁开方孝孺的嘴,又把他禁在狱中。之后,大肆搜捕方孝孺的朋友、门生,并全部杀掉,以充实十族之数。然后,把方孝孺绑出聚宝门外,施以车裂之刑,株连而致死者竟多达八百人。

方孝孺这种精神,实在是惊天地、泣鬼神,堪称可歌可泣。人不可无傲骨,做到了"富贵不能淫,贫贱不能移,威武不能屈",才算作真的君子。除此之外,孔子的这句话还向我们传达了另一种意思,就是吃苦耐劳、不怕艰难险阻的牺牲精神,即"造次必于是,颠沛必于是",拿自己身体做实验的科学家汤飞凡就是最合适的证明。

当年,沙眼病威胁着世界上很多人,全世界每六个人中就有一个患沙眼病。患上这种病,眼睛就会奇痒难忍,影响视力,甚至失明,而且这种病传染极快,难以预防。科学家和医生们为了攻克这一世界难题,奋斗了将近一个世纪,我国第一代病毒学家、著名微生物学家汤飞凡也加入了这一行列。

在汤飞凡涉入这个领域之前,曾有日本和美国学者宣布找到了引起沙眼的细菌,汤飞凡经过实验,否定了他们的说法,认为引起沙眼的病原不是细菌,而是一种病毒。经过几百次的失败,他终于找到了一种类似病毒的沙眼病原,并把这种病原编号为TE8。之后,他与别人合作,在动物身上试验成功,证明了TE8确实可以引起沙眼。根据世界卫生组织的规定,下一步则必须在入眼里进行试验,从接受试验的人眼中得到这种病原体,才能证实这一结论。

经过申请,我国卫生主管部门批准了这一试验,很快就有许多人递交了志愿书,但汤飞凡都没同意,他认为,科学研究如果需要用人做试验,那么首先应当从科研人员身上做起。于是,汤飞凡将带有TE8沙眼病毒的液体滴进了自己的眼睛里。几天后,汤飞凡的眼睛果然红肿起来,他忍受着炎症的疼痛坚持不做诊治,观察了将近四十天,直到获得了确诊沙眼的全部材料。至此,汤飞凡首先分离出沙眼病原体正式宣告成功,由此写出的论文《关于沙眼病毒的形态学,分离培养和生物学性质的研究》引起了国际生物学界的轰动,把TE8沙眼病毒原体命名为"汤氏病毒",并称这是当年世界医学界的十件大事之一。

可见,要坚持正道,就得有不畏艰险的精神,甚至要敢于牺牲自己的生命。

人人都喜欢富贵而厌恶贫贱,然而富贵的求取、贫贱的摆脱都应该经由正道。富与贵的诱惑,摆脱贫贱的要求,其力量实在是太大了,是许多人想用毕生的努力达到的。从这种意义上讲，孔子在这里讲的不仅是一个金钱观、人生观问题，更蕴含了当人面对眼前的诱惑和追求真理时，该怎样进行选择这一现实命题。我相信，通过上面的一系列事例，大家应该知道该如何抉择了。

十一、安身之道

仁德君子，百善以孝为先

孔子说："后生小子，在家孝顺父母，出门在外敬爱兄长，谨慎少言，诚实可信，博爱大众，接受有仁德的人。这样实践，有了多余的精力，就去学习。"

曾参十分孝顺父母，父母要找他，只要母亲一咬手指，他就感觉到了。有次曾参随孔子到了楚国，忽然感到心有些慌，他知道这是母亲在咬手指，便告别孔子往家里赶。当他回到家后问母亲有什么事，母亲说是因为太想他，才咬手指。

曾参曾几次出来做官，但每次心情都不一样。他说："我父母活在世上的时候，我出来做官，只要给我三釜薪俸，也就是近二十斗粮食作为我的俸禄，我就很开心了。可是，当我父母逝世之后，再出来做官，给我三千钟，即近二十万斗粮食作为我的俸禄，因为我不能拿它来奉养父母，所以也开心不起来，心里总是感到悲伤。"

像曾参这样对俸禄的牵挂，也许得不到孔子的赞同。但是从孝顺的角度来看，曾参不愧为大孝子。

百善孝为先。一个若对父母都不孝顺的人，也就不会忠于国家、忠于人民。古时选拔官员，考察的条件之一就是其人是否孝顺；尧把皇位传给舜，也因为看中了舜对父母的孝顺。

不管你要成就什么，学习什么，都应该先孝顺父母。

修德施仁，德行点缀着美丽的人生

孔子说："不努力修养品德，做学问不认真讲习，听到仁义的道理却不照它去做，有缺点不去改正，这些正是我的忧虑所在。"

孟子游历齐国的时候，有一天正准备去拜见齐王，齐王却派人来说："寡人本来应该先去拜见您的，只是受了风寒，不能再出门让风吹。早上我将在朝堂上召见群臣，不知您是否前来一见？"

　　孟子听了这话，马上就明白这是齐王不愿屈尊拜访的借口，对于是对来人说："真不巧，我刚好也病了，不能前往王宫。请齐王谅解。"而第二天，孟子就出门吊唁东郭先生去了。

　　他的学生公孙丑问道："昨天您推辞有病，不去朝见齐王，今天又出门吊唁，这样做对吗？"

　　孟子说："昨天病了，今天好了，为什么不能出门吊唁呢？"

　　偏偏这个时候，齐王又派医生来到孟子住处问讯病情，家人怕说实话得罪齐王，忙说："昨天大王派人传话，可巧孟子病了不能赴王宫相见。今天稍好一些，已经在去朝廷的路上了，但能否到达王宫我就不知道了。"说完后马上派人告诉孟子，要他先别回家赶紧去王宫。

　　于是，孟子不得不躲到景丑氏家里借宿。景子说："在家孝父母，在外敬君王，这是一个人最重要的道德标准。父子之间是一份恩情，君臣之间是一份敬意。齐王对您如此尊敬，可是您表现出来的态度让人看不到你的尊敬。"

　　孟子说："话不能这么讲，齐国没人跟齐王谈仁义道德，难道是仁义道德不好？其实，是这些人不屑于与齐王谈，觉得齐王没资格谈，这才是不敬。而我总和大王谈大仁大义，从这方面来讲，齐国人没有谁比我更尊敬大王了。"

　　景子说："礼仪制度不是说了吗，如果父亲召唤，马上就要起身前去；如果君王召唤，哪怕车马还未设备齐也要出发。您本来要去拜会齐王，但是听到齐王的召请后却又找各种理由不去，这样做符合礼仪吗？"

　　孟子说："这样说也不对。曾子说：'没有哪一个国家能赶得上晋国和楚国的富裕，只是他们有他们的富裕，我自有我的仁爱；他们有他们的高贵地位，我自有我的信义，我又有什么不痛快呢！'曾子这话说得对吧？其实这也是同一个道理。天下值得人们尊敬的有三种：地位，年龄，品德。在朝廷上地位最重要，在家乡邻里间年龄最重要，但是辅佐君主治理百姓则是品德最重要。齐王他是王，他拥有地位，可是我拥有年龄和品德，他不能仅凭他的地位就慢待我吧？"

　　孟子继续说："所以说，那些真正有作为的君王，肯定会有一些不敢召唤的臣子，如果有事商量，只能屈尊前往。一个有作为的君主，就应该尊重品德、安守道义，如果不能，就不能算是有大作为。所以，商汤先是向伊尹学习请教，然后才拜请他来辅佐自己，因而才得以很轻松地统一了天下；齐桓公称霸于诸侯之中，也是因为他尊敬管仲，才能请得管仲当大臣。其实，现在天下各国土地面积都相当，君主的品行也差不多，没有一个值得人去尊敬。因为这些君主们只喜欢教诲臣子，却听不进贤明大臣的指教和建议。历史上,商汤不敢随便召请伊尹,桓公不敢对管仲召唤,管仲这类人都能受此待遇,而我这个看不起管仲的人难道要受君主的召唤吗?"

有品有德的人应该比有地位的人更值得尊敬,我们的世界正因为有这些具备独特品德的人而变得更加丰富多彩。

德刑并举,使人自尊自爱心悦诚服

孔子说:"以政令来管理,以刑法来约束,百姓虽不敢犯罪,但不以犯罪为耻;以道德来引导,以礼法来约束,百姓不仅遵纪守法,而且引以为荣。"

有一段时间,晋国的小偷很多。人们走在集市上都提心吊胆,担心被小偷光顾。

晋国君主也正在为此事而苦恼。有一天,一位大臣推荐了一个名叫郤雄的人。据说只要经他仔细看一看眉毛眼神,就可以分辨出此人是不是小偷。于是,君主便派他上街视察。果然,郤雄每天都能抓到几十个小偷。没过多久,晋国遭窃的人就少多了。

君主把这件事告诉了赵文子。赵文子若有所思地说:"我认为您用这个办法来捉小偷不可取,小偷也捉不完,那个叫郤雄的人也许还会遭到不测。"晋国国君不相信地摇摇头。

那些没有被抓到的小偷恨死了郤雄。为了谋求出路,小偷们不得不聚在一起商量对策,一个小偷建议郤雄杀死。这天,小偷们抓住机会,把郤雄绑到一个乱坟岗里杀了。晋国的国君听到这个消息,大吃一惊。便立即派人招来赵文子,说:"果然像你所说,郤雄被杀死了!你说这可怎么办,还有什么方法能捉小偷呢?"

赵文子回答说:"有这样一句谚语:'能看清楚深水里的鱼,这是不好的预兆,掌握别人隐私的,会留下祸根。'国君想根除小偷,不如提拔贤明的人担任官吏。对地位高的人,要教导他们严明廉洁;对地位低下的人,要感化他们的品行。老百姓一旦懂得了耻辱,也就不会去做小偷了。"

于是,晋国的国君决心按照赵文子的办法试一试,就推举隋会主持国事。而隋会是最贤明廉洁的人。小偷们听到这个消息,就纷纷逃到秦国去了。

孔子强调,治理一个国家,仅用政令和刑罚是不够的,发挥道德和礼乐制度的教化、规范作用是重要的手段。因为以德与礼来教导百姓,将使百姓自爱自重,心悦诚服;反之,只依靠政令与刑法来约束民众,大家表面上不敢违法乱纪,但是暗地里会做出什么事,谁也无法预料。政令和刑法当然是不能缺少的,它们是维持共同的规范和最低限度的安定的重要手段。但是,应该把"法治""德治""礼治"三者结合起来,以"德治""礼治"来弥补"法治"的不足。只有把强制规范人们的行为与启发人们自觉地规范自己的行为结合起来,才能真正治理好一个国家。

兴利除弊,在其位则谋其政

孔子说:"不在那个职位,就不要考虑那个职位上的事。"曾子说:"君子考虑问题从不超过自己的职权范围。"

"在其位,谋其政",这是孔子的从政格言,也被后世的从政者视为金科玉律。诸葛亮鞠躬尽瘁、死而后已的精神,堪称楷模。后世所涌现出的卓越政治家,或尽心尽职,精心政务;或引咎自责,以一身而谢天下,都是受到孔子明训的影响。当然,那些尸位素餐、碌碌无为者,则另当别论。

在其位,谋其政,首先是要兢兢业业,勤勤恳恳。历史上的贤相如隋之高颖、宋之王旦、唐之姚崇都颇具诸葛亮遗风。公元581年,杨坚通过政变登上皇位,自称文帝,正式建立隋王朝。文帝任北周相府司马高颖为宰相,隋文帝非常器重高颖,军国大事,民生赋敛,无论大小政务皆与其商议而定。当时的中国社会经历了多年的混乱局面,刚刚趋于一统,百废待兴,新兴的隋王朝需要巩固其新政权,政治、律令、军事、经济、文化等各种制度都需要创新。尤其是经济遭到战争的严重破坏,十室九空,田园荒芜,需要恢复农业生产。另外,北部少数民族突厥屡次犯边,还未能制服;江南陈朝苟延残喘,还未荡平。特别是进军江南,是要再次实现华夏一统的大业。为此,隋文帝和高颖等大臣殚精竭虑,苦思统一大计。由于政事繁多,高颖夙夜不眠,时刻以国家事务为计,即使是退朝回家也不停止思考。他为自己设置了一个特殊的记事工具,粉盘。临睡时,他把粉盘放在床侧,一件公事考虑成熟,就随手记到粉盘里,第二天早晨,再用笔抄到纸上,上朝马上解决。高颖勤勉,因此而成为隋初名臣。

宋相王旦为政,专心政务不虑及其他。王旦的马夫到年底准备回家,向王旦辞行,王旦问他牵马坠镫几年了,马夫回答说,5年了。王旦说,我怎么不认识你呢?马夫转身想走,王旦急忙叫住他问:"你是某某人吗?"马夫欣喜地说是。于是王旦给了他很多薪水让他回家。原来马夫每天为王旦牵马驾车,由于王旦一心只考虑政事,从未认真注意过马夫的相貌,也从来没有和马夫做任何交谈,所以只认识他的背影,不认识他这个人。王旦回家后,从来不马上脱去冠冕休息,而是进入内室默默思考。家人既不敢打扰他,也不知道为什么。他的弟弟向副宰相赵安仁请教,将家兄归来常常不休息等据实相告,赵安仁告诉他,王旦是为未决定的事而为国家担忧。

在其位,谋其政,兴利除弊,救时救世,如中唐名相姚崇,被人称"救世宰相"。

姚崇为官唐武则天、睿宗、玄宗数朝。他"明于吏道,断割不滞","善应变以成天下事";在他为相期间,恪尽职守,勤政爱民,政绩卓著。武周时期,他因富于才干,被破格提拔为兵部侍郎、同中书门下平章事(宰相)。

武则天当政,重用周兴、来俊臣、索元礼等酷吏,奖励告密。一时间告密者蜂拥而至,酷吏大兴冤狱,无数李唐宗室及旧臣被投入暗狱。严刑拷打,刑讯逼供,致使许多无辜朝臣和唐宗室族人被杀;一时间人人自危,朝臣惶惶。此时,刚上任的宰相姚崇认为,自己既是宰相就有责任对这种局面负责。他当即上书武则天,指陈其中的弊端,历数酷吏之害。他直谏武则天改变治国之术,杀掉索元礼等,保持稳定的社会局面。武则天听取了他的谏言,诛灭酷吏以谢天下,为以前被酷吏所杀者平反,褒奖姚崇能一心谋政,并大加赏赐。

睿宗时期,身为宰相的姚崇力除弊政。当时官僚机构臃肿,百官泛滥,铨官制度紊乱,尤其是公主、后妃为害极大。按国家的正常任职程序,官员需通过吏部的授命,门下省审批,皇帝授旨,才算合法。而公主、后妃们依靠特权向皇帝请示封官,用墨笔敕书任命官员,用斜封交付中书省。她们利用这种特权买官卖官,拉拢亲族,树立朋党集团,导致腐败丛生、官场黑暗,政府机构的工作难以正常进行。对此,姚崇联合有远见的朝臣进言:"先朝斜封官悉宜停废。"睿宗采纳了他们的建议,罢黜了利用特权坐上官位的数千人。同时,他又不畏强权,大力整顿吏治,使唐政治很快出现了"赏罚尽公,请托不行,纲纪修举"的清明局面。姚崇在玄宗时期做宰相时,继续大力整肃吏治。他严格官员选拔制度,对于以不正当手段谋取官职的,无论是谁,姚崇都坚决地予以制止。开元二年(公元714年)二月,申王李成义请求玄宗将他府中的阎楚硅破格晋升,玄宗答应了。

这种做法违反了正常的提拔官吏程序,姚崇坚决反对。于是他和另一丞相卢怀慎上书,请求停止通过裙带关系授官。姚崇的力谏,迫使玄宗改变了主意。至此,向皇帝请谒讨官的情况大为收敛。

唐中宗时,佛教盛行,公主、外戚皆奏请度民为僧尼,以求福禳灾;富户们也多削发以避赋役。这种情况破坏了政府正常的赋税征收,影响农业生产的发展。姚崇再居相位后,持议上书玄宗。他说:"佛不在表面,而在心中……只要有善举,处事能够使天下老百姓安乐,就是心中向佛,何必任用虚妄奸邪的人,破坏正常的法令呢?"玄宗采纳了姚崇的建议,命一万多人还俗。

公元716年,山东蝗灾。百姓迷信,不去捕杀,却在田旁设祭、焚香。姚崇便派遣官吏分头灭蝗。汴州刺史倪若水拒绝消灭蝗虫,认为蝗虫是天灾,只有修仁德才能感动上天。姚崇得知大怒,谴责倪若水说:"古代的良守,蝗虫避开其管辖的地区。若是修仁德能避免,你岂不是没有仁德?如今眼看蝗虫毁害禾苗,能坐视不管吗?因此而造成百姓饥饿,你心里怎能安然?希望不要再推诿,自招罪责。"此时连较为开明的卢怀慎等大臣都认为蝗虫不宜消灭,唐玄宗也摇摆不定。姚崇说:"现在山东蝗虫成灾,仍然在繁殖增多,实在是闻所未闻。河北、河南贮积的粮食不多,如果蝗虫影响到那里,就会造成百姓流离,这是关系天下安危的大事,不能囿于成见,不灭蝗虫。我领命灭蝗,如果无法灭除,请皇上削夺我的官爵。"他力排众议,说服玄宗,全力督察捕蝗工作,并亲自制定捕蝗办法:晚上燃了几个大火堆,在火堆旁边挖坑。蝗虫纷纷扑向火中,边烧边埋。姚崇的方法很有用,捕蝗工作取得了较大成功,使当年农业保持了良好的收成。

姚崇一生为政:以身作则,兴利除弊,救世治国,尽责尽职,深得诸帝及同僚们的推许,为后世所推崇。

宋朝宰相欧阳修为官一生,不以个人得失为转移,无论是身居中央宰相位,还是被贬居地方任微职,均能苛尽职守。他为政严肃认真,无丝毫懈怠,虽身为一代文宗,却不以诗赋为事,而是开口即谈政事。有人向他请教说:"读书人见了大人,都想聆听你道德文章上的宏论,为什么你却讲为政之道呢?"欧阳修回道说:"我以前被贬官到偏远荒僻的夷陵,正当壮年,渴求学习,想找《史》《汉》一类书研讨学习,但是遍寻找不到。无以消遣时光,便取以前的案卷反复研讨,发现其中错误百出,枉屈正直,偏袒伪诈,混淆黑白,颠倒是非,违法徇私,各种败坏律令、害苦百姓的事多如牛毛。像夷陵这样的小地方况且如此,天下就更不用说了。当时我对天发誓:对于政事,不敢有稍微的差池。到现在三十多年了,敢不勤勉为政吗?"

在中国古代,士大夫们往往恃才倨傲,以学问、文章矜夸,崇尚清淡,拙于应用政事,使百姓处于水火之中。而欧阳修作为一代大文豪,为官三十余年,处理政事勤恳认真,以政事为根本,以文章为末事,这是值得称道的。

在其位,谋其政,要以国事为重;不堪重任,缺乏才干,当急流勇退,以通贤路。石庆是汉武帝时丞相,他一生以严谨闻名。他任太仆时,为武帝驱马驾车。武帝问驾车的共有几匹马,他举鞭一一点数,然后恭敬地报告:"六匹。"

汉武帝是位雄才大略的帝王,自元光二年开始大规模用兵。当时石庆官至宰相,封牧立侯。武帝连年用兵,无数行伍出身的军人都建功立业,受赏封侯。而石庆位居宰相 9 年,却只知对武帝唯唯诺诺,俯首听命,瞻前顾后,谨言慎行,毫无建树。至公元前 107 年,关中流民达 200 万之多,石庆认为自己责任重大,便引咎辞职,但武帝不许。两年后,石庆竟因忧虑愧疚成疾去世。

因此,身在其位,首先应干好自己分内的事,尽心尽责,否则就会祸害扩大,败坏未就之事,损害已成之事。

里仁为美,孟母三迁择善邻

孔子说:"同品德高尚的人住在一起,是最好不过的事。选住址不顾环境,哪算聪明?"

在孔子的教育思想中,非常重视后天的环境、行为对人产生的影响。他认为相近的习性在不同的环境、行为的影响下,往往会导致不同的发展趋势。

进一步引申孔子的思想,可以看出孔子强调"仁"是人的安身立命的场所。"里仁为美",强调学问的安顿处所,要以仁为标准,达到仁的境界。"择不处仁"则意味着学问、修养,没有达到仁的境界,就不算是有智慧。他的这种思想对后世影响很大。

孟轲是孔子之后儒家学说的重要代表人物,是孔子创立的儒家学说的继承人,与孔子一起被世人合称为"孔孟"。

孟轲小时候,家住在墓地附近。年少的孟轲经常看到墓地有人在抬死人,他就模仿埋葬死人的游戏。孟轲的母亲就说:"这里不是你能住的地方。"

于是,孟母就把家搬到一个集市附近。在这种环境里,孟轲所看到的都是商人在集市上的叫卖行为,他又跟着学起来,做游戏时也学着商人做买卖。孟母又说:"这里也不是你能居住的地方。"

于是孟母又把家搬到一个学宫附近。在这里孟轲所接触到的和见到的都是祭祀活动,所以孟轲所做的游戏也就是学祭祀、礼仪等。孟母见了非常高兴,说:"这个地方你可以住下去了。"于是孟轲就在那里长期居住下来。在这种环境的熏陶下,孟轲从小就学习礼仪,健康成长。人们都说孟母善于利用环境潜移默化地教育孩子。

有一次放学回家,孟轲的母亲正在织布,见他回来,就问道:"学习怎么样了?"孟轲漫不经心地回答说:"还不是和过去一样。"孟母见他无所谓的样子,十分生气,就用剪刀把已经织好的布剪断了。孟轲不知道母亲为什么发这么大的火,十分害怕，就问母亲。孟母说："你荒废学业，就像我剪断这布一样。有德行的人学习是为了树立名声，是为了增长知识，所以平时能够平安无事，做起事情来就可以避开祸害。你如果现在荒废了学业，就不免会做下贱的劳役，而且难以避免祸患。"孟轲非常震惊，他从此勤学不止，后来拜子思的学生为老师，学习礼、乐、射、御、书、数等技艺，终于成为一位著名的学者，成为天下有名的大儒。

实践仁道，矢志不渝

孔子说："坚信道，又喜欢学业，用生命来保护道的完善。不进入有危险的国家，不在发生祸乱的国家居住。天下太平就出来做官，天下不太平就隐居。国家太平，自己贫贱，这是耻辱；国家不太平，自己富贵，这也是耻辱。"

在儒家看来，一个真正实践仁道的人，其追求不受时代、环境的影响，能够一直坚持自己的思想原则。但是，他并不是固执的，而是在危乱的时候就隐居起来，在天下有序的时候再出来。因为世道乱的时候社会上的思想也必然是混乱的。

但从总体上来看，孔子还是认为：一个读书人就应该对社会、国家有所贡献，即使在乱世的时候，也应"知其不可而为之"，竭尽自己的力量去挽救社会。这表现了儒家的"入世"思想。与此相对应，道家的思想则更着重于隐居，所以历史上持道家思想的人物，经常是"无道则隐"。儒家思想与道家思想是有区别的。

唐玄宗在他在位的前二十多年里是个有作为的好皇帝，他任用过好几个有名的贤相，像宋璟、张说、韩休、张九龄等；他也比较肯接受宰相和大臣们的正确意见，采取了一些有利于经济发展的措施。这个时期，唐朝国力强盛，财政充裕。据说，当时各州县的仓库里都堆满了粮食和布帛，长安和洛阳的米和帛的价格都跌得很低。历史上把这段时期称为"开元之治"

唐玄宗 61 岁那年，宠爱上了年轻的杨贵妃。杨贵妃是个少见的美人，而且生得聪明伶俐，懂得音乐。唐玄宗、杨贵妃每天饮酒作乐，少不了叫人奏奏音乐，唱唱歌曲。但是宫里原来的一些老歌都听腻了。便想找人来给他填点新歌词。

大臣贺知章在唐玄宗面前说，长安新来了一个大诗人，名叫李白，他是个天才，无论作诗写文章，都十分出色。唐玄宗也早就听到过李白的名声，就吩咐贺知章召李白进宫。

李白是唐代最著名的大诗人之一。他从小博览群书，性格豪放；除读书之外，他还练得一手好剑。李白自二十多岁起，为了增长见识，便到各地游历。他不仅到过长安、洛阳、金陵、江都等许多大城，还到过洞庭、庐山、会稽等许多名山胜地。由于他见识广博，加上才识过人，因此，在诗歌写作上有了杰出的成就。李白是个很有政治抱负的人，他生性高傲，对当时官场上的腐朽风气很不满意，希望能得到朝廷任用，让他有机会施展政治上的才干。这一次到长安来，听到唐玄宗召见他，也很高兴。李白得到了唐玄宗的征召，便"仰天大笑出门去"，以为自己得到明主的赏识，即将有一番大的作为。

初到长安时，李白通过好友元丹丘认识了玄宗的妹妹，即道士持盈法师（即玉真公主）。据说，也信奉道教的著名诗人贺知章曾慕名专访李白，李白示以《蜀道难》长诗，贺知章还没有读完，就连着称赞了四次，赞他是"天上谪仙人也"，于是解金龟换酒，两人皆醉。由于这些名人的赞誉，李白的诗名在长安"期不问日"，显赫一时。

唐玄宗在听了玉真公主和贺知章的赞誉后，隆重地接见了李白。据说，当时玄宗接待李白就像汉高祖接待"商山四皓"一样，"以七宝床赐食，御手调羹以饭之"。随后，李白又被安置在翰林院，特许为翰林供奉。据有些书记载，这时期，李白曾为玄宗写过《出师诏》与《阳番书》等外交文件，做过《伏猎赋》等劝谏玄宗"居安思危、防险戒逸"的文章。这说明：李白针对时弊，在贡献自己的政治才能方面是做过一定努力的。

遗憾的是，此时的玄宗已日趋昏庸，他只是为满足个人风雅的享乐而把李白当作御用文人来看待。结果，李白的傲岸使得权臣贵戚不快，而玄宗也很快就感觉到李白的不驯服，从而逐渐将他疏远了。民间所传"高力士为李白脱靴"的故事，正可以用来说明李白傲岸的性格以及必然招致毁谤与排斥的结局。徘徊在"立功"与"隐逸"之间的李白，以悲壮的语调写下了《行路难》等三首惊人的诗作。

李白看出在唐玄宗周围，都是一些像李林甫、高力士那样的趋炎附势的小人；而他在唐玄宗身边，不过是给玄宗解闷散心，要想政治上有所作为是不可能的。到了第二年春天，李白下决心离开长安，就上了一道奏章，请求辞官还家。唐玄宗顺水推舟地批准了他的要求，为了表示他爱才，还赐给李白一笔钱，送他回家。

李白离开长安以后，重新过着自由自在的生活。有的时候隐居读书，有的时候周游各地。在这些日子里，他写下了许多讴歌祖国壮丽山河的诗篇。李白的许多诗篇表现了他豪放的气概、丰富的想象和热烈的感情，成为我国文学史上的不朽名作。他也被誉为我国诗歌史上的"诗仙"。

尊老爱幼，"仁"从孝悌开始

有子说："孝敬父母、尊敬师长，却好犯上的人，少极了；不好犯上，却好作乱的人,绝对没有。做人首先要从根本上做起,有了根本,就能建立正确的人生观。孝敬父母、尊敬师长,就是做人的根本吧!"

孔子认为,只有父慈子孝、夫唱妇随、兄弟友爱才能组成一个完美幸福的家庭。如果没有孝悌,家庭就会乱;没有孝悌,就没有了上下尊卑,人类就会倒退,与动物等同。人终究不是动物,人是理智的,决不像母鸡带大了小鸡,小鸡就离开母鸡,再也不会相顾了。所以,作为儿女来说,一定要记住养育之恩。孔子从伦常出发,奉劝人们先孝顺父母、友爱兄弟,然后再扩大为国家、为社会而奉献。历史上说"忠臣必出孝子之门",如果不孝顺自己的父母,就很难做到爱国了。如果人人尽孝,天下必然大治,国泰民安。所以孝悌也是治国的根本策略。

孔子思想的核心是"仁","仁"是指一个人本来就具有的善性。孔子说"孝悌也者,其为仁之本与!"并不是说孝悌就是仁,仁是事物的本质,孝悌是事物的表象。用古人的话来说,仁是体,孝悌是用;通过实践孝悌,可以走向仁的境界。人之初,性本善。孝悌,是恢复人本来面目的方法之一,而且是走向仁的境界的最根本的方法。所以孔子说:"君子务本,本立而道生。"一个人在生活中做到了孝悌,那么他就能够站稳脚跟了,终究会大彻大悟,发现大道的本源。

如果一个人一生追求仁义,并且达到了很高的境界,即使不识一个字,在孔子看来也是大学问家。孔子希望自己的弟子在实践中去认识真理,在实践中去追求仁的境界。所以,他提出的下手之处,就是从身边做起,从脚下做起。那就是首先在家里要做到对父母尽孝,与兄弟友好相处。所以,孔子说:"孝悌也者,其为仁之本与!"

孔子说:"有德者必有言,有言者不必有德。"又说:"仁者其言也切。"可见说话是一门艺术,稍有不慎,就会犯错误,以至于追悔莫及。所以,仁者说话谨慎。自古以来,有道德学问的人从不轻易说话,更不会满脸谄笑,花言巧语地讨好别人。

花言巧语,给人戴高帽子,一般是对有权有势的人而言。鲁迅曾在一篇文章中说:一户有钱人家,生了一个小孩,大家都去庆贺,没有人不奉承。有的人说这孩子将来长大后会做官的,有的人说这孩子长大后会发财的,无不尽己奉承之能事。独有一人,突发奇论,说:"这孩子将来会死的。"于是这突发奇论的人就挨了一顿打。仔细推敲,这孩子将来是否能够做官发财,还要看他的造化;只是说要死的,则是实话,因为人总是要死的。此人错在出言不顺人心,不能使人接受。但是,对待那些有权有势的人是否一定要说奉承话,才能讨得他们的欢心呢? 也不一定,只要掌握了说话的技巧,既能使他们高兴,又不会使自己遭恨。

孔子提倡孝顺,那么如果长辈有过错,又该怎么说话呢?

明朝王友贤(官为尚书),山西宁乡人,因买了一妾,被妻子嫉妒,陷入困境。有一次,王尚书与妾外出,被幽禁到一座楼上,饿得快要死了。那时,王尚书的儿子毓俊还只有几岁,他对母亲说:"他们如果饿死了,别人就会讲母亲的不对,不如每天给他们一碗粥,使他们慢慢死亡,这样别人也不会认为母亲不贤良了。"母亲听从了他的话。毓俊就偷偷把饮食藏到一个小布袋里面,利用送粥的机会,暗中带给父亲,因此救了父亲的命。过了一年,王尚书生了一个儿子,就躲到别的地方去了。等到尚书死后,毓俊抚养爱护弟弟,非常周到。从这个故事,我们可以得到启发:与父母说话,虽然不能违背他们的意志,但是并非顺从附和,就是孝顺了。孔子曾经说侍奉父母要多次劝告,多次劝告的意思就是说话要顺从父母的心,并非是一味地盲从,并非是违背良心去讨亲人的欢心。

迁怒贰过,不断修正自己的人生错误

鲁哀公问孔子:"你的学生中谁是喜欢学问的?"孔子回答说:"曾经有个名叫颜回的学生喜欢学问,他从不迁怒于人,犯过的错误绝不再重犯。不幸他短命死了,现在没有这样的人了,再也没有听到过有谁喜欢学问了。"

唐高祖时期,李世民被封为秦王。太子李建成与齐王李元吉联合起来和李世民争夺皇位继承权,最后李世民取得了胜利。一天有人向李世民告发,说有个叫魏征的官员,在太子李建成手下做过事,还曾经劝说李建成杀掉李世民。

李世民听了,立刻派人把魏征找来。见了魏征就问:"你为什么要挑拨离间我们兄弟几个?"

其他在场的人以为李世民要算老账了,都替魏征捏了一把汗。但是魏征却神态自若,不慌不忙地回答说:"可惜那时候太子没听我的话。要不然,也不会有今天的结果。"

李世民见魏征竟敢这样回答,觉得他很直爽、很有胆识,于是决定不再追究。李世民当了皇帝后,提拔魏征为谏议大夫,并且非常信任他,常常把他召进内宫,听取他的意见。

有一次,唐太宗问魏征说:"历史上的人君,为什么有的人明智,有的人昏庸?"

魏征说:"明智的君主是因为能多听各方面的意见;而那些只听单方面的话的君主,就只能昏庸。"他还举了历史上尧、舜和秦二世、梁武帝、隋炀帝等君主为例。他说:"治理天下的人君如果能够多多采纳下面的意见,那么下情就能上达,他的亲

信想蒙蔽也蒙蔽不了。"

唐太宗听了连连点头说:"你说得好啊!"

有一次,唐太宗读完隋炀帝的文集,对左右大臣说:"我觉得隋炀帝这个人,学问渊博,也懂得尧、舜好,桀、纣不好,可是,他却做出那么多荒唐的事?"

魏征接口说:"一个皇帝光靠知识渊博不行,还应该虚心倾听臣子的意见。隋炀帝自以为才高,骄傲自信,说的是尧、舜的话,做的是桀、纣的事,以至于越来越荒唐,最终只能自取灭亡了。"

唐太宗听了,感触很深,叹了口气说:"唉,过去的教训,就是我们的老师啊!"

后来魏征的意见越来越多,而且不给唐太宗留余地,只要唐太宗有不对的地方,他就当面指出,哪怕唐太宗沉下了脸,他该说什么还是照样说。

有一次上朝的时候,魏征又与唐太宗争得面红耳赤,当着众大臣的面,唐太宗又不能发作,只好忍着。退朝后,憋了一肚子气的唐太宗对长孙皇后说:"魏征这人太不给我面子了,总有一天我要杀死这个乡巴佬。"

长孙皇后问清原因后,进入内室换上礼服,跪在唐太宗面前向他祝贺。

唐太宗不解,长孙皇后说:"只有英明的天子才有正直的大臣,魏征的耿直说明陛下的英明,我怎能不向陛下道贺呢?"

从那以后,唐太宗不再记恨魏征,反而觉得魏征的粗鲁比那些道貌岸然的大臣们要可爱多了。

公元 643 年,魏征因病去世,唐太宗非常难过,他觉得自己失去了一面可以发现自己的缺点和不足的镜子了。

能不迁怒他人,不贰过的人,才有可能成为一个品德高尚的人。谁都会有脾气,谁都有可能犯错误,但是,若想拥有好的人际关系,完善自我道德修养,就不能乱发脾气,同样的错误也不能再犯,要不断地发现自己的缺点和不足并加以改正。

成己成人,方为仁之大道

子贡问:"假若有一个人,给予老百姓多方面的好处,又能帮助大家过上好日子,怎么样?可以算作仁德吗?"孔子说:"岂止于仁德,那简直是圣人了!尧舜大概都难以做到哩!有仁德的人,自己要想站得住,同时也要让别人站得住;自己要想通达,同时也要让别人通达。凡事都要以自身为例而想到别人,可以说是实行仁德的方法了。"

圣人是孔子理想人格的完美化身,它构成了人格的最高境界。尧舜是孔子心目中的圣人，他们对"博施于民而能济众"这件事，其心犹有所不足。可见要做到这一点是很难的。

孔子所倡导的"恕"之道，亦即关于"仁"的实践途径与方法。这有两个层次：以己所欲，推己及人而成全他人，是"恕"的高标准，即从积极意义上实践"仁"；推己所厌而不加恶及他人，即"己所不欲，勿施于人"，这是从消极意义上实践"仁"，是低标准。

春秋时期，诸侯争霸。郑国的郑武公生有两个儿子，大儿子寤生，二儿子段。说也奇怪，大儿子寤生从娘胎里出生时，是先出两足，最后出头，这与正常的婴儿出生时先出头后出双足相反，故取名为"寤生"，意即"倒着出生"。寤生的母亲生他时很受了一番折磨，又嫌他出生时与常人相异，心里总是不喜欢他。

郑武公死后，寤生继承君位，掌握了国家大权。姜氏便与小儿子段暗中商议对策。最后订下阴毒的计谋，欲夺取庄公寤生的王位。

其实，庄公对此早就有所觉察，对其弟已有戒心。其弟段在封地内招兵屯粮、扩张土地，吞并邻近邦邑等事，庄公都佯作不知，但暗中却都早有防范。由于段阴谋篡位、举兵谋反还未实施，便彻底暴露，段见大势已去，只好出走。

庄公从段那里搜出了姜氏写给他的谋反密信，不禁大怒，便将其母姜氏逐出京都，发配到颍地，并发誓："不到黄泉，永不相见！"但事后，庄公又有了悔意，无奈话已出口，无法收回。送走母亲后，他痛哭不止，惆怅异常。

庄公手下有一个管理疆界土地的官吏，名叫颍考叔。此人为人正直，非常孝敬老人，在当地很受众人赞誉。

那天，颍考叔出门打猎，猎获了几只猫头鹰，正自高兴，忽见前面两个人跑来，告诉他："你知道吗，庄公的母亲已经坐着车马来到咱们颍地了。"颍考叔听后十分惊诧，便问："庄公母亲不在都城荥阳，为何无缘无故来我们颍地？"那两个人便将其中的原委说与颍考叔，颍考叔听罢，什么也没说，转身回家，辞别母亲，提着那几只猫头鹰进京向庄公进献野味去了。

庄公一见颍考叔，便笑问："你进献何等珍奇的野味呀？"

颍考叔赶紧回答："庄公，小人进献的乃是一种叫'鸮'的鸟，这种鸟最令人憎恨之处就是极为不孝。小的时候，这种鸟的母亲辛辛苦苦将它喂养大，它非但不懂回报，还要啄食母亲的肉。所以人们都纷纷捕捉它蒸煮解恨。"

庄公听出他话中有话，便淡淡地说："难得你有如此忠心，不远百里为孤送来此鸟，本王赐你御膳一顿。"

御膳房为颖考叔准备了羊肉羹,颖考叔谢恩后开始吃羹,但他只吃了几口汤,便向庄公讨旨,希望能将此羹带回家中。他说:"庄公,小人上有老母,我所孝敬的饮食她都尝过了,就是没有尝过国君您所赏赐的羊肉羹,请让我带些回去孝敬老母,小人替老母谢恩。"

庄公听此,想到自己的母亲却被自己远逐,心中凄然,不觉长长叹了一口气。颖考叔佯作不明,问道:"国君,可有什么忧虑之事,不知小人能否为您分忧解愁?"庄公说:"你有母亲可以孝敬,唯独我却没有啊!"颖考叔特意说:"敢问您刚才说的话是什么意思呢?"

庄公便将原委告诉了他,并说了自己的懊悔心情。颖考叔等庄公讲完,微微一笑,说:"国君,这又何难,小人有一办法,可使您母子早日团聚。"

庄公大喜,忙问:"什么方法,快快讲来。"

颖考叔说:"您发誓说:'不到黄泉,不相见。'您想,所谓'黄泉',不过是指地下之水,蚯蚓便是上食埃土,下饮黄泉。您说不到黄泉不相见,那就派人在地下挖一条隧道,挖出黄泉不就可以母子相见了吗?"

庄公听完拍案大喜,连声称好,遂命人重赏颖考叔,又派人去挖隧道。后来,庄公与母亲姜氏果然在隧道中相见。

庄公在进入隧道时赋诗说:"在隧道之中,那天伦之乐真是融融和睦!"姜氏也赋诗答道:"在隧道之外,那天伦之乐真是暖暖舒畅!"母子遂捐弃前嫌,和好如初。

以德为政,四方皆敬仁政而兴国

孔子说:"国君用道德教化来治理国家,就会像北极星一样居于正中而群星都环绕着它。"

孔子在这里强调的是为政者的个人修养问题。他将为政者的道德及其仁道政治,与政局的稳定和国家的强盛紧密联系在一起,说明了"德"与"仁"强大的感召力和凝聚力。

其实,无论是治国,还是做人做事,高尚的道德品质和非凡的人格魅力都会形成一种像磁场那样的向心力,提升自己的"人气"。周围的人在不自觉中,都会把你当成"精神领袖"和衡量是非价值的"标准"。

为政者个人的道德修养及其仁政方针,如果能真正实施开来,其产生的正面效果往往是非常巨大的。这在中国古代的"人治"社会里尤其明显。

金世宗完颜雍是金朝第四代皇帝,是历史上著名的政治家。他在位期间,对南宋采取"南北讲和"的和平外交路线,对内则实行"与民休息"的政策,整顿吏治,解放奴隶,发展生产,使金朝的经济和文化得到迅速的发展,出现了空前的繁荣局面。

金世宗即位不久,就采取了解放奴隶,发展生产的措施。辽代推崇佛教,寺院的领户称二税户,金初二税户多沦为寺院的奴隶,大定二年,金世宗下令赦免全国的二税户,使他们获得解放,成为国家的编户平民。对于当初随契丹搞叛乱的人,包括奴婢在内,只要是主动归顺朝廷的,一概赦免。同时又多次下令放归宫廷奴婢和内外官员家庭所属的私婢,使大批奴隶获得了平民身份,解放了生产力。

为了发展北方地区的农业生产,解决农民的土地问题,金世宗对豪强贵族兼并土地采取限制和抑制的政策。迁居中原的女真贵族利用他们的特权,无限制地兼并土地,使普通汉族农民无田可耕。有的权贵之家每人平均占地达三十顷之多。针对这种局面,金世宗果断下令,权豪之家最多只准保留十顷私人土地,多余的皆收归国有,或租给无地的农民耕种,或直接分给农民。又招集流民复业,由政府拨给土地。对发生自然灾害的地区,实行赈救、免税的政策。并多次治理黄河,在全国各地兴建水利工程。这些措施的推行,使北方地区的农业生产迅速地得到恢复和发展。

金世宗施行"德政"的宗旨,就是想尽一切办法使社会得到安定,在安定中求得稳步发展,他主张对老百姓要宽慈,要"爱民",他曾公开对大臣们说:"朕常常担心因重敛使百姓们困苦不堪。"又说:"县令之职最为亲民,应选贤才任之。"有一次,尚书省拟奏宗室完颜阿可为刺史,金世宗认为阿可年轻,不适宜任刺史之职,批评尚书省官员说:"一郡之守关系到千里百姓的休戚,如果郡守任非其才,一郡的百姓怎么办呢?"金初,皇帝的护卫亲军年龄大了后都改任地方临民官,世宗对此提出异议,说:"护卫都是武人,有的连字都不会写,怎能治民呢?天子以黎民百姓为赤子,不能亲自过问每家的事,只能依靠各级官员。明知官员不称职而强授之,老百姓将会说朕什么呢?"命令护卫皆改任他职。

金世宗躬行节俭,很大程度上也是从爱民的角度出发。他曾说过:"朕如果想使饮食丰盛,每天宰五十只羊也能办得到。但一想到浪费的都是百姓的血汗,就于心不忍。"元妃李氏死,金世宗到兴德宫举行葬礼。他见街市上十分冷落,就对随行的大臣们说:"不应因元妃之丧而影响了百姓的生计,让他们照常营业。"还有一次,金世宗因事驾幸兴德宫,朝官们请他走前门,金世宗怕出行的队伍妨碍了市民的生业,改从别的路走。

大定二年四月,为了改变海陵王时期皇宫中奢靡的风气,下诏减御膳及宫中食物之半。大定六年，禁止宫中陈设涂金装饰，并禁止宫人服饰用金线。宫中小规模的兴修，从宫人的费用中支拨，从不搞大规模的土木工程。大定九年，尚书省就越王、隋王两皇子王府要建官室并役民夫事上奏，金世宗当即批评说："朕宫中竹树枯死，想令人再植新竹，还怕动用了别人。两王府各有僚属仆人，为什么还要役使百姓呢？"驳回奏疏。大定十三年，太子詹事刘仲海请求增加东宫的侍从人员和陈设，金世宗不准，说："东宫所属人员有统一规定，陈设也已具备，为什么还要增加呢？太子生于富贵，容易养成奢侈的习惯，应引导他节俭。"

金世宗在饮食服用方面确实很注意节俭。他做了皇帝后，只在皇太子的生日、元宵节、中秋节饮酒，平日从来不饮酒。每餐只四五样菜，仅够食用，无浪费。有一次金世宗正在用膳，正巧公主来了，竟没有多余的饭菜给她吃。金世宗平日穿的衣服总是洗了又穿，穿了又洗，什么时候穿破了才换新的。有一次他在广仁殿同诸皇子一起吃饭，闲谈之中教导他们饮食服用之物要节省，不要铺张浪费，并撩起龙袍说："这件衣服朕已穿三年了，还完好没破，你们看看！"有的官员认为他身为天子，食用太俭，金世宗却说："天子也是人，浪费有什么好处，天子能自行节约，也不是什么坏事。"

由于金世宗始终把"德政"作为社稷的根基看待，身体力行，使得金朝出现了一段繁荣局面。这使他自己在历史上也享有很高的声誉。南宋理学大师朱熹也说他在位期间专行"仁政"，能行"尧舜之道"。这些虽难免有过分溢美之处，但金朝在世宗统治的年代里，社会安定、生产发展，经济和文化空前繁荣，却是历史事实。

金世宗的德行和仁政，在当时社会经济衰退和民族矛盾尖锐的情况下，不但使国势为之而振，而且赢得了广大百姓的民心；不但本朝史官称赞，而且连后代也敬仰有加。可见，德行仁政不仅是一种人为的统治需要，同时也是符合社会秩序的内在规律的。

君子无所争

世界上的纷争很多：文人争名，商人争利，勇士争功，艺人争能。诚然，争并不是坏事，能促使人上进，促进事业的发展，不过，争也要合乎规矩。"争"与"不争"，这正是中庸所讲到的"两端"，在面临这种"进则可能死，退则可能生"两难境界的时候，就得适时地运用"中庸"思想，所谓"执其两端，而用其中"。正如孔子所说："君子无所争，必有射也"，能够得到的，我们自然要争取，得不到的就不要强求，用博大宽容的胸怀去面对世事，该让则让，该退则退，这样才堪称"君子"。

在我国古代历史中，因"争强好胜，不懂退让"而落得妻离子散、死有余辜的大有人在；也有深知"宽容、隐忍"而保全自身、全身而退的人。所谓适中的"退让"，就是见好就收，不能贪得无厌，因为社会的存在有它的规律，这是自然法则，谁也打破不了。好人不可做完，好事不能做尽，懂得这一点，不管是进还是退都有尺度，才不会因此而失去原本属于自己的东西。

《菜根谭》上说："进步处便思退步，庶免触藩之祸；著手时先图放手，才脱骑虎之危。"这句话并非没有道理。进退之间虽只有一念之差，但是联想到结果却又是天壤之别。我们来从历史中寻找证据。

楚庄王即位不久，整天与妻妾寻欢作乐，不理朝政，还下了一道命令：如果有敢议论国君得失者，格杀勿论。朝中大臣们都敬而远之，有话也不敢说。

这天，楚庄王在后宫歌舞升平，手下的伍举再也看不过去，便要求觐见。楚庄王一脸的不高兴，对伍举说："你有什么要紧的事赶快说。"伍举笑着对楚庄王说："倒不是什么大不了的事，只是微臣听说大王喜欢猜谜语，臣这

楚庄王

里有一个，许多人都猜不出来，所以今天特地来献给大王，看大王能否猜出来。"楚庄王很不耐烦："快讲给我听！"伍举看楚庄王已经中了自己的圈套，当下一字一顿地说："山上有只鸟，三年不飞，三年不鸣，请问大王这是什么鸟？"楚庄王明白伍举是在说自己，说："我以为是什么样的谜语呢，原来是这个呀，这有什么可奇怪的呢？三年不飞，一飞冲天；三年不鸣，一鸣惊人。"

实际上，楚庄王只是表面上寻欢作乐，却无时无刻不在寻找忠臣。后来，大夫苏从直言敢谏，楚庄王才诉说真相："我整整等了三年，才遇到像伍举、苏从这样的忠臣，你们是楚国振兴的希望所在！"之后，他重用伍举和苏从，全力发展生产，整顿军队，使楚国日益壮大起来，终于打败了晋国，成为春秋五霸之一。

楚庄王用三年的时间来等待时机，目的就是使其他国家放松警惕，然后得到贤臣，壮大自己的实力，最终"一飞冲天，一鸣惊人。"大家可以看出，楚庄王并不是一味地退让隐忍，也不是因为害怕而逃避，而是为了让自己的国家能够得到更大的发展，这也就是在退步中等待时机。关于这个道理，三国时期的司马懿也是一个典型的例子。

三国时,曹爽野心很大,但他唯一的顾忌就是司马懿。一天,他命心腹李胜借出任荆州刺史向司马懿辞行为由,前去探听虚实。司马懿知道李胜来访的真实意图,于是做了一番苦心安排。

李胜来到司马懿的居室,只见司马懿正在几个丫鬟的服侍下更衣,并且浑身颤抖,穿不上衣服,一会儿又说口渴,待仆人捧上粥来,他以口去接,将粥弄翻流了一身,样子十分狼狈。

李胜看着心喜,说:"听说您风痹旧病复发,没想到病情竟如此严重,我受皇帝恩典委为荆州刺史,今天是特来向您辞行的。"司马懿表现出气力不济的样子说:"我年老体衰,活不了多久,你调任并州,并州临近胡邦,要多加防范。恐怕我们今后再难相见,拜托你今后替我照顾两个儿子。"李胜说:"我是出任荆州,不是并州!"司马懿又问道:"你刚才不是说并州吗?我精神恍惚没有听清楚你的话。以你的才能,可以大干一番事业。"

李胜回去后,将所见所闻的详情告诉了主人,曹爽听后大喜,从此对司马懿消除戒心,不加防范。

不久,曹芳前往洛阳南山父亲坟墓前烧香磕头,曹爽与他的弟弟曹羲、曹彦及心腹亲信随行。司马懿见时机已到,立即发动兵变。京城控制下来后,老司马亲自出城劝降曹爽,而曹爽部将则力劝曹爽调兵平叛司马懿,可曹爽犹豫再三,还是决定投降。时过不久,司马懿以曹爽大逆不道、图谋篡位的罪名,连同他的亲信党羽全部诛杀了。

司马懿对形势了如指掌,下野后就什么事都不闻不问,以麻痹曹爽,在步步退让中等待前进的时机,真可谓老谋深算。当今社会中,与人交往和共事,如果一味强调自己该如何进步,该怎样出人头地,遇到逆境的时候还争强好胜,不让不退,那是多么危险的事。

在现实社会中有很多人会觉得,退让是懦弱的表现,是自己不自信,这无疑是认识上的一个误区。退让并非是因为自己做不到或是做不好而逃避,也并非是害怕别人,而是一种保护自己的方式,当事业不顺或人际关系僵持的时候,就应该找一个抽身隐退的方法,不要因为一时的顺利而得意忘形,也不要因为一时的失败而失去信心。

聪明人做事,在富足的时候要能想到自己的欠缺;平稳的时候要能想到自己也会陷入艰难;安全的时候要能想到居安思危,十分小心地行事。这样,无论做什么事都不会陷入困境了。从这个意义上说,"君子无所争",得退让时就退让,这样就不会因为自己的偏激而走上极端,才会用一颗平常心坦然去面对世间的一切。

侍于君子有三愆

孔子提醒我们,在君子身边可能会有三种说话的过失:不能说或者不该说的时候,还是不说为好,急躁就容易闯祸;当良知告诉自己一定要挺身而出的时候,保持沉默就是懦弱和隐瞒的表现;说话时不顾及听者的感受,不在乎对方的反应,只顾自己一时痛快,就很可能会得罪别人。看来把握好说话的时机和技巧,的确是为人处世成功与否的关键之一。

在我国古代,作为臣子侍奉君王,察言观色是十分重要的,甚至关系到自己的性命。但仍旧有一些人不懂得说话的技巧,以致惹怒上司引来祸端,他们的所作所为的确引人深思。

南北朝时,贺敦是晋国的大将,他自认为功高才大,不甘心居于其他同僚之下,口中多有抱怨之辞。不久,他奉命参加讨伐平湘洲的战役,全军凯旋,他自以为此次必然又要受到封赏,不料反而被撤掉了原来的职务,为此他大为不满,对传令使大放怨言。

晋公宇文护听了以后十分震怒,把他从中州刺史任上调回来,逼迫他自刎谢罪,临死之前他对儿子贺若弼说:"我有志平定江南为国效力,而今未能实现,你一定要继承我的遗志。我是因为舌头把命都丢了,这个教训你一定要记住!"说完,他便拿起锥子刺破了儿子的舌头。

转眼几十年过去了,贺若弼做了隋朝的右领大将军,但是他并没有记住父亲的遗训,常常为自己的官位比他人低而怨声载道。不久,功绩远不如他的杨素做了尚书右仆射,而他仍为将军,未被提拔,于是不满的情绪和怨言流露得更加频繁激烈。

后来,一些话传到了皇帝耳朵里,贺若弼被捕下狱。隋文帝杨坚责备他说:"你这个人有三猛:嫉妒心太猛;自以为是的心太猛;随口胡说的心太猛。"但是由于他战功赫赫,不久也就放了。可他仍不吸取教训,又对其他人夸耀他和皇太子之间的关系,说:"皇太子杨勇跟我情谊亲切,高度的机密他都对我附耳相告,言无不尽。"后来杨勇失势,杨广取而代之为皇太子,贺若弼的处境可想而知。

隋文帝得知他又在大放厥词,就把他召来说:"我用高颍、杨素为宰相,你多次在众人面前放肆地说'这两个人只会吃饭,什么也不会干,这是什么意思?'言外之意连皇帝我也是废物不成?"贺若弼回答说:"高颍是我的老朋友,杨素是我舅舅的儿子,我了解他们,我也确实说过他们不适合担当宰相的话。"这时,由于他言语不慎得罪了不少人，朝中一些公卿大臣都纷纷揭发他过去说的那些对朝廷不满的话，并声称他罪当处死。

隋文帝对贺若弼说："大臣们对你都十分厌烦，要求严格执行法度，你自己看来可有活命的理由？"贺若弼说："我曾率八千士兵渡长江活捉了陈叔宝，希望皇上看在微臣过去的功劳上，给我留条活命吧！"隋文帝说："你将出征陈国时，对高颖说：'陈叔宝被削平，我们这些功臣会不会飞鸟尽，良弓藏？'高颖对你说：'我向你保证，皇上绝对不会这样。'是吧？后来消灭了陈叔宝，你要求当内史，又要求当仆射，这一切我都应允了，现在何必再提呢？"贺若弼说："我确实蒙受陛下格外的重赏，今天还希望格外的赏我活命。"隋文帝念他劳苦功高，只把他的官职罢了。

父子二人都是因为妄言而败，一个丧命，一个丢官，教训可谓深刻，可见，忍住那些不该讲的话，以免招致不必要的祸端，还是非常有必要的。我们来看一下范雎的做法，相信你会有所收获。

范雎逃离魏国来到秦国，通过王稽见到了秦昭王。秦昭王是位善于用人的君主，他知道范雎是一个贤能的人，于是就叫手下的人退下，单独和他谈国家大事，说："有幸请得先生教导我。"范雎只是唯唯诺诺，不说一句话。昭王请他谈话，他依旧如此，一直到了第四次，范雎开始凭空大放厥词。到第五次，他才接近正题。第六次，他只畅谈外事，还是不涉及秦国内政。等到秦王拜他为客卿，自己有了充分的把握后才痛陈内事，力谏秦昭王废除太后，驱逐穰侯、高陵、华阳、泾阳君到关外。

后来人们才知道，范雎之所以这样，是因为当时的秦国内有太后专横，外有穰侯的跋扈，再有高陵、华阳、泾阳君等人为虎作伥，所以他不敢与秦昭王深谈，只能一边浅尝辄止，一边等待时机。

说话的最佳时机就是要看准对方的目的，投其所好，再加上掌握谈话时机的变化，以及其他一些细小方面的具体事项，这些都要靠每个人在实践中去领会和发挥。无独有偶，战国时期的邹忌也是一个能言善辩、深谙讲话技巧的人。

邹忌是一名琴师，他听说齐威王爱听音乐，便前去拜见。齐威王很高兴，把邹忌招进官里。邹忌拜见之后，调音试弦做出要弹的样子，但两只手却放在琴上不动。齐威王好奇地问："你调了琴弦，为什么不弹呢？"邹忌说："我不只会弹琴，还明白弹琴的道理。"齐威王就要邹忌畅所欲言，但邹忌说了半天也没摸着边际，齐威王有些不耐烦地说："你说的真动听，为什么不弹给我听听呢？"邹忌说："大王瞧我拿着琴不弹，有点不乐意吧？难怪齐国的人看见大王拿着齐国这把'大琴'，九年来却没摸过一下，都有点不乐意呢！"齐威王站起来说："原来先生是借弹琴来劝我，我明白了。"于是拜邹忌为相国，在邹忌的建议下，重用有才能的人，增加生产，训练兵马，国家逐渐强大了起来。

可见，在立足于事实的前提下，寻找到彼此谈话的最佳时机是最重要的。

为人处世，口才的重要性不言而喻，能够与他人很好地进行沟通和交流，关键在于说话者要掌握表达的技巧和时机，能恰到好处地表达出自己想要说的意思，让听者很好地明白其意，那么说话者的目的也就达到了，也就有了相应的效果。

三思而后行

凡事不想一想就行动，叫作鲁莽，往往会导致后患。但想得太多，瞻前顾后、翻来覆去，就容易陷入犹豫不决的狐疑之中，往往错过大好时机。所以，孔子在面对季文子的"三思而后行"时认为"再，斯可矣"，这正符合了适可而止、过犹不及的中庸之道。

人们在做事之前要"三思"，这是因为问题的发生是由许多原因导致的，其背景是复杂的，单凭直觉很难得出正确的结论，往往需要一段时间来调查、分析和归纳，才能理出头绪。所以，思维必须精细缜密，然后再行动，以确保万无一失。关于这一点，我们来看一个例子。

古时打仗，士兵们都要身着战裙，以保护自己的身体免受敌人伤害或减轻伤害的程度，邾国的老办法是用绸料来缝制战裙。

一天，公孙忌对邾国国王说："大王，用绸料缝制战裙不如用丝绳缝制好，士兵穿的战袍、战裙之所以坚固，原因就在于没有缝隙，现在用绸料缝制的战裙虽然没有空隙，但不能完全保护士兵的身体。如果用丝就不一样了，只要我们做工仔细，用丝绳缝制的战袍就能够经得起全部的力量了。"

邾王认为公孙忌说得很有道理，就说道："你这种办法听起来的确不错，可是要怎么做才能得到这种丝绳呢？"公孙忌说："仅凭军队恐怕短时间内不可能造出这么多战裙，不如发动全国的百姓，只要大王您下令说提倡生产这种丝绳，等他们生产出来，国家出钱收购，百姓自然会生产的。"邾王很高兴，于是下令命官府制战裙时一定要用丝绳。

公孙忌的建议被大王推行，心中很是得意，回家劝自己的家人都编制这种丝绳，连他的夫人和老母亲也加入编制的行列，一时间全家人把编丝绳当作最大的乐趣。朝中有些和公孙忌不和的官员，看到公孙忌全家出动都来编丝绳，顿生猜疑。

于是，他们就来拜见邾国国王，说："大王，公孙忌之所以向您提议用丝绳缝制战袍，是为了让他家人多编此绳，您去看看吧，他们家全家老少都在编丝绳。"邾王听了非常的不高兴，说："我平日里最讨厌表里不一的人，公孙忌竟然敢用这种方法来赚我的钱，他太不知好歹了。"于是又下令不再用丝绳制战裙，还免除了公孙忌一年的俸禄。

对任何事情都要从它的本身来考察是否合理，不应该为其他的因素所左右。就像邾王一样，他没有考察公孙忌的建议是否合理，是否可行，就欣然同意，而当有人向他说公孙忌的坏话时，他也没有做什么考察就下令不再用丝绳制战裙。这一反一复中都没有经过自己的深思熟虑，明显存在着错误。

《孙子兵法》中有一句话："多算胜，少算不胜"，这与孔子的这句话有着异曲同工之处，都告诉我们做任何事之前，必须先在脑中盘算清楚才出手，切忌盲目冲动，善算必胜。下面我们再来看一看刘邦身边的门客薛公，是如何成为一名令人折服的"算客"的。

在吕后设计处死了梁王彭越和楚王韩信后不久，与二人同称"汉初三大名将"的淮南王英布兴兵反汉，刘邦向文武大臣询问对策，汝阳侯夏侯婴向刘邦推荐了自己的门客薛公。

汉高祖问薛公："英布曾是项羽的手下大将，能征善战，我想亲率大军去平叛，你看胜败会如何？"

薛公答道："陛下必胜无疑。"

汉高祖问："何以见得？"

薛公道："英布兴兵反叛后，料到陛下肯定会去征讨他，当然不会坐以待毙，所以有三种情况可供他选择。"

汉高祖道："先生请讲。"

薛公道："第一种情况，英布东取吴，西取楚，北并齐鲁，将燕、赵纳入自己的势力范围，然后固守自己的封地以待陛下。这样，陛下就奈何不了他，这是上策。"

汉高祖急忙问："第二种情况呢？"

"东取吴，西取楚，夺取韩、魏，保住敖仓的粮食，以重兵守卫成皋，断绝入关之路。如果是这样，谁胜谁负只有天知道，这是第二种情况，乃为中策。"薛公侃侃而谈。

汉高祖说："先生既认为我能获胜，英布自然不会用此二策，那么，下策又是怎样？"

薛公不慌不忙地说："东取吴，西取下蔡，将重兵置于淮南。我料英布必用此策，陛下只要长驱直入定能大获全胜。"

汉高祖面现喜色，说："先生如何知道英布必用此下策呢？"

薛公道："英布本是骊山的一个刑徒，虽有万夫不挡之勇，但目光短浅，只知道为一时的利害谋划，所以我料到他必出此下策。"

汉高祖连连赞道："英布的为人我也知道，先生的话可谓是一语中的。"

汉高祖封薛公为千户侯，又赏赐给薛公许多财物，然后不日便亲率大军征讨英布，果然凯旋而归。

正是因为薛公的巧妙推测，仔细谋算，汉高祖刘邦才得以一举平定英布之乱。为人处世虽然没有打仗那样充满凶险，但我们面对种种纷乱复杂的人事、人情时，同样需要处处小心，仔细谋略。

然而，"三思而后行"不能作为优柔寡断的借口，有时候必须做出果断处理，正所谓"当断不断，反受其乱"，如果思虑过头，进而犹豫不决、优柔寡断就大错特错了，看下面这个故事。

一位父亲试图用金钱赎回在战争中被俘虏的两个儿子，他愿意用自己的生命和一笔赎金来分别救两个儿子。但他被告知，只能以一种方式救回一个儿子，他必须选择救哪一个。这个慈爱而又饱受折磨的父亲，非常渴望救出自己的孩子，不过在这个紧要关头，他无法决定救哪一个孩子、牺牲哪一个。这样，他一直处于两难选择的巨大痛苦中，就这样在犹豫不决中度过了两个礼拜。等到他最终做出决定前去救人时，由于时间太长，敌军已将他的两个儿子都处决了。

机会有时是稍纵即逝的，犹豫不决的人很难抓住机会。决策是决定性的、不可更改的，一旦做出就要尽力执行，就算有时候会犯错，也比那种事事求平衡、总是思来想去、拖延不决的习惯要好。

放于利而行，多怨

任何人都必须承认自己的自私性，也必须承认为自己谋求利益的合理合法性，但必须是有限度的，否则，一旦人的私欲泛滥，"放于利而为"，甚至严重触犯法度，那么，就会侵害到别人，必然会"多怨"，受到惩处。孔子的这句话正是中庸之道的直接体现，同时也是对人们日常生活的最基本指导。

人的自私本性决定了人的行为，因此大多数人的所作所为都是从自己的利益出发的，一部分人就无所顾忌地追逐私利，进而走向骄奢，以致最终因私心无度而玩火自焚;但有一些人,无论何时都能行为有度,他们不仅一生平安顺达,而且还能够创建功业,留下美名。春秋时的庆封和晏子就是对比鲜明的两个例子。

齐襄公二十八年,齐国权臣庆封来到吴国,在此居住下来。当时的子服惠伯对叔孙穆子说:"大概是上天故意让淫邪的人发财,这回庆封比以前更富了。"穆子说:"善人发财叫作赏,淫邪的人发财叫作患,上天将要使他遭殃了。"

昭公四年,庆封被楚国人杀了。以前他的父亲庆克曾诬陷鲍庄,当时庆封谋划攻打子雅、子尾,事情败露,子尾刺杀了庆封的儿子舍,庆封逃到吴国。这里说的子雅、子尾是齐国的公子。同一年,齐国崔姓叛乱,子雅等公子们都失散了,等到庆氏灭亡后,齐王又召回了这些公子们。乱事结束后,齐王赏给晏子邶殿的 60 个乡邑,他不接受。

子尾说:"富有是人人都想得到的。为什么你偏偏不要呢?"晏子回答说:"庆氏的城市多得能够满足他的欲望,但他还是不知道满足,所以灭亡了;我的城池不足以满足自己过分的欲望。我不要邶殿并不是拒绝富有,而是怕失去富贵。而且富贵就像布帛有边幅,应该有所控制,使它不致落入他人之手。"

人一旦富有,就容易产生骄横之心,富而不骄的人,天下少见。富者要忍富,不能比别人富就肆意妄为。对于贫寒清苦的生活,有些人认为太苦,而不少名士、隐士则有他们独到的见解,他们把忍受清贫的生活当成修身养性、战胜贪欲的一种方法。而与之相反,让自己人性中最阴暗的一面放纵的人,结果往往都像庆封一样,最终身败名裂,但这样的人一直是层出不穷。

东汉外戚梁冀,官至大将军,掌权二十余年,强占民田无数,洛阳近郊到处都有他的花园和别墅。后来他被抄家时,家财达三十多亿,相当于全国一年租税收入的一半。另一个大宦官侯览,前后霸占民宅三百八十所,他的住宅"高楼池苑,堂阁相望",雕梁画栋,类似皇宫。西晋大臣石崇和国舅王恺斗富,王恺用麦糖洗锅,石崇就用白蜡当柴烧;王恺用紫色丝绸做成长四十里的步障,石崇就用织锦花缎做出更华丽的步障五十里,结果,两人都在"八王之乱"中被处死了。

四川人安重霸,在简州做刺史,为人贪得无厌,不知满足。州里有个姓邓的油客,家中富有,爱好下棋。安重霸贪慕他的财物,就把姓邓的传来下棋,只许站着下,每次落一子,就要对方退到窗口边,等自己思考好了再过来,这样一来一天也下不完一盘,而姓邓的却站立得又饿又累,疲倦不堪。第二天再传他去下棋,有人劝他说:"太守本意不是下棋,你为什么不送东西给他呢?"于是姓邓的送上了三个金锭,从此以后再也没生什么事端。

这种人的行为看起来让人觉得好笑，不可思议，但他们的结果却在人们的意料之中，最终身首异处，他竭尽所能聚敛的家财一分也没有带走。这种放纵私欲、聚敛财富、恃权骄奢的人，其实是在进行一场人生的冒险游戏，最终于人于己，皆为不利。人有欲望，但也有善良的本心，引导自己的欲望不过度膨胀，去满足别人基本的欲望，做到这一步才是遵循了中庸之道，才是君子所为。

不知言，无以知人也

社会，就是不同物质和个体的和谐共存，并且允许他们在遵守共同规则的前提下发展个性。具体说到人与人之间的关系，那就需要将共性和个性分清，"知言"方能"知人"，既要看到别人的缺点和不足，又要看到他们身上的优点和长处，学他人之长，补自身之短。中庸思想教导我们为人处世不要以偏概全，不走极端，也是这样的道理。

然而，在现实生活中，有许多人只看到别人身上的缺点，而不能辨证客观地评价一个人，那就无法正确地对待他人，更谈不上尊重了。我们来看一个例子。

在唐宋年之间，出现了著名的"五胡作乱"，几十年间都是胡人统治天下，而五个朝代都请一个叫冯道的人出来做官，而冯道对每一个君主都表现得极为忠心。对于冯道这种行为，欧阳修骂他"无耻"，认为他替胡人做事丧失了汉人的气节。但是，和欧阳修同时代的王安石、苏轼等人却认为冯道这个人很了不起，是"菩萨位中人"。尽管冯道在胡人的朝廷中做官，但他本人的生活却十分严谨，不贪财好色。在他的谨慎和圆滑中，始终坚持自己的人生原则，这就是他值得后人肯定的优点，所以不能像欧阳修那样一概地加以否认。

此外，还有这样一个历史故事，说明的也是这个道理。

《左传》记载：齐桓公和公子纠是齐襄公的弟弟，而齐襄公为政无道，为了不受牵连，齐桓公在鲍叔牙的侍奉下逃到莒国，公子纠则由其老师召忽和管仲护卫，逃到鲁国。后来，齐襄公被杀，齐桓公在鲍叔牙的帮助下重返齐国，当上了齐国的国君，之后，出兵鲁国。鲁国在齐军的压力下杀死了公子纠，召忽见公子纠已死，也就自杀了。此时，管仲不但没有自杀，反而在鲍叔牙的举荐下，当上了齐桓公的重臣。于是有人说管仲这个人"不仁义"，但孔子却说管仲这个人"很了不起"，因为他后来帮助齐桓公九合诸侯，没有付诸武力就使天下得到安宁，而且老百姓也得到了恩惠。孔子说："如果没有管仲，我们今天很可能都成了野蛮人了。他为天下做出了这样的贡献，不是一个只知道自己上吊，倒在水沟里默默无闻、白白死去的人所能比的。"

管仲背弃旧主为齐桓公做事,对旧主来说的确是不忠、不仁、不义,但是,他为天下人做出了贡献,为天下人尽了大忠、大仁、大义,从这个意义上来说,管仲的做法又没有违反做人的原则。所以,孔子能够客观辨证地评价他,充分肯定了他的优点,这就是对人的尊重。

在分清了对方的优缺点之后,我们就要趋利避害、扬长避短,否则先前的做法将毫无意义。但是,"学人之长,补己之短"并不是一味地屈从和模仿别人,如果学习和效仿过度了,就会走上极端,"画虎不成反类犬"。所以,我们在与朋友相处的时候,不能人云亦云,也不能随便趋同朋友的观点,而是要立正自身,着眼于事实。待人处事需经过自己的独立思考,以自己的是非来评判,理性地进行判断,而后才能做出结论。

由于每个人人生观、价值观不尽相同,对于朋友的正确观点和判断,我们要予以肯定和支持,反之,错误的观点和判断,我们则不能随便苟同附和了。我们来看一个事例。

甲在稻田里看见一只青蛙,一时心血来潮回去告诉了朋友乙;乙第二天又见到朋友丙,说他的朋友甲看见一只三条腿的青蛙;丙看见朋友丁时说某某看见三条腿的青蛙,并且只有一只眼;丁觉得特别奇怪,见到甲的时候又是这么一说,甲也称奇,自叹见识不广。

一个人在与人交往的时候,站稳自己的立场至关重要,不能朋友说是三条腿的青蛙,我们就不管他正确与否也跟着附和,而且还加上"只有一只眼"。这岂不是十分可笑?我国古代有"鹦鹉学舌"的典故,其中学舌的本意就是自己不加思考,随便模仿别人说话。

鹦鹉嘴比喻人们自己没有主见,别人说什么就跟着说什么,就如同鹦鹉学人说话那样照本宣科,人云亦云。宋朝释道原在《景德传灯录》有载:"有行者问:'有人问佛答佛,问法答法,唤作一字法门,不知是否?'师曰:'如鹦鹉学人语,话自语不得,为无智能故。'"

一个人要立正自身,不单单只是做到不人云亦云这么简单,还要在关于个人道德品质和价值观方面不能随便与朋友相和,严子陵就是在这方面做得比较好的人。

严子陵年轻的时候很有名望,游学长安时与刘秀结为朋友。后来,刘秀打败了王莽,在洛阳建立了东汉王朝。刘秀登基以后找到了老朋友严子陵,请他入宫。二人谈论以前的事十分投机,晚上,二人又共睡一床,严子陵在睡梦中把脚放在刘秀的肚皮上,刘秀也没有丝毫怪罪。

当刘秀建议严子陵做他的谏议大夫时,严子陵却不辞而行,隐居在富春山下。到北宋,范仲淹任睦州知州的时候,写了一篇《严先生祠堂记》:"云山苍苍,江水泱泱,先生之风,山高水长。"以此来赞扬严子陵的高风亮节。

朋友贵在贫富之交,"一贫一富乃知交态,一贵一贱交情乃见",即便是朋友日后身居高位,也要端正自己,可以为朋友的成就而感到高兴,但不能贪图富贵而攀附于他,这是一个人做人的道德准则。

附录一　孔子年谱

一岁　公元前551年　周灵王二十一年　鲁襄公二十二年

孔子生于鲁国陬(zou)邑昌平乡(今山东曲阜市城东南尼山附近;今尼山下有"坤灵洞",传说为孔子诞生地)。因父母祷于尼山而生,故名丘,字仲尼(《孔子家语·本姓解》)。关于孔子出生年月日,各书记载不一,此据《史记·孔子世家》等说,定鲁襄公二十二年夏历八月二十七日为孔子诞辰。

二岁　公元前550年　周灵王二十二年　鲁襄公二十三年

孔子在鲁。

三岁　公元前549年　周灵公二十三年　鲁襄公二十四年

孔父叔梁纥死,葬于防(今曲阜市东25里处之防山,今称梁公林一见《孔子家语·本姓解》)。孔母颜徵在携孔子移居鲁都曲阜阙里,家境贫寒。

四岁　公元前548年　周灵王二十四年　鲁襄公二十五年

孔子在鲁。

五月,齐崔杼杀齐庄公,立其弟,是为景公。晏婴评论道:"作为百姓的君主,难道是用他的地位来高踞于百姓之上? 应当以治理国家为主。作为君主的臣子,难道是为了俸禄? 应当维护国家利益。"(见《左传·襄公二十五年》)

在这以前,随国的季梁就提出:"夫民,神之主也,是以圣王先成民而后致力于神。"(《左传·桓公六年》)邾文公亦提出:"苟利于民,孤之利也,天生民而树之君,以利之也,民既利矣,孤必与焉。"(《左传·文公十三》)凡此种种,都是从西周的保民思想发展来的。也是孔子仁的思想的渊源。

五岁　公元前547年　周灵王二十五年　鲁襄公二十六年

孔子在鲁。

孔子弟子秦商生,商字不慈,鲁国人。

六岁　公元前546年　周灵王二十六年　鲁襄公二十七年

孔子在母亲颜徵在的教育下自幼好礼,"为儿嬉戏,常陈俎豆,设礼容"(《史记

·孔子世家》),演习礼仪。

弟子颜繇、曾点生,繇又名无繇,字季路,又称颜路,为颜渊之父。点字皙,曾参之父,鲁国人。

七岁　公元前 545 年　周灵王二十七年　鲁襄公二十八年

孔子在鲁。

周灵王死,子贵立,是为周景王。

弟子冉耕生。耕字伯牛,鲁国人。

八岁　公元前 544 年　周景王元年　鲁襄公二十九年

孔子在鲁。

吴公子季札赴鲁观周礼——鲁系周公封地,可用天子礼乐,故保存周礼较完备。

九岁　公元前 543 年　周景王二年　鲁襄公三十年

孔子在鲁。

此年郑国子产执政,"使都鄙有章,上下有服,田有封洫,庐井有伍。"(《左传·襄公三十年》)郑国大治。后来孔子对子产政绩,评价很高。

十岁　公元前 542 年　周景王三年　鲁襄公三十一年

孔子在鲁。

鲁襄公死,其子稠继位,是为昭公。

郑人游于乡校,议执政善否。然明劝子产毁乡校,子产不听。曰:"其所善者,吾则行之,其所恶者,吾则改之,是吾师也,若之何毁之?"孔子后来评价子产的这些话说:"以是观之,人谓子产不仁,吾不信也。"(均见《左传·襄公三十一年》)可见孔子对子产尊重民意评价很高。

弟子仲由生。由字子路,卞人:

十一岁　公元前 541 年　周景王四年　鲁昭公元年

孔子在鲁。

十二岁　公元前 540 年　周景王五年　鲁昭公二年

孔子在鲁。

春,晋侯使韩宣子聘鲁,观书于太史氏,见《易象》与《鲁春秋》,说:"周礼尽在鲁矣。吾乃今知周公之德与周之所以王也。"(《左传·昭公二年》)此类文献大概为鲁国所专藏。

弟子漆雕开生。开字子若,蔡人。

十三岁　公元前 539 年　周景王六年　鲁昭公三年

孔子在鲁。

齐晏婴使晋,与晋卿叔向谈及齐政将归陈(田)氏,因齐君加重赋税,滥取于民,而陈氏则采用施恩人民,收为己助的办法,以弱公室。叔向认为晋国公室也到了末世,人们听到国君的命令,"如逃寇仇"《左传·昭公三年》。可见这时阶级矛盾和统治阶级内部矛盾已很尖锐。

十四岁　公元前 538 年　周景王七年　鲁昭公四年

孔子在鲁。孔子说:"吾少也贱,故多能鄙事。"(《论语·子罕》)说明他少年时代从事过各种劳动。

冬,郑国子产制定丘赋制度。

十五岁　公元前 537 年　周景王八年　鲁昭公五年

孔子说:"吾十有五而志于学。"(《论语·为政》)此时孔子在童年艰苦学习的基础上,更自觉地在学问德业上不断提高完善自己。

鲁改三军为四军,叔孙、孟孙各领一军,季孙领二军。当时军、赋统一,分军即赋,所以当时称此举为"四分公室"(《左传·昭公五年》)。

十六岁　公元前 536 年　周景王九年　鲁昭公六年

孔子在鲁。

三月,郑国铸刑书。"礼治"衰替,法治渐起。

弟子闵损生。损字子骞,鲁国人。

十七岁　公元前 535 年　周景王十年　鲁昭公七年

孔母颜徵在卒。此后不久,季氏宴请士一级贵族,孔子赴宴,被季氏家臣阳虎拒之门外(见《史记·孔子世家》)。

十一月,鲁执政季武子卒。

十八岁　公元前 534 年　周景王十一年　鲁昭公八年

传说孔子身长九尺六寸,世人皆以"长人"称之(见《史记·孔子世家》)。

十九岁　公元前 533 年　周景王十二年　鲁昭公九年

孔子娶宋人亓官氏之女为妻(见《孔子家语·本姓解》)。

二十岁　公元前 532 年　周景王十三年　鲁昭公十年

生子伯鱼,因鲁君以鲤赐孔子,故以鲤为名而字伯鱼。

孔子开始任委吏(管仓库小吏)(见《阙里志·年谱》)。

二十一岁　公元前 531 年　周景王十三年　鲁昭公十一年

孔子改做乘田吏,管理牛羊畜牧小吏(见《阙里志·年谱》)。孟子说:"孔子尝为委吏矣,曰:'会计当而已矣'。尝为乘田矣,曰:'牛羊茁壮长而已矣。'"(《孟子·万章下》)

二十二岁　公元前 530 年　周景王十五年　鲁昭公十二年

孔子在鲁。

弟子南宫适(敬叔)生。适字子容,鲁国孟僖子之次子。长子孟懿子亦为孔子弟子。

二十三岁　公元前 529 年　周景王十六年　鲁昭公十三年

孔子在鲁。

晋会诸侯于平丘,子产、子太叔相郑伯以会。……及盟,子产争承(争取使郑国少贡),自日中以争,至于昏,晋人许之。孔子认为"子产于是行也,足以为国基矣"(《左传·昭公十三年》)。

二十四岁　公元前 528 年　周景王十七年　鲁昭公十四年

孔子在鲁。

春,鲁季孙氏家臣南蒯在费地叛,费人逐之,奔齐。

二十五岁　公元前 527 年　周景王十八年　鲁昭公十五年

孔子在鲁。

二十六岁　公元前 526 年　周景王十九年　鲁昭公十六年

孔子在鲁。

二十七岁　公元前 525 年　周景王二十年　鲁昭公十七年

郯子朝鲁,在宴会上,他回答叔昭子之问,谈起其祖先少皞氏的官制。据《左传·昭公十七年》记载:"仲尼闻之,见于郯子而学之。既而告之曰:'吾闻之,天子失官,学在四夷,犹信。'"孔子好学,学无常师,此其一例。

二十八岁　公元前 524 年　周景王二十一年　鲁昭公十八年

孔子在鲁。

宋、卫、陈、郑皆有火灾。郑国裨灶认为,如不祭天禳灾,郑国还要再次发生火灾。子产不同意这种意见,认为"天道远,人道迩,非所及也,何以知之?"(《左传·昭公十八年》)这种把天道和人道分开的观点对孔子重人道轻天道思想的形成有很大影响。

二十九岁　公元前 523 年　周景王二十二年　鲁昭公十九年

孔子学琴于师襄子(一说此为鲁昭公十七年事,今从《阙里志》)。

三十岁　公元前 522 年　周景王二十三年　鲁昭公二十年

孔子自称"三十而立"(《论语·为政》),盖自此时,他已奠定了治学、做人、为政等坚实的学问德业基础。根据《史记》记载,此年前后,他开始创办平民教育,收徒讲学,在最早的弟子中,比较知名的有颜路、曾点、子路等人。

弟子颜回、冉雍、冉求、商瞿、梁鳣生。回字渊,雍字仲弓,求字子有,瞿字子木,鲁国人;鳣字叔鱼,齐人。

三十一岁　公元前 521 年　周景王二十四年　鲁昭公二十一年

孔子在鲁。

弟子巫马施、高柴、宓不齐生。施字子期,陈国人;柴字子高,齐国人;不齐字子贱,鲁国人。

三十二岁　公元前 520 年　周景王二十五年　鲁昭公二十二年

孔子在鲁。

四月,周景王卒,子猛立,即悼王,王子朝联络旧官、百工与灵、景之族造反,杀悼王自立,晋人攻之,立景王另一子匄,是为周敬王。

弟子端木赐生。赐字子贡,卫国人。

三十三岁　公元前 519 年　周敬王元年　鲁昭公二十三年

孔子在鲁。

三十四岁　公元前 518 年　周敬王二年　鲁昭公二十四年

孟僖子将死,嘱其二子孟懿子与南宫敬叔向孔子学礼(见《左传·昭公七年》)。孔子得到鲁君的支持,与南宫敬叔适周,观周朝文物制度,收获极大。说:"周监于二代(夏、商),郁郁乎文哉! 吾从周。"(《论语·八佾》)(此时南宫敬叔仅十二三岁,似不可能随同孔子适周,崔述等皆疑之。适周之事,时间上可能后些。)

三十五岁　公元前 517 年　周敬王三年　鲁昭公二十五年

鲁昭公帅师攻伐季孙氏,季孙、叔孙、孟孙三家联合反抗昭公,昭公师败奔齐。孔子因鲁乱适齐,路经泰山,遇一女子哭诉亲人被虎咬死仍不愿离开此地时,不由发出"苛政猛于虎"的慨叹(见《礼记·檀弓下》),到齐国后,为高昭子家臣,借以进见齐景公。

三十六岁　公元前 516 年　周敬王四年　鲁昭公二十六年

孔子在齐与齐太师语乐,听到《韶》东(相传是舜时的音乐),三月不知肉味。兴奋地说:"不图为乐之至于斯也!"(《论语·述而》)

齐景公问政于孔子。孔子对曰:"君君,臣臣,父父,子子。"公曰:"善哉! 信如君不君,臣不臣,父不父,子不子,虽有粟,吾岂得而食诸!"(《论语·颜渊》)齐景公欲以尼豀田封孔子,但因晏婴阻挠,没有成功(见《史记·孔子世家》)。

这年鲁昭公自齐居郓(郓原是鲁地,上一年齐为昭公攻取)。

三十七岁　公元前 515 年　周敬王五年　鲁昭公二十七年

孔子在齐,齐大夫扬言欲害孔子,齐景公亦对孔子说:"吾老矣,弗能用也。"于是孔子自齐返鲁(见《史记·孔子世家》)。据说返鲁时迫于形势险恶,仓促中把正在淘的米未及做饭即提起来一面走路一面滤干。(《孟子·万章下》:"孔子之去齐,接淅而行。")

弟子樊须、原宪生。须字子迟,鲁人;宪字子思,宋人。

三十八岁　公元前 514 年　周敬王六年　鲁昭公二十八年

孔子在鲁。

晋魏舒(魏献子)执政,灭祁氏、羊舌氏,分祁氏之田为七县,羊舌氏之田为三县,选派贤能之士(包括其子在内)为县宰。孔子十分赞赏,说魏子之举,"近不失亲,远不失举,可谓义矣。"(《左传·昭公二十八年》)

鲁昭公至晋,居乾侯(晋邑)。

三十九岁　公元前 513 年　周敬王七年　鲁昭公二十九年

孔子在鲁。

这年冬,晋铸刑鼎,赵鞅、荀寅把范宣子制定的刑书铸在铁鼎上。孔子认为这样做,就会"贵贱无序",破坏等级制度,不由得发出了"晋其亡乎! 失其度矣"的感叹(《左传·昭公二十九年》)。显然,孔子对晋国法制的看法是保守的。

四十岁　公元前 512 年　周敬王八年　鲁昭公三十年

孔子在鲁。

孔子自称"四十而不惑"(《论语·为政》),所谓不惑,盖指而立时确立的世界观、人生观已坚定不移。

弟子澹台灭明生。灭明字子羽,鲁之武城人。

四十一岁　公元前 511 年　周敬王九年　鲁昭公三十一年

孔子在鲁。

鲁昭公久在乾侯,晋侯欲送昭公回国,鲁之季孙意如来迎,昭公未敢返鲁。

弟子陈亢生。亢字子禽,陈人。

四十二岁　公元前 510 年　周敬王十年　鲁昭公三十二年

冬,鲁昭公卒于乾侯。季孙立昭公弟公子宋,是为定公。

旧说孔子昭公二十六年返鲁后,旋又至齐,直至昭公死,共在齐七年。清人江永在其《乡党图考》中认为孔子在齐不过一年,亦不当。据《史记·孔子世家》考之,孔子仅一次至齐,历时约两年左右。

四十三岁　公元前 509 年　周敬王十一年　鲁定公元年

孔子在鲁。

据《阙里志》载,是年孔子自鲁适陈。《史记·孔子世家》《陈杞世家》及《年表》均无记载。夏,昭公灵柩自乾侯归葬鲁,定公即位。

弟子公西赤生。赤字华,鲁国人。

四十四岁　公元前 508 年　周敬王十二年　鲁定公二年

孔子在鲁。

是年鲁国继上年八月严重霜灾后,都城雉门及两观又遭大火。

四十五岁　公元前 507 年　周敬王十三年　鲁定公三年

孔子在鲁。

邾庄公卒,邾隐公即位,将冠,使人问冠礼于孔子。

弟子卜商生。商字子夏,卫国人。孔子死后,他在西河讲学,颇有影响。

四十六岁　公元前 506 年　周敬王十四年　鲁定公四年

孔子在鲁。

孔子观鲁桓公庙宥坐(宥与右同,言人君可置于坐右以为戒也)之欹器,联想起"持满"之道,对弟子说:"吾闻宥坐之器者,虚则欹,中则正,满则覆","恶有满而不覆者哉!"他认为正确的态度应该是"聪明圣智,守之以愚;功被天下,守之以让;勇力抚世,守之以怯;富有四海,守之以谦;此所谓挹而损之之道也。"(《荀子·宥坐》)

弟子言偃生。偃字子游,吴国人。

四十七岁　公元前 505 年　周敬王十五年　鲁定公五年

孔子在鲁。

楚申包胥求得秦师援助,击败吴师,楚昭王还郢都。

六月,鲁国季孙意如卒,其家臣阳虎(又称阳货)因其子季孙斯而专鲁政。阳虎欲见孔子,孔子不见,于是馈孔子豚,欲待孔子拜谢时见孔子。孔子不欲见,打听得阳虎不在时拜谢,但不巧在路上遇到了。阳虎劝孔子出仕,孔子口头答应,但终不仕(见《论语·阳货》)。退而修《诗》《书》《礼》《乐》,以教弟子。孔子说:"不义而富且贵,于我如浮云。"(《论语·述而》)这充分体现了他的"无道则隐"的主张。

弟子曾参、颜幸生。参字子舆,鲁国南武城人。幸字子柳,鲁国人。

四十八岁　公元前 504 年　周敬王十六年　鲁定公六年

孔子在鲁。

四十九岁　公元前 503 年　周敬王十七年　鲁定公七年

孔子在鲁。

二月,齐将郓、阳关二地归还鲁,阳虎据为己有。

弟子颛孙师生。师字子张,陈人。

五十岁　公元前 502 年　周敬王十八年　鲁定公八年

孔子在鲁。

孔子自谓"五十而知天命"(《论语·为政》)。所谓知天命盖即自以为掌握了客观事物的发展规律之意。

冬、阳虎欲去三桓,谋杀季氏未遂,随入谨(今山东省宁阳县西北)、阳关(今山东泰安县东南)以叛。

公山不狃使人召孔子,孔子欲往,因子路反对而未成行(见《论语·阳货》)。

五十一岁　公元前 501 年　周敬王十九年　鲁定公九年

孔子在鲁。

六月,鲁伐阳虎,攻打阳关。阳虎突围奔齐,旋逃亡宋国,最后逃至晋国,投赵简子。孔子说:"赵氏其世有乱乎!"(《左传·定公九年》)孔子任中都(今山东省汶上县西)宰,卓有政绩,治理一年,四方则之。弟子冉鲁、曹䶵、伯虔、颜高、叔仲会生。鲁字子鲁,鲁国人;䶵字子循,蔡国人;虔字子析,鲁国人;高字子骄,鲁国人;会字子期,鲁国人。

五十二岁　公元前 500 年　周敬王二十年　鲁定公十年

孔子在鲁。

孔子由中都宰升小司空,由小司空升大司寇,摄相事。

五十三岁　公元前 499 年　周敬王二十一年　鲁定公十一年

孔子在鲁。

孔子为鲁大司寇,鲁国大治。据《吕氏春秋·乐成》记载,开始尚疑其才,既而政化盛行,国人诵之(见《孔丛子·陈士义》)。

鲁与郑讲和,开始背弃晋国。

五十四岁　公元前 498 年　周敬王二十二年　鲁定公十二年

孔子在鲁。

孔子为鲁国大司寇,子路为季氏宰,孔子为了削私家以强公室,向鲁定公建议:"家不藏甲,邑无百雉之城,今三家(三桓)过制,请皆损之。"(《孔子家语·相鲁》)遂将堕三都。当时,适值叔孙、季孙之家臣侯犯和南蒯各据其都叛,叔、季二氏亦支持这一主张,于是先拆毁了叔孙氏的郈邑(今山东省东平县南)和季孙氏的费邑(今山东省费县)。堕费时,费宰公山不狃乘鲁都(曲阜)空虚,率费人攻曲阜,幸赖孔子命申句须、乐顼二大夫率部反击,败公山不狃于姑蔑(今山东省泗水县东)。公山不狃逃奔齐国。遂堕费。可是再去拆毁孟孙氏的郕邑(今山东省宁阳县东北)时,却受到孟孙家臣公敛处父的抵制。结果堕郕失败。堕三都行动至此半途而废(《史记·孔子世家》)有人认为公山弗扰(即不狃)以费畔(《论语·阳货》)即指此事,而召孔子则在定公八年未畔时。

弟子公孙龙生。龙字子石,楚国人。

五十五岁　公元前 497 年　周敬王二十三年　鲁定公十三年

鲁国得治,齐国惧,欲败其政,乃选美女八十人,衣以文衣,并文马三十驷馈鲁君。季桓子受之,君臣怠于政事,多日不听朝政,也不按礼制送膰肉(当时郊祭用的供肉)于孔子,孔子失望,遂去鲁适卫(孔子去鲁适卫的年代,《史记》定为上一年的秋冬之间,根据鲁国郊祭一般在春三月,故从《阙里志》系于此年)。

孔子到卫国后,居住在卫都帝丘(今河南省滑县)子路妻兄颜浊邹家。卫灵公按照他在鲁国的待遇给予俸禄。后卫灵公听信谗言,监视孔子,遂于十月去卫适陈。在过匡地(今河南省长垣县境)时,匡人误认孔子为阳虎(因阳虎曾欺压匡人,而孔子貌似阳虎),围困了孔子。后经蒲地(亦在长垣县境),会公叔氏起事,又被当地群众所围。孔子与蒲人定盟,返回卫国,住蘧伯玉家。

五十六岁　公元前 496 年　周敬王二十四年　鲁定公十四年

孔子在卫。

孔子回到卫国,曾见卫灵公夫人南子,子路不悦;灵公与南子还让孔子为次乘招摇过市,孔子亦耻之,曾去卫而仍回卫。

五十七岁　公元前 495 年　周敬王二十五年　鲁定公十五年

孔子在卫。

邾子朝鲁,子贡观礼。鲁定公卒,其子蒋立,是为哀公。

五十八岁　公元前 494 年　周敬王二十六年　鲁哀公元年

孔子在卫。

春,吴王夫差败越于夫椒,遂入越。越王勾践退保会稽,使大夫文种求和。三月,吴越和。

五十九岁　公元前 493 年　周敬王二十七年　鲁哀公二年

孔子在卫。

孔子看到卫灵公不能用他,喟然叹曰:"苟有用我者,期月而已,三年有成。"卫灵公问陈于孔子。孔子说:"俎豆之事则尝闻之,军旅之事未之学也。"(《史记·孔子世家》)于是,决计离卫西去,投奔晋国赵简子。走到大河边,听说赵简子杀害了两个贤人,不由得临河而叹,返回卫国,然后去卫如曹适宋。

在适宋的路途上,曾与弟子习礼于檀树之下,宋司马桓魋欲害孔子,把大树砍掉了。孔子只好微服而行,逃到郑国,郑国也没有接待,只好取道适陈。

夏,卫灵公卒,立蒯聩之子辄,是为卫出公。

六十岁　公元前 492 年　周敬王二十八年　鲁哀公三年

孔子在陈。

这年秋,鲁国季桓子病,懊悔过去未能长期用孔子而影响了鲁国的振兴。临死前,嘱其子季康子要召回孔子以相鲁。后来由于公之鱼的阻拦,季康子改变了主意,派使改召孔子弟子冉求。冉求将行,孔子说:"鲁人召求,非小用之,将大用之也。"(《史记·孔子世家》)这年,孔子已经六十岁了,他很想回到家乡能为鲁国贡献自己的力量。

孔子曾说:"六十而耳顺。"意谓这时他听到任何事情,都能立即辨明是非。

六十一岁　公元前 491 年　周敬王十九年　鲁哀公四年

孔子在陈。

六十二岁　公元前 490 年　周敬王三十年　鲁哀公五年

孔子在陈。

《史记》对孔子在卫、在陈的记载很乱，故崔述说："谓孔子三至卫而三至陈，甚不可解也"（《洙泗考信录》）。这里只注明孔子以卫、陈为据点的大概年份，略去出入卫、陈的次数和情况，这是年代久远，史无实录，举其大者舍其细节，较为合理。

六十三岁　公元前 489 年　周敬王三十一年　鲁哀公六年

孔子在陈。

六十四岁　公元前 488 年　周敬王三十二年　鲁哀公七年

孔子在卫。

孔门弟子多仕于卫，要求孔子返卫。孔子由负函直接返回卫国。子路问孔子："卫君待子而为政，子将奚先?"孔子提出正名主张："必也正名乎! ……名不正则言不顺，言不顺则事不成，事不成则礼乐不兴，礼乐不兴则刑罚不中，刑罚不中则民无所措手足。"（《论语·子路》）他认为正名不但是解决卫国出公与其父争君位问题的原则，也是维护周礼，巩固等级宗法制的纲领。

夏，鲁哀公与吴人会于鄫（今山东省峄县境内），吴向鲁国索取牛、羊猪各一百头为祭品。吴太宰嚭召季康子，康子使子贡辞谢（这时子贡已仕鲁为大夫），子贡以周礼说服嚭，很好地完成了使命。

六十五岁　公元前 487 年　周敬王三十三年　鲁哀公八年

孔子在卫。

三月，吴伐鲁，吴大败，孔子弟子有若参战有功。

六十六岁　公元前 486 年　周敬王三十四年　鲁哀公九年

孔子在卫。

六十七岁　公元前 485 年　周敬王三十五年　鲁哀公十年

孔子在卫。

孔子夫人亓官氏卒。

六十八岁　公元前 484 年　周敬王三十六年　鲁哀公十一年

孔子在鲁。

春，齐师伐鲁，孔子弟子冉有为季氏将左师，与齐军战于鲁郊，克之。季康子问他怎样学会作战的，冉有说，学于孔子，遂荐孔子于季氏。季康子派公华、公宾、公林以币迎孔子归鲁。孔子去鲁访问列国诸侯，颠沛流离凡十四年。至此才算结束。

孔子返鲁后，鲁哀公问政，孔子曰："政在选臣。"（《史记·孔子世家》）又问："何为则民服。"回答说："举直错诸枉，则民服；举枉错诸直，则民不服。"（《论语·

为政》)季康子问政,孔子说:"政者正也,子帅以正,孰敢不正?"(《论语·颜渊》)季康子欲行"田赋",即将军费改按田亩征税,使冉有问于孔子,孔子曰:"若不度于礼,而贪得无厌,则虽以田赋,将又不足。"季子不听(《左传·哀公十一年》)。鲁终不能用孔子,孔子亦不求仕,专心从事文献整理和教育事业,删《诗》《书》,定《礼》《乐》,修《春秋》,并且继续聚徒授业,培育治国贤才。据史载:"弟子盖三千焉,身通六艺者七十有二人。"(《史记·孔子世家》)

六十九岁　公元前483年　周敬王三十七年　鲁哀公十二年

孔子在鲁。

春,鲁实行田赋。

夏,鲁昭公夫人孟子卒,孔子往吊。

与鲁国太师(乐官)论乐,孔子说:"乐其可知也,始作翕如(热烈),纵之纯如(和谐),皦如(清晰),绎如(络绎不绝)也,以成。"他又说:"吾自卫反鲁,然后乐正,《雅》《颂》各得其所。"(《史记·孔子世家》)

冬十二月,鲁国发生蝗灾,季孙问于孔子,孔子说:"丘闻之,火伏而后蛰者毕,今火犹西流,司历过也。"(《左传·哀公十二年》)十二月属冬季,不该有蝗虫。孔子认为这年十二月有蝗虫,不是自然界反常,而是司历者算错了时间。

孔子子伯鱼卒。其孙孔伋约于这年生。伋字子思,曾子的学生,孟轲是其再传弟子。

七十岁　公元前482年　周敬王三十八年　鲁哀公十三年

孔子在鲁。

孔子曾说:"七十而从心所欲,不逾矩。"(《论语·为政》)也就是说,到了七十岁,在已往"而立""不惑""知天命""耳顺"的基础上,任何想法和做法都不会越出仁道原则和周礼所定的规矩了。孔子晚而好《易》,"读《易》,韦编三绝"(《史记·孔子世家》)。

七十一岁　公元前481年　周敬王三十九年　鲁哀公十四年

孔子在鲁,作《春秋》。春,管理山林的人("虞人")在曲阜西面的"大野"打猎,捕获一怪兽,据说是金河田麟,孔子说:"吾道穷矣!"于是绝笔,停止了修《春秋》。

颜回死,享年四十一岁,孔子哭之恸,曰:"噫!天丧予!天丧予!"(《论语·先进》)

六月，齐国陈恒（又叫田成子）杀简公，孔子劝鲁哀公及三桓讨之，以正君臣之义，不果。在齐国这次政变中，孔子弟子宰我死于难。

临江七十二岁　公元前 480 年　周敬王四十年　鲁哀公十五年

孔子在鲁。

冬，卫有政变，蒯聩逐其子出公而自立，是为卫庄公。孔子弟子子路是时为卫大夫孔悝的邑宰，死于难，孔子恸甚。

七十三岁　公元前 479 年　周敬王四十一年　鲁哀公十六年

周历四月十一日即夏历二月十一日（据崔述考证）孔子寝疾七日而殁，葬于鲁城（今曲阜）北泗上。鲁哀公诔之曰："旻天不吊，不憖遗一老，俾屏余一人以在位，茕茕余在疚，呜呼哀哉！尼父！无自律。"（《左传·哀公十六年》）不少弟子为之守墓三年，临别而去，哭尽哀，或复留。唯子贡庐于墓凡六年，然后去。弟子及鲁人往从墓而家者百有余室，因名孔里。并以孔子故居，改为庙堂，藏孔子平生衣冠琴书于堂中。自此以后，年年奉祀，今曲阜之孔庙、孔府、孔林，所谓"三孔"者，即始创于此。

附录二:孔子家谱

① 孔子 → ② 孔鲤 — ③ 孔伋 — ④ 孔白 — ⑤ 孔求 — ⑥ 孔箕 — ⑦ 孔穿 — ⑧ 孔谦 — ⑨ 孔腾 —

⑩ 孔忠 — ⑪ 孔武 — ⑫ 孔延年 — ⑬ 孔霸 — ⑭ 孔福 — ⑮ 孔房 — ⑯ 孔均 — ⑰ 孔志 — ⑱ 孔损 —

⑲ 孔曜 — ⑳ 孔完 [无嗣]

⑳ 孔讚 — ㉑ 孔羡 — ㉒ 孔震 — ㉓ 孔嶷 — ㉔ 孔撫 — ㉕ 孔懿 — ㉖ 孔鲜 —

㉗ 孔乘 — ㉘ 孔靈珍 — ㉙ 孔文泰 — ㉚ 孔渠 — ㉛ 孔長孫 — ㉜ 孔英悊 [无嗣]

㉜ 孔嗣悊 — ㉝ 孔德倫 —

㉞ 孔崇基 — ㉟ 孔璲之 — ㊱ 孔萱 — ㊲ 孔齊卿 — ㊳ 孔惟晊 — ㊴ 孔策 — ㊵ 孔振 — ㊶ 孔昭儉 —

㊷ 孔光嗣 — ㊸ 孔仁玉 — ㊹ 孔宣 — ㊺ 孔延世 — ㊻ 孔聖佑 [无嗣]

㊺ 孔延泽 — ㊻ 孔宗愿 — ㊼ 孔若蒙

㊼ 孔若虚 — ㊽ 孔端友 [无嗣]

㊽ 孔端操

㊼ 孔若愚 — ㊽ 孔端立 ※

㊾ 孔玠 — ㊿ 孔搢 — 51 孔文遠 — 52 孔萬春 — 53 孔洙 [无嗣]

㊾ 孔璠 — ○ 孔拯

㊿ 孔摠 — 51 孔元措

51 孔元宏 — 52 孔之固 — 53 孔滇 [无嗣]

— ※ ㊾ 孔琥 — ㊿ 孔拂 — ○ 孔元用 — ○ 孔之全 — ○ 孔治

○ 孔元孝 — ○ 孔之厚 — ○ 孔浣 — 54 孔思晦 — 55 孔克壁 —

56 孔希学 — 57 孔訥 — 58 孔公鑑 — 59 孔彦縉 — 60 孔承慶 — 61 孔宏緒 — 62 孔闻韶 —

○ 孔宏泰

次男

59 孔彦韶 — 60 孔承義 — 61 孔宏信 — 62 孔闻憲 —

63 孔貞幹 — 64 孔尚賢 [无嗣]

㊾孔貞寧—㊿孔尚坦—㊻孔衍植—㊼孔興燮—㊽孔毓圻—㊾孔傅鐸—㊿孔繼護——
★—㊾孔貞相—㊿孔尚堯—㊻孔衍緒—㊼孔興梅—㊽孔毓良—㊾孔傅吉—㊿孔繼学—　★

──────── ⑦孔廣棨—⑦孔昭煥—⑦孔憲培 [无嗣]

　　　　　　　　⑦孔憲增————

　　★—⑦孔廣惠—⑦孔昭桂—⑦孔憲禮→ ＊
──────⑦孔廣鎔—⑦孔繁灝—⑦孔祥珂—⑦孔令貽—⑦孔德成
→＊—⑦孔廣功—⑦孔繁宗—⑦孔祥林（孔健）—⑦孔令昊
　　　　　　　　　○孔祥冬（孔偉）

特别提示：

　　本书在编写过程中，参阅和使用了一些报刊、著述和图片。由于联系上的困难，和部分作品的作者（或译者）未能取得联系，对此谨致深深的歉意。敬请原作者（或译者）见到本书后，及时与本书编者联系，以便我们按照国家有关规定支付稿酬并赠送样书。

　　联系电话：010-80776121　　联系人：马老师

国学经典文库

孔子家语

孔子家谱

图文珍藏版